全球贸易摩擦研究报告

（2013 年）

主 编 顾春芳

中国商务出版社

图书在版编目（CIP）数据

全球贸易摩擦研究报告. 2013 年／顾春芳主编. —
北京：中国商务出版社，2014.1
ISBN 978－7－5103－0995－3

Ⅰ. ①全… Ⅱ. ①顾… Ⅲ. ①国际贸易—贸易争端—
研究报告—2013 Ⅳ. ①F744

中国版本图书馆 CIP 数据核字（2013）第 321861 号

全球贸易摩擦研究报告（2013 年）
QUANQIU MAOYI MOCA YANJIU BAOGAO（2013 NIAN）
顾春芳　主编

出　版：中国商务出版社
发　行：北京中商图出版物发行有限责任公司
社　址：北京市东城区安定门外大街东后巷 28 号
邮　编：100710
电　话：010－64515141（编辑三室）
　　　　010－64283818（发行部）
网　址：www. cctpress. com
邮　箱：cctp@ cctpress. com
照　排：金奥都科技发展中心
印　刷：北京民族印务有限责任公司
开　本：890 毫米×1240 毫米　1/16
印　张：20　　字　数：533 千字
版　次：2013 年 12 月第 1 版　　2013 年 12 月第 1 次印刷
书　号：ISBN 978－7－5103－0995－3
定　价：120. 00 元

《全球贸易摩擦研究报告（2013年）》
编委会名单

主　　　编： 顾春芳

副　主　编： 马恩中　吴　岩　王　新　关　钢

执行副主编： 于伟毅　左浩泓　崔红曼

编　　　者： 于　洋　罗　蓉　裘红萍　史云庆　常　雁　王珊珊
金颖琦　张　辉　赵秋艳　刘欣欣　张　硕　鲁　欣
刘宪民　罗文利

序　言

2013年，世界经济深度调整，中国经贸发展面临的国内外环境比上年有所改善，国内外发展环境更加错综复杂。美国温和复苏态势仍将延续，财政政策和货币政策仍存在不确定性；欧元区经济有望企稳向好，全面复苏尚需时日；日本经济有所反弹，经济增长依然面临一些制约因素；新兴市场和发展中国家经济增速明显放缓。未来全球经济依然面对诸多下行风险，贸易和投资保护主义风险仍需警惕。

我国经济发展正值重要的战略机遇期，面临在复杂国际环境中实现维稳中增长、在增长中转型调整的重要任务。需要特别关注的是，我国面临的贸易摩擦形势也日趋严峻。自1995年以来，我国已经连续18年成为全球反倾销调查的最大受害国；自2006年以来，我国已经连续7年成为全球反补贴调查的最大受害国。数据显示，2008年11月—2013年5月，全球共实施了3334项贸易保护措施，特别是在2012年四季度和2013年一季度，全球采取的贸易保护措施是2012年二季度的5倍左右。由于全球经济复苏前景仍存在不确定性，针对中国的贸易摩擦将继续升温。在此背景下，持续关注、分析研究全球贸易摩擦最新变化趋势和特点，对我国有效应对贸易摩擦、确立在全球贸易规则中的话语权具有重要的现实意义。

《全球贸易摩擦研究报告（2013年）》从全球主要贸易伙伴、我国传统产业和高新技术产业、贸易保护的措施和手段等维度对我国面临的贸易摩擦形势进行系统梳理与分析，通过综合归纳分析、多重数据分析、多维图表展示、典型案例分析、对比分析等方式把复杂的、碎片的案件信息形成了综合性、专业性的研究分析报告，为用户提供参考，并为进一步深入研究、分析贸易政策和趋势提供基础支撑。

目 录

第一章 全球贸易救济案件综述[①]

根据WTO公布的数据，2012年，全球货物贸易增速为2.5%，远远低于2011年的5%。在国际贸易和国际需求不断萎缩的情况下，全球贸易保护主义不断加剧，各国纷纷出台相关措施加强对国内产业的保护，巴西、阿根廷、东盟等发展中国家（地区）启动的贸易救济调查增多，中国仍是全球反倾销和反补贴调查的最大受害者。

第一节 全球贸易救济案件的特点及趋势

据WTO统计，2012年，WTO成员共启动256起贸易救济调查，比2011年同期增加54起。其中，反倾销208起，同比增加42起；反补贴23起，同比减少2起；保障措施25起，同比增加14起。

一、2012年全球贸易救济新立案数同比上升26.7%，反倾销是贸易救济调查的主要形式

1995—2012年，WTO成员共启动4786起贸易救济调查。其中，47个WTO成员启动了4230起反倾销调查，占全球贸易救济案件总数的88.4%；21个WTO成员启动了302起反补贴调查，占比6.3%；48个WTO成员启动了254起保障措施调查，占比5.3%。

从图1－1可以看出，全球贸易救济调查大致经历了3个时期：1995—1999年（5年）、2000—2007年（8年）和2008—2012年（5年）。1995—1999年，全球共启动1387项贸易救济调查，年均约277起。在该时期，全球贸易救济调查呈现上升趋势，并于1999年达到顶峰（414起）。2000—2007年，全球共启动2239起贸易救济调查，年均约280起。在该时期，全球贸易救济调查呈现下滑趋势，其中2001年是该时期贸易救济调查的最高值（411起）。2008—2012年，全球共启动1160起贸易救济调查，年均232起。在这一时期，金融危机迅速蔓延至全球，各国为扶持和保护国内产业、防范国际市场萎缩导致的贸易转移，使用贸易救济措施的频率提高。据WTO统计，2008年，全球贸易救济新立案数239起，比上年同期增长30.0%；2009年，全球贸易救济新立案262起，同比增长为9.6%；2010年和2011年，全球贸易救济新立案略有减少，分别为201起和202起；2012年，全球贸易救济新立案回升至256起，同比增长26.7%，是2008—2012年这一时期的最高峰。

二、发起国集中，印度、美国、欧盟是发起贸易救济调查的WTO主要成员

截至2012年，共有56个WTO成员启动了4786起贸易救济调查，占同期WTO成员总数（157个[②]）的35.7%。其中，印度启动的贸易救济调查数居首位，共707起，占贸易救济立案总数的14.8%；其次是美国，为598起，占比12.5%；位居第三的是欧盟，为523起，占比10.9%；居第四

---

① 数据来源：WTO（http：//www. wto. org）

② 157个是截至2012年年底正式入世的成员数（根据WTO公布的名单统计）。

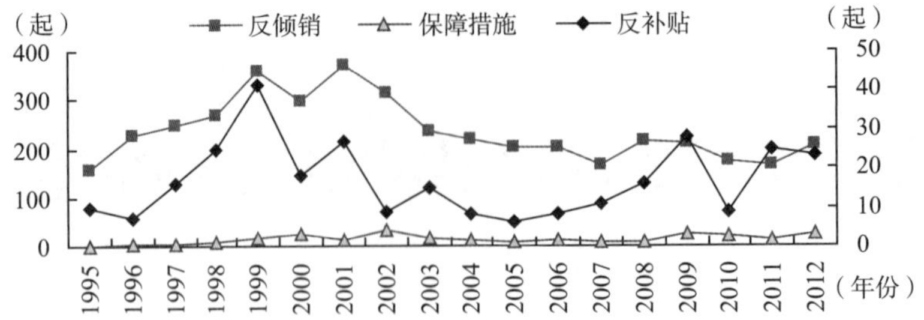

图 1－1 1995—2012 年全球反倾销、反补贴和保障措施立案年度走势

位的是阿根廷，为 312 起，占比 6.5%；巴西位居第五，为 290 起，占比 6.1%（图 1－2）。列居前五位的 WTO 成员所启动的贸易救济调查数占全球贸易救济调查总数的 50.8%。

据 WTO 统计，自 1995 年以来至 2002 年，印度启动的贸易救济调查总数首次超过欧盟，仅次于美国，居第二位；至 2007 年，印度首次超过美国，成为启动贸易救济调查最多的成员。尽管从贸易救济立案总数上看，印度已经超越美国和欧盟，但其并非在反倾销、反补贴和保障措施 3 种贸易救济形式中均占据主导地位。

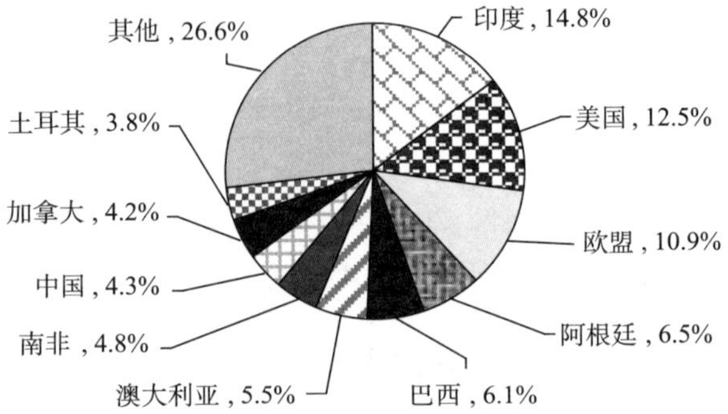

图 1－2 1995—2012 年世贸组织成员贸易救济立案国别（地区）分布情况

下面就各成员方对反倾销、反补贴和保障措施 3 种调查形式的运用进行具体分析。

1. 反倾销

1995—2012 年，47 个 WTO 成员启动了 4230 起反倾销调查。其中，印度启动的反倾销调查数高居首位，共 677 起，占反倾销案件总数的 16.0%；其次是美国，为 469 起，占比 11.1%；欧盟位居第三，为 451 起，占比 10.7%；阿根廷居第四位，为 303 起，占比 7.2%；巴西列第五位，为 279 起，占比 6.6%（图 1－3）。上述 5 个成员启动的反倾销调查占全球反倾销案件总数的 51.6%，而其余 42 个成员启动的反倾销调查仅占比 48.4%。

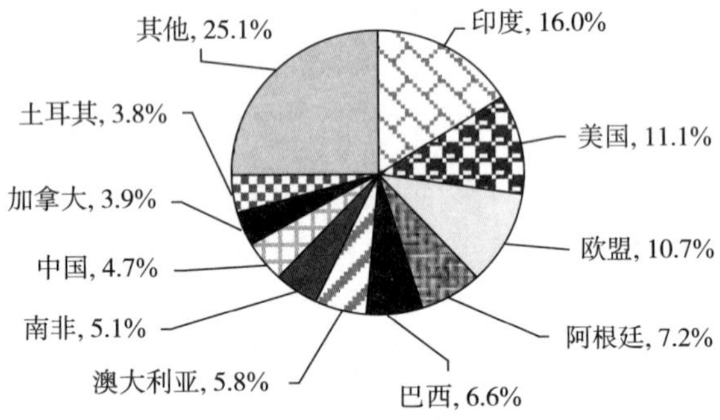

图 1－3 1995—2012 年世贸组织成员反倾销立案国别（地区）分布情况

值得注意的是，近年来，部分发展中国家在单年反倾销立案中，会跃居各成员之首。2012 年，共有 26 个 WTO 成员启动 208 起反倾销调查。其中，巴西以 47 起跃居各成员之首，占同期全球反倾销调查总数的 22.6%；其次是印度，为 21 起，占比 10.1%；土耳其位居第三，为 14 起，占比 6.7%；欧盟居第四位，为 13 起，占比 6.3%；阿根廷和澳大利亚并列第五，均为 12 起，各占比 5.8%。

但总体来说，在 47 个启动反倾销调查的 WTO 成员中，印度的年均增速最快（表 1－1）。1995 年，印度共启动反倾销调查 6 起，位列第七；在随后的 17 年里，印度共启动了 671 起反倾销调查，年均立案约 39 起，超过同期的美国（27 起）和欧盟（25 起），跃居首位。印度成为近十几年来反倾销立案增速最快的 WTO 成员。

表 1－1 1995—2012 年美国、欧盟和印度反倾销立案和位次变化情况

年 份	美 国		欧 盟		印 度	
	案件数	位 次	案件数	位 次	案件数	位 次
1995	14	4	33	1	6	7
1996	22	3	25	2	21	4
1997	15	4	41	2	13	6
1998	36	2	22	4	28	3
1999	47	3	65	1	64	2
2000	47	1	32	4	41	3
2001	77	2	28	3	79	1
2002	35	2	20	5	81	1
2003	37	2	7	10	46	1
2004	26	3	30	1	21	5
2005	12	6	24	2	28	1
2006	8	7	35	1	35	1
2007	28	2	9	5	47	1
2008	16	5	19	3	55	1
2009	20	4	15	6	31	1
2010	3	9	15	3	41	1
2011	15	5	18	3	19	1
2012	11	6	13	4	21	2

数据来源：WTO

2. 反补贴

1995—2012 年，21 个 WTO 成员共启动了 302 起反补贴调查。其中，美国高居首位，共 119 起，占全球反补贴案件总数的 39.4%；其次是欧盟，为 67 起，占比 22.2%；加拿大位居第三，为 33 起，占比 10.9%；澳大利亚居第四位，为 15 起，占比 5.0%；南非列第五位，为 13 起，占比 4.3%（图 1－4）。上述5 个 WTO 成员启动的反补贴调查数占全球反补贴案件总数的81.8%，而其余16 个成员启动的反补贴调查仅占 18.2%。不同于反倾销调查，反补贴中并未出现立案急速增长的 WTO 成员，美国、欧盟、加拿大等发达成员一直占据主导地位。

3. 保障措施

1995—2012 年，48 个 WTO 成员共启动了 254 起保障措施调查。其中，印度启动 29 起，占全球保障措施案件总数的 11.4%；其次是印度尼西亚，为 23 起，占比 9.1%；位居第三的是土耳其，为 17 起，占比 6.7%；列第四位的是约旦，为 16 起，占比 6.3%；智利位居第五，为 13 起，占比 5.1%（图 1－5）。上述 5 个成员启动的保障措施调查占全球保障措施案件总数的 38.6%。

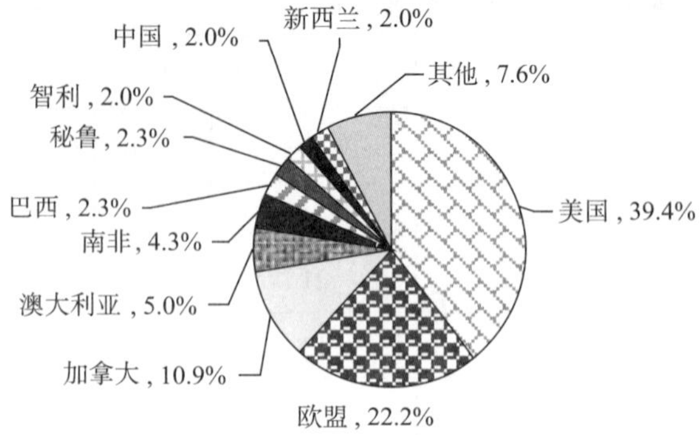

图 1－4　1995—2012 年世贸组织成员反补贴立案国别（地区）分布情况

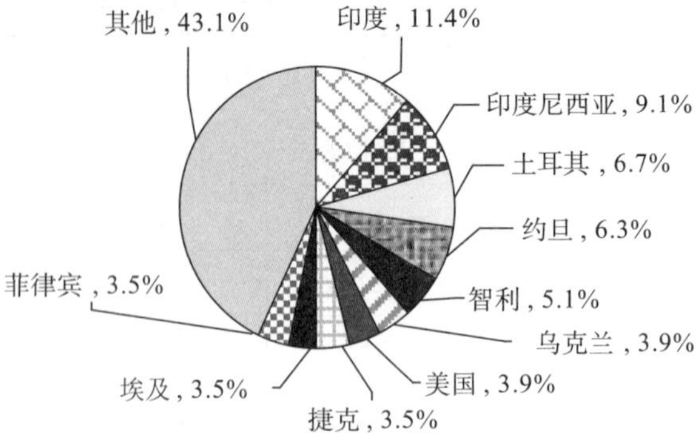

图 1－5　1995—2012 年世贸组织成员保障措施立案国别（地区）分布情况

从以上数据可以看出，在反倾销调查中，美国和欧盟的主导地位已经被印度所取代；在反补贴调查中，美国和欧盟则一直是反补贴调查的主要发起者；而在保障措施调查中，印度、印度尼西亚等发展中成员一直是“主力军”。

三、发展中成员是反倾销和保障措施调查的主要发起方，巴西、阿根廷、印度尼西亚等成员近年来新立案频率加快

在 47 个 WTO 成员启动的 4230 起反倾销调查中，发达成员 13 个，共 1474 起，占全球反倾销调查总数的 34. 8%；转型经济体 2 个，共 52 起，占比 1. 2%；发展中成员 32 个，共 2704 起，占比 63. 9%。在启动反倾销调查的 32 个发展中成员中，印度以 677 起高居首位。

但自 2009 年以来，包括巴西、阿根廷等在内的部分发展中成员的反倾销新立案出现激增。其中，巴西 2010 年启动 37 起反倾销调查，在当年仅次于印度（41 起）居第二位；2012 年启动 47 起反倾销调查，列居当年各成员之首，这也是巴西 1995 年以来反倾销年度立案的顶峰。阿根廷 2009 年启动 28 起反倾销调查，在当年仅次于印度列居第二位。巴基斯坦 2009 年启动 26 起反倾销调查，列印度（31 起）、阿根廷（28 起）之后居第三位，这也是巴基斯坦 1995—2012 年 18 年间年度立案最高的一年。

在 48 个 WTO 成员启动的 254 起保障措施调查中，发达成员 15 个，共 54 起，占全球保障措施调查总数的 21. 3%；转型经济体 4 个，共 17 起，占比 6. 7%；发展中成员 29 个，共 183 起，占比 72. 0%。在启动保障措施调查的 29 个发展中成员中，印度（29 起）居首位。但近年来，印度尼西亚启动的保障措施调查数快速增加，年度立案甚至超过印度。1995—2009 年，印度尼西亚共启动 5 起保障措施调查；2010 年，印度尼西亚启动 7 起，列居当年各成员之首；2011 年启动 4 起，虽比 2010 年有所下降，但仍位居各成员之首；2012 年启动 7 起，列居当年各成员之首。

四、东盟启动反倾销调查近年频率有所下降，2012 年保障措施调查创历史新高

目前，东盟 10 个成员国均已加入 WTO。其中，启动贸易救济调查的成员国有 5 个，分别是印度尼西亚、菲律宾、马来西亚、泰国和越南，共启动 229 起反倾销调查和 38 起保障措施调查，分别占全球反倾销和保障措施调查总数的 5. 4% 和 15. 0%。

在东盟启动的 229 起反倾销调查中，2004 年之前是东盟启动反倾销调查的高峰期，共启动 131 起，年均约 15 起；2004—2012 年，共启动 98 起，年均约 11 起（图 1－6）。其中，2002 年，东盟启动 31 起，是截至 2012 年单年反倾销新立案最高的一年，占当年全球反倾销案件总数的 9. 8%。但从占当年全球反倾销案件总数的比重来看，2011 年最高，为 11. 4%；2012 年略有下降，为 11. 1%，比 2011 年

降低了0.3个百分点。

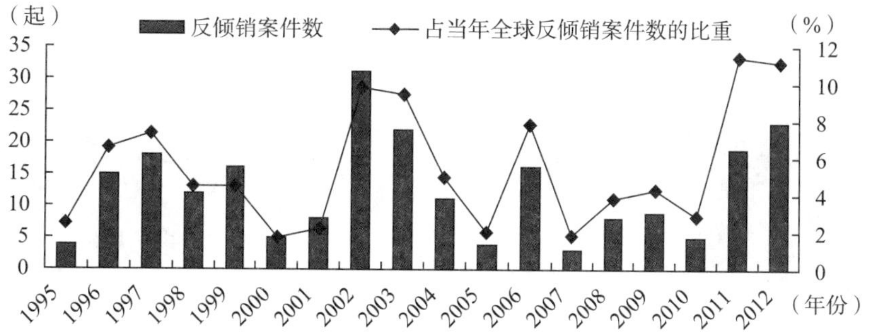

图1－6　1995—2012年东盟对华反倾销立案及其占当年全球反倾销案件总数比重年度分布情况

在东盟启动的38起保障措施调查中，2008年之后是东盟保障措施调查的高峰期。1995—2007年，东盟共启动10起保障措施调查，年均不足1起；2008—2012年，东盟共启动28起，年均约6起（图1－7）。其中，2012年为10起，创历史新高。但从占当年全球保障措施立案的比重来看，2011年达到45.5%，是历年中最高的。

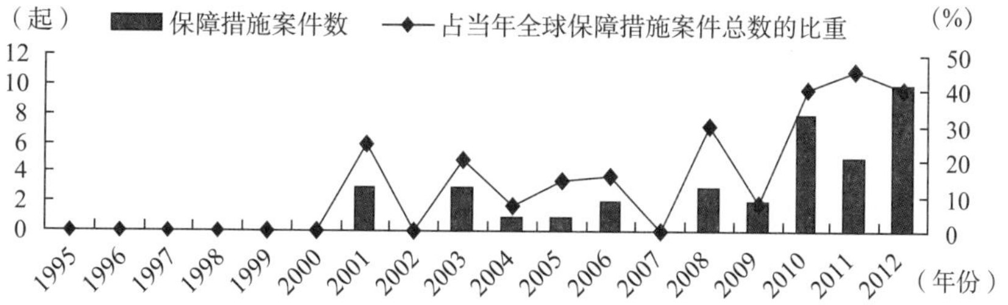

图1－7　1995—2012年东盟启动的保障措施及其占当年全球保障措施案件总数的比重年度分布情况

五、被诉国集中，中国连续18年成为全球反倾销的最大受害者，连续7年成为全球反补贴的最大受害者

1995—2012年，47个WTO成员启动的4230起反倾销调查共涉及103个国家（地区）。其中，中国是反倾销措施的最大受害者，共遭受916起反倾销调查，占同期反倾销案件总数的21.7%，高出位居第二的韩国14.5个百分点；其次是韩国，为306起，占比7.2%；美国位居第三，为244起，占比5.8%；中国台湾列第四位，为234起，占比5.5%；泰国位居第五，为174起，占比4.1%（图1－8）。上述5个国家（地区）遭受的反倾销调查占同期全球反倾销案件总数的44.3%，被调查对象相对集中也成为全球反倾销调查的特点之一。

同期，WTO成员启动的302起反补贴调查共涉及44个国家（地区）。其中，中国是反补贴调查最大的受害者，共遭受62起反补贴调查，占同期反补贴案件总数的20.5%，这是中国首次成为全球反补贴调查的最大受害者（此前为印度）；其次是印度，为55起，占比18.2%；韩国位居第三，为19起，占比6.3%；印度尼西亚居第四位，为16起，占比5.3%；美国位居第五，为15起，占比5.0%（图1－9）。上述5个国家（地区）遭受的反补贴调查占全球反补贴案件总数的55.3%。

从以上数据可以看出，尽管反倾销、反补贴调查涉及的国家（地区）多达100多个，但真正遭反倾销、反补贴调查“重创”的仍集中在中国、印度、韩国等少数国家（地区）。而从被诉国（地区）集中度看，反补贴大于反倾销。

自1995年WTO成立以来，中国出口商品已连续18年成为各成员反倾销调查的重点，且近年来尤

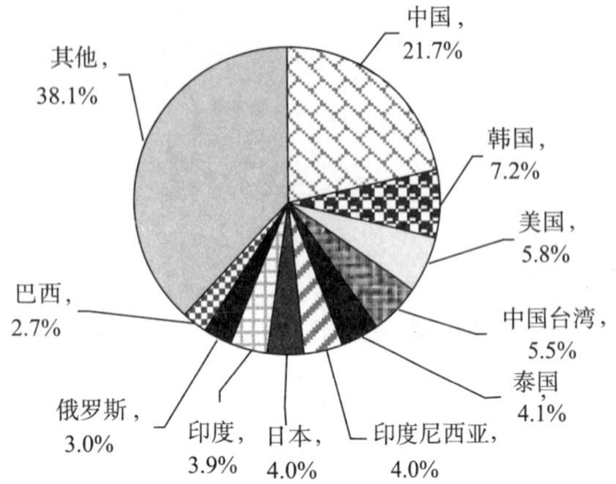

图 1－8 1995—2012 年各国（地区）遭受反倾销调查分布情况

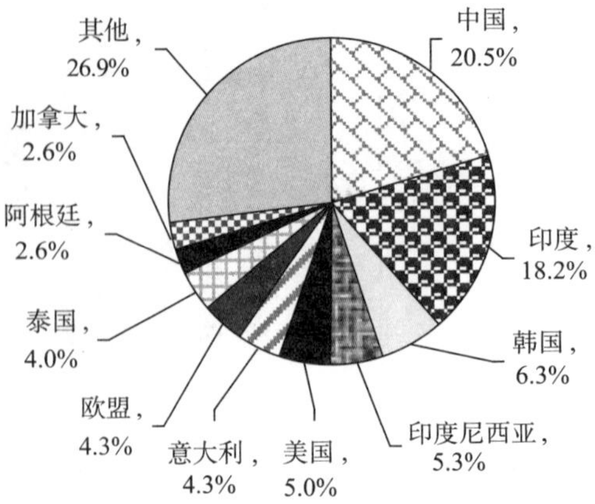

图 1－9 1995—2012 年各国（地区）遭受反补贴调查分布情况

为突出。2003 年之前，全球对华反倾销案件数占当年全球反倾销案件总数之比在 12% ～19% 之间波动；但 2003 年之后，这一占比超过 20%，并于 2007 年达到 37.6%，是 1995 年以来最高。

值得关注的是，尽管我国 2004 年首次遭遇反补贴调查，但至 2012 年，我国遭遇的反补贴调查总数超过 1995—2012 年印度遭遇的反补贴调查总数，列居各国之首。在短短 9 年间，我国遭遇反补贴调查的增速远远超过其他 43 个国家（地区）。

六、涉案行业集中，全球贸易救济调查侧重于贱金属制品和化工产品①

1995—2012 年，在 WTO 成员启动的 4230 起反倾销调查中，涉及贱金属及其制品（第 15 类）的案件数居首位，共 1181 起，占反倾销案件总数的 27.9%；其次是化工产品（第 6 类），为 858 起，占比 20.3%；橡胶、塑料及其制品（第 7 类）位居第三，为 553 起，占比 13.1%（图 1－10）。涉及上述 3 个类别的反倾销案件占反倾销案件总数的 61.3%。

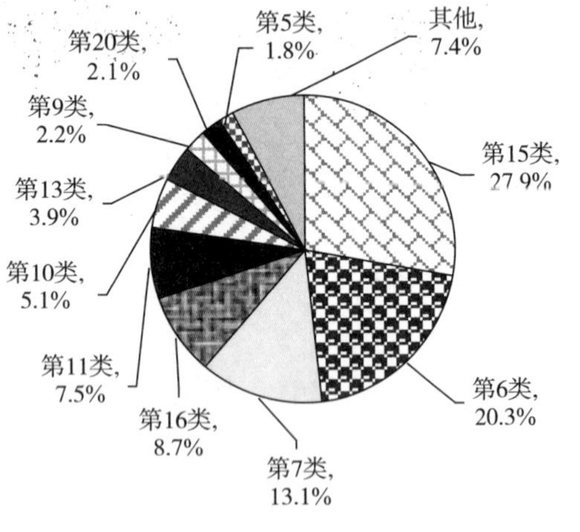

图 1－10 1995—2012 年全球反倾销调查涉案产品类别分布情况

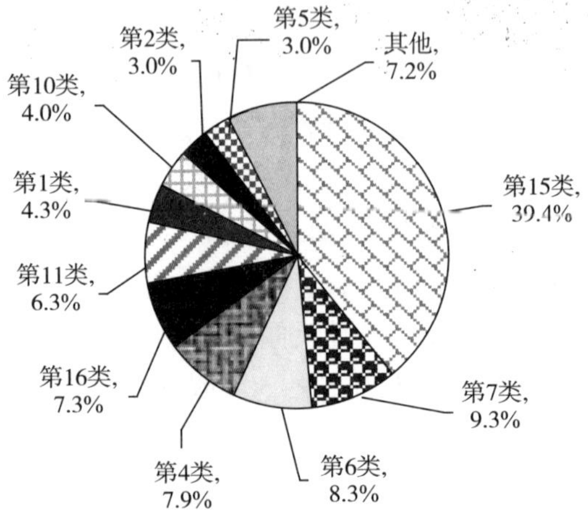

图 1－11 1995—2012 年全球反补贴调查涉案产品类别分布情况

同期，在 WTO 成员启动的 302 起反补贴调查中，涉及贱金属及其制品（第 15 类）的案件数高居

① 本报告中提及的第 1、2……类参见附表 1WTO 产品分类标准表。

首位，共119起，占比39.4%；其次是橡胶、塑料及其制品（第7类），为28起，占比9.3%；化工产品（第6类）位居第三，为25起，占比8.3%（图1－11）。涉及上述3个类别的反补贴案件占反补贴案件总数的57.0%。

同期，在WTO成员启动的254起保障措施调查中，涉及化工产品（第6类）的案件数居首位，共43起，占比16.9%；其次是贱金属及其制品（第15类），为42起，占比16.5%；位居第三的是陶瓷产品，玻璃及其制品等（第13类），为23起，占比9.1%（图1－12）。涉及上述3个类别的保障措施案件占保障措施案件总数的42.5%。

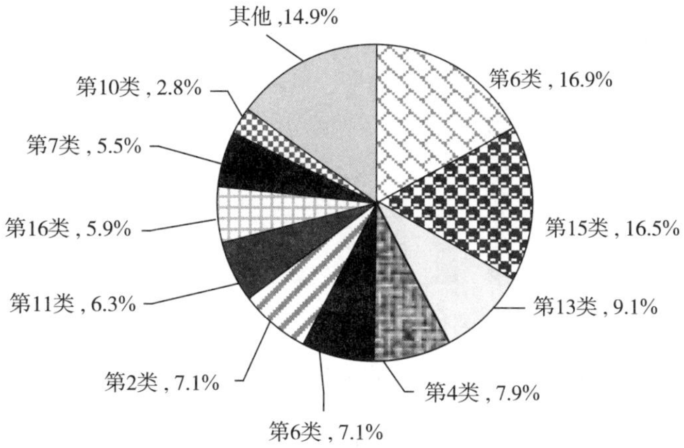

图1－12　1995—2012年全球保障措施调查涉案产品类别分布情况

第二节　主要国家（地区）贸易救济案件的特点及走势

美　国

据WTO统计，1995—2012年，美国共启动598起贸易救济调查，占全球贸易救济调查总数的12.5%，在全球启动贸易救济调查的55个成员中仅次于印度居第二位。其中，反倾销469起；反补贴119起；保障措施10起。同期，美国共遭遇244起反倾销调查和15起反补贴调查。

一、在WTO成员中，美国与欧盟同属发起反倾销调查的“第二集团”，2012年启动的反倾销调查在WTO成员中并列第六位

1995—2012年，美国共启动469起反倾销调查，占全球反倾销调查总数的11.1%，在46个启动反倾销调查的WTO成员中仅次于印度（677起），列居第二位；实施反倾销措施312起，占美国反倾销立案总数的66.5%，2012年新增7起。可以说，在截至2012年底发起反倾销调查的47个WTO成员中，美国与欧盟同属“第二集团”。根据发起反倾销调查的案件数对WTO成员进行划分，可以看出，印度以超出位居第二的美国208起的“绝对优势”稳居“第一集团”；美国和欧盟分别以469起和451起位于“第二集团”；阿根廷、巴西、澳大利亚、南非和中国同属“第三集团”，所发起的反倾销调查数均在200起以上，其中阿根廷与欧盟相比，启动反倾销调查的差距为148起。

同期，美国共遭遇244起反倾销调查，占全球反倾销调查总数的比重为5.8%，相当于其发起的反倾销调查的一半，在103个遭遇反倾销调查的国家（地区）中位居第三，仅次于中国（916起）和韩

国（306 起）。

1. 美国发起的反倾销调查在 2010 年降至谷底，此后逐步回升

从美国启动反倾销调查的年度情况来看，美国提起反倾销调查的峰值出现在 2001 年，77 起，占当年全球反倾销调查总数的 20.7%，之后总体呈现降势；最低值出现在 2010 年，3 起，占当年全球反倾销调查总数的比重仅为 1.7%，2011 和 2012 年，美国提起的反倾销调查分别回升至 15 起和 11 起。但总体来看，2010—2012 年的年均发案数仅为 9.7 起，大大低于 1995—2012 年 26.1 起/年的发案频率。1995—2012 年，美国提起反倾销调查少于 10 起的年份仅有 2010 和 2006 年（8 起）（图 1－13）。

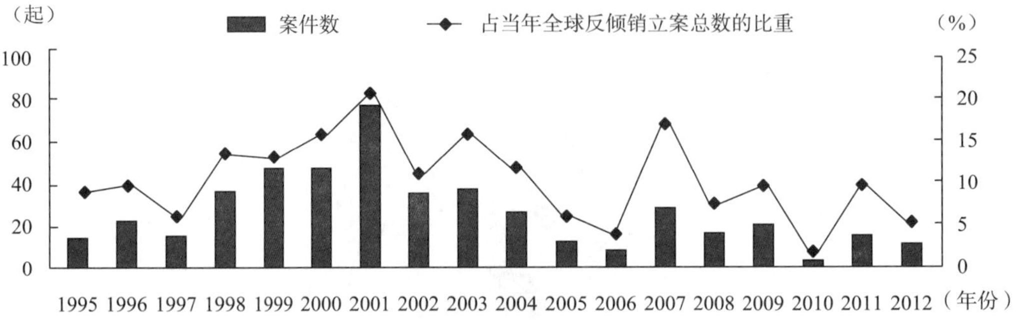

图 1－13 1995—2012 年美国反倾销立案及各年在全球反倾销立案总数中占比情况

需要指出的是，美国反倾销立案的下降并不意味着美国放松了对进口产品的限制力度。从近年来美国与各国的贸易摩擦来看，美国使用技术性贸易壁垒、知识产权壁垒、货币汇率等手段的频率明显上升。以美国 337 调查为例，2000—2012 年的 13 年间，美国共发起 337 调查 397 起，年均约 33 起；而 1972—1999 年的 28 年间，美国共发起 337 调查 428 起，年均约 15 起，还不到 2000—2011 年的一半。

中国是美国反倾销调查的主要对象。1995—2012 年，美国启动的 469 起反倾销调查共涉及 55 个国家（地区）。其中，涉及中国的 112 起，约是位居第二的日本的 3.4 倍，占美国反倾销立案总数的 23.9%，位居各国之首；其次是日本，为 33 起，占比 7.0%；位居第三的是韩国，为 32 起，占比 6.8%；中国台湾位居第四，24 起，占比 5.1%；居第五位的是印度，为 23 起，占比 4.9%（图 1－14）。涉及上述 5 个被诉方的反倾销案件之和占美国反倾销立案总数的 47.8%。

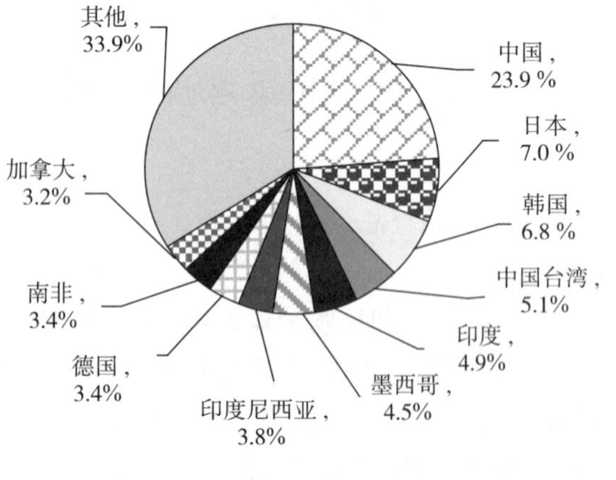

图 1－14 1995—2012 年美国反倾销立案按被诉方国别（地区）分布情况

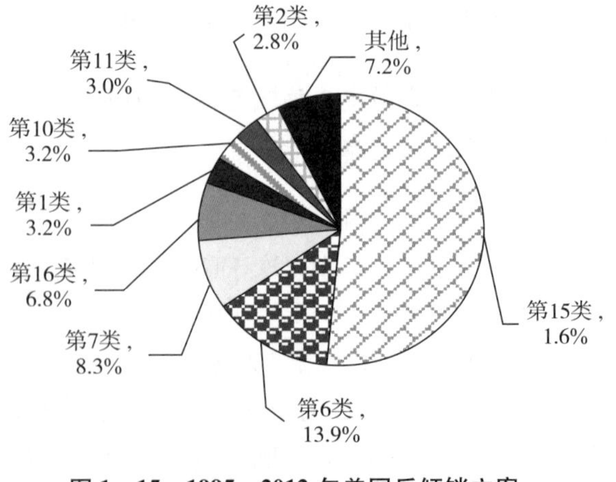

图 1－15 1995—2012 年美国反倾销立案按涉案产品类别分布情况

美国反倾销调查的涉案产品一半以上为贱金属及其制品。1995—2012 年，美国发起的 469 起反倾

销调查共涉及海关编码税则中的14个类别。其中，涉及贱金属及其制品（第15类）的案件最多，共242起，占美国反倾销立案总数的51.6%；其次是化工产品（第6类），为65起，占比13.9%；位居第三的是橡胶、塑料及其制品（第7类），39起，占比8.3%（图1-15）。涉及上述3个类别的案件数之和占美国反倾销立案总数的73.8%。

2. 美国被诉反倾销调查总体趋缓，2012年同比下降18.2%

1995—2012年，美国共被诉反倾销调查共244起，采取最终反倾销措施的145起，占美国被诉反倾销调查总数的59.4%，2012年新增9起。从年度情况来看，美国被诉反倾销调查总体波动不大。其中，被诉反倾销调查最多的是1996年和2003年，均为21起；最少的是2007年，7起；最高值与最低值之间的差距为14起。除2007年外，美国被诉反倾销调查少于10起的年份还有2008年（8起）和2012年（9起）。2008—2012年，美国被诉反倾销调查的峰值出现在2010年，19起，此后逐步下降，从而使得该时期的美国被诉案件走势呈现出一个倒“V”形（图1-16）。从图1-16可以看出，1995—2002年，美国被诉的反倾销调查年度走势自1996年达到峰值后总体趋于缓慢下降之势；2003—2007年的总体走势与1995—2002年类似，呈现自峰值到最低值的缓慢降势；2008年则开始了新一轮的波动周期。

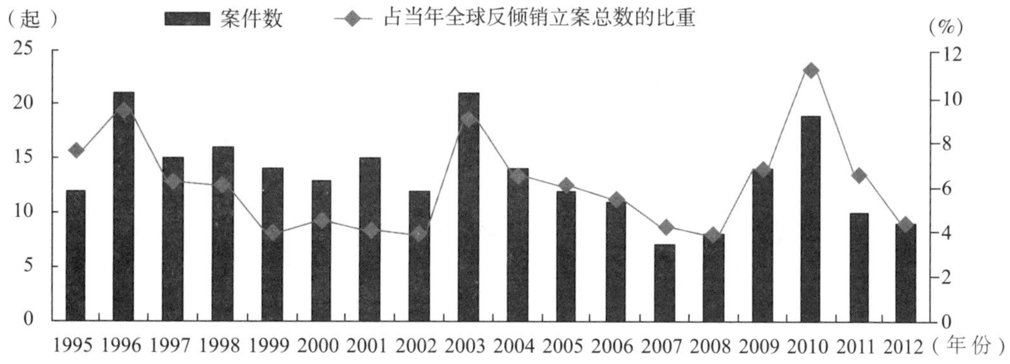

图1-16 1995—2012年美国被诉的反倾销调查及各年在全球反倾销立案总数中占比情况

美国反倾销调查的主要申诉方是中国、巴西和印度。1995—2012年，在对美国发起反倾销调查的26个WTO成员中，中国和巴西居首位，对美国发起的反倾销调查均为36起，分别占美国遭遇的反倾销调查总数的14.8%；其次是印度，35起，占比14.3%；位居第三的是墨西哥，为27起，占比11.1%（图1-17）。上述4个国家对美国启动的反倾销调查之和占美国被诉的反倾销调查总数的54.9%。

美国被诉反倾销调查的涉案产品主要为化工产品以及橡胶、塑料制品。1995—2012年，美国被诉的244起反倾销调查共涉及海关编码税则中的17个类别。其中，涉及化工产品（第6类）的案件高居首位，共99起，占比40.6%；其次是橡胶、塑料及其制品（第7类），52起，占比21.3%；纸、纸板及其制品（第10类）和贱金属及其制品（第15类）并列第三位，各16起，分别占比6.6%（图1-18）。涉及上述4个类别的反倾销案件之和占美国被诉的反倾销调查总数的比重为75%。

二、全球近四成的反补贴调查由美国发起，是欧盟的近两倍

1995—2012年，美国共启动119起反补贴调查，占全球反补贴调查总数的39.4%，在21个启动反补贴调查的WTO成员中高居首位；而美国同期被诉的反补贴调查仅15起，占比5.0%，在44个被诉反补贴调查的国家（地区）中位居第五。美国发起的反补贴调查约是其被诉的反补贴调查的7.9倍。

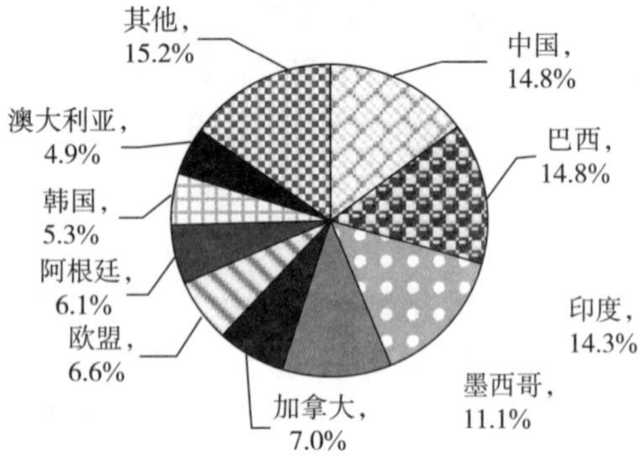

图 1-17 1995—2012 年美国被诉的反倾销调查按申诉方国别（地区）分布情况

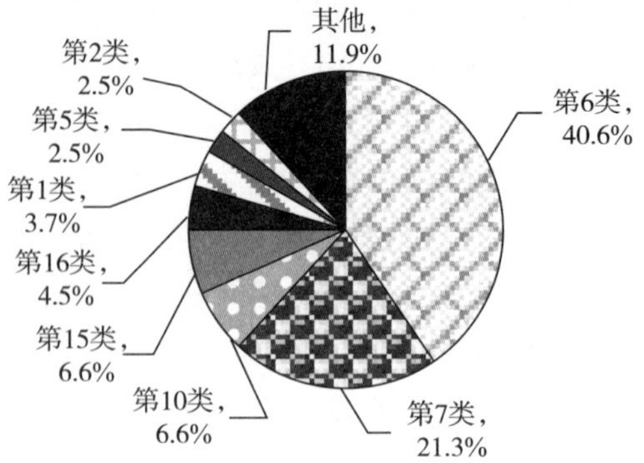

图 1-18 1995—2012 年美国被诉的反倾销调查按涉案产品类别分布情况

1. 美国发起的反补贴调查，2005 年之前以 2001 年为峰值，之后则以 2009 年为峰值

1995—2012 年，美国启动了 119 起反补贴调查，采取最终反补贴措施的 75 起，占美国反补贴调查总数的 63.0%。从年度占比情况看，美国启动的反补贴调查仅在 1996 年（14.3%）、1999 年（26.8%）和 2012 年（21.7%）在当年全球反补贴调查总数中的占比低于 30%，也就是说，除这 3 年外，全球反补贴调查中至少有三成是由美国发起的，其中 2001 和 2007 年的占比高达 66.7% 和 63.6%。从数据上看，2005 年之前，美国启动反补贴调查的峰值在 2001 年（18 起），即 1999 年金融危机后的第二年；2005—2012 年，美国启动反补贴调查的峰值出现在 2009 年（14 起），即 2008 年金融危机后的第一年（图 1-19）。

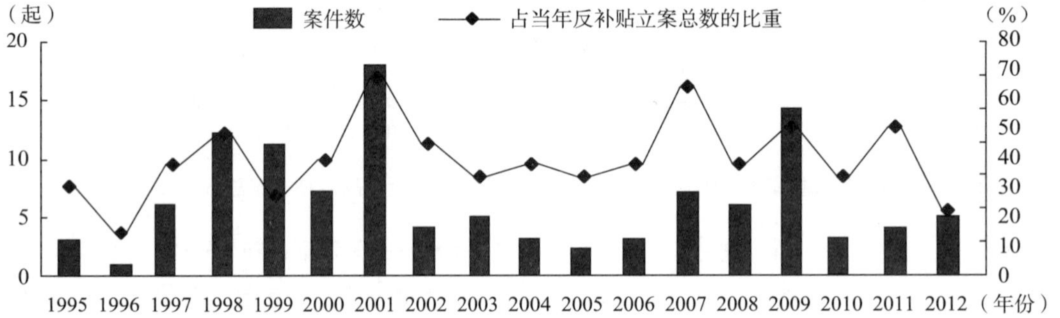

图 1-19 1995—2012 年美国反补贴立案及各年在全球反补贴立案总数中占比情况

美国反补贴调查的对象近一半涉及中、印、韩三国，尤以中国为甚。1995—2012 年，美国共对 27 个国家（地区）启动了 119 起反补贴调查。其中，涉及中国的案件高居首位，共 33 起，约是位居第二的印度的 2.4 倍，占美国反补贴调查总数的 27.7%；其次是印度，14 起，占比 11.8%；位居第三的是韩国，10 起，占比 8.4%；加拿大居第四位，8 起，占比 6.7%；印度尼西亚以 7 起居第五位，占比 5.9%（图 1-20）。美国对中国、印度和韩国启动的反补贴调查之和占美国反补贴调查总数的 47.9%。

涉案产品主要是贱金属及其制品。1995—2012 年，美国启动的 119 起反补贴调查共涉及海关编码税则中的 13 个类别。其中，涉及贱金属及其制品（第 15 类）的案件数高居首位，共 62 起，占美国反补贴立案总数的 52.1%，是位居第二的化工产品和机械设备的 6.2 倍；化工产品（第 6 类）和机械设备（第 16 类），各 10 起，分别占比 8.4%；位居第三的是纸、纸板及其制品（第 10 类），共 8 起，占比 6.7%（图 1-21）。涉及上述 4 个类别的案件之和占美国反补贴立案总数的 75.6%。

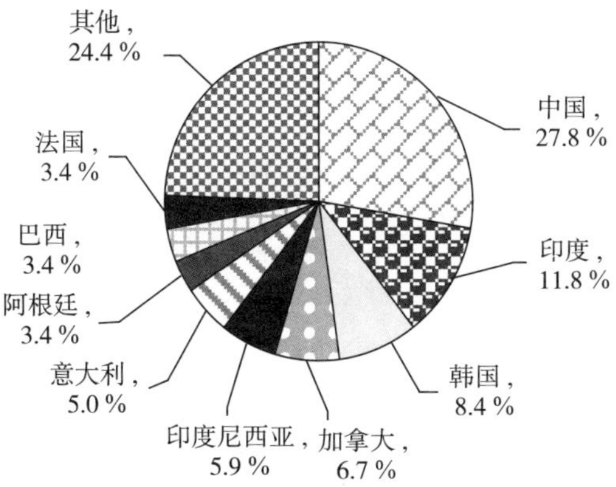

图 1－20 1995—2012 年美国反补贴立案被诉方国别（地区）分布情况

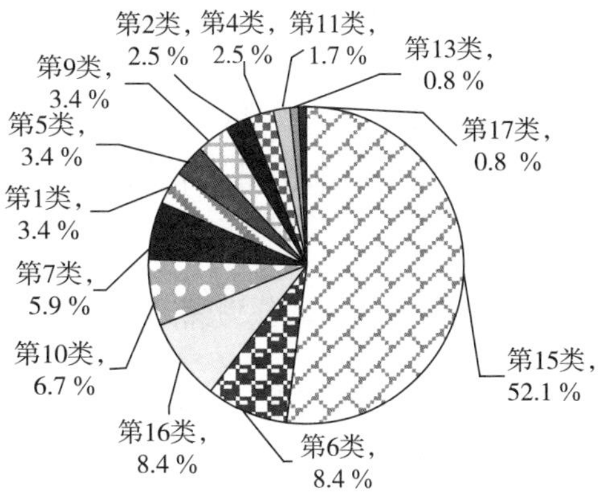

图 1－21 1995—2012 年美国反补贴立案按涉案产品类别分布情况

2. 美国被诉反补贴调查主要集中于 2007—2012 年

1995—2012 年，美国被诉的反补贴调查共 15 起，年均不足 1 起，2012 年新增 2 起；采取最终反补贴措施的 7 起，占美国遭遇的反补贴调查总数的 46.7%。其中，1995—2006 年的 12 年中，美国在 1995、1999、2000 和 2005 年被诉的反补贴调查仅 4 起；2007—2012 年，美国共被诉 11 起反补贴调查，2009 年达到峰值（4 起）（图 1－22）。

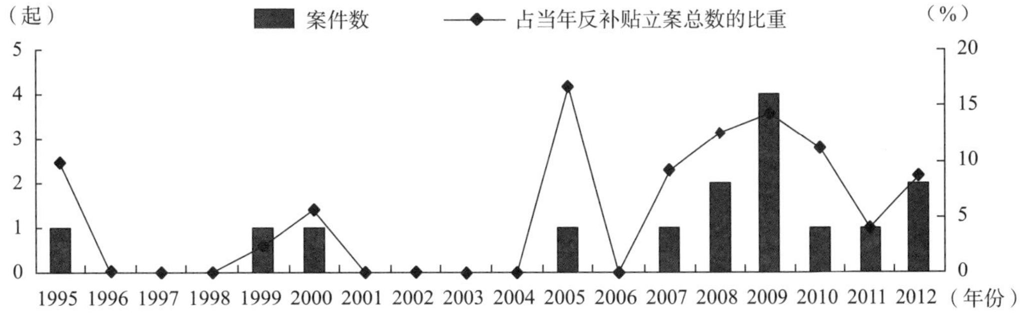

图 1－22 1995—2012 年美国被诉的反补贴调查及各年在全球反补贴立案总数中占比情况

美国被诉反补贴调查的发起方主要有中国、加拿大、欧盟和秘鲁等。1995—2012 年，共有 6 个 WTO 成员对美国发起过反补贴调查，其中中国最多，共 4 起，占比 26.7%；加拿大、欧盟和秘鲁并列第二，均为 3 起，各占比 20%；还有 2 起则分别由澳大利亚和智利发起（图 1－23）。

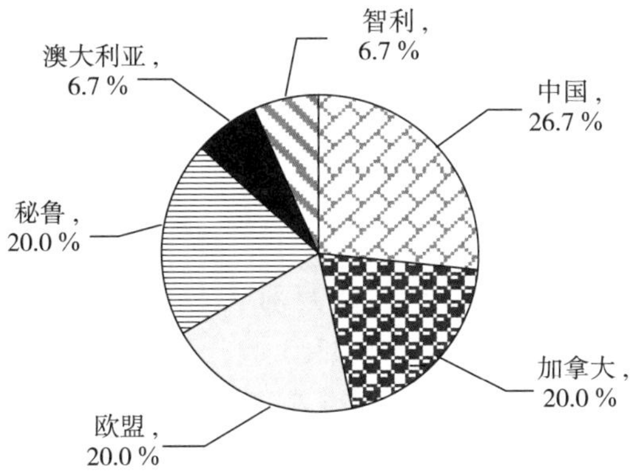

图 1－23 1995—2012 年美国被诉的反补贴调查按申诉方国别（地区）分布情况

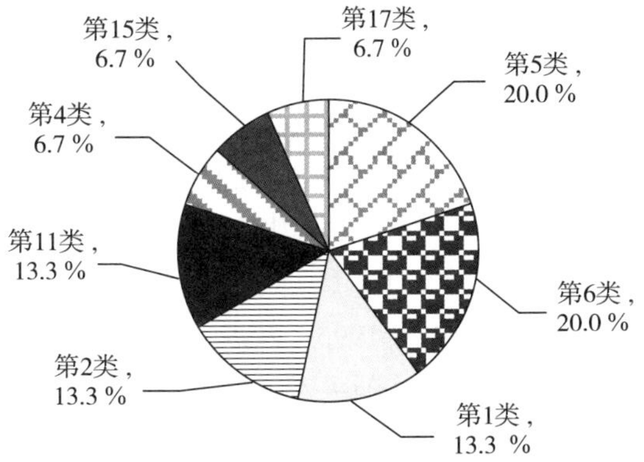

图 1－24 1995—2012 年美国被诉的反补贴调查按涉案产品类别分布情况

美国被诉反补贴调查共涉及海关编码税则中的 8 个类别，其中涉及矿产品和化工产品的调查相对较多。在美国遭遇的 15 起反补贴调查中，涉及矿产品（第 5 类）和化工产品（第 6 类）的案件均为 3 起，各占比 20%；动物及动物产品（第 1 类）、植物产品（第 2 类）、纺织品（第 11 类）的案件均为 2 起；涉及食品，饮料、酒类及醋，烟草及烟草替代品（第 4 类），贱金属及其制品（第 15 类），车辆、航空器、船舶及有关运输设备（第 17 类）的案件均为 1 起（图 1－24）。

三、美国近 10 年来未启动任何保障措施调查

与反倾销和反补贴措施相比，美国很少启动保障措施调查。1995—2012 年，美国共启动 10 起保障措施调查，占全球保障措施立案总数的 3.9%，在全球启动保障措施调查的 48 个 WTO 成员中，与乌克兰并列第六位。需要指出的是，美国启动的这 10 起保障措施调查集中于 1995—2001 年；2002—2012 年，美国未启动过任何保障措施调查。

从 1995—2001 年美国保障措施涉及的产品来看，涉及植物产品（第 2 类）、贱金属及其制品（第 15 类）的案件最多，均为 3 起；其余 4 起分别涉及动物及动物产品（第 1 类），食品，饮料、酒类及醋，烟草及烟草替代品（第 4 类），塑料、橡胶及其制品（第 7 类）和杂项制品（第 20 类）。

欧　盟

据 WTO 统计，1995—2012 年，欧盟共启动 523 起贸易救济调查，占全球贸易救济调查总数（4786 起）的 10.9%，在全球启动贸易救济调查的 56 个成员中居第三位。其中，启动反倾销调查 451 起，反补贴调查 67 起，保障措施调查 5 起。同期，欧盟被诉 92 起反倾销调查和 13 起反补贴调查。

一、欧盟发起的反倾销调查居全球第三位，与美国同属“第二集团”

1995—2012 年，欧盟共启动了 451 起反倾销调查，在全球反倾销调查总数中的占比约为 10.7%，比 2011 年时（1995—2011 年的占比为 10.9%）略降 0.2 个百分点，在 47 个启动反倾销调查的 WTO 成员中紧随印度和美国，位居第三。根据发起反倾销调查的数量对 WTO 成员进行划分后可以发现，印度以 677 起（超出美国 208 起，超出欧盟 226 起）位列首位，即发起反倾销调查的“第一集团”成员；美国和欧盟则分别以 469 起和 451 起位居发起反倾销调查的“第二集团”成员之列；阿根廷、巴西、澳大利亚、南非和中国发起的反倾销调查均在 200 起以上，同属“第三集团”成员。

同期，欧盟共被诉 92 起反倾销调查，占全球反倾销调查总数的 2.2%，在 103 个被诉反倾销调查的国家（地区）中列第十三位。从总体上看，欧盟启动的反倾销调查是其被诉反倾销调查的 5 倍。

1. 欧盟启动的反倾销调查总体趋降

1995—2012 年，欧盟共启动 451 起反倾销调查，采取最终反倾销措施的 285 起，占欧盟全球反倾销立案总数的 63.2%。从欧盟启动反倾销调查的年度情况来看，2003 年和 2007 年，欧盟启动的反倾销调查分别为 7 起和 9 起，是年度趋势中的 2 个最低值，可将其视为 2 个分界点对其发案趋势进行分析，即 2003 年之前的 1995—2002 年，欧盟共启动 266 起反倾销调查，年均 33.3 起；位于 2003 年和 2007 年低谷之间的 2004—2006 年，欧盟共启动 89 起反倾销调查，年均 29.7 起；2007 年之后的 2008—2012 年，欧盟共启动 80 起反倾销调查，年均 16 起。数据显示，欧盟启动的反倾销调查总体呈降势（图1－25），其中第二个时间段的年均发案数较第一个时间段下降了 10.8%；第三个时间段的年均发案数较第二个时间段下降了 46.1%，较第一个时间段下降了 52.0%。

中国是欧盟反倾销调查的最主要对象。1995—2012 年，欧盟启动的 451 起反倾销调查共涉及 55 个国家（地区）。其中，针对中国提起的反倾销案件高居首位，共 111 起，是位居第二的印度的约 3.3 倍，占欧盟反倾销立案总数的 24.6%，2012 年新增 4 起；其次是印度，共 34 起，2012 年新增 1 起，占比 7.5%；韩国位居第三，28 起，占比 6.2%，2012 年没有新增案件；居第四位的是中国台湾，25 起，占比 5.5%，2012 年新增 1 起；泰国位居第五，21 起，占比 4.7%，2012 年新增 1 起（图 1－26）。涉及上述 5 个被诉方的反倾销案件之和占欧盟反倾销立案总数的近一半（48.6%）。

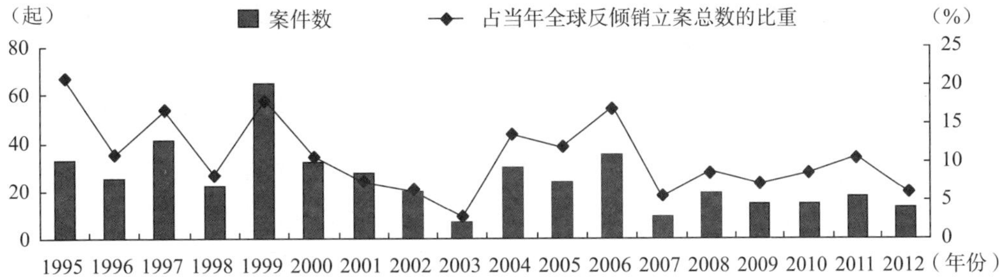

图 1－25　1995—2012 年欧盟反倾销新立案及其在当年全球反倾销立案总数中占比情况

欧盟反倾销调查的涉案产品中以贱金属及其制品居多。1995—2012 年，欧盟启动的 451 起反倾销调查共涉及海关编码税则中的 18 个类别。其中，涉及贱金属及其制品（第 15 类）的案件数高居首位，共 159 起，占欧盟反倾销立案总数的 35.3%，2012 年新增 9 起；其次是化工产品（第 6 类），共 84 起，占比 18.6%，2012 年没有新增案件；机械设备（第 16 类）位居第三，共 58 起，占比 12.9%，2012 年新增 1 起（图 1－27）。涉及上述 3 个类别的案件数之和占欧盟反倾销立案总数的 66.7%。

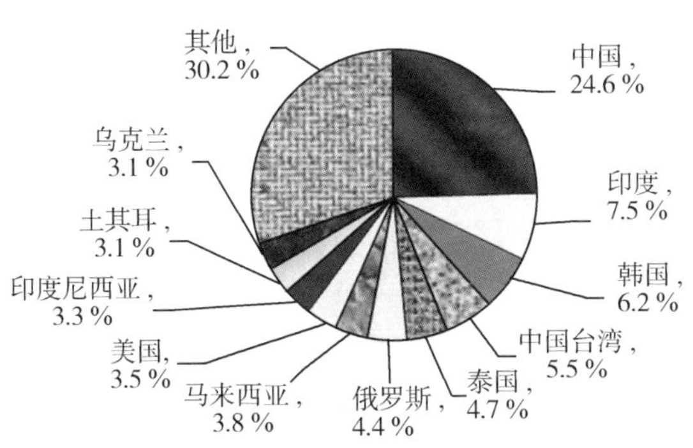

图 1－26　1995—2012 年欧盟反倾销立案被诉方国别（地区）分布情况

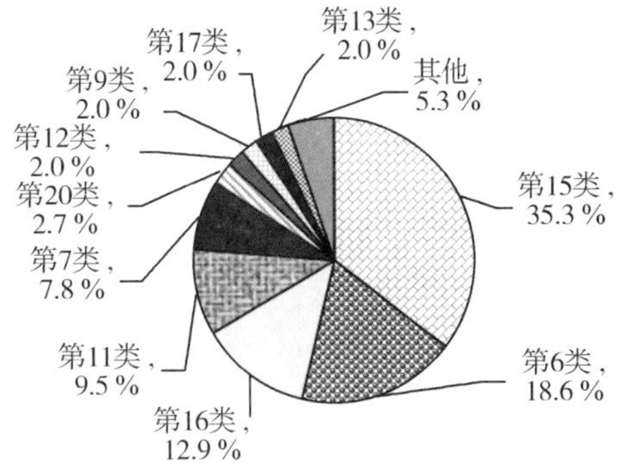

图 1－27　1995—2012 年欧盟反倾销立案按涉案产品分布情况

2. 欧盟被诉反倾销调查 2002 年和 2003 年达到峰值，2012 年同比略有回升，与年均水平基本持平

1995—2012 年，欧盟共被诉 92 起反倾销调查，年均 5.1 起；采取最终反倾销措施的 64 起，占欧盟遭遇的反倾销调查总数的 69.6%。从年度情况来看，欧盟遭遇的反倾销调查数在 2002 和 2003 年达到峰值，均为 10 起；此前的 1995—1998 年，欧盟遭遇的反倾销调查较少，处于年均水平以下，但增幅明显；1999 年开始，欧盟被诉的反倾销调查数一直在年均水平以上增长，并于 2002 年和 2003 年达到峰值；2004 年开始急剧下降，降幅达到 70%，此后除 2005 年回升至年均水平 5 起外，一直处于年均水平线下；2009 年，欧盟被诉的反倾销调查再次超出年均水平，达到 6 起，并于 2010 年达到 2004 年以来的峰值（9 起），在当年全球反倾销立案总数的比重则达到创纪录的 5.2%；2012 年，欧盟被诉的反倾销调查较 2011 年增加 2 起，再次达到年均水平（5 起）（图 1－28）。

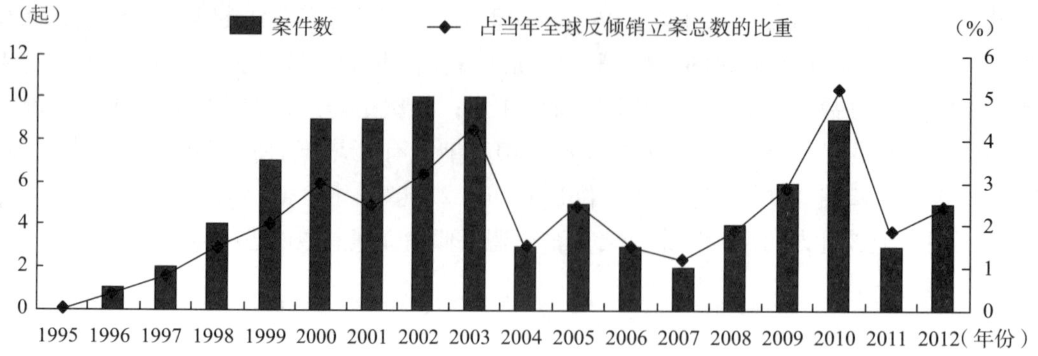

图 1－28　1995—2012 年欧盟遭遇的反倾销调查及各年在全球反倾销立案总数中占比情况

欧盟被诉反倾销调查主要由印度和中国发起。1995—2012 年，共有 11 个 WTO 成员对欧盟启动了 92 起反倾销调查。其中，印度对欧盟启动的反倾销调查最多，达 50 起，2012 年新增 2 起，占欧盟被诉的反倾销调查总数的 54.3%；其次是中国，20 起，占比 21.7%，2012 年新增 3 起；巴西位居第三，5 起，2012 年没有新增案件（图 1－29）。数据显示，在欧盟被诉的反倾销调查中，76.1% 是由印度和中国发起的，合计达 70 起。与 2011 年相比，2012 年新增的这 5 起反倾销调查也是由这两个国家发起的，其中中国 3 起，印度 2 起。

欧盟被诉反倾销调查中，一半以上的涉案产品为化工产品，另有近两成为橡胶、塑料及其制品。1995—2012 年，欧盟被诉的 92 起反倾销调查涉及海关编码税则中的 10 个类别。其中，涉及化工产品（第 6 类）的案件最多，共 51 起，占欧盟被诉的反倾销调查总数的 55.4%，2012 年新增 4 起；此外，涉及橡胶、塑料及其制品（第 7 类）的案件在欧盟被诉的反倾销调查中的占比也达到了近两成（17 起，18.5%）（图 1－30）。二者合计占欧盟被诉的反倾销调查总数的 73.9%。

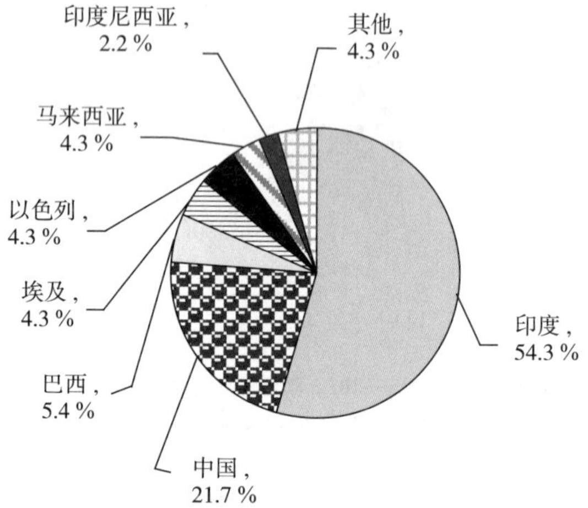

图 1－29　1995—2012 年欧盟被诉的反倾销调查按申诉方国别（地区）分布情况

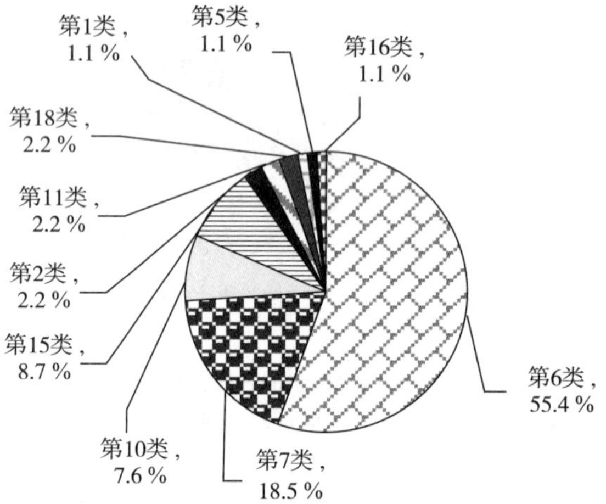

图 1－30　1995—2012 年欧盟被诉的反倾销调查涉案产品类别分布情况

二、除美国外，欧盟也是启动反补贴调查频率较高的 WTO 成员

1995—2012 年，欧盟共启动 67 起反补贴调查，占全球反补贴调查总数的 22.2%，2012 年新增 6 起，在全球 21 个启动反补贴调查的 WTO 成员中仅次于美国，居第二位；同期，欧盟被诉反补贴调查 13 起，占比 4.3%，2012 年新增 1 起，在 44 个被诉反补贴调查的国家（地区）中列第六位。需要指出的是，欧盟启动的反补贴调查是其被诉反补贴调查的 5.2 倍。

1. 欧盟2012年启动的反补贴调查达到2000年以来的最高值，与加拿大并列成为当年发起反补贴调查最多的WTO成员

1995—2012年，欧盟共启动67起反补贴调查，采取最终反补贴措施的30起，占欧盟反补贴立案总数的44.8%。欧盟启动反补贴调查的峰值出现在1999年，达到19起，占当年全球反补贴调查总数的46.3%。此后，欧盟启动反补贴调查的频率急剧下降，2000年没有启动反补贴调查，2001、2009和2012年，欧盟启动的反补贴调查均为6起，亦成为2000年以来欧盟启动反补贴调查的最高值。2005年，尽管欧盟启动的反补贴调查仅为3起，但已占到当年全球反补贴调查总数的50%。2012年，在全球发起的23起反补贴调查中，欧盟与加拿大发起的反补贴调查并列第一，均为6起，占比26.1%，其次为美国（5起）（图1－31）。

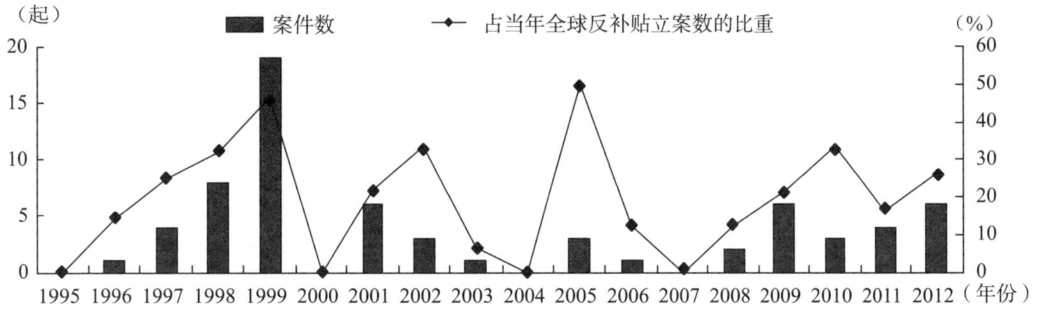

图1－31　1995—2012年欧盟反补贴立案及各年在全球反补贴立案总数中占比情况

2008年金融危机以来至2012年，全球共有12个成员启动101起反补贴调查，占全球1995—2012年302起反补贴调查总数的1/3（33.4%），年均发案20.2起。其中，美国以37起高居首位，占该时期全球反补贴调查总数的36.6%；其次是欧盟，21起，占比20.8%；加拿大位居第三，13起，占比12.9%；其余还包括澳大利亚，7起；中国，6起；巴西，4起；秘鲁和墨西哥，各3起；巴基斯坦和南非，各2起；印度和土耳其，各1起。由此可见，后金融危机时期，全球反补贴调查的主要发起方仍是美国、欧盟、加拿大、澳大利亚等发达国家（地区），尤其是美国和欧盟，占比近六成（57.4%）；发展中国家中，中国和巴西是主要发起方，占比近一成（9.9%）。

欧盟近三成的反补贴调查针对印度发起。1995—2012年，欧盟启动的67起反补贴调查共涉及20个国家（地区）。其中，针对印度发起的反补贴调查达19起，高居首位，是位居第二的韩国的2.7倍，占欧盟启动的反补贴调查总数的28.4%，2012年新增1起；其次是韩国，7起，占比10.4%，2012年没有新增案件；中国台湾位居第三，6起，占比9.0%，2012年没有新增案件；中国、泰国和印度尼西亚位居第四，均为5起，各占比7.5%（图1－32），其中2012年对中国新增3起反补贴调查。欧盟对上述6个国家（地区）发起的反补贴调查占欧盟反补贴调查立案总数的70.1%。

与反倾销调查情况类似，贱金属及其制品也是欧盟反补贴调查的重点。1995—2012年，欧盟启动的67起反补贴调查共涉及海关编码税则中的10个类别。其中，涉及贱金属及其制品（第15类）的案件最多，共19起，占欧盟反补贴调查总数的28.4%，2012年新增2起；其次是橡胶、塑料及其制品（第7类），16起，占比23.9%，2012年没有新增案件；位居第三的是纺织品（第11类），10起，占比14.9%（图1－33）。涉及上述3个类别的案件数之和占欧盟反补贴立案总数的67.2%。此外，在欧盟发起的反补贴调查中，涉及矿产品（第5类）的案件2012年新增3起。

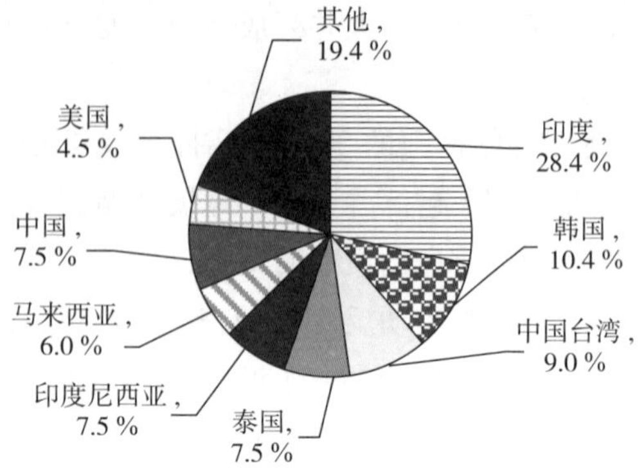

图 1－32　1995—2012 年欧盟反补贴立案按被诉方国别（地区）分布情况

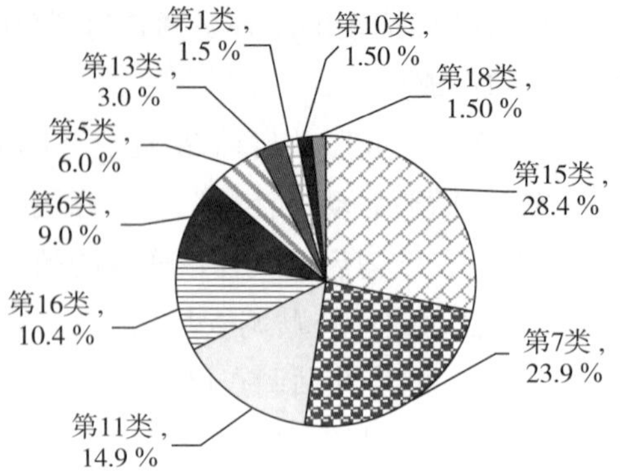

图 1－33　1995—2012 年欧盟反补贴立案按涉案产品类别分布情况

2. 欧盟年均被诉反补贴调查仅 0.7 起

1995—2012 年，欧盟被诉反补贴调查共计 13 起，占全球 302 起反补贴调查总数的 4.3%，年均仅 0.7 起；采取最终反补贴措施的 11 起，占欧盟被诉的反补贴调查总数的 84.6%。从年度情况看，欧盟被诉反补贴调查最多的是 1995 年，共 3 起，占当年全球 10 起反补贴调查总数的 30%；此后欧盟除 2003 年被诉了 2 起反补贴调查外，仅在 1996—1999 年、2002 年、2009—2010 年以及 2012 年各被诉了 1 起反补贴调查，其余年份未被诉反补贴调查（图 1－34）。

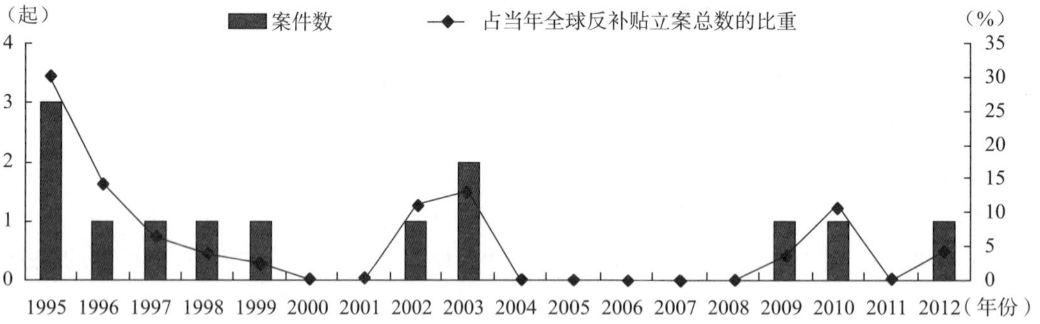

图 1－34　1995—2012 年欧盟被诉的反补贴调查及各年在全球反补贴立案总数中占比情况

针对欧盟提起反补贴调查的国家较为分散。1995—2012 年，共有 10 个 WTO 成员对欧盟发起 13 起反补贴调查。其中，阿根廷、秘鲁和中国各 2 起；加拿大、智利、埃及、以色列、墨西哥、新西兰和委内瑞拉各 1 起。2012 年，仅中国对欧盟提起了 1 起反补贴调查，即 2012 年 11 月 1 日，中国对欧盟太阳能级多晶硅的反补贴调查，该案目前正处于调查阶段。

从涉案行业来看，近一半涉及食品，饮料、酒及醋；烟草、烟草及烟草代用品的制品（第 4 类）。1995—2012 年，针对欧盟的 13 起反补贴调查共涉及海关编码税则中的 5 个类别。其中，近一半的调查（6 起，占比 46.2%）涉及第 4 类（食品，饮料、酒及醋；烟草、烟草及烟草代用品的制品）；其次是第 3 类（动、植物油、脂及其分解产品；精制的食用油脂；动、植物蜡），3 起，占比 23.1%；位居第三的是第 2 类（植物产品），2 起；此外还涉及第 1 类（活动物，动物产品），以及第 6 类（化工产品）。其中，2012 年新增的 1 起对欧盟反补贴调查的涉案行业即为第 6 类。

三、与反倾销和反补贴措施相比，欧盟运用保障措施的频率极低

1995—2012 年，欧盟共启动 5 起保障措施调查，在全球 254 起保障措施调查中仅占比 2.0%，在 48 个启动保障措施调查的 WTO 成员中列居第十位。

2002—2005年及2010年，欧盟分别对钢铁、柑橘罐头、养殖鲑鱼、冷冻草莓和数据卡启动了1起保障措施调查，分别涉及海关编码税则的第15类（贱金属及其制品）、第4类（食品，饮料、酒及醋；烟草、烟草及烟草代用品的制品）、第1类（活动物，动物产品）、第2类（植物产品）以及第16类（机械设备），各1起。

印 度

据WTO统计，1995—2012年，印度共启动707起贸易救济调查，在全球4786起贸易救济调查中的占比为14.8%，居首位。其中，反倾销677起，反补贴1起，保障措施29起。同时，印度共被诉166起反倾销调查和55起反补贴调查。2012年，印度共启动22起贸易救济调查，其中反倾销21起，保障措施1起，未启动反补贴调查；被诉10起反倾销调查，2起反补贴调查。

一、印度发起的反倾销调查居首位，在全球反倾销调查总数中占比近两成

1995—2012年，印度启动的677起反倾销调查在全球4230起反倾销调查总数中的占比达到近两成（16.0%），在47个启动反倾销调查的WTO成员中居首位；采取最终反倾销措施508起，占印度反倾销立案总数的75.0%。同时，印度共被诉166起反倾销调查，占全球反倾销调查总数的3.9%，在103个被诉反倾销调查的国家（地区）中列居第七位（印度尼西亚和日本以171起并列位居第六）。总体上看，印度启动的反倾销调查是其被诉反倾销调查的4倍。

1. 印度反倾销立案近年在全球反倾销调查中的占比呈降势

从立案数上看，1995—2012年，印度反倾销调查年均立案达到37.6起，峰值出现在2002年，共81起，占当年全球315起反倾销调查总数的25.7%。也就是说，当年全球1/4的反倾销调查由印度发起；其次为2001年，79起；列第三位的是1999年，64起。2002年之后，印度启动反倾销调查的高峰出现在2008年，55起，占当年全球213起反倾销调查总数的25.8%；其次是2007年，47起。从占全球反倾销调查总数的比重上看，年均为15.7%，峰值出现在2007年，占比达到28.5%，即全球近1/3的反倾销调查由印度发起；其次是2008年，如上文所述，占比达到25.8%。此后，除2010年的立案和占比（41起，占比23.8%）超出年均水平外，2009、2011和2012年，印度启动的反倾销调查（分别为31起、19起和21起）及其占比（分别为14.8%、11.4%和10.1%）均低于年均水平，且呈逐年下降之势（图1-35）。其中，2012年的占比降至2004年以来的新低。

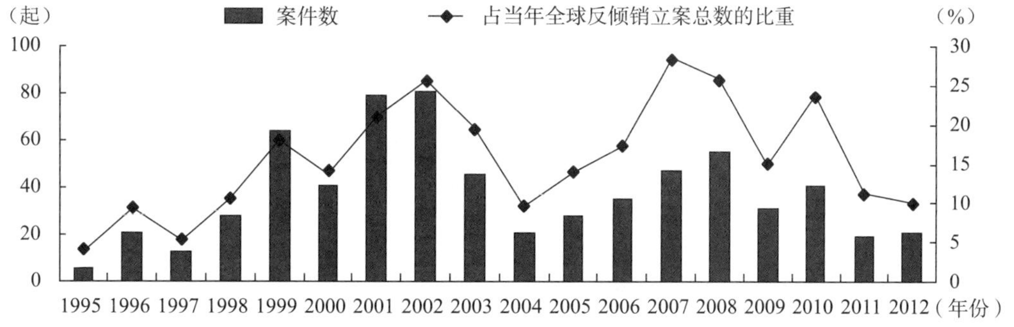

图1-35 1995—2012年印度反倾销立案及其在全球反倾销立案总数中占比情况

印度是对华发起反倾销调查最多的国家，2012年，印度三成多的反倾销调查系针对中国发起。1995—2012年，印度针对58个国家（地区）提起了667起反倾销调查。其中，针对中国的案件共154起，占印度反倾销调查总数的22.7%，2012年新增7起；欧盟和韩国并列第二，均为50起，2012年各增加2起和1起；位居第三的是中国台湾，49起，2012年新增2起；泰国以39起位居第四，2012

年新增1起；此外，印度反倾销发案较多的对象还包括美国（35起）和日本（32起）（图1－36）。从总体上看，印度对华发起的反倾销调查是对欧盟的3倍，也分别是对美国和日本的4.4倍和4.8倍。而2012年，在印度新增的21起反倾销调查中，也有33.3%是直接针对中国输印产品发起的，远远超出其他国家（地区）。

从涉案行业来看，2012年仍是以化工产品为主要调查对象。1995—2012年，印度677起反倾销调查共涉及海关编码税则中的14个类别。其中，化工产品（第6类）为主要调查对象，共计287起，占印度反倾销调查总数的42.4%，2012年新增12起；其次为第7类（塑料及其制品；橡胶及其制品），共96起，占比14.2%，2012年新增2起；其余涉及较多的行业还包括贱金属及其制品（第15类）（86起），以及机器、机械器具、电气设备及零件（第16类）（81起），分别占比12.7%以及12.0%（图1－37）。

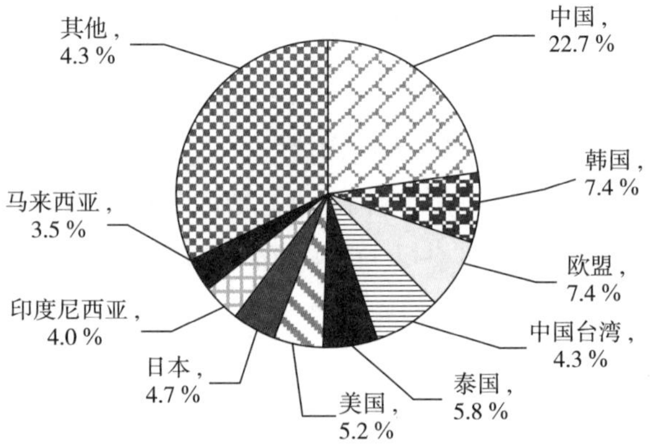

图1－36 1995—2012年印度反倾销按被诉方国别（地区）分布情况

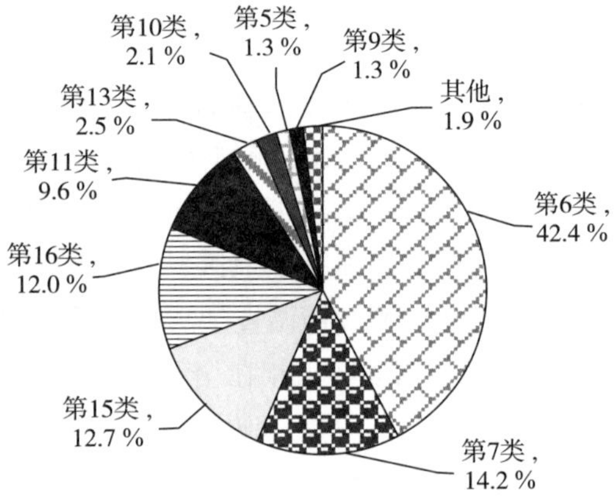

图1－37 1995—2012年印度反倾销立案按涉案产品类别分布情况

2. 2012年印度被诉反倾销调查达到2006年以来的新高

1995—2012年，印度共被诉了166起反倾销调查，2012年新增10起；采取最终反倾销措施97起，占印度被诉反倾销调查总数的58.4%，2012年新增3起，达到10起。需要指出的是，印度被诉的反倾销调查数在2002年达到峰值（16起），此后在2003年和2005年也分别达到14起的高位。2005年以来至2011年，印度被诉的反倾销调查呈降势，年均维持在5.7起左右。2012年，印度被诉反倾销调查再次增至10起，达到2006年以来的峰值，同比增幅达到42.9%，比2010年的4起增长了150%。从年度总体情况看，印度被诉反倾销调查的高峰期为1998—2005年，年均被诉12.5起，总体高于2006—2012年的水平（图1－38）。

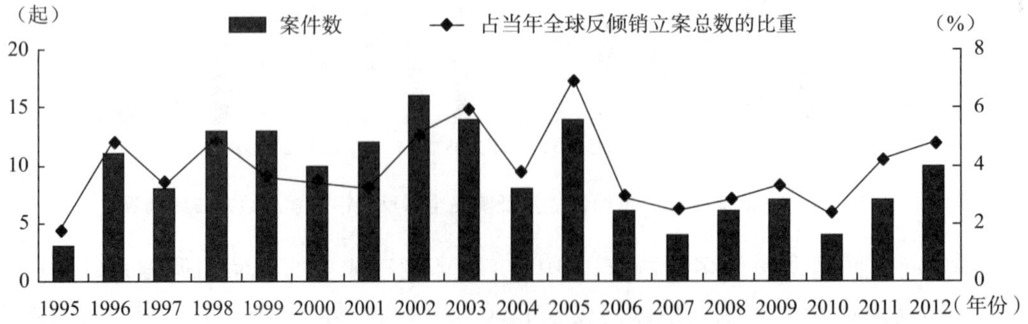

图1－38 1995—2012年印度被诉的反倾销调查及各年在全球反倾销立案总数中占比情况

欧盟、美国和南非是对印度发起反倾销调查的主要国家（地区），中国针对印度发起的反倾销调查仅为印度对华反倾销调查的3.2%。1995—2012年，共有22个WTO成员对印度启动了166起反倾销调查。其中，欧盟对印度输欧产品启动34起反倾销调查，占比20.5%，2012年新增1起；其次是美国，23起，占比13.9%，2012年没有新增案件；南非位居第三，21起，占比12.7%，2012年没有新增案件；对印度发起反倾销调查较多的国家（地区）还包括巴西（13起）、印度尼西亚（12起）以及土耳其和阿根廷（均为11起）（图1－39）。需要指出的是，1995—2012年，中国对印度共发起反倾销调查5起，仅为印度对华154起反倾销调查的3.2%。

从涉案行业看，印度被诉反倾销调查涉及贱金属和化工产品的最多。1995—2012年，印度被诉的166起反倾销调查共涉及海关编码税则中的11个类别。其中，涉及贱金属及其制品（第15类）的案件达51起，占比30.7%，2012年新增3起；涉及化工产品（第6类）的案件达42起，占比25.3%，2012年新增2起。这2个类别产品的涉案占印度被诉的反倾销调查总数的56.0%。其余涉及较多的产品还包括塑料、橡胶及其制品（第7类），26起，2012年新增2起；纺织品（第11类），19起；以及机械设备（第16类），12起（图1－40）。

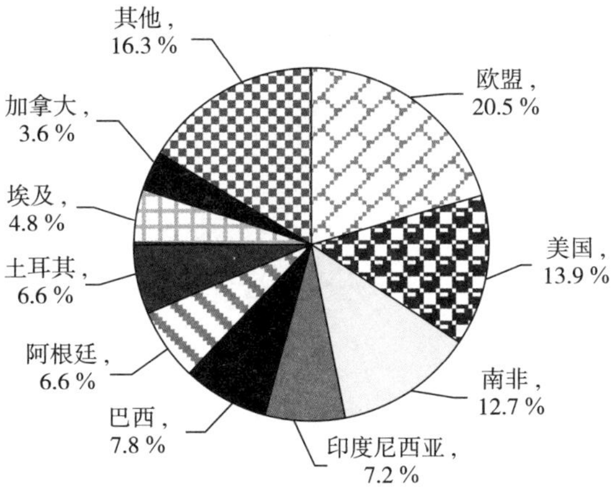

图1－39　1995—2012年印度被诉的反倾销调查按申诉方分布情况

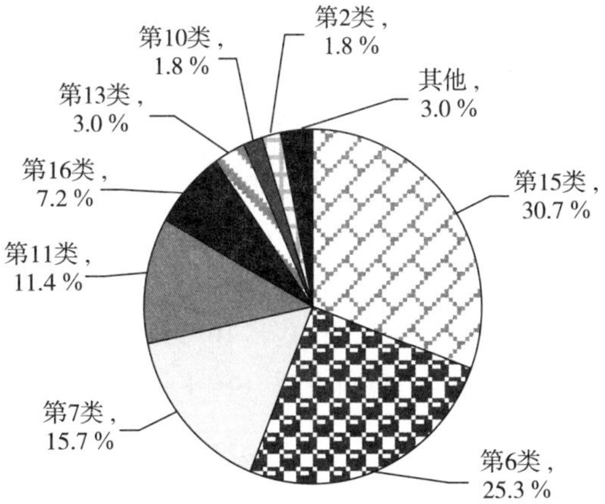

图1－40　1995—2012年印度被诉的反倾销调查按涉案产品类别分布情况

二、印度仅2009年启动1起反补贴调查，被诉反补贴调查降至第二位

从发起反补贴调查的情况看，截至2012年底，印度仅于2009年1月14日就对华亚硝酸钠启动了1起反补贴调查，这也是印度1995年以来启动的唯一一起反补贴调查。同期，印度共被诉55起反补贴调查，在44个被诉反补贴调查的国家（地区）中排在第二位，即仅次于中国（62起）。值得注意的是，2011年（含）之前，印度一直是全球被诉反补贴调查最多的国家；2012年，中国被诉的反补贴调查（10起）是印度（2起）的5倍，并超过印度成为被诉反补贴调查最多的国家，印度首次滑落至第二位。

从年度情况来看，印度被诉反补贴调查的高峰期出现在1998—2003年。该时期内，印度被诉的反补贴调查达到36起，年均6起，是2004—2012年被诉的反补贴调查总数（15起）的2.4倍，峰值出现在2001和2003年（均为8起）。2004年以来，印度被诉的反补贴调查基本企稳，除2011年突增至5起外，其余年份均保持在1～2起的水平（图1－41）。2012年，除中国被诉10起反补贴调查外，印度、印度尼西亚和美国均以2起并列第二。

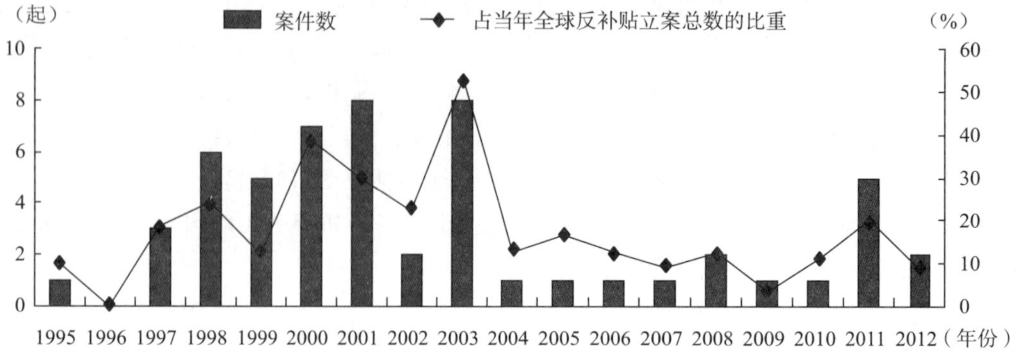

图 1－41　1995—2012 年印度被诉的反倾销调查及各年在全球反补贴立案总数中占比情况

与被诉的反倾销调查情况类似，贱金属及其制品、化工产品以及塑料、橡胶及其制品位列印度被诉反补贴调查的前三位。1995—2012 年，印度被诉的 55 起反补贴调查共涉及海关编码税则中的 7 个类别。其中，涉及贱金属及其制品（第 15 类）的案件达 21 起，占比 38.2%，2012 年新增 3 起；其次是涉及化工产品（第 6 类）的案件，12 起，占比 21.8%，2012 年新增 1 起；塑料、橡胶及其制品（第 7 类）以 10 起位居第三，2012 年没有新增案件；此外，涉及案件较多的产品类别还包括机械设备（第 16 类）以及纺织品（第 11 类），分别为 6 起和 4 起（图 1－42）。

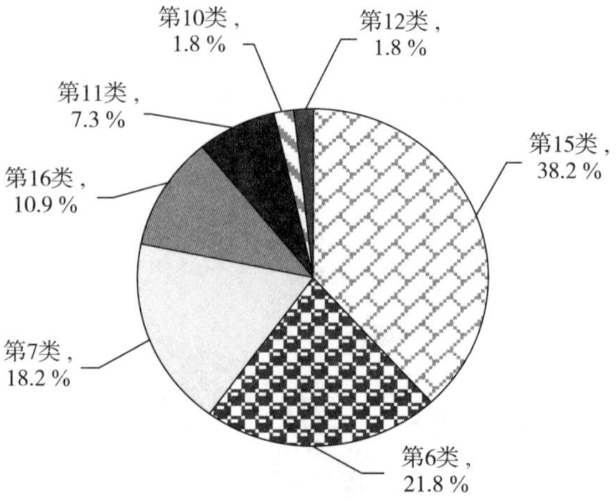

图 1－42　1995—2012 年印度被诉的反补贴调查按涉产品类别分布情况

三、印度是发起保障措施调查最多的 WTO 成员，逾六成涉化工产品

1995—2012 年，印度共启动 29 起保障措施调查，占全球保障措施立案总数的 11.4%，年均 1.6 起，是启动保障措施调查最多的 WTO 成员。从年度情况来看，印度发起保障措施调查的峰值出现在 2009 年，10 起；占全球保障措施立案总数比重的峰值则出现在 1998 年，当年一半的全球保障措施调查为印度发起（图 1－43）。2012 年，印度发起 1 起保障措施调查，即 2012 年 5 月 23 日对邻苯二甲酸二辛酯启动的保障措施调查。

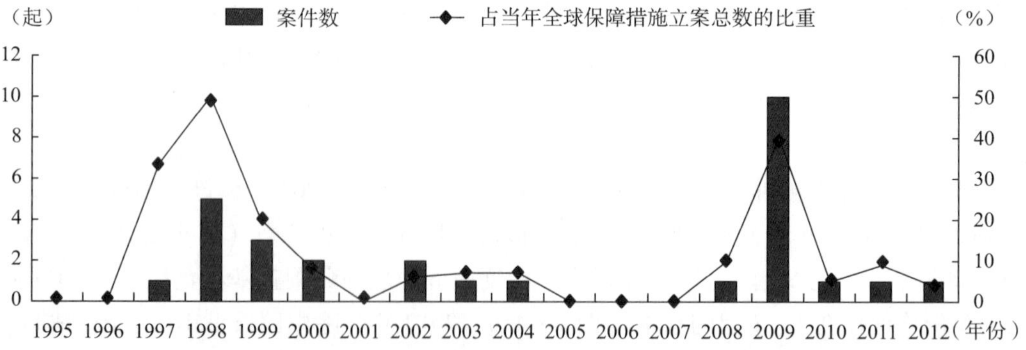

图 1－43　1995—2012 年印度保障措施立案及各年在全球保障措施立案总数中占比情况

从涉及行业来看，印度提起的保障措施调查中，逾六成涉及化工产品。1995—2012 年，印度启动的 29 起保障措施调查共涉及海关编码税则中的 8 个类别。其中，涉及化工产品（第 6 类）的案件最多，共 18 起，占印度保障措施立案总数的 62.1%，2012 年新增 1 起（邻苯二甲酸二辛酯）。除化工产品外，印度提起的保障措施调查所涉及的行业与 1995—2011 年相比没有变化，即还涉及塑料、橡胶及其制品（第 7 类），木制品（第 9 类），纸、纸板及其制品（第 10 类），贱金属及其制品（第 15 类），均为 2 起；以及植物产品（第 2 类），动、植物油、食用油脂（第 3 类），纺织品（第 11 类），各 1 起（图 1 -44）。

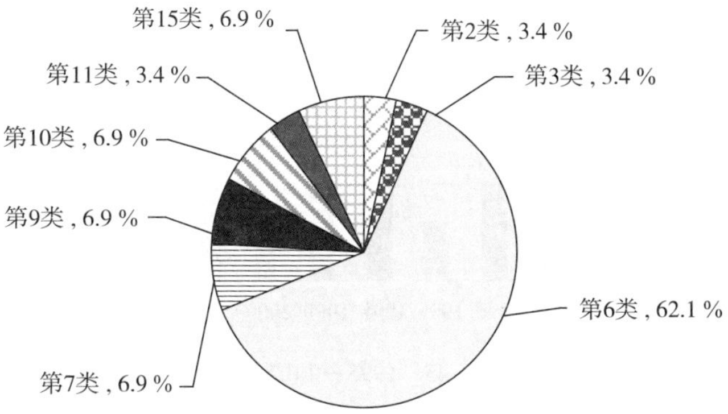

图 1 -44　1995—2012 年印度保障措施立案按涉案产品分布情况

巴　西

据 WTO 统计，1995—2012 年，巴西共启动 290 起贸易救济调查，占全球贸易救济调查总数的 6.0%，在全球 55 个启动贸易救济调查的 WTO 成员中位居第五。其中，反倾销 279 起，2012 年新增 47 起；反补贴 7 起，2012 年新增 4 起；保障措施 4 起，2012 年新增 1 起。同期，巴西被诉反倾销调查 116 起（2012 年新增 2 起）和反补贴调查 7 起（2012 年没有新增案件）。

一、巴西 2012 年启动的反倾销调查居首位，令其 1995—2012 年反倾销立案总数超过澳大利亚，跃居第五位

1995—2012 年，巴西共启动 279 起反倾销调查，占该时期全球反倾销调查总数的 6.6%，在 47 个启动反倾销调查的 WTO 成员中排第五位，年均 15.5 起；采取反倾销措施的 133 起，占巴西反倾销立案总数的 47.7%，在 42 个采取反倾销措施的 WTO 成员中排第七位。同期，巴西共被诉 116 起反倾销调查，占比 2.7%，在 103 个被诉反倾销调查的国家（地区）中位列第九（印度尼西亚和日本以 171 起并列第六位）；以及 7 起反补贴调查，占比 2.3%，在 44 个被诉反补贴调查的国家（地区）中位列第九。

1. 巴西明显加大反倾销调查的力度，启动的反倾销调查及其在当年全球反倾销立案总数中的比重均呈明显增势

2012 年，巴西共启动 47 起反倾销调查，在当年 26 个启动反倾销调查的 WTO 成员中居首位，是位居第二的印度（21 起）的 2.2 倍，占 2012 年 208 起反倾销立案总数的 22.6%。从年度情况来看，巴西启动反倾销调查的频率在 2008 年开始明显呈上升态势，尽管 2009 年出现回落，但 2010 年继续激增至 37 起（增幅达 311.1%），并达到当时的最高值。2011 年，巴西启动的反倾销调查在小幅回落后，2012 年再次激增，达到 47 起（增幅为 193.8%），并达到 1995 年以来的最高值（图 1 -45）。而且，正是由于巴西在 2012 年加大了启动反倾销调查的力度，使其在 1995—2012 年间启动的反倾销调查总数超过澳大利亚（247 起），跃居第五位。从而形成了目前以印度、美国、欧盟、阿根廷和巴西为全球反倾销调查主要发起国（地区）的格局。

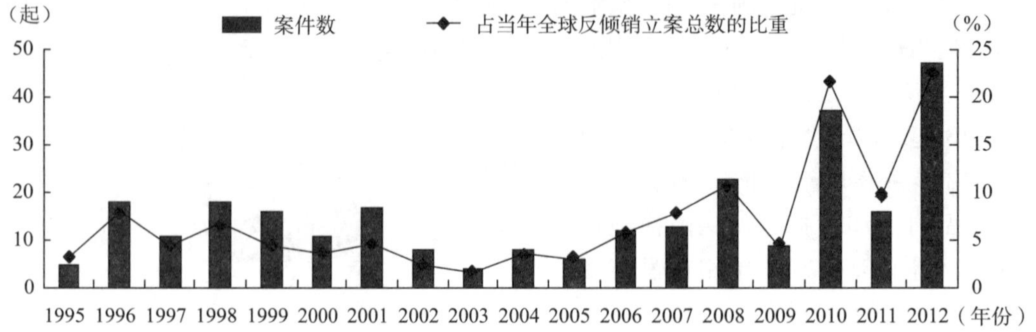

图 1－45 1995—2012 年巴西反倾销立案及各年在全球反倾销立案总数中占比情况

巴西反倾销调查的主要对象是中国。1995—2012 年，巴西启动的 279 起反倾销调查共涉及 55 个国家（地区）。其中，针对中国提起的反倾销调查共计 62 起，占巴西反倾销立案总数的 22.2%，2012 年新增 13 起；其次是美国，36 起，占比 12.9%，2012 年新增 3 起；韩国以 15 起位居第三，占比 5.4%，2012 年新增 5 起；印度和中国台湾均为 13 起，并列第四位，占比 4.7%，2012 年分别新增 2 起和 6 起；居第五位的是阿根廷，10 起，占比 3.6%，2012 年无新增案件（图 1－46）。

巴西启动的反倾销调查中，涉案产品有一半是塑料、橡胶制品以及贱金属及其制品，2012 年，42.6% 的案件涉及贱金属及其制品。1995—2012 年，巴西启动的 279 起反倾销调查共涉及海关编码税则中的 15 个类别。其中，涉及塑料、橡胶及其制品（第 7 类）的案件最多，共 71 起，占巴西反倾销案件总数的 25.4%，2012 年新增 11 起；其次是涉及贱金属及其制品（第 15 类）的案件，共 70 起，占比 25.1%，2012 年新增 20 起；位居第三的是化工产品（第 6 类），47 起，占比 16.8%，2012 年新增6 起；涉及纺织品（第 11 类）的有 24 起，位居第四，2012 年新增 5 起；此外，涉及纸、纸板及其制品（第 10 类）以及杂项制品（第 20 类）的案件也较多，均为 13 起，但 2012 年无新增案件（图 1－47）。

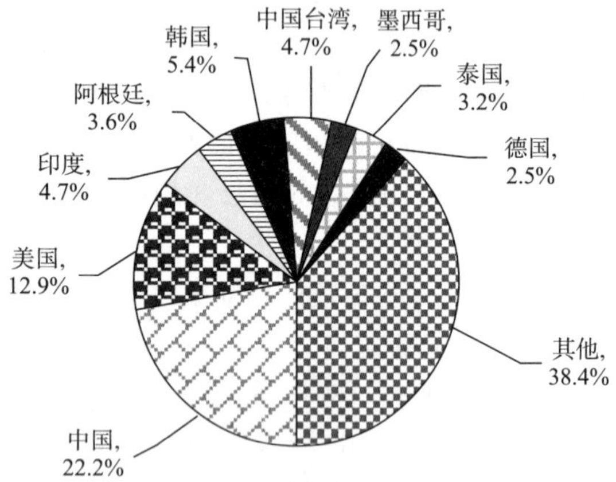

图 1－46 1995—2012 年巴西反补贴立案按被诉方国别（地区）分布情况

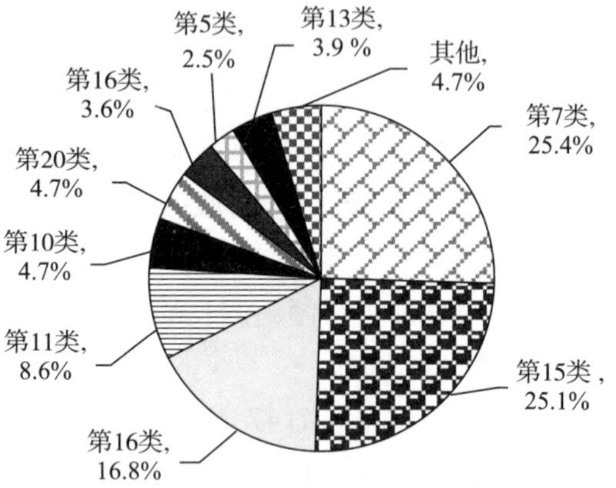

图 1－47 1995—2012 年巴西反补贴立案按涉案产品类别分布情况

2. 巴西被诉反倾销不及其提起反倾销调查的一半，2012 年仅为 4.3%

1995—2012 年，巴西共被诉了 116 起反倾销调查，2012 年新增 2 起；被采取反倾销措施的 82 起，占巴西被诉反倾销调查总数的 70.7%，2012 年没有新增措施。从总体来看，巴西被诉的反倾销调查不到其提起的反倾销调查数的一半（41.6%）。从年度情况看，巴西被诉反倾销调查的高峰主要集中在

1999 和 2001 年（均为 13 起）、2009 年（11 起）、1996 和 2004 年（均为 10 起）。其中，2009 年，巴西被诉反倾销调查在当年全球反倾销调查总数中的占比达到 5.3%，为历年最高。2009 年之后，巴西被诉反倾销调查进一步降至较低水平，2010 与 2009 年相比，降幅达到 72.7%。2010—2012 年，巴西年均被诉不到 3 起（图 1-48）。

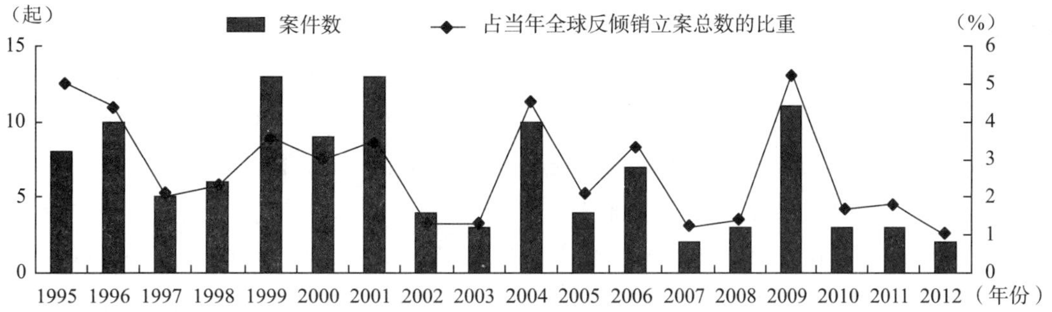

图 1-48　1995—2012 年巴西被诉的反倾销调查及各年在全球反补贴立案总数中占比情况

巴西被诉反倾销调查近一半是由阿根廷发起的。1995—2012 年，巴西所被诉的 116 起反倾销调查中，近一半（44.0%）是由阿根廷发起的。2012 年，巴西被诉的 2 起反倾销调查也是由阿根廷发起的，也使得阿根廷对巴西启动的反倾销调查总数增至 51 起；其次为南非和美国，均为 10 起，各占比 8.6%，2012 年没有新增调查；印度以 7 起列居对巴西发起反倾销调查 WTO 成员的第三位，占比 6.0%；其他还包括加拿大、墨西哥（均 6 起），秘鲁（5 起），智利、欧盟（均 4 起），澳大利亚（3 起）等（图 1-49）。截至 2012 年年底，中国尚未对巴西提起反倾销调查。

贱金属及其制品以及机械设备是巴西被诉反倾销调查的涉案重点。1995—2012 年，巴西被诉反倾销调查共涉及海关编码税则中的 14 个类别。其中，涉及贱金属及其制品（第 15 类）的案件最多，共 35 起，占比 30.2%，但 2012 年没有新增案件；其次是机械设备（第 16 类），共 20 起，占比 17.2%，2012 年新增 1 起；涉及橡胶、塑料及其制品（第 7 类）的有 12 起，2012 年新增 1 起。涉案较多的其他产品类别还包括：化工产品（第 6 类），10 起；纸、纸板及其制品（第 10 类）和纺织品（第 11 类），均 8 起；活动物、动物产品（第 1 类），6 起；木制品（第 9 类），4 起；等等（图 1-50）。

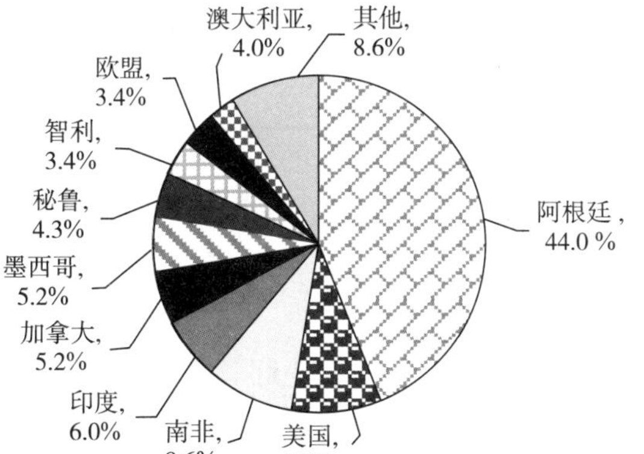

图 1-49　1995—2012 年巴西被诉的反倾销调查按申诉方国别（地区）分布情况

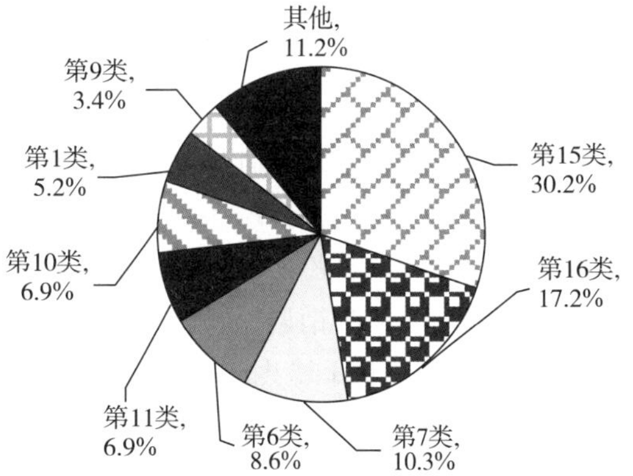

图 1-50　1995—2012 年巴西被诉的反倾销调查按涉案产品类别分布情况

二、巴西提起的反补贴调查与被诉反补贴调查数量持平

1995—2012 年，巴西共启动 7 起反补贴调查，占全球反补贴调查总数的 2.3%，2012 年新增 1 起；同期，巴西被诉反补贴调查也为 7 起，但自 2007 年以来，巴西未被诉反补贴调查。

1. 巴西提起的反补贴调查主要涉及印度、印度尼西亚和泰国

1995—2012 年，巴西提起的 7 起反补贴调查的被诉国主要为印度（4 起）、印度尼西亚（2 起）和泰国（1 起）。从年度情况看，这 7 起案件主要集中于 2011 年（3 起），其余在 2001 年、2003 年、2007 年和 2012 年各发起 1 起。从涉案产品上看，主要涉及纺织原料及纺织制品（第 11 类），4 起；橡胶、塑料及其制品（第 7 类），2 起；以及贱金属及其制品（第 15 类），1 起。

2. 巴西被诉反补贴调查主要来自美国、加拿大和秘鲁

巴西被诉反补贴调查主要集中于 1997—2001 年以及 2006 年，除 2001 年被诉了 2 起反补贴调查外，其余年份均为 1 起。与 2007—2012 年年均被诉 4 起反倾销调查的频率相比，巴西在该时期未被诉任何反补贴调查。从发起国来看，主要是美国（4 起）、加拿大（2 起）和秘鲁（1 起）对巴西提起过反补贴调查。从涉案产品上看，6 起案件涉及贱金属及其制品（第 15 类），1 起涉及车辆、航空器、船舶及有关运输设备（第 17 类）。

三、巴西时隔 3 年再次提起保障措施调查

1995—2012 年，巴西分别于 1996、2001、2008 和 2012 年共启动了 4 起保障措施调查，并在 1997 和 2002 年对其中 2 起案件采取了保障措施。其中，2012 年 3 月 15 日，巴西又对红酒启动保障措施调查，这也是巴西自 2008 年对可刻录光盘（CD/DVD）启动保障措施调查以来，时隔 3 年再次启动保障措施调查。从涉案产品上看，巴西 4 起保障措施调查分别涉及机械设备（第 16 类），植物产品（第 2 类），杂项制品（第 20 类）和食品，饮料、酒及醋（第 4 类）。

土耳其

据 WTO 统计，1995—2012 年，土耳其共启动 180 起贸易救济调查，占全球贸易救济调查总数的 3.8%，在全球启动贸易救济调查的 56 个 WTO 成员中位列第十。其中，反倾销 162 起，反补贴 1 起，保障措施 17 起。同期，土耳其共被诉 59 起反倾销调查和 2 起反补贴调查。

一、土耳其启动的反倾销调查居全球第十，占全球反倾销调查总数的 3.8%

1995—2012 年，土耳其共启动 162 起反倾销调查，占全球反倾销调查总数的 3.8%，在 47 个启动反倾销调查的 WTO 成员中列第十位；而同期土耳其共被诉反倾销调查 59 起，占比 1.4%，在 103 个被诉反倾销调查的国家（地区）中居第十五位。

1. 土耳其启动的反倾销调查大幅上升 600.0%

1995—2012 年，土耳其共启动 162 起反倾销调查，采取反倾销措施的 146 起，占土耳其全球反倾销立案总数的 90.1%，远超过同期的美国（66.5%）和欧盟（63.2%）。其中，2005 年之前，土耳其启动的反倾销调查呈上升态势，并于 2004 年达到顶峰（25 起）；2005 年之后，土耳其反倾销立案呈现下降趋势，虽然 2008 年受金融危机影响，土耳其反倾销调查激增，达到 23 起；但 2009 年之后开始下滑，2010 年降至 2 起，2011 年为 2 起，2012 年大幅增至 14 起，是 2011 年的 7 倍（图 1－51）。

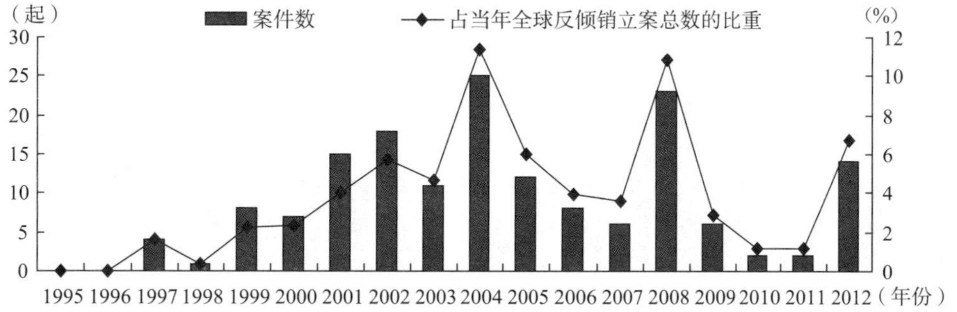

图 1－51　1995—2012 年土耳其反倾销立案及各年在全球反倾销立案总数中占比情况

被诉方集中，37.7% 的调查针对中国产品。1995—2012 年，土耳其启动的 162 起反倾销调查共涉及 34 个国家（地区）。其中，涉及中国的案件数高居首位，为 61 起，占比 37.7%；其次是泰国，为 12 起，占比 7.4%；印度列第三位，为 11 起，占比 6.8%；居第四位的是中国台湾，为 10 起，占比 6.2%；位居第五的是印度尼西亚，为 9 起，占比 5.6%（图 1－52）。涉及上述 5 个被诉方的反倾销案件之和占土耳其反倾销总数的 63.7%。

涉案产品集中，28.4% 的调查针对纺织品。1995—2012 年，土耳其启动的 162 起反倾销调查共涉及海关编码税则中的 10 个类别。其中，涉及纺织品（第 11 类）的案件数高居首位，为 46 起，占比 28.4%；其次是橡胶、塑料及其制品（第 7 类），为 45 起，占比 27.8%；位居第三的是贱金属及其制品（第 15 类），为 25 起，占比 15.4%（图 1－53）。涉及上述 3 个类别的案件数之和占土耳其反倾销调查总数的 71.6%。

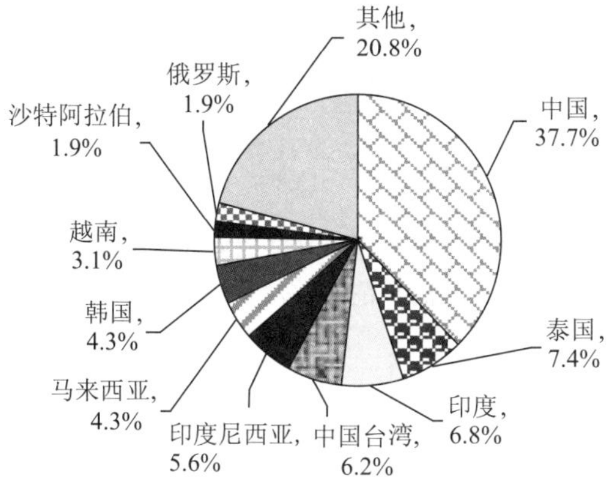

图 1－52　1995—2012 年土耳其反倾销立案按被诉方国别（地区）分布情况

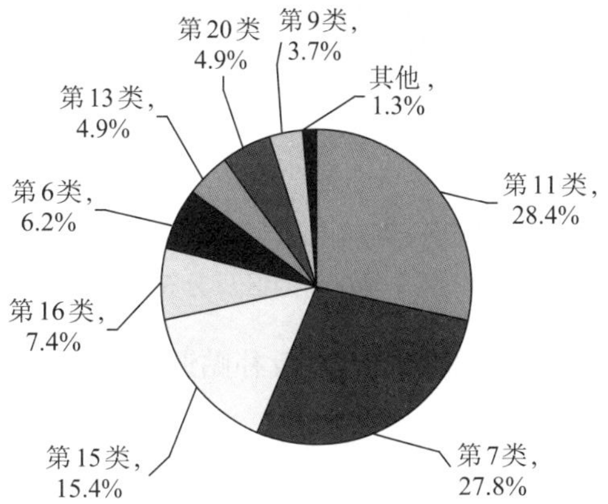

图 1－53　1995—2012 年土耳其启动的反倾销调查按涉案产品类别分布情况

2. 土耳其被诉反倾销调查 2012 年有所回升

1995—2012 年，土耳其共被诉 59 起反倾销调查，其中有 30 起案件采取了最终反倾销措施，占土耳其被诉反倾销调查总数的 50.8%。1995—2003 年是土耳其被诉反倾销调查较为频繁的阶段，共 34 起，年均约 4 起；2000 年是土耳其被诉反倾销调查最多的年份，为 7 起。2004—2012 年，土耳其被诉的反倾销调查相对较少，共 25 起，年均约 3 起（图 1－54）。其中，2012 年，土耳其共被诉 5 起反倾销调查，比 2011 年同期增长 25.0%。

欧盟是对土耳其启动了 23.7% 的反倾销调查。1995—2012 年，共有 17 个 WTO 成员对土耳其启动 59 起反倾销调查。其中，由欧盟启动的反倾销调查高居首位，为 14 起，占比 23.7%；美国、印度并列第二，均为 8 起，各占比 13.6%；加拿大、南非并列第三，均为 4 起，各占比 6.8%（图 1－55）。

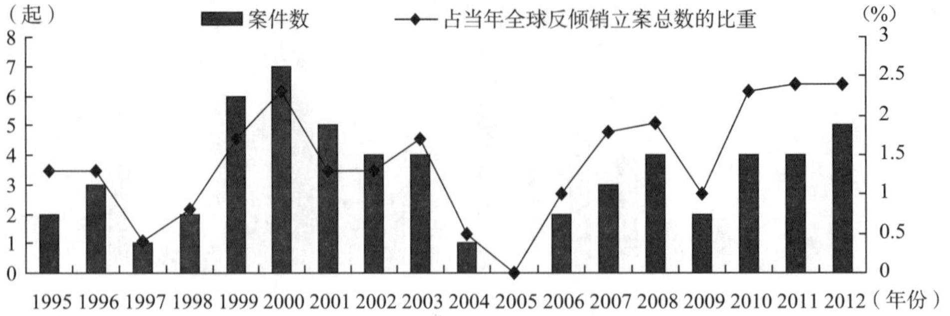

图 1－54　1995—2012 年土耳其被诉的反倾销调查及各年在全球反倾销立案总数中占比情况

涉案行业集中，49.2% 的案件涉及贱金属及其制品。1995—2012 年，土耳其被诉的 59 起反倾销调查共涉及海关编码税则中的 11 个类别。其中，涉及贱金属及其制品（第 15 类）的案件数高居首位，为 29 起，占比 49.2%；其次是纺织品（第 11 类），为 8 起，占比 13.6%；位居第三的是化工产品（第 6 类），为 7 起，占比 11.9%（图 1－56）。涉及上述 3 个类别的反倾销案件之和占土耳其被诉反倾销调查总数的 74.7%。

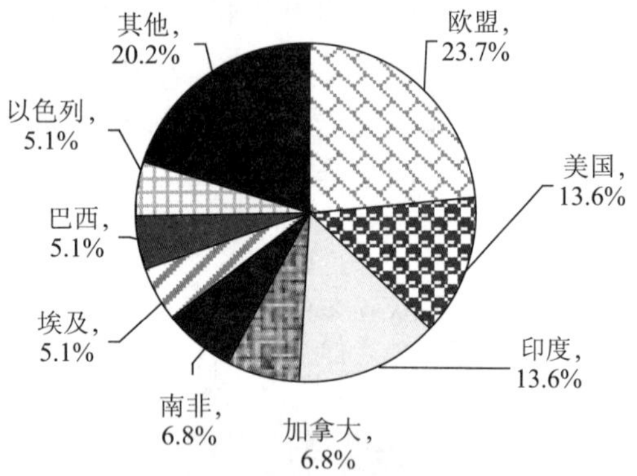

图 1－55　1995—2012 年土耳其被诉的反倾销调查按申诉方国别（地区）分布情况

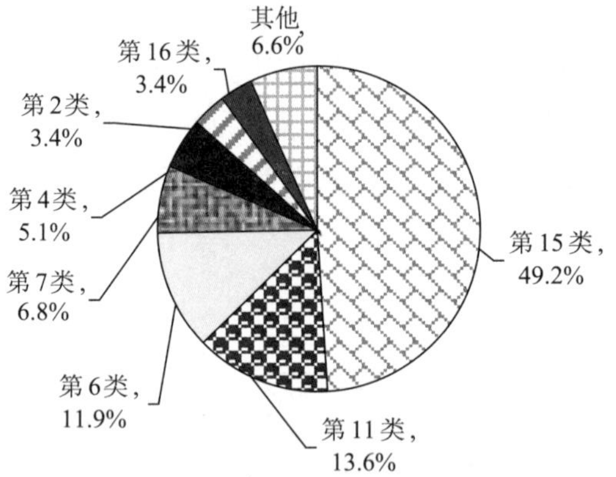

图 1－56　1995—2012 年土耳其被诉的反倾销调查按涉案产品类别分布情况

二、土耳其较少运用反补贴调查

1995—2012 年，土耳其对印度启动了 1 起反补贴调查，产品涉及橡胶、塑料及其制品（第 7 类）。同期，土耳其被诉了 2 起反补贴调查，申诉方均为美国，产品分别涉及贱金属及其制品（第 15 类），食品，饮料、酒类及醋，烟草及烟草替代品（第 4 类）。

三、土耳其启动的保障措施调查居全球第三，机械设备和仪器仪表是重点

1995—2012 年，土耳其共启动 17 起保障措施调查，在 48 个启动保障措施调查的 WTO 成员中居印度、印度尼西亚之后，列第三位。土耳其启动的保障措施调查主要集中在 2004—2009 年，其中，2004 年和 2006 年是土耳其保障措施立案最多的年份，均为 5 起；其次是 2007 年，为 3 起；2008、2009、2011、2012 年各 1 起。

机械设备和仪器仪表是调查重点。在土耳其启动的 17 起保障措施调查中，涉及化工产品（第 6 类）、机械设备（第 16 类）、仪器仪表（第 18 类）的案件数各 3 起；涉及水泥、玻璃及其制品（第 13 类）的 2 起；涉及矿产品（第 5 类），橡胶、塑料及其制品（第 7 类），皮革及其制品（第 8 类），纺织品（第 11 类），鞋帽及羽毛制品（第 12 类），车辆、船舶（第 17 类）的各 1 起。

阿根廷

据WTO统计，1995—2012年，阿根廷共启动312起贸易救济调查，占全球贸易救济调查总数的6.5%，在全球启动贸易救济调查的56个WTO成员中列第四位。其中，反倾销303起，反补贴3起，保障措施6起。同期，阿根廷共被诉37起反倾销调查和8起反补贴调查。

一、阿根廷启动的反倾销调查居全球第四，占全球反倾销调查总数的7.2%

1995—2012年，阿根廷共启动了303起反倾销调查，占全球反倾销立案总数的7.2%，在47个启动反倾销调查的WTO成员中列第四位；而同期阿根廷共被诉37起反倾销调查，占比0.9%，在103个被诉反倾销调查的国家（地区）中列第二十四位。

1. 2008年之后阿根廷反倾销立案有所回升

1995—2012年，阿根廷共启动了303起反倾销调查，采取反倾销措施215起，占阿根廷反倾销立案总数的71.0%。其中，1995—2000年，阿根廷启动的反倾销调查呈起伏上升之势，共137起，年均约23起；1995年是阿根廷反倾销调查史上年度立案占当年全球反倾销调查的比重最高的一年，为17.2%，2000年是阿根廷反倾销调查史上年度立案数最多的一年，为43起。2001—2007年，阿根廷反倾销调查呈下降之势，共86起，年均约12起。其中，2003年是阿根廷反倾销调查史上年度立案数最少的一年，仅1起。而2008年以后，受全球金融危机影响，阿根廷反倾销新立案有所回升，2009年达28起，与2001年持平，这一时段阿根廷年均反倾销立案数为16起（图1-57）。

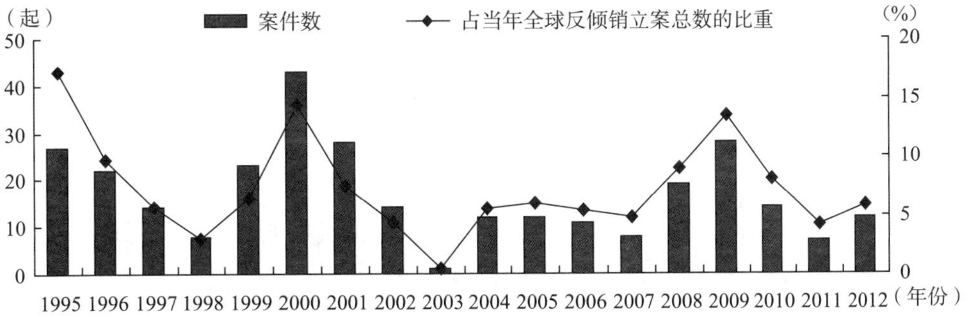

图1-57　1995—2012年阿根廷反倾销立案及各年在全球反倾销立案中占比情况

被诉方集中，中国是最大受害者。1995—2012年，阿根廷启动的303起反倾销调查共涉及41个国家（地区）。其中，涉及中国的案件高居首位，共89起，占阿根廷全球反倾销立案总数的29.4%；其次是巴西，为51起，占比16.8%；位居第三的是美国，为15起，占比5.0%；居第四位的是韩国，为14起，占比4.6%；位居第五的是中国台湾，为12起，占比4.0%（图1-58）。涉及上述5个被诉方的反倾销案件之和占阿根廷反倾销调查总数的59.8%。

涉案产品集中，贱金属及其制品是重点。1995—2012年，阿根廷启动的303起反倾销调查共涉及海关编码税则中的15个类别。其中，涉及贱金属及其制品（第15类）的案件高居首位，为82起，占比27.1%；其次是机械设备（第16类），为60起，占比19.8%；位居第三的是化工产品（第6类），为33起，占比10.9%（图1-59）。涉及上述3个类别的案件之和占阿根廷反倾销调查总数的57.8%。

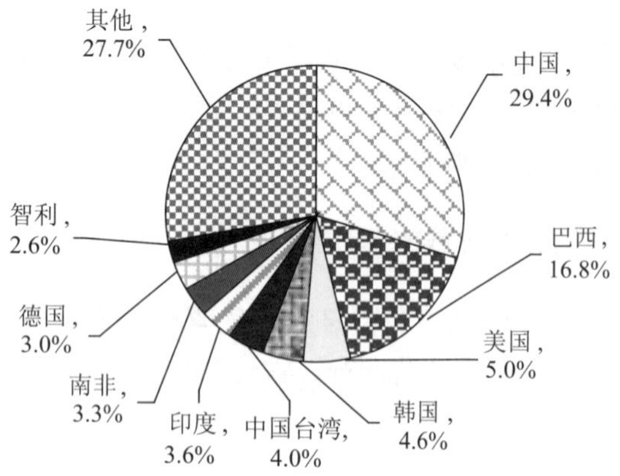

图 1－58 1995—2012 年阿根廷反倾销立案按被诉方国别（地区）分布情况

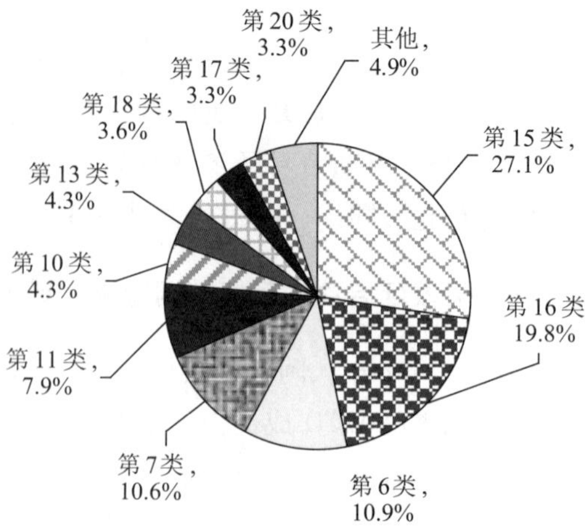

图 1－59 1995—2012 年阿根廷反倾销立案按涉案产品类别分布情况

2. 2008 年以来阿根廷被诉反倾销调查数下降

1995—2012 年，阿根廷共被诉 37 起反倾销调查，年均约 2 起，其中有 20 起案件采取了最终反倾销措施，占阿根廷被诉反倾销调查总数的 54.1%。2001 年是阿根廷被诉反倾销调查最多的年份，为 5 起；2005 年是阿根廷被诉反倾销调查在当年全球反倾销立案总数中占比最高的年份，为 2.0%（图 1－60）。2008 年全球金融危机之后，阿根廷被诉反倾销调查并未出现激增，截至 2012 年，共被诉 9 起反倾销调查，年均约 2 起。

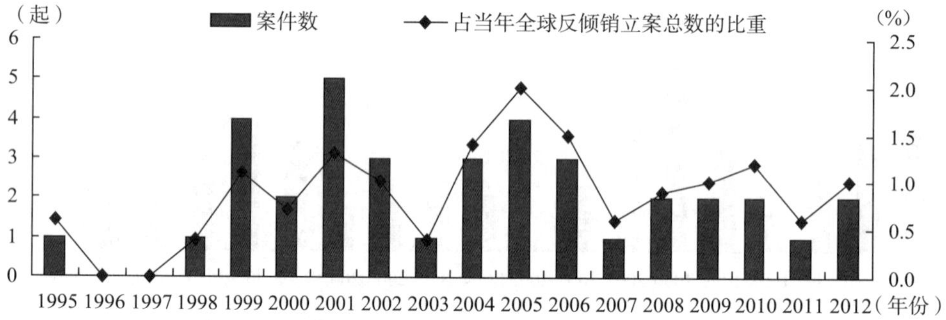

图 1－60 1995—2012 年阿根廷被诉的反倾销调查及各年在全球反倾销立案总数中占比情况

巴西和秘鲁对阿根廷启动了 45.9% 的反倾销调查。1995—2012 年，共有 12 个 WTO 成员对阿根廷启动了 37 起反倾销调查。其中，巴西对阿根廷启动的调查列居首位，为 10 起，占阿根廷被诉反倾销调查总数的 27.0%；其次是秘鲁，为 7 起，占比 18.9%；位居第三的是智利，为 6 起，占比 16.2%；位居第四的是美国，为 5 起，占比 13.5%；乌拉圭位居第五，为 2 起，占比 5.4%（图 1－61）。

贱金属及其制品、动植物油和化工产品是阿根廷被诉反倾销调查的重点。1995—2012 年，阿根廷被诉的 37 起反倾销调查共涉及海关编码税则中的 11 个类别。其中，涉及贱金属及其制品（第 15 类）、动植物油（第 3 类）、化工产品（第 6 类）的案件同居首位，均为 6 起，各占比 16.2%；其次是植物产品（第 2 类），橡胶、塑料及其制品（第 7 类），均为 5 起，各占比 13.5%；位居第三的是动物产品（第 1 类），为 3 起，占比 8.1%（图 1－62）。

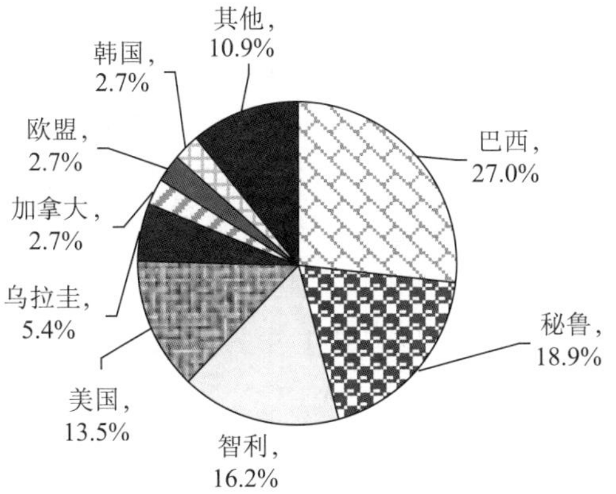

图 1－61　1995—2012 年阿根廷被诉的反倾销调查按申诉方国别（地区）分布情况

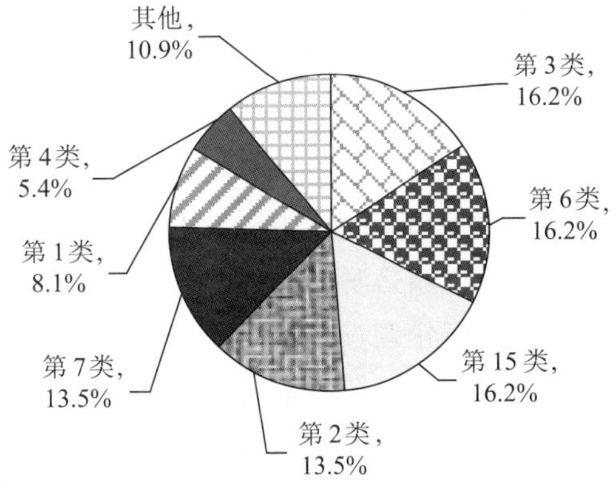

图 1－62　1995—2012 年阿根廷被诉的反倾销调查按涉案产品类别分布情况

二、阿根廷启动的反补贴调查以动植物产品为主，被诉的案件则以机械设备为主

1995—2012 年，阿根廷共启动 3 起反补贴调查，采取最终反补贴措施 3 起；同期，阿根廷共被诉 8 起反补贴调查，采取最终反补贴措施 4 起，占阿根廷被诉反补贴调查总数的 50.0%。

阿根廷启动的 3 起反补贴调查的对象为欧盟（2 起）和西班牙（1 起），主要涉及植物产品（第 2 类），动植物油（第 3 类），食品，饮料、酒类及醋，烟草及烟草替代品（第 4 类），均为 1 起。

阿根廷被诉的 8 起反补贴调查分别由美国（4 起）、智利（2 起）、欧盟（1 起）、秘鲁（1 起）4 个 WTO 成员发起，主要涉及贱金属及其制品（第 15 类）、动物产品（第 1 类）、植物产品（第 2 类）、矿产品（第 5 类）、机械设备（第 16 类），分别为 2 起、2 起、2 起、1 起和 1 起。

三、阿根廷启动的保障措施调查位居全球第九，机械设备是调查重点

1995—2012 年，阿根廷共启动 6 起保障措施调查，在 48 个启动保障措施调查的 WTO 成员中与保加利亚、摩洛哥和委内瑞拉并列第九位。其中，4 起保障措施调查采取了最终保障措施。

在阿根廷启动的 6 起保障措施调查中，涉及机械设备（第 16 类）的案件 2 起，涉及植物产品（第 2 类）、鞋帽及羽毛制品（第 12 类）、车辆、船舶（第 17 类）、杂项制品（第 20 类）的案件均为 1 起。

澳大利亚

据 WTO 统计，1995—2012 年，澳大利亚共启动 264 起贸易救济调查，占全球贸易救济调查总数的 5.5%，在全球启动贸易救济调查的 56 个 WTO 成员中列第六位。其中，反倾销 247 起，反补贴 15 起，保障措施 2 起。同期，澳大利亚被诉 25 起反倾销调查和 1 起反补贴调查。

一、澳大利亚启动的反倾销调查在全球排名下降一位，居全球第六

1995—2012 年，澳大利亚共启动了 247 起反倾销调查，占全球反倾销立案总数的 5.8%，在 47 个启动反倾销调查的 WTO 成员中列第六位，比截至 2011 年时的反倾销案件数在全球排名下降一位；而同期澳大利亚共被诉了 25 起反倾销调查，占比 0.6%，在 103 个被诉反倾销调查的国家（地区）中列第二十九位。

1. 2008年以来，澳大利亚反倾销调查有所回升

1995—2012年，澳大利亚启动了247起反倾销调查，采取反倾销措施的99起，占澳大利亚反倾销立案总数的40.1%，远低于同期的美国（66.5%）和欧盟（63.2%）。其中，2003年之前，澳大利亚反倾销新立案处于较高水平，共启动158起反倾销调查，年均约20起，1997年是澳大利亚反倾销史上单年反倾销新立案最多的一年，为44起。2003—2007年，澳大利亚共启动反倾销调查37起，年均约7起。其中，2007年是澳大利亚反倾销史上单年反倾销立案最少的一年，仅2起。但2008年以来，澳大利亚启动的反倾销调查有所回升，共启动52起，年均约10起。其中，2011年为18起，是2002年以来澳大利亚单年反倾销立案最多的一年（图1-63）。

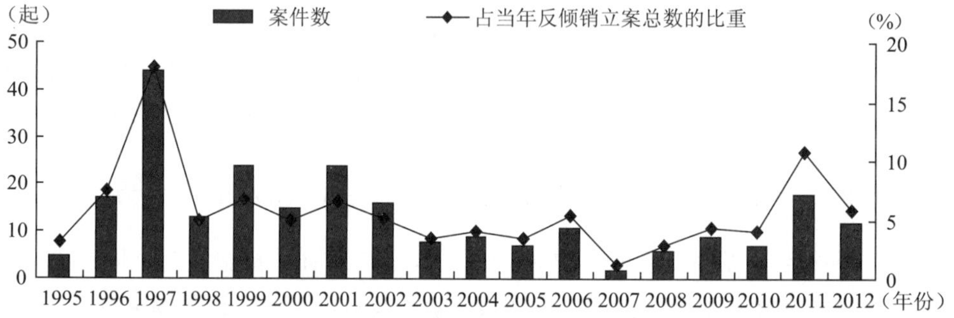

图1-63　1995—2012年澳大利亚反倾销立案及各年在全球反倾销立案总数中占比情况

中国和韩国输澳产品是澳大利亚反倾销调查的重点。1995—2012年，澳大利亚启动的247起反倾销调查共涉及39个国家（地区）。其中，涉及中国的案件居首位，为37起，占澳大利亚反倾销立案总数的15.0%；其次是韩国，为27起，占比10.9%；位居第三的是泰国，为22起，占比8.9%；居第四位的是印度尼西亚，为21起，占比8.5%；马来西亚和中国台湾并列第五，均为14起，各占比5.7%。涉及上述6个被诉方的案件之和占澳大利亚反倾销调查总数的54.7%（图1-64）。

橡胶、塑料制品及贱金属是调查重点。1995—2012年，澳大利亚启动的247起反倾销调查共涉及海关编码税则中的15个类别。其中，涉及橡胶、塑料及其制品（第7类）的案件高居首位，为63起，占比25.5%；其次是贱金属及其制品（第15类），为55起，占比22.3%；化工产品（第6类），纸、纸板及其制品（第10类）并列第三，均为26起，各占比10.5%（图1-65）。涉及上述4个类别的案件之和占澳大利亚反倾销立案总数的68.8%。

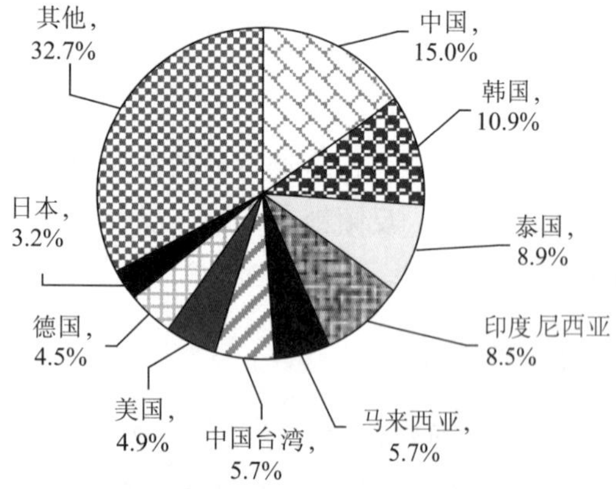

图1-64　1995—2012年澳大利亚反倾销立案按被诉方国别（地区）分布情况

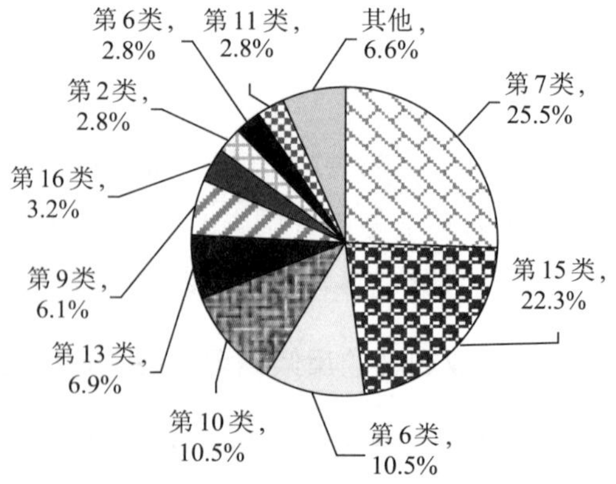

图1-65　1995—2012年澳大利亚反倾销立案按涉案产品类别分布情况

2. 澳大利亚被诉反倾销调查较少

1995—2012 年，澳大利亚共被诉 25 起反倾销调查，年均约 1 起，采取最终反倾销措施的 12 起，占澳大利亚被诉反倾销调查总数的 48.0%。

南非是对澳大利亚反倾销调查的主要发起者。1995—2012 年，澳大利亚被诉的 25 起反倾销调查是由 11 个国家（地区）发起的。其中，南非对澳大利亚启动的反倾销调查居首位，为 5 起，占比 20.0%；其次是美国、巴西和印度尼西亚，均为 3 起，各占比 12.0%；阿根廷、欧盟、印度、马来西亚均为 2 起，各占比 8.0%（图 1－66）。

贱金属及其制品是澳大利亚被诉反倾销调查的重点。1995—2012 年，澳大利亚被诉的 25 起反倾销调查涉及海关编码税则中的 8 个类别。其中，涉及贱金属及其制品（第 15 类）的高居首位，为 10 起，占比 40.0%；其次是化工产品（第 6 类），为 6 起，占比 24.0%；植物产品（第 2 类），橡胶、塑料及其制品（第 7 类），纸、纸板及其制品（第 10 类）并列第三位，均为 2 起，各占比 8.0%（图1－67）。

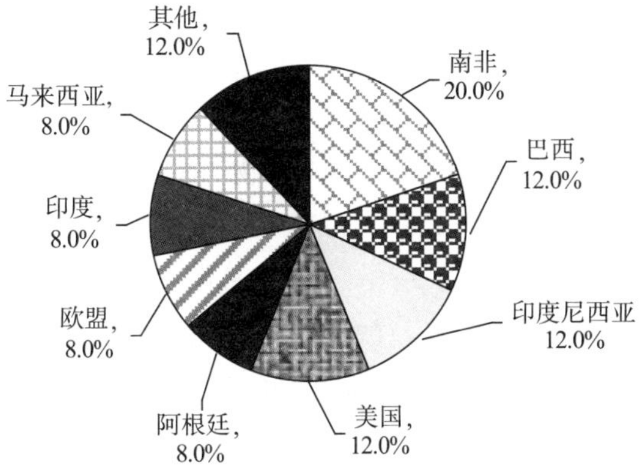

图 1－66　1995—2012 年澳大利亚被诉的反倾销调查按申诉方国别（地区）分布情况

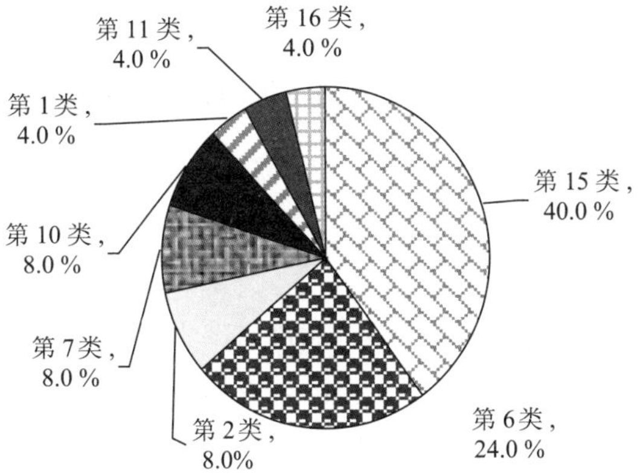

图 1－67　1995—2012 年澳大利亚被诉的反倾销调查按涉案产品类别分布情况

二、澳大利亚启动反补贴调查数在全球的排名上升一位，居全球第四

1995—2012 年，澳大利亚共启动 15 起反补贴调查，采取最终反补贴措施的 6 起，占澳大利亚反补贴调查总数的 40.0%。在全球列第四位，比截至 2011 年的反补贴案件数在全球的排名上升一位。

1. 2008 年以来，澳大利亚启动反补贴调查的频率加快

在 1995—2012 年的 18 年间，有 10 年澳大利亚启动了反补贴调查。其中，2003 年是澳大利亚启动反补贴调查最多的年份，共 3 起（图 1－68）。从图 1－68 可以看出，2008—2012 年的 5 年，澳大利亚每年都启动反补贴调查，共启动 8 起，占澳大利亚启动的反补贴调查总数（15 起）的 53.3%。

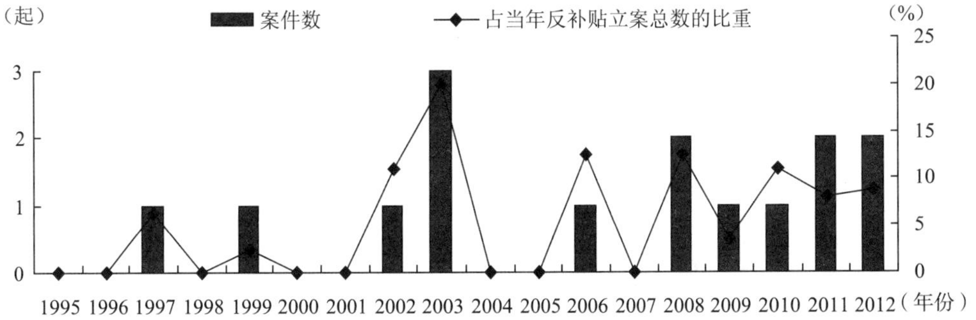

图 1－68　1995—2012 年澳大利亚反补贴立案及各年在全球反补贴立案总数中占比情况

贱金属及其制品是澳大利亚反补贴调查的重点。1995—2012 年，澳大利亚启动的 15 起反补贴调查涉及海关编码税则中的 6 个类别。其中，涉及贱金属及其制品（第 15 类）的案件数居首位，为 6 起，占比 40.0%；其次是动植物油（第 3 类），食品，饮料、酒类及醋，烟草及烟草替代品（第 4 类），均为 3 起，各占比 20.0%；矿产品（第 5 类），纸、纸板及其制品（第 10 类），车辆、船舶（第 17 类）并列第三，均为 1 起，各占比 6.7%（图 1－69）。

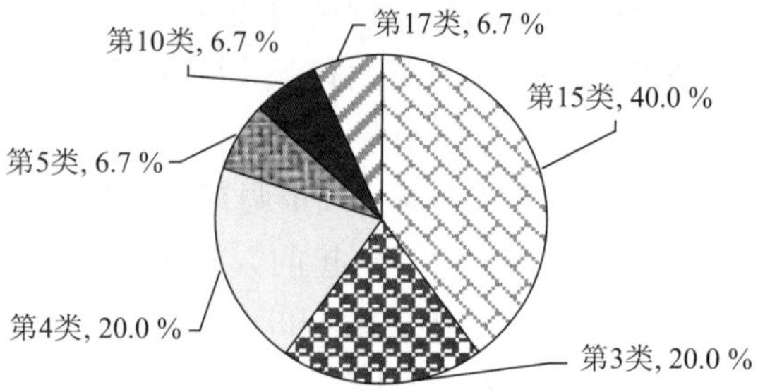

图 1－69　1995—2012 年澳大利亚反补贴立案按涉案产品类别分布情况

2. 澳大利亚仅被诉 1 起反补贴调查

1995—2012 年，澳大利亚仅在 1999 年被诉 1 起反补贴调查，这起反补贴调查是由欧盟发起的，涉及纺织品（第 11 类）。

三、动物产品是澳大利亚保障措施调查的重点

1995—2012 年，澳大利亚共启动 2 起保障措施调查。这 2 起保障措施调查均涉及动物产品（第 1 类）。

加拿大

据 WTO 统计，1995—2012 年，加拿大共启动 202 起贸易救济调查，占全球贸易救济调查总数的 4.2%，在全球启动贸易救济调查的 56 个 WTO 成员中位列第九。其中，反倾销 166 起，反补贴 33 起，保障措施 3 起。同期，加拿大共被诉 39 起反倾销调查和 8 起反补贴调查。

一、加拿大启动的反倾销调查位居全球第九，占全球反倾销调查总数的 3.9%

1995—2012 年，加拿大共启动了 166 起反倾销调查，占全球反倾销立案总数的 3.9%，在 47 个启动反倾销调查的 WTO 成员中列第九位；同期，加拿大共被诉 39 起反倾销调查，占比 0.9%，在 103 个被诉反倾销调查的国家（地区）中列第二十二位。

1. 加拿大 2012 年启动的反倾销调查大幅上升 450.0%

1995—2012 年，加拿大共启动 166 起反倾销调查，其中 106 起案件采取了反倾销措施，占加拿大反倾销立案总数的 63.9%。2002 年之前，加拿大反倾销立案处于较高水平，共启动 102 起反倾销调查，年均约 15 起；2001 年是加拿大反倾销立案最多的一年，达 25 起；2002 年之后，共启动 64 起，年均约 6 起（图 1－70）。2012 年，加拿大启动 11 起反倾销调查，比上年同期增加 9 起，增幅为 450.0%。

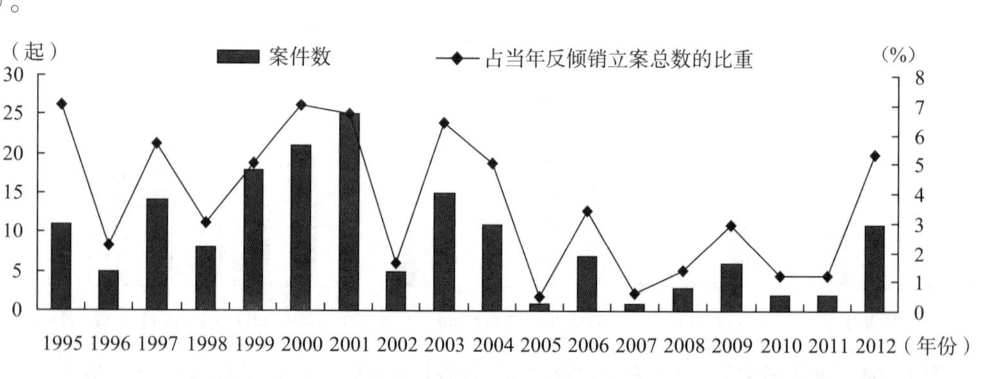

图 1－70　1995—2012 年加拿大反倾销立案及各年在全球反倾销立案总数中占比情况

中国和美国输加产品是加拿大反倾销调查的重点。1995—2012 年，加拿大启动的 166 起反倾销调查共涉及 49 个国家（地区）。其中，涉及中国的案件高居首位，共 30 起，占加拿大反倾销立案总数的 18.1%；其次是美国，为 17 起，占比 10.2%；韩国位居第三，为 10 起，占比 6.0%；居第四位的是中国台湾，为 9 起，占比 5.4%；巴西、印度并列第五，均为 6 起，各占比 3.6%。涉及上述 6 个被诉方的案件之和占加拿大反倾销调查总数的 46.9%（图 1－71）。

涉案行业集中，贱金属及其制品是调查重点。1995—2012 年，加拿大启动的 166 起反倾销调查共涉及海关编码税则中 11 个类别。其中，涉及贱金属及其制品（第 15 类）的案件高居首位，为 110 起，占比 66.3%；其次是食品，饮料、酒类及醋，烟草及烟草替代品（第 4 类），木制品（第 9 类），均为 9 起，各占比 5.4%；植物产品（第 2 类）、鞋帽及羽毛制品（第 12 类）并列第三，均为 7 起，各占比 4.2%（图 1－72）。涉及上述 5 个类别的案件之和占加拿大反倾销立案总数的 85.5%。

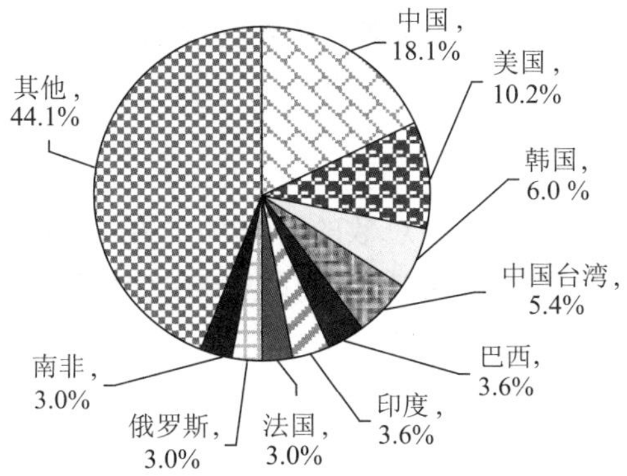

图 1－71　1995—2012 年加拿大反倾销立案按被诉方国别（地区）分布情况

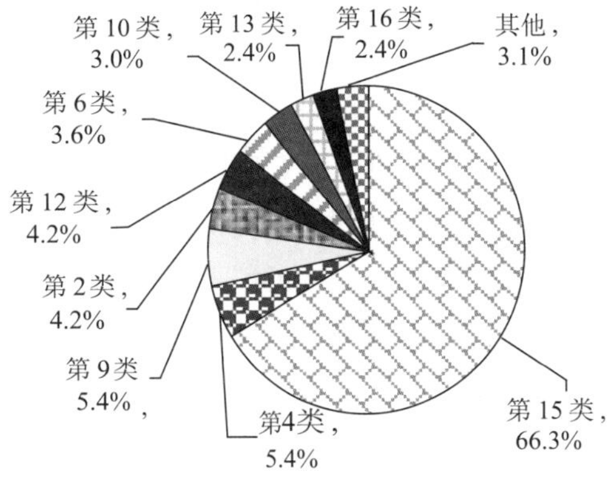

图 1－72　1995—2012 年加拿大反倾销立案按涉案产品类别分布情况

2. 2004 年之后，加拿大被诉反倾销调查有所下降

1995—2012 年，加拿大被诉反倾销调查共 39 起，年均约 2 起，其中 18 起案件采取了最终反倾销措施，占加拿大被诉反倾销调查总数的 46.2%。2004 年之前，加拿大共被诉 27 起反倾销调查，年均 3 起；2004 年之后，共被诉 12 起反倾销调查，年均约 2 起。2012 年，加拿大未被诉反倾销调查。

美国是对加拿大反倾销调查的主要发起者。1995—2012 年，加拿大被诉的 39 起反倾销调查是由 13 个国家（地区）发起的。其中，美国对加拿大启动的反倾销调查高居首位，为 15 起，占比 38.5%；其次是澳大利亚，6 起，占比 15.4%；印度位居第三，5 起，占比 12.8%（图 1－73）。贱金属及其制品、纸制品是加拿大被诉反倾销调查的重点。1995—2012 年，加拿大被诉的 39 起反倾销调查涉及海关编码税则中的 9 个类别。其中，涉及贱金属及其制品（第 15 类），纸、纸板及其制品（第 10 类）的高居首位，均为 8 起，各占比 20.5%；其次是化工产品（第 6 类），为 6 起，占比 15.4%；动物产品（第 1 类），橡胶、塑料及其制品（第 7 类）并列第三位，均为 4 起，各占比 10.3%（图 1－74）。

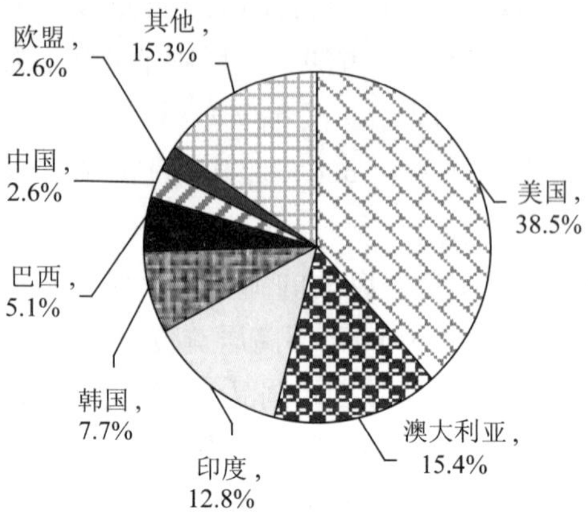

图 1－73　1995—2012 年加拿大被诉的反倾销调查按申诉方分布情况

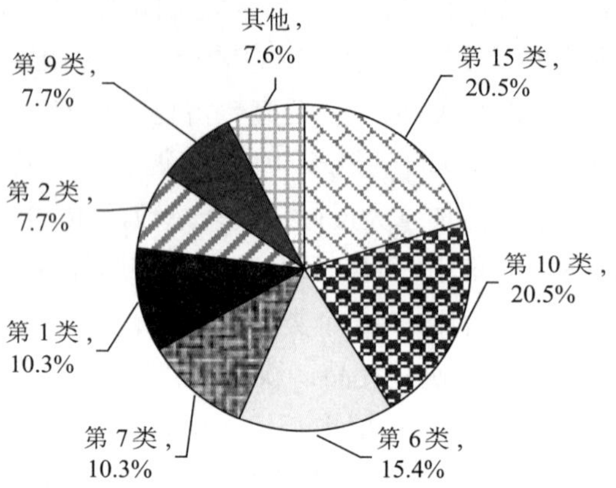

图 1－74　1995—2012 年加拿大被诉的反倾销调查按涉案产品类别分布情况

二、加拿大启动反补贴调查位居全球第三，2012 年创历史新高

1995—2012 年，加拿大启动 33 起反补贴调查，占全球反补贴调查总数的 10.9%，在 21 个启动反补贴调查的成员中居第三。其中，采取最终反补贴措施的 21 起，占加拿大反补贴调查总数的 63.6%。同期，加拿大共被诉了 8 起反补贴调查，占全球反补贴调查总数的 2.6%。

1. 自 2008 年以来，加拿大频频启动反补贴调查，2012 年同比上升 200.0%

近年来，加拿大频繁启动反补贴调查。1995—1999 年的 5 年间，仅 1995 和 1999 年启动反补贴调查，均为 3 起；2000—2012 年的 13 年间，除 2002 年未启动反补贴调查外，其余年份均有反补贴调查。其中，2000—2007 年，加拿大共启动 14 起反补贴调查，年均约 2 起；2008—2012 年共启动 13 起，年均约 3 起（图 1－75）。2012 年，加拿大共启动 6 起反补贴调查，创历史新高，比 2011 年同期增加 4 起，增幅达 200.0%。

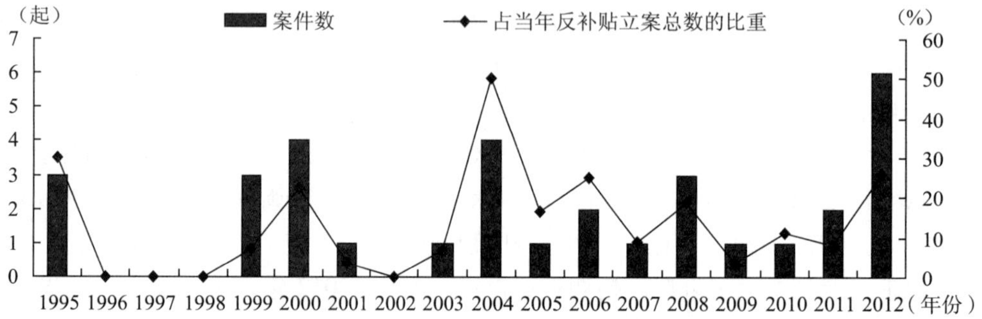

图 1－75　1995—2012 年加拿大反补贴立案及各年在全球反补贴立案总数中占比情况

贱金属及其制品是加拿大反补贴调查的重点。1995—2012 年，加拿大启动的 33 起反补贴调查涉及海关编码税则中的 6 个类别。其中，涉及贱金属及其制品（第 15 类）的案件高居首位，为 25 起，占比 75.8%；其次是食品，饮料、酒类及醋，烟草及烟草替代品（第 4 类），为 3 起，占比 9.1%；位居第三的是植物产品（第 2 类），为 2 起，占比 6.1%（图 1－76）。

2. 加拿大 2005 年以来未被诉反补贴调查

1995—2012 年，加拿大被诉的 8 起反补贴调查均在 2005 年之前，2001 年和 2002 年，加拿大被诉的反补贴调查最多，为 2 起；采取最终反补贴措施的 3 起。

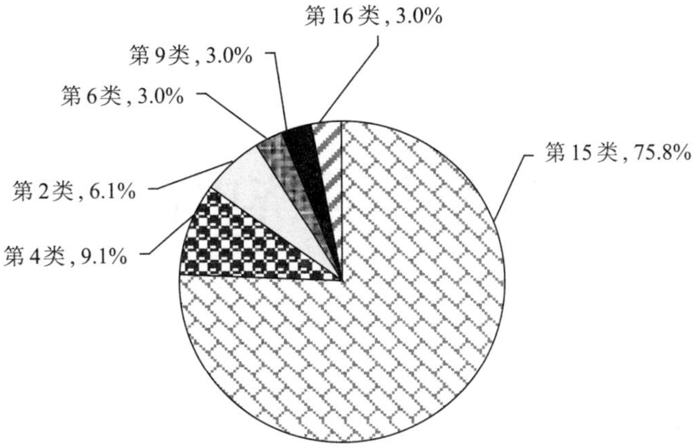

图1－76 1995—2012年加拿大反补贴立案按涉案产品类别分布情况

加拿大被诉的8起反补贴调查共涉及海关编码税则中的4个类别，分别是动物产品（第1类）、植物产品（第2类）、木制品（第9类）、贱金属及其制品（第15类），均为2起。

三、加拿大较少运用保障措施调查，2006年之后未再启动保障措施调查

1995—2012年，加拿大启动了3起保障措施调查，这3起保障措施调查分布在2002和2005年，分别是1起和2起。这3起保障措施调查分别涉及食品，饮料、酒类及醋，烟草及烟草替代品（第4类），贱金属及其制品（第15类），车辆、船舶（第17类）。

第二章　我国贸易救济申诉案件综述

2012 年，我国反倾销立案 9 起，是继 2010 年和 2011 年立案数量连续 2 年下降后的首次回升。截至 2012 年年底，美国被诉反倾销案件累积数量已连续两年居首位，反倾销原审申诉企业所属省份大多集中在北京、山东和吉林，涉案产业向新兴产业和技术密集型产品延伸。

第一节　我国贸易救济申诉案件的特点①

我国自 1997 年开始运用贸易救济措施以来，至 2012 年年底，按 WTO 统计口径②，已经对进口产品启动了 210 起贸易救济调查。2012 年，新发起贸易救济调查 11 起，比上年大幅增长。

按我国统计口径③，1997—2012 年，我国共发起 82 起贸易救济调查，其中，反倾销 75 起，反补贴 6 起，保障措施 1 起。2012 年，共计发起贸易救济调查 8 起（其中反倾销 6 起，反补贴 2 起），比 2011 年增加 5 起。

截至 2012 年底，共计 39 个涉案产品仍在实施贸易救济措施。2012 年新增的征税产品为未曝光的摄影感光纸及纸板和高性能不锈钢无缝管；2012 年停止征税的产品为二氯甲烷。

一、反倾销仍是国内产业保护自身权益的主要贸易救济手段

按 WTO 统计口径，1997—2012 年，我国共发起贸易救济调查 210 起。其中，反倾销调查 203 起，占我国贸易救济调查总数的 96.7%；反补贴调查 6 起，占比 2.9%；保障措施调查 1 起，占比 0.5%。由此可见，我国运用贸易救济措施 16 年来，反倾销仍是国内产业保护自身权益的最主要手段。

二、2012 年反倾销立案数量同比大幅上升

1997—2012 年，我国反倾销立案 203 起，年均 12.7 起。1997—2000 年我国运用贸易救济措施初期的 4 年间，我国反倾销立案总数为 16 起，年均立案 4 起；2001—2005 年我国加入 WTO 后的 5 年间，共立案 120 起，年均立案 24 起；2006—2010 年国际金融危机前后的 5 年间，共立案 53 起，年均立案 10.6 起；2011—2012 年的 2 年间，共立案 14 起，年均立案 7 起（图 2 - 1）。

2012 年，我国反倾销立案 9 起，是继 2010 年和 2011 年立案数量连续 2 年下降后的首次回升。在 2012 年全球经济低迷、贸易保护主义抬头的大背景下，国内运用法律手段维护产业安全的意识增强。

---

① 本章案件统计标准，参照 WTO 标准，即 1 个国家 1 种产品对应 1 起案件。

② 1 个国家 1 种产品对应 1 起案件。

③ 1 个立案时间 1 种产品对应 1 起案件。

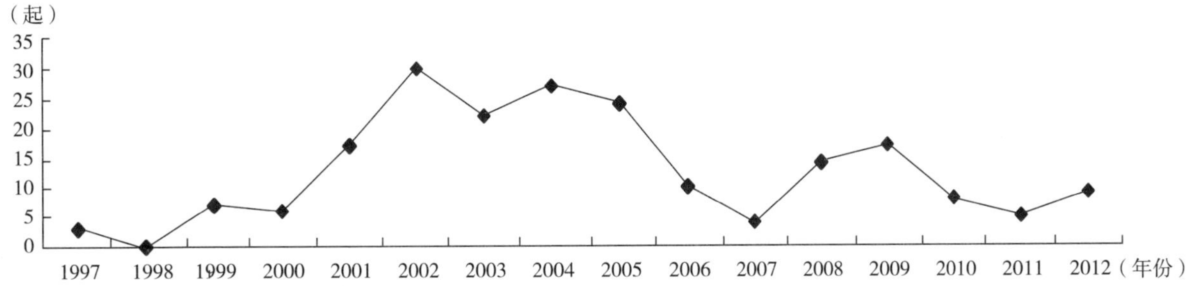

图 2－1　1997—2012 年我国企业反倾销申诉案件立案年度走势

三、美国被诉反倾销案件数量连续两年居首位

1997—2012 年，我国共对 26 个国家（地区）发起 203 起反倾销调查，其中，涉及美国的案件达 36 起，占我国反倾销申诉案件总数的 17.7%；其次是日本（35 起），占比 17.2%；韩国（33 起）位列第三，占比 16.3%；欧盟（20 起）居第四位，占比 9.9%；中国台湾（16 起）位列第五，占比 7.9%。排名前 11 位涉案国（地区）在我国反倾销调查中占比为 87.2%，比 2011 年上升了 0.6 个百分点（表 2－1）。

表 2－1　1997—2012 年我国反倾销调查涉案国家（地区）排名情况

国家（地区）	2012 年累计	2011 年累计	2012 年新增
美　国	36	34	2
日　本	35	33	2
韩　国	33	32	1
欧　盟	20	17	3
中国台湾	16	16	0
俄罗斯	11	11	0
新加坡	6	6	0
印　度	5	4	1
印度尼西亚	5	5	0
泰　国	5	5	0
德　国	5	5	0

四、反倾销原审申诉企业所属省份大多集中在北京、山东和吉林

1997—2012 年，我国反倾销原审申诉企业分布在 27 个省份中，未涉案的省份（港、澳、台除外）分别为西藏、海南、贵州。其中，北京申诉企业居首位，共申请发起 55 起反倾销调查；山东 47 起，列第二位；吉林 43 起，位居第三（表 2－2）。

从 2012 年新申请发起的反倾销调查来看，江苏企业新增申诉立案 4 起，位居当年各省份之首；其次是江西、河南、重庆，分别为 2 起；浙江、河北、甘肃、辽宁、安徽、山东的企业分别立案 1 起。

表 2－2 1997—2012 年我国贸易救济案件申诉企业所在省份及排名情况

申诉企业所在省份	2012 年累计	2011 年累计	2012 年新增
北 京	55	55	0
山 东	47	46	1
吉 林	43	43	0
上 海	40	40	0
江 苏	40	36	4
浙 江	38	37	1
黑龙江	29	29	0
四 川	28	28	0
辽 宁	28	27	1
河 北	27	26	1

五、涉案产业整体仍以化工为主，共涉及 11 个行业①

1997—2012 年，我国共发起 203 起反倾销调查，涉及化工产品的案件仍居首位，共 146 起，占我国反倾销申诉案件总数的 71.9%。

203 起反倾销调查共涉及化工（146 起）、造纸（18 起）、冶金（12 起）、电子（8 起）、纺织（7 起）、食品（5 起）、机械（3 起）、农产品（1 起）、医药（1 起）、汽车（1 起）、轻工（1 起）11 个行业（图 2－2）。截至 2012 年，我国共对进口产品发起反补贴调查 6 起，其中包括电子（2 起）、农产品（1 起）、冶金（1 起）、汽车（1 起）、食品（1 起）。

2012 年新发起的 9 起反倾销案件共涉及化工（6 起）、电子（3 起）2 个行业。新兴产业和技术附加值高的产品发案数量正在提高。这一方面说明我国的新兴产业和高附加值产品的制造能力增强，国际竞争力提高，另一方面说明我国产业结构升级仍在进行中。

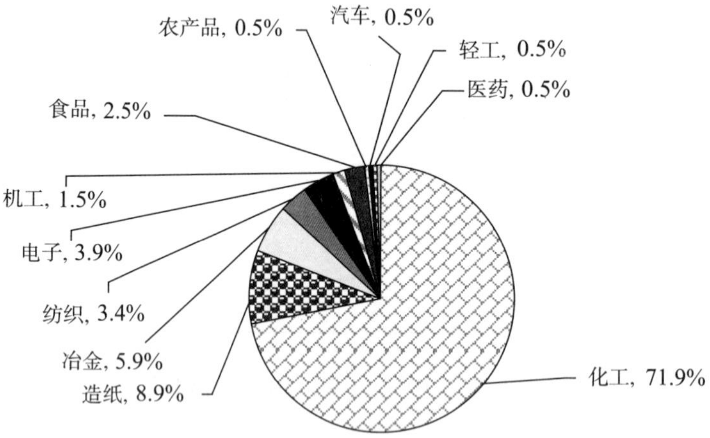

图 2－2 1997—2012 年我国反倾销申诉案件涉案产品按行业分布情况

① 2012 年对涉案产品的分类进行了调整，与 2011 年不同。

第二节　我国贸易救济措施实施效果分析

贸易救济措施的实施为国内产业的发展创造了公平的贸易环境，取得了积极的效果，使部分产业规模跃居世界前列，部分企业经营状况好转，为关系国计民生的重要领域、战略新兴产业营造了发展空间，推动了部分产业上下游协同发展，促进了部分产业积极向绿色环保型转变。

一、贸易救济措施涉案企业存续情况

截至2012年底，我国已裁决贸易救济案件（含不征税及无损害）的申诉企业（含协会提供的申请企业；正在调查的复审案件，仅列入该案件的原审申诉企业）共计304家，其中，截至2013年3月18日，实际填报存续情况的企业有295家。在295家填报存续情况的企业中，未发生停产或转产、重组、破产、更名的企业182家，占比61.7%，同比下降2.3个百分点；发生上述变化的企业113家，占比38.3%。其中，已停止生产原涉案产品的企业有64家（包括停产或转产企业37家和破产企业27家），发生重组（破产除外）的企业40家，企业名称变更的50家。

二、贸易救济措施的积极效果

1. 多数国内产业经营状况得到恢复和发展，部分行业、企业规模跃居世界前列

截至2012年底，仍在实施反倾销措施的39个涉案产品中，23个产品产能实现了增长，19个产品产量出现增长。另外，得益于反倾销措施的实施，部分行业、企业规模已跃居世界前列。例如，我国非色散位移单模光纤产能由2009年的6320万芯公里提升至2012年的14000万芯公里，占全球产能的比重由2009年的26.5%大幅增至2012年的42.5%，稳居全球首位。近年来，我国苯酐行业产能迅速增长，目前已达200多万吨，居全球首位。甲乙酮总产能从2007年的26.2万吨增至2012年的43.2万吨，居全球首位。此外，PBT树脂、氨纶、新闻纸、聚氯乙烯、对苯二甲酸产能均位居全球首位。

2. 采取贸易救济措施后，多数国内产品可以满足需求，部分产业还实现了向净出口的转变

反倾销措施实施后，国内多数产业的产能、产量大幅增长，能满足国内市场需求。我国一直是全球最大的甲乙酮消费市场，反倾销措施实施之前，我国甲乙酮供不足需，2007年缺口达5.6万吨；采取反倾销措施后，我国甲乙酮产能由2007年的26万吨增至2012年的43万吨，总产量从2007年的24.9万吨增至2012年的36.2万吨，彻底扭转了我国甲乙酮供不应求的局面，实现了供求平衡。非色散位移单模光纤反倾销措施实施后，我国非色散位移单模光纤产能由2009年的6320万芯公里逐年增至2012年的14000万芯公里，在满足国内需求量同时，还实现了出口。

另外，部分产业在反倾销措施实施之后还实现了向净出口的转变。截至2012年底，仍在实施反倾销措施的39个涉案产品中，11个产品实现净出口，占比28.2%，包括铜版纸、核苷酸类食品添加剂、有机硅、碳钢紧固件、甲乙酮、锦纶6切片、甲苯二异氰酸酯（TDI）、氨纶、三氯乙烯、己二酸、X射线安全检查设备。

3. 为我国关系国计民生的重要领域和战略新兴产业赢得了发展空间

光纤产品对国内通信产业的发展、制造业的发展以及国家信息安全具有十分重要的战略意义。光纤反倾销措施的实施遏制了来自国外企业的不正当竞争，为国内光纤产业赢得了发展时间和空间，国内光纤企业在技术和产品质量方面达到了国际先进水平，不仅实现了国内光纤产业的供求平衡，部分企业还通过海外投资等方式成功进入国际市场，形成了一批具有国际竞争力水平的光纤生产企业。

高性能不锈钢无缝钢管广泛应用于电力行业，属于国家经济命脉的重要行业。在此之前的很长时

间里，高性能不锈钢无缝钢管技术被发达国家垄断，反倾销措施实施后，国内产业得以实现自主研发和批量生产，为国家电力行业的长期、稳定发展做出了贡献。

白羽肉鸡反倾销案是我国农产品领域采取反倾销措施的第一案，直接关系国计民生。反倾销措施实施之后，涉案企业规模扩张，产业集中度不断提高，生产模式发生改变，成为我国农业产业化发展最典型的产业之一。

4. 推动上下游产业协同发展，增强产业整体竞争力

反倾销措施的实施，加快了涉案产品产业链一体化协同发展的步伐。光纤反倾销措施实施以来，国内光纤产业抓住来之不易的发展期，向前延伸了光纤产品的产业链，加快了光通讯产业链核心技术的引进和自主研发，在与国外企业合作引进光纤上游生产技术的基础上，国内企业开发出了具有完全自主知识产权的上游产品合成技术，打造出了具有完全自主知识产权的光通讯产业链，推动了光通讯产业链一体化协同发展，增强了产业整体竞争力。

此外，马铃薯淀粉反补贴案调查和裁决后，国内马铃薯淀粉加工企业经营状况有所好转，为上游马铃薯种植农户带来实惠。反补贴措施采取后，产业上下游协同发展，使国内产业开工率提高，产量增加，保证了市场供应和价格稳定，缓解了下游的成本压力。

5. 推动涉案产业加大环保领域的投入，积极向绿色环保型转变

利用实施贸易救济措施的有利时机，部分涉案企业采取措施，加大环保领域的投入，积极向绿色环保型转变。例如，X 射线安全检查设备生产企业在节能环保方面已通过 ISO14001 和 ISO18001 两项国际标准认证，且企业在安检车辆减重方面卓有成效。磺胺甲噁唑生产企业对污水、废气等实施 24 小时在线监控，每年节能降耗产生的经济效益显著。甲乙酮生产企业重视提升环保治理水平，设立专门的污水处理厂，并将工业废气收集转化为热源，基本不产生污染物。

第三章　全球对华贸易救济案件综述①

根据GTA公布的数据，2012年6月—2013年5月，全球共发起431项贸易保护主义措施。其中，2012年二季度为26项；2012年三季度为94项，环比上升261.5%；2012年四季度为127项，环比上升35.1%；2013年一季度为125项，环比下降1.6%。按发起国计算，代表全球经济主体的G20共发起151项贸易保护措施，G8共计131项。

与此同时，我国面临的贸易摩擦形势不容乐观。第一，美国、欧盟、澳大利亚等主要贸易伙伴近年来在法律层面，频频修改反倾销/反补贴法，强化贸易保护手段。第二，对华启动反倾销调查的国家（地区）范围不断扩大，巴西、阿根廷等新兴国家对华反倾销调查也呈现增长态势，与我国经贸关系日渐加强的东盟也频频对华启动反倾销调查。第三，涉案行业范围不断扩大，光伏等新兴产业近年来频繁遭遇国外贸易救济调查，使我国新兴产业发展面临前所未有的困境。

第一节　全球对华贸易救济案件的特点及趋势②

据中国贸易救济信息网统计，2002—2012年，全球对华共启动1007③起贸易救济调查。其中，反倾销调查651起，反补贴调查62起，特别保障措施调查87起，保障措施调查207起（图3-1）。

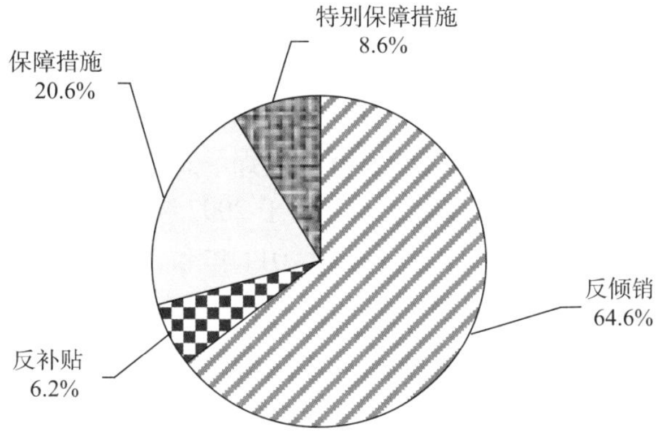

图3-1　2002—2012年全球对华贸易救济调查4种形式分布情况

① 数据来源：本章中，除特别注明出处，数据均源自“中国贸易救济信息网”（http：//www.cacs.gov.cn.）。

② 案件统计标准：参照WTO标准，即1个国家、1种产品对应1起案件。

③ 2012年的数据统计中，俄白哈关税同盟启动的贸易救济调查不再依照3个国家分别启动计入，而是以俄白哈关税同盟1个地区单独计入，以下同。

一、全球对华贸易救济新立案数 2012 年同比上升 31.5%，中国产品仍是美欧等贸易伙伴的主要调查对象

2002—2007 年，全球对华共启动 527 起贸易救济调查，年均约 88 起。而受金融危机影响，全球对华贸易救济调查总数在 2008 年出现激增，为 108 起，并于 2009 年创历年之首，达 129 起。但 2009 年之后，全球对华贸易救济调查呈现下降态势。2010 年，全球对华贸易救济调查数为 74 起，比 2009 年同期下降 42.6%；2011 年为 73 起，同比下降 1.4%；2012 年为 96 起，同比上升 31.5%（图 3－2）。

从图 3－2 可以看出，在全球对华 4 种贸易救济调查形式中，反倾销和保障措施的运用频率较高；反补贴则自 2006 年以来一直呈现上升态势，并于 2009 年达到顶峰（13 起）；特别保障措施自 2010 年以来相对较少，在较低位徘徊。

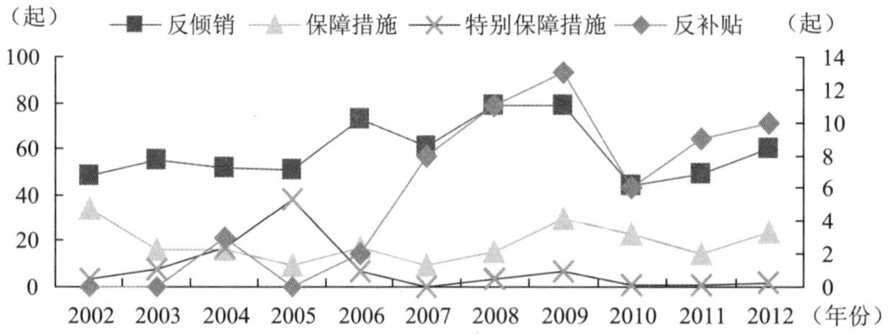

图 3－2　2002—2012 年国外对华 4 种贸易救济形式立案年度分布情况

但 2012 年，我国仍是各国贸易救济调查的重点对象。美国共启动 11 起反倾销调查，对华 5 起；启动 5 起反补贴调查，对华 3 起；欧盟启动 13 起反倾销调查，其中对华 4 起；印度启动 21 起反倾销调查，对华 7 起。在上述国家（地区）启动的反倾销/反补贴调查中，对华案件均居首位。

二、2012 年反倾销在 4 种贸易救济调查中仍占据主导地位，但同比下降 4.6 个百分点；反补贴快速增加，特别保障措施运用频率下降

2002—2012 年，对华反倾销调查占同期全球对华贸易救济调查总数的 64.6%，是 4 种贸易救济调查形式中的主要手段（图 3－3），并经历了先升后降的过程。其中，2002—2007 年，全球对华反倾销在当年贸易救济调查总数中所占比重呈现上升趋势，并于 2007 年达到顶峰（78.2%）；2007 年之后，这一比重开始下降，并于 2010 年降至 59.5%，随后的 2011 年和 2012 年，全球对华反倾销调查所占比重有所回升，分别为 67.1% 和 62.5%。

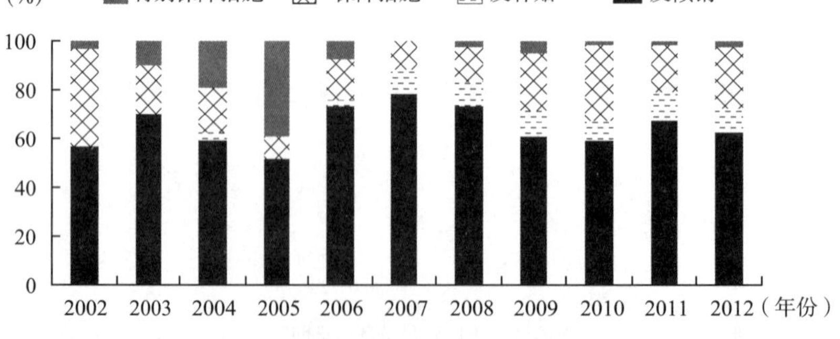

图 3－3　2002—2012 年全球对华四种贸易救济调查形式在当年全球对华贸易救济案件总数中占比情况

近年来，反补贴调查成为全球对华贸易救济调查的“焦点”，并呈现不断上升的态势。2007 年，全球对华反补贴调查占当年全球对华贸易救济调查总数的比重为 10. 3%，是 2004—2007 年比重最高的年份；2011 年，这一比重升至 12. 3%，再创新高；2012 年为 10. 4%。

2002 年以来，保障措施和特别保障措施的运用频率有所下降。其中，特别保障措施案件数下降最快。2005 年，特别保障措施占当年全球对华贸易救济调查总数的比重由 2002 年的 3. 5% 升至 38. 8%；2005 年之后，特别保障措施的运用频率开始下降，除 2007 年和 2009 年这一比重分别为 7. 1% 和 5. 4% 之外，其余年份的比重均未超过 3%。

保障措施运用频率虽自 2002 年以来有所下降，但 2009 年之后，其频率有所回升。2002 年，保障措施案件数占当年全球对华贸易救济调查总数的比重为 40. 0%；2002 年之后，这一比重开始下降，并于 2005 年降至 9. 2%。但 2009 年以来，这一比重开始回升，并于 2010 年达到 31. 1%，这是 2003 年以来比重最高的年份。

三、对华贸易救济调查发起国（地区）集中，美国、欧盟和印度是重点

在 53 个国家（地区）对华发起的 1007 起贸易救济调查中，由美国发起的调查居首位，共 153 起；其次是印度，为 134 起；欧盟位居第三，为 92 起；土耳其居第四位，为 77 起；阿根廷以 55 起位居第五。上述 5 个国家（地区）启动的对华贸易救济调查合计占全球对华贸易救济案件总数的 50. 7%。

印度是对华反倾销调查的最大发起国。2002—2012 年，共有 31 个国家（地区）对华发起 651 起反倾销调查。其中，印度居首位，共 105 起，占比 16. 1%；其次是美国，为 78 起，占比 12. 0%；欧盟位居第三，为 72 起，占比 11. 1%；阿根廷位居第四，为 52 起，占比 8. 0%；土耳其和巴西并列第五，均为 51 起，各占比 7. 8%（图 3 - 4）。上述 6 个国家（地区）对华发起的反倾销调查合计占全球对华反倾销案件总数的 62. 8%。

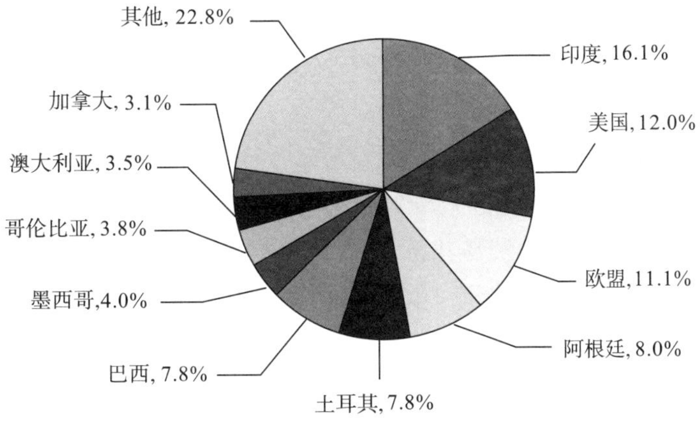

图 3 - 4　2002—2012 年各国（地区）对华反倾销调查立案情况

90% 以上的反补贴调查由发达国家（地区）发起。自加拿大对中国产品发起首例反补贴调查以来，截至 2012 年底，共有 7 个国家（地区）对中国产品动用了反补贴调查手段。其中，美国居首位，累计 33 起，占国外对华反补贴调查总数的 53. 2%；其次是加拿大，累计 14 起，占比 22. 6%；澳大利亚居第三位，累计为 7 起，占比 11. 3%。此外，欧盟 5 起，印度、南非、墨西哥各 1 起。在上述 7 个国家（地区）中，发达国家（地区）4 个，分别是美国、欧盟、澳大利亚和加拿大，这 4 个国家（地区）启动的反补贴调查占国外对华反补贴调查总数的 95. 2%。

印度尼西亚、土耳其、印度是保障措施的主要发起国。2002—2012 年，共有 45 个国家（地区）启动 207 起保障措施调查。其中，印度尼西亚居首位，23 起，占比 11. 1%；其次是土耳其，19 起，占

比 9.2%；印度位居第三，18 起，占比 8.7%；约旦居第四位，15 起，占比 7.2%；乌克兰位居第五，为 14 起，占比 6.8%。

45%以上的特别保障措施由美国发起。在全球对华启动的 87 起特别保障措施调查中，美国居首位，42 起，占比 48.3%；其次是欧盟和印度，均为 10 起，各占比 11.5%；土耳其位居第三，为 7 起，占比 8.0%。上述 4 个国家（地区）启动的特别保障措施调查合计占 79.3%。

四、发起国（地区）范围扩大，巴西、阿根廷等发展中国家[①]增势显著

自我国入世以来，印度、阿根廷、土耳其、巴西等发展中国家对华反倾销立案快速增长。2002—2012 年，共有 31 个国家（地区）对我国出口产品发起 1007 起反倾销调查。其中，发达国家 7 个，发展中国家 19 个，转型经济体 5 个。19 个发展中国家中有 9 个国家对华反倾销调查位列对华反倾销案件数的前十位，分别是印度（105 起）、阿根廷（52 起）、土耳其（51 起）、巴西（51 起）、墨西哥（26 起）、哥伦比亚（25 起）、南非（20 起）、韩国（16 起）和泰国（16 起）。

在 207 起保障措施调查中，发展中国家也占据主导地位，共发起 146 起立案调查，在同期保障措施调查总数中占比高达 70.5%。其中，印度尼西亚、印度、土耳其分列前三位。

1. 印度对华反倾销调查超过欧美，巴西、阿根廷等南美洲国家增势明显

我国入世以来，印度频频对我国出口产品运用贸易救济调查，其中以反倾销和保障措施的使用频率最高。据中国贸易救济信息网统计，2002—2012 年，印度共启动 105 起反倾销调查，比同期美国多 27 起，比同期欧盟多 33 起；印度年均反倾销新立案约 10 起，超过美国（约 7 起）和欧盟（约 7 起）。而印度启动的保障措施调查以 18 起列印度尼西亚（23 起）和土耳其（19 起）之后，居第三位。

此外，巴西、阿根廷等南美洲国家针对中国产品的反倾销调查不断增多。在对华反倾销调查居前十位的国家（地区）中，南美洲国家有 4 个，分别是阿根廷（52 起）、巴西（51 起）、墨西哥（26 起）、哥伦比亚（25 起）。其中，2012 年，巴西对华启动 12 起反倾销调查，居当年各国（地区）之首；2011 年为 5 起，与印度和美国并列当年第二位。2009 年，阿根廷对华启动 19 起反倾销调查，居当年各国（地区）之首。

2. 非 WTO 成员对华贸易救济调查频现

2002—2012 年，共有 53 个国家（地区）针对中国出口产品启动了贸易救济调查，但一些非 WTO 成员近年来也频频对中国出口产品启动贸易救济调查，其中包括白俄罗斯、哈萨克斯坦、乌兹别克斯坦、海湾合作委员会（以下简称“海合会”）、欧亚经济委员会（原俄白哈关税同盟）。据中国贸易救济信息网统计，2002—2012 年，白俄罗斯共启动 2 起保障措施调查，哈萨克斯坦启动 1 起对华反倾销调查、2 起保障措施调查，乌兹别克斯坦发起 1 起对华反倾销调查，海合会启动了 2 起保障措施调查，欧亚经济委员会（原俄白哈关税同盟）启动 3 起对华反倾销调查、4 起保障措施调查。

五、东盟对华贸易救济调查频率上升，泰国和印度尼西亚分别是反倾销和保障措施调查的主要发起国

近年来，我国进一步扩大与东盟十国的经贸往来。据海关统计，2012 年，中国进出口总额 38667.6 亿美元，比 2011 年增长 6.2%。其中，欧盟、美国、东盟是中国前三大贸易伙伴，中国与东盟进出口总额为 4000.9 亿美元，同比增长 10.2%，占我国进出口总额的 10.3%。随着我国与东盟十

---

① 本书中，发展中经济体（地区）、发达经济体（地区）和转型经济体的划分依据联合国贸易和发展组织发布的《UNCTAD handbook of statistics 2012》，详见附表 2。

国经贸关系的日渐紧密，东盟与我国的贸易摩擦也有所增加。据中国贸易救济信息网统计，2002—2012 年，东盟十国对华共启动 67 起贸易救济调查，占同期国外对华贸易救济调查总数的 6.7%。其中，反倾销 33 起，保障措施 34 起。

1. 东盟对华反倾销、特殊保障近年来呈现上升趋势

在东盟对我国启动的 33 起反倾销调查中，2008 年之前共启动 12 起，年均 2 起；2008—2012 年共启动 21 起，年均约 4 起，是 2002—2007 年的 2 倍。其中，2011 年和 2012 年均为 7 起，创历史新高（图 3－5）。

在东盟启动的 34 起保障措施调查中，2008 年之前共计 7 起，年均约 1 起；2008—2012 年共计 27 起，年均约 5 起。其中，2012 年为 10 起，创历史新高（图 3－5）。

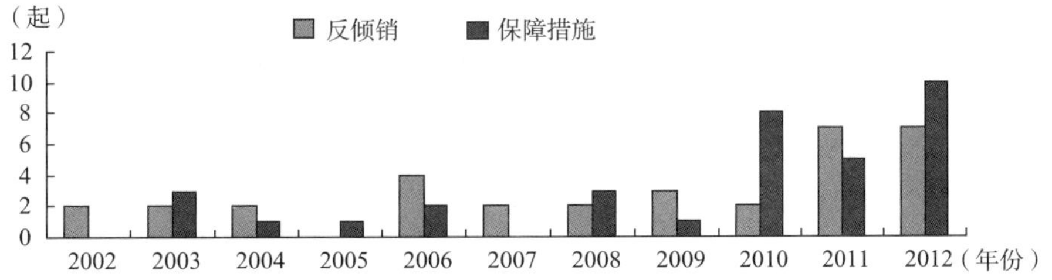

图 3－5 2002—2012 年东盟对华反倾销和保障措施立案年度分布情况

2. 泰国是东盟十国中对华反倾销调查的主要发起国，印度尼西亚是保障措施的主要发起国

2002—2012 年，在东盟十国中，有 3 个成员国针对中国产品启动反倾销调查，分别是泰国（16 起）、印度尼西亚（14 起）和马来西亚（3 起）。

在东盟十国中，共有 5 个成员国启动保障措施调查，分别是印度尼西亚（23 起）、菲律宾（6 起）、泰国（3 起）、马来西亚（1 起）、越南（1 起）。

3. 冶金和金属制品分别是东盟对华反倾销和保障措施调查的重点

在东盟对华启动的 33 起反倾销调查中，涉及冶金产品的案件 15 起，居首位；其次是化工，为 9 起；并列第三的是纺织、建材和轻工，均为 2 起。此外，食品、医药、造纸各 1 起。

在东盟启动的 34 起保障措施调查中，涉及金属制品的 6 起，居首位；其次是冶金，为 5 起；并列第三的是纺织、化工、建材，均为 4 起。此外，轻工 3 起，食品 3 起，机械 2 起，农产品、医药、造纸各 1 起。

六、全球对华贸易救济调查"联动"频繁，我国产品遭遇双重打击，或在多国（地区）遭遇"围堵"

近年来，我国遭遇的贸易摩擦"联动"现象频繁，这使我国产品在海外市场遭受多方位打击。首先，贸易救济调查形式由单一的反倾销/反补贴调查向反倾销和反补贴合并的双项联动调查发展。据中国贸易救济信息网统计，在国外对华发起的 62 起反补贴调查中，有 60 起同时伴随反倾销调查，而 2 起反补贴调查之所以未伴随反倾销调查是此前该国已对涉案产品采取反倾销措施。

其次，我国同类产品常在多国（地区）遭遇多次贸易救济调查。截至 2012 年底，我国出口产品中遭遇多起贸易救济调查的产品主要包括各种罐头、不锈钢餐具、彩电、自行车及其零部件、打火机、陶瓷餐具、空调、碳酸钡、紧固件、水泥、瓷砖、热轧钢板、季戊四醇、胶合板、铝型材等数十种产品。例如，2002—2012 年，已有 10 个国家（地区）针对我国出口的各种轮胎产品启动了 17 起反倾销调查。其中，巴西 4 起，土耳其 3 起，哥伦比亚和印度各 2 起。此外，美国对我国充气轮胎启动 1 起反补贴调查。再以柠檬酸为例，2002—2012 年，共有 8 个国家（地区）对我国柠檬酸启动反倾销调

查，其中乌克兰2起，埃及、巴西、美国、南非、欧盟、泰国和印度各1起。同时，美国对华柠檬酸启动了1起反补贴调查。

同时，在同一国家（地区）对同种产品提起贸易救济调查的申诉方通常是同一个/几家企业/协会。例如，在印度对华轮胎产品启动的2起反倾销调查中，申诉方均是印度汽车轮胎制造商协会（ATMA）；在巴西对华轮胎产品启动的4起反倾销调查中，有2起申诉方是巴西轮胎工业协会（ANIP）；在土耳其对华轮胎的3起反倾销调查中，有2起申诉方是同一家企业（Anlaş Anadolu Lastik San. ve Tic. A. Ş. （Anlaş））；在美国对华管材的7起反补贴调查中，3起案件的申诉方都有美国最大的钢铁垄断跨国公司——美国钢铁公司。

七、2011年以来，我国遭遇的反规避调查激增，轻工、机械成为调查重点

2002—2012年，在全球对华启动的651起反倾销调查和62起反补贴调查中，共有5个国家对上述案件启动了40起反规避/反吸收调查。其中，反规避37起，反吸收3起（图3-6）。2011年以来，各国反规避新立案数呈激增，但2007年以来未再遭遇反吸收调查。其中，2011年，全球对华反规避调查创历史最高纪录，12起；2012年为11起，同比下降8.3%。

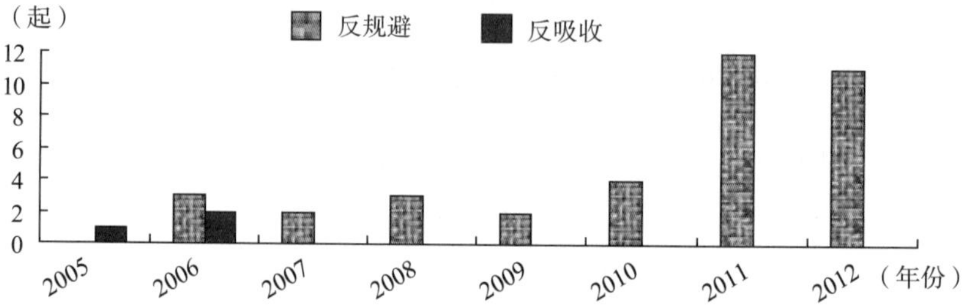

图3-6 2002—2012年全球对华反规避、反吸收调查年度分布情况

37起反规避调查分别由美国（13起）、欧盟（10起）、土耳其（8起）、巴西（4起）、墨西哥（2起）启动，共涉及轻工、机械、冶金等8个行业。其中，涉及轻工的案件位居首位，为11起；其次是机械，为8起；位列第三的是冶金，为5起。此外，涉及造纸的4起，涉及有色金属的3起，涉及纺织、建材、金属制品的各2起。3起反吸收调查则涉及食品、纺织和机械3个行业。

八、国外对华贸易救济调查范围扩大，我国光伏等新兴产业遭受重创

目前，在我国出口产品中，HS84~85[①]项下机电产品，HS50~63项下纺织品及原料，HS72~83项下贱金属及其制品，HS94~96项下家具、玩具及杂项制品，HS86~89项下车辆、船舶及其零部件，HS28~38项下化工产品是重点。据海关统计，2012年，我国HS84~85项下机电产品的累计出口额为8632.5亿美元，居各类产品之首，占我国总出口额的42.1%；其次是HS50~63项下纺织品及原料，累计出口额为2460.7亿美元，占比12.0%；位居第三的是HS72~83项下贱金属及其制品，累计出口额为1490.7亿美元，占比7.3%；居第四位的是HS94~96项下家具、玩具及杂项制品，累计出口额为1256.9亿美元，占比6.1%；居第五位的是HS86~89项下车辆、船舶及其零部件，累计出口额为1083.9亿美元，占比5.3%；位居第六的是HS28~38项下化工产品，累计出口额为945.0亿美元，占比4.6%。这些重点出口产品在国际市场上具有一定的比较优势，并已成为全球对华贸易救济调查的重点。

① 本书中，HS是指海关编码。

（一）化工、轻工等劳动密集型产业是全球对华贸易救济调查的“重灾区”

1. 50%以上的反倾销调查涉及化工、机械和冶金产品

2002—2012年，全球对华启动的651起反倾销调查共涉及轻工、化工、冶金、机械、金属制品等16个行业。其中，涉及化工产品的案件居首位，共148起，占同期全球对华反倾销案件总数的22.7%；其次是机械产品，98起，占比15.1%；冶金位居第三，80起，占比12.3%（图3-7）。从上述数据可以看出，涉及化工、机械和冶金的反倾销调查约占全球对华反倾销案件总数的50.1%。

2. 50%以上的反补贴调查涉及冶金、金属制品和机械产品

2004—2012年，全球对华发起的62起反补贴调查共涉及冶金、金属制品、机械、造纸、化工等12个行业。其中，涉及冶金产品的案件居首位，为18起，占比29.0%；其次是金属制品，为9起，占比14.5%；机械位居第三，为7起，占比11.3%（图3-8）。

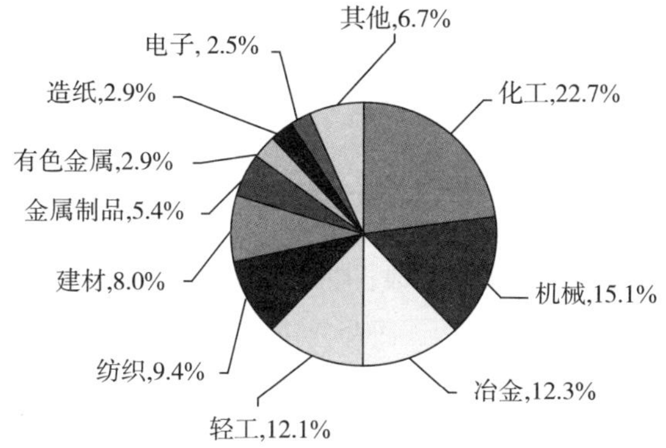

图3-7　2002—2012年国外对华反倾销调查涉案行业分布情况

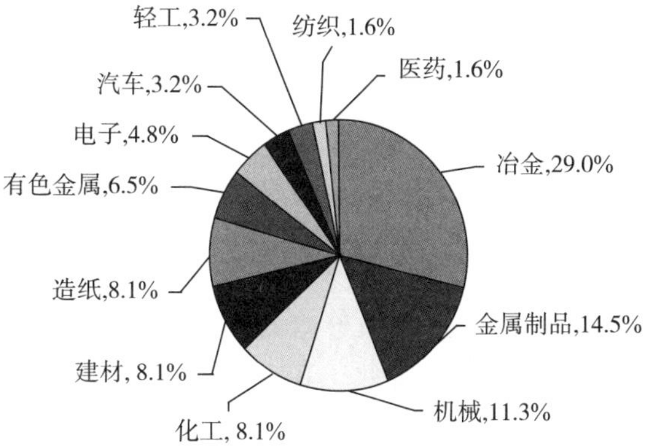

图3-8　2004—2012年国外对华反补贴调查涉案行业分布情况

3. 1/3的保障措施调查涉及化工和轻工产品

2002—2012年，在207起保障措施案件中，涉及化工产品的案件居首位，共35起，占保障措施案件总数的16.9%；其次是轻工，28起，占比13.5%；冶金位居第三，为24起，占比11.6%（图3-9）。

4. 64%以上的特别保障措施调查涉及纺织品

2002—2012年，在87起特别保障措施调查中，涉及纺织品的案件居首位，共56起，占特别保障措施案件总数的64.4%；其次是化工，为6起，占比6.9%；金属制品位居第三，5起，占比5.7%（图3-10）。

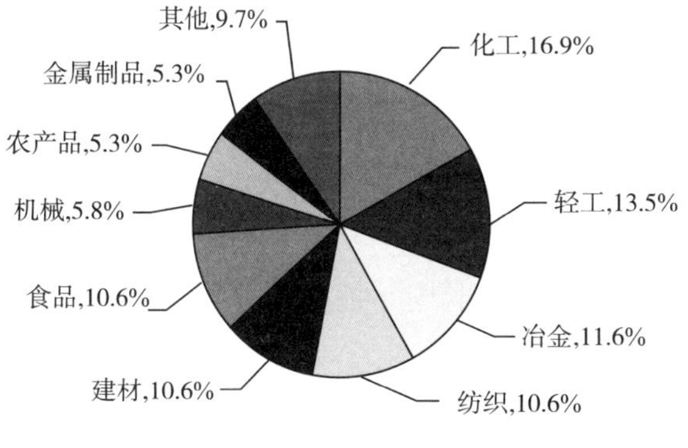

图3-9　2002—2012年国外保障措施调查涉案行业分布情况

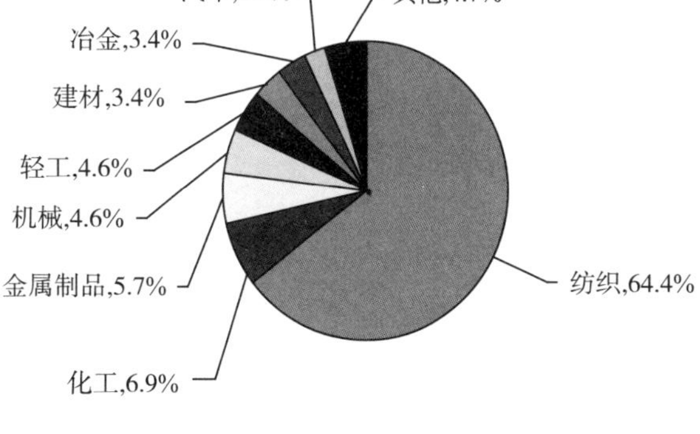

图3-10　2002—2012年国外对华特别保障措施调查涉案行业分布情况

（二）涉案产品范围扩大，由化工、纺织等劳动密集型产业向技术密集型的数字产品、光伏等新兴产业和高附加值产业延伸

长期以来，我国具有优势的传统产品一直是国外对华贸易救济调查的重点，例如化工原料、纺织品服装、鞋靴等轻工产品。但近年来，国外对华贸易救济调查涉案产品范围向汽车、电子等附加值相对较高的领域拓展，例如数据卡、RG 型同轴电缆、数字胶印印版、光伏电池等。

尤其是自 2008 年金融危机以来，美欧等发达国家（地区）都积极开拓新兴、绿色产业，掀起占领新兴产业制高点的竞赛。我国政府也于 2010 年确定节能环保、新一代信息技术、生物、高端装备制造、新能源、新材料和新能源汽车等 7 个产业作为现阶段的战略性新兴产业，力图将其培育成为国民经济的先导产业和支柱产业。随着我国产业的战略升级，今后在发展战略性新兴产业的过程中，必然会受到其他贸易伙伴更多的干扰，新能源产业、数字产品领域已成为重要目标。2011 年以来，美国、欧盟、印度对我国光伏电池启动了反倾销和反补贴调查；2012 年 10 月，美国商务部决定对自中国进口的晶体硅光伏电池征收反倾销和反补贴税，反倾销税率为 18.32% ~249.96%，反补贴税率为 14.78% ~15.97%。

九、欧美等国积极修改贸易救济法律，强化反倾销/反补贴法律制度，加大对进口产品的打击力度

2012 年以来，欧盟、美国、澳大利亚等发达国家（地区）大范围修改国内反倾销/反补贴法。澳大利亚此次对反倾销制度修改是近 10 年来最大规模的改革，欧盟则是自 1995 年以来首次大规模修订贸易防御体系。尽管如此，其宗旨都是一致的，即强化反倾销/反补贴制度，加大对国内产业的保护力度。澳大利亚在反倾销/反补贴制度修改报告中指出，其核心是帮助澳大利亚企业尤其是中小企业更有效地采取反倾销措施，提高调查机关效率，强化反倾销制度，加大惩罚力度。

目前，欧盟、美国、澳大利亚既是我国主要的贸易伙伴，又是对华贸易救济调查的主要发起国。据中国贸易救济信息网统计，2002—2012 年，欧盟、美国、澳大利亚对华启动的反倾销调查分居第二、三和八位；启动的反补贴调查则分居第一、四和三位。尽管这些法规的修改未明确指向中国，但作为被诉的主要对象，无疑会对我国企业未来的应诉产生一定影响。

第二节　主要国家（地区）对华贸易救济案件的特点及走势

美　国

目前，美国是仅次于欧盟的中国第二大贸易伙伴。据中国海关统计，2012 年，中美双边贸易总额达 4847 亿美元，同比增长 8.5%。其中，中国对美国出口 3518 亿美元，同比增长 8.4%；自美国进口 1329 亿美元，同比增长 8.8%；中方顺差 2189 亿美元。

自我国入世以来至 2012 年底，美国共对华发起贸易救济调查 153 起，列居各发起国（地区）之首。其中，反倾销 78 起，列居反倾销发起国（地区）第二位（仅次于印度）；反补贴 33 起，列居反补贴发起国（地区）首位；特别保障措施 42 起，列居特别保障措施发起国（地区）首位。

一、反倾销是美国对华贸易救济调查的主要形式，双反调查列居各国之首

自我国入世以来，美国对华贸易救济调查形式有 3 种：反倾销、反补贴和特别保障措施。据中国贸易救济信息网统计，2002—2012 年，美国共对华启动反倾销调查 78 起，占美国对华贸易救济调查总数的 51%；反补贴 33 起，占比 21.6%；特别保障措施 42 起，占比 27.5%。

尽管在美国贸易救济调查中，反补贴出现最晚（2006 年美国启动第一起对华反补贴调查），但近年来美国双反调查的比重却不断增加。据中国贸易救济信息网统计，2006—2012 年，美国共启动 50 起反倾销调查，其中 33 起同时发起了反补贴调查，占同期美国反倾销调查的 66.0%，高居各国之首。

1. 美国对华反倾销新立案数自 2009 年以来有所下降，但大案、要案增加

2002—2012 年，美国共对华启动反倾销调查 78 起，年均约 7 起。其中，2007 和 2009 年，美国对华反倾销调查是 2002 年以来的最高值，均为 12 起。从图 3 - 11 可以看出，美国对华反倾销调查大致经历了 3 个阶段：2002—2006 年，美国对华反倾销调查呈下降之势，共计 31 起，年均约 6 起；2007—2009 年，美国对华启动反倾销调查的频率较高，共 34 起，年均约 11 起；2010 年以来，美国对华反倾销调查较少，共 13 起，年均约 4 起。2010 年，美国对华反倾销调查为 3 起，比 2009 年同期下降 75.0%；2011、2012 年均为 5 起，分别比 2009 年同期下降 58.3%（图 3 - 11）。

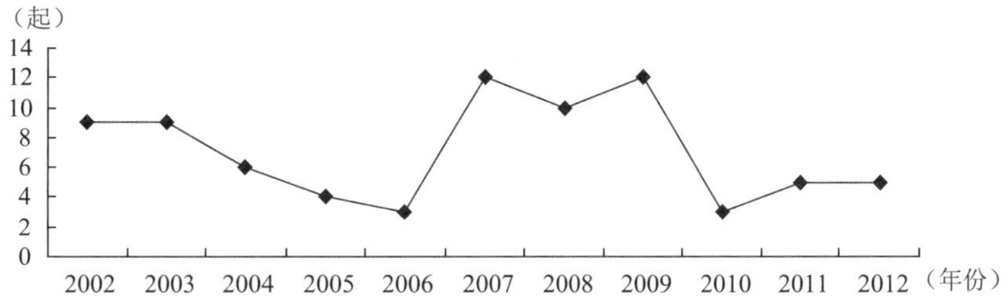

图 3 - 11　2002—2012 年美国对华反倾销调查年度走势

尽管近年来美国对华反倾销调查数有所下降，但大案、要案频发，例如钻管产品、复合木地板、晶体硅光伏电池等。据统计，2010—2012 年，在美国启动的 13 起对华反倾销调查中，涉案金额（以美国商务部公布的统计数据为准）超过 1 亿美元的就有 8 起，占同期美国对华反倾销调查的 61.5%。其中，2011 年 11 月 6 日，美国对华晶体硅光伏电池反倾销案的涉案金额达 15.1 亿美元；2012 年 10 月 25 日，美国对华硬木装饰胶合板反倾销案的涉案金额达 6.17 亿美元。

2. 美国对华反倾销肯定性终裁的比重、税率均远高于其他涉案国平均水平

截至 2012 年底，在美国对华发起的 78 起反倾销调查中，有 74 起案件已作出终裁，采取最终反倾销措施的案件数为 64 起，占已裁决案件的 86.5%；作出否定性裁决的（包括无损害、无倾销、申诉方撤诉、终止调查等）10 起，占比 13.5%；4 起案件仍在调查中。据美国国际贸易委员会的统计，1980—2008 年，美国共发起 1632 起反倾销和反补贴调查，采取最终反倾销措施的比例为 39%。由此可见，美国对华反倾销案采取最终措施的比例远远高于美国平均水平。

另外，在美国对华反倾销案中，我国涉案产品动辄获得 100% 以上的反倾销税率。据中国贸易救济信息网统计，在美国作出肯定性终裁的 64 起案件中，有 40 起案件中的中国普遍税率超过 100%，占比 62.5%。例如，在美国对华钻管产品反倾销案中，中国企业的普遍税率高达 429.95%；在美国对华后拖式草地维护设备及相关零部件反倾销案中，中国企业的普遍税率高达 386.28%；在美国对华带织边窄幅织带反倾销案中，中国企业的普遍税率高达 247.65%。

同时，在同一起反倾销案中，与我国同样涉案的国家（地区）的反倾销税率远低于中国企业的反倾销税率。以黄原胶反倾销案为例，中国和奥地利均是涉案国，在反倾销终裁中，中国企业的普遍税率高达 154.07%，而奥地利企业的普遍税率仅为 17.18%。

3. 反倾销调查扩大至光伏、风电等新兴产业领域，化工、轻工和冶金是调查重点

美国对华发起的 78 起反倾销调查共涉及化工、冶金、轻工、金属制品等 13 个行业。其中，涉及化工的案件位居首位，为 18 起，占比 23.1%；其次是机械，为 14 起，占比 17.9%；冶金位居第三，

为 12 起，占比 15.4%（图 3－12）。涉及上述 3 个行业的案件占同期美国对华反倾销案件总数的 56.4%。

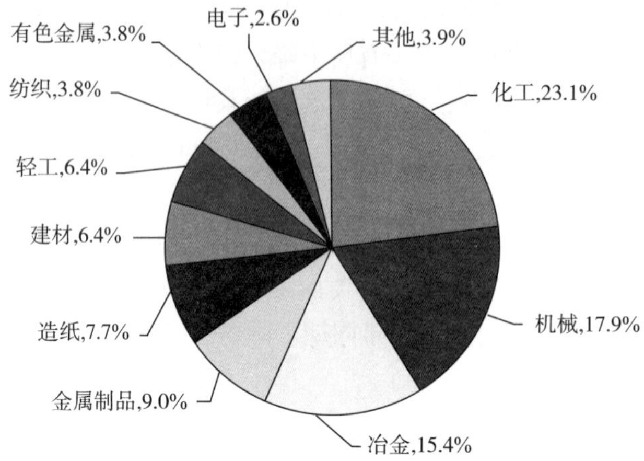

图 3－12　2002—2012 年美国对华反倾销调查涉案行业分布情况

从以上数据可以看出，我国重点对美出口产品成为美国反倾销调查的目标，例如机电产品、化工、钢铁、轻工等。据海关统计，2012 年，我国对美国出口 HS84～85 项下的机电产品累计达 1633.2 亿美元，居各类产品之首，占我国对美国出口总额的 46.4%；其次是 HS50～63 项下的纺织品及其原料，出口额累计 361.7 亿美元，占比 10.3%；HS94～96 项下家具、玩具及杂项制品居第三，为 353.9 亿美元，占比 10.1%。此外，HS72～83 项下贱金属及其制品，HS64～67 项下鞋靴、伞等产品的出口额占我国对美国出口总额的比重分别为 5.4%、4.7%。在贱金属及其制品中，HS72～73 项下钢铁制品的出口额累计 101.0 亿美元，占贱金属及其制品出口总额的 53.0%。

美国对华反倾销调查不仅涉案行业集中度较高，而且对华反倾销调查的范围也在不断扩大，光伏、风电等新兴产业成为其反倾销调查的对象。2011 年 11 月 16 日，美国对华晶体硅光伏电池进行反倾销立案调查；2012 年 1 月 24 日，美国对华应用级风电塔进行反倾销立案调查。

4. 美国尚未承认中国的市场经济地位，多数案件以印度作为替代国

截至目前，美国尚未承认中国的市场经济地位，在美国对华发起的 78 起反倾销调查中，多以替代国（地区）或调查机关可获得的信息作为计算中国涉案产品正常价值的依据。据中国贸易救济信息网统计，截至 2012 年底，在美国对华已经作出肯定性终裁的 64 起反倾销案中，有 3 起案件美国商务部认为没有合适的替代国，而使用了可获得信息来计算中国涉案产品的正常价值；在其余的 61 起案件中，美国商务部共使用过 5 个国家作为替代国。其中，以印度作为替代国的案件有 55 起，位居首位；其次是泰国，为 3 起。此外，乌克兰、菲律宾、印度尼西亚各 1 起。

5. 美国近年来频繁运用反规避调查，重点调查在第三国完工或简单组装的规避行为，冶金、机械是主要涉案产品

目前，美国和欧盟是国外对华反规避调查的主要发起者。据中国贸易救济信息网统计，2002—2012 年，在美国对华 78 起反倾销调查中，有 7 起原审案件被启动了共计 11 起反规避调查，而同期美国对其他国家仅启动了 1 起反规避调查。其中，2002—2009 年仅 2 起；2010—2012 年为 9 起。

这 11 起案件涉及 7 种产品，包括薄棉纸、非封闭内置弹簧部件、复合编织袋、钢丝衣架、钢制螺杆、炉用小口径石墨电极、钻管产品。这 7 种涉案产品中，2 种冶金产品，2 种机械产品，其余 3 种分别是金属制品、轻工、造纸产品。

根据美国法律，其反规避调查主要针对 4 种情形：① 在美国境内完工或简单组装；② 在第三国完

工或简单组装；③ 轻微改变产品；④ 后续发展产品。在美国启动的 11 起反规避调查中，8 起调查针对在第三国完工或简单组装；1 起针对后续发展产品；1 起针对轻微改变产品；1 起针对通过在第三国完工或简单组装以及后续发展产品两种情形进行反规避调查。

二、中国仍是美国反补贴调查的最大受害者，国内新能源补贴政策备受关注

据中国贸易救济信息网统计，2002—2012 年，美国共发起 61 起反补贴调查，其中对华 33 起，位居各国之首，占比 54.1%；其次是印度，为 9 起，占比 14.8%；位居第三的是韩国，为 5 起，占比 8.2%。美国对中国输美产品发起的 33 起反补贴调查均伴随反倾销调查。

从调查的补贴内容来看，美国密切关注我国的贸易、产业政策。目前，美国每起对华反补贴调查的补贴项目均达数十项。例如，在美国对华柠檬酸反补贴调查中，美国调查的补贴项目就达 43 项，其中 12 项被认定为存在补贴。存在补贴的项目主要包括：① 贷款优惠政策；② 税收优惠政策（如企业所得税减免、增值税退税、购买国产设备的所得税抵免等）；③ 水、电力、土地等优惠政策。

1. 美国对华反补贴调查八成以上案件终裁征收高额反补贴税

截至 2012 年底，美国对华共发起 33 起反补贴调查，已对其中 31 起案件作出终裁。在这 31 起已作出终裁的反补贴案件中，26 起为肯定性终裁，占比 83.9%，略低于美国反倾销调查中作出肯定性终裁的比例（86.5%）。

在 26 起作出肯定性终裁的反补贴调查中，除 5 起案件的反补贴税率（包括单独税率和普遍税率）低于 20% 外，其余 21 起案件中，有 15 起案件均有超过 100% 的税率，占作出肯定性终裁的反补贴案件总数的 57.7%。例如，在对华环状焊接碳素钢管反补贴案中，美方裁定天津双街钢管集团有限公司的反补贴税率竟高达 616.83%；在对华铝型材的反补贴案中，裁定辽宁忠旺铝型材有限公司等 3 家企业的反补贴税率均高达 374.15%，同时裁定普遍税率为 374.15%。美国在未承认中国市场经济地位的情况下，对华启动反补贴调查，并征收高额反补贴税的行为严重损害了中国企业的利益。

2. 冶金、机械、金属制品是调查重点，新能源产业的政策备受关注

美国发起的 33 起对华反补贴调查共涉及电子、化工、冶金、造纸、机械、金属制品、纺织、建材、有色金属、汽车和轻工 11 个行业。其中，涉及冶金产品的案件居首位，共 8 起，占同期美国对华反补贴案件总数的 24.2%；其次是机械和金属制品，均为 5 起，各占比 15.2%；位居第三的是化工，为 4 起，占比 12.1%（图 3-13）。涉及冶金、机械和金属制品的反补贴案件占同期美国对华反补贴案件总数的 54.6%。

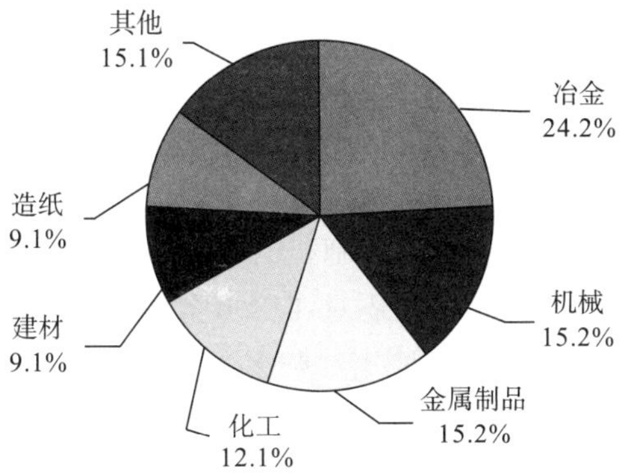

图 3-13 2006—2012 年美国对华反补贴调查涉案行业分布情况

自 2011 年以来，美国陆续对我国新能源产业启动反补贴调查，产品包括应用级风电塔、晶体硅光伏电池。不同于反倾销调查，反补贴调查重点对政府的相关产业政策、财政政策、贸易政策进行调查，且涉及范围更广。在晶体硅光伏电池反补贴案中，受到调查的有产业政策（如“金太阳”示范工程（Golden Sun Demonstration Program））、贷款政策（如出口信贷补贴方案、出口买方信贷）、财政政策（如高科技或新技术企业的税收优惠计划，土地、电力政策）。

3. 美国仅对华反补贴案件提起过反规避调查

2002 年之前，美国曾就对华反补贴案件提起 3 起反规避调查，但 2002—2010 年，美国未就反补贴案件提起反规避调查。但 2011 年，美国对华反补贴案件启动 2 起反规避调查，产品包括复合编织袋和钻管产品。其中，对钻管产品的反规避调查主要针对在第三国完工或简单组装，对复合编织袋的反规避调查主要针对后续发展产品。值得关注的是，2002—2012 年，对其他贸易伙伴国（地区），美国并未在反补贴调查后展开过反规避调查。

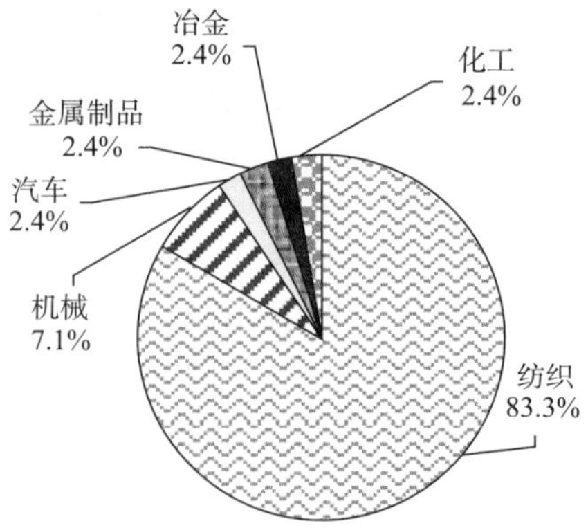

图 3－14　2002—2012 年美国特别保障措施调查涉案行业分布情况

三、2010 年以来美国未启动特别保障措施调查

2002—2012 年，我国共被诉 87 起特别保障措施调查。其中，由美国发起的案件居首位，共 42 起，占全球特别保障措施案件总数的 48.3%。

2002—2012 年的 11 年间，2004、2005 年是美国启动特别保障措施调查的高峰年，分别为 14 起和 22 起；2006—2008 年，美国未对中国输美产品发起特别保障措施调查；2009 年为 1 起；2010—2012 年美国未启动特别保障措施调查。

1. 纺织品服装是美国特别保障措施调查的重点

2002—2012 年，在美国启动的 42 起对华特别保障措施调查中，涉及纺织品服装的案件居首位，共 35 起，占比 83.3%；其次是机械，3 起，占比 7.1%；化工、金属制品、冶金和汽车并列第三，均为 1 起，各占比 2.4%（图 3－14）。

2. 特别保障措施案多以协商方式解决①

2002—2012 年，美国启动的 42 起对华特别保障措施案共涉及纺织、机械、冶金、汽车、化工、轻工 6 个行业，除轮胎案外，其余案件均以最终取消特别保障措施或无损害裁决而告终。

四、美国成立跨部门贸易执法中心，并出台相关法规强化反倾销/反补贴法

2012 年，美国为加大对国内产业的保护力度，重点在两方面进行了强化。首先成立跨部门贸易执法中心（Interagency Trade Enforcement Center），协调美国贸易代表办公室与国务院、财政部、司法部、农业部、商务部、国土安全部、国家情报总监办公室等部门之间的贸易执法行动。美国政府称，此举旨在强化美国在推行市场开放方面的能力，为美国企业创造平等竞争的环境，保障在国际贸易规则下美国贸易权利的实施和国内贸易法律的执行。

其次，美国还对《1930 年关税法》和其他反倾销/反补贴相关规则进行修改，具体如下：

（1）停止使用“归零法”

2012 年 2 月 8 日，美国商务部正式宣布，在反倾销调查的行政复审、新出口商复审以及日落复审

---

①“特别保障措施”是“特定产品过渡性保障机制”的简称。根据《中华人民共和国加入 WTO 议定书》，中国产品在向 WTO 成员出口时，如果数量增幅过大，以至于对其相关产业造成“严重损害”或构成“严重损害威胁”，这些 WTO 成员可单独针对中国产品采取保障措施。实施期限为 2001 年 12 月 11 日—2013 年 12 月 10 日。此外，WTO 成员还专门针对中国纺织品设置了特别保障规则。根据该规则，2005—2008 年，如果中国纺织品出口对 WTO 成员造成市场扰乱，该成员可临时实行限制，但 4 年内只能用 1 次，每次只能持续 1 年。美国启动特别保障措施调查的法律依据是《美国 1974 年贸易法》第 421 节，即“421 条款”。它是根据“2000 年中美关系法案”补充写入《美国 1974 年贸易法》的，是《中国加入 WTO 议定书》第 16 条规定的“过渡期内对特定产品的保障机制”的具体体现。根据该条款，如果美国国际贸易委员会认为，中国出口至美国的产品数量的增加或者所依条件对同类产品或直接竞争产品的生产商造成或威胁造成市场扰乱时，美国国内产业可以接受保障措施救济。

中将不再使用“归零法”计算加权平均倾销幅度。美国此次修订就是为了执行 WTO 争端解决机构的裁决。该修订适用于 2012 年 4 月 16 日后公布倾销初裁的反倾销案件。

（2）明确反补贴调查适用于非市场经济国家

2012 年 3 月 8 日，美国总统正式签署美国参议院于 2012 年 3 月 5 日通过的《1930 年关税法》修订法案（又称 GPX 法案）（H. R. 4105），使之成为第 112 - 099 号公法的一部分。该法案明确授权美国商务部可以对非市场经济国家适用反补贴措施，并将适用范围追溯至 2006 年 11 月 20 日以来发起的所有反补贴调查。

（3）调整对非市场经济国家反倾销复审中的出口价格计算方法

2012 年 6 月 19 日，美国商务部发布公告称，调整对非市场经济国家反倾销复审调查中出口价格的计算方法。新计算方法为：如果非市场经济国家在反倾销调查或复审期间对被调查产品已征收出口税或其他税费（如增值税），且该国应诉企业未能享受税费减免，则在计算应诉企业的出口价格和推定出口价格中将相应扣减上述税费。调整适用于 2012 年 6 月 19 日以后对中国和越南等非市场经济国家发起的所有反倾销行政复审案件。

（4）修改对非市场经济国家反倾销调查中市场经济体系原料价格的规定

2012 年 6 月 28 日，美国商务部在联邦公报上发布公告，建议修订有关在非市场经济国家的反倾销程序中使用市场经济国家原料价格的规定。

根据目前的规定，在涉及非市场经济体系国家的反倾销程序中，当非市场经济国家的生产商向市场经济国家的供应商购买某一生产要素并以市场经济国家的货币付款时，美国商务部在符合若干条件下，一般会采用有关购买价计算正常价值。

欧　盟

2012 年，欧盟为中国第二大出口市场和第一大进口来源地，并继续保持中国的第一大贸易伙伴地位，同时也是中国的第四大外资来源地。据中国海关统计，2012 年，中欧双边贸易总额达 5460. 4 亿美元，同比下降 3. 7%。其中，中国对欧盟出口 3339. 9 亿美元，同比下降 6. 2%；自欧盟进口 2120. 5 亿美元，同比增长 0. 4%；中国顺差 1219. 4 亿美元。

作为我国主要的贸易伙伴，欧盟也是对华贸易救济调查的主要发起国（地区）。据中国贸易救济信息网统计，2002—2012 年，欧盟对华共启动 92 起贸易救济调查。在所有对华启动贸易救济调查的国家（地区）中，欧盟位列美国、印度之后，居第三位。其中，反倾销 72 起，反补贴 5 起，保障措施 5 起，特别保障措施 10 起。

一、反倾销是欧盟对华贸易救济调查的主要形式，2012 年欧盟对华反倾销新立案数同比下降 33. 3%

据中国贸易救济信息网统计，2002—2012 年，欧盟共对华启动反倾销调查 72 起，占欧盟对华贸易救济调查总数的 78. 3%；反补贴 5 起，占比 5. 4%；保障措施 5 起，占比 5. 4%；特别保障措施 10 起，占比 10. 9%。

1. 欧盟对华反倾销立案 2006 年之后呈下降态势，采取最终措施的案件比重低于美国

2002—2012 年，欧盟对华启动 72 起反倾销调查，年均约 7 起。其中，2006 年是我国入世后欧盟对华反倾销调查的顶峰，为 12 起。但 2006 年之后，欧盟对华反倾销调查呈现下降态势（图 3 - 15）。2012 年，欧盟对华启动 4 起反倾销调查，比 2011 年减少 2 起，降幅为 33. 3%。

截至 2012 年底，在欧盟对华启动的 72 起反倾销调查中，已作出终裁的案件共 66 起。其中，未采取最终反倾销措施（包括无损害、申诉方撤诉等）的共 14 起，占已作出终裁案件总数的 21. 2%；采

取最终反倾销措施的共52起，占比78.8%，比美国（86.5%）低7.7个百分点。

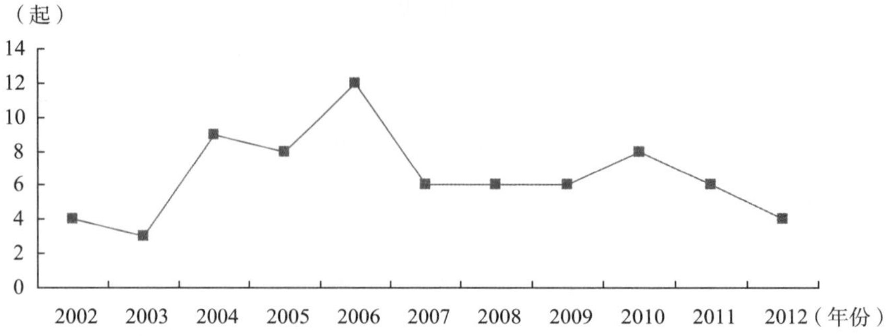

图3-15　2002—2012年欧盟对华反倾销立案年度走势

2. 中国产品成为欧盟反规避、反吸收调查的主要对象，经第三国转运出口是重点调查的规避行为

2002—2012年，在对华的72起反倾销调查中，欧盟对其中的8起原审案件启动了反规避调查，共计10起反规避调查，而同期欧盟仅对其他国家的进口产品启动了2起反规避调查。同时，欧盟对3起反倾销原审案件启动了反吸收调查，共计3起反吸收调查，而欧盟同期并未对其他国家进口的产品启动反吸收调查。

从时间来看，在我国入世之后，欧盟对我国产品启动反规避调查通常是在反倾销措施实施2年或4年后，而反吸收调查则是在反倾销措施实施2年后，并以此扩大对华出口产品的征税范围。欧盟对华启动的10起反规避调查共涉及8种产品。其中，2种产品的第一次反规避调查是在反倾销措施实施后约2年启动；2种产品是4年；其余4种产品则分别是在时隔1年、3年、8年、5年启动的。3起反吸收调查涉及3种产品，其中2种产品的反吸收调查是在反倾销措施实施后2年启动的，1起是3年。

欧盟的反规避调查主要针对5种情形：① 通过进口国境内组装；② 经第三国组装出口；③ 产品轻微改变；④ 经第三国转运出口；⑤ 经低税率公司出口。在欧盟对华启动的10起反规避调查中，7起针对经第三国转运出口，占欧盟对华反规避调查总数的70.0%，是欧盟调查的主要规避行为。

3. 市场经济地位仍为应诉难点，美国、印度和韩国成为欧盟裁决常用替代国

据中国贸易救济信息网统计，2002—2012年，在欧盟已作出终裁的66起反倾销调查中，有中国企业获得市场经济地位的案件22① 起，占比33.3%。2011年以来至2012年底，欧盟在对华8起肯定性反倾销终裁中，没有一起案件给予中国企业以市场经济待遇。

就单一案件而言，获得市场经济地位的企业占个案全部应诉企业的比例仍十分有限。2005年6月，在欧盟对华塑料袋反倾销案中，108家中国企业要求获得市场经济地位，但最终欧盟只承认了7家中国企业的市场经济地位。2008年7月，在欧盟对华无缝钢管反倾销案中，17家中国应诉企业要求获得市场经济地位，但欧盟在裁决时并未给予其中任何一家企业以市场经济地位待遇。2009年，在欧盟启动的6起反倾销调查中，欧盟仅在葡萄糖酸钠反倾销案中给予山东凯翔生物化工有限公司以市场经济地位待遇。2009年6月，在欧盟对华聚酯高强力纱反倾销案中，11家中国应诉企业要求获得市场经济地位，但欧盟裁决时没有给予任何一家企业市场经济地位待遇。

由于在反倾销调查中，中国企业很少能获得市场经济地位待遇，因此欧盟委员会常采用替代国（地区）来计算中国涉案产品的正常价值。截至2012年底，在已作出肯定性终裁的52案件中，欧盟共使用了14个国家（地区）作为替代国（地区）。其中，选择美国作为替代国的案件达18起，居首位；

① 在欧盟对华钼铁反倾销案中，我国1家企业在初裁时获得市场经济待遇，但在终裁时又被取消，该案未计入。

其次是土耳其，9 起；印度、巴西和加拿大并列第三，均为 3 起（表 3 –1）。

表 3 –1　2002—2012 年欧盟对华反倾销案中 10 个主要替代国（地区）情况

替代国（地区）	美　国	土耳其	印　度	巴　西	加拿大
涉案数（起）	18	9	3	3	3
替代国（地区）	泰　国	印度尼西亚	中国台湾	阿根廷	马来西亚
涉案数（起）	2	2	2	1	1

注：对替代国（地区）的统计是针对欧盟在各反倾销案终裁中所选用的替代国（地区）。

4. 化工和冶金是调查重点，但 2008 年之后，化工产品涉案减少，冶金和建材涉案数量呈增势

2002—2012 年，欧盟共对我国 14 个行业的产品启动了反倾销调查。其中，涉及化工产品的案件居首位，共 16 起，占欧盟对华反倾销案件总数的 22.2%；其次是冶金，为 11 起，占比 15.3%；机械和轻工并列第三，均为 9 起，各占比 12.5%（图 3 –16）。

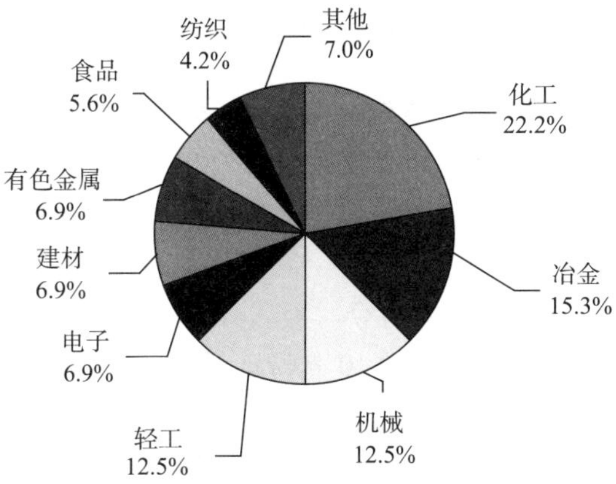

图 3 –16　2002—2012 年欧盟对华反倾销调查涉案行业分布情况

目前，机电、纺织、轻工、钢铁产品是我国对欧盟的主要出口产品，也成为欧盟反倾销调查的重点。据海关统计，2012 年，我国对欧盟出口 HS84 ~85 项下的机电产品累计达 1445.4 亿美元，居各类产品之首，占我国对欧盟出口总额的 43.2%；其次是 HS50 ~63 项下的纺织品及其原料，出口额累计 454.4 亿美元，占比 13.6%；HS94 ~96 项下家具、玩具及杂项制品居第三，为 282.2 亿美元，占比 8.4%。此外，HS72 ~83 项下贱金属及其制品，HS28 ~38 项下化工产品的出口额占我国对欧盟出口总额的比重分别为 6.2%、4.6%。在贱金属及其制品中，HS72 ~73 项下钢铁制品的出口额累计 107.8 亿美元，占欧盟贱金属及其制品出口总额的 51.8%。

自 2008 年以来，涉及化工、轻工的案件数呈现下降态势，而涉及机械、建材、冶金的案件数则呈现上升态势。我们将 2002—2012 年分成两个时段来分析：2002—2007 年（6 年）、2008—2012 年（5 年）。从图 3 – 17 可以看出，2008—2012 年，涉及冶金的案件占比由 2002—2007 年的 9.5% 增至 23.3%，增长了 13.8 个百分点，居各行业之首；涉及建材的案件占比由 2.4% 增至 13.3%，增长了 10.9 个百分点；涉及有色金属的案件占比则由 4.8% 增至 10.0%，增长了 5.2 个百分点。

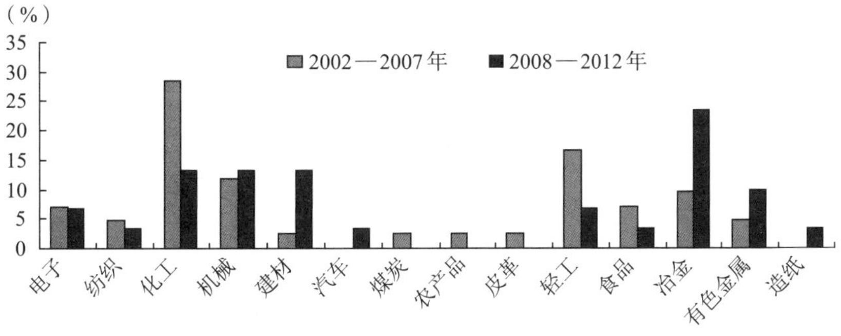

图 3 –17　2002—2007 年和 2008—2012 年欧盟对华反倾销调查涉案行业分布情况对比

此外，2008—2012 年，涉及化工的案件占比由 2002—2007 年的 28.6% 降至 13.3%，降幅为 15.3 个百分点，居各行业之首；涉及轻工的案件由 16.7% 降至 6.7%，降幅为 10.0%；涉及食品的案件则由 7.1% 降至 3.3%，降幅为 3.8%。

二、欧盟对华反补贴调查 2012 年创历史新高，电子产品是调查重点

欧盟自 2010 年首次启动对华反补贴调查以来至 2012 年，共启动 5 起反补贴调查。其中，2010 年 2 起；2011 年减至 0 起；2012 年又达到 3 起，创历史新高。在对华启动反补贴调查的 7 个国家（地区）中，列美国、加拿大、澳大利亚之后，居第四位。

在欧盟对华启动的 5 起反补贴调查中，涉及电子产品的案件共 2 起，居首位，产品包括数据卡、晶体硅光伏组件及关键零部件；涉及造纸、冶金、轻工的各 1 起。

三、欧盟保障措施和特别保障措施立案明显减少，纺织品和农产品是调查重点

2005 年，欧盟接连对华启动了 9 起特别保障措施调查，其中 8 起针对的是纺织品，特别保障措施成为欧盟当年对华贸易救济调查的主要形式。2006—2012 年，欧盟对华特别保障措施为零。与此相似，2002—2005 年，欧盟共启动 4 起保障措施调查；2006—2009 年未启动调查，2010 年为 1 起，2011 年和 2012 年均为 0 起。这说明在特定背景下，某种贸易救济形式可能在一段时间内成为申诉国惯用的手段，这也意味着今后全球对华贸易救济调查的形式将会不断发生变化。

在欧盟启动的 10 起特别保障措施调查中，涉及纺织品的案件居首位，共 9 起；另外 1 起为轻工产品。而在欧盟 5 起保障措施案中，涉及农产品的案件居首位，共 2 起，包括养殖鲑鱼和冷冻草莓；另外 3 起分别涉及食品、钢铁和电子产品。

四、欧盟大规模修改贸易防御体系，加大对国内产业的贸易保护，中国企业应诉难度加大

2012 年 12 月 12 日，欧盟委员会发布（EU）1168/2012 号公告，就欧盟《反倾销基本法》中关于市场经济待遇调查的规则进行修改。首先，将调查机关作出市场经济待遇裁决的期限由立案后 3 个月调整为立案后 7 ~ 8 个月，最迟不超过 8 个月。这属于延长程序，将打乱企业申请“市场经济地位”诉讼节奏，降低胜诉率；无故延长 4 ~ 5 个月裁决期限也会增加企业的应诉成本。其次，欧盟规定在抽样调查的案件中，调查机关只审查抽样企业的市场经济待遇。第三，规定在抽样调查的案件中，不论抽样企业是否获得市场经济待遇，所有非抽样企业的税率不得超过抽样企业税率的加权平均值。在法规修改前，应诉反倾销的企业均可以提交“市场经济地位”申请，哪怕未成为调查机关抽样企业，只要“市场经济地位”申请通过，便具有享受较低反倾销税率甚至零税率的基本前提；修改后，由于调查机关只审查抽样企业的市场经济待遇申请，未被抽样企业，即使具有获得“市场经济地位”的事实，但由于修改后的程序剥夺了企业提交申请的机会，最终仍将承受抽样企业税率的加权平均值，欧盟此举将大大降低中国企业获得“市场经济待遇”的机率。

2013 年 4 月 10 日，欧盟委员会出台“贸易防御体系修订草案”，这是欧盟自 1995 年以来首次大规模修订该体系。修改包括：

（1）简化调查程序。具体内容包括：（a）在征收/不征收临时反倾销/反补贴税 2 周前告知利害关系方；（b）公布案件调查的 4 个核心元素的指导方针；（c）简化用户信息类型（已实施）；（d）将利害关系方登记的最后期限由 15 日延长至 29 日，提交调查问卷的最后期限由 37 日延长至 51 日；（e）简化退税手续；（f）升级中小企业服务平台，为中小企业参与反倾销/反补贴调查提供更多支持和信息。

（2）强化“依据职权调查”权限。具体内容包括：（a）如果有充分证据证明成员国内产业遭受了损害，欧盟委员会即可主动发起反倾销/反补贴调查；（b）欧盟委员会一旦确定存在规避反倾销/反补贴措施的情况，即可启动反规避调查。

（3）明确不适用较低税率的两种情况：（a）在反补贴案件中，补贴是全国范围内的；（b）原材料供求结构扭曲是全国范围内的。

（4）优化日落复审调查，增加偿还机制。具体内容包括：（a）如果日落复审最终裁定不再采取反倾销/反补贴措施，则将偿还日落复审调查期所征收的反倾销/反补贴税；（b）日落复审调查与期中复审可同时启动。

印　度

目前，中国是印度第三大出口市场和第一大进口来源地。据中国海关统计，2012 年，中印双边贸易总额达 644.7 亿美元，同比下降 10.1%。其中，中国对印度出口 476.73 亿美元，同比下降 5.7%；自印度进口 187.99 亿美元，同比下降 19.6%；中国顺差 288.0 亿美元。据中国贸易救济信息网统计，2002—2012 年，在所有对华启动贸易救济调查的国家（地区）中，印度对华贸易救济案件总数列美国（153 起）之后，居第二位。

一、印度对华贸易救济调查形式已达 4 种，反倾销和保障措施立案超过欧美

自 2009 年以来，印度对华贸易救济调查形式已增至 4 种：反倾销、反补贴、保障措施和特别保障措施。其中，印度在反倾销和保障措施 2 种调查形式中已超过美国和欧盟。据 WTO 统计，1995—2012 年，印度共发起反倾销调查 677 起，占同期 WTO 成员启动的反倾销案件总数的 16.0%。其中，对华反倾销案件 154 起，位列各成员之首。事实上，自 2002 年以来，印度在其中许多年份中的对华反倾销新立案已经超过美国和欧盟（图 3－18）。

此外，印度启动的保障措施也位列各成员之首。据 WTO 统计，1995—2012 年，印度共启动 29 起保障措施调查，居各成员之首。

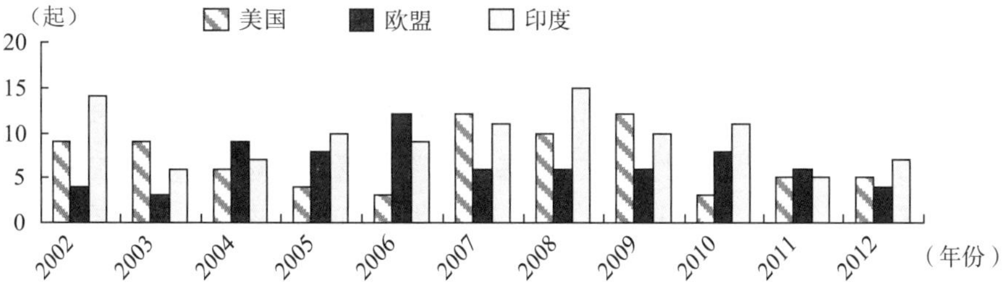

图 3－18　2002—2012 年印度、美国和欧盟反倾销调查年度对比情况

二、反倾销仍是印度对华贸易救济的主要手段，2012 年印度对华反倾销新立案同比增长 40.0%

据中国贸易救济信息网统计，2002—2012 年，印度共对华启动 134 起贸易救济调查。其中，反倾销 105 起，占印度对华贸易救济调查总数的 78.4%；反补贴 1 起，占比 0.7%；保障措施 18 起，占比 13.4%；特别保障措施 10 起，占比 7.5%。

1. 对华反倾销立案 2009 年以后有所下降，但增速和采取最终措施的比重均高于美欧

2002—2012 年，印度共对华发起 105 起反倾销调查，年均约 10 起，而同期美国和欧盟均约为 7 起，这说明虽然印度对华发起反倾销调查的年份晚于欧盟、美国等国家（地区），但其对华启动反倾销调查的立案速度与美国和欧盟相比却毫不逊色。

2002 年以来，印度对华反倾销调查有所下降，2006 年之后有所回升（图 3－19）。2008 年，受金融危机影响，加之长期奉行贸易保护政策，印度加大了对国内重点产业的保护力度，对华反倾销调查也再度回升，并达到 15 起，创我国入世以来的峰值。但 2009 年之后，印度对华反倾销调查立案数开始下滑。2011 年，印度对华反倾销调查减至 5 起，是我国入世以来的最低值；2012 年略有回升，为 7 起，同比增长 40.0%。

截至 2012 年底，在印度对华发起的 105 起反倾销调查中，已作出终裁的 94 起。在已作出终裁的 94 起反倾销案件中，未采取最终反倾销措施的 11 起，占终裁案件总数的 11.3%，低于美国（13.5%）和欧盟（21.2%）；裁定采取最终反倾销措施的 83 起，占比 88.3%，高于美国（86.5%）和欧盟（78.8%）。

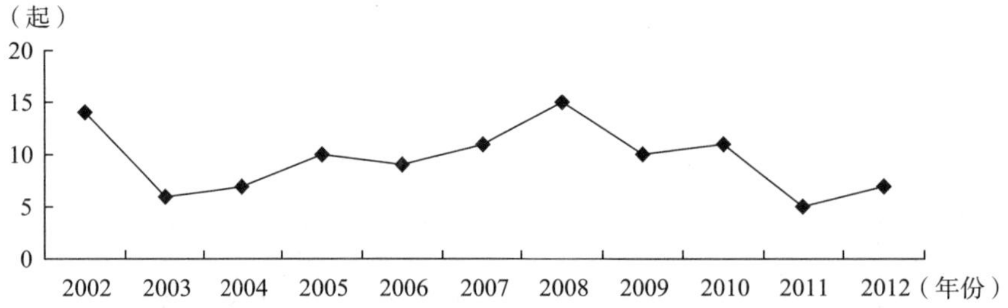

图 3－19　2002—2012 年印度对华反倾销立案年度走势

2. 中国企业入世后应诉积极性较高，但市场经济地位仍难获得

目前，我国企业对所有发展中国家发起的反倾销调查应诉率较低，但对印度反倾销调查的应诉率却高于其他发展中国家。2002—2012 年，在印度作出反倾销终裁的 94 起案件中，共 67 起案件有中国企业应诉，占比 71.3%；而 1994—2001 年，中国企业的应诉率为 37.0%。

由于印度将中国视为“非市场经济国家”，因此，涉案企业要求获得市场经济地位待遇仍是应诉工作的核心。中国企业在应诉印度反倾销案中首次获得市场经济地位待遇是在 2002 年 11 月立案的十水硼砂案。据中国贸易救济信息网统计，在印度作出反倾销终裁的 94 起案件中，仅有 16 起① 案件有中国企业获得市场经济地位，占比 17.0%，涉案产品包括氢氧化钠、滚珠轴承、十水硼砂、碳酸钾、覆铜板、柠檬酸、紧凑型荧光灯、阴极射线彩色显像管、瓷砖、汽车和卡车子午轮胎、不锈钢冷轧平板、SDH 光传输设备、圆型织机、青霉素 G 钾盐和 6－氨基青霉烷酸、玻璃纤维。但 2011 年 5 月—2012 年 12 月，在印度作出终裁的 13 起对华反倾销调查中，还没有一家中国企业获得市场经济待遇。

在印度反倾销调查的正常价值计算中，印度很少选择替代国，绝大多数案件采用“最佳可获得信息/推定价格法”计算正常价值，这给调查机关以极大的自由裁量权，加之印度市场经济地位的概念模糊，使得中国企业的应诉更为困难。

3. 化工、机械、纺织等中国对印度重点出口产品成为调查重点

从我国对印度的出口结构来看，机电产品、化工产品、纺织品、钢铁是重点出口产品。据海关统计，2012 年，印度自中国进口 HS84～85 项下机电产品累计达 211.4 亿美元，在印度自中国进口总额中占比 44.3%；进口 HS28～38 项下化工产品 92.6 亿美元，占比 19.4%；进口 HS72～83 项下贱金属及其制品 47.5 亿美元，占比 10.0%；进口 HS50～63 项下纺织品及原料 33.6 亿美元，占比 7.0%。

而这些重点出口产品也正成为印度对华反倾销调查的重点。据中国贸易救济信息网统计，2002—

① 该数据不包括印度对华反倾销复审案件中获得市场经济待遇的案件。

2012 年，在印度对华发起的 105 起反倾销调查中，涉及化工产品的案件居首位，共 46 起，占印度对华反倾销案件总数的 43.8%；其次是纺织和机械，均为 10 起，各占比 9.5%；位居第三的是医药，8 起，占比 7.6%（图 3－20）。

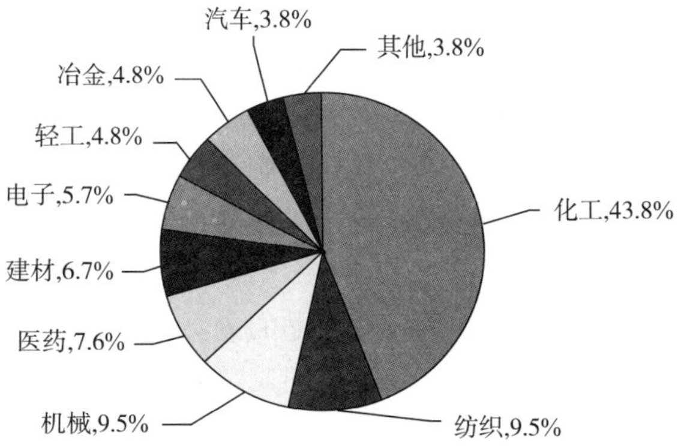

图 3－20 2002—2012 年印度对华反倾销调查涉案行业分布情况

4. 行业集中度下降，化工、医药等行业的比重下降，而冶金、机械占比上升

尽管化工、医药是印度对华反倾销调查的重点，但自 2008 年以来，其所占的反倾销案件总数的比重呈现下降态势。我们将 2002—2012 年分成 2002—2007 年和 2008—2011 年两个时间段。从图 3－21 可以看出，印度对华化工产品所占比重由 2002—2007 年的 49.1% 降至 2008—2012 年的 37.5%，下降了 11.6 个百分点，降幅居各行业之首；医药产品则由 10.5% 降至 4.2%，下降了 6.3 个百分点。

同时，印度对华冶金、机械、建材、金属制品等反倾销调查比重则有不同程度的下降。其中，冶金产品的反倾销调查比重由 2002—2007 年的 1.8% 升至 2008—2012 年的 8.3%；机械则由 7.0% 升至 12.5%；建材由 1.8% 升至 12.5%。由此可说明：① 我国与印度的贸易结构发生变化；② 与往年相比，印度经济结构也处于转型中，其调查机关加强了对机械、建材、冶金行业的保护。

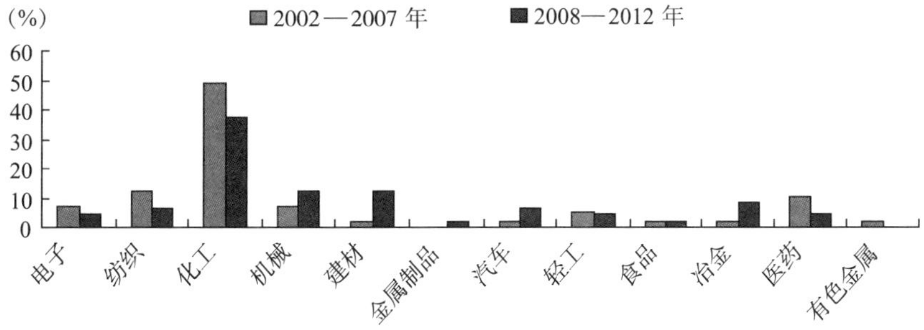

图 3－21 2002—2007 年和 2008—2012 年印度对华反倾销调查涉案产品按行业分布情况

二、化工产品是印度保障措施和特别保障措施调查的重点

2002—2012 年，印度共启动 18 起保障措施。其中，2002—2004 年共启动 4 起，2005—2007 年为 0，2008 年 2 起，2009 年 9 起，2010 年、2011 年和 2012 年各 1 起。

在 18 起保障措施调查中，涉及化工产品的案件居首位，共 10 起，占比 55.6%；其次是造纸，2 起；纺织、建材、轻工、食品、冶金和有色金属各 1 起。

印度自 2002 年启动特别保障措施调查，截至 2012 年，印度共发起 10 起特别保障措施调查，其中 3 起涉及化工产品，涉及纺织、机械、金属制品、汽车、冶金、医药和有色金属的各 1 起。

澳大利亚

据中国海关统计，2012 年，中澳双边贸易总额达 1223 亿美元，同比增长 4.9%。其中，中国对澳大利亚出口 377.4 亿美元，同比增长 11.3%；自澳大利亚进口 845.6 亿美元，同比增长 2.3%。中方逆差 468.2 亿美元。目前，中国已经成为澳大利亚第二大贸易伙伴，而澳大利亚是中国第九大贸易伙伴。

一、反倾销是澳大利亚对华贸易救济调查的主要形式，中国是最大被诉方

作为全球第二个制定反倾销政策的国家[①]，澳大利亚也是对华发起反倾销调查最早的国家之一，早在 1979 年澳大利亚就针对中国输澳产品进行过反倾销调查。据中国贸易救济信息网统计，2002—2012 年，澳大利亚对华共启动 31 起贸易救济调查。其中，反倾销 23 起，占澳大利亚同期全球反倾销立案总数的 23.0%；反补贴 7 起，占澳大利亚同期全球反补贴立案总数的 58.3%，保障措施 1 起。我国是澳大利亚反倾销/反补贴的主要被诉国（地区）。

从 2002—2012 年澳大利亚对华发起反倾销调查的年度走势看（图 3－22），澳大利亚对华反倾销立案不同于美国和欧盟，没有明显的增减，在 1 起、2 起、3 起之间徘徊。据中国贸易救济信息网统计，2002—2012 年，澳大利亚共对中国产品启动 23 起反倾销调查，年均 2 起，低于同期的美国（7 起）和欧盟（7 起）。

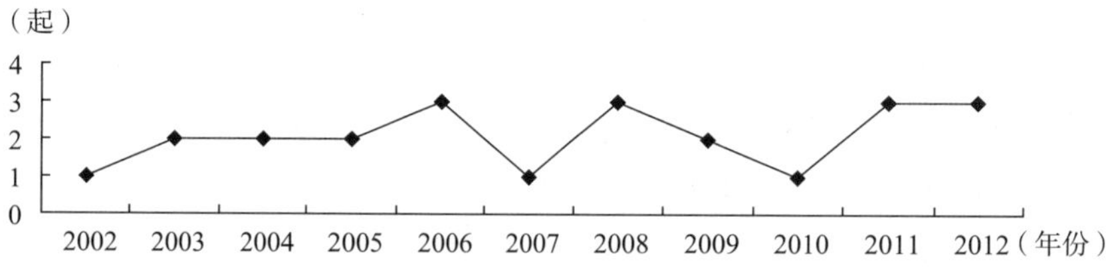

图 3－22　2002—2012 年澳大利亚对华反倾销调查年度走势

1. 作出否定性终裁的案件占比 38.1%，高于同期的美国和欧盟

截至 2012 年底，澳大利亚对华发起的 23 起反倾销调查中，已有 21 起案件作出终裁。在这 21 起已作出终裁的案件中，作出肯定性裁决的 13[②] 起，占已作出终裁案件总数的 61.9%，低于美国（86.5%）和欧盟（78.8%）；作出否定性裁决的为 8 起，占比 38.1%，高于美国（13.5%）和欧盟（21.2%）。在这 21 起作出终裁的案件中，中国企业参与应诉的 15 起，占比 71.4%。

2. 60% 以上的反倾销调查涉及冶金、化工和建材产品

据中国贸易救济信息网统计，2002—2012 年，澳大利亚对华发起的 23 起反倾销调查共涉及化工、建材、冶金、汽车等 8 个行业。其中，涉及冶金产品的案件居首位，7 起，占澳大利亚对华反倾销案件总数的 30.4%；其次是化工产品，4 起，占比 17.4%；建材产品位居第三，为 3 起，占比 13.0%，以玻璃和胶合板为主要涉案产品（图 3－23）。涉及上述 3 个行业的反倾销调查占比为 60.8%。

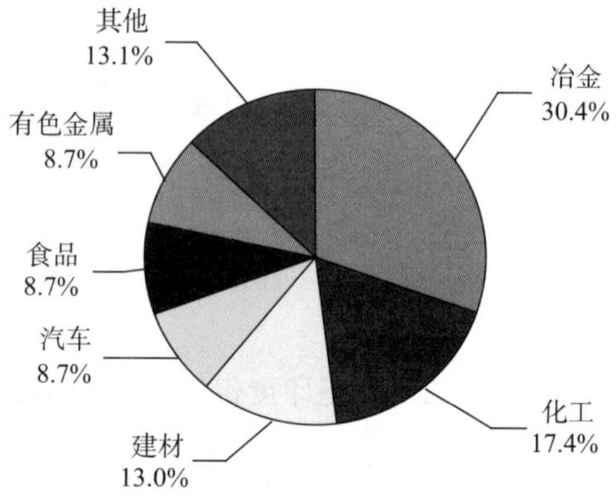

图 3－23　2002—2012 年澳大利亚对华反倾销调查涉案行业分布情况

---

① 澳大利亚的反倾销政策出台于 1906 年，仅晚于加拿大（1904 年），是最早制定反倾销政策的国家之一。澳大利亚反倾销政策历经修订和完善，构成了目前主要以《海关法修正案》和《关税法修正案》为核心的反倾销政策体系。然而，澳大利亚反倾销政策对新西兰是个例外，因为 1988 年澳大利亚与新西兰签订了《澳—新加速货物自由贸易协定》，并发表了《关于在澳新两国之间建立更为紧密的经济联系的宣言》。根据该协定和宣言，澳新两国互免反倾销政策的适用，并从 1990 年 7 月 1 日起实现两国货物贸易的全面自由化。

② 澳大利亚于 2010 年 4 月对华浮法玻璃启动的反倾销调查最初以无倾销结案，但澳大利亚贸易措施复审办公室随后根据相关申诉要求澳大利亚海关重新调查，经再次调查后，澳大利亚海关裁定对中国进口产品征收反倾销税。在统计中，将此案计入肯定性裁决一类。

在中国对澳大利亚的出口中，除纺织、服装和轻工等传统产品外，机械、化工、家电、通信设备的占比正逐年提高，成为对澳出口的新增长点。自2002年起，中国对澳机电产品出口已超过纺织品服装，跃居中国对澳第一大类出口产品。目前，机电产品、纺织品、轻工产品、化工产品、贱金属及其制品均位居澳大利亚自中国进口金额的前五位，而这些产品也逐步成为澳大利亚对华反倾销调查的重点目标。据海关统计，2012年，澳大利亚自中国进口HS84～85项下机电产品达129.4亿美元，占澳大利亚自中国进口总额的34.3%；进口HS50～63项下纺织品及原料45.8亿美元，占比12.1%；进口HS72～83项下贱金属及其制品39.7亿美元，占比10.5%；进口HS94～96项下家具、玩具及杂项制品39.6亿美元，占比10.5%；进口HS28～38项下化工产品25.8亿美元，占比6.8%。在我国对澳大利亚的贱金属及其制品出口中，HS72～73项下的钢铁及其制品占比达67.0%。

3. 2008年之后，涉及汽车、机械和建材的案件比重上升

自2002年以来，尽管冶金是澳大利亚对华反倾销调查的重点，但其占同期反倾销案件总数的比重已经明显缩小。从图3－24可以看出，2008—2012年，澳大利亚对华化工产品的反倾销案件占同期反倾销案件总数的比重由2002—2007年的27.3%降至8.3%；食品占比则由18.2%降至0。同时，汽车产品的占比则由2002—2007年的0升至16.7%，机械由0升至8.3%，建材由9.1%升至16.7%。

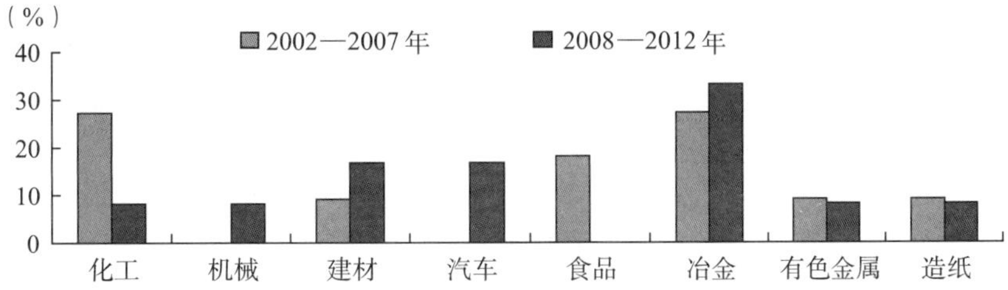

图3－24 2002—2007年和2008—2012年澳大利亚对华反倾销案按行业分布情况

二、澳大利亚是对华反补贴调查的主要发起国之一

截至2012年，共有7个国家（地区）对中国产品动用了反补贴调查手段。其中，澳大利亚仅次于美国和加拿大，居第三位，共立案7起。

1. 中国是澳大利亚反补贴调查的最大被诉国，年度立案数起伏不大

澳大利亚自2008年开始对中国产品启动反补贴调查。据中国贸易救济信息网统计，2008—2012年，澳大利亚共启动8起反补贴调查，其中7起针对中国出口产品。从年度来看，2008年，澳大利亚对华启动2起反补贴调查；2009年1起；2011年2起；2012年2起。

2. 冶金产品是澳大利亚对华反补贴调查的重点

澳大利亚对华启动的7起反补贴调查共涉及汽车、冶金、有色金属和造纸4个行业。其中，涉及冶金产品的4起，产品包括焊缝管、镀锌板、镀铝锌板；涉及汽车、有色金属和造纸的各1起，产品分别是铝制车轮、铝型材、卫生纸。

三、澳大利亚贸易救济制度修订进入实质阶段，是10年来规模最大的一次

2011年6月，澳大利亚政府内务部长和贸易部长共同宣布对现行贸易救济制度进行近10年来的最大规模修改，以提高澳大利亚贸易救济体系的运作效率。

2012年2月，澳大利亚众议院通过了法案的部分内容，其中包括：① 成立新的反倾销复审组

（Anti – Dumping Review Panel）[1]；② 设立“国际贸易救济论坛”，监督澳大利亚此次反倾销制度的改革，该论坛专设两个工作组，一组负责检查海关法中有关“深加工农产品（Close Processed Agricultural Products）”条款的适用情况，另一组负责审查“特殊市场情形（Particular Market Situation）”条款的适用及其改进；③ 允许多次延长调查时间、审查时间、问卷调查或税率评估的时间。

2012 年 5 月，众议院再次通过法案的部分内容，包括 4 项实质性改革：① 若原产国或被调查企业未向海关提供充足信息，海关和边境总署署长或司法和海关部长有权在“所有可获得事实”的基础上决定是否存在补贴及补贴幅度；② 在计算商品“正常价值”时可以不必考虑利润；③ 如果多起反倾销案件之间联系密切，则不必另行进行独立审查和连续性问卷调查；④ 授权部长征收多种形式的临时反倾销税。

2012 年 12 月 4 日，澳大利亚发布公告称，将采取一系列措施以强化澳大利亚反倾销制度其中包括：① 成立专门的反倾销调查机构——反倾销委员会，该委员会于 2013 年 7 月 1 日起正式运作，总部设在墨尔本；② 到 2016/17 财年，澳大利亚政府将为反倾销调查机关增拨 2440 万美元；③ 更名后的“国际贸易救济部”职员增长 45%，由 31 人增至 45 人；④ 制定反规避法规框架，加大对规避反倾销税行为的惩罚力度；⑤ 采取措施帮助中小企业积极运用反倾销措施。帮助中小企业的具体措施包括：在主要行业协会中设立中小企业支持员（SME Support Officer），该职位由澳大利亚海关提供资金支持，为中小企业、下游的制造商和生产商更积极参与反倾销调查提供帮助，并使其材料更符合申请条件；向国内产业提供更加及时和详细的进口和补贴数据，同时明确企业在申请立案时的数据要求。

阿根廷

2008 年金融危机以来，阿根廷国内采取了多项贸易保护措施，涉及大量的中国输阿产品，影响了中阿两国的正常贸易。据中国海关统计，2012 年，中阿双边贸易总额为 144.3 亿美元，同比下降 2.5%。其中，中国对阿根廷出口 78.7 亿美元，同比下降 7.5%；自阿根廷进口 65.6 亿美元，同比增长 4.2%。中方顺差 13.1 亿美元。据中国贸易救济信息网统计，2002—2012 年，在所有对华启动贸易救济调查的国家（地区）中，阿根廷对华贸易救济案件总数列居第五。

一、反倾销是阿根廷对华贸易救济调查的主要形式，2012 年对华新立案同比持平

据中国贸易救济信息网统计，2002—2012 年，阿根廷对华共启动 55 起贸易救济调查，其中，反倾销是阿根廷对华贸易救济调查的主要形式，共 52 起，占比 94.5%；保障措施案件 3 起，占比 5.5%。

1. 对华反倾销调查波动幅度大，2009 年案件激增超过印度和美国

2002—2012 年，阿根廷对华共启动 52 起反倾销调查，居所有对华发起反倾销调查国家（地区）的第四位。其中，2010、2011、2012 年，阿根廷对华反倾销立案调查均为 3 起。

从图 3 – 25 可以看出，阿根廷对华反倾销的年度立案波动较大。2002—2009 年，阿根廷对华反倾销立案呈大幅上升之势。2009 年，阿根廷对华发起的反倾销调查位居各国对华反倾销之首，为 19 起，比上年大幅增长 111.1%，占当年国外对华反倾销案件总数的 24.1%，在当年超过美国（12 起）、印度（10 起），居各国之首。但随后的 3 年（2010、2011 和 2012 年），阿根廷对华反倾销调查迅速减少，均为 3 起，分别占当年国外对华反倾销案件总数的 6.8%、6.1% 和 5.0%。

---

① 2013 年 5 月 29 日，澳大利亚内政部部长 Jason Clare 宣布任命反倾销复审组（Anti – Dumping Review Panel）的 3 名成员，包括议员 Michael Moore，前联邦法院法官和反倾销案件的专业律师；Joan Fitzhenry 女士；Graham McDonald 先生，前联邦上诉法庭法官成员。此次任命的复审组将于 2013 年 6 月 10 日正式履行职能。

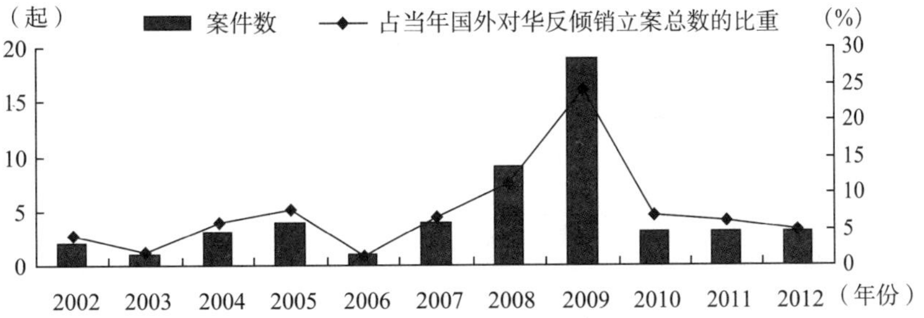

图 3－25　2002—2012 年阿根廷对华反倾销立案及其在当年国外对华反倾销立案总数中占比情况

截至 2012 年底，在阿根廷对华发起的 52 起反倾销调查中，有 47 起已经作出最终裁决，其余 5 起尚在审理中。在 47 起已作出终裁的反倾销案件中，阿根廷对 36 起案件采取了最终反倾销措施，占阿根廷作出终裁案件总数的 76.6%，低于美国（86.5%）和欧盟（78.8%）。

阿根廷是拉美地区对中国发起贸易救济调查最多的国家，其措施不仅直接影响中国对阿根廷的正常出口，也在拉美国家中产生了消极的示范效应。据 WTO 统计，阿根廷发起的反倾销调查中有 1/4 针对的是中国产品。

2. 机械、轻工产品是阿根廷对华反倾销调查的重点

在阿根廷对华启动的 52 起反倾销调查中，涉及机械产品的案件数居首位，为 18 起，占比 34.6%；其次是轻工产品，为 11 起，占比 21.2%；位居第三的是化工产品，7 起，占比 13.5%（图 3－26）。

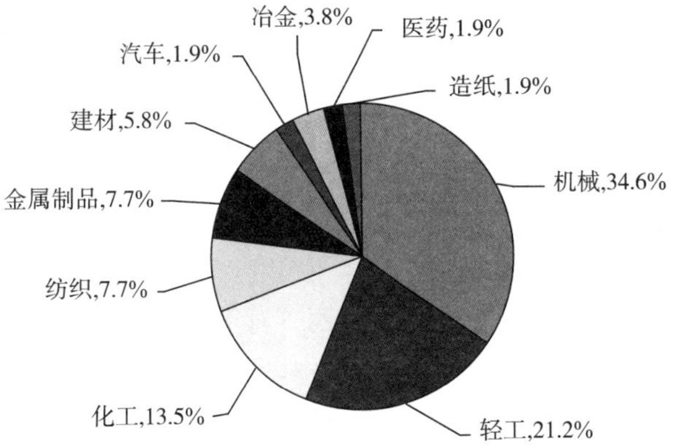

图 3－26　2002—2012 年阿根廷对华反倾销调查涉案行业分布情况

近年来，阿根廷对华机械产品反倾销立案较为频繁，阿根廷对华机械产品反倾销快速增加与近年来我国机电产品对阿根廷出口增速较快密切相关。2007 年以来，HS84～85 项下的机电产品是我国对阿根廷出口的第一大类产品，并于 2010 年超过巴西成为阿根廷机电产品最大进口国。其中，2012 年，我国对阿根廷出口机电产品达 55.6 亿美元，占 2012 年我国对阿根廷出口贸易的 34.6%，比 2011 年同期下降 0.1%。

3. 2008 年之后，涉及纺织、建材的案件比重上升

自 2002 年以来，尽管机械产品是阿根廷对华反倾销调查的重点，但其占同期反倾销案件总数的比重已经明显缩小。从图 3－27 可以看出，2008—2012 年，阿根廷对华机械产品的反倾销案件占同期反倾销案件总数的比重已由 2002—2007 年的 40.0% 降至 32.4%，降幅为 7.6%；金属制品由 13.3% 降至 5.4%；轻工由 26.7% 降至 18.9%。同时，纺织产品的比重则由 2002—2007 年的 0 升至 10.8%，建材由 0 升至 8.1%，汽车、医药和造纸则均由 0 升至 2.7%。

二、电子产品是阿根廷保障措施调查的重点

据中国贸易救济信息网统计，阿根廷共启动 3 起保障措施调查，分别是 2004 年（1 起）、2006 年（1 起）、2009 年（1 起）。这 3 起案件的涉案产品分别是彩电、一次性可刻录光盘、彩电接收器。

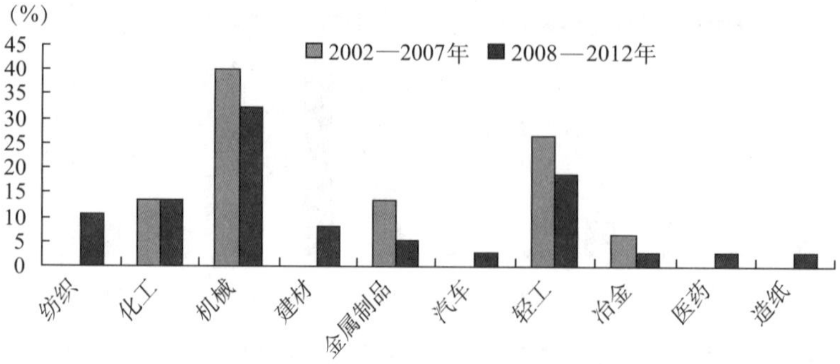

图 3－27　2002—2007 年和 2008—2012 年阿根廷对华反倾销案件按行业分布情况

墨西哥

中国是墨西哥的第四大出口目的地和第二大进口来源地。据中国海关统计，2012 年，中墨双边贸易总额为 366.8 亿美元，同比增长 10.0%。其中，中国对墨西哥出口 275.2 亿美元，同比增长 14.8%；自墨西哥进口 91.6 亿美元，同比下降 2.4%；中方顺差 183.6 亿美元。随着我国与墨西哥经贸关系的日益密切，墨西哥已成为拉美地区对华贸易救济调查的主要发起国之一。

一、反倾销是墨西哥对华贸易救济调查的主要形式，2012 年墨西哥对华反倾销新立案数同比增长 50.0%

据中国贸易救济信息网统计，2002—2012 年，墨西哥对华共启动 29 起贸易救济调查。其中，反倾销是墨西哥对华贸易救济调查的主要形式，共 26 起，占比 89.7%；反补贴 1 起，占比 3.4%；保障措施案件 2 起，占比 6.9%。

1. 中国入世以来，墨西哥对华反倾销调查相对平稳

2002—2012 年，墨西哥对华共启动 26 起反倾销调查，年均约 2 起（图 3－28）。2005 年成为我国入世以来墨西哥对华反倾销新立案高峰年，当年立案 5 起。其余年份的反倾销立案基本为每年 1～3 起，并未出现大幅波动的情况。2012 年，墨西哥对华启动 3 起反倾销调查，比上年同期增加 1 起。

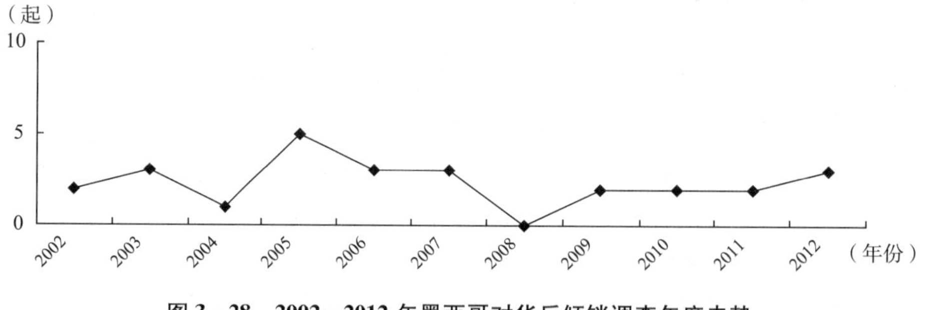

图 3－28　2002—2012 年墨西哥对华反倾销调查年度走势

截至 2012 年底，在墨西哥对华发起的 26 起反倾销案件中，有 23 起已经作出最终裁决，尚有 3 起在审理中。其中，墨西哥对 14 起案件采取了最终反倾销措施（目前尚在实施反倾销措施的案件有 12 起，终止反倾销措施的案件有 2 起），占墨西哥作出终裁的反倾销案件总数的 60.9%，低于同期的美国（86.5%）和欧盟（78.8%）。

2. 机械、轻工和冶金产品是墨西哥对华反倾销的主要涉案产品

2002—2012 年，墨西哥针对中国产品启动的 26 起反倾销调查共涉及轻工、机械、化工、金属制品

等9个行业。其中，涉及机械、轻工、冶金的反倾销案件并列居首位，均为6起，各占墨西哥对华反倾销案件总数的23.1%；其次是金属制品和化工，均为2起，各占比7.7%；并列第三的是纺织、皮革、食品、医药，均为1起，各占比3.8%（图3－29）。

目前，机电、轻工、贱金属及其制品是我国对墨西哥的主要出口类别。据商务部统计，2012年，我国对墨出口HS84～85项下的机电产品合计约占墨西哥进口总量的67.5%；HS72～83项下的贱金属及其制品占比6.1%；HS94～96项下的家具、玩具、杂项制品占比4.2%。

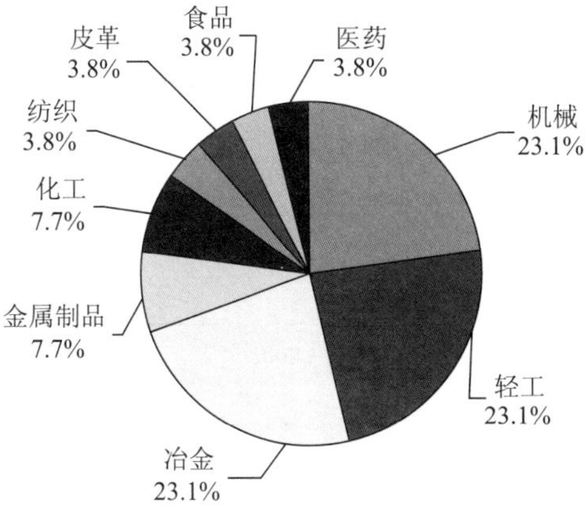

图3－29 2002—2012年墨西哥对华反倾销调查涉案行业分布情况

二、墨西哥启动保障措施调查较少，且措施均已终止

2002—2012年，墨西哥共启动2起保障措施调查。其中，2002年，墨西哥对进口胶合板板条进行保障措施调查，该案目前已经终止措施；2010年，墨西哥对进口螺旋焊接钢管进行保障措施调查，该案已无税结案。

土耳其

中国是土耳其第三大进口来源国。据中国海关统计，2012年，中土双边贸易总额为191.0亿美元，同比增长1.9%。其中，中国对土耳其出口155.9亿美元，同比下降0.2%；自土耳其进口35.1亿美元，同比增长12.3%；中国顺差120.8亿美元。伴随着两国贸易交流的扩大，双边贸易摩擦也在不断加剧，土耳其频繁对中国产品使用进口限制、技术性贸易壁垒以及反倾销、保障措施、特别保障措施等贸易限制措施。

一、土耳其是对华启动反倾销调查较多的发展中国家，2012年新立案数同比有所增加

据中国贸易救济信息网统计，2002—2012年，土耳其共对华启动77起贸易救济调查，占国外对华贸易救济案件总数的7.6%，居所有对华发起贸易救济调查国家（地区）的第四位。其中，反倾销案件51起，占土耳其对华贸易救济案件总数的66.2%；保障措施19起，占比24.7%；特别保障措施7起，占比9.1%。

1. 对华反倾销立案波动较大，2009年以来降幅增大

2002—2012年，土耳其对华共启动51起反倾销调查。其中，2002—2007年，土耳其对华启动36起反倾销调查，年均6起；2008—2012年，土耳其对华启动15起反倾销调查，年均3起，是2002—2008年的一半。

从图3－30可以看出，土耳其对华反倾销调查在2003年和2004年达到顶峰，均为9起。在2005—2012年的8年间，2006、2008、2009年是土耳其对华反倾销立案在该时间段的顶峰，均为5起，但自2009年之后就开始回落，2010年，土耳其对华反倾销新立案仅2起；2011年无立案；2012年又增至3起。

2. 对华反倾销案中采取最终措施的比重超过欧美，国内涉案企业应诉率低

截至2012年底，在土耳其对华发起的51起反倾销调查中，有48起已作出终裁。在这48起作出终裁的反倾销案件中，47起案件采取最终反倾销措施，采取最终反倾销措施的比例高达97.9%，高于美国（86.5%）和欧盟（78.8%）。

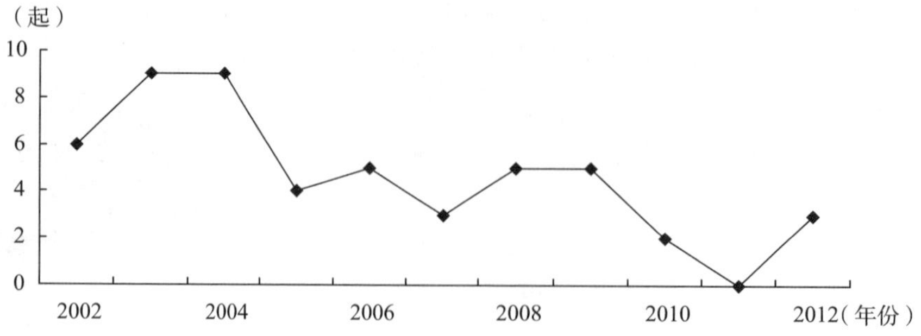

图 3－30　2002—2012 年土耳其对华反倾销调查年度走势

目前，土耳其未承认中国的市场经济地位。截至 2012 底，在对华已作出终裁的 48 起反倾销调查中，土耳其调查机关对所有中国应诉企业均未给予市场经济待遇，并且也从未给予过 1 家中国应诉企业单独税率。此外，土耳其国内的贸易救济法律透明度不高，以及土耳其政府对国内产业的保护也为中国企业参与土耳其对华反倾销案件的应诉带来了一定的困难，导致企业应诉积极性不高。据中国贸易救济信息网统计，2002—2012 年，在土耳其对华反倾销案件已作出终裁的 48 起案件中，中国企业参与应诉的案件有 14 起，应诉率仅为 29.2%，远远低于对美国、欧盟和印度等国家（地区）反倾销案的应诉率。

3. 涉案行业较集中，56.9% 的调查涉及轻工、纺织、化工

2002—2012 年，土耳其对华启动的 51 起反倾销调查主要涉及纺织、轻工、化工、机械、金属制品等 9 个行业。其中，涉及纺织品的案件居首位，共 11 起，占土耳其对华反倾销案件总数的 21.6%；其次是轻工产品，10 起，占比 19.6%；位居第三的是机械产品，8 起，占比 15.7%（图 3－31）。涉及上述 3 个行业的反倾销案件占土耳其对华反倾销案件总数的 56.9%。

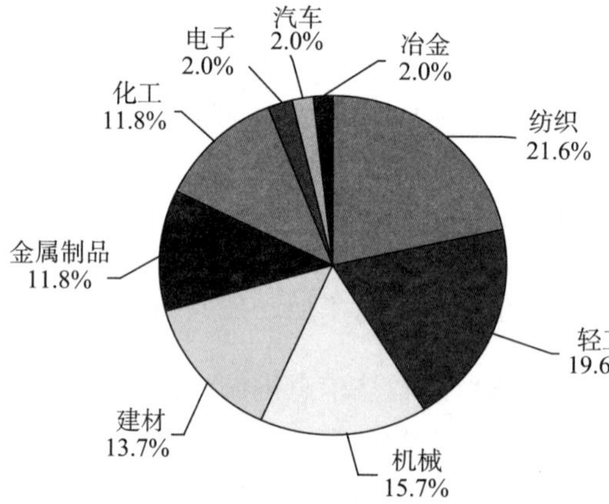

图 3－31　2002—2012 年土耳其对华反倾销调查涉案行业分布情况

机电、纺织、轻工等产品是我国对土耳其的主要出口产品，并且在土耳其该类产品进口中占比较大，特别是，我国轻工产品占据了土耳其进口市场超过一半的市场份额，这也是土耳其对华反倾销案件集中于这些产品的主要原因。据海关统计，2012 年，土耳其自中国进口的 HS84～85 项下的机电产品 66.1 亿美元，占其自中国进口总额的 42.4%，位居土耳其同类产品进口国之首；自中国进口 HS50～63 项下的纺织品 22.0 亿美元，占比 14.1%，位居土耳其该类产品进口国之首。根据商务部的统计，2007 年，土耳其自中国进口 HS94～96 项下的家具、玩具、杂项制品，HS41～43 项下的皮革制品和箱包，HS64～67 项下的鞋靴、伞等轻工产品分别占其该类产品进口额的 60.1%、38.3% 和 67.9%，在土耳其市场占有绝对优势地位。2008 年和 2009 年，土耳其自中国进口的上述三类产品在土耳其进口总额中占比有所下降，但仍居主要地位。2010 年以来，中土贸易往来逐步恢复至金融危机前的水平，连续两年实现增长态势。据商务部统计，2010 年，土耳其自中国进口上述三类轻工产品分别比上年增长 53.2%、23.3% 和 31.1%；2011 年，则分别同比增长 30.9%、35.9% 和 29.5%。其中，HS94～96 项下的家具、玩具、杂项制品和 HS64～67 项下的鞋靴、伞等轻工产品 2011 年分别占土耳其该类产品进口额的 54.3% 和 60.7%。

4. 土耳其对华反倾销个案的涉案金额逐年增长

近几年，土耳其对华反倾销个案的涉案金额有所增加，动辄上千万美元。2005 年，土耳其对华启动 4 起反倾销调查，涉案金额超过 1 亿美元；2006 年，土耳其对华启动 12 起贸易救济调查，涉案金额 5.3 亿美元。与此同时，土耳其对华反倾销个案的涉案金额也有增长态势。2003 年，土耳其对华铅笔反倾销案的涉案金额超过 1000 万美元，拉链反倾销案的涉案金额超过 1400 万美元；2004 年 8 月，土耳其对华彩电反倾销案的涉案金额达 3500 万美元；2004 年 12 月，土耳其对华编织绒纤维和绳绒线纤维反倾销案的涉案金额达 7700 万美元；2008 年 1 月，土耳其对华人造及合成短纤维纱线和缝纫线反倾销案的涉案金额 1.17 亿美元；2009 年，土耳其对华窗帘布反倾销案的涉案金额达 1.4 亿美元。

5. 土耳其是对华运用反规避调查的主要国家，轻工是重点

截至 2012 年底，共有 5 个国家（地区）对华启动了 37 起反规避/反吸收调查。其中，土耳其列美国、欧盟之后，居第三位。在土耳其启动的 51 起反倾销调查中，土耳其对其中的 7 起案件启动了反规避调查，共计 8 起。其中，在 2005 年对华空调反倾销案中，土耳其启动了 2 起反规避调查。

在土耳其启动的 8 起反规避调查中，涉及轻工的居首位，为 5 起；其次是机械，为 2 起；金属制品居第三位，为 1 起。

二、土耳其 2012 年未启动保障措施和特别保障措施调查

1. 土耳其是启动保障措施和特别保障措施的主要发展中国家

2002—2012 年，在国外启动的 207 起保障措施调查中，土耳其启动的保障措施案件仅次于印度尼西亚，位居第二，共 19 起，占国外保障措施调查总数的 9.2%。

自 2003 年土耳其对华首次发起特别保障措施调查以来，其先后共启动了 7 起特别保障措施调查，排在美国、欧盟、印度之后，居第四位。

2. 涉华保障措施和特别保障措施案件集中在轻工行业

与反倾销调查的重点相似，轻工产品是土耳其保障措施和特别保障措施主要打击的对象。2002—2012 年，在土耳其发起的 19 起保障措施中，有 9 起涉及轻工行业。2003—2012 年，在土耳其对华启动的 7 起特别保障措施调查中，涉及轻工和建材产品的案件数居多，均为 2 起，各占比 28.6%。

加拿大

据中国海关统计，2012 年，中加双边贸易总额为 513.7 亿美元，同比增长 8.3%。其中，中国对加拿大出口 281.3 亿美元，同比增长 11.3%；自加拿大进口 232.5 亿美元，同比增长 4.9%；中方顺差 48.8 亿美元。随着中加双边贸易的不断深入，两国间的贸易摩擦也在不断增多。据中国贸易救济信息网统计，2002—2012 年，在所有对华启动贸易救济调查的国家（地区）中，加拿大对华贸易救济案件总数位居第七。

一、反倾销是加拿大对华贸易救济调查的主要形式

2002—2012 年，加拿大对华共启动 39 起贸易救济案件。其中，反倾销 20 起，占加拿大对华贸易救济案件总数的 51.3%；反补贴 14 起，占比 35.9%；保障措施 3 起，占比 7.7%；特别保障措施 2 起，占比 5.1%。

1. 对华反倾销新立案数处于较低水平，采取最终措施的比重较高

2002—2012 年，加拿大对华共启动 20 起反倾销调查，年均立案约 2 起，低于同期的美国（7 起）、欧

盟（7 起）和印度（10 起）。自我国入世以来，加拿大对华单年反倾销立案数一直处于低位（图 3－32）。

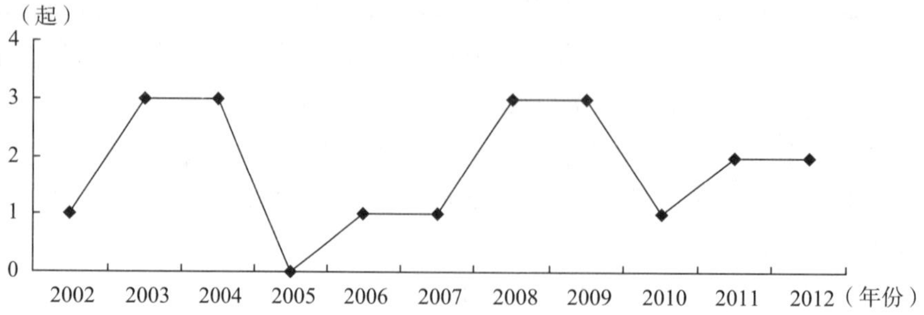

图 3－32　2002—2012 年加拿大对华反倾销调查年度走势

加拿大对华启动的 20 起反倾销调查均已作出终裁。其中，采取最终反倾销措施的案件为 16 起，占比 80.0%，低于同期的美国（86.5%）和印度（88.3%），但高于欧盟（78.8%）。

2. 涉案行业集中，冶金产品是调查重点，且终裁税率偏高

2002—2012 年，加拿大发起的 20 起对华反倾销调查涉及轻工、冶金、机械、建材等 8 个行业。其中，涉及冶金产品的案件居首位，共 5 起，占比 25.0%；其次是机械产品，4 起，占比 20.0%；并列第三的是建材和金属制品，均为 3 起，各占比 15.0%（图 3－33）。涉及上述 4 个行业的反倾销案件占比为 75.0%。

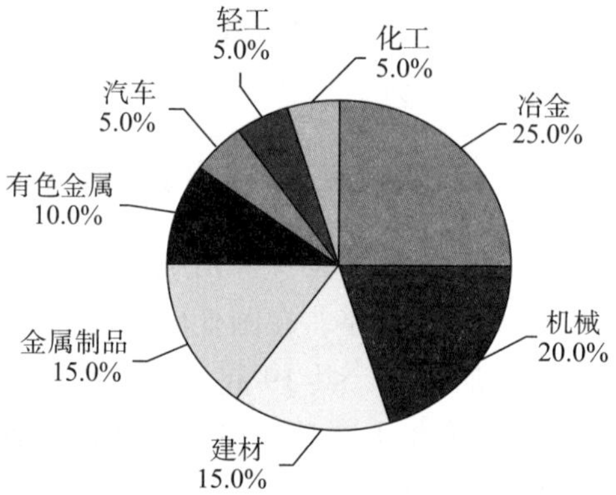

图 3－33　2002—2012 年加拿大对华反倾销调查涉案行业分布情况

从我国对加拿大的产品出口结构来看，冶金、机电是重点出口产品之一。据商务部统计，2012 年，在我国对加拿大出口产品中，HS84～85 项下的机电产品居首位，占我国对加拿大出口总额的 45.4%；其次是 HS94～96 项下的家具、玩具、杂项制品，占比 11.5%；HS50～63 项下的纺织品及原料位居第三，占比 9.8%；HS72～83 项下的贱金属及其制品居第四位，占比 8.1%。此外，加拿大对华冶金产品反倾销案均裁定征收高额反倾销税。例如，在对华无缝钢制油气套管反倾销案中，裁定中国企业的倾销幅度为 37%～91%；在对华焊接碳钢管反倾销案中，裁定中国企业的倾销幅度高达 97%～179%；在对华石油管材短节反倾销案中，裁定中国企业的倾销幅度为 80.2%～173.4%；在对华钢管桩产品反倾销案中，裁定中国企业的倾销幅度为72.9%～96.4%。

二、加拿大是全球首个对华启动反补贴调查的国家，对华反补贴立案调查仅次于美国

2004 年，加拿大对华启动反补贴调查，这是我国首次遭进口国的反补贴调查。截至目前，加拿大已成为继美国之后对华启动反补贴调查较多的国家之一。

1. 加拿大是对华反补贴调查的主要发起国，涉案金额较高

2004—2012 年，加拿大对华启动 14 起反补贴调查，占全球对华反补贴案件总数的 22.6%，仅次于美国（33 起）（图 3－34）。加拿大对华反补贴调查个案涉案金额普遍较高，并呈逐年增长之势。2007 年之前，加拿大对华反补贴调查的涉案金额均未超过 1 亿美元，例如加拿大对华户外烤肉架反补贴案的涉案金额超过 2000 万美元；但 2007 年之后，加拿大对华反补贴调查个案的涉案金额时常出现超亿美元的情形，例如 2007 年的对华无缝钢制油气套管涉案金额约 1 亿美元，2008 年的对华铝挤压材

反补贴案的涉案金额3亿美元，2009年的对华石油管材反补贴案的涉案金额甚至高达3.3亿美元。

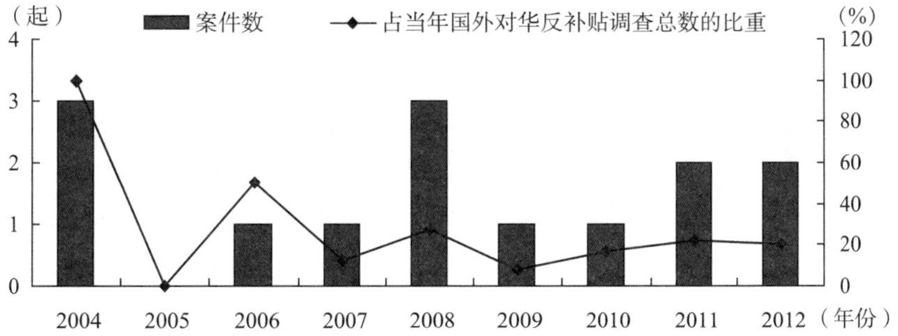

图3－34　2004—2012年加拿大对华反补贴立案及其在当年国外对华反补贴立案总数中占比情况

2. 加拿大对华反补贴调查35.7%涉及冶金产品，管材是调查重点

在加拿大对华启动的14起反补贴调查中，涉及冶金产品的案件居首位，共5起，占比35.7%；其次是金属制品，为3起，占比21.4%；机械、建材和有色金属并列第三，均为2起，各占比14.3%。

从涉案的冶金产品看，多数为钢管产品。在加拿大对华冶金产品启动的5起反补贴调查中，4起涉及管材，分别是碳钢焊接钢管、无缝钢制油气套管、石油管材、钢管桩。目前，加拿大是我国钢管的主要出口国之一，在加拿大石油开采业大发展中，钢管需求大增，我国钢管大量出口至加拿大。据中国钢管协会统计，我国对加拿大出口石油套管年均增速约为20%。但2007年以后，随着加拿大国内对石油套管需求的减少，我国出口加拿大的石油套管对加拿大国内产业的冲击开始显现，2007—2012年，加拿大对华钢管及其制品已发起反倾销和反补贴合并调查5起，占同期加拿大对华双反调查案件总数的50.0%。

第四章　全球知识产权保护情况[①]

随着知识经济和经济全球化的深入发展，知识产权在国际经济、科技及贸易中的地位和作用得到了历史性提升，并日益成为诸多国家（地区）发展的战略性资源和国际竞争力的核心要素。对具体企业而言，知识产权越来越成为企业赢取竞争优势的“利器”及参与国际竞争的焦点。然而，知识产权作为具有独占意义的特权，在全球化竞争背景下，正在显示出蕴涵的巨大能量。中国入世以来，贸易总额不断增长，贸易地位持续提升，但知识产权壁垒却成了困扰国内制造商和贸易商的难题——美国337调查40%以上针对中国企业，中国连续多年位居美国“特别301报告”重点观察名单之列，中国连续多年分别位居美国、欧盟和日本海关知识产权侵权商品扣押之首……本章将从全球及中国专利申请及授权现状、美国知识产权调查尤其是337调查现状以及中国主要贸易伙伴海关知识产权侵权商品扣押情况等三大方面对全球知识产权保护情况作出分析和梳理。

第一节　全球专利申请及授权情况

专利是知识产权制度中一个最主要的分支，在社会经济发展中居于最重要的地位。本节将围绕全球以及中国的专利申请和授权情况进行分析，从而对主要国家（地区）、主要领域以及重点企业的知识产权发展现状有一个总体认识，进而更深入地理解知识产权壁垒重点对象国（地区）及其所针对的具体企业和领域。

一、国际知识产权组织年度PCT申请特点及趋势

1. 全球PCT申请总体呈增长态势，2012年再创新高

据世界知识产权组织（WIPO）公布的数据显示，2001—2012年，经由WIPO管理的《专利合作条约》（PCT）途径提交的PCT申请呈总体增长态势（仅2009年受金融危机影响同比出现下滑）。2001年，全球PCT申请量达108229件，同比增长16.1%；2002—2004年，全球PCT申请量以个位数微幅增长；2005年同比增长11.5%，达136749件；2006—2008年，PCT申请量仍然呈同比增势；2009年，受金融危机影响，全球PCT申请量同比下降4.8%，为155406件；2011年达182379件，比2010年增长11.0%，增幅为2005年以来最高。2012年，全球PCT申请量继续强劲增长并再创新高，达194400件，同比增长6.6%，但增幅同比下降约4.4个百分点。

从图4－1可以看出，2001—2008年，全球PCT申请一直呈同比增长态势，年度平均增幅达7.4%，但2009年全球PCT申请量受金融危机的影响同比下降，然而，全球PCT申请量从2010年开始逐步回升，且这一趋势在2011、2012年得以加强，凸显出“创新”在推动世界经济发展中的作用日渐重要。

---

① 本章“中国”均指“中国大陆”，不包括中国香港、中国台湾和中国澳门。

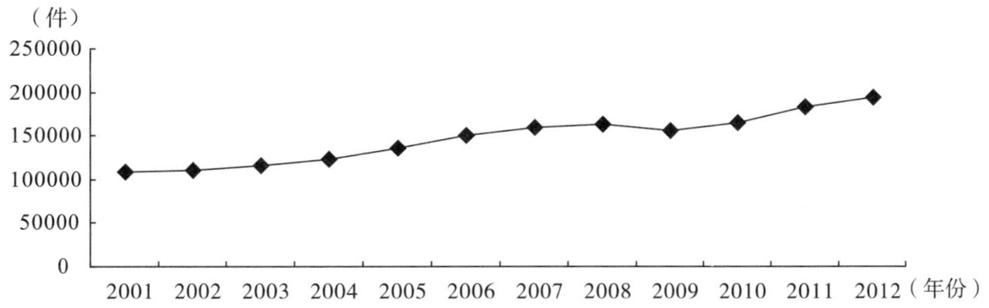

图 4－1　2001—2012 年全球 PCT 申请年度走势

2. 美国仍居全球 PCT 申请量首位，中国连续 3 年排名第四

2002—2012 年，全球 PCT 申请量排名居前的国家分别是：加拿大、中国、法国、德国、意大利、日本、荷兰、韩国、瑞典、瑞士、英国和美国。其中，美国始终位居全球 PCT 申请量的首位，但 2008—2010 年美国 PCT 申请量连续 3 年下滑，2011 年虽然同比增长，但 49060 件的申请量仍低于 2006—2008 年年均 5 万多件的申请量；2012 年，美国 PCT 申请量同比增长 4.4%，达 51207 件。而来自中国和日本的 PCT 申请量一直呈增长态势，且增速较快。其中，2011 年，中国 PCT 申请量从 2002 年的 1016 件增至 16402 件，增幅达 1514.4%，2012 年继续增长，达 18627 件；日本从 2002 年的 14060 增至 38874 件，增幅达 176.5%，2012 年继续增长，达 43660 件。

2012 年，全球 PCT 申请量排名居前列的国家中，来自荷兰（+14.0%）、中国（+13.6%）、韩国（+13.4%）、芬兰（+13.2%）以及日本（+12.3%）的申请量增速最快，美国（+4.4%）、法国（+4.0%）、英国（+1.0%）、瑞士（+4.6%）、瑞典（+3.6%）以及意大利（+5.2%）的申请量也呈增长态势，而加拿大（−6.7%）、澳大利亚（−1.8%）和西班牙（−2.4%）的 PCT 申请量则出现同比下降（图 4－2）。

就中国而言，2012 年，中国提交的 PCT 申请达 18627 件，比上年增长 13.6%，增幅低于 2010 年的 56.2% 和 2011 年的 33.4%。WIPO 认为，鉴于中国 PCT 申请自 2009 年以来出现迅猛增长，不断扩大的申请基数自然导致增长率的下滑。中国自 2009 年以 29.7% 的增幅超越法国，成为 PCT 申请第五大来源国，2010 年以来连续 3 年位居全球第四。同时，2010—2012 年，中国的 PCT 申请量与排名第三的德国之间的差距不断缩小，从 5272 件减至 228 件。

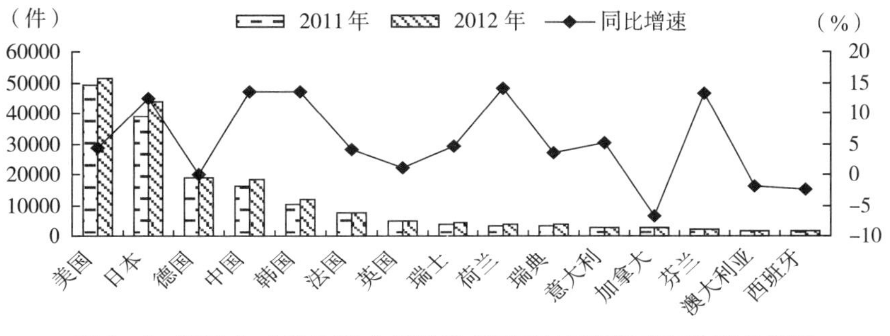

图 4－2　2012 年全球 PCT 申请量排名居前的国家及其同比变化情况

3. 中兴、华为是全球 PCT 的重点申请企业，中兴连续两年排在首位

2012 年，在企业 PCT 申请方排行榜中，中国中兴通讯股份有限公司（以下简称中兴通讯）的 PCT 申请达 3906 件，同比增长 38.2%，连续第二年位居全球 PCT 申请量之首。2011 年，中兴通讯的 PCT 申请量超越日本松下电器公司，首次位居全球 PCT 申请方榜首；而 2009 年中兴通讯的 PCT 申请量仅

为517 件，2010 年增至 1868 件（仅次于日本松下电器公司的 2162 件）。2012 年，位居全球 PCT 申请前五位的企业中，来自中国的企业还有华为技术有限公司，排名同比下滑 1 位，申请量达 1801 件，同比下降 1.6%，但多年来华为公司一直位居全球 PCT 申请的前五位——2009 年的第二位、2010 年的第四位、2011 年的第三位和 2012 年的第四位。

2012 年，在全球 PCT 申请排名前十位的企业中，来自亚洲的企业占 5 家，同比减少 1 家，分别为中国（2 家）以及日本（3 家）（表 4－1）。同时，在全球 PCT 申请排名前五十位的企业中，日本企业高达 20 家，高于美国（14 家）和德国（5 家）。

此外，在全球知名的 IT 巨头中，美国高通公司以 1305 件的 PCT 申请位列第七、三星以 638 件列第十六位、诺基亚以 670 件列第十八位，英特尔排名第二十，惠普第二十一，微软和 IBM 分别位居第二十七和二十八位。而苹果和谷歌的 PCT 申请首次进入全球 PCT 申请前 50 强榜单，分别位居第三十三和第三十九位。

表 4－1　2012 年全球 PCT 申请量排名前十位的企业情况

企业申诉方	所属国	排名	排名变化	2012 年申请量（件）	同比增/减量（件）
中兴通讯股份有限公司	中 国	1	0	3906	1080
松下电器公司	日 本	2	0	2951	488
夏普株式会社	日 本	3	1	2001	246
华为技术有限公司	中 国	4	－1	1801	－30
罗伯特博世公司	德 国	5	0	1775	257
丰田汽车公司	日 本	6	1	1652	235
高通公司	美 国	7	－1	1305	－189
西门子股份公司	德 国	8	4	1272	233
皇家飞利浦电子有限公司	荷 兰	9	0	1230	82
LM 爱立信电话有限公司	瑞 典	10	0	1197	81

4. 数字通信技术，电气机械、电气装置、电能，医疗技术，计算机技术及药品是近年全球 PCT 申请的主要领域

据 WIPO 公布的数据显示，2008—2012 年，数字通信技术（Digital communication），电气机械、电气装置、电能（Electrical machinery，apparatus，energy）、医疗技术（Medical technology）、计算机技术（Computer technology）、药品（Pharmaceuticals）是全球 PCT 申请的主要技术领域。其中，数字通信技术的 PCT 申请量于 2010 年和 2011 年连续两年排在榜首，分别达 10590 件和 11574 件。2012 年，电气机械、电气装置、电能和计算机技术均超过数字通信技术，成为当年位居已公布 PCT 申请量前两位的技术领域，申请量分别达 9599 件和 8965 件（表 4－2）。

2011—2012 年，在 PCT 申请涉及的所有技术领域中，用于管理的信息技术方法（IT methods for management）增长最快（22.8%）。此外，依次是微观结构技术和超微技术（Micro-structural and nano-technology）（21.2%）、计算机技术（18.2%）、运输（Transport）（17.5%）以及电气机械、电气装置、电能（17.1%）。

表 4－2　2008—2012 年全球 PCT 申请的主要技术领域年度分布情况

单位：件

主要领域＼年份	2008	2009	2010	2011	2012
数字通信技术	8846	9063	10590	11574	8717
电气机械、电气装置、电能	8943	8986	9168	11296	9599
医疗技术	11088	10481	10484	10753	8328
计算机技术	11725	10239	9539	10455	8965
药品	8959	8399	7833	7683	5651

二、我国发明专利申请及授权特点和趋势

1. 发明专利申请受理量逐年增长，2012 年首超 60 万件

国家知识产权局公布的统计数据显示，2006—2012 年，我国发明专利申请受理量逐年增长。其中，2011 年，国家知识产权局受理的发明专利申请从 2010 年的 39.1 万件增至 52.6 万件，创我国入世 10 年来的最高增速水平；2012 年，我国共受理发明专利申请 65.3 万件，首次突破 60 万件，同比增幅达 24.0%（图 4－3）。

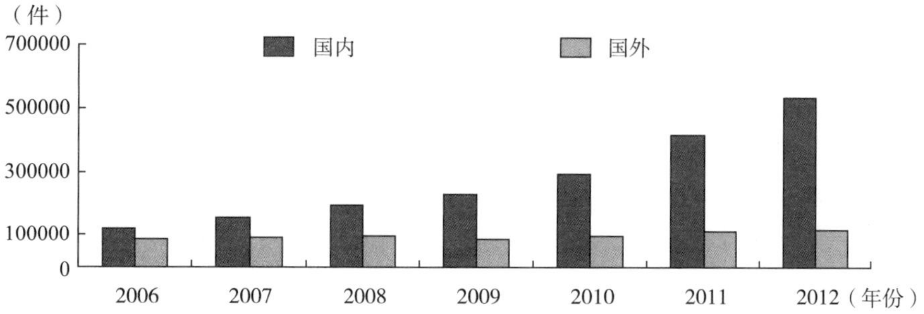

图 4－3　2006—2012 年国内外发明专利申请受理年度对比

2. 发明专利申请以国内为主，2012 年增速高于国外 22.5 个百分点

据统计，2006—2012 年，我国国内发明专利申请（含港澳台，下同）始终保持增长态势。尤其是 2009 年，受金融危机影响，在国外来华专利申请同比下降 10.9% 的情况下，我国国内专利申请量同比增幅达 22.4%。2010 年，国外专利申请量同比增长 14.8%；国内发明专利申请量同比增长 27.9%，增速提高了 10 个百分点，占发明专利申请总量的比重升至 74.9%，约为国外来华发明专利申请量的 3 倍。2011 年，我国国内发明专利申请量更是多达 41.6 万件，占总量的 79.1%，同比增长 41.9%；国外申请 11.0 万件，占总量的 20.9%，同比增长 12.2%。2012 年，我国受理国内发明专利申请 53.5 万件，占比 81.9%，同比增长 28.7%；受理国外发明专利申请 11.8 万件，占比 18.1%，同比增长 6.2%。

3. 职务发明专利申请逐年增长，2012 年占比达到 80%

2006—2011 年，国内发明专利申请受理量中职务发明逐年增长，且在国内发明专利申请中的比重年均达 74.1%。其中，2006 年 8.1 万件，占国内发明专利申请总量的 66.6%；2007 年增至 10.8 万件，占比 70.3%；2008 年和 2009 年继续增长，分别达 14.0 万件和 17.2 万件，各占比 72.2% 和 75.2%；2010 年突破 20 万件，2011 年突破 30 万件，分别达 22.4 万件和 32.4 万件，各占比 76.3% 和 77.9%；2012 年，国内发明专利申请中，职务申请 42.8 万件，占比首次达到 80.0%，同比增速达 32.1%，为我国发明专利总量的持续高位增长注入强劲动力（表 4－3）。

而在国内职务发明专利申请受理量中，企业发明专利申请的比重平均达近70%，表明企业知识产权创造主体地位不断增强。2012年，在国内职务发明专利申请中，企业申请31.6万件，占比73.8%，同比增长36.6%。目前，我国企业发明专利申请已经形成基数大、增速快、带动力强的良好发展态势，并不断推动我国发明专利申请量再创新高。

表4-3 2006—2012年我国国内职务发明专利申请年度分布情况

单位：万件

年 份	职务申请	企业职务申请	大专院校职务申请	科研单位职务申请	机关团体职务申请
2006	8.1	5.6	1.7	0.7	0.09
2007	10.8	7.4	2.3	1.0	0.1
2008	14.0	9.6	3.1	1.2	0.2
2009	17.2	11.8	3.8	1.4	0.2
2010	22.4	15.5	4.8	1.8	0.3
2011	32.4	23.2	6.3	2.5	0.4
2012	42.8	31.6	7.6	2.9	0.7

4. 国内发明专利授权量持续攀升，国内外差距不断扩大

截至2012年底，我国国内发明专利累计授权量达59.2万件，超过国外来华发明专利累计51.8万件的授权量。我国国内发明专利授权量逐年增长，在2009年之前，国外来华发明专利授权量始终高于国内；2009年，我国国内发明专利授权量达6.5万件，首超国外来华发明专利授权的6.3万件，近年一直保持这种趋势，且国内外发明专利授权量的差距不断扩大（表4-4）。

同时，我国国内发明专利授权所占比重持续攀升。2006年，国内发明专利授权占比为43.4%，2007年占比47.0%，2008年为49.7%，2009年为50.9%，2010年为59.0%；2011年又比上年提高了6.3个百分点，达到65.3%；2012年达66.4%，同比提高1.1个百分点。

表4-4 2006—2012年我国发明专利授权年度分布情况

单位：万件

年 份	国内发明专利授权量	国外发明专利授权量	合 计
2006	2.5	3.3	5.8
2007	3.2	3.6	6.8
2008	4.7	4.7	9.4
2009	6.5	6.3	12.8
2010	8.0	5.5	13.5
2011	11.2	6.0	17.2
2012	14.4	7.3	21.7

5. 江苏、广东、北京和上海是国内发明专利申请与授权的主要区域

全国31个省份及中国香港、中国台湾和中国澳门均向国家知识产权局提交了发明专利申请，其中，江苏、广东、北京和上海是我国国内发明专利申请与授权的主要区域。2006—2012年，江苏发明专利申请受理量达32.7万件，占比16.8%，位居第一；其次为广东，26.1万件，占比13.4%；北京和上海分列第三、四位，分别为22.1万件和16.2万件，各占比11.4%和8.3%（表4-5）。

同时，从发明专利授权情况看，2006—2012 年，广东、北京、江苏和上海分列前四位，发明专利授权量分别为 7.9 万件、7.1 万件、4.7 万件和 4.3 万件。

表 4－5 2006—2012 年我国国内发明专利申请及受理量前六个省份年度分布情况

单位：万件

年份/省份	2006	2007	2008	2009	2010	2011	2012
江 苏	1.0	1.7	2.3	3.2	5.0	8.5	11.0
广 东	2.1	2.7	2.8	3.2	4.1	5.2	6.0
北 京	1.4	1.9	2.8	2.9	3.3	4.5	5.3
上 海	1.2	1.5	1.8	2.2	2.6	3.2	3.7
山 东	0.7	0.9	1.4	1.4	1.7	2.6	4.0
浙 江	0.8	1.0	1.2	1.6	1.8	2.5	3.3

第二节 美国 337 调查

337 调查是指美国国际贸易委员会（简称 ITC）根据美国《1930 年关税法》第 337 节（简称 337 条款），对不公平的进口行为进行调查，并采取制裁措施的做法。实践中，337 调查主要针对的是进口产品侵犯美国专利权、注册商标、著作权以及外观设计等知识产权的行为。而 337 调查因其发起门槛低、申请立案容易、程序简单易行、耗时短、打击面广、不易招致报复且能有效排斥进口，近年来已成为美国又一保护本国产业和市场的有力武器。尤其是，随着中美双边贸易的快速增长，美国针对中国企业发起的 337 调查呈现逐年增长态势。据中国贸易救济信息网统计，截至 2012 年底，美国 337 调查涉华案件已达 178 起，中国已经连续 11 年位居美国 337 调查之首。

一、美国 337 调查情况及特点分析①

1. 美国 337 调查总体呈上升之势，但 2012 年同比降幅明显

自 1972 年 4 月 4 日发起首例 337 调查开始到 2012 年底，美国共发起 337 调查 864 起，涉案国家（地区）达 68 个。1972—1985 年，美国共发起 337 调查 239 起，没有中国企业涉案；1986—1995 年，美国共发起 337 调查 143 起，其中 3 起涉及中国；1996—2005 年，美国共发起 177 起，其中 43 起涉及中国。美国 337 调查在 1983 年达到顶峰 43 起之后开始逐年回落，1994 年仅有 6 起，但从 1995 年开始美国启动 337 调查的频率又开始加快，尤其是 2006—2010 年的 5 年间，美国发起的 337 调查多达 196 起，其中，2008 年达 40 起，2010 年超过 1983 年创下新的峰值 56 起；2011 年，美国 337 调查再创新高，达 69 起；2012 年同比猛降至 40 起，比 2011 年峰值时的 69 起大幅下降 42.0%（图 4－4）。1972—2012 年，美国 337 调查共出现 3 个高峰期，分别为 1978 年（共启动 337 调查 24 起，同比增长 181.2%）、1983 年（43 起，同比增长 87.0%）和 2011 年（69 起，同比增长 23.2%），且每次高峰后均会出现较大幅度下降，但下降的持续时间不同。在 1978 年出现高峰后，1979 年美国 337 调查同比下降，但 1980 年及之后数年均呈增势；1983 年的高峰出现后，1984—1988 年美国 337 调查同比均下降，1989 年之后总体呈增长态势，直到 2011 年再次出现峰值（除 2009 年受金融危机影响同比突然下降）。

① 文中数据全部来自中国贸易救济信息网。

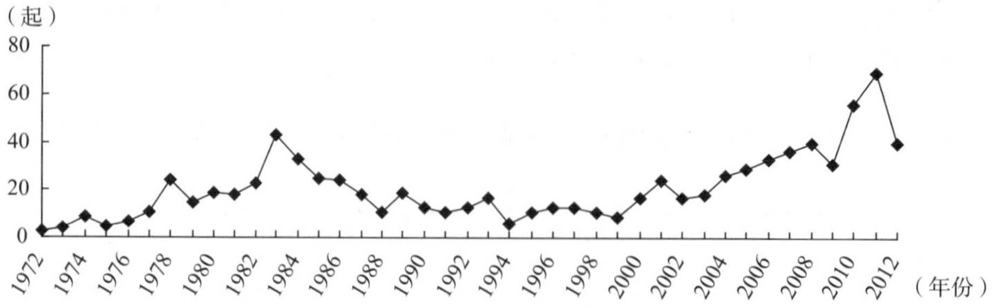

图4-4　1972—2012年美国337调查年度走势对比

2. 中国、日本和中国台湾是美国337调查的主要对象，涉华337调查同比下降

在1972—2012年美国发起的864起[①]337调查中，涉及中国台湾的219起，占比25.3%，居首位；其次为日本，187起，占比21.6%；中国位居第三，178起，占比20.6%。中、日两国及中国台湾合计占美国337调查总数的67.6%。

美国337调查的历史表明，某个国家（地区）经济高速发展、技术进步加快并与美国贸易往来频繁的阶段，往往也是其遭受337调查比较频繁的阶段。20世纪70—80年代的日本，90年代的中国台湾以及近几年的中国大陆，都是在经济发展到一定水平开始大量向美国出售技术含量高的产品时，成为美国337调查的主要对象（图4-5）。

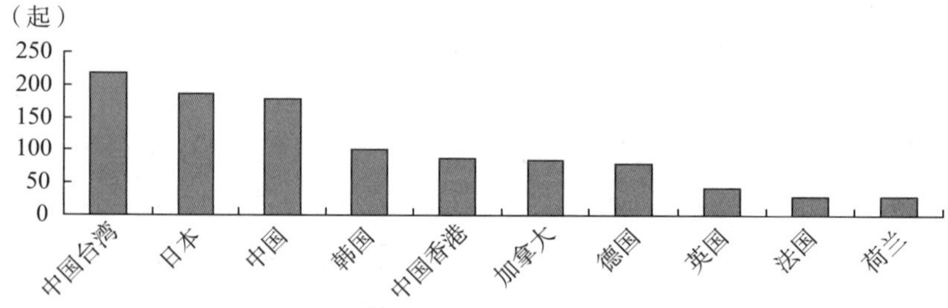

图4-5　1972—2012年位居美国337调查涉案前十位的国家（地区）情况

1972—1989年，美国共发起337调查311起，其中，涉及日本的最多，为78起。1990年之后，涉及日本的337调查开始减少，而涉及中国台湾的案件逐年增多。1990—1999年，美国共发起337调查117起，其中，涉及中国台湾的最多，共28起。1986年，美国337调查首次涉及中国，但此后的6年间（1987—1992年）并无涉华案件出现；1995年以后，涉华337调查又呈逐年上升之势。2000—2010年，美国共发起337调查327起，其中，涉及中国的最多，达122起；2011、2012年，美国分别发起337调查69起和40起，其中涉华337调查分别为27起和18起，均居当年榜首（图4-6）。

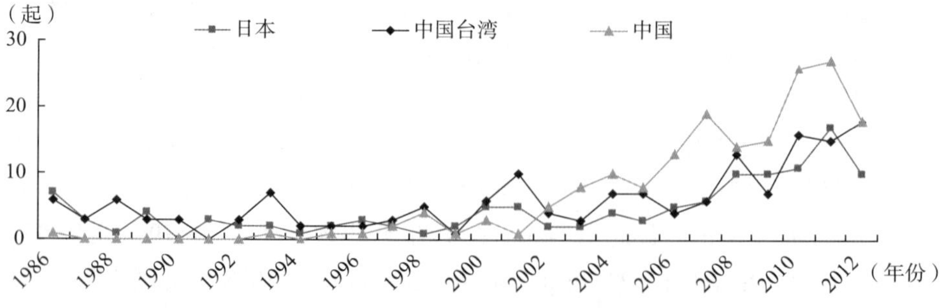

图4-6　1986—2012年日本、中国及中国台湾遭美国337调查年度走势

① 1起案件可能涉及多个国家（地区），下同。

从2012年美国337调查情况来看，本年度，美国共发起337调查40起，而中国、中国台湾和日本仍居前列。其中，涉及中国和中国台湾的337调查均为18起，并列第一位；其次为涉及日本的337调查，10起。然而从同比变化情况来看，涉及中国台湾和日本的337调查均呈增势，分别增长20.0%和41.2%；涉华337调查却同比下降33.3%。

3. 涉案行业较为集中，机械、电子和轻工行业是美国337调查的重点领域

1972—2012年，在美国发起的864起337调查中，涉及电子行业产品的最多，为343起，占比39.7%；机械行业位居第二，220起，占比25.5%；轻工行业为152起，占比17.6%，位居第三。此外，涉案较多的行业还包括：医药行业，53起，占比6.1%；化学工业，38起，占比4.4%；汽车行业，15起，占比1.7%（图4-7）。

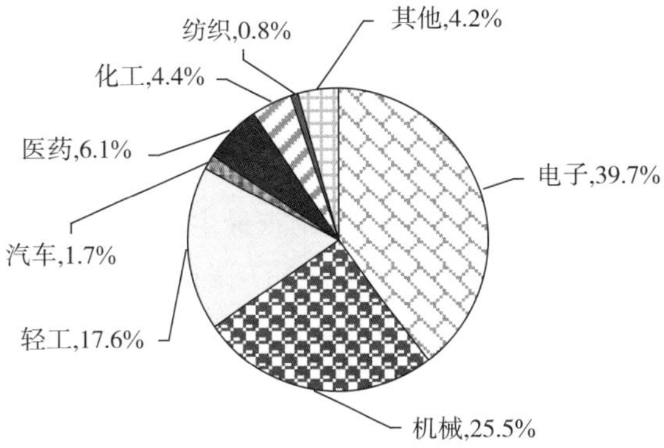

图4-7　1972—2012年美国337调查涉案产品行业分布情况

虽然从1972年美国发起首例337调查开始，机械、电子和轻工产品就一直位居美国337调查的前三位，但在整个80年代，机械和轻工产品的涉案率一直遥遥领先于电子产品。1972—1990年，美国共发起337调查324起。其中，涉及机械产品的132起，占比40.7%，涉及轻工产品的92起，占比28.4%，二者合计占比高达69.1%；电子产品虽位居第三，却仅有36起，占比11.1%，远远落后于机械和轻工产品的涉案比例。之后，随着各国出口产品技术含量的不断提高，电子产品的涉案比例开始逐年增大。1991—1995年，在美国发起的58起337调查中，涉及电子产品的20起，机械产品13起，轻工产品9起；1996—2000年，电子产品涉案多达32起，远高于机械产品的10起和轻工产品的9起；2001—2005年，涉及电子产品的337调查达55起；2006—2010年，电子产品涉案比例继续升高；2011、2012年，电子产品涉案比例均高达70%以上（图4-8）。

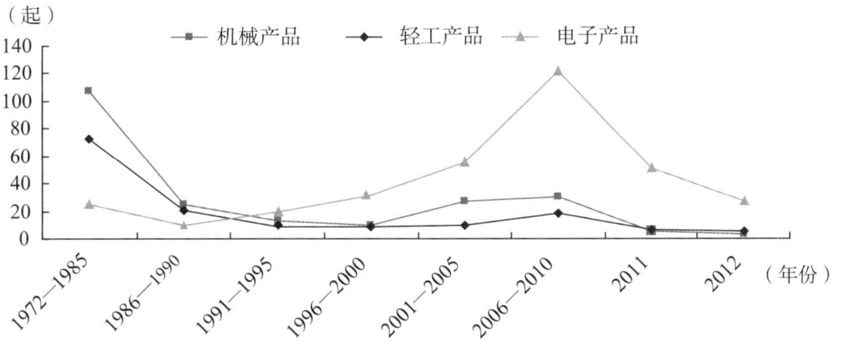

图4-8　1972—2012年美国337调查涉案产品行业年度走势

4. 专利侵权仍为美国337调查的主要诉由

1972—2012年，在美国发起的337调查中，单独以专利侵权为由启动337调查程序的案件最多，达690起，占美国337调查总数（864起）的79.9%，如果再加上共同以专利侵权及其他类型侵权发起的案件（83起）则多达773起，占比高达89.5%，专利侵权无疑是美国337调查的最主要申诉理由。此外，位居前列的申诉事由还包括：以共同侵犯商标权和违反美国《反不正当竞争法》发起的337调查35起，占比4.1%；以共同侵犯专利权和违反美国《反不正当竞争法》发起的337调查23起，占比2.7%；单独以商标侵权发起的调查22起，占比2.5%；以共同侵犯商标权、专利权以及违

反美国《反不正当竞争法》发起的调查20起，占比2.3%；以共同侵犯专利权和商业秘密权发起的14起，占比1.6%。

美国337调查案件的申诉理由与“337条款”的发展历史密切相关。1974年以前，337调查主要限于专利侵权案件；1974年以后，美国国际贸易委员会（ITC）可援引“337条款”调查反垄断问题且开始根据“337条款”进行反倾销和反补贴调查；1979年，美国对“337条款”进行了修改，规定ITC不应援引“337条款”对纯属反倾销和反补贴的案件进行调查；1988年，经修改，“337条款”不再涉及反垄断、反倾销和反补贴问题，而成为对专利、商标以及其他知识产权侵权行为进行制裁的法律依据。

5. 和解是美国337调查最主要的结案方式

在美国发起的864起337调查案件中，已结案的835起①。其中，单独以和解方式结案的278起，占美国337调查结案总数的33.3%，高居首位；其次为ITC裁决侵权不成立的141起，占比16.9%；申诉方撤诉的70起，占比8.4%，位居第三（图4-9）。

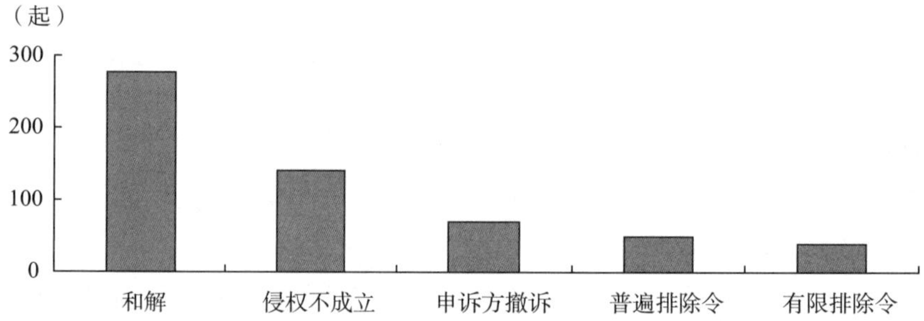

图4-9 1972—2012年美国337调查结案方式前五位统计

当然，除上述主要结案方式外，在已结案的835起337调查中还适用了诸如同意令、有限排除令、普遍排除令、禁止令以及同一案件中部分和解、部分发布同意令、部分适用禁止令及普遍排除令等多种形式并用的结案方式。

二、美国337调查涉华案件走势及特点分析②

1. 涉华337调查持续增加，中国连续11年排名榜首

1986年12月29日，美国对原产于中国、韩国和希腊的皮大衣及毛皮类产品发起337调查，这是美国337调查中的首起涉华案件。截至2012年底，涉华337调查案件共计178起，占美国1986年之后337调查总数（626起）的28.4%。其中，1986—1995年，美国发起337调查143起，涉华案件3起，占比仅为2.1%；1996—2005年，美国共发起337调查177起，其中涉华43起，占比24.3%；2006—2010年，美国发起337调查196起，其中涉华87起，占比44.4%；2011年，美国共发起337调查69起，涉华案件27起，占比39.1%；2012年，美国共发起337调查40起，涉华案件18起，占比45.0%（图4-10）。

自1995年起，美国发起的337调查历年均有中国产品涉案，且总体呈增长态势，尤其是在我国入世后，美国337调查涉华案件增长迅速。2002年，美国337调查立案17起，其中涉华5起，占美国337调查总数的29.4%；2003年，立案18起，其中涉华案件8起，占比44.4%，比2002年增长了60%；2004—2011年，美国337调查涉华案件的同比增幅分别为：25%、-20%、62.5%、46.2%、

① 结案数据更新至2013年5月31日，下文同。
② 文中数据全部来自中国贸易救济信息网。

-26.3%、15.4%、73.3%和3.8%；2012年，美国337调查涉华案件虽同比大幅下降，但仍难改2002—2012年美国涉华337调查逐年增多且中国已连续11年位居美国337调查之首的整体趋势。

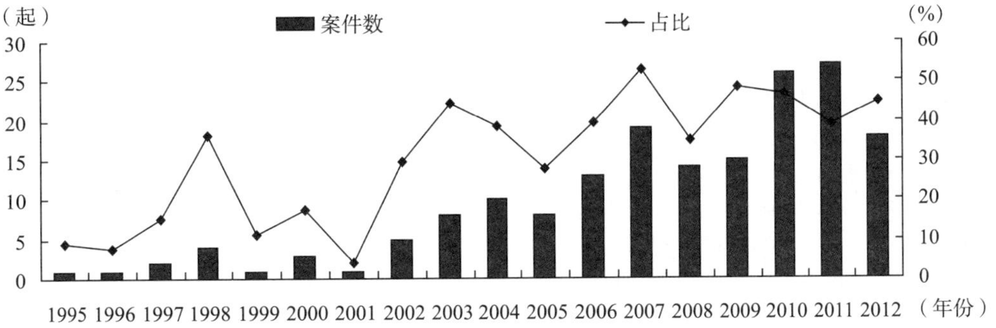

图4-10　1995—2012年美国337调查涉华案件及占比情况

2. 涉案产品以电子产品为主，稀土类产品首次涉案

1998年以前，美国337调查涉及的中国产品主要是轻工产品；1998年之后，被调查产品开始涉及电子、轻工、机械、化工、汽车、冶金、建材、医药等多个领域，且结构不断升级，计算机软件、半导体集成电路等产品成为美国涉华337调查的主打产品。这表明，随着我国制造业生产技术水平和出口产品附加值的不断提高，中国出口企业将面临更为复杂和多元化的调查方式，特别是高技术、高附加值产业将面临更多的壁垒。

1986—2012年，在美国发起的178起涉华337调查中，涉及电子产品的案件最多，达90起，占同期美国涉华337调查总数的50.6%；其次为轻工产品，35起，占比19.7%；机械产品位居第三，30起，占比16.9%（图4-11）。

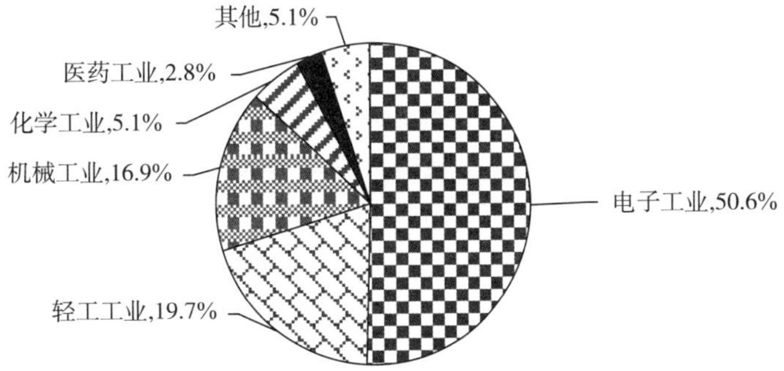

图4-11　1986—2012年美国涉华337调查涉案行业分布情况

注：图中"其他"包括汽车工业、有色工业、食品工业、建筑材料工业和金属制品工业。

2012年的18起涉华337调查分别涉及电子、机械、轻工、化学以及有色金属工业。其中，涉及电子工业的共计11起，占比高达61.1%。同时，值得注意的是，由于2012年美国、日本和欧盟与中国的稀土争端问题愈演愈烈，稀土作为资源类产品，同时也是高科技产品的重要上游资源，首次成为美国337调查的目标产品。

3. 美国337调查近四成涉华案件未将中国企业列为被告

1986—2012年，在美国发起的178起涉华337调查中，有36.0%的案件，即64起未将中国出口企业列为被告，但将中国作为原产地调查国，这意味着中国生产企业将由于被动地不能参与案件的审理，更易丢失市场，损失也更大。

4. 广东、浙江等省份仍是美国337调查涉华案件的多发地

1986—2012年，在美国将中国出口企业列为被告的114起涉华案件（截至2012年底，美国共发起涉华337调查178起，其中64起案件未将中国出口企业列为被告）中，共涉及来自中国17个省份[①]的200多家出口企业。截至2012年底，涉及广东的337调查高达46起，占比40.4%，涉案企业70多家；

① 1起案件的涉案企业可能来自多个不同的省份，下同。

浙江位居第二，29 起，占比 25.4%，涉案企业 40 余家。此外，涉案较多的省份还包括：上海（28 起，占比 24.6%）；江苏（20 起，占比 17.5%）、北京（12 起，占比 10.5%）以及福建（11 起，占比 9.6%）（图 4－12）。

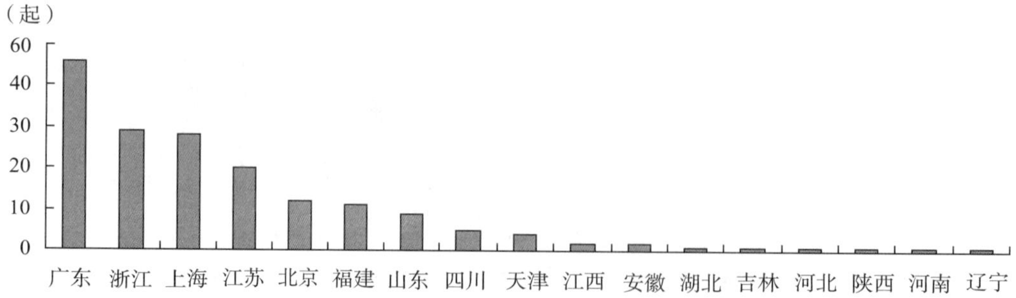

图 4－12　1986—2012 年美国 337 调查涉华案件涉案企业按省份分布情况

5．中国企业因专利侵权被诉最多，2012 年涉华 337 调查中专利侵权案占比近九成

截至 2012 年，在美国启动的 178 起涉华 337 调查案件中，均为涉及知识产权侵权问题。其中，单独以专利侵权为由启动 337 调查程序的案件多达 156 起，占同期美国 337 调查涉华案件总数的 87.6%；单独以商标侵权为由启动的 8 起，占比 4.5%；以共同侵犯商标权和其他知识产权（商品装潢、商标淡化、仿冒、虚假来源、商业外观等）为由启动的 3 起，占比 1.7%；共同侵犯专利权、商标权和著作权，单独侵犯商业秘密，共同侵犯著作权、商业秘密且存在不公平竞争行为的以及共同侵犯专利和著作权的，均为 2 起，分别占比 1.1%。此外，单独侵犯商品装潢，共同侵犯专利权和商标权，虚假广告以及共同侵犯专利权和商品装潢为由启动的 337 调查分别为 1 起（表 4－6）。

单从 2012 年涉华 337 调查的侵权诉由来看，在当年涉华的 18 起案件中，因单独侵犯专利权而被起诉的也为最多，达 16 起，占同期涉华 337 调查总数的 88.9%；其他 2 起涉华 337 调查的诉由分别为：单独侵犯商业秘密，共同侵犯著作权、商业秘密以及合同欺诈。

表 4－6　1986—2012 年美国 337 调查涉华案件立案理由

项　目	数量（起）	项　目	数量（起）
专利侵权	156	商品装潢侵权	1
商标侵权	8	专利＋著作侵权	2
商标＋其他知识产权侵权	3	专利＋商品装潢侵权	1
专利＋商标＋著作侵权	2	专利＋商标	1
商业秘密侵权	2	虚假广告	1
著作＋商业秘密＋不公平竞争	2	—	—

从上述数据来看，美国 337 调查涉华案件中涉及专利侵权的多达 162 起（包括单独以专利侵权为由发起的 156 起，以及共同以专利侵权为由发起的 6 起），占比高达 91.0%。

6．和解成为最主要的结案方式

在 1986—2012 年美国发起的 337 调查涉华案件中，已结案 163 起。其中，和解结案的最多，36 起，占比 22.1%；其次为美国国际贸易委员会裁定侵权不成立，27 起，占比 16.6%；申诉方撤诉的 15 起，占比 9.2%，位居第三。另外，美国对华 337 调查的结案方式还包括：同时适用禁止令和有限排除令，单独适用同意令，同时适用和解、同意令、禁止令和有限排除令，同时适用和解、同意令，单独适用普遍排除令等（表 4－7）。

表 4－7 1986—2012 年美国 337 调查涉华案件主要结案方式

结案方式	数量（起）	结案方式	数量（起）
和解	36	和解、申诉方撤诉和同意令	3
侵权不成立	27	和解和普遍排除令	2
禁止令和有限排除令	13	同意令和有限排除令	2
申诉方撤诉	15	和解、禁止令和有限排除令	1
有限排除令	12	和解、同意令和普遍排除令	1
同意令	8	和解、同意令、普遍排除令和禁止令	1
普遍排除令	7	和解、同意令和有限排除令	1
禁止令和普遍排除令	7	和解和有限排除令	1
和解和同意令	4	有限排除令和普遍排除令	1
和解、同意令、禁止令和有限排除令	3	同意令、禁止令、有限排除令和普遍排除令	5
和解和申诉方撤诉	4	侵权不成立和同意令	1
同意令和普遍排除令	3	禁止令、有限排除令和其他	1

三、美国“特别 301 条款”涉华情况①

“301 条款”是美国贸易法中有关对外国立法或行政上违反协定、损害美国利益的行为采取单边行动的立法授权条款。一般所说的“301 条款”有狭义和广义之分。其中，狭义的“301 条款”仅指“一般 301 条款”，即美国《1974 年贸易法》的第 301 条；广义的“301 条款”是指美国《1988 年综合贸易与竞争法》第 1301－1310 节的内容，不仅包括“一般 301 条款”，还包括“特别 301 条款”、“超级 301 条款”及其他内容（表 4－8）。

表 4－8 美国“301 条款”具体内容释义

条款	内容	释义
一般 301 条款	美国《1974 年贸易法》第 301 条	针对美国在对外贸易中的总体性贸易障碍，为美国的对外贸易制裁设定了一个总体框架
特别 301 条款	美国《1984 年贸易法》第 182 条，《1988 年综合贸易与竞争法》第 1303 条	是对知识产权重点国家确定的规定；根据“特别 301 条款”的要求，在国别贸易评估年度报告向国会提交后的 30 日内，美国贸易代表应该确定哪些是拒绝适当、有效保护知识产权的国家，以及这些国家中哪些是重点国家
超级 301 条款	美国《1974 年贸易法》第 310 条，《1988 年综合贸易与竞争法》第 1302 条	该条款名为“贸易自由化重点的确定”；该条款要求美国政府一揽子调查解决某个外国的整个对美出口产品方面的贸易壁垒问题
电信 301 条款（其他）	由美国《1988 年电信贸易法》和《1988 年综合贸易与竞争法》予以规定	针对电信贸易中市场障碍的规定；主要涉及外国电信贸易障碍的确定，与外国签订电信贸易协议，监督外国实施有关的电信贸易协议等

① 本节内容参考了韩立余：《美国对外贸易中的知识产权保护》，知识产权出版社，2006 年版。1 起案件的涉案企业可能来自多个不同的省份，下同。

“特别301条款”的正式名称是“确定那些拒绝为知识产权提供足够保护的国家”。根据“特别301条款”的规定，每年在《国别贸易评估报告》提交后的30日内，美国贸易代表必须确定在专利、著作权、商标和计算机软件等知识产权保护和知识产权市场准入方面有问题的国家。而对其中问题特别严重的国家，还可以依据具体标准，将其确定为重点外国。一旦被确定为重点外国，美国贸易代表便会对其发起调查，并且通过磋商和贸易制裁等手段，迫使其改变在知识产权保护及市场准入方面存在问题的法律、政策和做法。如果在6～9个月的调查期内双方无法达成协议，美国将采取报复行动。同样，美国贸易代表可以按该条款的规定，根据调查和磋商结果随时决定将某个国家从重点外国名单中删除或者将其增加到重点外国名单中。

自20世纪90年代以来，中美两国关于知识产权的争端和摩擦就一直没有停止过。中美两国在政府层面曾有过3次激烈交锋，分别发生在1991年、1994年和1996年。这3个回合的争端都是围绕美国依据其“特别301条款”对中国提起调查并实施贸易制裁而展开，尽管这3次交锋都非常激烈，但最后均以双方签订协议而告终（表4－9）。

表4－9　20世纪90年代中美两国政府层面3次激烈交锋情况

年　份	缘　由	结　　果
1991	1991年4月26日，美国贸易代表办公室发布“特别301报告”，中国被列入“重点外国”名单	中美两国经过数轮磋商，于1992年1月17日签订第一个有关知识产权保护的协议，即《中华人民共和国政府与美利坚合众国政府关于保护知识产权的谅解备忘录》；随后，美国取消了对中国的“重点外国”的确认
1994	1994年，美国“特别301报告”又将中国列入“重点外国”名单	1995年2月15－26日，双方经过谈判最终达成协议，此次协议采取换文的形式，并以《有效保护及实施知识产权的行动计划》作为附件；随后，美国取消了对中国的“重点外国”的确认，但宣布将中国列入“306条款”的监督之下
1996	1996年4月29日，美国以中国未认真执行1995年的知识产权协议为由，再次将中国列入“重点外国”名单	中美双方为避免贸易战，再次进行谈判；1996年6月17日，美国宣布，基于中国在执行1995年协议关键条文方面已经采取的措施和未来将采取的措施，将不实施拟议的制裁；另外，宣布取消对中国“重点外国”的确认，但将继续监督中国执行1995年协议

表4－10　2002—2012年度美国“特别301报告”确定的重点观察、观察以及“306条款”监督名单

年　度	重点观察名单	观　察　名　单	“306条款”监督名单
2002	阿根廷、巴西、哥伦比亚、多米尼加、埃及、欧盟、匈牙利、印度、印度尼西亚、以色列、黎巴嫩、菲律宾、俄罗斯、中国台湾、乌拉圭	亚美尼亚、阿塞拜疆、巴哈马、白俄罗斯、玻利维亚、加拿大、智利、哥斯达黎加、希腊、危地马拉、意大利、牙买加、哈萨克斯坦、韩国、科威特、拉脱维亚、立陶宛、马来西亚、新西兰、巴基斯坦、秘鲁、波兰、卡塔尔、罗马尼亚、沙特阿拉伯、捷克、塔吉克斯坦、泰国、土耳其、土库曼斯坦、乌兹别克斯坦、委内瑞拉、越南	中国、巴拉圭

续表

年　度	重点观察名单	观　察　名　单	"306 条款"监督名单
2003	阿根廷、巴哈马群岛、巴西、欧盟、印度、印度尼西亚、黎巴嫩、菲律宾、波兰、俄罗斯、中国台湾	阿塞拜疆、白俄罗斯、玻利维亚、加拿大、智利、哥伦比亚、哥斯达黎加、克罗地亚、多米尼加、厄瓜多尔、埃及、危地马拉、匈牙利、以色列、意大利、牙买加、哈萨克斯坦、韩国、科威特、拉脱维亚、立陶宛、马来西亚、墨西哥、巴基斯坦、秘鲁、罗马尼亚、沙特阿拉伯、捷克、塔吉克斯坦、泰国、土耳其、土库曼斯坦、乌拉圭、乌兹别克斯坦、委内瑞拉、越南	中国、巴拉圭
2004	阿根廷、巴哈马、巴西、埃及、欧盟、印度、印度尼西亚、韩国、科威特、黎巴嫩、巴基斯坦、菲律宾、俄罗斯、中国台湾、土耳其	阿塞拜疆、白俄罗斯、洪都拉斯、玻利维亚、保加利亚、加拿大、智利、哥伦比亚、哥斯达黎加、克罗地亚、多米尼加、厄瓜多尔、危地马拉、匈牙利、以色列、意大利、牙买加、哈萨克斯坦、拉脱维亚、立陶宛、马来西亚、墨西哥、秘鲁、波兰、罗马尼亚、沙特阿拉伯、捷克、塔吉克斯坦、泰国、土库曼斯坦、乌拉圭、乌兹别克斯坦、越南	中国
2005	阿根廷、巴西、埃及、印度、印度尼西亚、以色列、科威特、黎巴嫩、巴基斯坦、菲律宾、土耳其、俄罗斯、委内瑞拉	阿塞拜疆、巴哈马群岛、白俄罗斯、洪都拉斯、玻利维亚、保加利亚、加拿大、智利、哥伦比亚、哥斯达黎加、多米尼加、厄瓜多尔、欧盟、危地马拉、匈牙利、意大利、牙买加、哈萨克斯坦、韩国、拉脱维亚、立陶宛、马来西亚、沙特阿拉伯、捷克、中国台湾、塔吉克斯坦、泰国、土库曼斯坦、乌拉圭、乌兹别克斯坦、越南	中国
2006	中国、俄罗斯、阿根廷、洪都拉斯、巴西、埃及、印度、印度尼西亚、以色列、黎巴嫩、土耳其、乌克兰、委内瑞拉	巴哈马群岛、白俄罗斯、玻利维亚、保加利亚、加拿大、智利、哥伦比亚、哥斯达黎加、克罗地亚、多米尼加、厄瓜多尔、欧盟、危地马拉、匈牙利、意大利、牙买加、科威特、拉脱维亚、立陶宛、马来西亚、墨西哥、巴基斯坦、秘鲁、菲律宾、波兰、韩国、罗马尼亚、沙特阿拉伯、中国台湾、塔吉克斯坦、泰国、土库曼斯坦、乌兹别克斯坦、越南	巴拉圭
2007	中国、俄罗斯、阿根廷、智利、埃及、印度、以色列、黎巴嫩、泰国、土耳其、乌克兰、委内瑞拉	白俄罗斯、洪都拉斯、玻利维亚、巴西、加拿大、厄瓜多尔、匈牙利、印度尼西亚、意大利、牙买加、科威特、立陶宛、马来西亚、墨西哥、巴基斯坦、菲律宾、波兰、罗马尼亚、沙特阿拉伯、中国台湾、塔吉克斯坦、土库曼斯坦、乌兹别克斯坦、越南、哥伦比亚、哥斯达黎加、多米尼加、危地马拉、秘鲁、韩国	巴拉圭
2008	中国、俄罗斯、阿根廷、智利、印度、以色列、巴基斯坦、泰国、委内瑞拉	阿尔及利亚、白俄罗斯、玻利维亚、巴西、加拿大、捷克、厄瓜多尔、埃及、希腊、匈牙利、印度尼西亚、意大利、牙买加、科威特、黎巴嫩、马来西亚、墨西哥、挪威、菲律宾、波兰、罗马尼亚、沙特阿拉伯、西班牙、中国台湾、塔吉克斯坦、土耳其、土库曼斯坦、乌克兰、乌兹别克斯坦、越南、哥伦比亚、多米尼加、危地马拉、秘鲁、哥斯达黎加、韩国	巴拉圭

续表

年　度	重点观察名单	观　察　名　单	“306 条款”监督名单
2009	中国、俄罗斯、阿根廷、阿尔及利亚、加拿大、智利、印度、印度尼西亚、以色列、巴基斯坦、泰国、委内瑞拉	白俄罗斯、玻利维亚、巴西、文莱、哥伦比亚、哥斯达黎加、捷克、多米尼加、厄瓜多尔、埃及、芬兰、希腊、危地马拉、匈牙利、意大利、牙买加、科威特、黎巴嫩、马来西亚、墨西哥、挪威、秘鲁、菲律宾、波兰、罗马尼亚、沙特阿拉伯、西班牙、塔吉克斯坦、土耳其、土库曼斯坦、乌克兰、乌兹别克斯坦、越南	巴拉圭
2010	中国、俄罗斯、阿尔及利亚、阿根廷、加拿大、智利、印度、印度尼西亚、巴基斯坦、泰国、委内瑞拉	白俄罗斯、玻利维亚、巴西、文莱、哥伦比亚、哥斯达黎加、多米尼加、厄瓜多尔、埃及、芬兰、希腊、危地马拉、意大利、牙买加、科威特、黎巴嫩、马来西亚、墨西哥、挪威、秘鲁、菲律宾、罗马尼亚、西班牙、塔吉克斯坦、土耳其、土库曼斯坦、乌克兰、乌兹别克斯坦、越南	巴拉圭
2011	中国、俄罗斯、阿尔及利亚、阿根廷、加拿大、智利、印度、印度尼西亚、以色列、巴基斯坦、泰国、委内瑞拉	白俄罗斯、玻利维亚、巴西、文莱、哥伦比亚、哥斯达黎加、多米尼加、厄瓜多尔、埃及、芬兰、希腊、危地马拉、意大利、牙买加、科威特、马来西亚、墨西哥、挪威、秘鲁、菲律宾、罗马尼亚、西班牙、塔吉克斯坦、土耳其、土库曼斯坦、乌克兰、乌兹别克斯坦、越南	巴拉圭
2012	阿尔及利亚、阿根廷、加拿大、中国、智利、印度、印度尼西亚、以色列、巴基斯坦、俄罗斯、泰国、乌克兰、委内瑞拉	白俄罗斯、玻利维亚、巴西、文莱、哥伦比亚、哥斯达黎加、多米尼加、厄瓜多尔、埃及、芬兰、希腊、危地马拉、意大利、牙买加、科威特、黎巴嫩、墨西哥、挪威、秘鲁、菲律宾、罗马尼亚、塔吉克斯坦、土耳其、土库曼斯坦、乌兹别克斯坦、越南	巴拉圭

资料来源：根据美国贸易代表办公室每年公布的“特别 301 报告”整理。

第三节　主要贸易伙伴海关知识产权侵权商品扣押情况

据中国贸易救济信息网统计，中国一直是美、欧、日海关扣押侵犯知识产权商品的最主要来源地。由于海关扣押方式执行起来更为简便、易行，无需履行类似美国 337 调查那样复杂的调查程序，也无需对原产地进行查验，就可以直接将侵权商品按批次阻挡在海关之外，因此，被发达国家（地区）广泛采用。我国进出口企业有必要对主要贸易伙伴——美、欧、日的海关知识产权保护制度、行政执法程序及其变化趋势加以了解，以有效避免和减少因出口货物受到出口目的国（地区）海关的查处而遭受损失。

一、美国海关知识产权侵权商品扣押情况①

美国海关和边境保护署（U. S. Customs and Border Protection，CBP，简称“美国海关”）隶属于美

① 文中数据全部根据美国海关官方统计数据整理。

国国土安全部。除联邦海关法规之外，美国海关还协助执行50多个联邦机构负责的数百项法律和法规，如美国食品和药品管理局（FDA）、消费品安全委员会（CPSC）、联邦贸易委员会（FTC）、国际贸易委员会（ITC）、财政部外国资产控制办公室（OFAC）、商务部（DOC）、国务院和交通部（DOT）负责执行的相关法律法规。

而美国海关对知识产权的保护主要分两部分：① 执行美国国际贸易委员会根据美国《1930年关税法》第337节（即“337条款”）关于不正当竞争的规定而对进口到美国的侵权货物发布的排除令；② 由美国海关根据《美国联邦法规汇编》（CFR）第19卷的有关规定对商标和著作权等实施的备案保护。近年来，美国海关逐步加大了保护知识产权的行政执法和处罚力度。2008财年，美国海关扣押侵犯知识产权类商品的国内价值（被扣押商品成本价+运费以及一定利润）及扣押案件总数均创历史新高。其中，扣押侵权商品的国内价值高达2.73亿美元，同比增长38.6%；扣押案件总数14992起，同比增长9.7%。2009财年，美国海关扣押侵权商品的国内价值和扣押案件总数均下降；2010财年和2011财年，美国海关扣押侵权商品的国内价值和扣押案件数一降一升。

1. 美国海关扣押侵权商品国内价值、厂商建议零售价及案件数两降一升

近年来，美国海关扣押侵权商品的国内价值总额开始呈下降趋势。2003—2008财年，美国海关扣押侵权商品的国内价值总额总体呈增势。其中，2003财年，美国海关扣押侵权商品的国内价值为9401.9万美元，2004年同比增长47.6%，达1.39亿美元；2005年虽减至9323.5万美元，但2006—2008财年却一直呈增长态势，2008财年甚至达到历史最高的2.73亿美元。2009—2012财年，随着美国海关扣押的低价值侵权商品数量的大幅增长以及整船扣押情况的增多，其所扣押侵权商品的国内价值呈下降之势。2009财年，美国海关扣押侵权商品的国内价值同比下降4.4%；2010财年同比降幅达27.8%；2011财年继续呈下降趋势，降幅为5.2%；2012财年，美国海关扣押侵权商品的国内价值同比继续下降，降幅达12.2%（图4－13）。

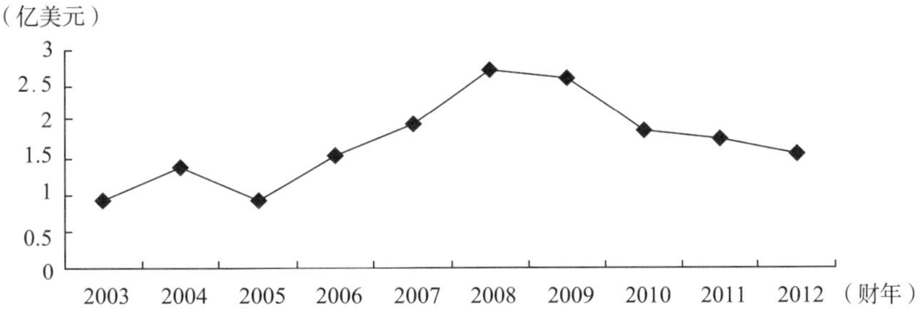

图4－13　2003—2012财年美国海关扣押的侵权商品国内价值年度走势

2003—2012财年，美国海关扣押侵权商品的案件累计达147541起。其中，2003财年为6500起，2004财年增至7255起；2006财年首次破万，达14675起，2007财年略微减少后，2008财年又增至14992起，达历史峰值，2009年略降1个百分点，为14841起；2010财年同比增长34.5%，达19959起；2011财年同比增长24.2%，达24792起；2012财年，同比下降7.8%（图4－14）。而根据美国海关统计，近10年来，美国海关扣押知识产权侵权商品的案件数量由2001财年的3586起增至2010财年的19959起，增幅高达456.6%。2010财年的前2个月，美国海关扣押的侵权商品就已超过2001财年全年扣押案件的总和。

从美国海关扣押的侵权商品的厂商建议零售价（MSRP）来看，2009—2012财年总体呈下降趋势。2009财年，美国海关扣押侵权商品的MSRP为20.7亿美元，2010财年同比下降31.6%，2011财年继续下降；2012财年同比虽有所增长，但仅为12.6亿美元。

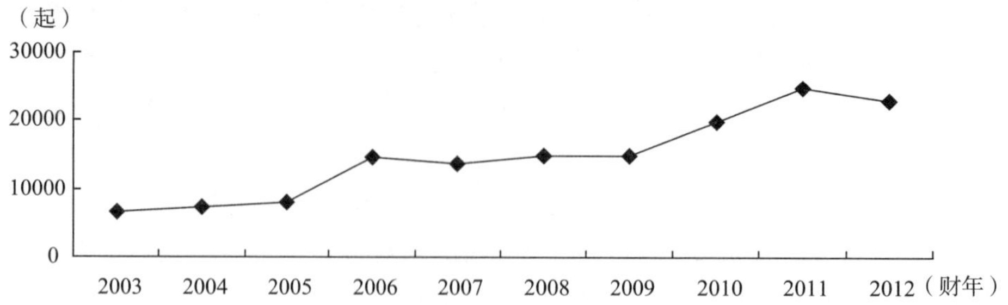

图4-14　2003—2012财年美国海关扣押侵权商品案件数年度走势

2. 以MSRP计，箱包、手表/珠宝及服装/配件位居美国海关扣押侵权商品榜首

以MSRP计，与2011财年相同，2012财年居美国海关扣押侵权商品前三位的分别为箱包、手表/珠宝以及服装/配件。其中，箱包类产品居首，2012财年扣押的此类侵权商品的MSRP为5.11亿美元，占比40.6%，比2011财年增长142.2%；其次为手表/珠宝类产品，1.87亿美元，占比14.8%，同比增长8.1%；服装/配件位居第三，1.33亿美元，占比10.6%，同比下降6.3%（表4-11）。

表4-11　2011、2012财年美国海关扣押侵权商品价值排名前十位商品类别列表

商品类别	厂商建议零售价（MSRP）（亿美元）		同比（±,%）
	2012财年	2011财年	
箱　包	5.11	2.11	142.2
手表/珠宝	1.87	1.73	8.1
服装/配件	1.33	1.42	-6.3
消费电子/零部件	1.04	1.11	-6.0
鞋　类	1.03	0.97	6.6
药品/个人护理用品	0.83	1.42	-41.4
光介质	0.38	0.35	9.7
计算机/配件	0.34	0.23	52.0
标　签	0.26	1.27	-79.3
玩　具	0.14	0.22	-37.9

而以国内价值计，2003—2011财年，在美国海关扣押的侵权商品中，鞋类产品以总价值4.3亿美元居前列，占美国海关扣押进口商品总价值的27.2%，且2006—2010财年鞋类产品已连续5年位居美国海关扣押侵权商品的首位。2006财年，被扣押的鞋类产品的国内价值达6344.6万美元；2007财年增至7778.1万美元；2008财年继续增长并首次破亿，达1.02亿美元；2009—2011财年连续3年下降，但仍分别达9977.9万美元、4575.0万美元和2525.3万美元，继续位居前列。此外，美国海关扣押较多的侵权商品还包括：服装类产品，2.13亿美元，占比13.5%；消费电子，1.72亿美元，占比10.9%。2011财年，美国海关扣押的消费电子产品的国内价值达3899.3万美元，比2010年的3358.8万美元增长16.1%，首次超过鞋类产品位居榜首。同时，香烟、医药类产品、计算机/硬件、多媒体以及手表/零部件等也是美国海关扣押的重点商品。

表 4-12 2003—2011 财年美国海关扣押侵权商品国内价值排名前十位的商品列表

财　年	前十位侵权商品类别（依次排列）
2003	香烟、服装、箱包、多媒体、消费电子、手表/零部件、鞋类产品、玩具/电子游戏、太阳镜/零部件、头饰
2004	服装、香烟、箱包、消费电子、多媒体、玩具/电子游戏、手表/零部件、电池、鞋类产品、计算机/硬件
2005	服装、箱包、香烟、鞋类产品、消费电子、玩具/电子游戏、计算机/硬件、手表/零部件、香水、医药类产品
2006	鞋类产品、服装、箱包、计算机/硬件、消费电子、多媒体、头饰、卫生保健类产品、手表/零部件、医药类产品
2007	鞋类产品、服装、消费电子、箱包、手表/零部件、医药类产品、计算机/硬件、多媒体、太阳镜/零部件、头饰
2008	鞋类产品、箱包、医药类产品、服装、消费电子、太阳镜/零部件、计算机/硬件、香水、香烟、多媒体
2009	鞋类产品、消费电子、箱包、服装、手表/零部件、计算机/硬件、多媒体、医药类产品、珠宝、玩具/电子游戏
2010	鞋类产品、消费电子、服装、箱包、多媒体、计算机/硬件、香烟、手表/零部件、珠宝、医药类产品
2011	消费电子、鞋类产品、医药类产品、多媒体、服装、香水、手表/零部件、香烟、计算机/硬件、玩具/电子游戏

3. 中国始终位居美国海关扣押侵权商品的首位

从美国海关每年扣押知识产权侵权商品的年度情况看，无论是以国内生产总值计，还是以 MSRP 计，中国均排列美国海关扣押侵权商品的首位。以国内价值计，2003—2011 财年，美国海关扣押中国侵权商品的国内价值总计达 11.6 亿美元，占美国同期扣押侵权商品总价值的 73.4%，高居首位。其中，2003 财年，美国海关共扣押中国侵权商品 6246.8 万美元，2004 财年增至 8727.4 万美元；2005 财年略微下降后，2006 财年首次破亿，达 1.26 亿美元；2008 财年，扣押侵权商品价值同比增长 40.2%，达历史峰值 2.22 亿美元；2009 财年有所下降，为 2.05 亿美元；2010 财年和 2011 财年，分别降至 1.25 亿美元和 1.10 亿美元，但仍居首位（图 4-15）。以 MSRP 计，2012 财年，中国继续位居美国扣押侵权商品之首，扣押中国侵权商品的 MSRP 高达 9.06 亿美元，占比 71.9%，同比增长 12.5%。同时，美国海关扣押的来自中国大陆和中国香港的以 MSRP 计的侵权商品总值约 11 亿美元，占比超过 80%，同比增长 10.4%。

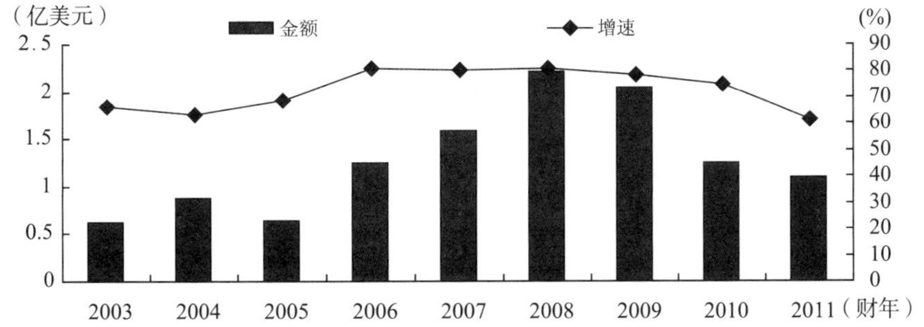

图 4-15 2003—2011 财年美国海关扣押中国侵权商品国内价值及同比增速情况

注：2012 财年的扣押金额是以 MSRP 计的，故无法与往年相比。

此外，从美国海关扣押侵权商品的数量来看，2009 财年以来，中国、中国香港以及土耳其始终位居美国扣押侵权商品的前三位。其中，2012 财年，美国海关扣押的来自中国、中国香港以及土耳其的侵权商品数量分别为 12218 件、8427 件和 678 件（图 4－16）。

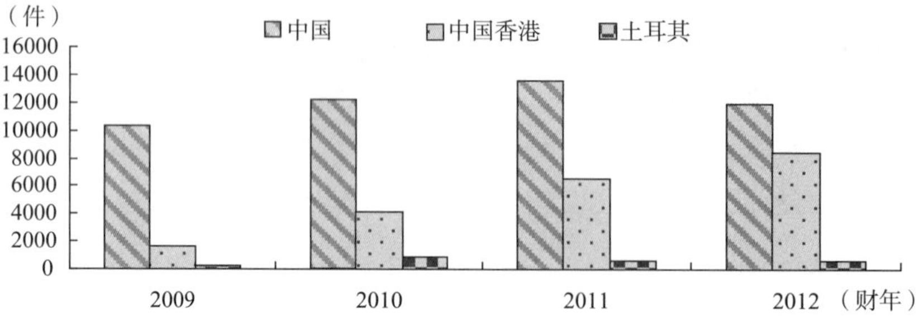

图 4－16　2009—2012 财年美国海关扣押侵权商品数量排名前三位的国家（地区）年度对比

4. 箱包、服装/配件及鞋类产品是美国海关扣押中国大陆的重点侵权商品

以 MSRP 计，2012 财年，位居美国海关扣押侵权商品前三位的中国产品分别是：箱包，扣押的 MSRP 达 4.47 亿美元，占美国海关扣押中国侵权商品 MSRP 总值的 49.3%，居首位；其次是服装/配件，9715.6 万美元，占比 10.7%；鞋类产品居第三位，9399.7 万美元，占比 10.4%。

纵观近年来美国海关扣押的中国侵权商品类别，鞋类产品一直是扣押侵权商品的重点。虽然 2004 财年鞋类产品未被列入美国海关扣押中国侵权商品的前十位，但 2006—2010 财年，鞋类产品已连续 5 年位居美方扣押中国侵权商品的首位，且各年扣押侵权鞋类产品的国内价值分别高达 6100.9 万美元（占当年美方扣押中国侵权商品总价值的 49%，下同）、7639.7 万美元（占比 48%）、9826.1 万美元（占比 44%）、9796.7 万美元（占比 47.9%）和 4279.1 万美元（占比 34%）；2011 财年，美方扣押的鞋类产品的国内价值同比下降 48.4%，为 2207.5 万美元。2003、2005—2010 财年，美方扣押中国侵权鞋类产品的国内价值总额高达 3.86 亿美元，远高于连续 8 年（2003—2010 财年）位居美方扣押中国侵权商品前十位的箱包（总计 1.19 亿美元）和服装（总计 1.20 亿美元）类商品（表 4－13）。

表 4－13　2003—2012 财年美国海关扣押中国侵权商品排名前五位商品类别列表

财　年	前五位侵权商品类别（依次排列）
2003	香烟、箱包、服装、多媒体、鞋类产品
2004	香烟、服装、箱包、消费电子、玩具/电子游戏
2005	箱包、香烟、鞋类产品、服装、消费电子
2006	鞋类产品、服装、箱包、计算机/硬件、消费电子
2007	鞋类产品、服装、箱包、手表/零部件、医药产品
2008	鞋类产品、箱包、服装、消费电子、医药产品
2009	鞋类产品、箱包、消费电子、服装、计算机/硬件
2010	鞋类产品、消费电子、箱包、多媒体、计算机/硬件
2011	消费电子、鞋类产品、服装、香水、医药产品
2012	箱包、服装、鞋类产品、手表/珠宝、消费电子

5. 国际邮件成为美国海关扣押侵权商品的主要运送方式

近年来，随着网络的发展，通过国际邮件以及快递运送的假冒以及盗版商品的小包裹数量迅猛增长。2007—2012 财年，在美国海关扣押的侵权商品中，通过上述两种方式运送的侵权商品数量一直位居前列（图 4－17）。2012 财年，美国海关再次加大了对这些小包裹的监控力度，建立了 697 个监控站，且其查获的、通过国际邮件以及快递方式运送的侵权商品数量分别达 9852 件和 8490 件，合计占比达 80.3%。

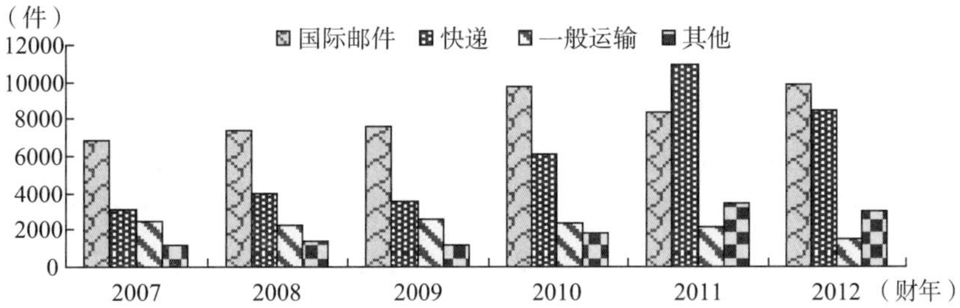

图 4－17 2007—2012 财年美国海关扣押侵权商品主要运送方式年度对比情况

然而，由于通过车、船、飞机等一般运输方式运送的货物均较庞大，因此以 MSRP 计，这部分商品价值高达 6.96 亿美元，远高于通过国际邮件（8020 万美元）、快递（1.41 亿美元）以及其他方式（3.45 亿美元）运送的侵权商品的价值。

二、欧盟海关知识产权侵权商品扣押情况[①]

欧盟海关（European Commission Taxation and Customs Union）在欧盟对外贸易的知识产权保护中起着关键的作用。目前，欧盟成员国统一实施的与对外贸易有关的知识产权保护法规主要是 2003 年 7 月 22 日颁布的《关于海关查处侵犯知识产权货物措施的条例》，其对原有的关于海关知识产权保护边境保护措施的 3295/94 号条例进行了修订，扩大海关在知识产权执法方面的权力和力度。根据该条例，欧盟海关保护的知识产权范围广泛，包括商标专用权、著作权、专利权、证书权、植物品种权、原产地标志和地理标志等。同时，欧盟海关知识产权保护主要以进口环节保护为主，兼顾出口环节的保护。2009 年，欧盟海关接受扣押侵犯知识产权商品的申请同比增长 15.0%；而欧盟海关 2011 年 7 月 14 日公布的最新数据显示，2010 年，欧盟海关接受扣押侵权商品的申请同比继续增长，涨幅达 23.9%。

1．欧盟海关扣押侵权商品及执行案件 2012 年均下降，接受申请继续增长

2000—2012 年，欧盟海关受理的扣押侵权商品的申请数量增长了近 23 倍，总计达 121351 件。其中，2000 年不足 1000 件，2001 年破千，达 1287 件；2004 年达 2888 件；2005 年同比增长 91.3%，达 5525 件；2007 年破万，达 10260 件；2008 年再度猛增，达 12866 件；2009 年同比增长 15.0%，达 14797 件；2010 年同比增长 23.9%，达 18330 件；2011 年，同比增长 12.2%，达 20566 件；2012 年继续增长，同比增幅为 12.5%（图 4－18）。

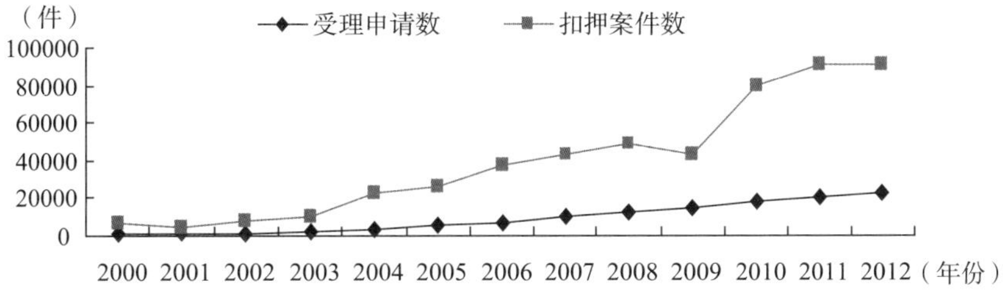

图 4－18 2000—2012 年欧盟海关受理侵权商品扣押申请和扣押案件年度走势

---

① 文中数据全部根据欧盟海关官方统计数据整理。

从图 4－18 可以看出，欧盟海关扣押侵权商品的案件数总体呈增长态势，但 2012 年略有下降。虽然 2001 年比 2000 年有所下降，但 2002 年实现同比增长，且其后的数年也持续增长，2008 年更是创下历史新高，达 49381 件，同比增长 13.1%。2009 年，受全球经济低迷的影响，扣押案件数同比下降 11.8%，为 43572 件，但这暂时的下降并不影响扣押侵权案件数总体的增长态势；2010 年，扣押案件数达 79112 件，同比大幅增长 81.6%；2011 年同比增长 15.3%，达 91254 件；2012 年同比略降 0.9%，达 90473 件。

就欧盟海关扣押侵权商品的数量而言，近年来呈现下降趋势，且分别于 2002、2005、2007、2009、2010 和 2012 年出现不同程度的同比下降。到 2008 年，欧盟海关扣押的侵权商品多达 1.78 亿件，同比猛增 126%；2009 年同比下降 34.1%，但仍保持在 1.18 亿件的高位；2010 年略降 12.4%，为 1.03 亿件；2011 年同比增长 11.1%，达 1.15 亿件；2012 年同比猛降 65.2%，至 3991.7 万件（图 4－19）。根据欧盟海关的分析报告，2008 年，欧盟扣押侵权商品之所以出现惊人的增速，主要源于 CD、DVD、盒式磁带以及香烟类侵权商品扣押量的迅速增长；而 2009 年也正是因为欧盟海关对侵权 CD、DVD 扣押量的急剧减少导致扣押商品总量同比呈下降态势；2012 年，扣押侵权商品同比大幅下降主要是由于很少有包含大宗商品的大规模的出口。

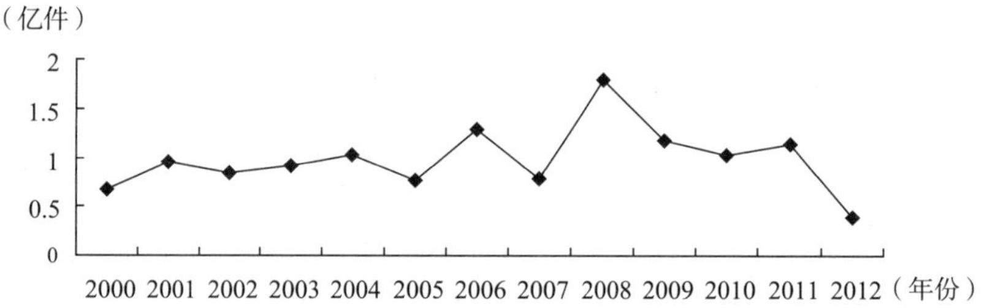

图 4－19　2000—2012 年欧盟海关扣押侵权商品数量年度走势

2．鞋类产品及香烟分列欧盟海关执行案件及扣押商品的首位

欧盟海关将其扣押的侵权商品主要分为：食品及饮料；化妆品及个人护理用品；服装（包括鞋类产品）；电子装置；电脑设备；CD、DVD 及盒装磁带；珠宝及手表；玩具及游戏；香烟；药品；以及其他产品。但需要说明的是，2000—2004 年，药品类产品被归入其他产品，而未被单独列出；2000 和 2001 年香烟类产品也被归入其他产品，未被单独列出。2009 年，欧盟海关对扣押商品作了重新分类，将鞋类产品单列，将电子和电脑设备归为一类，将珠宝及手表以及眼镜、钱包等包类产品归入个人配件类等等，故下文将对 2009—2011 年欧盟海关扣押商品类别作单独分析。

2000—2008 年，在欧盟海关参与执行的侵权商品案件中，服装（包括鞋类产品）的案件总数达 125459 件，居首位，占欧盟海关执行案件总数（208972）的 60.0%；涉及珠宝及手表类产品的案件以总数 21645 件位居第二，占比 10.4%；涉及 CD、DVD 及盒装磁带类产品的案件居第三位，共 17033 件，占比 8.2%。2009、2010 年，涉及服装及其配件类产品的案件数均居首位，分别达 13174 件和 22056 件，分别占同期欧盟海关执行案件总数的 30.2% 和 27.9%。2011 年，涉及鞋类产品的案件数居首位，达 30786 件，占比 33.7%，同比增长 66.0%。2012 年，位居欧盟海关扣押前三位的侵权商品依次是鞋类产品（主要是非运动鞋，占当年扣押案件总量的 20.0%）、服装（16.6%）以及手表和钱包（10.7%）。

2000—2008 年，虽然 2000 和 2001 年香烟未被单独列出，但综合欧盟海关的统计数据显示，香烟仍位居欧盟海关扣押侵权商品的首位，扣押的商品数合计达 2.82 亿件（其实为 2002—2008 年的总数）。另外，居前五位的还包括：CD、DVD 及盒装磁带（2.19 亿件），服装（包括鞋类产品）（9122.2 万件），玩具及游戏（5386.1 万件），食品及饮料（2398.5 万件）。2009 年，从欧盟海关扣押的侵权商品数量分析，香烟类产品居首，达 40985038 件，占欧盟海关当年扣押商品总数的 34.7%；2010 年，欧盟海关扣押的香烟类产品达 42820662 件，占比 41.4%，同比增长 4.5%；2011 年，药品位居欧盟海关扣押侵权商品之首，达 27460538 件，占比 23.9%，同比增长近 8 倍；2012 年，在欧盟海关扣押的所有侵权商品中，香烟被扣押最多，达 1231.9 万批次，占比达 30.9%。

表 4-14 2000—2012 年欧盟海关扣押侵权商品排名前三位的产品类别年度分布

年 份	产品类别	扣押商品数（件）	年 份	产品类别	扣押商品数（件）
2000	CD、DVD 及盒装磁带	8842075	2007	服装（包括鞋类产品）	17783130
	玩具及游戏	6819113		香烟	27161056
	服装（包括鞋类产品）	4622181		化妆品及个人护理用品	6103171
2001	CD、DVD 及盒装磁带	39737512	2008	CD、DVD 及盒装磁带	79170506
	服装（包括鞋类产品）	4782672		香烟	41907847
	食品及饮料	4106663		服装（包括鞋类产品）	17742298
2002	香烟	31360411	2009	香烟	40985038
	CD、DVD 及盒装磁带	11975237		医疗产品	11464381
	服装（包括鞋类产品）	9243074		服装及其配件	7955344
2003	香烟	33244507	2010	香烟	42820662
	CD、DVD 及盒装磁带	32616560		办公用文具	8705155
	玩具及游戏	12333868		服装及其配件	7778535
2004	香烟	41588030	2011	药品	27460538
	CD、DVD 及盒装磁带	18523644		包装材料	24343992
	玩具及游戏	18106924		香烟	20234352
2005	香烟	32641243	2012	香烟	12415513
	服装（包括鞋类产品）	10982915		其他（如瓶子、灯泡、胶水、电池以及洗涤剂等）	4695090
	CD、DVD 及盒装磁带	9703059		包装材料	3929727
2006	香烟	73920446			
	CD、DVD 及盒装磁带	15080161			
	服装（包括鞋类产品）	14361867			

3. 商标侵权是欧盟海关扣押侵权商品的主要原因

从 2006 年开始，欧盟海关的年度扣押报告开始对某类侵权商品的具体侵权类型进行统计。当年，因侵犯商标权而被扣押的商品占全年扣押商品总数的 91.0%，列第一位；2007 年这一比例升至 91.7%；2008 年虽有所下降，但因侵犯商标权而被扣押的商品占比仍为最高，达 54.9%；2009 年，欧盟海关扣押商品的 90.1% 是因为商标侵权，而因侵犯专利权、著作权、设计和模型权、植物品种权以及其他知识产权的合计仅占 9.5%；2010 年，因商标侵权被扣押商品占比仍为最高，达 87.71%；2011 年，商标侵权的比例高达 97%；2012 年，无论是从被扣侵权商品本身，还是从被扣侵权商品价值来看，商标侵权都是欧盟海关扣押侵权商品的最主要原因，占比分别高达 94.3% 和 97.1%。

当然，侵权类型与扣押商品的类别密不可分，如 2008 年，欧盟海关扣押侵权 CD、DVD 及盒装磁带类产品同比增长 136%，致当年被扣押商品因专利侵权的占比高达 42.5%，远高于 2007 年的 4.96%。一般而言，商标侵权存在于欧盟海关扣押的所有类别的产品中，专利侵权的主要产品类别为电子装置，而 CD/DVD 则是侵犯著作权最主要的产品类别，香烟类产品更多的是因为侵犯设计及模型权而被扣押。

表 4 – 15　2006—2012 年欧盟海关扣押侵权商品侵权类型占比情况

单位:%

侵权类型＼年份	2006	2007	2008	2009	2010	2011	2012
商标权	91	91.7	54.9	90.05	87.71	97	94.32
专利权	1	4.96	42.5	4.99	0.44	0.73	2.04
著作权	7	1.89	1.25	3.57	1.49	1.12	1.17
设计和模型权	1	1.21	1.24	1.32	8.88	1.14	2.47
植物品种权	—	0.03	0.08	0.05	0.03	—	0.01
原产地标识	—	0.03	—	—	—	—	—
地理标识	—	0.03	—	—	1.45	—	—
其他	—	0.14	0.01	0.02	—	—	—

4. 中国仍是欧盟海关扣押侵权商品的主要来源国，手表位居中国被扣商品之首

从欧盟海关公布的侵权商品扣押数据来看，2003 年之后，来自中国的进口商品（这些商品是从中国运往欧盟但不一定是在中国制造，即不一定是“原产于”中国）一直位居欧盟海关扣押侵权商品的首位，且占比始终维持在 50% 以上（图 4 – 20）。2011 年，中国仍是欧盟海关扣押侵权商品的最主要来源地，占比达 72.95%，远高于位居 2 – 4 位的中国香港（7.67%）、希腊（4.79%）和印度（3.29%）。2012 年，欧盟海关扣押的侵权商品中有 64.5% 来自中国，所扣押的侵权商品总价值约达 5.67 亿欧元，占比达 77.1%，中国仍是欧盟海关扣押侵权商品的最主要来源地。

2000—2002 年，泰国被扣侵权商品连续 3 年位居欧盟海关扣押侵权商品的首位，中国虽未居第一，但占比仍排在前列。2000 年，中国占比 8%，位居第四；2001 年，中国占比 18%，位居第二；2002 年，中国占比 15%，位居第二。

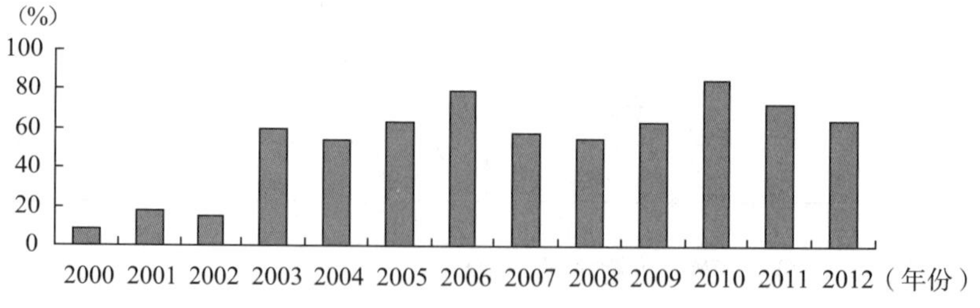

图 4 – 20　2000—2011 年欧盟海关扣押中国侵权商品年度占比情况

从欧盟海关每年扣押侵权商品具体类别的原产国分析，中国位居欧盟扣押侵权商品首位的商品类别日益增多。2000 年，在欧盟海关扣押的侵权商品中，中国仅是假冒玩具及游戏产品的主要来源国；2002 年，中国成为假冒玩具及游戏产品、香烟、电子装置以及其他类产品的主要来源国；2004 年，除玩具及游戏产品、香烟以及电子装置外，中国又成为假冒服装类产品的主要来源国；2005 年，在 2004 年的基础上，中国又成了食品及饮料，化妆品及个人护理用品，CD、DVD 及盒装磁带，以及珠宝和手表类假冒商品的来源地；2008 年，中国更是成为假冒化妆品及个人护理用品，服装（包括鞋类产品），

CD、DVD 及盒装磁带，珠宝和手表，玩具及游戏产品，香烟，电子装置，电脑设备以及其他类商品的主要来源地。

2009 年，在欧盟海关扣押的十二大类商品中，中国有 9 类产品位居扣押榜首；2010 年，在欧盟海关扣押的侵权商品中，除食品（土耳其居首，占比 94.9%）、其他饮料（泰国居首，占比 98.1%）、存储卡（中国香港居首，占比 65.4%）以及药品（印度居首，占比 93.2%）外，其他类别均为中国假冒产品居首；2011 年，除食品、酒精饮料、其他饮料、手机、手机零部件及其他配件、计算机、已刻录的 CD/DVD 以及磁带等，欧盟海关扣押中国侵权商品位居其余所有细分类别的首位，尤其是箱包类产品、未刻录的 CD/DVD 以及磁带、运动休闲类产品、器械和工具、办公用文具、打火机以及纺织品等被扣押侵权商品的占比均高达 90% 以上，甚至接近 100%；2012 年，除食品（摩洛哥居首）、酒精饮品（希腊居首）、包装材料（保加利亚居首）以及其他香烟产品和音乐、软件、电影和游戏 CD/DVD（中国香港居首）外，中国被扣押侵权商品位居其余所有细分类别的首位（表 4－16）。

表 4－16 2009—2012 年欧盟海关扣押中国各类侵权商品的占比情况

类别		年份/占比（%）			
		2009	2010	2011	2012
食品及饮料	食品	5.07	—	—	—
	酒精饮品		73.40	—	—
	其他饮品		1.95	—	—
个人护理用品	香水和化妆品	46.81	79.54	43.98	60.62
	其他个人护理用品（肥皂、牙刷等）		89.44	65.06	58.89
服装及其配件	服装（成衣）	72.48	76.20	81.18	76.85
	服装配件（腰带、手套、披肩、领带等）		65.45	86.22	82.20
鞋类产品	运动鞋	90.18	94.81	83.16	74.78
	其他鞋类产品		82.62	81.65	93.43
个人配饰	太阳镜及其他眼镜	74.38	96.48	82.65	87.75
	各类包		87.00	91.97	78.91
	手表		49.43	54.49	76.50
	珠宝及其他配饰		73.23	89.00	83.43
手机及其零部件	手机	79.06	47.95	18.54	48.84
	手机零部件		62.14	41.75	77.01
电子及电脑设备	音/视频仪器	81.01	66.17	76.73	80.59
	存储卡		32.52	50.07	65.54
	墨盒等		71.41	88.54	93.06
	电脑设备（硬件）及其零部件		90.26	12.73	77.60
	其他电子设备零部件等		97.47	82.67	95.11
CD/DVD 等	已刻录的 CD/DVD（包括音乐、软件、电影以及游戏软件等）	34.58	98.36	5.47	23.63
	未刻录 CD/DVD		99.66	99.96	94.20

续表

类别		年份/占比（%）			
		2009	2010	2011	2012
玩具及游戏产品	玩具	31.77	98.76	87.91	94.31
	游戏		88.10	85.61	59.94
	运动型休闲产品		64.18	96.83	72.50
香烟	香烟	68.30	88.69	76.36	42.82
	其他香烟产品（包括电子香烟等）		100	72.08	38.66
药品	药品及其他产品	1.14	4.70	68.20	48.84
其他	机械和工具	92.34	97.89	93.92	99.57
	车辆及其零部件		44.94	60.72	65.38
	包公文具		99.92	99.51	99.46
	打火机		99.89	95.54	64.87
	标签、贴纸等		74.26	65.78	67.75
	纺织品（毛巾、亚麻布、毛毯、床垫等）		88.52	93.78	91.01
	包装材料		94.03	67.55	35.02
	其他产品		74.47	72.72	88.02

5. 航空、邮政和快递成为运送侵权商品的主要方式

2012年，从欧盟海关扣押侵权商品的案件数来看，航空、邮政和快递仍是所扣押的侵权商品最主要的运送方式。2007—2012年，航空和邮政一直位居侵权商品运送方式的前两位；2007—2010年，铁路运输一直位居第三位，2011年、2012年快递运输才超过铁路运输。

此外，从欧盟海关扣押的侵权商品数量来看，2012年通过海洋运输的侵权商品最多，其次依次为航空、快递、邮政、铁路；而从侵权商品的价值来看，2012年通过海洋运输的侵权商品的价值最大（5.01亿欧元），其次依次为航空、铁路、邮政、快递。

三、日本海关知识产权侵权类商品扣押情况①

2002年7月，日本政府通过《日本知识产权战略大纲》，明确提出“知识产权立国”的目标。通过十几年的实践，日本在知识产权创造、保护、应用、管理等方面建立了一套科学、合理的机制，实现了从“贸易立国”到“技术立国”，再到“知识产权立国”的战略升级，推动了日本经济的发展。在签订《与贸易有关的知识产权协定》（简称TRIPS）后，日本对《海关税法》进行了修订，使《海关税法》的有关条款与TRIPS一致。修改后的条款于1995年1月1日起生效。修改的重点包括：建立“进口暂扣申请制度”、明确裁决程序、建立担保金制度等。其中，共规定了6种受到海关保护的知识产权：专利权、实用新型权、设计权、商标权、著作权及与著作权有关的权利、集成电路布线权。凡是侵犯上述知识产权的货物均禁止进口。

在日本海关对于知识产权的保护措施中，各海关的通关检察员和执法检查官负责检查日常进口货物、个人携带进境物品及国际邮包是否有侵犯知识产权的行为。海关根据权利人提出的申请或提供的

① 文中数据全部根据日本财务省统计数据整理。

情报进行监管，将公开权利人的名字、权利内容及接受申请后暂扣的期限。通过公布这些内容，进口商可以了解到期进口货物侵犯了知识产权，以防止类似行为再次发生。日本海关对暂扣货物按权利类型、货物种类及发运国分类，每3个月公布1次。日本《海关税法》第21条第2款对侵权货物的处理作出了规定，授权地区海关关长有权没收、销毁侵权货物，或责令进口商将有关货物退运出境。

1. 日本海关扣押知识产权侵权商品连续6年超过2万件

日本财务省发布的《日本海关扣押知识产权侵权商品报告》显示，2002—2012年，日本海关共扣押知识产权侵权类商品200680件。其中，2002年扣押侵权商品6978件，之后直线上升，并于2005年首次突破1万件，达到13467件；进而在2007年突破2万件，增至22661件。2008年，日本海关扣押的知识产权侵权类商品已增至26415件，2009年有所下滑，但从2010年起继续呈增长态势。数据显示，2012年，日本海关扣押知识产权侵权类商品已达26607件，连续6年超过2万件，并且创下近10年最高纪录，比2011年增加3327件，增幅达14.3%，平均每天扣押侵权商品70件以上（图4－21）。

从产品类别来看，2012年，日本海关扣押的侵害商标权的医药品、手机及其附属品、玩具以及电脑等产品的数量增长显著；从运送方式看，日本海关扣押的以国际邮件运送侵权商品的数量在扣押总量中占比高达93.4%，与2011年的94.0%相比有所下滑；从扣押侵权商品的来源地来看，2012年日本海关扣押中国的知识产权侵权类商品多达25007件，在扣押侵权商品总量中占比再次超过九成，从2011年的91.2%升至94.0%。

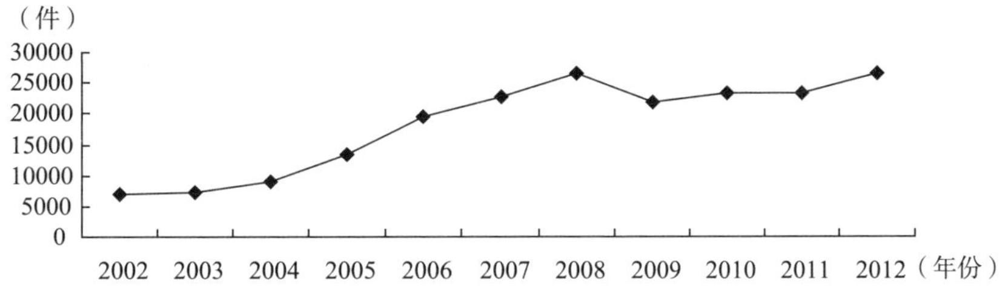

图4－21　2002—2012年日本海关扣押知识产权侵权类商品年度走势

2. 中国一直位列日本海关扣押侵权商品的首位

2005—2012年，在日本海关扣押的知识产权侵权类商品中，中国以139494件排在首位，占同期日本扣押侵权商品总量（177147件）的78.7%。其中，2005年，日方扣押中国侵权商品仅为6278件，2007年首次突破1万件，达到16116件，在2009年扣押数量首次出现下滑后，2010年又继续增长，并于2012年增至25007件。

除中国外，2005—2012年，日本海关扣押韩国侵权商品共计25354件，位列第二，占同期扣押总量的14.3%；扣押中国香港侵权商品4627件，位列第三，占比2.6%；菲律宾共计3295件，占比1.9%，位居第四；泰国2492件，占比1.4%，排名第五。

从各年占比情况来看，2005年，日本扣押中国侵权商品数量所占比例为46.6%，位列首位；韩国占比44.9%，仅次于中国，位列第二；仅中韩两国占比合计就达到91.5%。然而，在2005年之后，日本扣押中国和韩国侵权商品的占比情况发生显著变化。一方面，日本扣押的中国侵权商品数量占比直线上升，并于2010年首次超过90%，达到90.4%。2012年占比进而升至94.0%。另一方面，日本海关扣押韩国侵权商品的占比则直线下滑，从2005年的44.9%降至2009年的6.8%，首次低于10%，2012年更是进一步降至1.0%（图4－22、表4－17）。

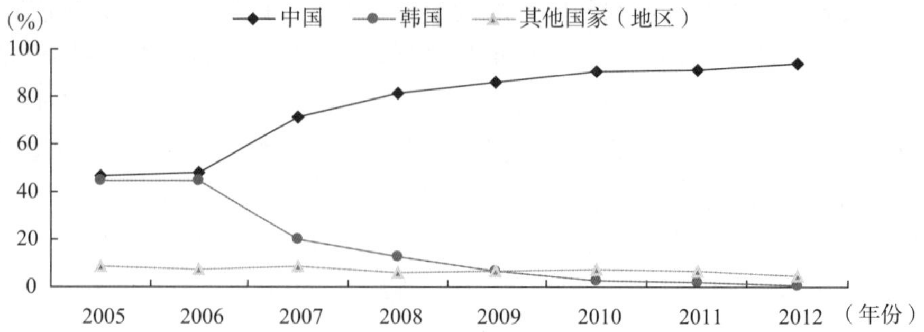

图 4-22　2005—2012 年日本海关扣押中国、韩国及其他国家（地区）侵权商品占比年度变化情况

表 4-17　2005—2012 年日本海关扣押各国（地区）侵权商品年度情况

单位：件

国别（地区）	年份								2012 同比（±,%）	2012 年构成比（%）
	2005	2006	2007	2008	2009	2010	2011	2012		
中　国	6278	9440	16116	21529	18893	20996	21235	25007	+17.8	94.0
中国香港	369	424	735	660	458	558	703	720	+2.4	2.7
菲律宾	365	445	472	308	403	488	488	326	-33.2	1.2
韩　国	6045	8720	4527	3287	1480	574	447	274	-38.7	1.0
泰　国	272	343	572	356	392	313	159	85	-46.5	0.3
美　国	38	52	37	62	75	55	45	68	+51.1	0.3
新加坡	—	—	9	9	7	12	44	21	-52.3	0.1
中国台湾	21	20	28	31	35	68	40	15	-47.5	0.1
马来西亚	—	—	—	27	20	15	8	15	+87.5	0.1
印度尼西亚	—	—	—	16	16	19	6	11	+83.3	0.0
除上述以外的其他国家（地区）	—	—	—	130	114	135	105	59	-43.8	0.2
合　计	13467	19591	22661	26415	21893	23233	23280	26607	+14.3	100.0

注：表中所列国别（地区）是日方扣押侵权商品的出口国（地区），而非原产国（地区）。

统计数据显示，2012 年，日本海关扣押中国知识产权侵权类商品共计 25007 件，相比 2011 年增加了 3772 件，增幅达 17.8%；占比连续 3 年超过 90%，再次刷新自 1996 年有该统计数据以来的新高。

2012 年，除中国外，日本海关扣押中国香港的知识产权侵权类商品共计 720 件，排在第二位，同比增长 2.4%，在所有国家（地区）中占比为 2.7%；菲律宾位列第三，共 326 件，占比为 1.2%，同比下降 33.2%。此外，日本海关扣押韩国侵权商品的数量继续呈下滑之势，2012 年日本海关扣押韩国侵权商品仅 274 件，同比下降 33.2%，占比仅为 1.0%，排名下滑至第四位；泰国位居第五，被扣押侵权商品 85 件，同比下降 46.5%，占比 0.3%。

2007—2012 年，日本海关扣押侵权商品总价值约 1157 亿日元。其中，2007 年为近 5 年的最高值，约 385 亿日元，之后呈下滑之势，到 2011 年再次转为正增长，增幅为 38.1%；2012 年增幅为 34.5%。其中，日本海关扣押中国侵权商品价值高居首位，共计约 797 亿日元，占日本海关扣押侵权商品总价值的 68.9%；韩国位列第二，被扣押侵权商品价值约 189 亿日元，占比 16.3%；中国香港位列第三，约 87 亿日元，占比 7.5%；菲律宾排名第四，约 35 亿日元，占比 3.0%。

2012 年，日本海关扣押中国侵权商品价值约 170 亿日元，占比 86.8%，比 2011 年增加了 64 亿日元，增幅达 60.4%；中国香港位居第二，侵权商品总价值约 14 亿日元，占比 7.3%；韩国位列第三，约 5 亿日元，占比 2.7%；菲律宾排名第四，侵权商品价值约 2 亿日元，占比 1.1%；泰国位列第五，约 1 亿日元，占比 0.7%（表 4－18）。

表 4－18　2007—2012 年日本海关扣押侵权商品重点国家（地区）商品价值列表

单位：亿日元

国别（地区）\ 年份	2007	2008	2009	2010	2011	2012
中　国	247	111	82	81	106	170
韩　国	79	58	21	9	8	5
中国香港	25	22	5	8	22	14
菲律宾	11	5	7	4	6	2
其他国家（地区）	385	206	121	105	145	195

3. 包袋类产品一直位列日本海关扣押侵权商品各类别之首

2005—2012 年，在日本海关扣押的侵权商品中，包袋类产品一直居首位，共计 121490 件，占比 68.6%；服装类产品共计 21609 件，占比 12.2%，位列第二；钥匙包共计 17857 件，占比 10.1%，位列第三；钟表类产品共 12978 件，占比 7.3%，排名第四；鞋类产品共 11993 件，占比 6.8%，位列第五。

2005—2012 年，在日本海关所扣押的包袋类侵权商品中，2008 年达到近 8 年的最高值 19793 件，2009 年减至 15288 件，2010 年又增至 15681 件。2012 年，日本海关扣押的包袋类产品共计 13843 件，位居首位，占日本海关扣押侵权商品总量的 45.1%；比 2011 年减少了 598 件，同比下降 4.1%。除包袋类产品外，2012 年日本海关扣押侵权商品较多的类别还有：服装类产品，共 4890 件，占比 15.9%；鞋类产品，3027 件，占比 9.9%；手机及其附属品，1218 件，占比 4.0%；钟表类产品，1200 件，占比 3.9%；钥匙包，1170 件，占比 3.8%。

2012 年，日本海关扣押侵权电气制品从 2011 年的 288 件猛增至 922 件，增幅达 220.1%，在所有类别产品中增幅最大；扣押侵权手机及其附属品从 2011 年的 563 件增至 1218 件，增长了 116.3%。此外，2012 年，日本海关扣押侵权 CD 以及磁带类产品、服装、帽子等类别商品的同比增幅也都达到 50% 以上（表 4－19）。

表 4－19　2005—2012 年日本海关扣押侵权商品类别年度情况

单位：件

产品类别	2005 年	2006 年	2007 年	2008 年	2009 年
包袋类产品	10158	15327	16959	19793	15288
服装类产品	1615	2160	2656	2178	2409
鞋类产品	475	928	1151	1071	1120
钥匙包	2036	3268	2476	2853	2309
钟表类产品	1108	1462	1699	2477	1858
皮　带	503	704	883	1097	1294
杂货类产品	381	393	379	337	334

续表

产品类别	2005年	2006年	2007年	2008年	2009年
手机及其附属品	472	513	289	471	454
眼镜及其附属品	—	—	148	224	352
医药品	—	—	102	501	669
电脑及相关产品	—	—	25	74	96
电气制品	—	—	4	1	61
CD和磁带类产品	—	—	58	85	255
文具类产品	351	400	320	381	262
帽子类产品	—	—	157	138	180
除以上产品外的其他产品	—	—	1138	984	785
（其中包括烟草及吸烟工具）	(442)	(507)	(285)	(307)	(171)
合　计	13467	19591	22661	26415	21893

产品类别	2010年	2011年	2012年	同比（±,%）	2012年构成比（%）
包袋类产品	15681	14441	13843	-4.1	45.1
服装类产品	2576	3125	4890	+56.5	15.9
鞋类产品	1818	2403	3027	+26.0	9.9
钥匙包	2125	1620	1170	-27.8	3.8
钟表类产品	1724	1450	1200	-17.2	3.9
皮　带	1204	1153	955	-17.2	3.1
杂货类产品	459	625	523	+2.0	1.7
手机及其附属品	482	563	1218	+116.3	4.0
眼镜及其附属品	450	488	634	+29.9	2.1
医药品	520	456	465	-16.3	1.5
电脑及相关产品	205	339	196	-42.2	0.6
电气制品	438	288	922	+220.1	3.0
CD和磁带类产品	84	276	425	+54.0	1.4
文具类产品	214	176	76	-56.8	0.2
帽子类产品	201	158	220	+39.2	0.7
除以上产品外的其他产品	821	757	929	+22.7	3.0
（其中包括烟草及吸烟工具）	(98)	(86)	(45)	(-47.7)	(0.1)
合　计	23233	23280	26607	+14.3	100.0

注：由于上述产品分类可能会有交叉，因此各类别侵权商品相加的件数总和与“合计”数量可能不相符。

从日本海关扣押侵权商品各类别商品价值来看，2012年，包袋类产品侵权商品价值约为69亿日元，仍居首位，比2011年增加了12亿日元，占日本海关扣押侵权商品总价值的35.4%；其次是服装类产品，约34亿日元，占比17.5%；钟表类产品，约28亿日元，占比14.3%；医药品约8亿日元，占比4.0%；汽车及其附属品，价值约8亿日元，占比3.9%。

4. 商标侵权成为日本海关扣押侵权商品的最主要原因

2005—2012 年，日本海关以侵犯商标权为由扣押的侵权商品共计 174734 件，数量居首位，占同期扣押侵权商品总量的 98.6%；以侵犯著作权为由扣押进口商品 2314 件，占比 1.3%，位列第二；以侵犯设计权扣押进口商品 541 件，占比 0.3%，位居第三；以侵犯专利权扣押的商品 169 件，占比 0.1%。

统计数据显示，2012 年，日本海关以侵犯商标权为由扣押的侵权商品共有 26304 件，占当年扣押侵权商品总量的 98.5%，比 2011 年增加 3461 件，增幅为 15.2%；其次是侵犯著作权的商品，共 322 件，同比减少 162 件，下降 33.5%，占侵权商品总量的 1.2%；以侵犯设计权扣押侵权商品 79 件，数量位居第三，同比减少 9 件，下降 10.2%，占侵权商品总量的 0.3%（表 4－20）。

表 4－20 2005—2012 年日本海关扣押侵权商品原因年度分布情况

单位：件

扣押原因		2005 年	2006 年	2007 年	2008 年	2009 年
专利权		66	26	15	27	15
实用新型权		2	1	0	0	0
设计权		42	54	54	80	88
商标权		13228	19363	22447	26140	21415
著作权		174	198	214	226	423
与著作权有关的权利		1	1	0	1	0
教育权		0	0	0	0	0
产品违反《防止不正当竞争法》	与公众周知产品相混淆	—	0	0	4	19
	冒用著名商标	—	0	0	0	0
	形态模仿品	—	0	0	0	0
	规避技术措施	—	0	0	0	0
合计		13467	19591	22661	26415	21893

扣押原因		2010 年	2011 年	2012 年	同比（±,%）	2012 年构成比（%）
专利权		9	8	3	-62.5	0.0
实用新型权		0	0	0	—	—
设计权		56	88	79	-10.2	0.3
商标权		22994	22843	26304	+15.2	98.5
著作权		273	484	322	-33.5	1.2
与著作权有关的权利		0	1	0	全减	0.0
教育权		0	1	0	全减	0.0
产品违反《防止不正当竞争法》	与公众周知产品相混淆	1	3	2	-33.3	0.0
	冒用著名商标	0	0	0	—	—
	形态模仿品	0	0	0	—	—
	规避技术措施	0	0	0	—	—
合计		23233	23280	26607	+14.3	100.0

5．国际邮件成为运送侵权商品的主要方式

2005—2012 年，在日本海关扣押的侵权商品中，通过国际邮件查获的共计 169797 件，占同期扣押商品总量的 95.9%；一般货物类侵权商品共计 7350 件，占比 4.1%。

2012 年，日本海关扣押的国际邮件侵权商品共计 24852 件，占扣押商品总量的 93.4%，高居首位，比 2011 年增加 2961 件，增幅为 13.5%。此外，日本海关扣押的一般货物类侵权商品共 1755 件，同比增长 26.3%，占比 6.6%（表 4－21）。

表 4－21　2005—2012 年日本海关扣押侵权商品运送方式年度分布情况

单位：件

年份 / 运送方式	2005	2006	2007	2008	2009	2010	2011	2012
一般货物	503	541	702	777	731	952	1389	1755
国际邮件	12964	19050	21959	25638	21162	22281	21891	24852
合　计	13467	19591	22661	26415	21893	23233	23280	26607

6．日本国家知识产权战略本部通过“2012 年知识产权实施计划”

2012 年 5 月 29 日，由时任日本首相野田佳彦任总部长的日本国家知识产权战略本部正式批准“2012 年知识产权实施计划”，将日本新一代电动汽车充电器标准变为国际标准、建立电影摄制基地特区、强化先进医疗应用研究及能源管理等 7 个领域摆在突出位置。计划强调，2013 年之前要把日本电动汽车（EV）快速充电器规格“CHAdeMO”推举成国际标准，扩大日本产品在国际市场上的份额；将 2011 年指定为“创意产业特区”的北海道札幌市作为电影摄制基地，简化并加快办理外国电影制作组进入当地拍摄的审批手续，吸引更多的游客到访，提高日本的国际竞争力等。此外，计划还增加了围绕职务发明和非职务发明产生诉讼的对应政策、防止技术外流的具体措施等内容。

数据显示，2012 年，日本专利收支顺差额约达 9528 亿日元，再创历史新高，比 2011 年增长近 20%。专利收支显示的是在包含专利、商标和著作权在内的知识产权使用费方面，从海外获得的金额与向海外支付的金额之差。日本在 2002 年之前专利收支一直是支出超过收入，长期处于逆差状态，但 2003 年首次转为顺差，此后持续保持顺差。

从日本专利收支的构成来看，专利收入大体分为两类，一种为制造业使用的工业权、矿业权费用，还有一种为著作权费用。日本 2012 年的工业权和矿业权使用费收支约顺差 1.5 万亿日元，而著作权收支约逆差 5800 亿日元。据日本贸易会预测，日本 2013 年度的贸易收支继 2012 年度之后，仍将处于逆差水平。

第五章　技术性贸易壁垒通报情况

当前，技术性贸易措施等新型的贸易壁垒正对国际贸易产生愈来愈大的影响，并呈现以下特点：通报量呈上升趋势；覆盖领域不断扩大：从传统出口领域扩展到新兴、高端技术产业，如LED照明、生物医药、信息技术，以及航空运输、建筑承包、金融保险、投资、知识产权等服务业；逐步触及产业链的各个环节：从过去只注重对进口产品的检验管理，到目前关注从产地国家的设计、生产加工、包装、运输、进口、使用、报废、回收和再利用整个生命周期的全过程管理，从影响具体单个产品到影响一类产品整个产业链上的所有产品；新形式的技术性贸易措施层出不穷：以贸易保护为目的的国家（地区）不仅通过不断更新技术法规、技术标准和增加进口产品检验、检测的难度来设置贸易壁垒，还将知识产权、产品价格以及进口产品的歧视性分类管理等非技术性贸易措施问题与技术法规和技术标准结合起来运用，使技术性贸易壁垒问题更加复杂化①。

第一节　TBT、SPS通报情况综述

2002—2012年，WTO成员发布的TBT和SPS通报量总体呈上升趋势。其中，发布TBT通报11672项，SPS通报12098项。从国别来看，中国提交的TBT通报最多，达938项，占TBT通报总量的8.0%，美国提交的SPS通报居各成员之首，共2801项，占SPS通报总量的23.2%；从通报适用的理由和目的来看，保护人类健康和安全位居TBT通报适用的理由和目的之首，共8687项，占TBT通报总量的55.2%，食品安全是WTO成员SPS通报中使用频率最高的理由，4480项，占SPS通报总量的37.0%。

一、技术性贸易壁垒措施

技术性贸易壁垒（Technical Barriers to Trade，简称“TBT”），是指一国以维护国家安全、保障人类健康和安全、保护生态环境、防止欺诈行为、保证产品质量为由，采取一些强制性或非强制性的技术性措施。

TBT主要包括三方面的内容：① 技术法规。规定强制执行的产品特性或其相关工艺和生产方法、包括适用的管理规定在内的文件。该文件还可包括关于适用于产品、工艺或生产方法的专门术语、符号、包装、标志或标签要求。② 技术标准。经公认机构批准的、规定非强制执行的、供通用或重复使用的产品或相关工艺和生产方法的规则、指南或特性的文件。③ 合格评定程序。

TBT的主要原则为：采用国际标准的原则、避免不必要（过高过严）的贸易障碍原则、透明度原则、协调原则、非歧视原则。

---

① 魏传忠，《应对技术性贸易措施的全新构架》

1. TBT 通报量总体呈增长趋势，提交建议的平均期限基本保持稳定[①]

1995—2012 年，共有 116 个成员向 WTO 提交了 15736 项技术法规、标准和合格评定程序通报（包括常规通报、紧急通报，以及对已有通报的补遗、勘误和修订，下同），虽然各年度提交的数量不同，尤其是在 1998 年东南亚金融危机爆发后，全球经济一度衰退，各成员提交通报的数量有所减少，但总体上仍呈增长趋势，尤其是 2004—2009 年，以年均 14.7% 的速度增长，2009 年的增幅更是达到了 19.1%。2010 年和 2011 年同比均出现下降，降幅分别为 4.8% 和 14.2%，但 2012 年提交数量再次井喷，达到近年来最高值，1550 项，同比增长 27.4%（图 5－1）。

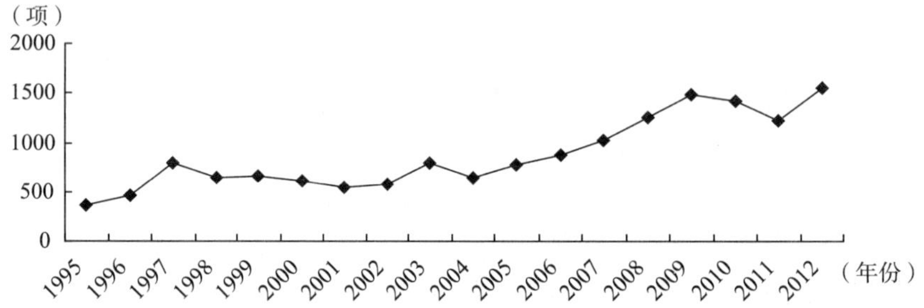

图 5－1　1995—2012 年 WTO 成员 TBT 通报数量

1995 年，WTO 技术性贸易壁垒委员会规定，对每项技术性贸易壁垒措施通报提交建议的期限为 60 天，而且规定鼓励任何成员延期提交建议，例如延至 90 天。2012 年，WTO 成员提交建议的期限平均为 56.6 天，但仍有 86 项通报未特殊规定提交建议的期限，并声称其通报不适用期限限制，或者期限失效（图 5－2）。

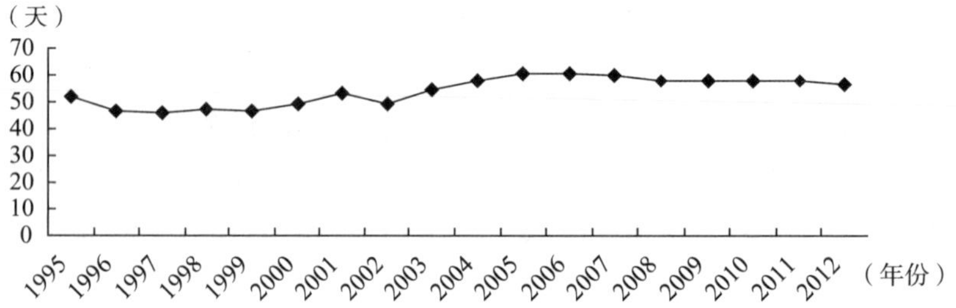

图 5－2　1995—2012 年 WTO 成员提交建议的平均期限年度走势

2. 中国超过美国，成为提交的 TBT 通报最多的国家[②]

2002—2012 年，WTO 成员共提交 TBT 通报（仅指依据 TBT 协定第 10.6 条提交的常规通报，不包括补遗、勘误及修订通报）11672 项。其中，中国提交的最多，达 938 项，占通报总数的 8.0%；其次为美国，757 项，占比 6.5%；以色列位居第三，646 项，占比 5.5%（表 5－1）。

3. 通报依据最多的条款是 TBT 协定第 2.9 条

1995—2012 年，各成员在提交 TBT 通报时，依据《技术性贸易壁垒协定》（简称 TBT 协定）第 2.9 条（2003 年后特指 2.9.2 条）的共计 14102 项，高居首位，是位居第二的依据第 5.6 条发布通报的 7 倍以上（表 5－2）。

① 本部分 TBT 通报数据来源于 WTO《2012 年 TBT 年度报告》。

② 本部分数据仅指常规通报。

表 5-1　2002—2012 年 WTO 各成员提交 TBT 通报前二十位通报量及占比情况

排名	成　员	通报数量（项）	占比（%）	排名	成　员	通报数量（项）	占比（%）
1	中　国	938	8.0	11	泰　国	333	2.9
2	美　国	757	6.5	12	乌干达	290	2.5
3	以色列	646	5.5	13	巴　林	279	2.4
4	巴　西	495	4.2	14	卡塔尔	278	2.4
5	欧　盟	494	4.2	15	阿根廷	249	2.1
6	沙特阿拉伯	494	4.2	16	墨西哥	238	2.0
7	韩　国	401	3.4	17	多米尼加	196	1.7
8	日　本	377	3.2	18	智　利	192	1.6
9	加拿大	368	3.2	19	哥伦比亚	173	1.5
10	肯尼亚	345	3.0	20	萨尔瓦多	158	1.4

注：欧盟作为单独成员提交技术性贸易壁垒措施通报。

表 5-2　1995—2012 年 WTO 成员 TBT 通报依据的条款情况　单位：项

年　份	2.9 条	2.10 条	3.2 条	5.6 条	5.7 条	7.2 条	其　他
1995	332	14	2	17	6	0	7
1996	410	19	1	20	3	0	26
1997	740	30	0	24	5	0	11
1998	562	11	0	68	8	3	24
1999	592	24	0	54	16	0	19
2000	505	33	0	67	11	0	21
2001	479	11	0	44	0	0	9
2002	506	13	0	63	1	0	4
2003	669	22	1	132	5	0	6
2004	573	20	1	86	6	0	4
2005	718	14	2	169	0	0	1
2006	807	21	9	197	5	0	6
2007	930	18	30	162	4	0	7
2008	1103	17	58	151	4	0	1
2009	1402	25	14	126	5	0	3
2010	1285	49	1	143	3	0	13
2011	1122	27	0	150	4	0	11
2012	1367	30	17	162	2	0	57
总　数	14102	398	136	1835	88	3	230

注：自 2003 年后，第 2.9、2.10、5.6 和 5.7 条特指第 2.9.2①、2.10.1、5.6.2② 和第 5.7.1 条。

---

① TBT 协定第 2.9.2 条即“只要不存在有关国际标准或拟议的技术法规中的技术内容与有关国际标准的技术内容不一致，且如果该技术法规可能对其他成员的贸易有重大影响，各成员应通过秘书处通知其他成员拟议的法规所涵盖的产品，并对拟议的法规的目的和理由作出简要说明。”

② 第 5.6.2 条即“当国际标准化机构尚未制定出相应的指南或建议时，或提出的合格评定程序的技术内容与国际标准化机构制定的指南或建议不一致时，并且此合格评定程序可能对其他成员的贸易有重大影响时，该成员应通过秘书处将此合格评定程序覆盖的产品清单通报各成员，并简要说明其目的和理由。这样的通报应在早期适当阶段进行，以便对收到的意见进行考虑和对此程序仍可作出修改。”

4. 保护人类健康和安全远高于 TBT 通报适用的其他理由和目的

1995—2012 年，在各成员提交 TBT 通报的理由和目的（1 项通报可能涉及多项理由）中，排在前三位的分别是：保护人类健康和安全，共计 8687 项，占比 55.2%；防止欺诈行为，2756 项，占比 17.5%；保护环境，2143 项，占比 13.6%（图 5－3）。

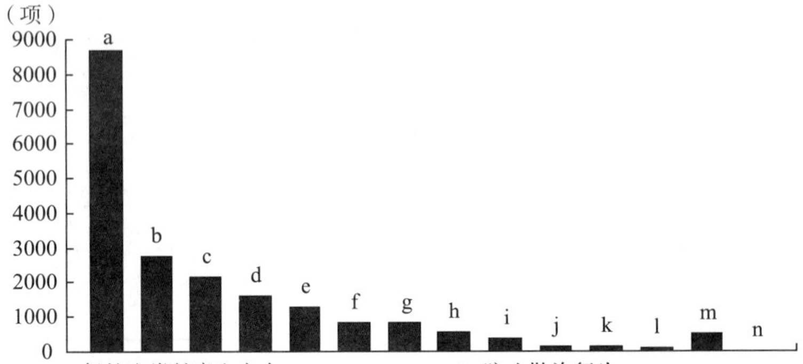

a. 保护人类健康和安全　　b. 防止欺诈行为
c. 保护环境　　d. 质量要求
e. 适用新法律法规　　f. 消费者信息及标签
g. 统一性要求及标签标识　　h. 降低或取消技术贸易壁垒或提供贸易便利
i. 保护动植物生命和健康　　j. 节约成本和提高生产率
k. 贸易便利化　　l. 国家安全要求
m. 其他　　n.无特定目的

图 5－3　1995—2012 年 WTO 成员 TBT 通报涉及理由和目的分布

二、卫生与植物卫生措施

卫生与植物卫生措施（Sanitary and Phytosanitary Measures，简称“SPS”）包括所有相关法律、法令、要求和程序，特别包括：最终产品标准；工序和生产方法；检验、监察、认证和批准程序；检疫处理，包括与动物或植物运输有关的或与在运输过程中为维持动植物生存所需物质有关的要求；有关统计方法、抽样程序和风险评估方法的规定；以及与粮食安全直接有关的包装和标签要求。

1. 近两年 SPS 通报量出现下滑

2002—2012 年，WTO 成员共发布 SPS 通报 12098 项（包括常规通报、紧急通报，以及对已有通报的补遗、勘误和修订，下同），总体呈上升趋势。自 2006 年起，年均通报数量均超过千项。其中，2010 年通报数量最多，为 1409 项，同比增长 38.3%；2009 年降幅最大，同比下降 19.5%。2011 年、2012 年，通报数量连续两年下降，分别为 1391 项和 1212 项，降幅分别为 1.3% 和 12.9%（图 5－4）。

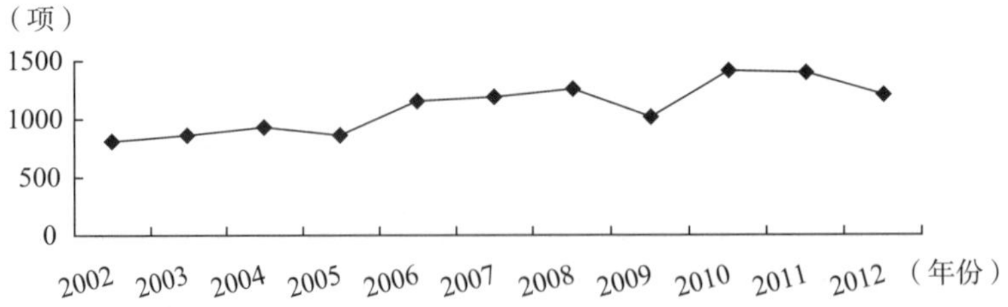

图 5－4　2002—2012 年 WTO 成员 SPS 通报年度走势

2. 美国的 SPS 通报量位居首位

2002—2012 年，美国共提交 SPS 通报 2801 项，居各成员之首，占比 23.2%；巴西居第二位，1066 项，占比 8.8%；加拿大位居第三，1036 项，占比 8.6%；中国位居第四位，720 项，占比 6.0%；欧盟提交了 643 项，占比 5.3%，位居第五位（图 5－5）。

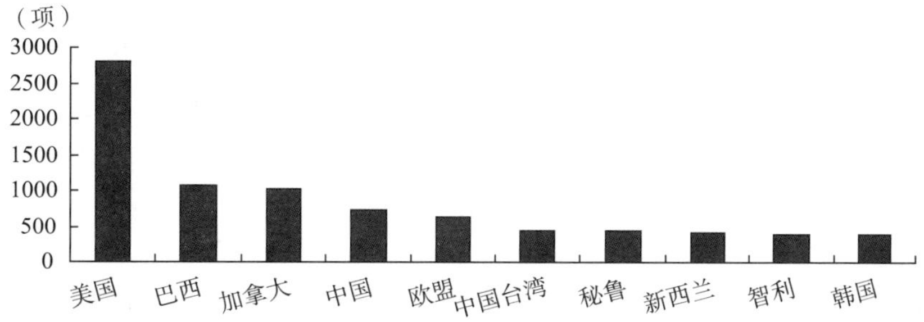

图 5－5 2002—2012 年 WTO 成员 SPS 通报前十位排名分布情况

3. 食品安全和保护人类免受动/植物有害生物的危害是主要的通报理由

WTO 各成员在提交 SPS 通报时都要说明提交的理由或目的。目前，成员提交 SPS 通报的理由主要有 5 条，即食品安全、保护人类免受动/植物有害生物的危害、植物保护、动物健康和保护国家免受有害生物的其他危害。其中，食品安全是成员使用频率最高的理由，2002—2012 年，以食品安全为由或目的所提交的通报共 4480 项，占比 37.0%（图 5－6）。

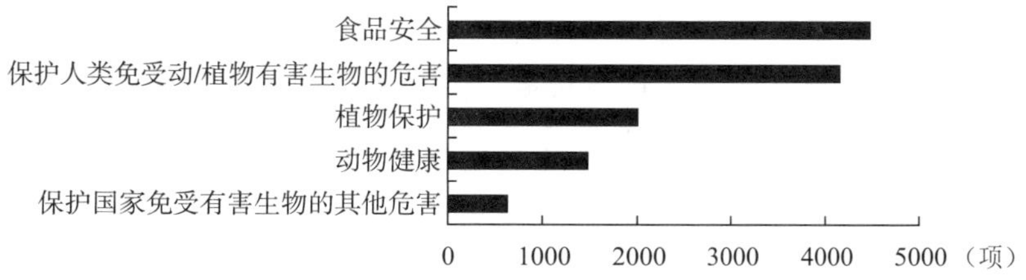

图 5－6 2002—2012 年 WTO 成员 SPS 通报涉及主要理由分布

中国 TBT、SPS 通报情况分析[①]

入世后，为加强技术性贸易措施工作并与 WTO 规则保持一致，我国共清理和废止了部门规章 178 件，废止规范性文件 336 件，制定发布了部门规章 145 件，其中涉及检验检疫工作的规章 82 件。向 WTO 通报部门规章 22 件，其中涉及 TBT 的 10 件，涉及 SPS 的 12 件，积极履行了 WTO 透明度义务。

一、我国技术性贸易措施体系概述

对技术性贸易措施，我国目前尚无统一的规定。目前的技术性贸易措施体系主要由技术法规、技术标准、合格评定程序组成。

1. 技术法规

技术法规表现形式多样，有法律法规、部门规章、地方法规、行政性文件等。1988 年 12 月 29 日，我国通过了《中华人民共和国标准化法》，规范产品、技术标准的制定、实施。为进一步细化该规则，1990 年 4 月 6 日我国发布施行了《标准化法实施条例》。在环境保护、人类动植物生命健康方面，我国颁布了《环境保护法》、《环境影响评价法》、《进出境动植物检疫法》等法律法规。在具体行业领域中，如食品、机电产品等领域，我国有《进出口商品检验法》、《出入境粮食和饲料检验检疫管理办法》、《强制性认证管理规定》、《采用国际标准管理办法》等法律法规。

① 本部分 TBT、SPS 通报数据均是按照 WTOTBT、SPS 数据库中的数据整理统计。

2. 技术标准

我国的标准化工作由国家标准化管理委员会（SAC）统一计划、统一审查、统一编号、统一批准发布，具体起草和审定工作分别由国务院各部门归口管理的 495 个专业性标准化技术委员会承担。依照《标准化法》第 6 条、第 7 条的规定，我国标准分为国家标准、行业标准、地方标准和企业标准共四级，其中前三者又可分为强制性标准和推荐性标准。

3. 合格评定程序

自 1978 年恢复在 ISO 成员地位以来，我国已经实施了出入境检验检疫，产品质量监督抽查，强制性、自愿性产品认证，质量、环境和职业健康安全等管理体系认证等，初步建立了我国的合格评定工作体系。国家认证认可监督管理委员会负责统一管理产品认证工作。我国主要的产品认证标志有：电工产品长城标志认证（CCEE）、进口产品安全质量许可（CCIB）、电磁兼容（EMC）等强制性认证。国家质量监督检验检疫总局于 2001 年 12 月发布了《强制性产品认证管理规定》，认证标志为“CCC”。明确强制性产品认证的范围是：涉及人类健康安全、动植物生命和健康、环境保护和公共安全的产品，并由国家统一公布实施产品目录。

4. 卫生与动植物检疫措施

（1）1989 年 2 月 21 日，我国审议通过了《进出口商品检验法》（同年 8 月 1 日实施）。该法规制定了商品检验机构的基本职责、法定检验的内容标准以及质量认证、质量许可、认可国内外检验结果等制度，并规定了相应的法律责任。1992 年我国发布并施行了《进出口商品检验实施条例》。为适应入世要求，全国人大常委会对《进出口商品检验法》进行了修订，修订后的法律自 2002 年 10 月 1 日起施行。

（2）在动植物检疫方面，《进出境动植物检疫法》于 1991 年发布施行，以法律的形式明确了动植物检疫的宗旨、性质、任务，为口岸动植物检疫工作提供了法律依据和保证。1996 年 12 月，颁布了《动植物检疫法实施条例》，细化了动植物检疫法中的原则规定。

（3）在国境卫生检疫方面，我国于 1986 年 12 月 2 日通过并颁布了《国境卫生检疫法》，1989 年发布了《国境卫生检疫法施行细则》，以法律法规的形式规定了卫生检疫机构的职责、检疫对象、主要工作内容、疫情通报、发生疫情应急措施以及处理程序；同时，对出入境人员、运输工具检验检疫、物品检疫查验、临时检疫、国际传染病检测、卫生监督和法律责任也作出了相应规定。我国的出入境检验检疫法律法规还很不健全，绝大部分文件并不是以立法形式出现，而是表现为通知、办法、意见等行政文件的形式。如《进出境水产品检验检疫管理办法》、《进境动植物检疫审批管理办法》、《进境动物和动物产品风险分析管理规定》、《国务院关于贸易性动物产品出境检疫管理体制的通知》等。这些行政性文件，在透明度和法律效力上存在疑问。

二、我国 TBT 通报统计分析

1. 总体走势较为起伏，通报总量居全球第一

2002—2012 年，WTO 成员共提交 TBT 通报（仅指依据 TBT 协定第 10.6 条提交的常规通报，不包括补遗、勘误及修订通报）11672 项。其中，我国提交的最多，达 938 项，占比 8.0%；其次为美国，757 项，占比 6.5%；以色列位居第三，646 项，占比 5.5%。从我国提交 TBT 通报数量的年度变化情况来看（图 5-7），提交数量最多的为 2009 年，201 项；2005 年同比增幅最大，为 381.8%；2010 年同比降幅最大，为 69.7%。

2. 轻工、机械和化工是我国 TBT 通报涉及的主要行业

2002—2012 年，在我国向 WTO 提交的 938 项 TBT 通报中（1 项通报可能涉及多个产品）涉及轻工产

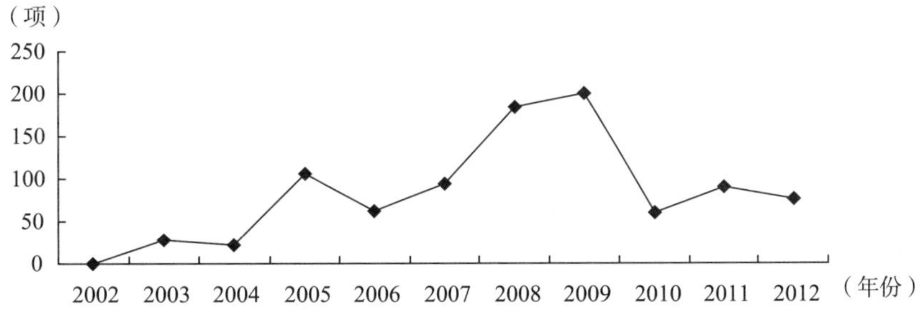

图5－7　2002—2012年我国提交TBT通报年度走势

品的通报数最多，达271项，占同期我国TBT通报总数的28.9%。涉及机械行业的产品通报数为206项，位居第二，占同期我国TBT通报总数的22.0%。涉及化工行业的产品通报有167项，占比17.8%，数量位居第三（图5－8）。

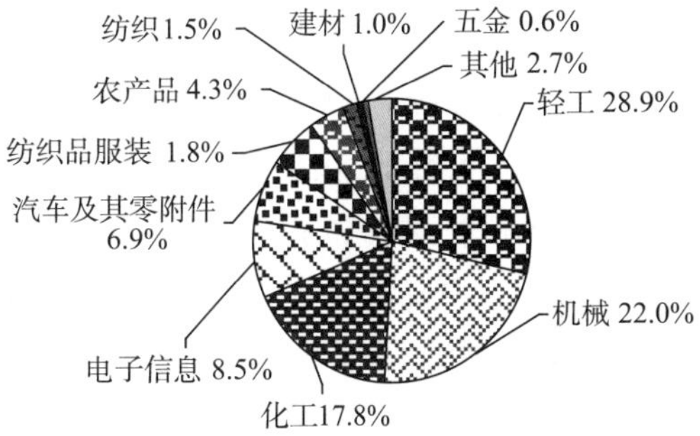

图5－8　2002—2012年我国TBT通报涉及产品行业分布情况

3．保护人类的健康和安全是我国TBT通报的首要理由和目的

2002—2012年，在中国向WTO提交TBT通报的理由和目的（1项通报可能涉及多项理由）中，排名前三位的分别是：保护人类的健康和安全，共计364项，占比38.8%；保护环境，共84项，占比9.0%；防止欺诈行为和保护消费者权益，共38项，占比4.1%。三项合计486项，占中国TBT通报总量的51.8%（图5－9）。

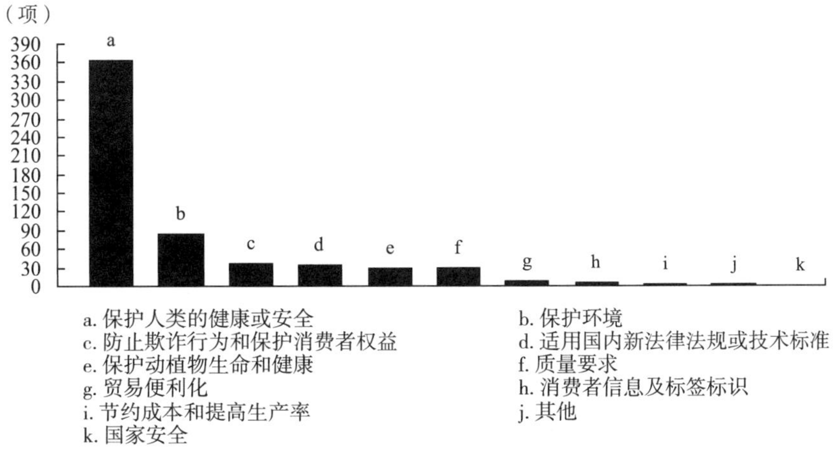

图5－9　2002—2012年我国TBT通报涉及理由和目的分布

4．我国TBT通报依据的主要条款为2.9.2条

在中国提交的938项TBT通报所依据的《技术性贸易壁垒协定》（简称TBT协定）条款中（1项通报可能依据多项条款），仅依据第2.9.2条的共有901项，占比96.1%；仅依据第5.6.2条的有51项，占比5.4%；依据第2.10.1条的共有20项，占比21.3%；依据第5.7.1条的有8项，占比0.9%；“无依据”的有1项。

5．全球技术性贸易措施对我国出口的影响

2012年，我国有23.9%的出口企业受到国外技术性贸易措施不同程度的影响，而这个数字在2011

年为 35.2%，2010 年为 31.7%，2009 年为 34.3%，2008 年为 36.1%，2007 年为 34.6%，2006 年为 31.4%，2005 年为 25.1%。2012 年出口贸易直接损失 685 亿美元，比 2011 年增加 62.4 亿美元，同比增长 10.0%；直接损失额占同期出口额的 3.34%，比 2011 年上升 0.07 个百分点；上述 7 年该项数据依次为 622.6 亿美元、582.41 亿美元、574.32 亿美元、505.42 亿美元、494.59 亿美元、359.2 亿美元、288.13 亿美元。2012 年，中国出口企业新增成本 280.2 亿美元，比 2011 年上升 20.6 亿美元。

2012 年，对我国企业出口影响较大的国家（地区）排在前五位的是欧盟、美国、澳大利亚/新西兰、拉美、东盟，分别占直接损失总额的 32.6%、26.1%、8.1%、6.7% 和 5.2%；而 2011 年对中国企业出口影响较大的国家（地区）排在前 5 位的是美国、欧盟、其他（主要是中东国家）和加拿大。

2012 年，受国外技术性贸易措施影响较大的行业排在前 5 位的是机电仪器、化矿金属、纺织鞋帽、农食产品、木材纸张非金属，分别占直接损失总额的 35.4%、32.7%、13.2%、6.1%、4.7%。

2012 年，受国外技术性贸易措施影响较大的省份排在前 5 位的是广东、浙江、江苏、山东和上海，分别占直接损失总额的 32.2%、15.2%、11.8%、9.1% 和 6.3%。2011 年，受全球技术性贸易措施影响较大的省份排在前 5 位的是广东、山东、浙江、江苏和北京，分别占直接损失总额的 30.4%、26.3%、19.6%、9.9% 和 2.6%。

2012 年，主要贸易伙伴影响我国工业品出口的技术性贸易措施类型集中在认证要求、技术标准要求、有毒有害物质限量要求、标签标志要求、包装及材料要求 5 个方面；影响农产品出口的技术性贸易措施类型集中在食品中农兽药残留要求、微生物指标要求、加工厂和仓库注册要求、重金属等有害物质限量要求以及食品添加剂要求 5 个方面。

三、我国 SPS 通报情况分析

1. 2012 年我国 SPS 通报量大幅下降 84.2%

2002—2012 年，WTO 成员共发布 SPS 通报 12098 项（包括常规通报、紧急通报，以及对已有通报的补遗、勘误和修订，下同）。其中，中国共提交 SPS 通报 720 项，占通报总数的 6.0%，在各成员中位列第四。

从我国提交 SPS 通报数量的年度变化情况来看（图 5－10），波动起伏比较大，在 2011 年达到近年来通报的峰值 169 项后，2012 年回落至 26 项。

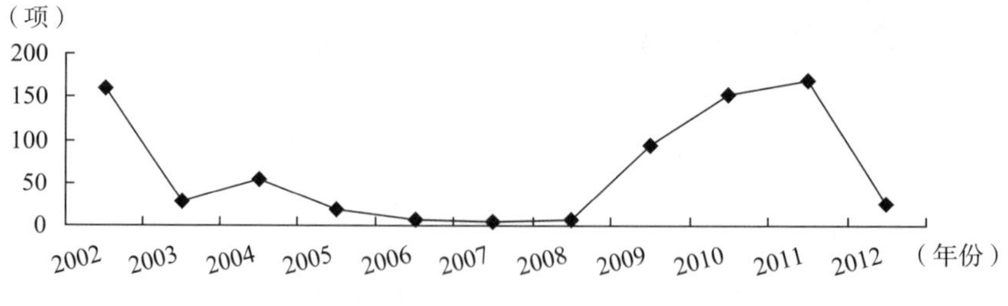

图 5－10　2002—2012 年我国提交 SPS 通报年度走势

2. 食品安全是我国 SPS 通报的首要理由和目的

WTO 各成员在提交 SPS 通报时都要说明提交的原因或目的。目前，各成员提交 SPS 通报的原因主要有 5 条，即食品安全、植物保护、保护人类免受动/植物有害生物的危害、动物健康和保护国家免受有害生物的其他危害。2002—2012 年，在中国向 WTO 提交的 720 项 SPS 通报中，以食品安全为由或目的所提交的通报累计为 442 项（1 项通报可能涉及多种原因），数量最多，占同期中国 SPS 通报总量的 61.4%；以保护人类免受动/植物有害生物的危害为由或目的提交的 SPS 通报共 433 项，数量位列第二，占比 60.1%（图 5－11）。

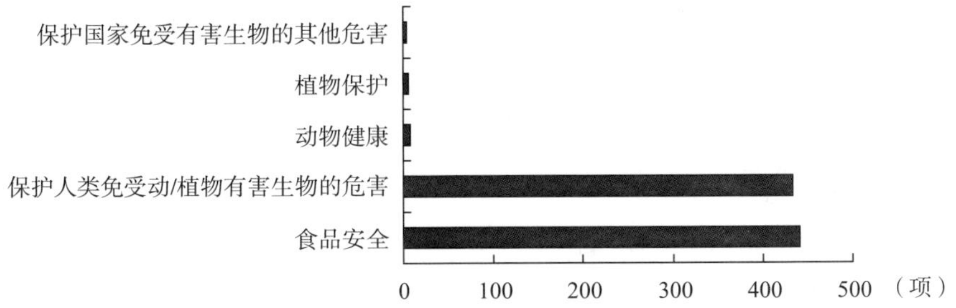

图 5－11　2002—2012 年我国 SPS 通报涉及的理由和目的

美国 TBT、SPS 通报情况分析

美国的技术性贸易措施体系主要由技术法规、技术标准、认证与合格评定、标志标签组成。美国是一个联邦制国家，其法律体系较为分散，由联邦法律和州法律组成。美国联邦政府 17 个部门和 84 个独立机构都有权制定技术法规，美国的州、市等地方政府也制定了许多交叉性的技术法规，主要涉及制造业、交通、环保、食品和药品等。据估算，目前美国各种非官方标准机构达 400 多个，官方制定的技术法规和标准有 5 万多个，各种非官方标准机构、专业学会和行业协会制定的标准也有 5 万多个。

一、美国技术性贸易措施体系概述[①]

1. 技术法规

美国不存在独立的技术法规层次，其有关产品的技术法规分散于美国的联邦法律法规体系之中，首先是《美国法典》或《美国国会法案汇编》内包括的永久性及其他法律，这些文件主要是为技术法规提供一个法律基础；其次是《联邦法规汇编》内包括的部门法规和相关管理规定，这是联邦技术法规的主体和主要表现形式；第三是各州及地方政府从本地管理需求出发制定的技术法规和规范，这些技术法规与联邦法规同样重要，而且更为分散、复杂。

2. 技术标准

美国实行的是自愿标准体系，即各有关部门和机构自愿编写、自愿采用，在自愿性国家标准体系中美国国家标准学会（ANSD）充当协调者，但其本身并不制定标准，专业和非专业标准制定组织、各行业协会和专业学会在标准化活动中发挥着主导作用。

3. 认证与合格评定

美国的认证管理体制较为自由、分散，没有统一的国家认证管理机构，政府部门、地方政府部门、民间组织都可以开展质量认证工作，但对于美国进口的商品，美国利用安全、卫生检疫及各种包装、标签规定进行严格的检查。

4. 标志标签

美国是世界各国食品标签法规较为严谨、完善的国家。美国的“食品标签法”于 1992 年 12 月 12 日开始实施，从 1994 年 5 月开始，美国对除新鲜肉、家禽、鱼类和蔬菜水果以外的全部包装食品，包括进口食品都必须强制使用新的标签。而美国食品和药品管理局要求大部分的食品必须标明至少 14 种营养成分的含量，此项规定给发展中国家对美出口造成了巨大的成本压力。

---

① 该部分内容为根据网络资料整理所得。

美国具体法律的实施及相关技术法规的制定发布和实施总是与某类产品和某个政府部门联系在一起，与技术性贸易措施有关的美国联邦政府部门主要包括：美国消费品安全委员会（CPSC）、联邦通信委员会（FCC）、农业部（USDA）、食品和药品管理局（FDA）、环境保护局（EPA）。

二、美国 TBT 通报情况分析①

1. 通报总数居全球第二，2012 年同比增速达 62.5%

2002—2012 年，WTO 成员共提交 TBT 通报（仅指依据 TBT 协定第 10.6 条提交的常规通报，不包括补遗、勘误及修订通报）11672 项。美国，757 项，占比 6.5%，位列第二。2008 年之前，美国的 TBT 通报总体呈增长态势；在 2008 年金融危机爆发、美国经济受到严重冲击后，其提交 TBT 通报波动较大（图 5－12）。2009 年，美国共提交 TBT 通报 71 项，比 2008 年的 106 项下降 33.0%；2010 年虽同比增长 35.2%，但 2011 年同比下降 34.4%；2012 年，美国的 TBT 通报数达 104 项，同比增幅达 62.5%。

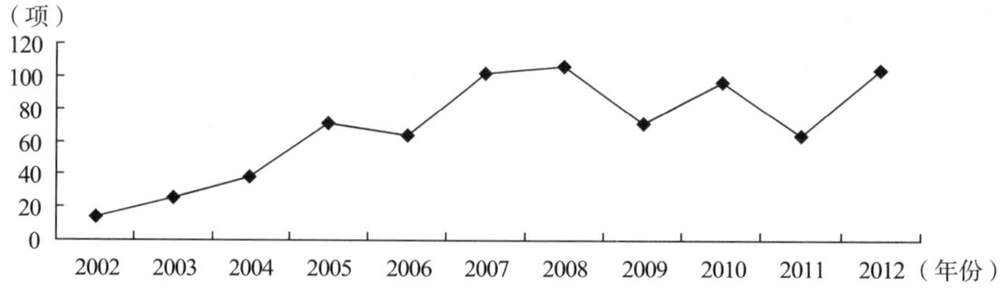

图 5－12　2002—2012 年美国提交 TBT 通报年度走势

2. 美国 TBT 通报依据条款以 TBT 协定第 2.9.2 条居多

2002—2012 年，美国所提交的 TBT 通报，依据《技术性贸易壁垒协定》（简称 TBT 协定）第 2.9.2 条的共计 626 项，位居各成员之首，占美国同期提交通报总数（757 项）的 82.7%；其次为依据 TBT 协定第 3.2 条的通报，119 项，占比 15.7%。此外，美国提交的 TBT 通报依据的条款还包括第 5.6.2 条、第 5.7.1 条以及其他条款。

2002—2012 年，美国对第 2.9.2 条的适用总体呈增长态势，且于 2010 年达历史峰值 94 项；2005 年，美国的 TBT 通报方有适用第 3.2 条的情况，且在 2008 年超过对第 2.9.2 条的适用，达 58 项，2012 年也高达 17 项；而对第 5.6.2 条和第 5.7.1 条的适用极少，除 2004 年有 2 项 TBT 通报适用第 5.6.2 条，其余各年均为零，同时对第 5.7.1 条的适用也仅有 2008 年和 2009 年各 1 项。

3. “保护人类健康和安全”为由的 TBT 通报居首，而 2012 年以“保护消费者”为由的 TBT 通报最多

2002—2012 年，在美国提交的 TBT 通报适用的目的和理由（1 项通报可能涉及多项理由和目的）中，居前三位的分别为：保护人类健康和安全，共计 386 项，占美国同期 TBT 通报总数的 51.0%；保护环境，263 项，占比 34.7%；保护消费者，158 项，占比 20.9%。除此之外适用的理由和目的还包括：安全要求、防止欺诈行为、食品标准、保护儿童健康、标签要求、保护动物生命和健康、维护公共健康和福利、保护植物生命和健康以及防止犯罪行为等。

尤其值得注意的是，2012 年，美国以“保护消费者”为目的和理由而提交的 TBT 通报高达 62 项，首次超过以保护人类健康和安全以及保护环境为目的和理由而提交的 TBT 通报，占当年美国 TBT 通报

① 文中 TBT 通报数仅指各成员根据 TBT 协定第 10.6 条向 WTO 提交通报的数量；文中所有数据均根据 TBT 委员会官方数据库数据整理所得，且数据获取截至 2013 年 6 月 30 日（下文同）。

总数的59.6%，同比猛增近6倍。

4. 涉及化学工业的TBT通报最多，机械工业仅次之

通过对2002—2012年美国TBT通报所涉产品的行业进行分析，涉及化学工业及相关产品的最多，共156项，占美国同期TBT通报总数的20.6%；其次为机械产品（包括海关HS编码第84、85章所涉及的产品，以及部分ICS码所涉及的产品），136项，占比18.0%；车辆及其零件居第三位，118项，占比15.6%。此外，通报涉及较多的产品还有：食品及饮料（67项）、家具及灯具产品（37项）、医疗仪器及设备（30项）、玩具及防护用品（29项）、植物产品（26项）、活动物及动物产品（24项）以及矿产品（18项）。

三、美国SPS通报情况分析

1. 通报总数居全球之首，2012年同比呈下降之势

2002—2012年，美国提交的通报达2801项（其中，补遗/修正通报833项、紧急措施通报58项以及常规通报1910项），占比WTO成员全部SPS通报的23.2%，是位居第二的巴西的近2倍。纵观美国2002—2012年提交的SPS通报，除2005年、2008年和2009年同比下降外（尤其是2009年降至历史最低点，仅116项），其他各年度均呈同比增长态势，尤其是2010年同比增长63.8%达190项，2011年增长21.6%，达231项，2012年下降11.3%，达205项（图5－13）。

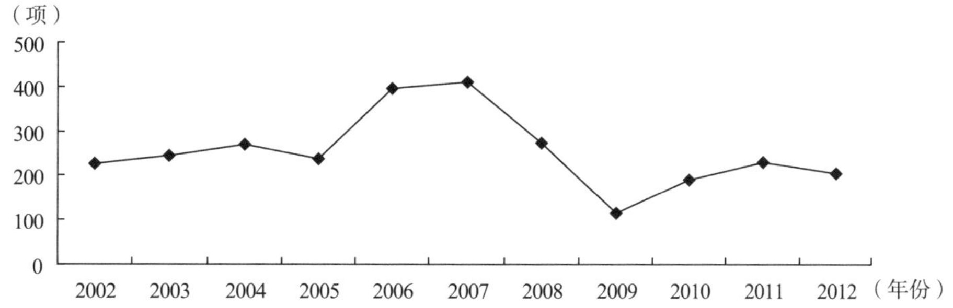

图5－13 2002—2012年美国向WTO提交的SPS通报年度走势

2. 保护人类免受动植物有害生物危害位居通报理由和目的①之首

2002—2012年，在美国提交的1968项紧急措施通报和常规通报中，以“保护人类免受动植物有害生物危害”为目的和理由的共1730项（注：1项通报可涉及多个目的和理由），占比87.9%，位居榜首；食品安全次之，1709项，占比86.8%；植物保护居第三位，819项，占比41.6%；动物健康和保护国家免受有害生物危害分列第四、五位，分别为253项和65项，各占比12.9%和3.3%。

3. 有关杀虫剂许可限量的SPS通报高居首位，2012年占比高达75.6%

2002—2012年，美国向WTO提交的SPS通报涉及杀虫剂许可限量、有害物质、动物疾病（猪瘟病毒CSFV、口蹄疫、疯牛病等）、食品添加剂、食品标签、细菌含量、HACCP②有害分析与临界点控制法规、辐照、植物疾病（小麦印度腥黑穗病KB、菊花白锈病CWR、柑橘杂色褪绿病CVC等）、兽药含量、检疫许可、转基因、重金属含量、包装要求、饲料添加剂以及区域进口安排等多种标准类型。其中，有关杀虫剂许可限量的SPS通报最多，达1557项，占比79.1%；其次为关于有害物质进口限制

① 下文对SPS通报的理由和目的以及通报标准类型的分析都不含补遗/修正通报。

② HACCP是Hazard Analysis and Critical Control Point的英文缩写，中文名称是“危害分析与关键控制点”。它是一种对食品安全危害予以识别、评估和控制的系统方法，也是一个确保食品生产过程及供应链免受生物、化学和物理性危害污染的安全管理工具。HACCP关注的焦点是整个食物链的安全危害，即从原料、中间产品到餐桌的每一个环节的安全和管理控制。

的，136 项，占比 6.9%；因动物疾病（猪瘟病毒 CSFV、口蹄疫、疯牛病等）而限制相关动物产品进口的 SPS 通报为 80 项，占比 4.1%，位居第三；关于食品添加剂以及细菌含量标准的法规分列第四、五位，分别为 53 项和 26 项，各占比 2.7% 和 1.3%。

欧盟 TBT、SPS 通报情况分析①

欧盟技术性贸易措施的发展大致分为 3 个阶段：20 世纪 60 - 70 年代是产生阶段，各成员纷纷制定符合本国经济利益和科技发展水平的技术法规和标准，但由于各成员国制定的技术法规、标准与合格评定程序缺乏协调性和统一性，导致欧共体（欧盟前身）成员之间贸易的种种不便，阻碍了单一市场的建立。20 世纪 80 - 90 年代，欧盟着手解决成员国内技术法规、标准混乱的问题，并建立了以“新方法指令”为主体的较完善的技术法规体系，这是欧盟技术性贸易措施的发展时期。进入 21 世纪以来，欧盟各项技术性贸易措施不断完善，并开始引领国际标准的制定。目前，在欧盟内部已经初步形成了较为系统、成熟和协调化的，涵盖技术法规体系、标准体系与合格评定程序体系的技术性贸易措施体系。

一、欧盟② TBT 通报情况

2002—2012 年，WTO 成员共提交 TBT 通报（仅指依据 TBT 协定第 10.6 条提交的常规通报，不包括补遗、勘误及修订通报）11672 项。其中，欧盟共提交 494 项，占比 4.2%，位居第五位。但欧盟每年的通报总数及其占当年通报总数的比重并非总是位居前列，其年度位次通常在第 3 ~ 13 位之间变化（表 5 - 3）。

表 5 - 3　2002—2012 年 WTO 各成员提交 TBT 通报前十位通报量及占比情况

排名	成　员	通报数量（项）	占比（%）
1	中　国	938	8.0
2	美　国	757	6.5
3	以色列	646	5.5
4	巴　西	495	4.2
5	欧　盟	494	4.2
6	沙特阿拉伯	494	4.2
7	韩　国	401	4.2
8	日　本	377	3.2
9	加拿大	368	3.2
10	肯尼亚	345	3.0

二、TBT 通报统计分析

1. 总体情况

从通报数量来看，欧盟单年的通报数量呈现波浪式上升态势，并于 2008 年达到顶峰，为 66 项。

① 欧盟的 TBT、SPS 通报数据均是按照 WTOTBT、SPS 数据库中的数据整理统计。

② 在本文中，欧盟部分单独成员（例如法国、德国）依据 TBT 协定第 10.6 条向 WTO 通报的数据未计入欧盟通报数据之中。

而从欧盟单年通报数占当年通报总数的比重来看，欧盟的通报比重并未呈现出上升态势，而是保持相对平稳的态势（图5－14）。

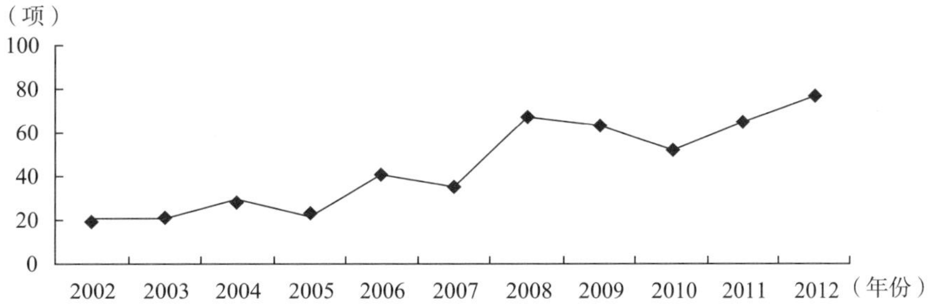

图5－14　2002—2012年欧盟向WTO提交TBT通报年度走势

从欧盟提交TBT通报数量的年度变化情况来看，提交数量最多的为2012年，77项；2008年同比增幅最大，为91.4%；2005年同比降幅最大，为26.7%。

2. 通报产品的行业分布情况

2002—2012年，在欧盟向WTO提交的494项TBT通报中（1项通报可能涉及多个产品）涉及化工行业的产品（含橡胶、炸药、轮胎等）通报数最多，达198项，占同期欧盟TBT通报总数的40.1%；涉及轻工行业的产品通报数为98项，位居第二，占同期欧盟TBT通报总数的19.8%；涉及食品行业（含饮料、葡萄酒）的产品通报有49项，占比9.9%，数量位居第三（图5－15）。

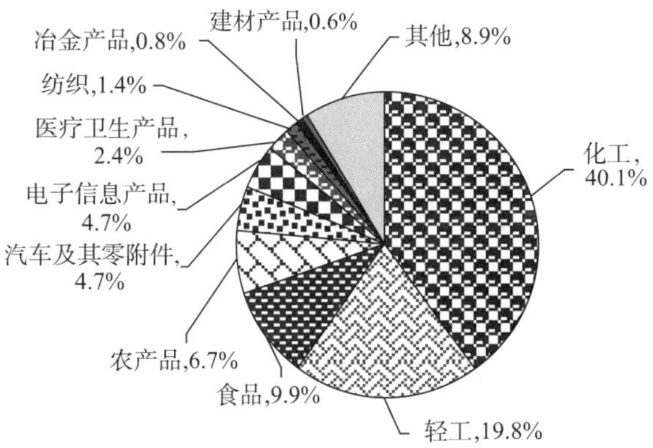

图5－15　2002—2012年欧盟TBT通报所涉及产品行业分布情况

3. 通报的目的和理由情况

2002—2012年，在欧盟向WTO提交TBT通报的理由和目的（1项通报可能涉及多项理由）中，位居前三位的分别是：保护人类的健康和安全，共计171项，占比34.6%；保护环境，共104项，占比21.1%；统一性要求，共59项，占比11.9%。三项合计334项，占欧盟TBT通报总量的67.6%（图5－16）。

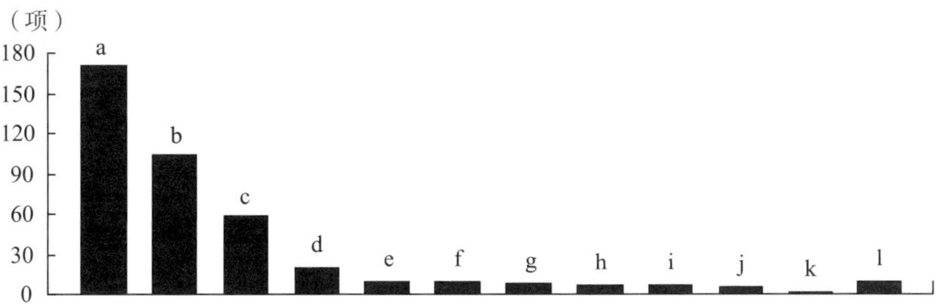

图5－16　2002—2012年欧盟TBT通报理由和目的分布

a. 保护人类的健康或安全　　b. 保护环境
c. 统一性要求　　d. 消费者信息及标签标识
e. 防止欺诈行为和保护消费者权益　　f. 节约成本和提高生产率
g. 采用国内法律法规或技术标准　　h. 保护动植物生命或健康
i. 质量要求　　j. 贸易便利化
k. 国家安全　　l. 其他

在欧盟提交的494项TBT通报所依据的《技术性贸易壁垒协定》（简称TBT协定）条款中（1项通报可能依据多项条款），仅依据第2.9.2条的共有473项，占比95.7%；仅依据第5.6.2条①的有106项，占比21.5%；依据第2.10.1条的共有2项，占比0.4%；“无依据”的有4项。

三、SPS通报统计分析

1. 总体情况

2002—2012年，WTO成员共发布SPS通报12098项（包括常规通报、紧急通报，以及对已有通报的补遗、勘误和修订，下同）。其中，欧盟所提交的SPS通报数为643项，占通报总量的5.3%，在所有成员中位列第5位（表5－4）。

表5－4　2002—2012年主要成员向WTO提交SPS通报情况统计

排　名	成　员	通报数量（项）	占比（%）
1	美　国	2801	23.2
2	巴　西	1066	8.8
3	加拿大	1036	8.6
4	中　国	720	6.0
5	欧　盟	643	5.3
6	中国台湾	451	3.7
7	秘　鲁	437	3.6
8	新西兰	421	3.5
9	智　利	402	3.3
10	韩　国	400	3.3

从欧盟提交SPS通报数量的年度变化情况来看（图5－17），2005年前波动起伏较大，2004年是迄今为止通报数量最多的一年，为93项；2003年增幅最大，为57.4%；而2005年的通报数量最低，仅为42项。2006—2011年，欧盟提交的SPS通报数量变动不大，均未超过60项。2012年欧盟提交的SPS通报数量为67项，增幅为34%。

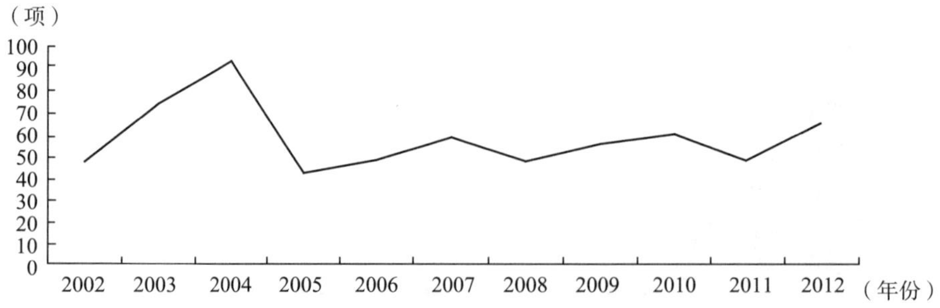

图5－17　2002—2012年欧盟提交的SPS通报年度走势

① 第5.6.2条即“当国际标准化机构尚未制定出相应的指南或建议时，或提出的合格评定程序的技术内容与国际标准化机构制定的指南或建议不一致时，并且此合格评定程序可能对其他成员的贸易有重大影响时，该成员应通过秘书处将此合格评定程序覆盖的产品清单通报各成员，并简要说明其目的和理由。这样的通报应在早期适当阶段进行，以便对收到的意见进行考虑和对此程序作出修改。”

2. 通报的目的和理由情况

WTO 各成员在提交 SPS 通报时都要说明提交的原因或目的。目前，成员提交 SPS 通报的原因主要有 5 条，即食品安全、植物保护、保护人类免受动/植物有害生物的危害、动物健康和保护国家免受有害生物的其他危害。2002—2012 年，在欧盟向 WTO 提交的 643 项 SPS 通报中，以食品安全为由或目的所提交的通报共 245 项（1 项通报可能涉及多种原因），数量最多，占同期欧盟 SPS 通报总量的 38.1%；以保护人类免受动/植物有害生物的危害为由或目的提交的 SPS 通报共 172 项，数量位列第二，占比 26.7%（图 5－18）。

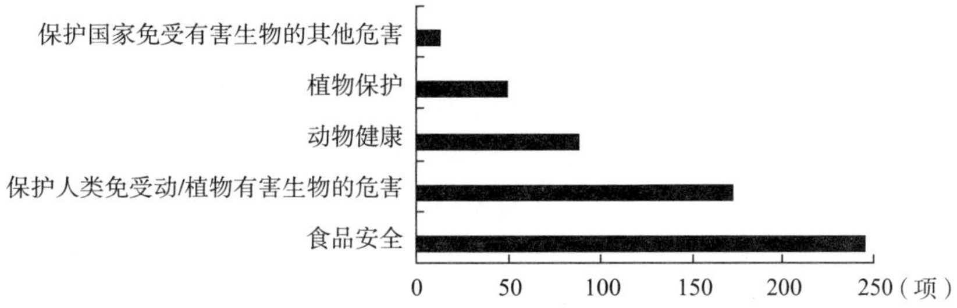

图 5－18　2002—2012 年欧盟向 WTO 提交 SPS 通报原因分布

日本 TBT、SPS 通报情况分析

日本的技术性贸易措施主要包括技术法规和技术标准、产品质量认证制度与合格评定程序、绿色技术壁垒、动植物卫生检疫措施，以及近年来逐渐增多的“蓝色贸易壁垒”等。从近年来日本向 WTO 提交的 TBT 通报和 SPS 通报的情况来看，尽管整体未出现显著增长，但覆盖的产品种类则呈现不断扩大之势。2012 年，日本共向 WTO 提交了 34 项 TBT 通报和 21 项 SPS 通报，分别占当年 WTO 成员通报总量的 2.2% 和 1.7%。

一、日本技术性贸易措施体系概述

日本的技术性贸易措施主要包括技术法规和技术标准、产品质量认证制度与合格评定程序、绿色技术壁垒、动植物卫生检疫措施以及近年来逐渐增多的“蓝色贸易壁垒”等。日本的技术标准与法规名目繁多，约有 10% 的日本国家标准与国际标准不一致，尤其是在农业标准方面，往往要比国际标准更为严格。当外国商品进入日本市场时，不仅要求其符合国际标准，还要求与日本的标准相吻合，这让一般发展中国家望尘莫及。为了保护国内市场，日本通过 WTO 向各成员发布 TBT 通报和 SPS 通报，严格限制外国产品的进口。

1. 技术法规和技术标准覆盖行业范围广，标准严苛

日本的技术法规名目繁多，涵盖了纺织、机械制造、汽车制造、化学工业、农业、食品等多个行业。在每个行业中，又有数项法规从不同方面同时加以规范。以机械制造为例，就有《日本工业规格》（JIS）、《日本认证制度》、《劳动安全与健康法》、《电气用品取缔法》、《气瓶生产检验法》、《制品安全法》等同时监管。这些法律法规对很多商品的技术标准要求是强制性的，不论产品来自何地，均要在满足各种技术指标后，才能进行生产、销售和使用。

日本的标准按照制定部门可以分为国家级标准、专业团体标准、政府部门标准以及企业标准 4 个类别。除政府在标准化活动中扮演重要角色外，日本的标准化体制充分发挥了专业团体的作用，这种机制确保在发挥政府主导作用的同时又体现了“专家制定”的原则，也能保证所发布的标准符合行业

发展要求。

2. 通过质量认证和合格评定程序对进口商品设置重重障碍

除技术法规和技术标准外，日本还通过产品质量认证制度和合格评定程序对进口商品设置重重障碍。凡进入日本市场的商品，日本的进口部门均对其国内的生产、消费以及需求领域进行定向调查，并由商品流通业界作定性分析。而对某些产品，日本进口商还要对其进行质量认证，或对其生产工艺和生产方法进行合格评定。

产品安全标志认证（PSE）是日本的一项强制性认证，就如同我国的 CCC 认证。日本的《电气装置和材料控制法》（DENTORI）规定，498 种产品进入日本市场前必须通过安全认证。其中，165 种 A 类产品应取得 T－MARK 认证，333 种 B 类产品应取得 S－MARK 认证。其中，B 类产品分为简单布线套管和接线盒、100V～300V 的简单单相马达、家用电热产品、家用电动或电玩产品、使用光源的民用或家用产品、家用及商用电子产品以及其他 100V～300V 的电器产品 7 个部分。从 2001 年 4 月 1 日起，日本 DENTORI 正式更名为《电气产品安全法》（DENAN）。新的体系将由非官方机构来保证产品的安全性，不但替代了原来的“T”标志，而且还加强了对进口商的惩罚措施。

3. 对于食品安全的保障体系堪称“全球最严”

日本有关农产品的技术性措施体系自乌拉圭谈判之后逐步建立，涉及的范围广且要求严格。日本是农产品进口大国，其也因此逐渐成为世界上食品安全保障体系最完善、监管措施最严厉的国家之一。日本负责食品安全的监管部门主要有食品安全委员会、厚生劳动省、农林水产省。日本食品安全委员会成立于 2003 年 7 月，主要职能包括实施食品安全风险评估、对风险管理部门（厚生劳动省、农林水产省等）进行政策指导与监督，以及风险信息沟通与公开。农林水产省和厚生劳动省是日本法律明确规定食品安全的管理部门，负责农产品和食品的监测、鉴定和评估，以及政府委托的市场准入和市场监督检验。

日本检验检疫程序严格，如果企业被发现一次违反农残标准，厚生劳动省就会将针对该产品的检验频度提高到 30%，12 个月内如果再次违反，厚生劳动省将对整个国家同一产品的检验频度提高到 100%。这些要求表面上对本国产品、进口产品一视同仁，但由于执行过程中手续繁杂，并在做法上具有歧视性，因而对进口商品形成了贸易障碍。

二、日本 TBT 通报统计分析

1. 总体情况

2002—2012 年，日本提交 TBT 通报共计 377 项，占通报总量的 3.2%，在所有 WTO 成员中位列第八。日本 TBT 通报文件的政策目标范围十分广泛，而且覆盖的产品种类也呈现不断扩大之势。在通报的产品标准与法规方面，日本以保护国民健康安全和保护环境的名义，构筑了日本的市场准入门槛。

从日本提交 TBT 通报数量的年度变化情况来看（图 5－19），在 2003 年达到 45 项之后，2004 年仅有 22 项，为近年来的最低点，降幅达 51.1%。此后呈稳中有升之势，直到 2008 年增至近年来通报的最高点，为 53 项，同比增幅为 20.5%；2012 年，日本提交的 TBT 通报数为 34 项，占当年 WTO 成员 TBT 通报总量的 2.2%。

从 WTO 成员每年 TBT 通报数量的排名来看，2002—2008 年，日本一直保持在前七位之内，并在 2007 年达到最高的第三位。从 2009 年开始，包括中国、巴西、巴林、以色列在内的诸多发展中成员的 TBT 通报数量出现激增，日本的排名则出现大幅下滑，2010 年甚至降至第十八位。从每年日本提交的 TBT 通报占 WTO 成员通报总量的比例来看，也与排名情况类似，在 2002—2008 年保持在 3.4%～5.6%，从 2009 年起则逐渐低于 3%，2010 年占比仅为 1.8%（表 5－5）。

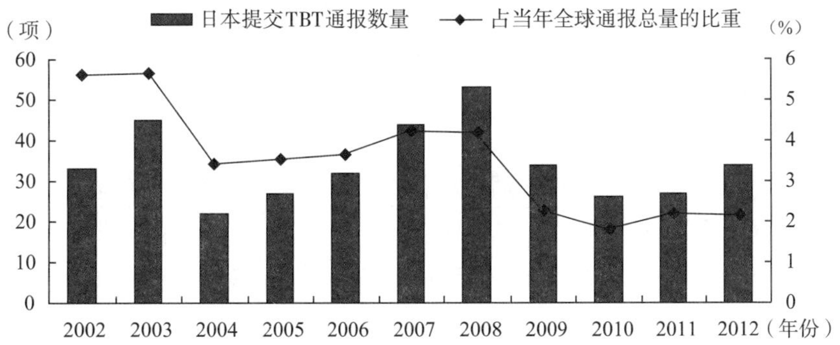

图 5－19　2002—2012 年日本 TBT 通报及在当年全球通报总数中占比情况

表 5－5　2002—2012 年日本提交 SPS 通报排名及占比情况

年　份	排　名	当年占 WTO 成员通报总量的比例（%）
2002	5	5.6
2003	4	5.6
2004	7	3.4
2005	6	3.5
2006	6	3.7
2007	3	4.2
2008	5	4.2
2009	13	2.3
2010	18	1.8
2011	16	2.2
2012	12	2.2

从 2012 年 WTO 成员通报的 TBT 数量来看，沙特阿拉伯位列首位，共提交 226 项，占当年 WTO 成员 TBT 通报总量（1565 项）的 14.4%；美国和以色列并列位居第二，各为 104 项，占比 6.6%；乌干达位列第三，99 项，占比 6.3%；中国位列第四，80 项，占比 5.1%；欧盟和韩国并列位居第五，各为 77 项，各占比 4.9%。2012 年，日本向 WTO 通报的 TBT 数量为 34 项，在所有成员中位列第十二位，占比 2.2%。

2. 通报产品的行业分布情况

2002—2012 年，在日本向 WTO 提交的 377 项 TBT 通报中，有 137 项标明了所涉及产品的海关编码（HS 码）。在本文中，依据 HS 码将日本 TBT 通报所涉及产品分为了 7 个行业：

① 农产品，包括 HS 码为 01～24 的产品，主要涉及动植物产品、食品、饮料等；

② 机械，包括 HS 码为 84、85 的部分产品，主要涉及机械设备、仪器仪表、机械标准件、车船航空器、机动车辆等；

③ 轻工，包括 HS 码为 41～49、64～70 以及 84、85、94 的部分产品，主要涉及皮革、鞋帽、木及木制品、纸及纸制品、陶瓷玻璃、家具、玩具、家电等；

④ 化工，包括 HS 码为 28～40 的产品，涵盖化学原料、化学制品、橡胶及其制品，塑料及其制品、医药等；

⑤ 纺织品服装，包括 HS 码为 50～63 的产品，即纺织原料及纺织制品；

⑥ 电子信息行业，包括 HS 码为 84、85 中的部分产品，主要涉及数据处理设备及其零部件、通信设备及其零部件、半导体电子元器件等；

⑦冶金，包括 HS 码 72～83 的产品。

将 2002—2012 年日本提交的 377 项 TBT 通报所涉及的产品与 HS 码（1 项通报可能涉及多个 HS 码的产品）相对应之后可以发现，涉及化工产品的通报最多，达 101 项，占同期日本 TBT 通报总量的 26.8%。其中，在 HS 码 30 项下（即药品）的产品就有 49 项，占该类产品的 48.5%，占同期日本 TBT 通报总量的 13.0%；含有石棉的化工产品有 13 项。

涉及农产品的 TBT 通报共 96 项，数量位居第二，占同期日本 TBT 通报总量的 25.5%。其中，加工食品有 46 项，占该类产品的 47.9%；鲜活动植物产品 28 项，占该类产品的 29.2%；果汁、饮料类产品 7 项。

涉及机械行业的产品 TBT 通报共 66 项，占比 17.5%，数量位居第三。其中，在 HS 码 87 项下（即车辆及其零件、附件，不包括铁道及电车道车辆）的产品共计 43 项，占该类产品的 65.2%，占日本 TBT 通报总量的 11.4%。

涉及轻工产品的 TBT 通报共 63 项，占比 16.7%。其中，仅家电产品就有 33 项，占该类产品的 52.4%；儿童玩具有 7 项，家具及其配件有 6 项。

此外，涉及电子信息产品的 TBT 通报共 40 项，占比 10.6%；纺织品服装 7 项，占比 1.8%；涉及冶金产品的通报 4 项，占比 1.1%（图 5－20）。

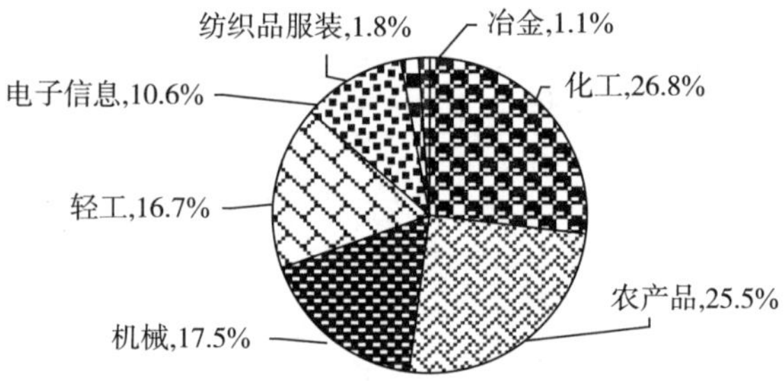

图 5－20　2002—2012 年日本 TBT 通报涉及产品行业分布情况

3. 日本 TBT 通报理由和目的

2002—2012 年，在日本向 WTO 提交 TBT 通报的目的和理由（1 项通报可能涉及多项理由）中，位居前三位的分别是：保护人类的健康或安全，共计 115 项，占比 30.5%；新法律法规或技术标准，共有 68 项，占比 18.0%；向消费者提供信息及标签标识，共 42 项，占比 11.1%。三项合计 225 项，占日本 TBT 通报总量的 59.7%（图 5－21）。

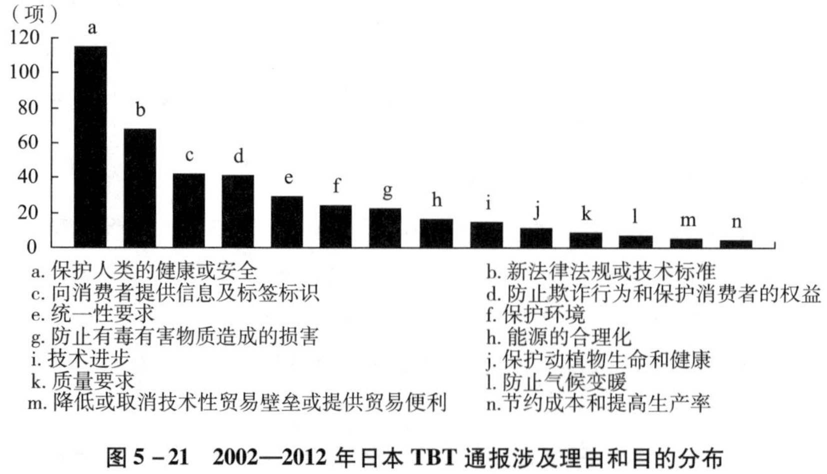

图 5－21　2002—2012 年日本 TBT 通报涉及理由和目的分布

4. 日本 TBT 通报所依据的条款

在日本提交的 377 项 TBT 通报中，仅依据《技术性贸易壁垒协定》（简称 TBT 协定）第 2.9.2 条的共有319项，占比84.6%；仅依据第5.6.2条的有8项，占比2.1%；同时依据第2.9.2条和第5.6.2条的共有45项，占比11.9%；依据第2.10.1条的有2项；“无依据”的有3项。

三、日本SPS通报统计分析

1. 总体情况

2002—2012年，日本共向WTO提交SPS通报数243项，占各成员通报总量的2.0%，在所有成员中位列第十四位。

从日本提交SPS通报数量的年度变化情况来看（图5-22），一直维持在20~30项之间，2007年达到历年最高点，为27项；2003年和2006年为近年来通报的最低值，为21项。

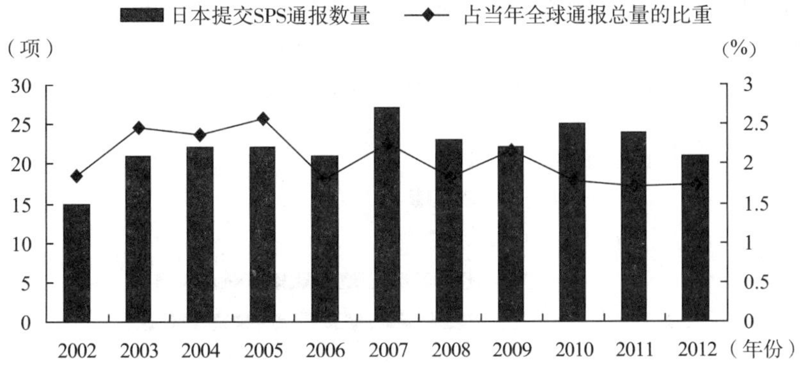

图5-22　2002—2012年日本SPS通报及在当年全球通报总数中占比情况

从WTO成员每年SPS通报数量的排名来看，2003年日本达到第九位的最高排名，其他年份均未进入前十。除2003年外，2002—2007年日本的排名一般保持在十三位以内。从2008年开始，随着巴西、秘鲁等发展中成员SPS通报数的持续攀升，日本的排名下滑至第十四位以下，并在2010年降至近10年来最低的第十六位。从每年日本SPS通报数量的占比情况来看，一直较为稳定，保持在1.6%~2.6%之间。其中，2005年所占比例最高，为2.6%；2011年通报数所占比例最低，为1.6%（表5-6）。

表5-6　2002—2012年日本提交SPS通报排名及占比情况

年　份	排　名	当年占WTO成员通报总量的比例（%）
2002	13	1.9
2003	9	2.4
2004	10	2.4
2005	12	2.6
2006	13	1.8
2007	10	2.3
2008	14	1.8
2009	15	2.2
2010	16	1.8
2011	14	1.6
2012	14	1.7

数据来源：WTO

从 2012 年 WTO 成员通报的 SPS 数量来看，美国位列首位，通报数为 205 项，占当年 WTO 成员 SPS 通报总量（1212 项）的 16.9%；加拿大位列第二，170 项，占比 14.0%；巴西位列第三，95 项，占比 7.8%；欧盟位列第四，67 项，占比 5.5%；秘鲁位列第五，63 项，占比 5.2%。2012 年，日本向 WTO 通报的 SPS 数量为 21 项，在所有国家中位列第十四位，占比 1.7%。

2. 日本 SPS 通报目的和理由分布情况

WTO 各成员在提交 SPS 通报时都要说明提交的原因或目的。目前，各成员提交 SPS 通报的原因主要有 5 条，即保护人类免受动/植物有害生物的危害、食品安全、动物健康、植物保护和保护国家免受有害生物的其他危害。2002—2012 年，在日本向 WTO 提交的 243 项 SPS 通报中，以保护人类免受动/植物有害生物的危害为由或目的所提交的通报共 184 项（1 项通报可能涉及多种原因），数量最多，占同期日本 SPS 通报总量的 75.7%；以食品安全为由或目的提交的 SPS 通报共 167 项，数量位列第二，占比 68.7%；动物健康共 52 项，位列第三，占比 21.4%；植物保护共 33 项，占比 13.6%；保护国家免受有害生物的其他危害共 12 项，占比 4.9%（图 5－23）。

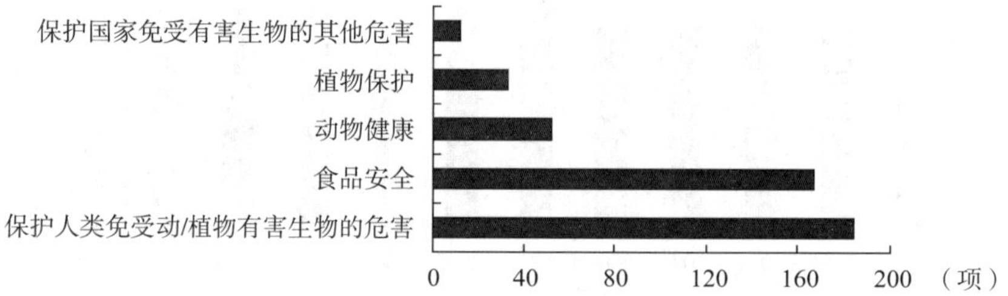

图 5－23 2002—2012 年日本向 WTO 提交 SPS 通报原因分布

加拿大 TBT、SPS 通报情况分析

在 WTO/TBT 的原则下，加拿大积极构筑本国的技术性贸易措施体系，以保障人类安全和保证产品质量安全为宗旨，以在自由贸易框架下保护本国产业发展为目的，运用符合国际惯例和顺应世界经济发展潮流的非关税壁垒——技术性贸易壁垒，在扩大出口的同时保护本国产业不受外来产品的冲击。

一、加拿大 TBT 通报统计分析①

1. 加拿大 TBT 通报量及排名呈下降趋势

2002—2012 年，加拿大共向 WTO 提交 TBT 通报 368 项，占 WTO 成员共提交 TBT 通报总量的 3.2%，数量在所有成员中位居第九。2002—2012 年，加拿大每年提交的 TBT 通报量较为平稳，平均在 33 项左右浮动，从未超过 40 项，并在 2005、2007 和 2009 年达到峰值的 39 项。其中，2002—2005 年，通报数量连续 4 年增长，平均增幅为 11.8%。2006—2012 年，通报数量呈波浪形增长，且分别在 2006、2008、2010、2011 和 2012 年出现下降，降幅分别为 7.7%、15.4%、10.3%、8.6% 和 25.0%。2012 年，全球 TBT 通报数量增长 27.2%，达到 1565 项，而加拿大 TBT 通报数量却连续第三年下降，为 24 项，降幅达 25.0%，为历年最低值（图 5－24）。

① 文中加拿大 TBT 和 SPS 统计数据均来自 2012 年 6 月 WTO 公布的数据。

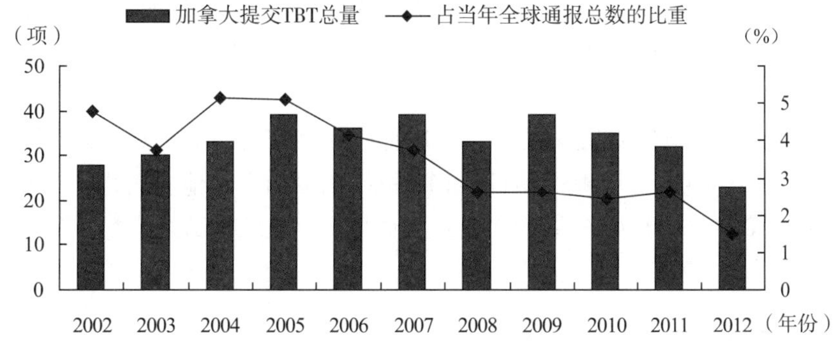

图 5－24　2002—2012 年加拿大 TBT 通报及在当年全球通报总数中占比情况

数据来源：WTO

从 WTO 成员每年 TBT 通报数量的排名来看，2002—2007 年，加拿大一直保持在前六位，并在 2005 年达到第四位。2007 年之后，加拿大每年通报数量排名持续走低，而近年来，包括中国、巴西、乌干达、沙特阿拉伯在内的诸多发展中成员 TBT 通报数量出现激增，导致加拿大的排名大幅下滑，2012 年已经降至第十五位，为历年最低排名。从每年加拿大 TBT 通报数量的占比看，也与排名情况类似，2002—2007 年均保持在 3.8% ~5.2%，从 2008 年起开始低于 3%，维持在 2.6% 左右，2012 年该比例下降至 1.5%，同比减少 1.1 个百分点（表 5－7）。

表 5－7　2002—2012 年加拿大提交 TBT 通报排名情况

年　份	排　名	占当年 WTO 成员通报总量的比例（%）
2002	6	4.8
2003	6	3.8
2004	5	5.2
2005	4	5.1
2006	5	4.1
2007	5	3.8
2008	11	2.6
2009	12	2.6
2010	13	2.5
2011	14	2.6
2012	15	1.5

数据来源：WTO

2. 制药学位占加拿大 TBT 通报的 22.5%，位居首位

2002—2012 年，在加拿大向 WTO 提交的 368 项 TBT 通报中，共有 334 项标明了所涉及产品的国际标准分类法（ICS 码），将加拿大 TBT 通报所涉及的产品与 ICS 码（1 项通报可能涉及多个 ICS 码的产品）相对应之后可以发现，医药卫生技术，环保、保健和安全，电信、音频和视频工程，道路车辆工程，农业，化工技术，石油技术以及家用和商用设备、文娱、体育用品等领域是其关注的重点。根据 ICS 二级分类，位居前三位的领域分别为：制药学（包括药物、医用材料和制药设备等），共计 75

项，占比 22.5%；无线通信，53 项，占比 15.9%；环境保护（包括环境管理、环境影响评定、污染控制和保护等）以及道路车辆装置（车辆照明、制动、车身等车辆部件），各为 43 项，分别占比 12.9%。

此外，通报涉及较多的产品还包括：兽医学（21 项）、道路车辆综合（道路车辆试验、回收、运输等，14 项）、空气质量（14 项）、儿童用器具（13 项）、杀虫剂和其他农用化工产品（13 项）、燃料（10 项）、危险品防护（10 项）、化工产品（10 项）和商用车辆（10 项）等（图 5－25）。

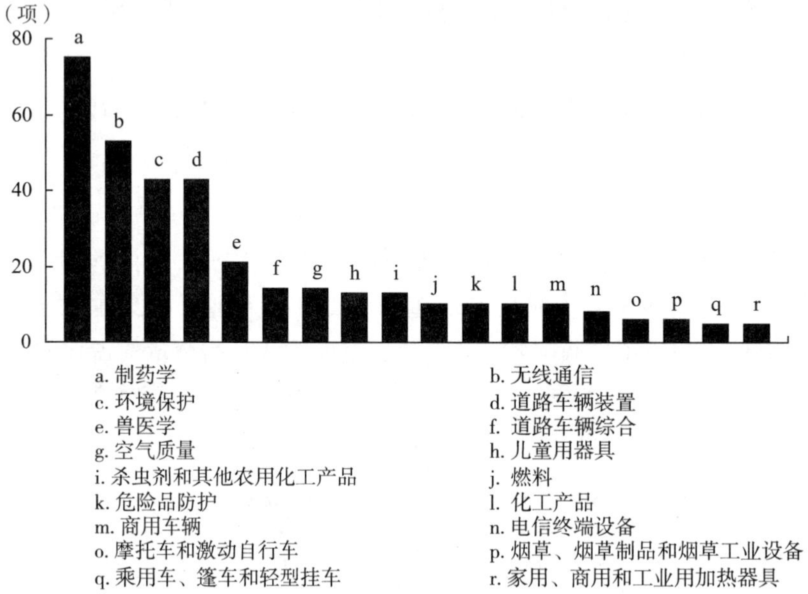

图 5－25　2002—2012 年加拿大 TBT 通报领域分布

数据来源：WTO

3. 保护人类健康是加拿大 TBT 通报的最主要目的

2002—2012 年，在加拿大向 WTO 通报的 368 项通报中（1 项通报可能涉及多个目的），位居前三位的分别是：保护人类健康，共计 160 项，占比 43.5%；保护环境，86 项，占比 23.4%；保护人类安全，65 项，占比 17.7%，三项合计 311 项，占加拿大 TBT 通报总量的 84.5%（图 5－26）。此外，适用的理由和目的还包括：保护网络、保护动物生命和健康、消费者信息及标签、扩大市场准入、防止欺诈行为、维护国家安全等。

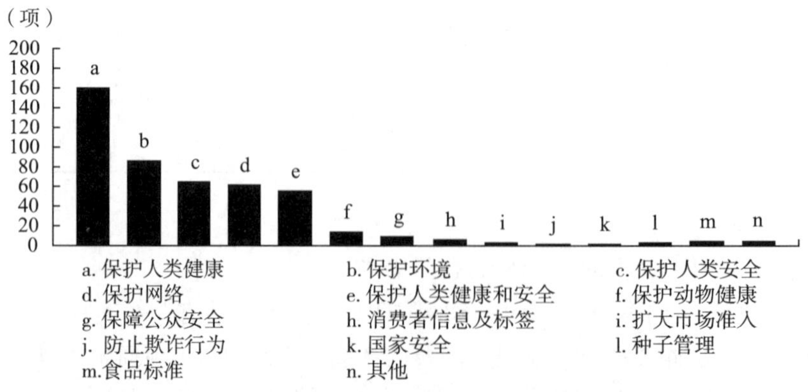

图 5－26　2002—2012 年加拿大 TBT 通报涉及理由和目的分布

数据来源：WTO

4.《技术性贸易壁垒协定》第2.9.2条是加拿大TBT通报的主要依据

2002—2012年，加拿大所提交的TBT通报，依据《技术性贸易壁垒协定》（简称TBT协定）的第2.9.2条的共计342项（1项通报可能涉及多项协定）；依据5.6.2条的共计138项；依据2.10.1条的2项；依据5.7.1条的1项。

二、加拿大SPS通报统计分析

1. 近两年加拿大SPS通报数及排名出现上升

2002—2012年，加拿大共提交SPS通报1036项（其中，补遗/修正通报473项、紧急措施通报20项以及常规通报543项），占WTO成员共发布SPS通报总量的8.6%，在所有成员中位列第三。2002—2012年，加拿大提交的SPS通报总量呈增长态势，但在2005、2006、2009和2011年出现了下降，降幅分别为19.7%、37.7%、39.1%和14.9%。2002—2007年，加拿大SPS年度通报数较为平稳，平均每年为56项；2008年，加拿大提交的SPS通报突破100项，猛增至128项，是2007年提交数量的3倍左右；2010年达到峰值的175项；2012年，加拿大通报数量增长14.1%，达到170项，与2010年基本持平（图5-27）。

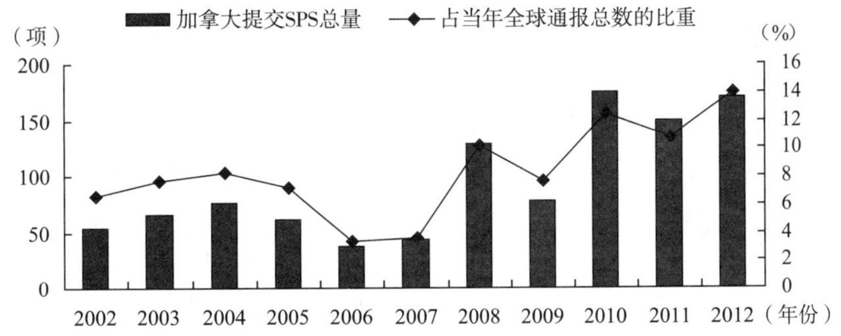

图5-27　2002—2012年加拿大SPS通报及在当年全球通报总数中占比情况

数据来源：WTO

从WTO成员每年发布SPS通报数量的排名来看，2002—2012年，加拿大一直保持在第三位左右。其中，有4年排名第三位；3年排名第二位；2006年和2007年下滑至第五位；2012年，随着中国通报数量的大幅下降，加拿大重返排行榜第二位，仅次于美国（204项）（表5-8）。

表5-8　2002—2012年加拿大提交SPS通报排名情况

年　份	排　名	年　份	排　名
2002	3	2008	3
2003	4	2009	4
2004	3	2010	2
2005	2	2011	3
2006	5	2012	2
2007	5	—	—

数据来源：WTO

2. 食品安全和保护人类免受动/植物有害生物的危害是加拿大 SPS 通报的主要目标

2002—2012 年，加拿大提交 SPS 通报的理由和目的（1 项通报可能涉及多项理由）（常规通报）中，位于首位的是食品安全，共337 项，占比62.1%；位居第二的是保护人类免受动/植物有害生物的危害，共267 项，占比49.2%；植物保护，15 项，占比2.8%；动物健康，7 项，占比1.3%；保护国家免受有害生物的其他危害，6 项，占比1.1%（图5－28）。

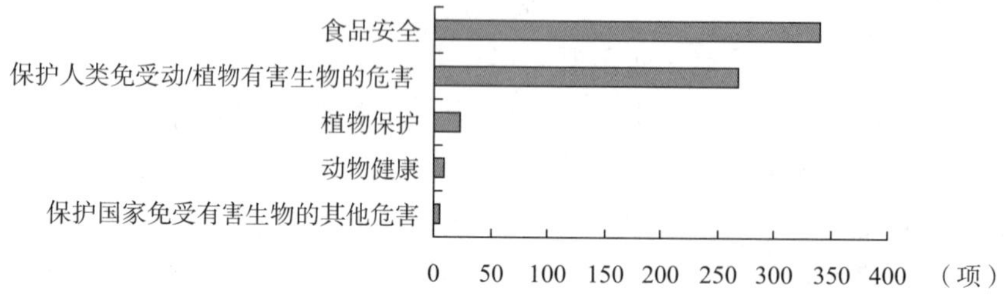

图5－28　2002—2012 年加拿大向 WTO 提交 SPS 通报原因分布

数据来源：WTO

第二节　主要国家对华产品拒绝、召回、预警和扣留情况

近两年来，美国、欧盟、日本和加拿大对中国产品召回/预警/扣留的数量有所减少（美国食品和药品管理局（FDA）除外）。其中，非食品类产品中，家居用品、儿童用品和玩具是美国消费品安全委员会（CPSC）和加拿大召回的重点；玩具、服装和电器类产品是欧盟非食品类快速预警系统（RAPEX）通报的重点；召回的主要原因在于引发的窒息、受伤和触电等危险。食品类产品中，食品、饮料及农产品是美国 FDA 重点关注的产品；与食品直接接触类产品、坚果类产品和谷物类产品是欧盟食品及饲料类快速预警系统（RASFF）通报的重点；农产品加工食品位居日本扣留之首；通报/扣留的主要原因在于含食品中含有霉菌毒素、细菌、病原微生物等有害成分等。

美国 FDA 拒绝进口中国产品情况分析

2005—2012 年，美国 FDA 共拒绝进口产品 200602 批次。其中，墨西哥被拒绝进口产品最多，高达74870 批次，占比37.3%；中国居第二位，达15750 批次，占比7.9%；印度位居第三，14512 批次，占比7.2%。墨西哥之所以超过中国位居美国 FDA 拒绝进口产品的首位，主要是由于2011 年6 月和8 月，美国 FDA 拒绝进口的墨西哥商品分别高达18502 批次和34050 批次。

一、美国 FDA 拒绝进口中国产品总体呈增长态势，2012 年中国被拒绝进口商品最多

纵观美国 FDA 对华产品拒绝进口情况可见，美国拒绝进口中国产品总体呈增长态势。2002 年，在美国 FDA 以拒绝进口产品报告替代进口产品扣留报告的第一年，共拒绝进口中国产品 949 批次，占比5.2%，排名第六位；在2003、2004 年连续两年增长，2005、2006 年连续两年下降后，2007 年，中国被拒绝进口的产品批次同比增长14.8%，达1963 批次，首次位居美国拒绝进口产品的第一位；虽然2008 年再次出现同比下降，但2009 年升至1991 批次，占比达12.7%，再次位居美国拒绝进口产品的首位；2010 年同比略有下降，但仍居首位；2011 年，美国共拒绝进口中国产品 2385 批次，同比增长42.5%；2012 年，美国共拒绝进口中国商品 2399 批次，排名第一（表5－9）。

表 5－9 2002—2012 年美国 FDA 拒绝进口中国产品年度发布情况

年 份	2002	2003	2004	2005	2006	2007	2008	2009	2010	2011	2012
批次	949	1463	1923	1914	1710	1963	1714	1991	1674	2385	2399
占比（%）	5.2	8.4	9.2	9.8	10.0	12.5	10.3	12.7	11.2	2.9	12.4
排 名	6	3	3	2	3	1	2	1	1	2	1

二、食品、饮料及农产品被拒绝进口批次最多，但 2012 年医疗设备等机电类产品被拒绝批次猛增

美国 FDA 拒绝进口产品的类别主要包括：食品、饮料及农产品，医疗、轻工产品，药品，机电、家电产品，瓷器、餐具，化妆品以及其他产品。2005—2012 年，美国 FDA 拒绝进口中国的 15750 批次的产品中，食品、饮料及农产品类产品最多，共计 6316 批次，占比 40.1%；其次为医疗、轻工类产品，3905 批次，占比 24.8%；药品类产品共计 2195 批次，占比 13.9%，居第三位。

2002 年以来，食品、饮料及农产品类产品就一直是美国 FDA 拒绝进口中国产品的重点领域。2002 年，在美国拒绝进口的 949 批次中国产品中，食品、饮料及农产品为 416 批次，占比 43.8%，居首位；2003 年增至 652 批次，占比 35.0%，仍为最多；2005—2011 年，虽然医疗、轻工产品以及药品被拒绝进口的位次不断发生变化，但食品、饮料及农产品类产品始终位居中国被拒绝进口产品的首位，分别达 733 批次、689 批次、947 批次、696 批次、893 批次、638 批次和 907 批次（图 5－29）。然而，2012 年，美国 FDA 拒绝进口的中国机电（包括医疗设备）类产品大幅增长，共拒绝进口 1082 批次，超过食品、饮料及农产品，医疗、轻工产品以及药品，占当年美国 FDA 拒绝进口中国商品总批次的 45.1%。

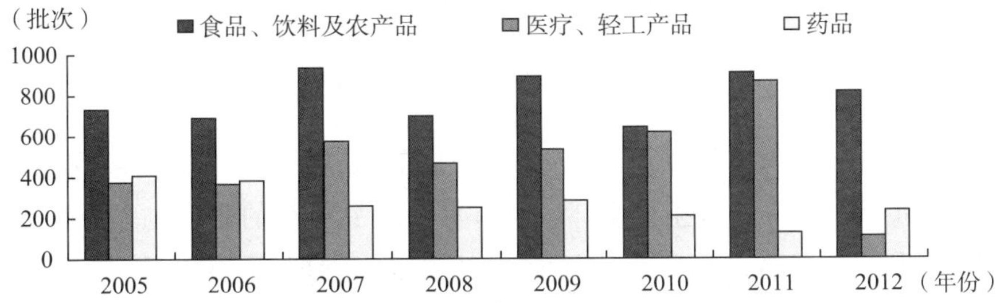

图 5－29 2005—2012 年美国 FDA 拒绝进口中国产品排名前三位的产品类别年度对比情况

三、未经注册批准是美国 FDA 拒绝进口的最主要原因

美国 FDA 拒绝进口中国产品的主要原因包括：① 未经注册批准；② 限量超标；③ 不符合包装、标签和说明的规定；④ 不符合卫生要求；⑤ 不符合生产的相关标准与规定；⑥ 缺少证书材料；⑦ 不符合进口法律的规定；⑧ 含有有毒有害物质；⑨ 其他。

单批次产品可能因多项原因而被 FDA 拒绝进口。2005—2012 年，在美国 FDA 拒绝进口中国 15750 批次的产品中。其中，因未经注册批准的为 5448 批次，占比 34.6%，排在第一位；其次为不符合包装、标签和说明的规定，4079 批次，占比 25.9%；不符合卫生要求的，3689 批次，占比 23.4%，居第三位。

四、广东是美国 FDA 拒绝进口中国产品的最主要来源地，连续 7 年位居首位

2006—2012 年，在美国 FDA 拒绝进口 13836 批次的中国产品中，原产地为广东的 4473 批次，占同期美国 FDA 拒绝进口中国产品总批次的 32.3%，居首位；原产地为浙江的 1698 批次，占比 12.3%，位居第二；福建位居第三，1137 批次，占比 8.2%。原产于上述 3 个省份的中国被拒绝进口产品共计 7308 批次，占同期中国被拒绝进口产品总批次的 52.8%（图 5－30）。

此外，被拒绝进口产品较多的省份还有：上海、山东、江苏、河北、北京、辽宁以及天津。

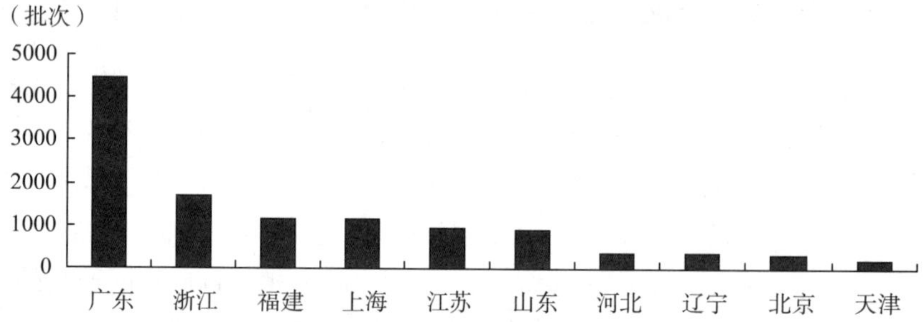

图 5－30　2005—2012 年美国 FDA 拒绝进口中国产品前十位省份分布情况

广东、浙江、上海及福建一直是美国 FDA 拒绝进口中国产品的主要来源地，而广东连续数年居美国 FDA 拒绝进口中国产品的首位。2002 年，在中国被拒绝进口的产品中，原产地为广东的 192 批次，占比 20.2%；2003 年为 439 批次，占比 30.0%；2005 年为 486 批次，占比 25.3%；2006 年为 379 批次，占比 22.2%；2007—2011 年，分别为 491 批次、669 批次、754 批次、628 批次和 798 批次，且均位居当年美国 FDA 拒绝进口中国产品来源省份之首；2012 年广东对美产品共被拒绝进口 754 批次，占当年美国 FDA 拒绝进口中国商品总数的 31.4%，继续居首位。

美国 CPSC 对华产品召回情况分析

美国消费品安全委员会（简称 CPSC）是美国一个独立的联邦机构，成立于 1973 年 5 月，由总统任命、参议院批准的专员担任主席，承担着联邦政府有关消费品安全的职能，主要职责是对消费产品使用的安全性制定标准和法规并监督执行。CPSC 现有的目录上管理着 15000 种不同的产品，CPSC 规则是收集产品的安全数据、提示客户产品的危险性以及降低危害的途径。CPSC 的规则用于处理电子振荡、火灾和其他危害安全的因素，也适用于那些陷于诉讼案件、未能执行安全准则而造成伤亡的产品。制造商、进口商、分销商和零售商必须对被检测不安全的产品作出书面报告，只有获得安全标志的产品才准许进入市场。美国 CPSC 更注重的是预防，而不是事后的补救。

2006—2012 年，美国 CPSC 共发布 2524 项产品安全召回通报，涉及美国、印度、加拿大、印度尼西亚、斯里兰卡、柬埔寨、韩国、英国、意大利、奥地利、巴西、法国、墨西哥、泰国、巴基斯坦、比利时、波兰、西班牙、越南、葡萄牙、德国、瑞典、马来西亚、丹麦、罗马尼亚、荷兰、哥伦比亚、菲律宾、孟加拉国、日本、中国等 31 个国家以及中国香港、中国澳门和中国台湾。

一、美国 CPSC 对华产品召回不断下降[①]

2006—2012 年，美国 CPSC 召回中国产品的通报最多，为 1478 项，占同期召回总数的 58.6%；其

① 该部分数据来源于美国消费品安全委员会

次为美国本土产品，为494项，占比19.6%；中国台湾位居第三，134项，占比5.3%；墨西哥居第四位，69项，占比2.7%；加拿大居第五位，57项，占比2.3%。其他国家为290项，占比11.5%（图5-31、图5-32、图5-33）。①

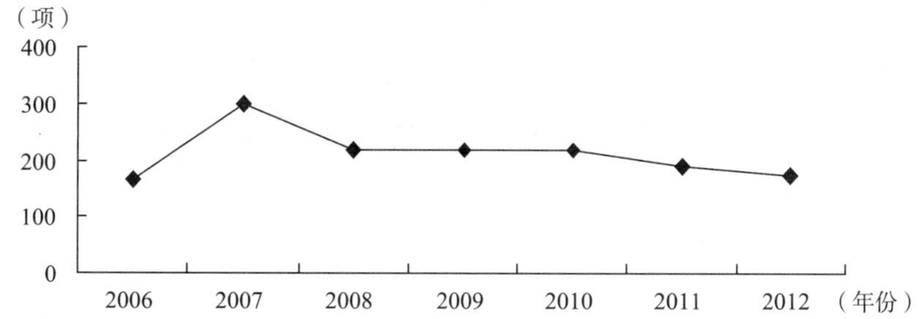

图5-31 2006—2012年美国CPSC召回中国产品年度走势

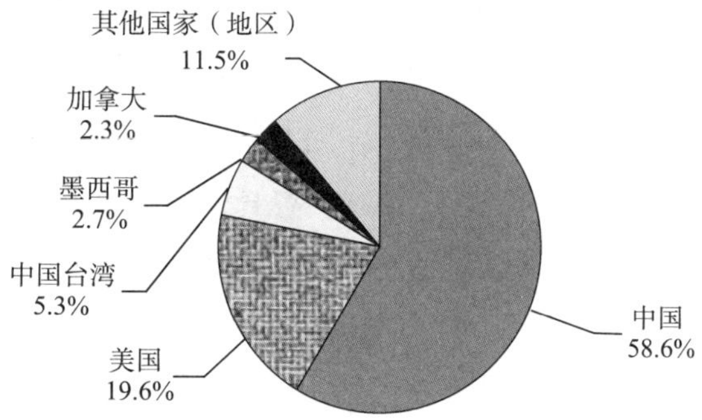

图5-32 2006—2012年美国CPSC召回涉及的主要国家（地区）分布

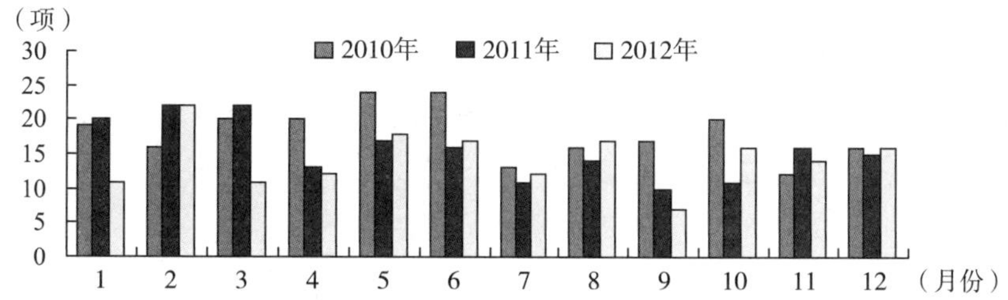

图5-33 2010—2012年美国CPSC召回中国产品月度分布对比

2006—2012年，美国针对中国产品的召回经历了大幅增长、维持平衡、连续下跌的过程。2007年，美国CPSC召回中国产品298起，为近年来召回数量最多，同比增长79.5%，但2008年召回中国产品218起，同比下降26.8%。2008年召回产品大幅下降的原因主要有三方面：一是金融危机不断向实体经济延伸，美国消费水平下降，直接导致了美国进口产品数量大幅缩减；二是2008年中国食品质量问题的负面影响波及消费品（问题虽然是发生在食品领域，但其负面影响波及大部分中国出口产品）；三是《美国消费品安全法案》于2008年8月14日正式生效，进一步提高了中国消费品出口到美国的“门槛”。2009年与2010年，美国CPSC对华产品召回通报数均为217起。2011年、2012年，美国CPSC对华产品召回连续两年下降，降幅分别为13.4%和7.4%。

① 1项产品召回可能涉及多个国家（地区）。

二、家居和园艺产品是召回的重点[①]

2006—2012 年，在美国 CPSC 涉及中国产品的 1478 项召回通报中，居前列的是家居和园艺产品，共 603 项，占通报总数的 40.8%；儿童用品居第二，466 项，占比 31.5%；玩具，254 项，占比 17.2%，居第三位；运动和休闲用品，154 项，占比 10.4%（图 5－34）。

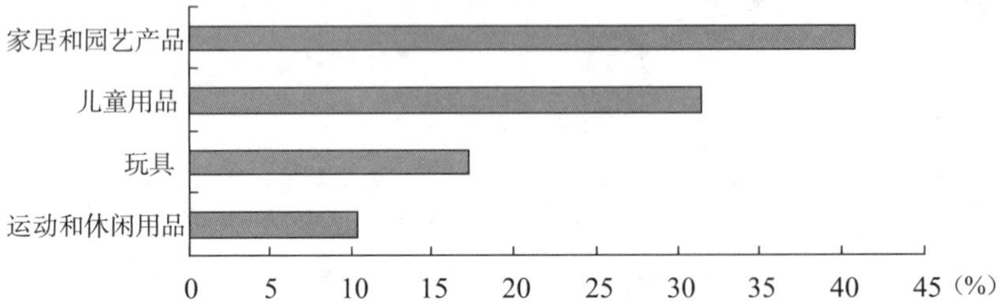

图 5－34　2006—2012 年美国 CPSC 召回中国产品类别分布

1．家居和园艺产品

家居和园艺产品主要包括家用小电器（如电烤箱、吹风机、电视、烤面包机、咖啡壶、笔记本电脑及所配电池、冰箱等）、家具（如电视柜、椅子等）、餐具、园艺产品（如植物修剪机、喷壶）等。召回的主要原因为受伤危险、火灾危险、触电危险等。从 2006—2012 年美国 CPSC 对中国家居和园艺产品的召回数量基本持平，年均为 86 项，其中 2009 年召回最多，为 97 项；2006 年召回最少，为 77 项。2011 年和 2012 年，美国 CPSC 召回中国家居和园艺产品均超过儿童用品，位居美国召回中国产品的首位。

2．儿童用品

儿童用品是美国 CPSC 重点监测的产品之一，主要包括儿童饰品、儿童服装、耐用型育儿产品（如婴幼儿推车、摇篮、餐椅、牙胶等）。召回的主要原因有铅含量超标、服装束带有致儿童颈部被勒危险、受伤危险（如划伤、割伤）等。2007—2012 年，除 2010 年有所反弹外，美国消费品安全委员会召回中国儿童用品的数量总体呈下降趋势，2011 年和 2012 年美国对华儿童用品召回的数量仅为 54 项和 43 项，同比分别下降 37.2% 和 20.4%。

3．玩具

玩具一直是中国出口美国的传统优势产品，主要是益智玩具和毛绒玩具。召回的主要原因是铅含量超标、受伤危险、窒息危险。2008—2012 年，美国召回中国玩具通报数量总体呈下降趋势。除 2011 年的 25 项比 2010 年的 24 项微增 1 项外，其余年份同比均下降。2012 年比 2011 年同比下降 48%。美国 CPSC 对华玩具召回的主要原因有：全球需求回暖趋势仍不稳定，中国玩具出口缺乏持续增长的动力；贸易壁垒制约出口规模持续扩大；出口生产成本进一步提高。

三、意外伤害是美国 CPSC 对华产品召回的首因，远高出其他原因

2006—2012 年，在美国 CPSC 召回中国产品的原因中（1 项通报可能涉及多种原因），涉及最多的是因产品质量问题给消费者造成的摔伤、划伤等意外伤害危险，共 632 项，占比 42.8%；其次是引发火灾、爆炸等危险共 267 项，占比 20.8%；铅含量超标，共 267 项，占比 18.1%；可能引发儿童窒息、肠梗塞或肠梗阻危险，264 项，占比 17.9%；产品可导致儿童颈部被勒或身体被卡危险，111 项，

① 2012 年美国消费品安全委员会对被召回的产品重新分类。

占比 7.5%；触电危险，71 项，占比 6.0%；其他原因，59 项，占比 4.0%（图 5-35）。

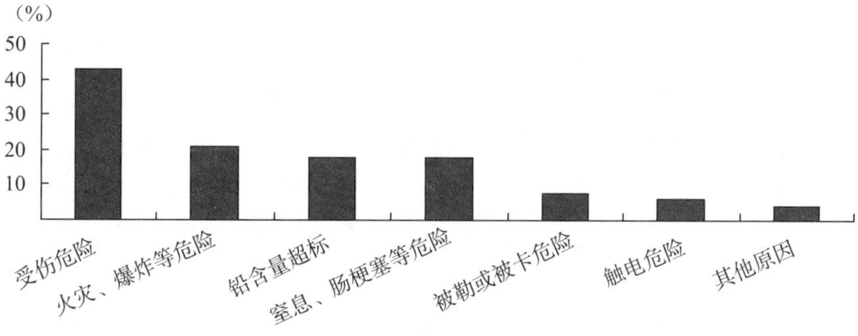

图 5-35 2006—2012 年美国 CPSC 召回中国产品原因分析

欧盟 RASFF 对华产品通报情况综述

近年来，由于全球频发的食品安全问题，各国政府对食品安全越来越重视。欧盟作为当前世界上对食品安全要求最为严苛的地区之一，根据欧共体条例第 178/2002 号建立的食品和饲料类快速预警系统（Rapid Alert System for Food and Feed，以下简称 RASFF）已成为欧盟确保食品安全的重要措施，其目的是为欧盟成员国食品安全主管机构提供有效的途径，交换有关信息，并采取措施确保进入欧盟境内的食品安全。

一、近年来欧盟 RASFF 对华产品通报量占欧盟 RASFF 通报总量的比值不断加大

2006—2012 年，欧盟 RASFF 共发布 22410 项通报，且每年平均以 3.2% 的速度递增。尤其是 2011 年的通报数量同比增长 12.5%，而此前每年的增幅均未超过 5%。2012 年，欧盟 RASFF 共发布 3425 项通报，同比下降 7.4%。

2006—2012 年，欧盟 RASFF 共对华产品发布通报 3030 项，占其发布通报总数的 13.5%。2012 年，欧盟 RASFF 共对华产品发布通报 547 项，比 2011 年的 568 项小幅下降 3.7%。

从欧盟 RASFF 对华年度通报数占当年通报总量的比重来看，自 2007 年起，欧盟对华通报比重开始超过 10%；2008 年达到顶峰的 16.5%；2009 年后该占比不断上升，并于 2012 年达到 16.0%，同比上升 0.8 个百分点（图 5-36）。

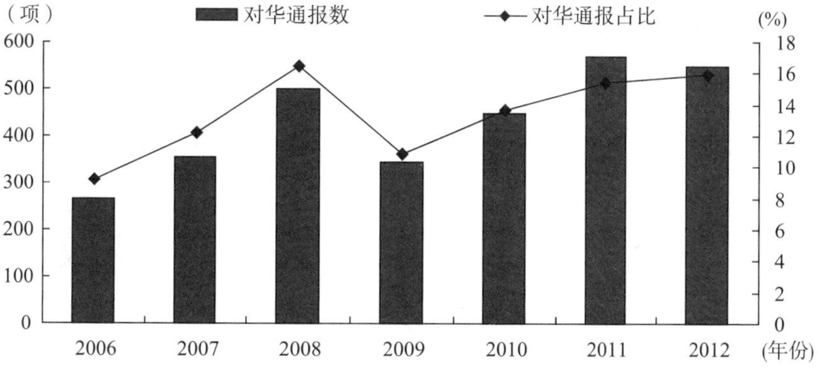

图 5-36 2006—2012 年欧盟 RASFF 涉华通报及在当年欧盟通报总数中占比情况

数据来源：欧盟 RASFF

二、拒绝进口通报呈上升态势

RASFF 通报共分为 3 类，即预警通报（alert）、信息通报（information）和拒绝进口通报（border rejection）。预警通报针对已在欧盟市场上销售的、分析发现确实存在安全问题的产品，需要采取即刻措施；信息通报针对已经进入警报国市场、但尚未进入欧盟市场，发现确实存在安全问题的产品，无需其他成员国采取即刻措施；拒绝进口通报是 2008 年第 1 周开始新增加的通报类型，该通报针对尚未进入欧盟市场但发现确实存在安全问题的产品，欧盟各成员国应加强控制，并防止产品从其他口岸重新进入。

2006—2012 年，在欧盟 RASFF 对华产品发布的 3030 项通报中，拒绝进口通报共 1414 项，占欧盟 RASFF 对华产品通报总数的 46.7%；信息通报 1167 项，占比 38.5%；预警通报 449 项，占比 14.8%（图 5－37）。从图中可以看出，拒绝进口通报占欧盟 RASFF 对华通报的比重不断加大，而信息通报和预警通报的比重则呈下降趋势。

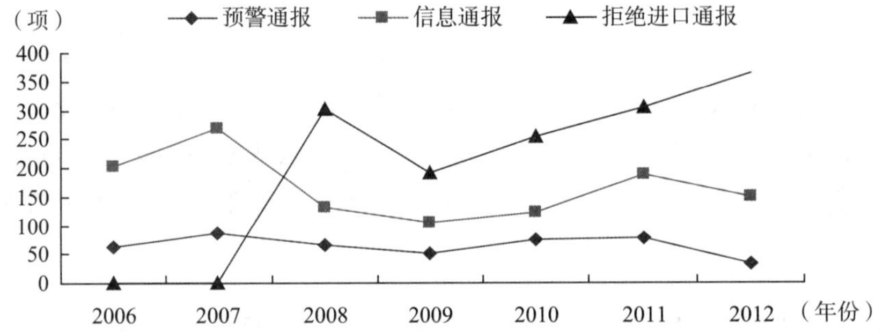

图 5－37 2006—2012 年欧盟 RASFF 对华产品通报类型年度走势

数据来源：欧盟 RASFF

三、意大利、德国和英国是欧盟 RASFF 对华产品通报较多的成员国

2006—2012 年，共有 27 个欧盟成员国以及冰岛、挪威和欧盟委员会对华发布各类食品及饲料类产品安全通报。其中，意大利发布通报最多，共 584 项，占同期欧盟对华产品通报总数的 19.3%；德国位居第二，383 项，占比 12.6%；排名第三的是英国，共 284 项，占比 9.4%；波兰和荷兰分列第四和第五位，分别为 233 项和 202 项，占比 7.7% 和 6.7%。上述五国占欧盟 RASFF 对华产品通报总量的 55.6%（图 5－38）。

2006—2012 年，意大利对华产品发布通报的数量较为稳定，一直是欧盟 RASFF 中历年对华通报数量最多的国家，仅 2008 年位居第二，比荷兰少 9 项。2012 年，意大利对华产品通报数量超过 100，为 115 项，占当年对华产品通报总数的 21.0%。近年来，比利时、塞浦路斯、保加利亚、马耳他等欧洲经济相对落后的国家对华食品及饲料类产品发布通报的数量不断增长，说明欧盟各成员国对食品安全的重视程度正日益增强。

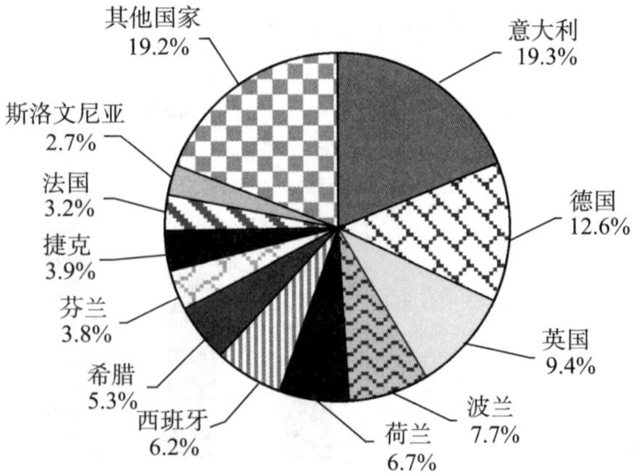

图 5－38 2006—2012 年欧盟 RASFF 对华产品通报国别分布

数据来源：欧盟 RASFF

四、与食品直接接触产品占欧盟 RASFF 对华产品通报总量的 32.3%，居首位

欧盟 RASFF 通报的产品主要分为食品类和饲料类。其中，食品类主要包括：坚果及其制品、牛奶及其制品、肉类及其制品（包括野味及家禽）、谷物及其制品（包括面包、饼干等烘焙食品）、蜂蜜和糖果、食物补充剂（包括食疗类产品及增强体质的保健食品）、水产品（包括贝类、鱼类、甲壳类及软体类）、水果和蔬菜、草药及香料等。值得注意的是，欧盟有关食品类产品的分类中还包括与食品直接接触类产品，例如厨房用品、餐具等。饲料类主要包括：饲料原料、饲料添加剂、宠物食品等。

2006—2012 年，在欧盟 RASFF 对华产品发布的 3030 项通报中，与食品直接接触类产品被通报的最多，共 979 项，占欧盟对华产品通报总数的 32.3%；其次是坚果类产品，682 项，占比 22.5%；谷物及其制品位居第三，278 项，占比 9.2%；水果和蔬菜、水产品分列第四和第五位，分别为 238 和 213 项，各占比 7.9% 和 7.0%。上述 5 类产品占欧盟 RASFF 对华产品通报总量的 78.9%（图 5－39）。

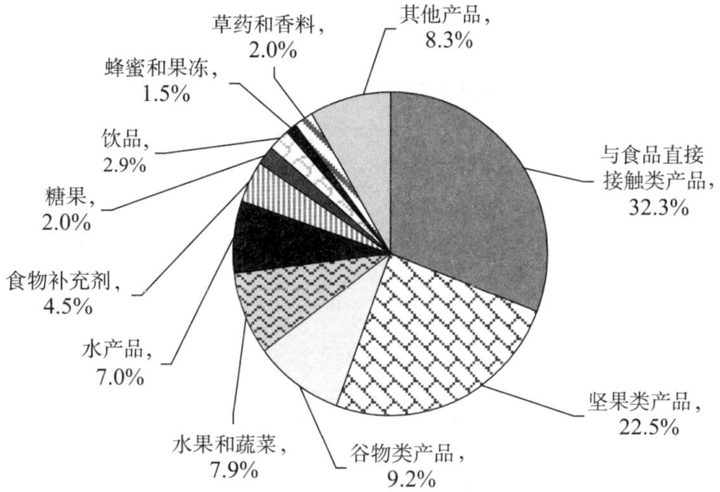

图 5－39 2006—2012 年欧盟 RASFF 对华产品通报产品类别分布

数据来源：欧盟 RASFF

1. 与食品直接接触类产品

研究表明，与食品接触的器皿、餐厨具和包装容器以及包装材料中有害元素、有害物质已经成为食品污染的重要来源之一，是人们对食品安全一个新的关注点。2006—2012 年，欧盟 RASFF 共对华输欧的与食品直接接触类产品共发布 979 项通报，高居其对华产品通报的首位。其中，预警通报 167 项，信息通报 426 项，拒绝进口通报 386 项。近年来，随着我国与食品直接接触类产品出口的不断增长，该类产品因不符合欧盟的相关规定而被欧盟 RASFF 通报的数量也日渐增多。2006 年仅 73 项，占当年欧盟 RASFF 对华产品通报总量的 27.7%；2008 年超过 100 项，达 111 项，占比 22.2%，2011 和 2012 年再次突破 200 项，分别为 215 项和 218 项，分别占当年欧盟 RASFF 对华产品通报总量的 37.9% 和 39.9%。同时，该类产品被通报的最主要原因为：有害物质迁移（534 项，占比 54.5%）和重金属超标（409 项，占比 41.8%）。撤出市场是欧盟针对该类产品采取最多的措施，达 297 项；其次是产品遣回，272 项。

2. 坚果类产品

坚果类产品，尤其是花生及其制品，也是欧盟 RASFF 对华产品通报的重点。2006—2012 年，欧盟 RASFF 对输欧的坚果类产品发布的通报数仅次于与食品直接接触类产品，达 682 项。其中，预警通报 12 项，信息通报 215 项，拒绝进口通报 455 项。由此可见，坚果类产品绝大多数是拒绝进口通报方式，欧盟已将此类产品列入了高风险范围。其中，花生及其制品被通报的项数最多，而黄曲霉素超标是欧盟对华该类产品通报的最主要原因，共 548 项，占欧盟 RASFF 对华坚果类产品通报总量的 80.4%。随着欧盟对黄曲霉素限值规定的日益严格，中国输欧坚果类产品因黄曲霉素超标而被通报的数量逐渐增多。产品遣回是欧盟针对该类产品采取最多的措施，达 299 项；其次是官方扣押，81 项。

根据风险分析，欧盟于 2010 年 1 月 1 日实施了《因黄曲霉素污染风险而加强对某些第三国进口食

品进行特殊控制的决议》（EC NO 1152/2009），欧盟 RASFF 针对中国输欧花生黄曲霉素的监控频率由 10% 升到 20%，这也是我国输欧花生及其产品黄曲霉素超标率提升的主要原因。

3. 谷物及其制品

2006—2012 年，欧盟 RASFF 对中国输欧谷物及其制品类产品发布通报 278 项。其中，预警通报 74 项，信息通报 76 项，拒绝进口通报 128 项。我国谷物及其制品被通报的原因多样，转基因问题是最主要的原因，共 146 项，占欧盟 RASFF 对华谷物及其制品类产品通报总量的 52.5%。撤出市场是欧盟针对该类产品采取最多的措施，达 55 项；其次是销毁，48 项。

4. 水果及蔬菜类产品

2006—2012 年，欧盟 RASFF 对华输欧水果及蔬菜类产品发布通报 238 项。其中，预警通报 52 项，信息通报 101 项，拒绝进口通报 85 项。欧盟对华水果及蔬菜类产品通报的原因多以农药残留（42 项）、食品添加剂（37 项）、有害成分超标（32 项）、重金属超标（32 项）和非病原微生物（27 项）含量超标为主。撤出市场是欧盟针对该类产品采取最多的措施，达 61 项；其次是产品遣回，55 项。

五、（含有）霉菌毒素是欧盟 RASFF 对华产品通报的首要原因

从欧盟 RASFF 通报来看，欧盟对食品安全的关注非常全面，包括（含有）霉菌毒素（如黄曲霉素和赭曲霉素等）、兽药残留（超标）、食品添加剂（超标或未经授权而使用等）、重金属超标及有害物质迁移、（含有）微生物（例如大肠杆菌、沙门氏菌和蜡样芽孢杆菌等）、（含有）异物、（非法）转基因、（非法）辐照、标签问题、饲料添加剂问题、包装不合格、感官不良、掺杂/假、控制不良以及化学污染等，涉及食品生产加工的各个环节。

2006—2012 年，在欧盟 RASFF 对华产品发布的 3030 项通报中（注：1 项通报可能包含多种原因），因（含有）霉菌毒素被通报的产品最多，共 571 项，占欧盟对华预警通报总数的 18.8%；其次是因物质迁移，535 项，占比 17.7%；重金属原因位居第三，486 项，占比 16.0%。此外涉及较多的原因还包括：有害成分超标（222 项，占比 7.3%）、转基因（181 项，占比 6.0%）、造假（150 项，占比 5.0%）、食品添加剂（131 项，占比 4.3%）、工业污染（113 项，占比 3.7%）（图 5-40）。

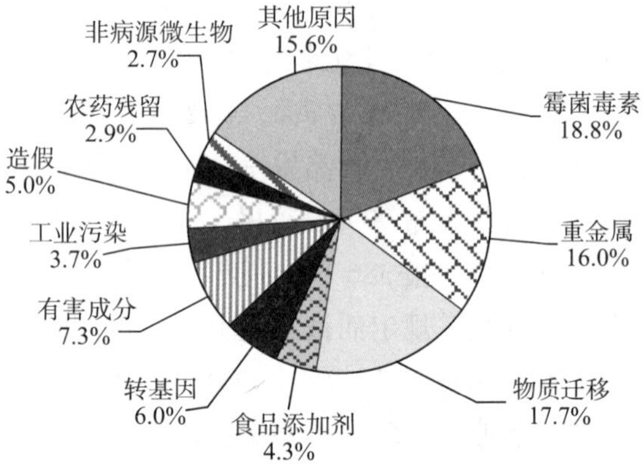

图 5-40 2006—2012 年欧盟 RASFF 对华产品通报原因分布

数据来源：欧盟 RASFF

2006—2012 年，欧盟 RASFF 对华产品通报（含有）霉菌毒素超标除 2008 年达到顶峰的 170 项，其余 6 年均在 59～81 项之间徘徊，较为平稳。物质迁移因素虽然总数上位居第二，但其在 2009、2011 和 2012 年均超过（含有）霉菌毒素因素，分别为 65 项、125 项和 114 项，成为当年欧盟 RASFF 对华产品通报最多的原因，且今后有继续增长的趋势，这和欧盟 RASFF 对华输欧的与食品直接接触类产品通报项数逐步上升有一定的关联。重金属因素近两年来发展也较为迅速，特别是 2010 年与（含有）霉菌毒素因素并列当年欧盟 RASFF 对华产品通报原因的首位，2011 年与 2012 年均为 98 项，并超过（含有）霉菌毒素因素成为当年欧盟 RASFF 对华产品通报的第二大因素。转基因和农药残留是近两年增长较快的因素，2012 年，转基因因素增长 54.8%，达到 48 项；农药残留因素增长 314.3%，达到 58 项。

六、产品遣回、撤出市场和销毁是欧盟 RASFF 对华产品通报适用较多的措施

2006—2012 年，在欧盟 RASFF 对华产品发布的 3030 项通报中，除 113 项通报未标注采取的措施外，适用产品遣回的措施最多，达 876 项，占比 28.9%；其次为撤出市场措施，571 项，占比 18.8%；销毁措施 310 项，占比 10.2%，居第三位。欧盟 RASFF 对华输欧产品采取的措施还包括：改变产品目的地、产品扣押、海关封存、禁止出售、召回、强制检测以及重贴标签等（表 5－10）。其中，产品遣回措施自 2009 年达到最低值的 80 项后，开始有所增长，2012 年达到 134 项，同比增长 31.4%；撤出市场措施在 2011 年达到顶峰的 161 项后，2012 年同比下降 37.3%，为 101 项；销毁措施则一直较为平稳，但在 2012 年增长 51.0%，达到 74 项；2011 年，拒绝进口措施开始适用（2011 年仅 8 项），并于 2012 年达到 77 项，是 2011 年的 9.6 倍。

在欧盟 RASFF 对华产品发布的预警通报中，产品扣留和撤出市场措施适用的最多；信息通报中，产品遣回、撤出市场和召回措施适用的最多；拒绝进口通报中，产品遣回或销毁措施适用的最多。

表 5－10　2006—2012 年欧盟 RASFF 对华产品通报适用的主要措施

单位：项

采取措施	数量	采取措施	数量
产品遣回	876	通知收货人	18
撤出市场	571	从收货人处撤回	16
销毁	310	物理处理——重新排序	16
官方扣押	283	物理/化学处理	16
产品遣回或销毁	207	强制检测	15
召回	166	发布公共警告	13
拒绝进口	85	用于饲料	10
海关封存	46	确认产品目的地	10
产品扣留	44	重贴标签	5
产品召回或撤出	36	企业扣押	2
通知主管部门	34	通知厂商	1
物理处理——热烫	32	物理处理——热处理	1
改变产品目的地	27	禁止使用	1
禁止出售	26	除食品/饲料的其他用途	1
零库存	21	未采取措施/未注明	141

数据来源：欧盟 RASFF

七、2012 年欧盟颁布的有关食品的技术性贸易措施

2012 年，欧盟有关食品的技术性贸易措施重点关注了转基因、添加物、卫生证书和农药残留等问题。

1. 对中国输欧米制品实施严格要求

2012 年 1 月 10 日，欧盟委员会发布 G/SPS/N/EU/2 通报，有关中国产米制品所含非转转基因大米的紧急措施及撤销第 2008/289/EC 号决定，本决定规定了涉及中国输欧米制品的控制要求。决定附件Ⅰ详细列出了受本决定附件Ⅱ影响的产品清单、中国主管机构及欧盟官方控制机构必须遵从的抽样和测试协议。附件Ⅲ和Ⅳ规定了本决定覆盖的每批产品必须随附的卫生证书及分析报告样板。本决定

自欧盟官方公报公布之日起 20 日后生效，并在该日期后的 6 个月审议。

2. 修改欧盟进口含肉、乳或蛋类品的复合产品卫生证书

2012 年 2 月 28 日，欧盟委员会发布 G/SPS/N/EU/5 通报，制定“修改规定欧盟进口或经欧盟过境某些复合产品认证要求第（EU）28/2012 号条例的委员会执行条例”草案，这些复合产品主要是含肉、乳或蛋类品的复合产品。草案更新了欧盟进口、经欧盟过境或在欧盟储存的用于在其他国家加工，且在加工后重新出口欧盟的肉、乳或蛋类复合制品的卫生证书样板。该条例拟于 2013 年 3 月 1 日正式生效。

3. 实施果汁新指令

2012 年 3 月 8 日，欧盟理事会通过了按照 Codex 标准进一步修订欧盟果汁指令的折中文本，这意味着该指令已被采纳，并在 2012 年 6 月初生效。成员国须在该指令生效后 18 个月内将其转化为本国法律并实施新规则。

新指令引入了目前不往果汁中添加糖的行业惯例。从新规则实施之日起，往果汁中添加糖的行为将不被授权。在 18 个月过渡期后，也不再允许食品业者在标签上声明“无添加糖”，因为市面上所有的果汁都不允许添加糖。由于不添加糖就没办法生产甘露，因此新指令明确了甘露无须遵从无添加糖的规定。新指令还将西红柿加入了生产果汁的水果列表。新指令明确了必须在产品名称上体现果汁源自的水果，但是当果汁由 3 种或更多的水果生产时，可以标示为“多种水果”。4 种果汁（黑潮、番石榴、芒果、百香果）的波美值要求调整为与 Codex 标准一致。

4. 修改农产品的农兽药最大残留标准

2012 年 7 月 16 日，欧盟委员会发布 G/SPS/N/EU/23 通报，制定委员会条例（EU）556/2012，修改欧洲议会和理事会有关覆盆子内/表多杀菌素（Spinosad）最大残留限量的（EC）396/2005 号条例附件Ⅲ。批准杀虫剂多杀菌素（Spinosad）残留含量超过相关最大残留限量 0.3～0.9ppm 的覆盆子投放市场至 2014 年 12 月 31 日。自该截止日后，除条例修改外，适用限量为 0.3ppm。该条例于 2012 年 6 月 28 日生效。

2012 年 7 月 23 日，欧盟委员会发布 G/SPS/N/EU/26 通报，制定委员会（EU）594/2012 号条例，修改（EC）1881/2006 有关食品内赭曲霉素 A 及三聚氰胺等最大限量标准。该条例于 2012 年 7 月 26 日生效。

2012 年 7 月 27 日，欧盟委员会发布 G/SPS/N/EU/28 通报，制定委员会条例（EU）473/2012，修改欧洲议会和理事会有关某些产品内/表乙基多杀菌素（spinetoram）（XDE 175）最大残留标准第（EC）396/2005 条例附件Ⅲ。准许 2014 年 12 月 31 日前，含超过相关最大残留限量（MRLs）杀虫剂乙基多杀菌素（spinetoram）残留的樱桃、覆盆子及蓝莓投放市场。此日期后，除条例修改外，使用标准将为 0.05ppm。该条例于 2012 年 6 月 6 日生效。

5. 修改与食品接触材料及制品条例

2012 年 7 月 19 日，欧盟委员会发布 G/SPS/N/EU/24 通报，委员会修改有关食品接触塑料材料及制品的委员会（EU）10/2011 号条例，包括餐饮容器在内的食品接触材料及制品、饮用水接触材料及制品。委员会拟定条例修改和修正有关与食品接触塑料材料及制品的委员会（EU）10/2011 号条例。此外，本提案还更新附件I名单，包括 4 种新物质。其还对 5 种批准物质的限制条件和规范进行了修改。

6. 制定有关申请批准转基因食品和饲料投放市场的条例

2012 年 8 月 3 日，欧盟委员会发布 G/SPS/N/EU/32 通报，委员会根据有关欧洲议会和理事会第（EC）1829/2003 号条例申请批准转基因食品和饲料及修改（EC）641/2004 及（EC）1981/2006 条例制定的执行条例草案。本条例草案采用有关申请批准转基因食品和饲料投放市场的执行条例。它规定了申请准备与提交规则及风险评估要求、食品和饲料相关售后监督、探测和识别方法及有关 GM 食品与饲料的 1829/2003 号条例定义的标准物质。该条例草案于 2012 年 12 月生效。

欧盟 RAPEX 对华产品通报情况综述

欧盟非食品类消费品快速预警系统（Rapid Alert System for Non-food Consumer Products，以下简称 RAPEX），由欧盟 2001 年依据《欧盟通用产品安全指令》修正案设立，使欧盟成员国和欧盟委员会能够迅速、有效地分析在欧盟市场上出现的相关危险产品的情况，并告知消费者有关其健康和安全的潜在风险，以确保投放到欧盟市场上的产品安全。欧盟 RAPEX 涉及欧盟所有的非食用消费品，包括电器、纺织、玩具、化妆品、汽配、儿童用品、运动器材以及专业用品等各个行业。自 2010 年 1 月起，第 2001/95/EC 号指令（一般产品安全指令）和第（EC）No 765/2008 号条例（制定关于产品销售的认证和市场监督要求以及废止条例（EEC）No 339/93）构成了欧盟 RAPEX 的法律框架。

为提升市场竞争力和保护消费者的生命健康，欧盟委员会与中国监管机构的合作正在不断改善，在消费品合作领域，自 2006 年以来，双方创建了中欧消费品快速预警系统（RAPEX - CHINA）、消费品市场监管等合作机制等，在产品可追溯方面取得积极成果，既维护了中国企业的利益也保护欧盟消费者不受危险产品伤害。通过双方共同努力，近年来中国输欧消费品质量安全水平不断提高。2006 年 9 月—2012 年 8 月，中国国家质检总局通过 RAPEX - CHINA 系统向欧盟健康和消费者保护总理事会（DG SANCO）提交了 23 份有关处理欧盟 RAPEX 通报的执法行动报告。在此时期，中国国家质检总局共对 2216 起 RAPEX 通报进行了调查和处理。分析报告显示，中国国家质检总局平均每 3 个月需要处理 96 起 RAPEX 通报。

一、欧盟 RAPEX 对华产品通报量及占比总体呈上升趋势①

2006—2012 年，欧盟 RAPEX 共发布 10886 项通报。其中，原产地涉及中国（不包括中国香港、中国台湾）的 6041 项，占欧盟通报总数的 55.5%，居各国之首。

从通报总量来看，2006—2010 年，欧盟 RAPEX 通报总数及对华通报总数一直呈上升态势，平均每年分别以 22.1% 和 28.1% 的增速递增，并在 2010 年达到峰值的 1973 项和 1140 项，分别是 2006 年的 2.2 和 2.6 倍。2011 年，欧盟 RAPEX 通报总数及对华通报总数均出现下滑，降幅均超过 20%。2012 年，欧盟 RAPEX 通报总数及对华通报总数再次上升，分别增长 25.1% 和 35.5%，达到 1930 项和 1118 项，逼近 2010 年峰值水平。

从欧盟 RAPEX 对华年度通报占当年通报总量的比重来看，自 2007 年起，欧盟对华通报比重超过 50%；2009 年，该比重创历史最高，达到 58.2%，但随后两年出现下滑；2012 年，该比重再次上升，达到 57.9%，比 2011 年增长了 4.4 个百分点（图 5 - 41）。

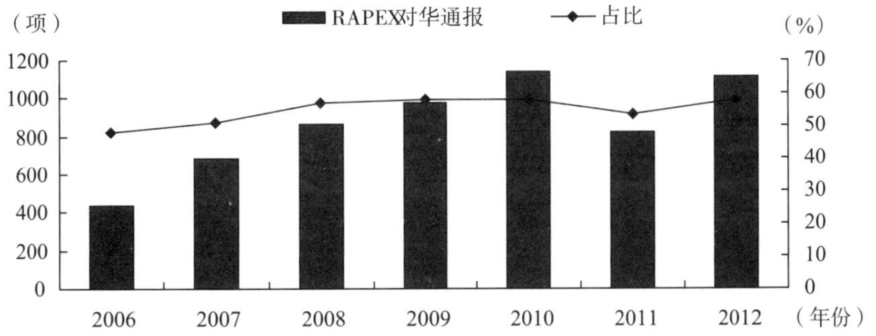

图 5 - 41　2006—2012 年欧盟 RAPEX 涉华通报及在当年欧盟通报总数中占比情况

① 本部分数据为 2012 年 3 月 10 日之前根据中国贸易救济信息网统计。

二、西班牙位居欧盟 RAPEX 对华通报成员国之首，匈牙利后来居上

2006—2012 年，欧盟 27 个成员国以及挪威、冰岛和欧盟委员会均对华输欧产品发布了产品安全通报。西班牙、匈牙利、英国、德国、保加利亚和芬兰是欧盟 RAPEX 对华通报最活跃的国家。其中，西班牙居首位，共发布 776 项，占欧盟同期对华产品通报总数的 12.8%；其次为匈牙利，685 项，占比 11.3%；英国位居第三，496 项，占比 8.2%；德国和保加利亚以 458 项和 418 项分列第四和第五位，分别占比 7.6% 和 6.9%。除此之外，芬兰（368 项）、塞浦路斯（342 项）、法国（334 项）、斯洛伐克（315 项）和希腊（301 项）也是对华产品通报较多的国家。上述 10 国对华产品通报合计占欧盟 RAPEX 对华产品通报总量的 74.4%（图 5 - 42）。

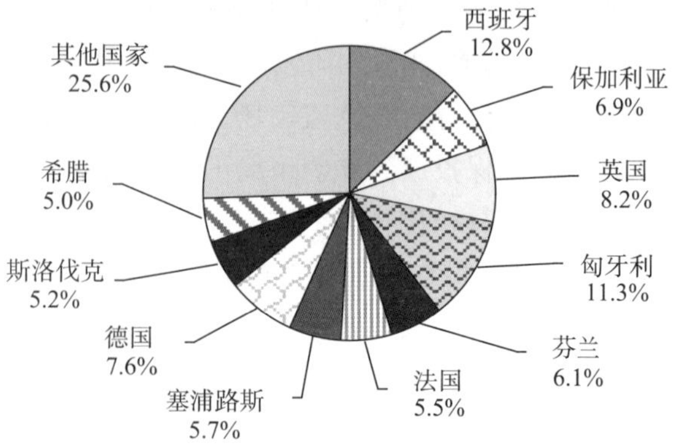

图 5 - 42　2006—2012 年欧盟 RAPEX 对华产品通报的欧盟成员国分布

2006—2012 年，西班牙和匈牙利对华产品通报量一直保持较高水平，尤其是匈牙利在 2012 年超过西班牙成为对华产品通报最多的国家，共通报 179 项，同比增长 108.1%；英国和德国通报量较为稳定，但 2011 年德国的通报量出现明显下滑，2012 年，德国对华产品通报同比增长 59.0%，达 62 项；保加利亚的通报量 2010 年迅猛增长，2012 年达到 118 项，排在当年欧盟对华产品通报的第三名（图 5 - 43）。

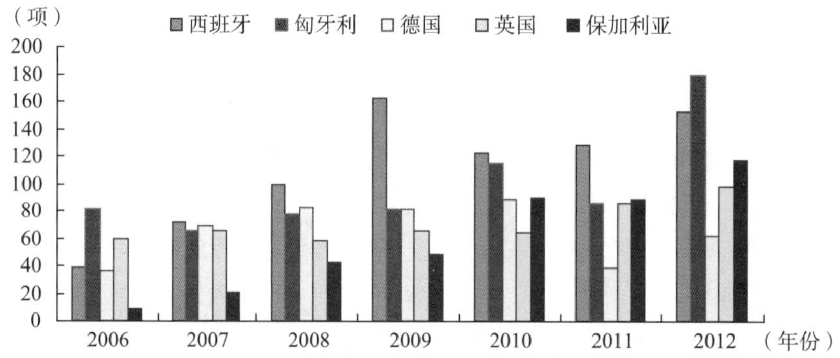

图 5 - 43　2006—2012 年欧盟 RAPEX 对华产品通报前五位成员国年度对比情况

2006—2012 年，西班牙、匈牙利、德国、英国和保加利亚对华产品通报涉及较多的主要集中在玩具、服装、面料及时尚用品和电器等产品上。其中，玩具是西班牙、英国和德国对华通报最多的产品，分别为 347 项、156 项和 173 项，各自占其对华产品通报总量的 44.7%、31.5% 和 37.8%；服装、面料及时尚用品是匈牙利和保加利亚通报最多的产品，分别为 249 项和 262 项，分别占比 36.4% 和 62.7%。

三、玩具类产品占欧盟 RAPEX 对华产品通报的 37.7%

2006—2012 年，欧盟 RAPEX 对华产品发布的 6041 项通报中，共涉及 28 个产品类别。其中，玩具、服装、面料及时尚用品、电器、照明装置以及儿童护理用品和儿童用具位列前五位，分别被通报 2275 项、1143 项、806 项、307 项和 172 项，占比分别为 37.7%、18.9%、13.3%、5.1% 和 2.8%（表 5 - 11）。

表 5-11 2006—2012 年欧盟 RAPEX 对华产品通报的产品类别情况

单位：项

产品类别	通报数	产品类别	通报数
玩具	2275	装饰品	55
服装、面料及时尚用品	1143	防护装置	55
电器	806	厨房/烹饪器具	50
照明装置	307	家具	45
儿童护理用品和儿童用具	172	首饰类产品	36
灯链	165	通信与多媒体设备	33
仿真食物	122	燃气装置	32
打火机	108	文具	16
运动和休闲用品	105	小器件	15
家用小机械	93	烟花产品	10
激光指示器	86	手工具	5
机动车辆	72	建筑用品	3
化妆品	72	娱乐用船只	3
日化用品	64	其他	92

2006—2012 年，玩具一直是欧盟 RAPEX 通报的重点，可见欧盟对其的重视程度。在 2011 年大幅下降 31.8% 后，2012 年小幅增长 15.5%，达到 320 项，与 2007 年基本持平；欧盟对服装、面料及时尚用品的通报自 2008 年后大幅攀升，虽然在 2011 年通报量下降了 38.5%，但 2012 年再次大幅增长 53.2%，达到 308 项，与当年玩具通报量几乎持平；欧盟对电器、照明装置以及儿童护理用品和儿童用具的通报一直较为稳定。其中，对照明装置以及儿童护理用品和儿童用具的通报量有下降的趋势，而对电器的通报量在 2012 年达到 176 项，同比增长 43.1%（图 5-44）。

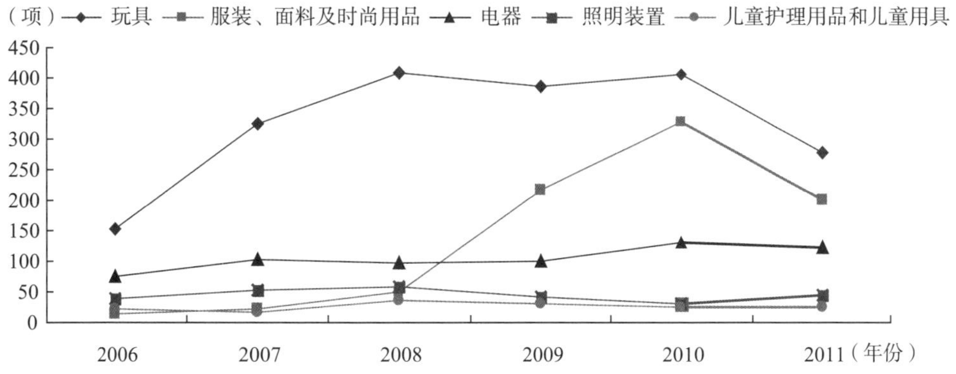

图 5-44 2006—2011 年欧盟 RAPEX 对华产品通报前五位产品年度走势

四、窒息危险在欧盟 RAPEX 对华产品通报因素中占据 31.5%

2006—2012 年，从欧盟 RAPEX 对华产品通报的原因（注：1 项产品可能涉及多项原因）分析来看，窒息危险（包括憋闷和勒杀危险）是欧盟 RAPEX 对华产品通报的最主要原因，共计 1901 项，占比 31.5%；受伤危险（包括烧伤、割伤等）和化学危险分列二、三位，分别为 1586 项和 1389 项，分别占比 26.3% 和 23.0%。此外，我国产品被通报的主要原因还包括：触电危险（1254 项，占比 20.8%）、火灾危险（609 项，占比 10.1%）、视力受损（167 项，占比 2.8%）以及听力受损（162 项，占比 2.7%）（表 5－12）。

表 5－12 2012 年欧盟 RAPEX 对华产品通报主要产品类别及原因分布

单位：项

产品类别	包含产品	主要通报原因
玩具	传统玩具、电子玩具等	化学危险（157 项）、窒息（125 项）、受伤（54 项）
服装、面料及时尚用品	儿童/成人服装、鞋类产品等	窒息（214 项）、受伤（140 项）、化学危险（34 项）
电器	充电器、适配器、插座、小家电、厨房电器等	触电（160 项）、火灾（54 项）、受伤（7 项）
灯链	灯链	触电（46 项）、火灾（10 项）、受伤（3 项）
照明装置	台灯、LED 灯等	触电（38 项）、火灾（5 项）、受伤（2 项）
玩具	传统玩具、电子玩具等	化学危险（157 项）、窒息（125 项）、受伤（54 项）

1. 玩具

欧盟 RAPEX 对华产品通报中涉及玩具类产品通报的主要原因有憋闷及窒息危险、化学危险、人身伤害以及听力和视力受损等，依据的法规/标准主要是玩具安全指令 2009/48/EC 及其协调标准，最常见的是 EN71－1（机械和物理性能）和 EN 62115（电玩具安全）来评定玩具的安全性能，窒息以及伤害危险的评判标准多来源于此；化学危险的评判标准除了来自玩具安全指令及其协调标准外，还来自 REACH 法规，包括有毒增塑剂、有毒染料、苯以及铅、铬等重金属含量超标等。

2. 服装、面料及时尚用品

欧盟 RAPEX 对华产品通报涉及的服装、面料及时尚用品大部分为儿童服装，通报的主要原因有窒息、人身伤害和化学危险等。2010 年，由于 11 个欧盟成员国相继实行 EN 14682：2007 儿童服装抽绳安全标准，导致服装、纺织品以及时尚配件的通报数量大幅增长。此外，欧盟发布的对于富马酸二甲酯（DMF）的禁令以及纺织消费品中的防霉处理的使用容易导致皮肤损伤，这都是导致服装产品通报增加的主要原因。

3. 电器

欧盟 RAPEX 对华产品通报涉及的电器类产品通报的主要原因是存在导致使用者触电、引发火灾和致伤的危险。电器类产品导致用户触电的原因包括绝缘不良；插头或插座不符合标准，使用中带电部件暴露在外；爬电间隙和空气间隙过小；电线横截面积低于标准要求；内部缺少接地端等。电器产品存在火灾隐患的原因是加热部件存在过热危险，可能导致灼伤使用者，甚至引发火灾；插头或插座不符合标准，造成线路短路，从而引发火灾；部分材料的阻燃性能不良等。一般家用电器类产品违反最多的是《欧盟低电压指令》（LVD）和 EN 60335 标准；电源适配器和充电器类产品违反最多的是《欧盟低电压指令》（LVD）和 EN 60950 和 EN61558 标准等。

五、撤出市场是欧盟 RAPEX 对华产品通报适用最多的措施

欧盟 RAPEX 对华产品通报一般采取三类针对性措施：一是由欧盟成员国主管机关采取强制性措施，实施销售禁令、强制撤出市场、召回、扣留、销毁以及海关直接拒绝进口；二是由相关企业自愿采取撤出市场、召回、销毁、停售或其他补救措施；三是由主管机关实施强制性措施，企业进一步采取自愿性纠正措施，如主管机关要求撤出市场、禁止销售，企业自愿召回等。

2006—2012 年，在欧盟 RAPEX 对华输欧产品发布的通报中（注：1 项通报可能适用多种措施），各成员国主管机关采取强制措施的最多，共 4247 项，占比 70.3%；其次为企业自愿采取措施，2078 项，占比 34.4%；在主管机关采取强制措施基础上企业进而自愿采取措施，51 项。由此可见，强制措施是欧盟 RAPEX 对华产品通报适用的最主要的措施类型（见表 5－13）。

表 5－13　2012 年欧盟 RAPEX 对华产品通报采取的措施类型分布

单位：项

措施类型		采取措施数
强制措施	撤出市场	525
	召回	236
	拒绝进口	115
	禁止销售	145
	扣留	21
	义务告知消费者	4
	临时禁止供应及展示	9
	销毁产品/剩余库存	8
自愿措施	撤出市场	181
	召回	122
	停止销售	20
	告知消费者	9
	自愿采取改正措施	4
	销毁产品/剩余库存	14
	自愿上交	3
	不投放市场	1
	拒绝进口	1
强制辅助自愿措施		23
无措施		1

六、2012 年欧盟颁布的有关非食品类消费品的技术性贸易措施

2012 年，欧盟向 WTO 通报的技术性贸易措施主要涉及电子电器产品、化学品、玩具、家具、纺织品服装、食品和农产品等。其中，化妆品、婴儿推车和纺织品护理标签将替代旧的标准；对玩具中镉的限值进行了重新修订……欧盟非食品消费品技术性贸易措施逐步完善和严厉。

1. 颁布新化妆品条例

自 2013 年 7 月 11 日起，在欧盟市场上销售的化妆品必须符合新颁布的欧盟化妆品条例（EC）No1223/2009。该条例将全面取代旧的化妆品指令 76/768/EEC 及其修订件。其中，新的化妆品安全报告制度将替代此前要求的毒理学风险评估（TRA），在化妆品投入市场之前须对其成分展开安全评估，以确保在正常或合理情况下使用不会对人体健康造成危害，更好地保护消费者的安全，维护国内市场稳定。

新法规要求，执行毒理学风险评估时，制造商或供应商必须提供以下信息：产品形象，对产品所有配方成分分别用化学名称和 CAS 编号作详尽描述，活性成分百分比（通常用于表面活性剂），材料安全数据表（MSDS），过敏原声明，所使用各类香精的国际化香料组织证明和 MSDS。为了保证评估的全面，与毒理学风险评估要求相比，化妆品安全报告制度新增了额外的信息，包括：成分的预期作用，物理/化学特征（如 PH 值等），化妆品的稳定性，微生物特性、保质期挑战性试验，接受监督投诉和不良反应报告，新型化妆品的用法和剂量等。

2. 第六次延长儿童新奇打火机禁令

2012 年 1 月 27 日，欧盟委员会正式发布第 2012/53/EU 号决定，第六次延长 2006/502/EC 号决定的有效期至 2013 年 5 月 11 日。

2006 年，欧盟发布 2006/502/EC 号委员会决定，要求禁止进口和销售新奇打火机，并于 2007—2011 年连续 5 年分别发布延长 1 年的决定。2006/502/EC 号决定要求成员国采取措施，确保只有对儿童安全的打火机才能在市场上销售，并禁止销售新奇打火机。在欧盟出售的打火机，必须符合特定标准，能防止儿童开启。新奇打火机形似儿童喜爱的东西，例如卡通角色、音符、食品和玩具，仍不能在欧盟市场出售。

3. 颁布手推车与婴儿车新标准

2012 年 3 月 1 日，欧洲标准化委员会发布了婴儿手推车的新欧盟标准 EN1888：2012《儿童护理用品—儿童手推车—安全要求与实验方法》。该标准取代旧标准 EN1888：2003 和其修订案 A1/A2/A3：2005，并于 2013 年 3 月开始正式实施。

修改后的标准包括以下主要变化：一是有关车身零部件的测试要求：改进了决定车子受保护的体积与澄清其受保护功能的要求；改进了靠背与座位之间、靠背或脚踏板与水平之间角度的测试方法与要求；引入了新的手指探头、新的臀部探头与有关陷落危险（孔与开口）的新要求；引入了能检查可接触保险杆上泡沫是否能进行啃咬的测试；增强了把手强度与运动要求以加强把手的安全。二是修改锁定装置和刹车装置要求：要求锁定装置更好地遵守已在市场销售的修改后设计，确保折叠系统的更轻松与更安全操作；修改了刹车装置的要求，对安装了可翻转把手的车子有直接影响；改进了稳定性测试方法，以便检查车子的内在稳定性特点。三是要求制造商对产品信息进行重新措辞以突出主要警示语和安全信息，令消费者更好地进行识别。

4. 修订玩具安全指令镉的限值

2012 年 3 月 3 日，欧盟委员会正式发布第 2012/7/EU 指令，对玩具安全指令 2009/48/EC 附件 2 的第三部分第十三条内容进行了修订，修订了镉的限值，新限值于 2012 年 3 月 23 日正式生效。新指令 2012/7/EU 对玩具中镉的含量限值与修订前的限值对比如表 5 - 14 所示。

表 5 - 14 欧盟对于玩具新的镉含量限值

单位：mk/kg

元素	干燥、粉末状或柔软的玩具材料	液态或黏性玩具材料	玩具表面涂层刮出物
修订前	1.9	0.5	23
修订后	1.3	0.3	17

数据来源：商务部《国别贸易投资环境报告 2013》

5. 家具表面耐划性以及座椅和沙发床测试标准

2012 年 3 月 8 日、9 日，欧洲标准化委员会批准通过了 EN 15186：2012《家具—表面耐划性的评定》和 EN 13759：2012《家具—座椅和沙发床的操作机制—测试方法》两项家具标准，并于 2012 年 4

月1日正式出版。

EN 15186：2012 规定了家具表面耐穿透性划痕的评估方法，它涉及任何材料的所有成品的刚性表面。但它不适用于皮革和织物的表面成品；EN 13759：2012 规定了测定成人座椅手柄和耐久性的试验方法以及测定动力斜倚机制的试验方法，同时也规定了测定将沙发和座椅转换成床这种操作机制的耐久性试验方法。

6. 纺织品护理标签新标准

2012 年 4 月 1 日，欧洲标准化委员会发布了纺织品护理标签新标准 EN ISO 3758：2012《纺织品——护理标签使用符号》。新标准采用了 ISO 3758：2012，并取代欧盟旧标准 EN ISO 3758：2005，成为在欧洲市场上销售的纺织品所必须符合的标准。

新标准对于旧标准作出了一些修改，其中主要的修改是“不可漂白”符号图形的变化。相比之前的黑色实心三角形带叉的符号，新的图形符号为空心三角形加叉。

此外，2012 年，欧盟 ErP 指令（2009/125/EC）能源相关产品生态设计要求中公布的实施条例有空调和舒适电扇、水泵、家用滚筒干衣机、定向灯和 LED 灯 4 项，通报的实施条例草案有热水器、空间加热器、计算机和计算机服务器 3 项；2010/30/EU 指令下的能源标识颁布的条例有家用滚筒干衣机、电灯和灯具 2 项，以及空调测试方法的协调标准，通报的实施条例草案有热水器和空间加热器 2 项；欧盟发布了（EU）No. 125/2012、（EU）No. 412/2012、镍测试方法的协调标准、豁免物质情况说明书、（EC）No. 640/2012、（EU）No. 835/2012、（EU）No. 836/2012、（EU）No. 847/2012 和（EU）No. 848/2012 等若干委员会条例和相关文件，对 REACH 法规（EC）No. 1907/2006 进行了修订。

日本检疫机构发布进口食品扣留通报情况综述

日本是食品和农产品的进口大国，国民所需的农产品和食品原料约有 60% 需要从其他国家（地区）进口。对于进口食品的依赖使得食品安全成为日本政府高度关注的问题之一。因此，日本是世界上食品安全保障体系最完善、监管措施最严厉的国家之一，尤其对进口农产品和食品的检验检疫不但严格而且手续繁琐。所有进口的动植物农产品及其加工食品首先要通过农林水产省管辖的动物检疫所或植物检疫所的检疫，然后还要接受厚生劳动省管辖的食品检疫所的检查。日本是中国食品出口的最大对象国，对日食品出口占中国食品出口总额的比例在 36% 左右。中国又是日本的第二大食品进口来源国，每年占日本进口食品的 14% 左右，仅次于美国。日本从中国进口的食品主要包括玉米、大豆、鸡肉、新鲜蔬菜以及水产品等。

一、日本进口食品监控计划及进口食品分类

1. 日本对于进口食品的监控计划

为了有效地对进口食品实施相关检查，日本厚生劳动省在每年度的年末（3 月下旬），都会根据统计学上可能检出的违反相关规则的检查数量，考虑每类食品的违反率、进口件数和进口重量，以及违反内容对人体健康所造成的影响程度，来制定下一年度实施检查的件数和检查项目。为了实施监控计划所规定的检查件数，日本各检疫所须按照厚生劳动省分配的检查件数来制定年度检疫预定计划。与此同时，厚生劳动省也将根据监控计划对检查的实施情况进行点检，对检疫所进行必要的指示，同时在年度中期修订监控计划，以保证能根据进口食品的具体情况有效地进行检查。

从日本厚生劳动省 2009—2013 年度对于进口食品的监控计划来看，由于进口食品数量呈增长态势，加上近年屡次发生的食品安全问题，因此日本对于进口食品实行相关检查的总件数也呈现递增之势。统计显示，日本 2013 年度监控计划所列出的检查总件数（9.37 万件）与 2008 年度（7.98 万件）

相比增加了 1.39 万件，增长了 17.4%。

从监控计划中所列出的各类别食品的检查件数来看，农产食品、农产加工食品以及水产加工食品每年都是检查的重点。从年度变化情况来看，畜产食品与畜产加工食品呈现缓慢增长态势，而水产加工食品的检查件数呈现出明显的递增趋势，日本检验检疫部门对于冷冻类食品的重点关注和检查成为其增加的主要原因（图 5－45）。

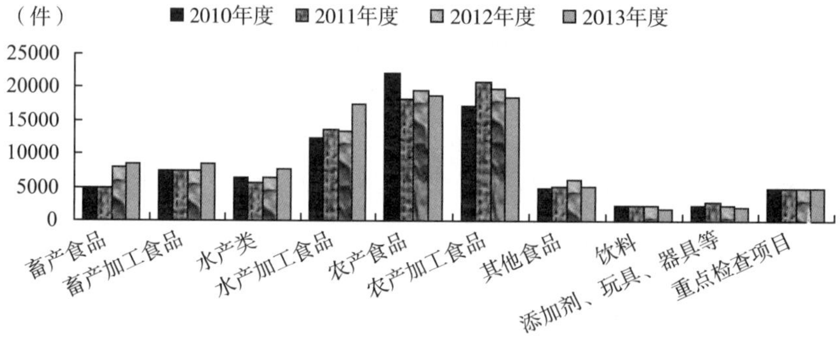

图 5－45　2010—2013 年度日本进口食品监控计划各类别食品检查件数对比情况

2012 年，日本厚生劳动省对中国输日的白胡椒、花椒及其加工品中的黄曲霉素含量，双壳贝、蛤蜊及其加工品中扑草净含量实施了最为严厉的命令检查，并追加了对相关企业食品中甜蜜素和生食海胆中弧菌含量的命令检查；对中国输日的生食海胆、生荔枝、猪肉、泥鳅、蒜薹、鳗鱼、冷冻草莓、鳖类及其加工产品、绿豆、扁豆、乌龙茶、紫萁及其加工产品、鲭鱼及其加工品、花生、香菇、辣椒、西兰花、花椒（仅限于含有 30% 以上花椒的加工品）、山葵、牛蛙、胡萝卜、马铃薯、干云耳、小松菜、莲子、青豆、胶囊及胶囊产品等中的相关农药及兽药残留加强了监视检查。此外，日本厚生劳动省解除了以下中国输日产品中相关项目的监视检查：甲鱼中恩诺沙星、生姜中毒死蜱、山桃中二氯苯氧基乙酸、青椒中嘧霉胺、西兰花中氟吡乙禾灵、松蘑中乙草胺、蘑菇中乙酰甲胺磷、绿茶中三唑磷、乌龙茶中三唑磷、萝卜中异丙威、胡萝卜中乙酰甲胺磷、扁豆中灭蝇胺、鳗鱼中呋喃它酮和伊维菌素、蛤蜊中的氯霉素、鲭鱼中孔雀石绿、中华绒毛蟹中呋喃唑酮、柿子叶中多菌灵和托布津等 4 种农药残留；牛蒡中辛硫磷、虾虎鱼中氯霉素、大葱中氟虫腈、木耳中溴虫腈、荔枝中抑霉唑、养殖虾中呋喃唑酮、马铃薯中盖草等。

2012 年，日本厚生劳动省还设定了农药杀草强、吲熟酯、乙氧氟草醚、呋虫胺、唑虫酰胺、吡蚜酮、苯噻菌胺和腈菌唑的限量标准值；设定了兽药克拉维酸和吡芬溴铵的限量标准值；从食品中农药成分“未检出”名单中删除了“杀草强”；并对次氯酸水的标准进行了修订。

2. 日本对于进口食品的分类

日本厚生劳动省将进口食品分为九大类：

① 畜产食品：牛肉、猪肉、鸡肉、马肉、其他食用鸡肉等；

② 畜产加工食品：奶油、肉类加工品、冰淇淋、冷冻食品（肉类）；

③ 鲜活水产食品：贝类、鱼类、甲壳类（蟹、虾等）；

④ 水产加工食品：鱼类加工品（切片、干燥、碎肉）、冷冻食品（水产动物类、鱼类）、鱼贝类卵加工品；

⑤ 农产食品：蔬菜、果实、麦类、玉米、豆类、花生、坚果、种子类；

⑥ 农产加工食品：冷冻食品（冷冻蔬菜）、蔬菜加工品、果实加工品、香辛料、方便面类；

⑦ 其他食品：保健食品、汤类、调味品、点心类、食用油、冷冻食品等；

⑧ 饮料：矿泉水、清凉饮料、酒精类饮料；

⑨ 添加剂、餐具、厨房用具以及容器包装、玩具类产品等。

二、日本对进口食品扣留通报情况分析

2006—2012 年，日本共发布食品扣留通报 9171 批次，共涉及包括中国、越南、美国、厄瓜多尔、韩国、菲律宾在内的 67 个国家（地区）。其中，除中国台湾以及中国香港、中国澳门外，日本共扣留中国输日食品 2415 批次，占扣留进口食品总量的比例为 26.3%，位居首位；扣留美国食品 1135 批次，占比 12.4%，位居第二；扣留越南食品 845 批次，占比 9.2%，位居第三；泰国 753 批次，占比 8.2%，位居第四；意大利 282 批次，占比 3.1%，位列第五。位居日本食品扣留通报前十位的国家被扣留的食品共计 6621 批次，占日本扣留进口食品总量的 72.2%（图 5－46）。

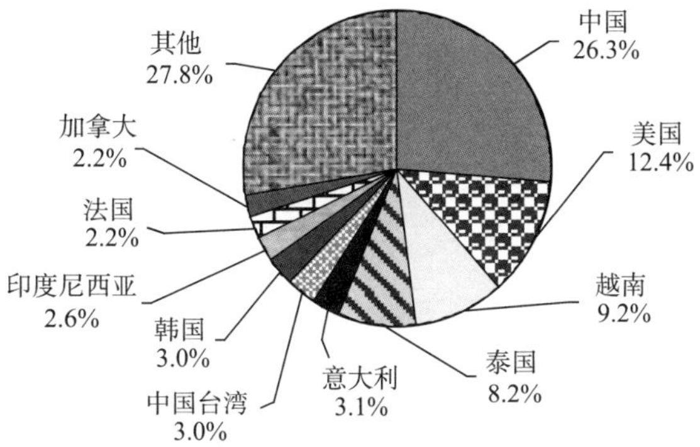

图 5－46　2006—2012 年日本扣留输日食品主要国家（地区）分布情况

三、日本扣留中国输日食品情况分析

（一）山东位列日本扣留中国输日食品产地之首

2006—2012 年，在日本扣留的 2415 批次中国输日食品中，共涉及除西藏和新疆之外的山东、福建、浙江、辽宁、广东、江苏、上海、四川、河北等 30 个省份。其中，日本扣留的来自山东的输日食品共计 756 批次，位于通报首位，占日本通报扣留中国输日食品总数的 31.3%；其次是福建，302 批次，占比 12.5%；浙江位居第三，258 批次，占比 10.7%；广东，256 批次，占比 10.6%，位居第四；辽宁，172 批次，占比 7.1%，位居第五。日本扣留中国输日食品所涉及的省份超过 30 批次以上的还有江苏（131 批次）、上海（100 批次）、河北（58 批次）、天津（47 批次）、北京（40 批次）。扣留通报前十位的省份（共计 2120 批次）占中国输日食品扣留总量的 87.8%（图 5－47）。

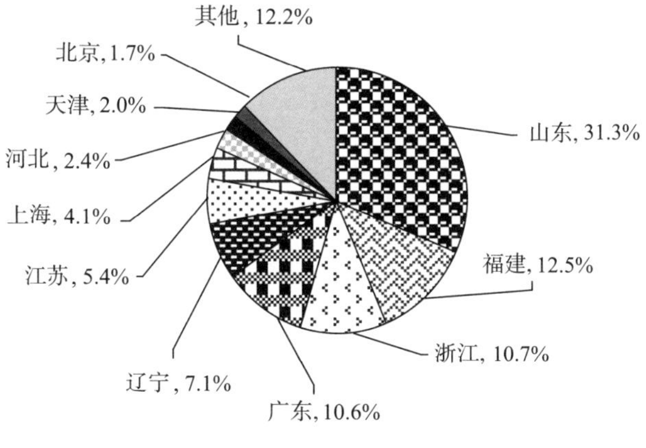

图 5－47　2006—2012 年日本扣留中国输日食品主要省份分布情况

（二）日本对华输日食品扣留多集中于夏季

从 2008—2012 年日本扣留中国输日食品的月度分析情况来看（图 5－48），一方面，受中国传统节日春节的影响，输日食品数量有所减少，因此 3、4 月份的扣留通报相对较少；另一方面，受天气因素的影响，食品的存放、运输比冬季更易于出现问题，如变质、添加剂的使用等等，因此夏季食品扣

留通报相对更加集中。

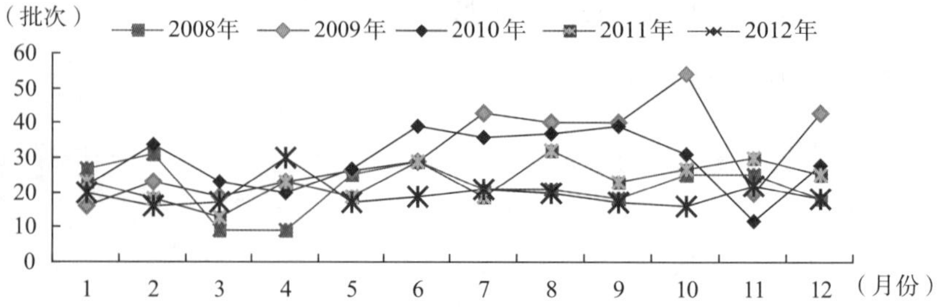

图5-48 2008—2012年日本扣留中国输日食品月度走势

（三）农产加工食品，水产加工食品，添加剂、餐具、厨房用具以及容器包装、玩具类产品是日本扣留中国产品的重点

2006—2012年，在日本扣留的中国输日食品中，农产加工食品涉及的批次最多，达到614批次，占同期日本扣留中国输日食品总量的25.4%；水产加工食品552批次，居第二位，占比22.9%；添加剂、餐具、厨房用具以及容器包装、玩具类产品有390批次，位居第三，占比16.1%。

在日方扣留批次最多的农产加工食品（614批次）中，蔬菜加工品成为被扣批次最多的食品。2006—2012年，日本扣留的中国蔬菜加工品共计470批次，占农产加工食品的76.5%，占同期日本扣留中国输日食品总量的19.5%。其中，冷冻蔬菜作为被扣留的主要农产加工食品，共被扣留246批次，占所有被扣农产加工食品的40.1%，重点产品包括冷冻豌豆（40批次）、冷冻辣椒及青椒（29批次）、冷冻葱（23批次）、冷冻芦笋（21批次）、冷冻豆制品（20批次）、冷冻马铃薯（15批次）、冷冻大蒜（13批次）等；经干燥的蔬菜制品共计111批次，主要是干银耳和干木耳（48批次）、干香菇（21批次）等；腌制、罐装类蔬菜加工制品69批次，重点产品包括腌制或容器包装竹笋（12批次）、醋腌生姜（11批次）、腌大蒜（9批次）以及容器包装灭菌豆类食品（12批次）等。其他农产加工食品还包括炒花生（52批次）、干米粉和糯米粉（36批次）、水果加工品（40批次）以及水煮蔬菜制品（27批次）等。

在日本扣留的中国输日水产加工食品（552批次）中，冷冻水产食品成为扣留重点。2006—2012年，日本共扣留中国冷冻水产品482批次，占该类食品的87.3%，占日方扣留中国输日食品总量的20.0%。被扣的冷冻类水产品主要包括冷冻虾类制品（83批次）、各种冷冻鱼片（61批次）、冷冻烤鳗鱼（55批次）、冷冻章鱼制品（48批次）、冷冻鱿鱼制品（42批次）、冷冻蟹类制品（38批次）、冷冻牡蛎（29批次）以及其他冷冻混合海鲜（35批次）等。其他主要的水产加工食品还有调味以及容器包装灭菌类食品（61批次）等。

在日本扣留中国输日列第三位的添加剂、餐具、厨房用具以及容器包装、玩具类产品（390批次）中，重点是厨房用具，共182批次，占该类产品的46.7%。其他还有餐具（92批次）、玩具（85批次）以及添加剂（31批次）。所涉及的主要产品包括聚丙烯以及聚氯乙烯材质的产品（79批次）以及陶瓷制品（21批次）等。

2006—2012年，日本扣留中国输日的农产食品共372批次，占日本扣留中国食品总量的15.4%。其中，未经加工的新鲜蔬菜居首，共计190批次，占该类食品的51.1%，占日本扣留中国输日食品总量的7.9%，涉及的重点产品包括生姜（49批次）、新鲜葱类（46批次）、新鲜豌豆（18批次）、新鲜胡萝卜（18批次）、新鲜蒜薹（11批次）、新鲜紫苏（8批次）等。除蔬菜外，花生是日本扣留我国农产食品中的又一重点，2006—2012年，日本扣留中国未经加工的花生（包括大粒花生和小粒花生）共计91批次。日本扣留的中国其他农产食品主要有薏苡（33批次），坚果、玉米、豆类等（41批次）

以及新鲜水果（21 批次）等。

2006—2012 年，日本扣留中国输日的畜产加工食品共有 205 批次，占扣留中国输日食品总量的 8.5%。其中，冷冻肉类加工品共 190 批次，占该食品种类的 92.7%，重点包括冷冻鸡肉类制品（91 批次）、冷冻猪肉类产品（82 批次）以及牛肉类制品（10 批次）。其他畜产加工食品还有容器包装灭菌食品（7 批次）以及干燥类制品（6 批次）等。

日本扣留中国输日的其他类别食品共 147 批次，占比 6.1%，扣留的重点包括保健食品（43 批次）、乌龙茶（40 批次）、点心类食品（38 批次）、绿茶及其他茶产品（13 批次）、调味品（7 批次）等。

日本扣留中国输日的新鲜水产品共 128 批次，占比 5.3%，重点产品包括养殖活鳗鱼（48 批次）、活贝类（31 批次）、活虾（10 批次）、活蟹（9 批次）、活泥鳅（8 批次）、活鳢鱼（7 批次）及其他的鲜活水产品（16 批次）等。

此外，2006—2012 年日本扣留中国输日的饮料共 7 批次，占扣留总量的 0.3%（图 5－49）。

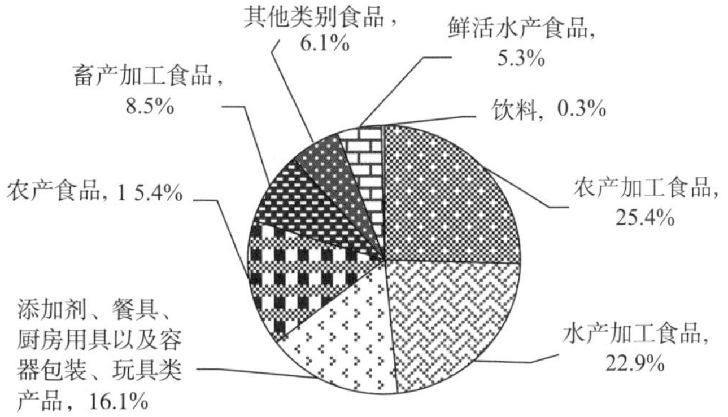

图 5－49　2006—2012 年日本扣留中国输日食品类别分布情况

（四）成分规格不合格成为日本扣留中国输日食品的主要违反内容

1. 日本对通报食品所违反的主要内容的设定

在日本检疫部门对进口食品实施相关检查时，对于扣留食品所违反的主要内容进行了以下几种设定：

① 成分规格不合格：主要是对进口食品所含的某些项目（细菌数、大肠杆菌群、肠炎弧菌等）、病原微生物（肠道出血性大肠杆菌 O157、李斯特菌等）、贝毒（腹泻性贝毒、麻痹性贝毒）、杀菌剂、杀虫剂等的检测超标，以及为转基因食品等；

② 违反日本《食品卫生法》第 11.3 中所规定的不对人体健康造成影响的应有量，残留超标，简言之就是农药残留量超标，包括有机磷系、有机盐酸系、有机氯化系等；

③ 使用了指定外添加物，包括角黄素、甜蜜素、TBHQ 等；

④ 霉素类，包括黄曲霉素、脱氧瓜蒌镰菌醇、青霉菌等；

⑤ 使用标准不合格，主要是加工过程中使用了过量的添加剂，包括二氧化硫、山梨酸、糖精等；

⑥ 制造、加工标准不合格，主要是指在食品加工过程中的杀菌条件不合格，或是经过了放射线的辐射，以及使用指定外的着色剂等；

⑦ 材质、原材料规格不合格，主要是饮食、厨房器具以及玩具类产品所使用的原材料中铅含量、邻苯二甲酸、双酯超标，以及蒸发后的残留物，包括醋酸、高锰酸钾、水等超标；

⑧ 其他违反内容，包括水产及肉类制品的内脏去除不干净、鱼类有毒，以及检出氰化物（HCN）等。

2. 日本扣留中国输日食品主要违反内容分析

2006—2012 年，在日本扣留中国输日的输日食品中，以上 8 项违反内容均有所涉及。但因“成分规格不合格”而被扣留的批次最多，成为中国食品最主要的违反内容，共计 1199 批次，占日方扣留中国输日食品总量的 49.6%（表 5－15）。在这一内容中，从违反的具体项目来看，检出大肠杆菌群呈阳性的食品有 370 批次，成为违反最多的项目，占该类内容的 30.9%，以水产加工食品（166 批次）以及冷冻类畜产加工食品（118 批次）为主，尤其冷冻类食品所占比例最多；检出细菌数超标的食品 178 批次，数量位居此类内容的第二位，占比 14.8%，且所有细菌超标的食品均为冷冻食品（包括冷冻肉食产品、冷冻水产品、冷冻蔬菜及其他冷冻食品等）；检出含有呋喃唑酮及其代谢物的产品有 54 批次，数量位居第三，占比 4.5%，以养殖活鳗鱼、畜产加工冷冻食品为主。

近几年，日本因成分规格不合格扣留的中国输日食品中，检出本不该含有的瘦肉精的食品数量快速上升，仅 2009 年因该内容扣留的中国食品就有 30 批次，且均为冷冻猪肉类制品。2011 年，我国爆发的“瘦肉精”事件，甚至将国内个别知名食品加工企业牵涉其中。日本厚生劳动省就此对中国企业输日的冷冻猪肉产品加大了命令检查的力度，并不断提高检测级别。

表 5－15 2006—2012 年日本因“成分规格不合格”扣留中国输日食品主要项目分析

序号	具体项目	扣留食品批次	占该类内容的比例（%）	所涉及主要食品或种类
1	大肠杆菌群呈阳性	370	30.9	冷冻水产品、冷冻畜产品及少量的冷冻蔬菜及其他蔬菜制品
2	检出细菌数超标	178	14.8	所有类别的冷冻食品
3	含 AOZ（呋喃唑酮代谢物）	54	4.5	养殖活鳗鱼、畜产加工冷冻食品
4	检出含有孔雀石绿及无色孔雀石绿	51	4.3	冷冻后的烤鳗鱼、各种冷冻鱼片等水产加工食品
5	含有各种贝毒	51	4.3	新鲜水产品、冷冻水产加工食品
6	含瘦肉精	47	3.9	冷冻猪肉类制品（47 批次中有 42 批次是 2009 年和 2010 年扣留）
7	含有三唑磷	44	3.7	乌龙茶、绿茶等茶产品
8	含有甲胺磷	41	3.4	干银耳、新鲜胡萝卜、荞麦
9	检出微生物呈阳性	39	3.3	容器包装加工食品及灭菌食品
10	检出为转基因食品	32	2.7	干米粉、糯米粉
合　计		907	75.6	—

除以上主要项目外，在“成分规格不合格”这一违反内容下，日本还检出中国输日食品以下主要项目含量不合格：毒死蜱（29 批次）、氯霉素（22 批次）、硫丹（16 批次）、土霉素（16 批次）、恩诺沙星（15 批次）、四环素（14 批次）、联苯菊酯（12 批次）、氟乐灵（10 批次）、新诺明（10 批次）、纯度试验不合格（10 批次）、氨基脲（10 批次）、磺胺甲基异恶唑（9 批次）、三氯杀螨醇（9 批次）、辛硫磷（6 批次）、三唑醇（6 批次）等。

2006—2012 年，日本因“玩具、原材料以及材质标准不合格”扣留的中国输日食品共 336 批次，数量位居第二，占日本扣留中国输日产品总量的13.9%。其中，因蒸发残留物超标而扣留的中国输日产品有144批次，占该类违反内容的42.9%。其中，检出含有4%醋酸的产品72批次，占该类违反内容的21.4%。此外，还有检出含高锰酸钾的产品（32批次）；检出两种或两种以上物质超标（包括水、醋酸、高锰酸钾等）的产品43批次；检出含铅等重金属超标的产品82批次，均为餐饮用具；检出含有双邻苯二甲酸的产品40批次；以及双酯超标的产品23批次，多为儿童玩具。

2006—2012年，日本因“违反日本《食品卫生法》第11.3条所规定的不对人体健康造成影响的应有量，即农药及兽药残留超标”而扣留的中国输日食品共计318批次，在违反内容中位列第三，占日本扣留中国输日总量的13.2%。日本从2006年实施《肯定列表制度》以来，对于食品中的农药及兽药残留标准日渐严苛，因此违反这一内容的中国输日食品也呈现增长态势。从检测出的中国输日食品中农药及兽药残留超标的情况来看，数量最多的是六六六（BHC）超标，近7年共有69批次，占该类违反内容的21.7%，其中冷冻以及新鲜生姜（53批次）成为该项目超标最多的食品；检出乙草胺超标的食品35批次，占该类违反内容的11.0%，其中大粒花生是超标最多的食品（26批次）；检出嘧霉胺含量超标的食品28批次，主要涉及新鲜蒜薹和其他冷冻蔬菜等。其他主要的违反项目见表5-16。

表5-16 2006—2012年日本因“农药及兽药残留超标”扣留中国输日食品的主要项目分析

序号	具体项目	扣留批次	占该类内容的比例（%）	所涉及主要食品或种类
1	BHC	69	21.7	生姜（包括冷冻加工后）、大粒花生
2	乙草胺	35	11.0	大粒花生、新鲜芝麻、新鲜松茸
3	涕灭威亚砜	29	9.1	鲜葱
4	嘧霉胺	28	8.8	新鲜蒜薹、冷冻蔬菜
5	甲氰菊酯	22	6.9	干香菇、干木耳、冷冻蔬菜
6	莠灭净	17	5.3	冷冻芦笋制品
7	扑草净	15	4.7	活蛤等水产食品以及水产加工食品
8	恶醚唑	14	4.4	冷冻后的青椒、辣椒、红椒等
9	孔雀石绿	14	4.4	养殖活鳗鱼及冷冻后的烤鳗鱼、其他冷冻鱼片
10	乙酰甲胺磷	12	3.8	新鲜及冷冻胡萝卜
合计		255	80.2	—

除以上项目外，在“违反日本《食品卫生法》第11.3条所规定的不对人体健康造成影响的应有量，即农药及兽药残留超标”这一内容下，还检查出中国输日食品以下主要农药及兽药残留超标：苯醚甲环唑（9批次）、氟硅唑（6批次）、嘧菌胺（6批次）、虫酰肼（4批次）、2，4-D（4批次）、茚虫威（4批次）、异丙威（4批次）等。

2006—2012年，日本因“使用标准不合格”而扣留的中国输日食品共计175批次，占扣留总量的7.2%。其中，检出使用二氧化硫超标的食品122批次，占该类违反内容的69.7%，以蔬菜加工食品（79批次）以及冷冻水产品（30批次）为主；检出使用山梨酸（一种防腐剂）超标的食品22批次，均为农产加工食品；检出含有安息香酸的食品6批次；含有三氯蔗糖和糖精钠的产品各4批次。

检测出霉素类物质是日本扣留中国输日食品所违反的又一主要内容，2006—2012年，日本因该违反内容扣留的中国食品174批次，占扣留总量的7.2%。其中，检测出含有黄曲霉素的食品161批次，占该类违反内容的92.5%，尤其以花生及其加工食品（105批次）和薏苡（30批次）为最多；除检出黄曲霉素外，在日本扣留的中国食品中还检测出发霉、变质的食品 10 批次。

2006—2012 年，日本因“检出含有指定外添加物”而扣留的中国输日食品共计 148 批次，占扣留食品总量的 6.1%。在该类违反内容中，检出甜蜜素超标的食品数量最多，有 70 批次，占该类内容的 47.3%，以农产加工（44 批次）和畜产加工食品（21 批次）为主；检测出 TBHQ（一种抗氧化剂）含量超标的食品 27 批次，占该类违反内容的 18.2%，主要是糕点、保健类食品；检出含有三聚氰胺的食品 16 批次，占该类内容的 10.8%，以冷冻水产品（14 批次）为主；检出含有偶氮玉红的食品 6 批次，均为果冻；检出含有特丁基对苯二酚的产品 6 批次；检出含有角黄素、硬脂酸钾以及一氧化碳的产品各 4 批次。

此外，因“制造、加工标准不合格”而被日本扣留的中国输日食品共 39 批次，占扣留中国食品总量的 1.6%。主要是检出使用合成着色剂的食品 26 批次，包括玩具、餐具类产品（14 批次）以及容器包装食品（12 批次）；检出经过放射线辐射的食品 13 批次，全部为干燥蔬菜制品。从 2007 年开始，日本先后对进口香辣调味料、干燥蔬菜、茶叶等开始实施放射线辐射检查，2009 年 4 月又追加了水产品作为检查对象。

在“其他违反内容”中，日本共扣留中国输日食品 26 批次，占扣留总量的 1.1%。包括检出有毒鱼和缺少卫生证明的食品 20 批次，内脏清除不净类食品 4 批次，以及含有氰化物的食品 2 批次（图 5－50）。

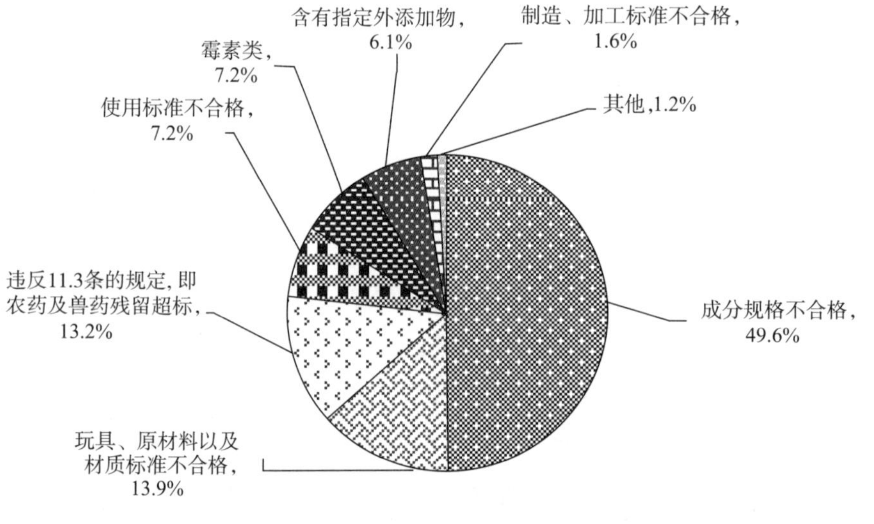

图 5－50　2006—2012 年日本扣留中国输日食品违反内容分布情况

（五）检查方式、处置措施与检疫机构

日本对于进口食品的检查依严格程度分为自主检查、监视检查和命令检查 3 种级别。自主检查是进口商的自律行为，由进口商自选样本送到厚生劳动省指定的检疫机构进行检验，对检出的问题必须依法报告。监视检查是厚生劳动省按照不同的食品类别、以往的不合格率、进口数量（重量）、潜在风险的危害程度等确定监视检查计划对一般进口食品进行的一种日常抽检。如果在监视检查中发现一次违规，则提高抽检率进入强化监视检查阶段，在强化监视检查期间发现第二次违规则启动命令检查，即强制性批批检查。但是，若进口食品中出现与公共健康有关的突发事件或会引发公共卫生危机的风险，一例违规即可启动命令检查。只有在出口国查明原因并强化了新的监督、检查体系，确定了防止再次发生的对策等，确认不会再出现不合格出口食品时，才能解除命令检查。

2006—2012 年，日本对中国输日食品所采取的检查方式中，采取自主检查的食品多达 1033 批次，占日本扣留中国输日食品总量的 42.8%；采取命令检查的食品共计 750 批次，占比 31.1%；采取监视检查的食品460批次，占比19.0%；采取行政检查的食品有25批次，占比1.0%。

2006—2012年，日本对中国输日食品采取“全部封存”措施的共计2222批次，占扣留食品总量的92.0%；正在“调查中”的食品共85批次，占比3.5%；采取“全部废弃”的共计43批次，占比1.8%；采取“全部退货”的食品36批次；“部分封存或部分废弃”的食品13批次。此外，还有“全部销售”的食品13批次以及“已经流通”的食品3批次。

2006—2012年，日本对中国输日食品扣留所涉及的检疫机构共28个，其中检验批次位居前十位的检疫所如表5-17所示。

表5-17 2006—2012年日本主要检疫机构扣留中国输日食品数量统计

序　号	检疫所	检验批次	占比（%）
1	东京检疫所	443	18.3
2	大阪检疫所	382	15.8
3	横滨检疫所	283	11.7
4	福冈检疫所	182	7.5
5	神户检疫所	158	6.5
6	名古屋检疫所	143	5.9
7	神户二课检疫所	125	5.2
8	川崎检疫所	112	4.6
9	东京二课检疫所	86	3.6
10	成田机场检疫所	77	3.2
合　计		1991	82.4

四、日本厚生劳动省发布2012年度进口食品监视结果中期报告

2012年12月5日，日本厚生劳动省医药食品局食品安全部监视安全课发布了日本2012年度（2012年4月—2013年3月）进口食品监视指导计划下的监视结果中期报告（表5-18）。

报告显示，2012上半年度（4~9月），日本进口食品申报的件数为110.7698万件（上年同期为103.9214万件），申报重量为1227.6万吨（上年同期为1317.5万吨）。在110.7698万件申报食品中，实施检查的共计11.7456万件（其中命令检查5.2811万件、监视检查3.0895万件、自主检查4.8702万件），占进口食品的比例为10.6%（上年同期为11.5%）。其中，对492件（上年同期为619件）违反《食品卫生法》的食品采取了原货运回或废弃处理等措施，占进口食品总量的0.04%（上年同期为0.06%）。

报告指出，从食品的不合格情况来看，违反《食品卫生法》第11条规定的食品中微生物规格不合格、残留农药标准不合格以及添加物使用标准不合格，是接受检查的食品中出现最多的问题，共有340件（上年同期为386件），占比69.1%；其次是违反《食品卫生法》第6条规定的含有黄曲霉素等有毒有害物质的食品共103件（上年同期为165件），占比20.9%；违反《食品卫生法》第10条添加剂使用不当的食品有41件，占比8.3%；违反《食品卫生法》第18条容器包装以及餐具规格不合格的产品有25件（上年同期为39件），占比5.1%；违反《食品卫生法》第62条玩具规格不合格的产品有7件（上年同期为11件），占比1.4%；以及违反《食品卫生法》第9条食品卫生证明不合格的食品有1件，占比0.2%。

表 5－18 日本对中国输日食品实施强化监视检查情况（2012 年 4－9 月：速报值）

对象食品	检查项目
西兰花	乙草胺、盖草
生食海胆	副溶血性弧菌
乌龙茶	三唑磷
牛　蛙	恩诺沙星
青　豆	盖草
云　耳	溴虫腈
小松菜	茚虫威
花　椒	黄曲霉素
香　菇	乙草胺
甲　鱼	恩诺沙星
胡萝卜	乙酰甲胺磷
马铃薯	氯氰
辣　椒	嘧霉胺
未熟青豆	环丙氨嗪
未熟豌豆	毒死蜱
绿　茶	三唑磷
荔　枝	多效唑
芥　末	嘧霉胺
青　豆	苯醚甲环唑
花　椒	黄曲霉素
特定生产商生产的食品	甜蜜素
特定生产商生产的生食海胆	副溶血性弧菌
双壳类蛤蜊	扑草净

五、日本厚生劳动省公布 2013 年度进口食品监视指导计划以及中日食品安全合作最新动向

2013 年 3 月 29 日，日本厚生劳动省公布了日本 2013 度（2012 年 4 月 1 日—2013 年 3 月 31 日）关于进口食品的监视指导计划书。

计划书中指出，进口到日本的食品、添加剂、器具、容器包装以及玩具等产品（以下简称“食品等”）的年均进口申报件数约 210 万件，进口的重量约 3341 万吨，根据日本农林水产省发布的食品供求表显示，日本的食品自给率（供给热量综合食品自给率）约为 40%。该计划书称，日本厚生劳动省根据《食品卫生法》（1947 年第 233 号法律）第 28 条的规定，对于进口食品的卫生状况进行监督，进而制定了 2013 年度关于进口食品的监视指导计划书。

2010 年 5 月，中日食品安全协议的第一次部长级会议召开，双方根据中日食品安全协议形成了 2010 年度（2010 年 4 月 1 日—2011 年 3 月 31 日）的“行动计划”。2011 年 11 月，中日食品安全协议

的第二次部长级会议召开，双方达成了2011年度的“行动计划”，并表示今后将依据该行动计划，在加强中日两国的食品进出口安全方面积极合作。

加拿大卫生部对中国产品召回情况综述

加拿大卫生部（Health Canada）是加拿大的联邦政府部门，其在尊重个人选择的情况下负责帮助加拿大国民保持和改善他们的健康状况。其管辖的产品范围非常广泛，包括消费品、药品、保健产品、食品等，其中消费品的安全风险管理是加拿大卫生部的重要职责之一，通过调查、评估和合作保护加拿大公众，尤其是儿童（含婴幼儿）的健康和生命不受危害。

加拿大卫生部管理消费品的主要法案包括：①《加拿大消费品安全法》。该法案的目的是通过宣传和预防对人类健康和安全造成的危害，保护公众免受消费类产品可能造成的伤害，包括在加拿大境内流通及进口的产品。②《危险产品法》。该法规是一项禁止危险产品做广告、销售和进口的法规。该法规管理三类危险产品：禁止性产品、限制性产品和受控产品。禁止性产品和限制性产品主要指民用消费品，而受控产品主要指工业化学品，即在工作场所使用的化学品。③《消费品包装和标签法》。该法规定标签上的资料须以英文和法文标示。附贴于预先包装在消费品上的标签必须印明产品名称、产品商标、产品成分、品质和数量、制造商的名称和地址。对属于危险性质的家庭用品及含纤维成分的纺织品，均须附加带有警告标志的标签，等等。

当然，除上述主要法律法规外，加拿大有关消费者产品安全的法案还有《辐射发射装置法案》、《竞争法案》、《纺织品标签法案》、《加拿大环境保护法案1999》、《有害物管理产品法案》、《行政处罚法》等。

2006—2012年，加拿大卫生部共发布全球产品召回通报1466项。其中，2006—2009年，召回通报数量逐年增长，分别仅为32项、90项、245项和306项；2008年发布的召回通报首次过百，总数增至245项，增幅高达172.2%；2009年召回通报达到历史最高点，306项，同比增长24.9%；2010—2012年，召回通报数量连续3年下降，降幅分别为2.3%、13.7%和8.5%（图5－51）。

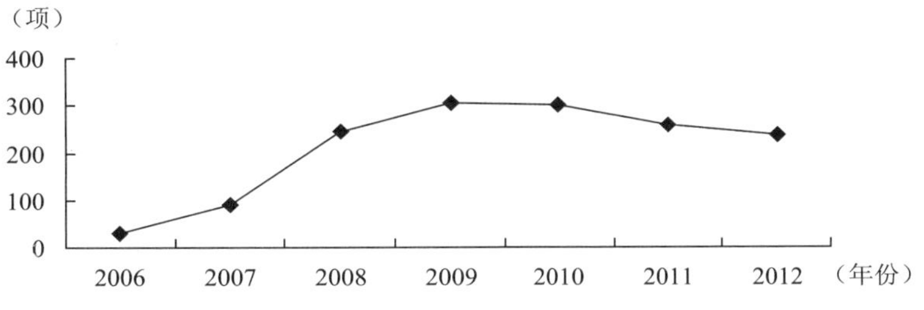

图5－51 2006—2012年加拿大卫生部发布产品召回通报年度走势

一、中国产品位居加拿大卫生部召回首位，近年来召回数量有所回落

2006—2012年，加拿大卫生部针对中国产品的召回通报最多，共820起，占加拿大卫生部同期召回总数的55.9%（图5－52）；其次为美国产品，为216项，占比14.7%；加拿大位居第三，98项，占比6.7%；中国台湾居第四位，52项，占比3.5%；印度位居第五位，23项，占比1.6%。其他国家为257项，占比17.5%（图5－53）。[①]

① 1项产品召回可能涉及多个国家（地区）。

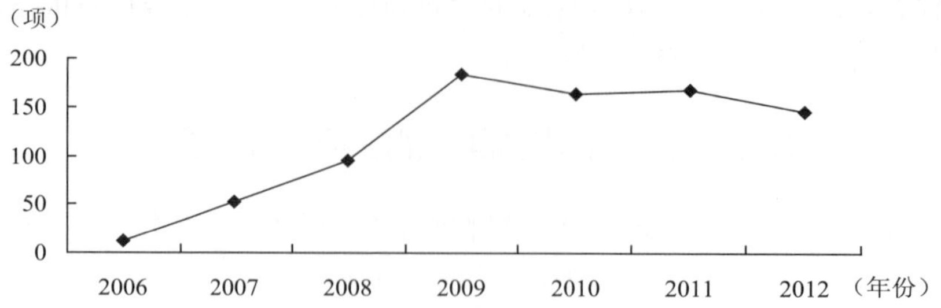

图 5－52　2006—2012 年加拿大召回中国产品数量年度走势

2006—2009 年，加拿大卫生部针对中国产品的召回通报数量持续增长，2009 年中国产品被召回 183 项，达到近年通报数量的最高值，同比增长 92.6%；2010—2012 年，加拿大对华产品召回通报数基本持平，2010 年为 164 项，同比下降 10.4%；2011 年为 167 项，同比增长 1.8%；2012 年为 146 项，同比下降 12.6%。

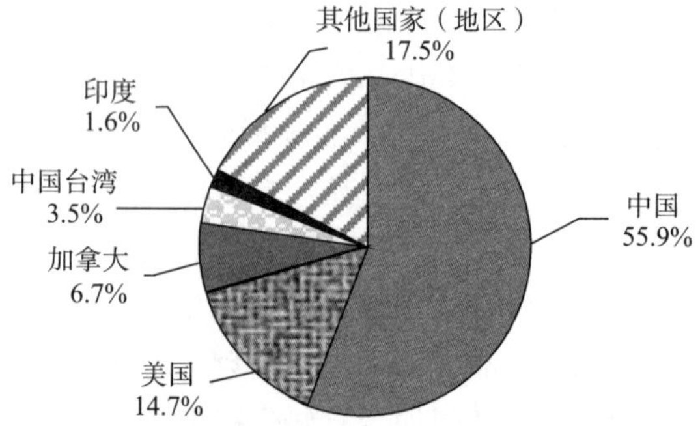

图 5－53　2006—2012 年加拿大卫生部召回产品涉及国家（地区）分析

二、家居用品超过儿童用品成为加拿大召回重点①

加拿大卫生部对消费品分类如下：儿童用品（含婴幼儿用品，不含玩具和儿童服装）、玩具、家居用品、服饰、日化产品、运动和休闲用品、电子产品、家用电器、工具和五金器件、工艺品、化妆品、专业产品、户外用品和其他。其中，家居用品位居加拿大对华产品召回通报首位（见图 5－54）。

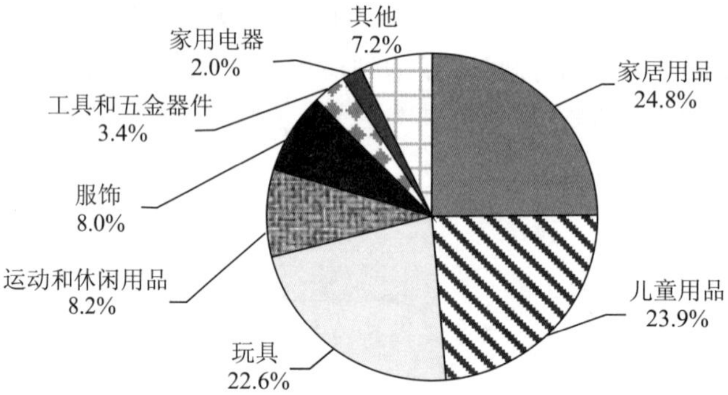

图 5－54　2006—2012 年加拿大卫生部对华产品召回类别分布

1. 家居用品

加拿大卫生部召回的中国家居用品主要包括：家用小电器（如灯具、风扇、咖啡壶、壁炉、窗帘、地毯等）、餐具、家具（电视柜、桌子、椅子等）、窗帘等。召回的主要原因为受伤危险（如划伤、砸伤）、触电危险、火灾危险（含爆炸、熔化）、儿童颈部被勒危险等。2006—2012 年，加拿大卫生部共对中国家居用品发布召回通报 203 项，占加拿大对华召回通报总数的 24.8%。2011 年和 2012 年，加拿大卫生部对华家居用品召回数量连续增长，分别为 52 项和 56 项，增幅分别为 30.0% 和 7.7%。

2. 儿童用品

儿童用品是加拿大卫生部的重点监测产品，从近几年加拿大卫生部的召回情况看，主要集中于儿

① 2013 年加拿大卫生部对被召回产品重新分类。

童饰品和耐用型育儿产品（如婴儿床、婴幼儿餐椅、婴儿牙胶、婴幼儿推车等）。2006—2012 年，加拿大卫生部共对中国儿童用品发布召回通报 196 项，占加拿大对华产品召回通报总数的 23.9%。该类产品被召回的主要原因为：铅含量超标、小部件脱落易引发窒息、锋利边缘划伤儿童、产品质量不合格、不符合加拿大标签规定、无警示标签等。2006—2010 年，加拿大卫生部对华儿童用品发布通报数量连续增长，而 2011—2012 年，加拿大对华儿童用品召回通报数量则连续两年下跌，跌幅分别为 6.5% 和 37.2%。

3. 玩具

玩具是中国出口加拿大的重点产品之一，也是加拿大卫生部召回比较密集的产品。该类产品主要因铅含量超标、细菌超标导致儿童身体免疫系统受损而引发腹泻、呕吐等疾病，小部件易脱落引发窒息，钡含量超标，镉含量超标等而被召回。2006—2012 年，加拿大卫生部共对中国玩具产品发布召回通报 185 项，占加拿大卫生部对华产品召回总数的 22.6%。2006—2009 年，加拿大卫生部对华玩具产品召回通报数量一直呈上升趋势，尤其是 2009 年的 55 项，为近年召回数量之最；自 2010—2012 年，加拿大对华玩具召回通报连续下降，降幅分别为 58.1%、17.4% 和 15.8%。

三、人身伤害危险占加拿大召回我国产品原因的 30.9%

2006—2012 年，在加拿大卫生部针对中国产品发布召回通报的原因中，居首位的是人身伤害危险，共 253 项，占加拿大对华产品召回通报总数的 30.9%；位居二、三位的分别为窒息危险和铅含量超标（见图 5－55）。

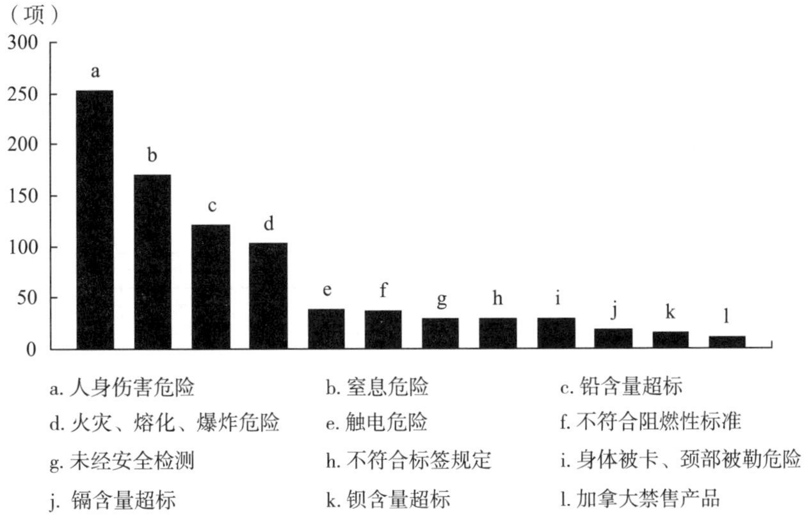

图 5－55　2006—2012 年加拿大卫生部对华产品召回原因分布情况

1. 人身伤害危险

2006—2012 年，加拿大卫生部发布的对华消费品召回通报原因中，人身伤害危险居首位，主要包括砸伤、划伤、跌伤、溺亡、消费品细菌超标导致免疫系统受损等。人身伤害危险发生在几乎所有消费品种类中，其中家居用品、儿童用品、运动和休闲用品、化妆品比较集中。

2. 窒息危险

2006—2012 年，加拿大卫生部发布的对华消费品召回通报原因中，窒息危险共 170 项，占召回通报总数的 20.7%。窒息危险主要是指消费品的小部件易脱落，若被儿童误食，有致其窒息的危险。窒息危险多发生在儿童用品和玩具上。

3. 铅含量超标

2006—2012 年，加拿大卫生部发布的对华消费品召回通报原因中，铅含量超标共 121 项，占召回通报总数的 14.6%。铅含量是加拿大卫生部检测进口儿童用品、玩具的重要指标之一，加拿大对铅含量的要求主要有两点：一是要求某些表面涂层材料的总铅含量限值由 600mg/kg 降为 90mg/kg；二是要求降低用于儿童家具和其他用品、玩具、设备及其他儿童学习用品、铅笔和画笔的表面涂层材料的总铅含量限值。加拿大政府表示，表面涂层材料 90mg/kg 的铅含量限值可充分防范铅暴露危害，并且可以确保加拿大儿童得到与美国儿童相同水平的保护。目前，铅含量超标主要发生在玩具和儿童用品上。

除了上述 3 类主要危险类型外，触电危险、火灾危险（含爆炸、熔化）、儿童颈部被勒危险等也是加拿大卫生部实施消费品召回措施的重要原因，而因缺乏儿童安全装置、镉/钡含量超标、未经安全检测并且不粘贴安全标识或粘贴防伪标识等原因被召回的消费品也日渐增多。

澳大利亚竞争和消费者委员会对进口产品召回通报情况综述

一、澳大利亚消费品召回情况分析

澳大利亚竞争和消费者委员会（ACCC）是独立的联邦法定机构，于 1995 年由原贸易实践委员会（TPC）和价格监督局（PSA）合并成立，负责执行《贸易实践法》（1974 年，2011 年 1 月修订并改名为《2010 年竞争和消费者法》）、《价格监管条例》（1983 年）和其他相关法律法规。其主要职责是促进竞争和公平贸易，负责消费者保护和国家有关基础设施的管理，确保个人和企业遵守联邦竞争、公平交易和消费者保护法律。

ACCC 召回产品分为十二大类（表 5－19），1986—2012 年，召回通报次数最多的为车、船、自行车类，占比 42.38%；其次为儿童用品类，占比为 13.18%；食品和杂货类位列第三，占比 11.60%。2001—2012 年，召回通报次数相对稳定，2012 年达到峰值的 429 次，反映了澳大利亚产品安全工作的加强态势（图 5－56）。

表 5－19　1986—2012 年澳大利亚竞争和消费者委员会召回各类产品情况

产品分类	召回次数	占比（%）	备注
农业和兽医化学品	80	1.2	1988 年开始
美容健康产品	405	6.3	1998 年开始
车、船、自行车	2739	42.4	1986 年开始
电气产品	231	3.6	1998 年开始
时装及服饰	71	1.1	1998 年开始
食品和杂货	750	11.6	1998 年开始
燃气用品	25	1.4	1990 年开始
运动和休闲用品	248	3.8	1998 年开始
家居与园艺用品	603	9.3	1991 年开始
资讯科技、手机、多媒体产品	115	1.8	1998 年开始
工业、商业用品	344	5.3	1987 年开始
儿童用品	852	13.2	1986 年开始
总　计	6463	—	—

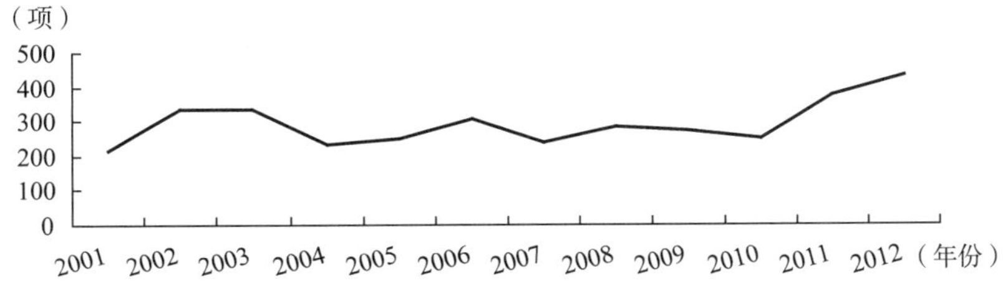

图5-56 2001—2012年ACCC召回产品数量年度走势

二、澳大利亚食品召回情况分析

澳大利亚食品召回由澳新食品标准局(简称FSANZ)主导进行，国家、州和地方立法共同管理。在澳新食品标准局设有专门的食品召回协调员，各州和地方也设有州和地方的召回协调员。澳大利亚食品召回体系的主体由生产者、销售商和消费者三方构成。当需要召回食品时，生产者、销售者都有责任在有关机构的监管下，依据食品召回的法律法规将问题食品从消费者手中召回。澳大利亚依据产品的销售渠道和销售范围来确定食品召回的级别，目前其分级只有贸易召回和消费者召回两个水平。贸易召回指的是将产品从产品分配中心和批发商处收回。消费者召回是涉及产品生产和分配所有环节的召回，涉及范围广，包括消费者拥有的任何受影响的产品。在法律依据上，澳大利亚的食品召回主要依据《澳新食品标准法典》、《贸易行为法案》和《澳新食品工业召回规范》的相关规定。

2003—2012年，FSANZ发布食品召回通报总计643次。各年通报数量相对稳定，保持在55~70次之间。2003年，由于新标签标准的实施，强制要求进行过敏原标注，当年的通报数量显著增长至105次(图5-57)。

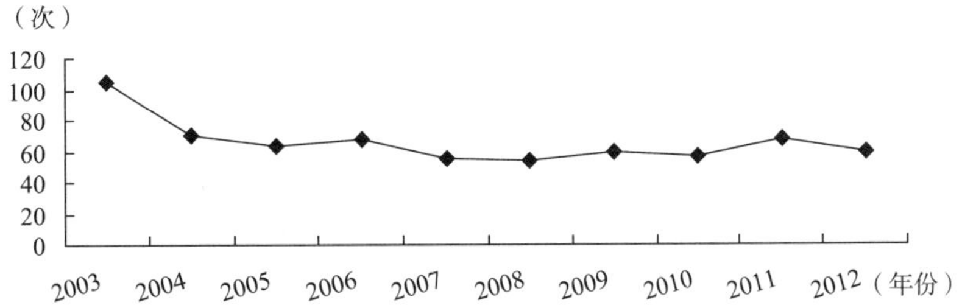

图5-57 2003—2012年澳大利亚FSANZ发布食品召回通报年度走势

FSANZ食品召回的主要通报原因包括：标签问题/未标注过敏原、微生物污染、杂质异物、化学/污染物、其他、生物毒素及转基因。2003—2012年，标签问题/未标注过敏原居FSANZ发布食品召回的通报原因之首，为225次，占比35.0%；微生物污染位列第二，为213次，占比33.1%。生物毒素、转基因及其他始终是占比最小的通报原因(图5-58)。

2003—2012年，标签问题/未标注过敏原列食品召回通报主要原因的首位，占比达35%。其中占比最大的问题是未标注花生、牛奶和小麦等过敏原，在标签问题中的占比分别为22%、19%和18%①。

2003—2012年，FSANZ因微生物污染通报的产品召回达213次，其中，两次峰值出现在2003和2009年，分别为35和32次(图5-59)。在213起通报原因为微生物污染的召回中，列前三位的通报原因分别为李斯特菌污染、沙门氏菌污染和大肠杆菌污染，通报次数及占比分别为：95次(44.6%)、

① 该数字摘自《FSANZ食品召回年度统计报告》。

41 次（19.2%）和 29 次（13.6%）。李斯特菌污染在微生物污染召回通报中的占比居首，反映了行业为满足《澳新食品标准法典》1.6.1 –食品微生物限定标准要求进行的大量检测，标准要求软奶酪、熏鱼、熟肉、熏/腌肉、肉酱等高危食品不得检测含有李斯特菌。

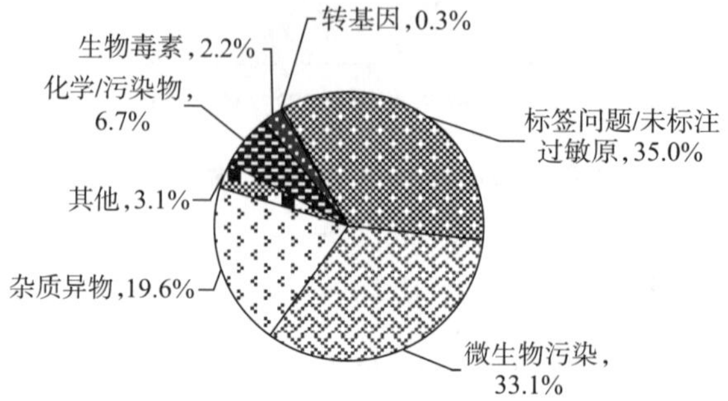

图 5 – 58　2003—2012 年澳大利亚 FSANZ 食品召回原因分布情况

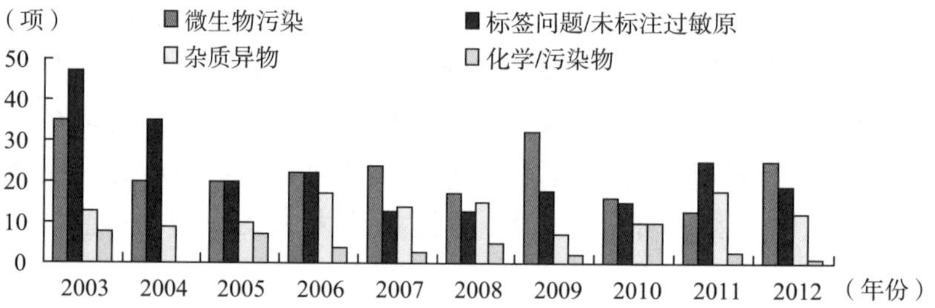

图 5 – 59　2003—2012 年澳大利亚 FSANZ 食品召回通报主要原因分布年度对比

新西兰消费品和食品召回情况综述

一、新西兰消费品召回情况分析

新西兰消费者协会（Consumer NZ）成立于 1959 年，是独立的非营利机构，以为新西兰消费者提供公平消费为宗旨。2007—2012 年，Consumer NZ 共发布消费品召回通报 367 项，涉及家电、汽车、食品、健康美容产品、家居休闲用品及儿童家庭产品等类型（图 5 – 60）。

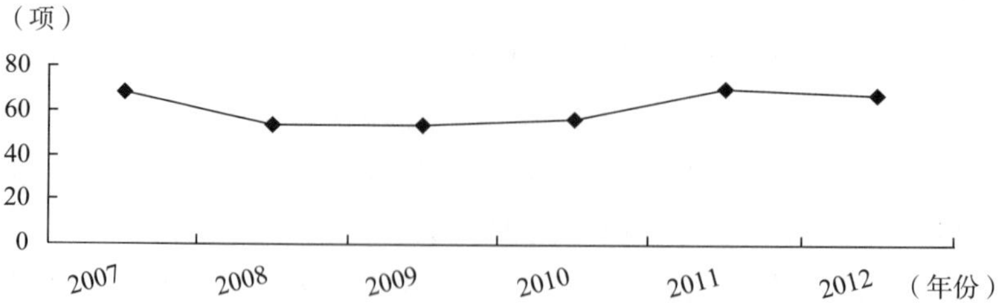

图 5 – 60　2007—2012 年新西兰消费品召回数量年度走势

二、新西兰食品召回情况分析

新西兰农林部食品安全局负责协调、监督新西兰境内的食品召回。各年的通报数量和通报原因相对稳定，2003—2005 年，由于食品过敏原强制标注标准的实施，因过敏原问题通报召回的产品数量增长显著（图 5－61、图 5－62）。2001—2012 年，新西兰食品召回的主要通报原因为过敏原，占比 34.9%；其次为异物，占比 29.8%；微生物位列第三，占比 23.4%（图 5－63）。

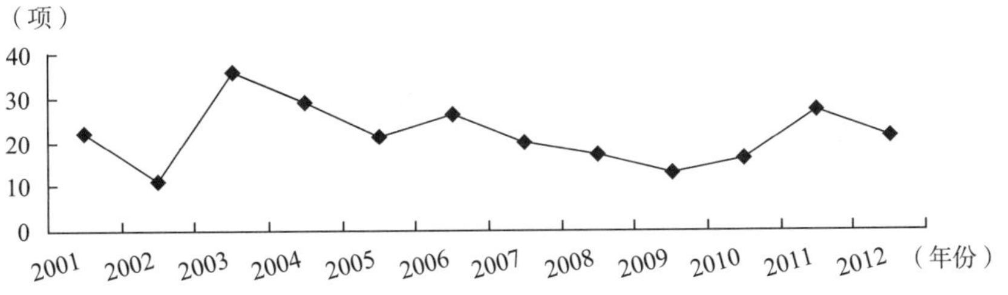

图 5－61 2001—2012 年新西兰食品召回数量年度走势

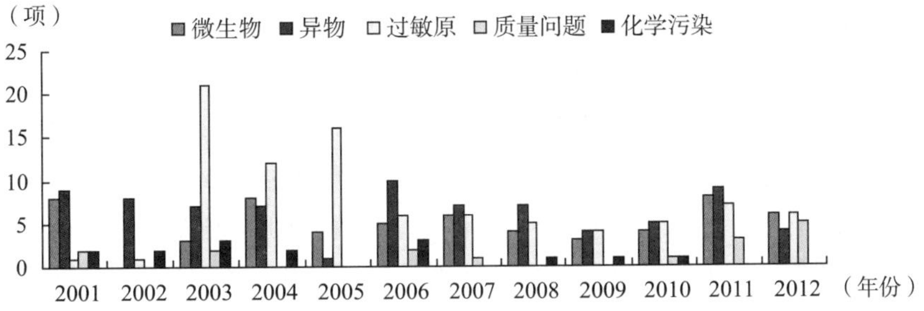

图 5－62 2001—2012 年新西兰召回食品通报主要原因年度对比情况

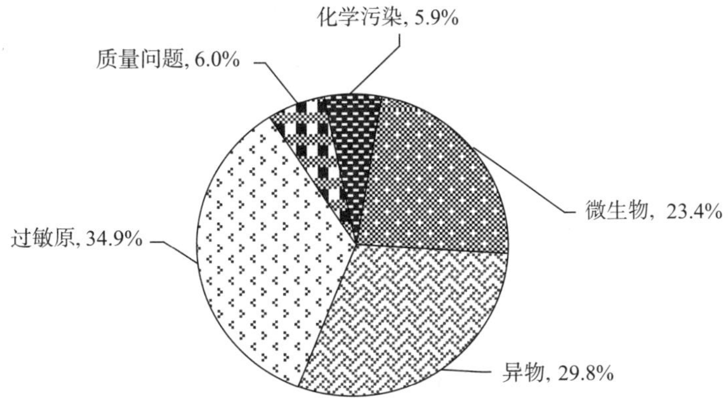

图 5－63 2001—2012 年新西兰召回食品通报主要原因分布情况

第六章　WTO争端解决

作为当前世界上最大的多边贸易组织，WTO在2012年继续得到完善和扩充。截至2012年底，WTO正式成员增至157个，新成员包括黑山、萨摩亚、俄罗斯和瓦努阿图，其中俄罗斯于2012年8月22日正式成为WTO第156个成员。此外，WTO总理事会还于2012年12月通过了老挝和塔吉克斯坦加入WTO的一揽子文件，老挝和塔吉克斯坦分别于2013年2月2日和3月2日正式成为WTO第158个和第159个成员。在这些新成员中，俄罗斯是全球主要经济体，也是中国的主要邻国，与中国的双边贸易额在近年来得到稳步增长；老挝是东盟成员国之一，也是最后一个成为WTO成员的东盟成员国，其入世有利于实现东盟经济一体化，也有利于促进中老贸易额得到进一步增长。此外，各成员关于多哈回合多边贸易谈判的努力也在继续，例如在规则谈判领域中，各方就《信息技术协定》的扩围谈判已取得一定进展。总体来看，近年来，全球经济复苏与发展面临各种复杂的经济和政治因素，WTO正是在这种全球背景下，为各成员的贸易活动提供了一个反映问题、解决矛盾和监督管理的平台。2012年，各成员诉诸WTO争端解决机制的案件达27起，其中一半以上是由于相互报复或贸易限制措施引发的；此外，对于向WTO提交的各类通报，各成员也提出了质疑。

第一节　WTO争端解决机制

截至2012年底，WTO争端解决机制作为WTO成员解决相互之间贸易争端的主要方式，已成功运作了近20年，对于及时、规范解决各成员在货物贸易、服务贸易、知识产权等领域的多边贸易冲突发挥了重要作用。而该机制根据各成员通过多轮磋商、谈判达成的协定规则解决成员间贸易纠纷的做法也弱化了发达成员因其强大的经济实力而可能对发展中成员造成的不公平对待，并在功能界定、法律适用、程序安排和机构设置上保障公平。具体涉及以下几个方面：

一、WTO争端解决机制的功能界定及争端解决的特点

（一）WTO争端解决机制的主要功能

1. 为多边贸易体制提供可靠性和可预测性

根据《关于争端解决规则与程序的谅解》（以下简称《谅解》）第3.2条，WTO争端解决机制的作用主要是“为多边贸易体制提供可靠性和可预测性”。在WTO看来，国际贸易指的是成员间的货物和服务的流动，这种流动并不是由政府作出的，而是由诸如私营经济经营者一类的市场主体作出的，这类市场主体的商业交易行为需要有稳定的和可预测性的法律法规的保障。根据这种需求，WTO有必要确定一种快速、有效的，并以一系列规则条款为基础的运行机制。

2. 保持WTO成员权利和义务的适当平衡

根据《谅解》第3.3条，“在一成员认为其根据适用协定直接或间接获得的利益正在因另一成员采取的措施而减损的情况下，迅速解决此类情况对WTO的有效运转及保持各成员权利和义务的适

当平衡是必要的”。而迅速解决此类情况的方法，即诉诸 WTO 争端解决机制。《谅解》第 3.7 条进一步规定，诉诸 WTO 争端解决机制的“目的在于保证使争端得到积极解决”，这种“积极解决”是指达成“争端各方均可接受且与适用协定相一致的解决办法”，“如不能达成双方同意的解决办法，则争端解决机制的首要目标通常是保证撤销被认为与任何适用协定的规定不一致的有关措施。”而再进一步看对于撤销与协定规定不一致的有关措施的“度”的把握，在《谅解》第 3.2 条和第 19.2 条均有明确规定，即专家组和/或上诉机构就某争端作出的建议和裁决“不能增加或减少适用协定所规定的权利和义务”。

3. 依照解释国际公法的惯例澄清关于各成员权利和义务的现有规定

仅从法律条款上看，WTO 协定中关于权利和义务的规定并不明确。事实上，这也是所有法律条款的“通病”，即法律条款通常考虑的是普遍适用性问题，而不是对（也不可能对）具体个案的所有情况作出逐一规定。因此，常常会出现各当事方关于某一具体行为或情形是否违反了相关规定而持有异议的情况，而在 WTO 看来，要合理解决这些问题就必须对所涉及的具体条款作出进一步的澄清。这种观念在《谅解》中也有体现，如第 3.2 条第二句话规定，“各成员认识到该体制适于保护各成员在适用协定项下的权利和义务，及依照解释国际公法的惯例澄清这些协定的现有规定。”而《谅解》第 17.6 条的措辞也表明，专家组可以作出法律解释。[①] 此外，《马拉喀什建立世界贸易组织协定》（以下简称《建立世界贸易组织协定》或《WTO 协定》）第 9.2 条第一句话也规定，“部长级会议和总理事会拥有通过本协定和多边贸易协定所作解释的专有权力。”而对于解释的方法，《谅解》第 3.2 条则规定为“依照解释国际公法的惯例”对协定的现有规定作出澄清，其中涉及对《维也纳条约法公约》第 31、32、33 条的适用问题。对此，上诉机构在美国新配方汽油和普通汽油标准案（DS2）和日本关于酒精饮料的征税措施案（DS8、DS10、DS11）的认定中均表示，在确定可适用的惯例时，可参考《维也纳条约法公约》第 31、32、33 条的规定。[②]

（二）WTO 争端解决的特点

1. 争端解决以达成当事各方均同意的解决办法为首选

如前文所述，WTO 争端解决机制的目标是维护受损一方成员的权益，同时对协定规定的权利和义务作出澄清，但该机制的最终目的并非是要争端解决机构（DSB）作出裁决，而是要解决争端，尤其是通过双方磋商达成“与适用协定相一致的解决办法”（《谅解》第 3.7 条第三句话）。争端解决机构只有在当事方不能达成双方均同意的解决办法时才能依据当事方的申请启动相应的工作程序，作出裁决。也就是《谅解》第 3.7 条第四句话的规定，即“如不能达成双方同意的解决办法，则争端解决机制的首要目标通常是保证撤销被认为与任何适用协定的规定不一致的有关措施。”而且，即使争端已经进行到了裁决阶段，当事方也有充分的机会达成双方满意的解决办法。例如，

---

① 《关于争端解决规则与程序的谅解》第 17.6 条规定：“上诉应限于专家组报告涉及的法律问题和专家组所作的法律解释。”

② 《维也纳条约法公约》第 31 条（解释之通则）：“一、条约应依其用语按其上下文并参照条约之目的及宗旨所具有之通常意义，善意解释之。二、就解释条约而言，上下文除指连同弁言及附件在内之约文外，并应包括：（甲）全体当事国间因缔结条约所订与条约有关之任何协定；（乙）一个以上当事国因缔结条约所订并经其他当事国接受为条约有关文书之任何文书。三、应与上下文一并考虑者尚有：（甲）当事国嗣后所订关于条约之解释或其规定之适用之任何协定；（乙）嗣后在条约适用方面确定各当事国对条约解释之协定之任何惯例；（丙）适用于当事国间关系之任何有关国际法规则。四、倘经确定当事国有此原意，条约用语应使其具有特殊意义。”第 32 条（解释之补充资料）：“为证实由适用第 31 条所得之意义起见，或遇依第 31 条作解释而：（甲）意义仍属不明或难解；或（乙）所获结果显属荒谬或不合理时，为确定其意义起见，得使用解释之补充资料，包括条约之准备工作及缔约之情况在内。”第 33 条（以两种以上文字认证之条约之解释）：“一、条约约文经以两种以上文字认证作准者，除依条约之规定或当事国之协议遇意义分歧时应以某种约文为根据外，每种文字之约文应同一作准。二、以认证作准文字以外之他种文字作成之条约译本，仅于条约有此规定或当事国有此协议时，始得视为作准约文。三、条约用语推定在各作准约文内意义相同。四、除依第一项应以某种约文为根据之情形外，倘比较作准约文后发现意义有差别而非适用第 31 条及第 32 条所能消除时，应采用顾及条约目的及宗旨之最能调和各约文之意义。”

《谅解》第 11 条第三句话规定，“专家组应定期与争端各方磋商，并给予它们充分的机会以形成双方满意的解决办法。”

2. 争端解决的迅速性

《谅解》在条款规定中强调了迅速解决争端的重要性，如《谅解》第 3.3 条规定，“在一成员认为其根据适用协定直接或间接获得的利益正在因另一成员采取的措施而减损的情况下，迅速解决此类情况对 WTO 的有效运转及保持各成员权利和义务的适当平衡是必要的。”也就是说，在 WTO 框架下，争端解决机构对诉诸裁决阶段的案件不仅要作出公正、合理的裁决，还应迅速作出裁决。而为了保障争端解决的迅速性，《谅解》也对相应程序规定了明确的期限，如《谅解》第 4.3 条规定“如磋商请求是按照一适用协定提出的，则请求所针对的成员应在收到请求之日起 10 天内对该请求作出答复，并应在收到请求之日起不超过 30 天的期限内真诚地进行磋商，以达成双方满意的解决办法，除非双方另有议定。……”在诉诸裁决阶段的情况下，除延长提交报告的情况外，专家组通常应在 1 年内作出裁决，在提起上诉的情况下则不应超过 16 个月（《谅解》第 20 条）。但基于案件的复杂性，也有个别争端的解决耗时长久，如 2012 年 11 月 8 日欧盟[①]与拉美 11 国共同签署了一份结束多起有关香蕉争端解决程序的解决方案，而欧盟与拉美 11 国的此次香蕉争端自首次提起以来至最终解决，花费了将近 20 年的时间。

3. 禁止采取单边行动和作出单边裁决

《谅解》第 23 条就多边体制的加强作出了明确规定，其中第 23.1 条就规定，“当成员寻求纠正违反义务情形或寻求纠正其他造成适用协定项下利益丧失或减损的情形，或寻求纠正妨碍适用协定任何目标的实现的情形时，它们应援用并遵守本谅解的规则和程序。”从 WTO 争端解决机制的设立初衷来看，各成员将贸易纠纷诉诸 WTO 争端解决机制的目的是希望纠纷得到公正、合理和迅速的解决，而不是要进行无休止地贸易战，令双方利益受损。从单边行动在实务中的实施逻辑进行推理可以看出，当一成员认为另一成员的相关行为有违国际贸易规则而采取单边的反制措施，遭受反制措施的一方如若认为该反制措施违反了 WTO 规则，本可诉诸 WTO 争端解决机制，但如若继续实施单边行动的话，势必是要对该反制措施继续实施反制措施，这样双方的贸易纠纷就会无休止地进行下去，以致问题既得不到解决，又耗时、耗财、耗力，结果必然是双输、双损。

需要指出的是，《谅解》第 23.1 条尽管明确强调要加强多边体制的运用，但也设定了一个前提条件，即一成员的行为违反了 WTO 规则而造成了其适用协定项下利益的丧失或减损，或妨碍了适用协定任何目标的实现。

二、WTO 争端解决机制的参与方及争端涉及的协定范围

（一）WTO 争端解决机制的参与方

WTO 争端解决机制的参与方只能是 WTO 正式成员的政府，WTO 成员政府可以当事方或第三方身份参与争端解决机制。WTO 秘书处、WTO 观察员、其他国际组织、区域或地方政府均无权启动 WTO 争端解决机制项下的争端解决程序。也就是说，即使是受到违规措施直接影响的个人或企业与其他国际组织一样，均无法直接启动 WTO 争端解决程序。但是，这些组织、企业或个人可以对 WTO 成员政府施加影响，促使其启动 WTO 争端解决程序。事实上，部分 WTO 成员已通过国内立法，规定相关企业或个人当事人可以向政府提交申请启动一项 WTO 争端，如美国《1974 年贸易法》第 301 节，以及

① 自 2009 年 12 月 1 日起，WTO 开始正式使用“欧洲联盟”（即欧盟，EU）这一名称。此前由于法律方面的原因，WTO 一直使用“欧洲共同体”（即欧共体，EC）这一名称，在 WTO 的一些早期文件中，“欧共体”这一名称将继续存在。本报告在表述中统一使用“欧盟”这一名称。

欧盟的《贸易壁垒规则》（TBR）。其中，美国《1974 年贸易法》第 301－310 节（中国统称为“301 条款”）就是美国国内立法中关于对外国立法或行政上违反 WTO 协定、损害美国利益的行为采取单边行动的立法授权条款；而欧盟委员会 1994 年 12 月 22 日颁布的《贸易壁垒规则》也规定，欧盟企业、产业以及成员在外国遭遇贸易壁垒，影响其进入第三国市场或欧盟统一大市场时，可以要求欧盟委员会对有关不公平贸易措施进行调查，以确定是否存在贸易壁垒。若存在贸易壁垒，则可以采取单边措施。

此外，对于其他国际组织能否以“法庭之友”的身份向 WTO 争端解决机构提交相关文件以对案件程序施加影响这一问题，目前尚无定论，专家组和上诉机构均有自由决定接受或拒绝这些文件的权利，但即使接受了这些文件，专家组和上诉机构也没有义务必须在工作程序中对这些文件内容予以考虑。

（二）WTO 争端涉及的协定范围

对于 WTO 争端可涉及的协定范围，《谅解》附录 1 作出了明确说明，包括《建立世界贸易组织协定》、多边贸易协定（附件 1A：多边货物贸易协定；附件 1B：《服务贸易总协定》（GATS）；附件 1C：《与贸易有关的知识产权协定》（TRIPs）；附件 2：《关于争端解决规则与程序的谅解》）以及诸边贸易协定（附件 4：《民用航空器贸易协定》、《政府采购协定》、《国际奶制品协定》、《国际牛肉协定》）。其中，附件 1A：多边货物贸易协定具体包括：《1994 年关税与贸易总协定》（以下简称 GATT1994）、《关于实施〈1994 年关税与贸易总协定〉第 6 条的协定》（即《反倾销措施协定》（ADA））、《农业协定》、《补贴与反补贴措施协定》（SCM 协定）、《技术性贸易壁垒协定》（TBT 协定）、《实施卫生与植物卫生措施协定》（SPS 协定）等 13 项协定。

此外，《谅解》附录 2 还就适用协定所含特殊或附加规则与程序作出了明确规定，如《实施卫生与植物卫生措施协定》第 11.2 条，该条规定“在本协定项下涉及科学或技术问题的争端中，专家组应寻求专家组与争端各方磋商后选定的专家的意见。为此，在主动或应争端双方中任何一方请求下，专家组在其认为适当时，可设立一技术专家咨询小组，或咨询有关国际组织。”其余还包括：《反倾销措施协定》第 17.4－17.7 条；《补贴与反补贴措施协定》第 4.2－4.12 条、第 6.6 条、第 7.2－7.10 条、第 8.5 条、脚注 35、第 24.4 条、第 27.7 条、附件 5 等。

三、WTO 争端解决程序及涉及的相关机构

（一）WTO 争端解决基本程序

乌拉圭回合达成的《关于争端解决规则与程序的谅解》就解决诉诸 WTO 争端解决机制的争端案件设定了一系列程序，并在相应的程序设置中体现出 WTO 争端解决机制致力于解决争端的终极目标，以及为实现该目标而倡导的磋商方式。

从节点方面来看，WTO 争端解决的基本程序包括：① 强制性的双边磋商和选择性的斡旋、调解和调停程序；② 磋商未果，启动专家组工作程序；③ 针对专家组报告的上诉程序；④ 针对争端解决机构裁决和建议的执行程序。其中，各大程序节点中还涉及诸多细节方面的程序要点，如专家组工作程序中还涉及专家组的组成、专家组程序、专家组向争端各方提交报告、专家组向所有 WTO 成员发布最终报告以及（未提起上诉）专家组报告的通过等；上诉程序具体又包括提出上诉申请、上诉方书面陈述、提起其他上诉申请、其他上诉方书面陈述、口头听证、上诉报告发布、争端解决机构通过上诉机构报告等；执行程序具体又包括涉及执行合理期限问题的仲裁、对执行建议和裁决的监督等，而对执行建议和裁决的监督中还涉及执行异议程序、WTO 争端解决机制的报复制度等诸多具体内容。

（二）争端解决涉及的相关机构

1. 争端解决机构（DSB）

争端解决机构（The Dispute Settlement Body，DSB）是WTO设立的负责成员间贸易争端解决的常设行政管理机构，也是区别于关税与贸易总协定（GATT）时期争端解决机制的一个关键点。《谅解》第2.1条第一句话即规定，“特此设立争端解决机构，负责管理这些规则和程序及适用协定的磋商和争端解决规定，除非适用协定另有规定。……”其主要职能是负责实施、监督、管理争端解决的规则和程序，根据成员提出的磋商申请进行立案，并在磋商未果的情况下负责专家组的设立、专家组和上诉机构报告的通过、监督相关当事方对专家组和上诉机构建议和裁决的执行、授权报复等具体事宜（《谅解》第2.2条第二句话规定，“DSB有权设立专家组、通过专家组和上诉机构报告、监督裁决和建议的执行以及授权中止适用协定项下的减让和其他义务……”）。此外，DSB每月应召开一次例行会议，有时还需召开特别会议以决定设立专家组、通过报告、授权报复等事项。WTO争端解决机构的成员为WTO的所有成员，并设有主席及议事规则。2012年3月23日—2013年2月27日，WTO争端解决机构的主席为巴基斯坦驻WTO大使沙希德·巴沙尔（Shahid Bashir），之后接任的是加拿大常驻WTO大使乔纳森·弗里德（Jonathan Fried）。

表6－1 WTO争端解决基本程序、时限规定及对应的DSU条款

<table>
<tr><th>基本程序</th><th>时限规定</th><th>对应的DSU条款</th></tr>
<tr><td>强制性的双边磋商</td><td rowspan="2">60日</td><td>第4条</td></tr>
<tr><td>选择性的斡旋、调解和调停</td><td>第5条</td></tr>
<tr><td>（磋商未果）专家组的设立</td><td rowspan="2">45日</td><td>第6条</td></tr>
<tr><td>专家组的组成</td><td>第8条</td></tr>
<tr><td>专家组程序</td><td rowspan="2">6个月</td><td>第12条</td></tr>
<tr><td>专家组向争端各方提交报告</td><td>第15条</td></tr>
<tr><td>专家组向所有WTO成员发布最终报告</td><td>3周</td><td>第15条</td></tr>
<tr><td>（未提起上诉）专家组报告的通过</td><td>60日</td><td>第16条</td></tr>
<tr><td>提出上诉申请</td><td rowspan="2">专家组报告通过前的任何时间</td><td rowspan="8">第17条</td></tr>
<tr><td>上诉方书面陈述</td></tr>
<tr><td>提出其他上诉申请</td><td>5日*；2日**</td></tr>
<tr><td>其他上诉方书面陈述</td><td>5日*；2日**</td></tr>
<tr><td>被诉方书面陈述
第三方书面陈述
第三方通知</td><td>18日*；9日**
21日*；10日**
21日*；10日**</td></tr>
<tr><td>口头听证</td><td>30～45日*；15～23日**</td></tr>
<tr><td>上诉机构报告发布</td><td>60～90日*；30～60日**</td></tr>
<tr><td>争端解决机构通过上诉机构报告</td><td>90～120日*；50～80日**</td></tr>
<tr><td>可选择的仲裁</td><td>90日(第21.3(c)条)；60日(第22.6条)</td><td>第21.3（c）条、
第22.6条、第25条</td></tr>
<tr><td>对执行建议和裁决的监督</td><td>45日内作出双方同意的期限</td><td>第21条</td></tr>
</table>

*一般问题上诉；**涉及禁止性补贴的上诉。

（1）专家组成员

根据 WTO 的争端解决基本程序，争端当事各方首先是需要就争议事项展开磋商，在磋商未果的情况下向争端解决机构提出设立专家组的申请。根据《谅解》第 6.1 条，“如起诉方提出请求，则专家组应最迟在此项请求首次作为一项议题列入 DSB 议程的会议之后的 DSB 会议上设立，除非在此次会上 DSB 经协商一致决定不设立专家组。”根据规定，对于起诉方提出的设立专家组的申请，被诉方有一次拒绝的机会，当起诉方第二次提出设立专家组的申请之时，DSB 必须予以同意。DSB 作出设立专家组的决定之后，还应确定专家组成员的提名。根据《谅解》第 8.6 条，“秘书处应向争端各方建议专家组成员的提名。争端各方不得反对提名，除非由于无法控制的原因。”第 8.5 条规定，“专家组应由 3 名成员组成，除非在专家组设立后 10 天内，争端各方同意专家组由 5 名成员组成。”

WTO 争端解决机构的专家组一般是由“资深政府和/或非政府个人组成”，包括那些“曾在专家组任职或曾向专家组陈述案件的人员、曾任一成员代表或一 GATT1947 缔约方代表或任何适用协定或其先前协定的理事会或委员会的代表的人员、秘书处人员、曾讲授或出版国际贸易法或政策著作的人员，以及曾任一成员高级贸易政策官员的人员”（《谅解》第 8.1 条）。此外，“为协助选择专家组成员，秘书处应保存一份具备第 1 款所述资格的政府和非政府个人的指示性名单”，以便从中酌情选出专家组成员（《谅解》第 8.4 条）。目前，WTO 争端解决专家组指示性名单中的中国籍专家共 19 人，包括张玉卿、曾令良、朱榄叶、董世忠、张月姣（后被任命为 WTO 常设上诉机构大法官）、李仲周、韩立余、杨国华、鄂德峰、张丽萍、李咏箑、陈雨松、龚柏华、洪晓东、黄东黎、史晓丽、索必成、张乃根、张向晨。但目前中国籍的专家中，仅张玉卿参与了专家组工作程序阶段的案件审理。从指示性名单中中国籍专家的构成来看，其中有高级贸易政策官员、教授，但尚无专业律师。尽管根据《谅解》第 8.2 条，在涉及的具体争端案件中，“专家组成员的选择应以保证各成员的独立性、完全不同的背景和丰富的经验为目的进行”，对涉及中国的案件没有直接影响，但指示性名单中中国籍专家的构成及其参与具体案件的审理情况均从一个侧面反映了中国参与 WTO 争端解决机制的程度，以及富有实战经验的专家的积累程度。

从 WTO 其他成员的情况来看，截至目前，已参与专家组工作程序案件审理的共有来自 37 个 WTO 成员以及欧盟 16 个成员国的 229 名专家（表 6－2）。其中，来自 28 个发展中成员的专家共 104 人（占比 45.4%），来自 10 个发达成员的专家共 125 人（占比 54.6%）。其中，发达成员中，来自加拿大和新西兰的专家人数最多，分别有 19 人和 18 人；发展中成员中，来自智利和南非的专家人数最多，分别为 12 人和 10 人。

（2）常设上诉机构大法官

与专家组成员不同的是，上诉机构是 WTO 的常设机构，由 7 人组成，审理专家组案件的上诉（《谅解》第 17.1 条）。由于常设上诉机构的成员是由“具有公认权威并在法律、国际贸易和各适用协定所涉主题方面具有公认专门知识的人员组成”（《谅解》第 17.3 条），因此通常又将 WTO 常设上诉机构成员形象地称之为大法官，专门审理不服专家组报告中有关法律问题的案件，以防止或纠正专家组在审理案件过程中可能出现的法律错误。常设上诉机构的成员“任期 4 年，每人可连任一次”（《谅解》第 17.2 条）。中国籍专家张月姣在 2012 年 5 月 31 日任期到期后，获得连任，其任期将于 2016 年 5 月 31 日到期。目前，WTO 常设上诉机构成员及所参与审理案件情况如表 6－3 所示。

表 6－2 已参与案件审理的 WTO 争端解决机构专家组成员情况

类 型	名 称	专家组成员人数	类 型	名 称	专家组成员人数
发达成员	澳大利亚	15	发展中成员	阿根廷	7
	冰 岛	3		孟加拉国	1
	加拿大	19		巴 西	9
	美 国	9		智 利	12
	挪 威	4		中 国	1
	日 本	6		哥伦比亚	2
	瑞 士	14		哥斯达黎加	2
	新西兰	18		厄瓜多尔	1
	以色列	4		埃 及	2
	欧盟—瑞典	3		中国香港	5
	欧盟—比利时	3		印 度	7
	欧盟—芬兰	2		牙买加	2
	欧盟—德国	6		马来西亚	1
	欧盟—匈牙利	2		毛里求斯	1
	欧盟—保加利亚	1		墨西哥	7
	欧盟—斯洛文尼亚	1		摩洛哥	1
	欧盟—意大利	1		巴基斯坦	3
	欧盟—法国	1		巴拿马	1
	欧盟—捷克	2		秘 鲁	1
	欧盟—波兰	3		菲律宾	4
	欧盟—葡萄牙	1		新加坡	5
	欧盟—爱尔兰	1		南 非	10
	欧盟—英国	4		韩 国	3
	欧盟—奥地利	1		中国台湾	1
	欧盟—荷兰	1		泰 国	3
	—	—		乌拉圭	6
	—	—		委内瑞拉	5
	—	—		印度尼西亚	1
总 计	10 个成员	125 人	总 计	28 个成员	104 人

表 6－3　WTO 常设上诉机构大法官及其参与审理的案件情况

上诉机构法官	国　籍	任　期	参与审理的案件
巴蒂亚（Ujal Singh Bhatia）	印　度	2011 年 12 月 11 日—2015 年 12 月 10 日	DS381、DS384/DS386、DS412/DS426*
凡登鲍雪（Peter Van den Bossche）	比利时	2009 年 12 月 12 日—2013 年 12 月 11 日	DS316、DS371、DS379、DS399、DS384/DS386、DS396/DS403、DS406、DS414
张胜和（Seung Wha Chang）	韩　国	2012 年 6 月 1 日—2016 年 5 月 31 日	暂无
托马斯·格雷姆（Thomas R. Graham）	美　国	2011 年 12 月 11 日—2015 年 12 月 10 日	DS381
埃尔南德斯（Ricardo Ramírez－Hernάndez）	墨西哥	2009 年 7 月 1 日—2013 年 6 月 30 日；2013 年 7 月 1 日—2017 年 6 月 30 日	DS363、DS371、DS379、DS384/DS386、DS396/DS403、DS394/DS395/DS398、DS406、DS412/DS426*
大卫·乌特霍特（David Unterhalter）	南　非	2006 年 7 月 31 日—2009 年 12 月 11 日；2009 年 12 月 12 日—2013 年 12 月 11 日	DS27（DSU21.5I－ECU/USA）、DS267（DSU21.5）、DS268（DSU21.5）、DS316、DS320、DS321、DS336、DS350、DS353、DS397、DS414、DS412/DS426*
张月姣（Yuejiao Zhang）	中　国	2008 年 6 月 1 日—2012 年 5 月 31 日；2012 年 6 月 1 日—2016 年 5 月 31 日	DS322（DSU21.5）、DS350、DS360、DS367、DS371、DS353、DS381、DS414

* DS412/DS426 的上诉机构报告已于 2013 年 5 月 6 日发布。

截至 2012 年底，中国籍专家张月姣共参与审理了 8 起上诉案件，其中 1 起为执行异议程序（DSU 第 21.5 条）的上诉案件（美国“归零做法”案—DS322），详见表 6－4。

表 6－4　截至 2012 年底，中国籍专家张月姣参与审理的上诉案件

案件名称	立案时间	上诉机构报告发布时间	上诉机构报告通过时间	涉案协定	参与审理的上诉机构成员
印度对来自美国的进口产品的附加税和额外附加税	2007－3－6	2008－10－30	2008－11－17	DSU，GATT	希尔曼、萨斯托蒂（Sacerdoti）、张月姣
美国“归零”做法的继续存在和适用	2006－10－2	2009－2－4	2009－2－19	ADA，DSU，GATT	张月姣、巴普蒂斯塔（Baptista）、乌特霍特
美国关于“归零做法”及日落复审的相关措施（DSU 第 21.5 条上诉机构报告）	2004－11－24	2009－8－18	2009－8－31	ADA，DSU，GATT	萨斯托蒂（Sacerdoti）、保蒂斯塔、张月姣
澳大利亚影响新西兰苹果进口的有关措施	2007－8－31	2010－11－29	2010－12－17	DSU，SPS 协定	张月姣、希尔曼、大岛正太郎
泰国对自菲律宾进口香烟的关税和财政措施	2008－2－7	2011－6－17	2011－7－15	《海关估价协定》，DSU，GATT	凡登鲍雪、埃尔南德斯、张月姣
中国对美国取向电工钢征收反倾销税和反补贴税	2010－9－15	2012－10－18	2012－11－16	ADA，SCM 协定	大卫·乌特霍特、凡登鲍雪、张月姣

（3）仲裁人

除专家组和上诉机构外，仲裁人——应理解为“一个人或一小组”（《谅解》脚注 13、15、16）——可以对争端解决程序中相关阶段出现的部分问题作出裁决，如根据《谅解》第 21.3（c）条对执行的合理期限问题作出裁决等。此外，在 WTO 的争端解决程序中，仲裁也可作为争端解决的一个替代手段，如《谅解》第 25.1 条规定，“WTO 中的迅速仲裁作为争端解决的一个替代手段，能够便利解决涉及有关双方已明确界定问题的争端。”但从目前 WTO 成员解决争端案件的实际情况来看，以仲裁作为替代手段解决争端的情形非常罕见。据中国贸易救济信息网统计，截至 2012 年底，根据《谅解》第 25 条提起的仲裁仅 1 起，即美国《版权法》第 110（5）节（DS160 案）。但需要指出的是，该案当事方美国和欧盟诉诸仲裁的事项为欧盟权益因争议措施而遭到丧失或减损的程度，最终仲裁人的裁定为 1219900 欧元/年。[①]

从目前 WTO 成员在争端案件中提出仲裁申请的情况来看，主要仍是涉及执行的合理期限问题（《谅解》第 21.3（c）条）以及报复措施中涉及的补偿和中止减让问题（《谅解》第 22.6 条）。据中国贸易救济信息网统计，截至 2012 年底，WTO 共发布了 30 个 DSU 第 21.3（c）条仲裁裁决，19 个 DSU 第 22.6 条仲裁决议。但需要指出的是，自 2010 年以来至 2012 年底，WTO 未发布任何 DSU 第 22.6 条仲裁决议。

2. 总干事和 WTO 秘书处

在 WTO 争端解决机制项下，总干事和 WTO 秘书处也发挥了相应的协调和支持作用。根据《谅解》第 5.6 条，总干事“可依其职权提供斡旋、调解或调停，以期协助各成员解决争端”。第 24.2 条进一步规定，“在涉及一最不发达国家成员的争端解决案件中，如在磋商中未能找到令人满意的解决办法，则应最不发达国家成员请求，总干事或 DSB 主席应进行斡旋、调解和调停，以期在提出设立专家组的请求前，协助各方解决争端。总干事或 DSB 主席在提供以上协助时，可向自己认为适当的任何来源进行咨询。”此外，在 WTO 争端解决程序中，总干事的职责还包括：决定专家组的组成、任命专家组成员[②]；上诉审议中，与上诉机构、DSB 主席磋商后制定上诉工作程序，并告知各成员[③]；任命仲裁人[④]；进行斡旋、调解和调停，协助解决争端[⑤]等。截至 2012 年底，共有 5 人出任过 WTO 总干事，其中，爱尔兰人彼得·萨瑟兰为 WTO 首位总干事，其自 1993 年 7 月 1 日起一直担任 GATT 总干事至 WTO 成立；第五位总干事帕斯卡尔·拉米的任期于 2013 年 8 月 31 日结束，新任总干事为巴西人阿泽维多。

《谅解》第 27 条用 3 个条款对 WTO 秘书处的职责作出了明确规定，即向 WTO 各理事会、委员会等下属机构提供技术和专业服务；向发展中成员提供技术援助；监测和分析世界贸易的发展状况；向

---

① 美国版权法第 110（5）节（DS160），WT/DS160/ARB25/1，2001 年 11 月 9 日

② 《谅解》第 8.7 条规定：“如在专家组设立之日起 20 天内，未就专家组的成员达成协议，则总干事应在双方中任何一方请求下，经与 DSB 主席和有关委员会或理事会主席磋商，在与争端各方磋商后，决定专家组的组成，所任命的专家组成员为总干事认为依照争端中所争论的适用协定的任何有关特殊或附加规则和程序最适当的成员。DSB 主席应在收到此种请求之日起 10 天内，通知各成员专家组如此组成。”

③ 《谅解》第 17.9 条规定：“工作程序应由上诉机构经与 DSB 主席和总干事磋商后制定，并告知各成员供参考。”

④ 《谅解》第 22.6 条规定：“如发生第 2 款所述情况，则应请求，DSB 应在合理期限结束后 30 天内，给予中止减让或其他义务的授权，除非 DSB 经协商一致决定拒绝该请求。但是，如有关成员反对提议的中止程度，或声称在一起诉方提出请求根据第 3 款（b）项或（c）项授权中止减让或其他义务时，第 3 款所列原则和程序未得到遵守，则该事项应提交仲裁。如原专家组成员仍可请到，则此类仲裁应由原专家组作出，或由经总干事任命的仲裁人作出，仲裁应在合理期限结束之日起 60 天内完成。减让或其他义务不得在仲裁过程中予以中止。”

⑤ 《谅解》第 24.2 条规定：“在涉及一最不发达国家成员的争端解决案件中，如在磋商中未能找到令人满意的解决办法，则应最不发达国家成员请求，总干事或 DSB 主席应进行斡旋、调解和调停，以期在提出设立专家组的请求前，协助各方解决争端。总干事或 DSB 主席在提供以上协助时，可向自己认为适当的任何来源进行咨询。”

公众和媒体发布信息；组织部长级会议等。WTO 秘书处由总干事领导，下设秘书长办公室、法律司、贸易政策审议司、知识产权司、市场准入司、服务贸易司、技术合作司等业务部门，以及行政司、语言服务和文件司等支持服务部门。[①] 此外，在争端案件的专家组程序阶段，秘书处还“应保存一份具备第 1 款所述资格的政府和非政府个人的指示性名单，可从中酌情选出专家组成员”[②]，并“应向争端各方建议专家组成员的提名”[③]；此外，当事方的书面陈述也应“交存秘书处，以便立即转交专家组和其他争端方”[④]。

第二节 WTO 争端案件情况综述

一、WTO 成员提起的争端案件数达近十年峰值

1995—2012 年，WTO 成员向争端解决机构提起的争端案件按 WTO 的 DS 号统计共 454 起[⑤]，其中 2012 年提起的争端案件达 27 起，比 2011 年的 8 起激增了 19 起，增幅 237.5%，达到近十年来的一个峰值。

（一）年度走势总体趋降

从 1995 年 1 月 1 日 WTO 成立至 2012 年底的 18 年，各成员向争端解决机构提起的争端案件按 WTO 的 DS 号统计共计 454 起，年均 25.2 起。分年度看，1997 年诉诸 WTO 争端解决机制的案件数最多，达到 50 起；其次为 1998 年，41 起；1996 年为 39 起，位居第三；随后是 2002 年的 37 起，以及 2000 年的 34 起和 1999 年的 30 起。由此可见，除 2002 年外，诉诸 WTO 争端解决机制的案件数在 30 起以上的均出现在 20 世纪 90 年代。以 2002 年中国入世后的第一年为分界线，1995—2001 年，各成员诉诸 WTO 争端解决机制的案件共 242 起，年均 34.6 起；2002—2012 年，各成员诉诸 WTO 争端解决机制的案件共计 212 起，年均 19.3 起，大大低于前一时间段，也低于总体 25.2 起的平均数。以各年度诉诸争端解决机制的具体案件数为基点进行的数据分析显示，1995—2012 年的总体走势趋降（图 6－1），而 WTO 成立之初诉诸争端解决机制的案件数较多的一个主要原因也是由于关税与贸易总协定（GATT）时期所积累争端过多的缘故。其中，1997 年（50 起）、2002 年（37 起）和 2012 年（27 起）为走势图中较为明显的 3 个峰值（图 6－1）。

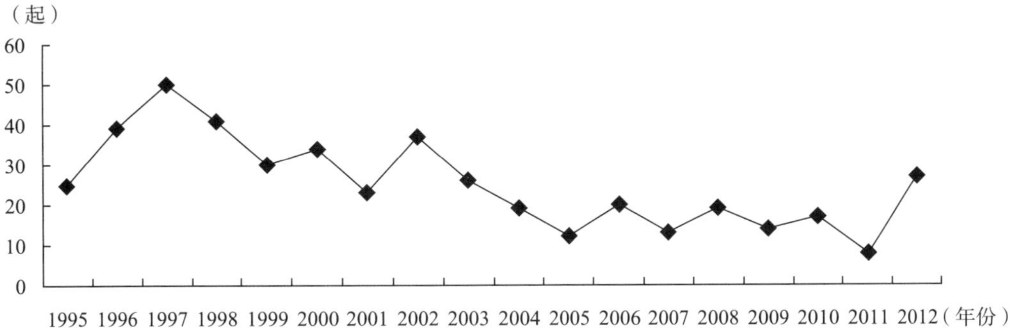

图 6－1 1995—2012 年诉诸世贸组织争端解决机制案件占比年度走势

① 来源：中华人民共和国常驻 WTO 代表团网站，http://wto.mofcom.gov.cn/aarticle/ddgk/zwjiaqi/200303/20030300075200.html

② 《谅解》第 8.4 条第一句话

③ 《谅解》第 8.6 条第一句话

④ 《谅解》第 12.6 条第一句话

⑤ 本部分数据如无特别说明，均按 WTO 的 DS 号为标准进行统计。

（二）2012 年诉诸 WTO 争端解决机制的案件较上年增幅超 2 倍

2012 年，共有 14 个 WTO 成员向争端解决机构提起了 27 起争端，与 2011 年的 8 起相比，突增 2.4 倍，是继 1997 年（50 起）、1998 年（41 起）、1996 年（39 起）、2002 年（37 起）、2000 年（34 起）以及 1999 年（30 起）之后，诉诸争端解决机制案件较多的第 7 个年份，也是自 2003 年以来近 10 年争端案件最多的一年（表 6－5）。

表 6－5　1995—2012 年诉诸 WTO 争端解决机制案件的同比情况

年　份	案件数	案件数排名	与上年同比（%）
1995	25	9	—
1996	39	3	56
1997	50	1	28.2
1998	41	2	－18
1999	30	6	－26.8
2000	34	5	13.3
2001	23	10	－32.4
2002	37	4	60.9
2003	26	8	－29.7
2004	19	12	－26.9
2005	12	17	－36.8
2006	20	11	66.7
2007	13	16	－35
2008	19	13	46.2
2009	14	15	－26.3
2010	17	14	21.4
2011	8	18	－52.9
2012	27	7	237.5

（三）诉诸 DSU 第 21.5 条执行异议程序的案件总体走势

1995—2012 年，各成员诉诸 DSU 第 21.5 条执行异议程序的案件共 43 起。其中，2006 年最多，共 6 起；其次为 1999、2001、2004 和 2005 年，均为 5 起；2000 年和 2008 年均为 4 起；1998 年，3 起；2007 年，2 起；2002、2009、2011、2012 年均为 1 起，总体呈“M”型走势（图 6－2）。

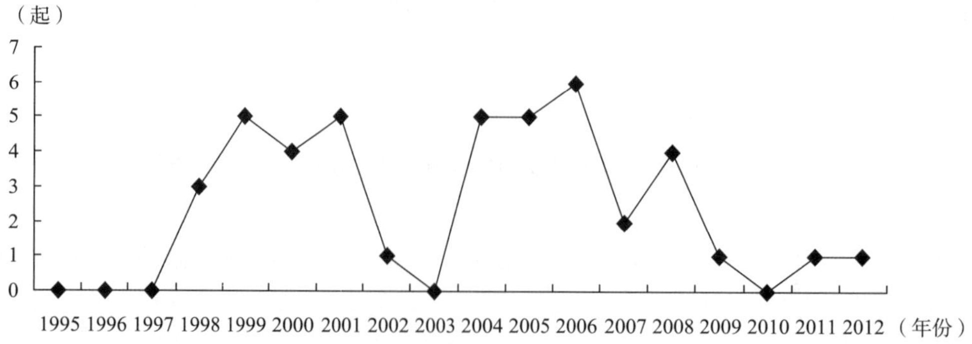

图 6－2　1995—2012 年诉诸 DUS 第 21.5 条执行异议程序的案件年度走势

二、争端案件涉及领域以贸易救济措施和技术性贸易措施居多

据中国贸易救济信息网统计，1995—2012 年，诉诸 WTO 争端解决机制的454 起案件涉及的主要领域为贸易救济措施和技术性贸易措施，尤其是贸易救济领域中的反倾销和反补贴措施。WTO 数据显示，454 起争端案件中有 96 起涉及《补贴与反补贴措施协定》，占比 21.1%，居首位；95 起涉及《反倾销措施协定》，占比 20.9%，位居第二；43 起涉及《保障措施协定》，占比 9.5%。[①] 在技术性贸易措施领域，有 45 起案件涉及《技术性贸易壁垒协定》，占比 9.9%；40 起涉及《实施卫生与植物卫生措施协定》，占比 8.8%。此外，涉及《农业协定》的争端案件也较多，共 70 起；涉及《进口许可程序协定》的 38 起；涉及《与贸易有关的投资措施协定》的 34 起；涉及《与贸易有关的知识产权协定》的 32 起；涉及《加入议定书》的 26 起；另外 23 起涉及《服务贸易总协定》，16 起涉及《纺织品与服装协定》，15 起涉及《海关估价协定》，7 起涉及《原产地规则协定》等（图 6－3）。

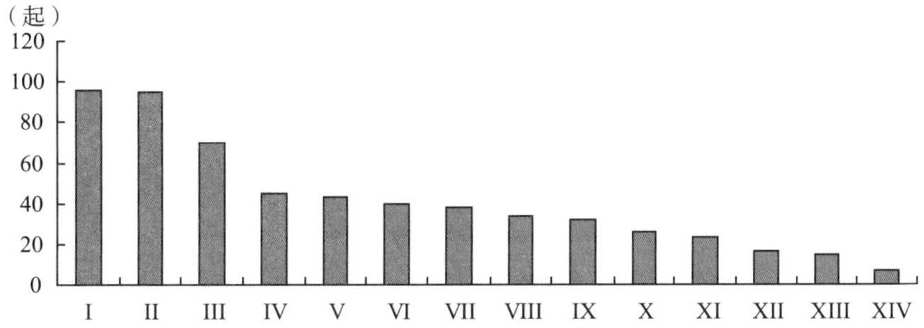

图 6－3　1995—2012 年 WTO 争端案件涉及的主要协定情况

I—《补贴与反补贴措施协定》；II—《反倾销措施协定》；III—《农业协定》；IV—《技术性贸易壁垒协定》；V—《保障措施协定》；VI—《实施卫生与植物卫生措施协定》；VII—《进口许可程序协定》；VIII—《与贸易有关的投资措施协定》；IX—《与贸易有关的知识产权协定》；X—《加入议定书》；XI—《服务贸易总协定》；XII—《纺织品与服装协定》；XIII—《海关估价协定》；XIV—《原产地规则协定》

（一）贸易救济领域的争端案件情况

贸易救济是各国政府对在对外贸易领域或对外贸易过程中由于受到不公平进口行为或过量进口的冲击而遭受了不同程度损害的国内产业所提供的救助，其主要形式包括反倾销、反补贴和保障措施。近年来，随着各成员运用贸易救济措施手段的加强，针对此类措施实施的合理性、公正性问题的纠纷也日益增多。WTO 统计数据显示，1995—2012 年，WTO 成员共启动 4230 起反倾销调查，302 起反补贴调查以及 254 起保障措施调查；而该时期内，WTO 成员诉诸争端解决机制的涉及反倾销调查的争端为 95 起，涉及补贴与反补贴措施的争端共 96 起，涉及保障措施的争端有 43 起。其中，2012 年，WTO 成员共启动 208 起反倾销调查、23 起反补贴调查和 25 起保障措施调查；其间，诉诸争端解决机制的涉及反倾销措施的争端共 6 起，涉及补贴与反补贴措施的争端有 7 起，涉及保障措施的争端 5 起。

1. 反倾销措施仍是 WTO 成员运用较多也是争议较多的领域

以涉及《反倾销措施协定》的 WTO 争端案件为例进行说明：从各年度情况来看，我们选取 WTO 成员启动的反倾销调查数、WTO 成员诉诸争端解决机制的涉及反倾销措施的争端案件数以及 WTO 成员诉诸争端解决机制的所有争端案件数这三类数据作出的分析显示，1995—2012 年，WTO 成员启动反倾销调查较多的年份是 2001 年（372 起）、1999 年（358 起）和 2002 年（315 起）；WTO 成员诉诸争端解决机制的涉及《反倾销措施协定》的争端案件较多的年份是 2000 年（10 起）以及 1999、2004 和

---

① 1 起争端案件可能涉及多类措施。

2006 年（均为 8 起），年均 5.3 起；而 WTO 成员诉诸争端解决机制的争端案件较多的年份为 1997 年（50 起）、1998 年（41 起）和 1996 年（39 起）（图 6 –4）。假设 WTO 成员诉诸争端解决机制的所有涉及《反倾销措施协定》争端的事由均来自于 WTO 成员启动的反倾销调查[①]，涉及《反倾销措施协定》的争端案件在当年诉诸 WTO 争端解决机制的所有争端案件中的占比总体呈现上升态势（图 6 –5）。以 2010—2012 年为例，尽管这 3 年诉诸争端解决机制的争端数分别为 5 起、5 起和 6 起，仅达到年均水平（5.3 起），但涉及反倾销措施的争端案件的占比却很高，分别达到 29.4%、62.5% 和 22.2%，其中 2011 年的占比 62.5% 为最高。考虑到各成员从启动反倾销调查到确定实施反倾销措施之间存在的时间差，2010—2012 年的数据也能从一个侧面表明金融危机以来各成员实施的各类贸易救济措施中，反倾销措施依然是存在争议较多的领域。

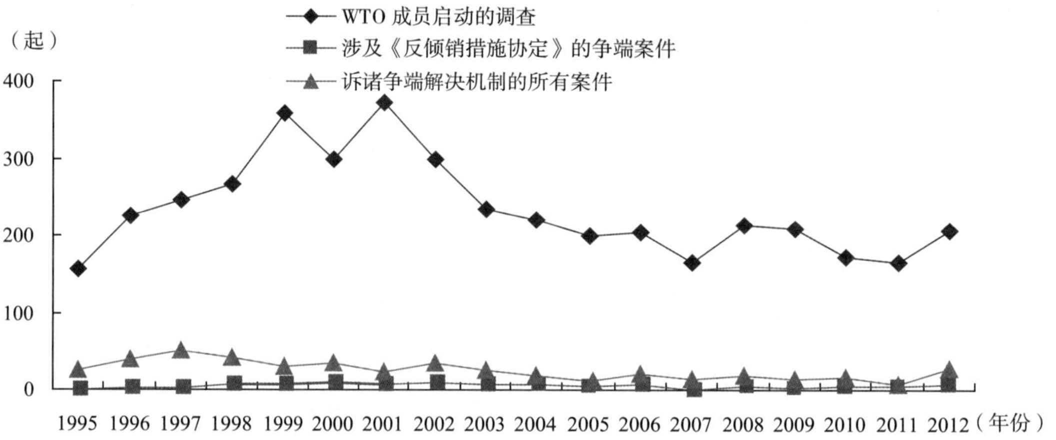

图 6 –4　1995—2012 年涉及《反倾销措施协定》的争端案件年度走势

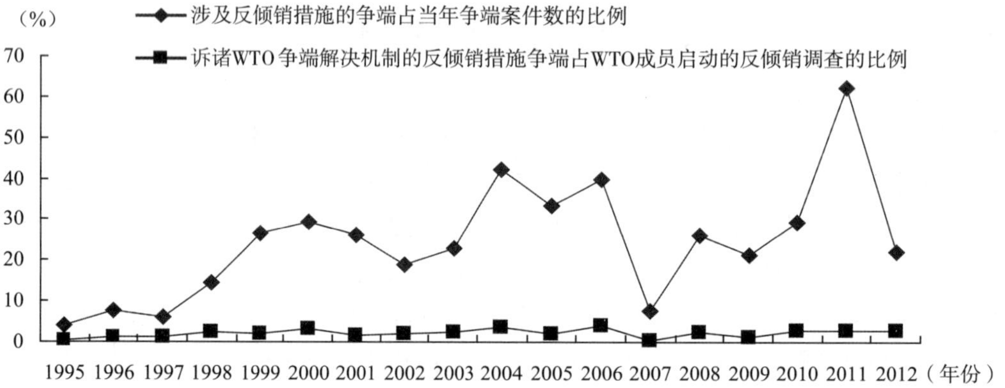

图 6 –5　1995—2012 年涉及《反倾销措施协定》的争端案件占比年度走势

2. 涉及反倾销措施的争端案件占比峰值出现在 2011 年，补贴与反补贴措施争端出现在 2006 年，保障措施争端则出现在 2002 年

从各年度情况来看，涉及《反倾销措施协定》的争端案件在 1995 年和 2007 年降至最低（1 起），随后逐步回升，总体在年均 5.3 起上下波动；涉及《补贴与反补贴措施协定》的争端案件首次出现在 1996 年，且在 1998 年达到峰值（11 起），年均 5.3 起；涉及《保障措施协定》的争端案件则首次出现在 1997 年，且在 2002 年达到峰值（11 起），年均 2.4 起。结合诉诸 WTO 争端解决机制所有争端案

① 忽略针对一成员反倾销国内法规定的争端案件，同时忽略将多起反倾销调查结果打包诉至 WTO 争端解决机构的情况。

件的峰值来看，涉及贸易救济措施的争端案件峰值均出现在WTO成立后的8年中，尤其是1997、1998、2000和2002年。但值得注意的是2009年这个拐点，即涉及贸易救济措施的争端案件均在2009年步入低谷，此后逐渐回升，如涉及《反倾销措施协定》的争端案件在2009年降至3起，后逐步回升至2010年和2011年的5起，以及2012年的6起；涉及《补贴与反补贴措施协定》的争端案件在2009年降至1起，后逐步回升至2010年的3起、2011年的2起以及2012年的7起；涉及《保障措施协定》的争端案件在2009年降至0，后逐步回升至2010年的4起和2012年的5起（图6－6）。

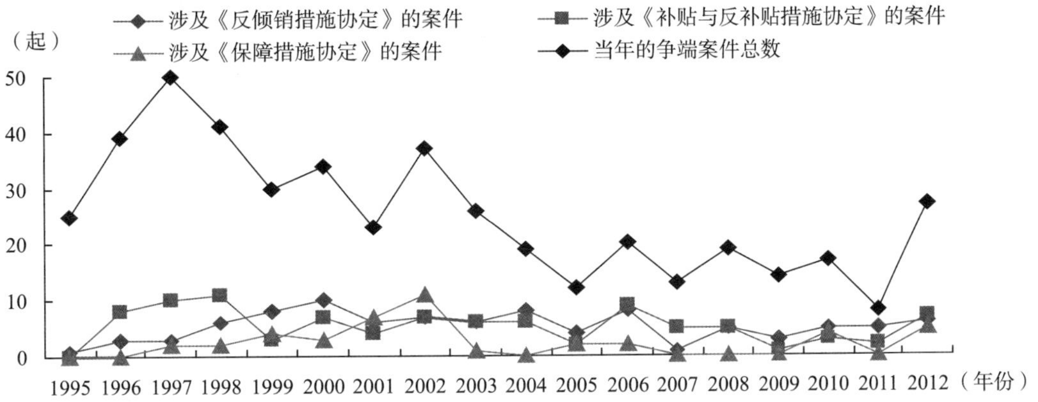

图6－6 1995—2012年涉及各类贸易救济措施的争端案件年度走势

从占当年诉诸WTO争端解决机制争端案件的比例来看，涉及《反倾销措施协定》的案件占比最高的是2011年，达62.5%；同年，涉及《补贴与反补贴措施协定》案件的占比为25%，没有涉及《保障措施协定》的争端。涉及《补贴与反补贴措施协定》案件占比最高的是2006年，达45%；同年，涉及《反倾销措施协定》案件的占比为40%，涉及《保障措施协定》案件的占比为10%。涉及《保障措施协定》案件占比最高的是2001年，达30.4%；同年，涉及《反倾销措施协定》案件的占比为26.1%，涉及《补贴与反补贴措施协定》案件的占比为17.4%（图6－7）。

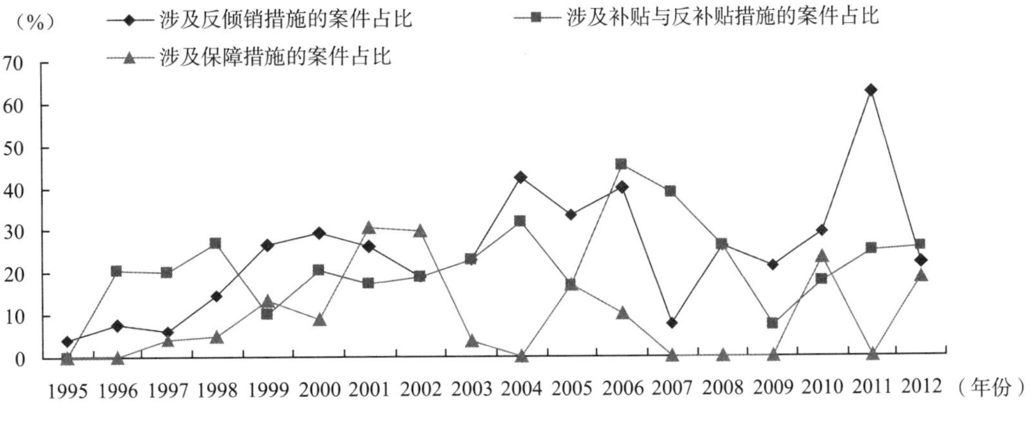

图6－7 1995—2012年涉及各类贸易救济措施的争端案件占比年度走势

在2012年诉诸WTO争端解决机制的27起争端案件中，有6起涉及《反倾销措施协定》，7起涉及《补贴与反补贴措施协定》，5起涉及《保障措施协定》。

（二）技术性贸易措施领域的争端案件情况

根据当前诉诸WTO争端解决机制的争端案件情况，我们将涉及技术性贸易措施领域的争端主要界定为涉及《技术性贸易壁垒协定》（TBT协定）和《实施卫生与植物卫生措施协定》（SPS协定）的案件。

1. 涉及技术性贸易措施的争端超过年均水平

从各年度情况来看，1995—2012 年，涉及技术性贸易措施的争端案件分别在 1999 年、2004—2006 年、2011 年降至 0，随后出现逐步回升，但总体趋降。1999 年，涉及技术性贸易措施的争端从 1998 年的 6 起（其中涉及 TBT 协定和 SPS 协定的争端案件均为 5 起①）降至 0；2004 年，涉及技术性贸易措施的争端从 2003 年的 7 起（其中涉及 TBT 协定的有 4 起，涉及 SPS 协定的有 6 起）降至 0，这种状况一直持续至 2006 年；2011 年，涉及技术性贸易措施的争端从 2010 年的 1 起（这 1 起案件同时涉及 TBT 协定和 SPS 协定）降至 0，并于 2012 年回升至 7 起（其中涉及 TBT 协定的案件共 4 起，超过年均的 2.5 起；涉及 SPS 协定的有 3 起，超过年均的 2.2 起）。

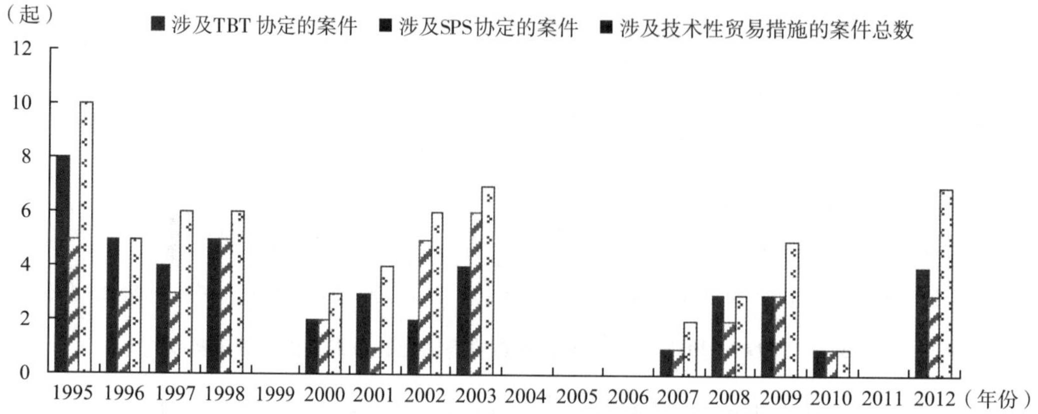

图 6－8　1995—2012 年涉及技术性贸易措施领域的争端案件年度情况

2. 2012 年可能成为下一轮涉及技术性贸易措施争端案件高发的起点

从各年度涉及技术性贸易措施争端案件占当年所有争端案件的比重情况来看，涉及技术性贸易措施的争端发起似乎颇有规律，即 4 年一组的高发期。数据显示，1995—1998 年，技术性贸易措施争端在各年争端案件的比重分别达到 40%、12.8%、12% 和 14.6%。也就是说，这 4 年中，每年近两成（19.9%）的争端案件涉及技术性贸易措施。在 2000—2003 年这一个 4 年周期中，涉及技术性贸易措施的争端在各年争端案件中的占比分别为 8.8%、17.4%、16.2% 和 26.9%。平均来看，这 4 年中，每年也是近两成（17.3%）的争端案件涉及技术性贸易措施。在 2007—2010 年这个 4 年周期中，涉及技术性贸易措施的争端在各年争端案件的占比分别为 15.4%、15.8%、35.7% 和 5.9%。平均来看，这 4 年中，每年也是有近两成（18.2%）的争端涉及技术性贸易措施。这一周期过后，2011 年没有涉及技术性贸易措施的争端案件，2012 年案件占比升至 25.9%。

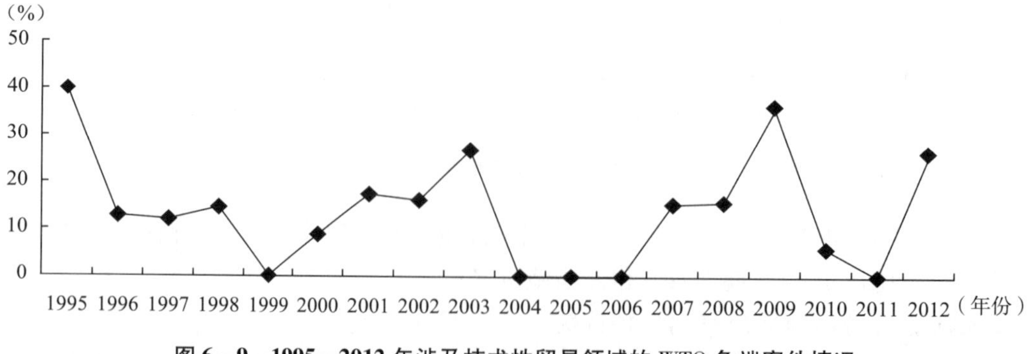

图 6－9　1995—2012 年涉及技术性贸易领域的 WTO 争端案件情况

① 1 起争端可能涉及多项协定，下同。

（三）涉及知识产权、投资措施和服务贸易领域的WTO争端案件情况

1. 涉及知识产权的争端案件集中于1996—2001年爆发，之后归于沉寂，2012年有一成的争端涉及知识产权

WTO数据显示，1995—2012年，共有32起争端涉及《与贸易有关的知识产权协定》（TRIPs协定），首例知识产权争端始于1996年的日本有关录音保护的措施案（DS28），而在当年诉至WTO争端解决机构的39起案件中，有6起涉及TRIPs协定，成为截至目前诉诸WTO争端解决机制的知识产权领域争端案件最多的一年，并开启了1996—2001年涉及知识产权争端案件"集中爆发"的6年期。在这6年中，WTO成员诉诸争端解决机制的知识产权案件共24起，占1995—2012年诉诸争端解决机制的所有32起知识产权争端的75%。除1996年的6起（占当年争端案件的比重为15.4%）外，1997—2001年分别为5起、4起、5起、3起和1起，各占当年争端案件的10%、9.8%、16.7%、8.8%和4.3%。也就是说，在截至2012年底诉诸WTO争端解决机制的知识产权案件中，有3/4的调查是在1996—2001年发起的。此后的2002—2006年归于沉寂，仅2003年有1起案件涉及知识产权。2007年再次开启了知识产权争端爆发的一个周期，但与1996—2001年的周期相比，增势明显趋缓。2007—2012年，诉诸WTO争端解决机制的知识产权案件共7起，占所有32起知识产权争端案件的21.9%，其中2009年和2011年没有涉及知识产权的案件，2012年出现3起知识产权争端，是自2000年以来的12年间诉诸WTO争端解决机制的知识产权案件最多的一年，占当年争端案件（27起）的比重为11.1%（图6－10）。

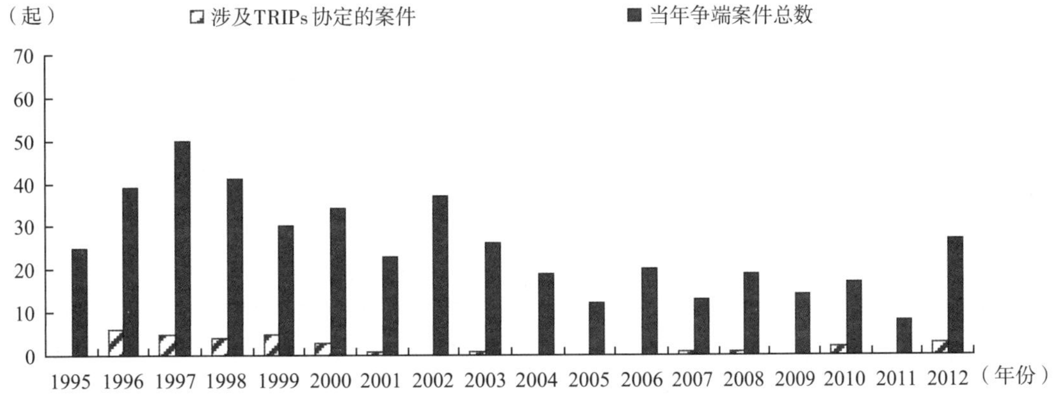

图6－10 1995—2012年涉及TRIPs协定的争端案件年度情况

2. 涉及与贸易有关的投资措施的争端案件高发期为1996—2002年，2012年创1996年以来的新高

据中国贸易救济信息网统计，1995—2012年，WTO成员诉诸争端解决机制的涉及《与贸易有关的投资措施协定》（TRIMs协定）的案件共计34起，首例争端为1996年的欧盟对香蕉的进口、销售和经销体制案（DS27）。2012年11月8日，欧盟与拉丁美洲10个国家就以该案为代表的一系列香蕉争端①达成共识，使得该项WTO历史上耗时最长的争端得以终结。需要指出的是，DS27案不仅成为WTO争端历史上的经典案例，也开启了投资措施争端在1996—2002年的高发期。在这7年中，WTO成员诉诸争端解决机制的投资措施争端共计20起，占所有34起投资措施争端的比重达58.8%。其中，1996年有7起涉及投资措施争端，为截至目前诉诸WTO争端解决机制的投资措施争端最多的一年；1997—

① 欧盟与拉丁美洲10个国家的一系列香蕉争端指的是：欧盟与拉美国家之间关于欧盟香蕉进口和销售体制案（DS16），欧盟对香蕉的进口、销售和经销体制案（DS27），欧盟香蕉进口、销售和经销体制案（DS105），欧盟香蕉进口、销售和经销体制案（DS158），欧盟关于香蕉进口的措施案（DS361）以及欧盟关于香蕉进口的措施案（DS364）。

2002 年则分别为 5 起、3 起、1 起、1 起、1 起和 2 起。2003、2004 年没有涉及投资措施的争端。2005—2007 年，出现了一个投资措施争端的小高潮，分别为 1 起、3 起和 2 起。2008 年和 2009 年再次归于沉寂。2010—2012 年再度高发，其中 2012 年有 6 起争端涉及投资措施，是继 1996 年以来的第二个新高，而且从占当年争端案件的比重来看，2012 年达到 22.2%，高出 1996 年（占比 17.9%）4.3 个百分点。此外，还需要指出的是，尽管 1996—2002 年的这 7 年间，WTO 成员诉诸争端解决机制投资措施争端的数量很多，也很集中，但在当年争端案件总数中的平均占比不到一成（7.3%）；2005—2007 年的这一个 3 年周期中，平均占比已达到 12.9%；而在 2010—2012 年的周期中，投资措施争端的平均占比已升至 13.5%。由此可见，在投资措施争端高发的这 3 个周期中，其占当年争端案件数的平均比重呈现不断加大的态势，涉及投资措施的争端案件恐已步入又一轮高发期（图 6－11）。

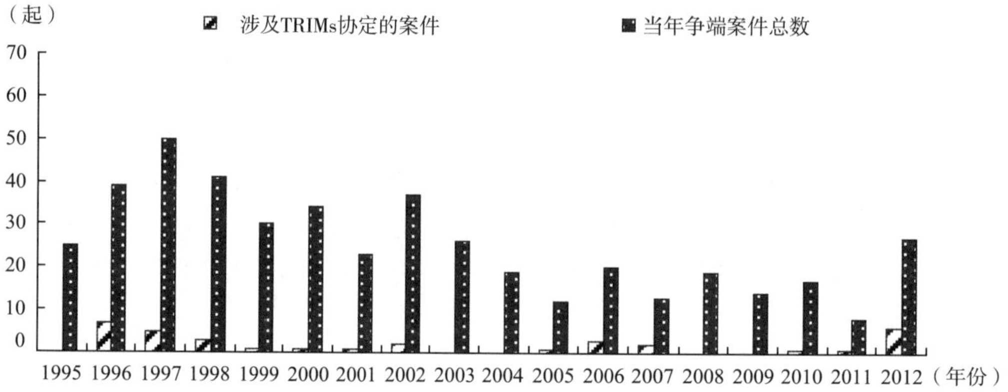

图 6－11 1995—2012 年涉及 TRIMs 协定的争端案件年度情况

3. 涉及 GATS 协定的争端案件总体趋降，高发期集中于 1995—2001 年

据中国贸易救济信息网统计，1995—2012 年，WTO 成员诉诸争端解决机制的涉及《服务贸易总协定》的争端案件共计 23 起，首例争端为 1995 年的欧盟香蕉进口和销售体制案（DS16），作为欧盟香蕉系列争端案件之一，该案已于 2012 年 11 月达成共识。从各年度情况来看，涉及《服务贸易总协定》争端案件的高发期集中在 1995—2001 年，共 15 起，占 23 起服务贸易争端的 65.2%。其中，1996、1998 和 2000 年均为 3 起，1997 年和 1999 年均为 2 起，1995 年和 2001 年均为 1 起。2002 年没有涉及服务贸易的争端，2003 年和 2004 年均为 1 起，2005 年和 2006 年没有涉及服务贸易的争端。从 2007 年开始至 2012 年，再次出现了一个涉及服务贸易争端的小高潮，但强度与此前相比明显减弱。2007—2012 年，诉诸 WTO 争端解决机制的服务贸易争端共 6 起，占所有 23 起服务贸易争端案件的 26.1%。其中，2008 年的服务贸易争端再次达到 3 起，在当年 19 起争端案件中占比也达到 15.8% 的峰值；2009 和 2011 年没有涉及服务贸易的争端（图 6－12）。需要指出的是，在 2002—2012 年的 8 起服务贸易争端中，6 起是针对中国提起的，占比高达 75%。

4. 2012 年的 27 起争端案件主要涉及补贴与反补贴措施、反倾销措施和投资措施

在 2012 年诉诸 WTO 争端解决机制的 27 起争端案件中，有 7 起涉及《补贴与反补贴措施协定》，占比 25.9%；涉及《反倾销措施协定》和《与贸易有关的投资措施协定》的均有 6 起，各占比 22.2%；5 起涉及《保障措施协定》，占比 18.5%；涉及《技术性贸易壁垒协定》、《进口许可程序协定》、《加入议定书》以及《WTO 协定》的均有 4 起，各占比 14.8%。此外，涉及《实施卫生与植物卫生措施协定》、《农业协定》、《与贸易有关的知识产权协定》的均有 3 起，还有 1 起涉及《服务贸易总协定》。

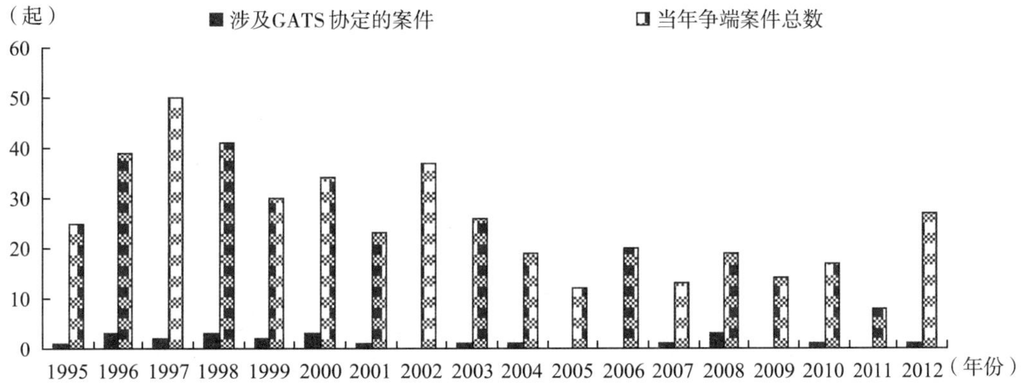

图6-12 1995—2012年涉及GATS协定的争端案件年度情况

三、美国、欧盟和中国是运用WTO争端解决机制最为活跃的成员

中国贸易救济信息网统计数据显示，1995—2012年，美国在WTO争端解决机制框架下提起的争端案件共103起，被诉119起，以第三方身份参与104起，合计326起，占该时期争端案件总数的比重为71.8%；欧盟提起的争端案件共87起，被诉73起，以第三方身份参与134起，合计294起，占比64.8%；中国提起的争端案件共11起，被诉30起，以第三方身份参与99起，合计140起，占比30.8%。但需要指出的是，与美国和欧盟相比，中国入世较晚，自2002年才开始参加WTO争端解决机制的各项内容。因此，以2002—2012年为时间段进行统计，可以发现：美国提起的争端案件数共34起，被诉63起，以第三方身份参与62起，合计159起，占该时期争端案件总数（212起）的75%；欧盟提起的争端案件共31起，被诉40起，以第三方身份参与91起，合计162起，占比76.4%；该时期中国提起、被诉和以第三方身份参与的争端案件合计占比为66.0%。

（一）美国和欧盟是利用争端解决机制最为活跃的发达成员，美国被诉频率超过欧盟

根据联合国贸易发展组织发布的《2012 Handbook of Statistics》中对发达经济体、发展中经济体和转型经济体的划分，在1995—2012年诉诸WTO争端解决机制的454起案件中，由发达成员提起的共258起，占比56.8%，其中144起案件的被诉方为发达成员，113起案件的被诉方为发展中成员，1起案件针对转型经济体（克罗地亚）发起；由发展中成员提起的争端案件共186起，占比41.0%，其中112起案件的被诉方为发达成员，74起案件的被诉方为发展中成员；由转型经济体提起的争端案件共4起，占比0.9%，其中3起案件的被诉方为转型经济体（亚美尼亚、摩尔多瓦、乌克兰），1起案件的被诉方为发达成员（澳大利亚）；由发达成员和发展中成员共同提起的争端案件有6起，被诉方均为发达成员（图6-13）。

发达成员中，美国提起的争端案件数最多，共103起，占争端案件总数的22.7%；其次为欧盟，87起，占比19.2%；位居第三的是加拿大，33起，占比7.3%。从被诉情况看，美国同时也是被诉争端案件最多的成员，共计119起，占比26.2%；其次是欧盟，73起，占比16.1%；加拿大位居第三，17起，占比3.7%。从第三方情况看，欧盟以第三方身份参与的争端案件最多，共计134起，占比29.5%；其次是美国，104起，占比22.9%；加拿大列第三位，88起，占比19.4%。从被诉案件与起诉案件的比率来看，美国为1.2，欧盟为0.8，加拿大为0.5，表明美国的被诉频率较高，加拿大的被诉频率较低。

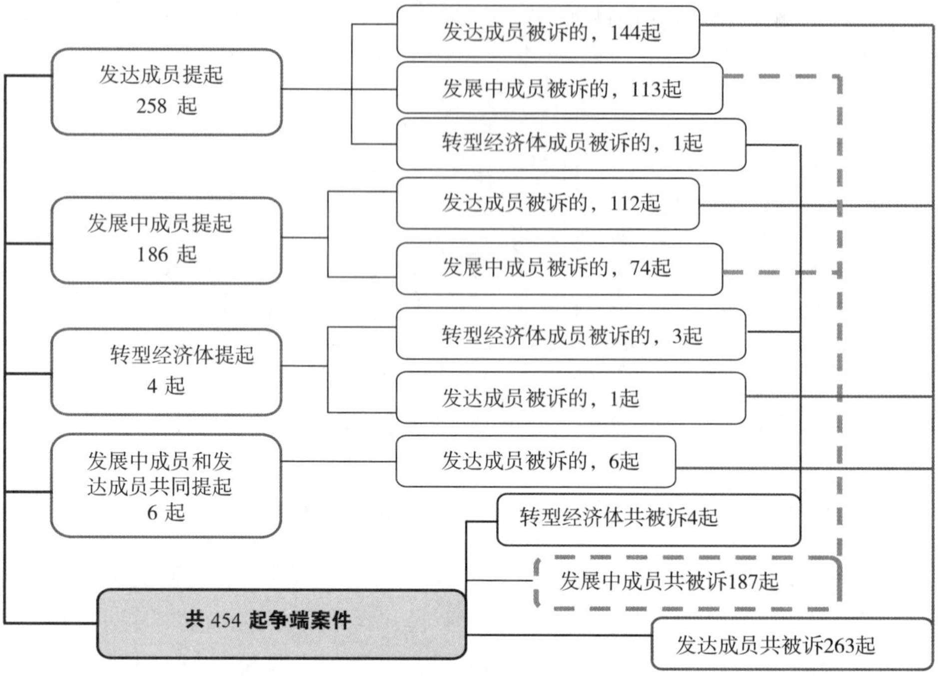

图 6－13　1995—2012 年各类型成员提起和被诉争端案件情况示意图

（二）发展中成员中，中国被诉的争端案件最多，巴西提起的争端案件最多

1995—2012 年，巴西是提起争端案件最多的发展中成员，共 26 起，占争端案件总数的 5.7%；其次是墨西哥，23 起，占比 5.1%；位居第三的是印度，21 起，占比 4.6%；中国入世后提起的争端案件共 11 起。从被诉情况看，中国是发展中成员中被诉最多的国家，共计 30 起，占比 6.6%，仅次于美国和欧盟；其次是阿根廷和印度，分别为 22 起和 21 起。从第三方情况看，中国以第三方身份参与的争端案件较多，共计 99 起，仅次于欧盟和美国，占比 21.8%；其次为印度和巴西，分别为 89 起和 76 起。从被诉案件与起诉案件的比率来看，中国为 2.7，巴西为 0.5，印度为 1，墨西哥为 0.6，阿根廷为 1.2，中国最高。

（三）2012 年的争端案件主要体现为中美欧和美欧阿之间的博弈，日本再度向 WTO 争端解决机构提起多项争端

2012 年，诉诸 WTO 争端解决机制的 27 起案件分别由 14 个成员提起。其中，发达成员 3 个，发展中成员 10 个，转型经济体（乌克兰）1 个。具体而言，美国提起的争端案件最多，共 5 起；其次是日本、中国和阿根廷，均为 3 起；欧盟、印度和墨西哥并列第三，均为 2 起；其余还包括越南、洪都拉斯、巴西、多米尼加、印度尼西亚、巴拿马和乌克兰，各 1 起。从发起争端的成员类型来看，发达成员、发展中成员与转型经济体的比例为 3∶10∶1；从各类型成员发起的争端案件数量来看，发达成员、发展中成员与转型经济体的比例为 10∶16∶1。

从被诉方的情况来看，在 2012 年诉诸 WTO 争端解决机制的 27 起案件中，有 8 个成员被诉，其中发达成员 3 个（美国、澳大利亚、欧盟），发展中成员 5 个（土耳其、印度、中国、阿根廷、南非）。具体而言，中国被诉的争端案件最多，共 7 起；其次是美国，6 起；位居第三的是阿根廷，5 起；其余还包括澳大利亚、欧盟（均为 3 起），以及土耳其、印度、南非（均为 1 起）。从被诉成员的类型来看，发达成员和发展中成员的比例为 3∶5；从各类型成员被诉的争端案件数量来看，发达成员和发展中成员的比例为 4∶5。

从提起和被诉案件的总体情况来看，2012 年，美国提起和被诉的争端案件共计 11 起，占 27 起争端案件总数的 40.7%；其次是中国，提起和被诉争端案件共计 10 起，占比 37.0%；阿根廷位居第三，共 8 起，占比 29.6%；欧盟居第四位，共 5 起，占比 18.5%。其中，美国 5 起争端案件主要是针对中国（3 起）、印度（1 起）和阿根廷（1 起）提起；欧盟 2 起争端主要是针对中国和阿根廷（各 1 起）提起；日本的 3 起争端主要是针对中国（2 起）和阿根廷（1 起）提起；中国的 3 起争端主要是针对美国（2 起）、欧盟（1 起）提起；阿根廷的 3 起争端也是针对美国（2 起）和欧盟（1 起）提起。由此可见，2012 年，中国遭遇的争端投诉主要来自于美国（3 起）、日本（2 起）、欧盟和墨西哥（各 1 起）。其中，中、美、欧三方的博弈自中国入世后就一直存在，而日本却是首次在 WTO 争端解决机制框架提出针对中国的诉讼。事实上，这也是日本在 1996 年以来在 WTO 争端解决机构提起案件数最多的一年（1996 年和 2012 年均为 3 起）。此外，2012 年，美、欧、阿之间的博弈也值得关注，美国和欧盟均提起了针对阿根廷进口限制措施的争端投诉，而阿根廷也提起了针对美国和欧盟的争端投诉（图 6 - 14）。

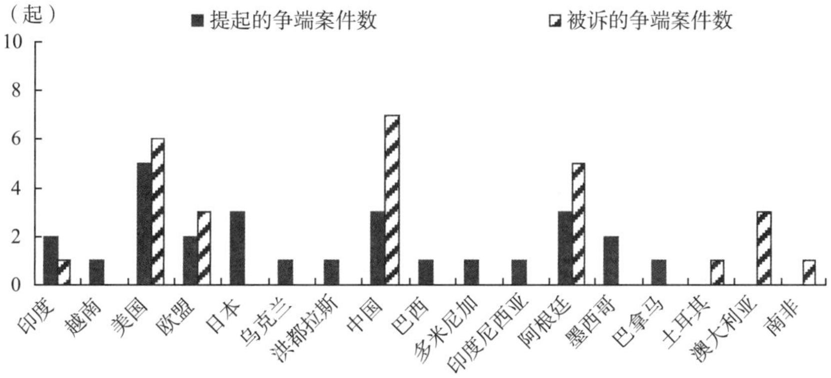

图 6 - 14　2012 年提起和被诉争端案件涉及的 WTO 成员分布情况

四、主要成员提起和被诉争端案件涉及领域分布情况

（一）涉及贸易救济措施争端案件中主要成员的分布情况

中国贸易救济信息网的统计数据显示，在涉及贸易救济措施，即涉及《反倾销措施协定》、《补贴与反补贴措施协定》以及《保障措施协定》的争端案件中，发展中成员是涉及反倾销措施和保障措施争端案件的主要提起方，发达成员是涉及补贴与反补贴措施争端案件的主要提起方；从被诉情况看，美国是涉及反倾销措施争端案件的主要被诉方。

1. 涉及《反倾销措施协定》的争端案件情况分析

1995—2012 年，共有 95 起争端案件涉及《反倾销措施协定》，除 2 起案件（DS217、DS234）由发达成员和发展中成员共同发起外，在其余的 93 起案件中，发达成员提起 33 起，具体为欧盟 13 起、美国 7 起、加拿大 5 起、日本 5 起、挪威 1 起、波兰 1 起、瑞士 1 起；发展中成员提起 60 起，包括墨西哥 10 起、印度 8 起、巴西 7 起、中国 6 起、阿根廷 5 起等。发达成员和发展中成员提起的涉及《反倾销措施协定》的争端案件分别占这 93 起案件的 35.5% 和 64.5%，发展中成员是涉及《反倾销措施协定》争端案件的主要发起方。从被诉情况看，发达成员被诉 56 起，其中美国最多，共计 45 起；欧盟 9 起。发展中成员被诉 39 起，其中中国最多，共 6 起；其次为墨西哥，5 起；阿根廷和南非均为 4 起；印度为 3 起。发达成员，尤其是美国是涉及反倾销措施案件的主要被诉方。

在 2012 年诉诸 WTO 争端解决机制的 27 起案件中，有 6 起涉及《反倾销措施协定》，分别由越南、巴西、美国、印度尼西亚、中国和日本发起，而中国和美国为主要被诉方（各 2 起），其余还包括欧盟和南非，各 1 起。

2. 涉及《补贴与反补贴措施协定》的争端案件情况分析

1995—2012 年，在诉诸 WTO 争端解决机制的 454 起争端案件中，涉及《补贴与反补贴措施协定》的争端案件共 96 起，除 DS217 和 DS234 由发达成员和发展中成员共同发起外，在其余的 94 起案件中，发达成员提起 65 起，其中美国提起 28 起、欧盟 20 起、加拿大 11 起、日本 5 起；发展中成员提起 29 起，其中巴西 8 起、韩国 5 起、中国 5 起、墨西哥 4 起、印度 4 起。由此可见，发达成员，尤其是美国和欧盟是涉及《补贴与反补贴措施协定》争端案件的主要提起方，仅美国和欧盟提起的补贴与反补贴措施争端案件就占这 94 起案件的 51.1%。从被诉情况看，发达成员被诉 65 起，其中美国被诉最多，共计 31 起，欧盟 12 起；发展中成员被诉 31 起，其中中国被诉 14 起，巴西 5 起。发达成员，尤其是美国是涉及《补贴与反补贴措施协定》争端案件的主要被诉方。但值得注意的是，中国被诉的补贴与反补贴措施争端案件紧随其后。

在 2012 年诉诸 WTO 争端解决机制的 27 起案件中，有 7 起涉及《补贴与反补贴措施协定》，分别由中国（3 起）、美国（2 起）和印度、墨西哥（各 1 起）提起，而中国和美国又同时是该年补贴与反补贴措施争端案件的主要被诉方，均为 3 起，另有 1 起案件的被诉方为欧盟。

3. 涉及《保障措施协定》的争端案件情况分析

1995—2012 年，涉及《保障措施协定》的争端案件共有 43 起，由发达成员提起的有 19 起，其中欧盟 6 起、美国 4 起；由发展中成员提起的有 24 起，其中阿根廷 5 起、智利 3 起、哥斯达黎加 3 起。从涉及保障措施争端案件的提起方来看，发展中成员略多于发达成员，但差距不大。从被诉情况来看，针对发达成员的保障措施争端案件共有 20 起，其中美国 15 起、欧盟 4 起；针对发展中成员的有 23 起，其中智利 8 起、阿根廷 8 起、多米尼加 4 起。因此，从被诉情况看，发展中成员已经超过发达成员，成为涉及保障措施争端案件的主要被诉方，但差距不大。

需要特别指出的是，在 2012 年诉诸 WTO 争端解决机制的涉及《保障措施协定》的 5 起争端案件中，3 起由发达成员提起，分别为欧盟、美国和日本，各 1 起；2 起由发展中成员发起，分别为印度和墨西哥，各 1 起；而这 5 起案件的被诉方均为发展中成员，其中阿根廷被诉 4 起，土耳其 1 起。这与此前发展中成员为保障措施争端主要发起方，而发达成员为保障措施争端被诉方的总体趋势不符，应引起注意。

（二）涉及技术性贸易措施争端案件中主要成员的分布情况

在技术性贸易措施领域，发达成员是涉及《技术性贸易壁垒协定》和《实施卫生与植物卫生措施协定》争端案件的主要发起方，也是主要的被诉方。

在涉及《技术性贸易壁垒协定》的 45 起争端案件中，由发达成员提起的有 27 起，其中加拿大 10 起、美国 9 起、欧盟 5 起；由发展中成员提起的有 17 起，其中墨西哥 3 起、阿根廷、印度和秘鲁各 2 起；还有 1 起由转型经济体（乌克兰）发起。从被诉情况看，针对发达成员的涉及《技术性贸易壁垒协定》的争端案件共计 34 起，大大高于针对发展中成员的 11 起。发展中成员中被诉最多的是韩国和阿根廷，均为 4 起。

在涉及《实施卫生与植物卫生措施协定》的 40 起争端案件中，由发达成员提起的共计 28 起，其中美国 11 起、加拿大 9 起；由发展中成员提起的共计 12 起，其中阿根廷 3 起、菲律宾 2 起、中国 1 起。从被诉情况看，针对发达成员的涉及《实施卫生与植物卫生措施协定》的案件共计 25 起，针对发展中成员的共计 14 起，针对转型经济体的 1 起。其中，针对欧盟的 9 起、美国 8 起、澳大利亚 6 起；发展中成员中，韩国被诉最多，5 起；印度 3 起。

但需要指出的是，在 2012 年诉诸 WTO 争端解决机制的 27 起案件中，有 4 起涉及《技术性贸易壁垒协定》的争端案件，提起方大多为发展中成员，如洪都拉斯、多米尼加和墨西哥，还有 1 起案件的发起方为转型经济体乌克兰。在涉及《实施卫生与植物卫生措施协定》的 3 起争端案件中，由阿根廷发起 2 起，美国 1 起，也是发展中成员居多。这也从一个侧面反映出发展中成员在技术性贸易措施争端领域的主动性正在逐步加强。

（三）涉及知识产权、投资措施和服务贸易措施争端案件中主要成员的分布情况

1. 涉及《与贸易有关的知识产权协定》的争端案件情况

在知识产权领域，发达成员的“优势”更为明显。在 1995—2012 年诉诸 WTO 争端解决机制的 32 起知识产权争端中，26 起由发达成员提起，占比高达 81.3%；仅 5 起由发展中成员提起，占比 15.6%；另有 1 起由转型经济体（乌克兰）发起。其中，美国是提起知识产权争端案件最多的成员，共 17 起；其次是欧盟，7 起。发展中成员中，巴西提起 2 起，洪都拉斯、多米尼加和印度均为 1 起。

2. 涉及《与贸易有关的投资措施协定》的争端案件情况

1995—2012 年，诉诸 WTO 的涉及《与贸易有关的投资措施协定》的争端案件共 34 起，主要体现为发达成员针对发展中成员的争端之诉。其中，除 1 起案件由发达成员和发展中成员共同提起外，在其余的 33 起投资措施争端案件中，由发达成员提起 27 起，由发展中成员提起 6 起。其中，美国提起的投资措施争端最多，共计 13 起，占这 33 起投资措施争端案件的 39.4%；其次为欧盟和日本，分别为 7 起和 6 起。发展中成员中，墨西哥提起 2 起，中国 1 起。

3. 涉及《服务贸易总协定》的争端案件情况

1995—2012 年，诉诸 WTO 争端解决机制的服务贸易争端共计 23 起，除 2 起由发达成员和发展中成员共同发起外，在其余的 21 起案件中，13 起的发起方是发达成员，8 起由发展中成员发起。其中，美国提起的服务贸易争端案件最多，共 7 起；其次是欧盟，4 起。被诉的成员中，中国最多，6 起。

基于以上数据分析，我们选取美国、欧盟、印度、巴西作为与中国的比较对象，对比这 5 个 WTO 成员在 1995—2012 年间提起和被诉争端案件在几个重点领域的具体情况（表 6－6）。

表 6－6　1995—2012 年主要成员起诉和被诉争端案件涉及领域情况*

单位：起

主要 WTO 成员发案的重点领域								
WTO 成员	反倾销	补贴与反补贴	保障措施	技术性贸易壁垒	卫生与植物卫生措施	知识产权	投资措施	服务贸易
美　国	7	28	4	9	11	17	13	7
欧　盟	13	20	6	5	4	7	7	4
印　度	8	4	1	2	1	1	0	1
巴　西	7	8	1	1	0	2	1	0
中　国	6	5	1	0	1	0	1	0
主要 WTO 成员被诉的重点领域								
WTO 成员	反倾销	补贴与反补贴	保障措施	技术性贸易壁垒	卫生与植物卫生措施	知识产权	投资措施	服务贸易
美　国	45	31	15	11	8	4	1	2
欧　盟	9	12	4	19	9	12	4	3
印　度	3	1	0	1	3	2	2	0
巴　西	2	5	0	0	0	1	4	0
中　国	6	14	0	0	0	2	5	6

* 该表涉及发案情形的统计中均未涵盖发达成员和发展中成员共同发案的情形。

由表 6－6 中数据可以看出，截至目前，美国在 WTO 争端解决机制的起诉重点在补贴与反补贴措施、技术性贸易措施、知识产权以及投资措施领域；欧盟的起诉重点在补贴与反补贴措施领域以及反倾销措施领域；印度的起诉重点则是反倾销措施领域与补贴与反补贴措施领域并重；巴西的起诉重点在补贴与反补贴措施领域以及反倾销措施领域；中国的起诉重点则在反倾销领域以及补贴与反补贴措施领域。从上述成员的应诉重点来看，美国在 WTO 争端解决机制的应诉重点在反倾销措施、补贴与反补贴措施以及技术性贸易措施领域；欧盟的应诉重点在技术性贸易措施领域以及补贴与反补贴措施、知识产权领域；印度的应诉重点在技术性贸易措施以及反倾销措施领域；巴西的应诉重点在补贴与反补贴措施以及投资措施领域；中国的应诉重点则在补贴与反补贴措施领域，以及反倾销措施、服务贸易和投资措施等多个领域。

第三节　中国参加 WTO 争端解决机制情况分析

截至 2012 年底，中国在 WTO 争端解决机制项下提起的案件共计 11 起，被诉 30 起，以第三方身份参加的争端案件 99 起，合计 140 起，占 1995—2012 年 454 起争端案件的 30.8%，占 2002—2012 年 212 起争端案件的 66.0%。

一、被诉的争端案件是起诉案件的 2.7 倍

入世以来至 2012 年底，中国被诉的争端案件是所提起争端案件的 2.7 倍。同期，美国提起的争端案件数为 34 起，被诉 63 起，被诉争端案件是提起争端案件的 1.9 倍；欧盟提起的争端案件数为 31 起，被诉 40 起，被诉争端案件是提起争端案件的 1.3 倍。与除美国和欧盟外的其他 WTO 成员相比，中国在争端解决机制的被诉与起诉案件数之比值也是较大的。例如，2002—2012 年，阿根廷提起的争端案件数为 14 起，被诉 7 起，被诉与起诉案件数之比为 0.5；巴西起诉 9 起，被诉 2 起，被诉与起诉案件之比为 0.2；墨西哥起诉 13 起，被诉 7 起，被诉与起诉之比为 0.5；印度起诉 8 起，被诉 8 起，被诉与起诉案件之比为 1，持平；韩国起诉 9 起，被诉 3 起，被诉与起诉之比为 0.3；加拿大起诉 14 起，被诉 6 起，被诉与起诉案件之比为 0.4；澳大利亚起诉 2 起，被诉 7 起，被诉与起诉之比为 3.5；此外，多米尼加起诉 1 起，被诉 7 起，被诉案件是起诉案件的 7 倍。

以上统计的几个成员均为 2002—2012 年间在 WTO 争端解决机制提起和被诉的主要成员。数据显示，被诉与起诉案件数之比值大于 1 的成员有多米尼加（7）、澳大利亚（3.5）、中国（2.7）、美国（1.9）和欧盟（1.3），表明这些成员该时期内在 WTO 争端解决机制遭遇的被诉情形大于起诉情形，其中欧盟的起诉和被诉案件数基本持平；比值等于 1 的成员是印度，表明其在 WTO 争端解决机制遭遇的被诉情形与起诉情形相当；其余成员的比值均小于 1，表明其在 WTO 争端解决机制遭遇的被诉少于起诉情形。

选取美国、欧盟和中国的数据进行分析，从年度发案情况来看，中国提起案件数最多的年份为 2009 年和 2012 年，均为 3 起；2002、2007、2008、2010 和 2011 年则均为 1 起；2003—2006 年没有提起争端案件。美国提起案件数最多的是 2012 年，5 起；其次为 2002、2004、2007 和 2010 年，均为 4 起；2003、2006 和 2008 年均为 3 起；欧盟提起争端案件数最多的年份是 2004 和 2006 年，均为 5 起；其次为 2002 年，4 起；2003、2005、2008 和 2011 年则均为 3 起。从发案数占当年争端案件总数的比重来看，2009 年诉诸 WTO 争端解决机制的 14 起案件中，21.4% 由中国提起，14.3% 由美国提起，14.3% 由欧盟提起；在 2007 年诉诸 WTO 争端解决机制的 13 起案件中，30.8% 由美国提起，7.7% 由中国提起，欧盟当年未提起争端案件；在 2012 年诉诸 WTO 争端解决机制的 27 起案件中，11.1% 由中

国发起，18.5% 由美国发起，7.4% 由欧盟发起（图 6－15）。

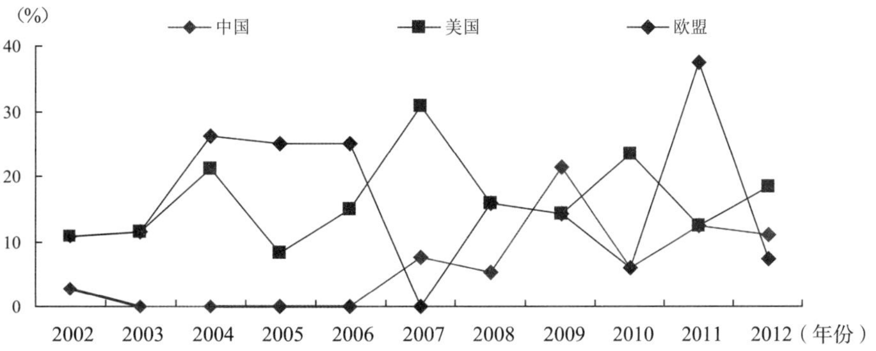

图 6－15　2002—2012 年中美欧发案数在当年诉诸 WTO 争端解决机制案件总数中占比年度走势

从年度被诉情况来看，选取美国、欧盟、阿根廷、印度、墨西哥、巴西的数据与中国进行对比，2002—2012 年，中国被诉争端案件数最多的一年是 2012 年，共 7 起；其次是 2008 年，5 起；2007、2009 和 2010 年均为 4 起。美国被诉最多的年份是 2002 年，19 起；其次是 2004 年，7 起；2003、2008 和 2012 年均为 6 起；欧盟被诉最多的年份是 2003 年，8 起；其次为 2002 年，6 起；2004、2008 和 2009 年均为 4 起；阿根廷 2012 年被诉的案件突增至 5 起，其余仅在 2005 年和 2010 年分别遭遇了 1 起争端投诉；印度 2005 年、2009—2011 年没有被诉案件，2004 年被诉 2 起，其余均为 1 起；墨西哥仅在 2003—2006 年的 4 年间遭遇了争端投诉，其中 2003 年多达 3 起；巴西则仅在 2005 和 2006 年分别遭遇了 1 起争端投诉。数据显示，中国在入世过渡期后遭遇的争端案件总体呈不断上升态势，且从平均占比上看，中国被诉争端案件占当年诉诸 WTO 争端解决机制案件总数的年度平均占比为 25.0%，美国为 24.7%，欧盟为 20.9%，阿根廷、印度、墨西哥和巴西由于占比较小，在此不将其纳入比较范围。也就是说，2006—2012 年的这 7 年间，每年诉诸 WTO 争端解决机制的案件中，平均有 1/4 是针对中国提起的，中国被诉争端案件的年度平均占比已经超过美国和欧盟（图 6－16、表 6－7）。

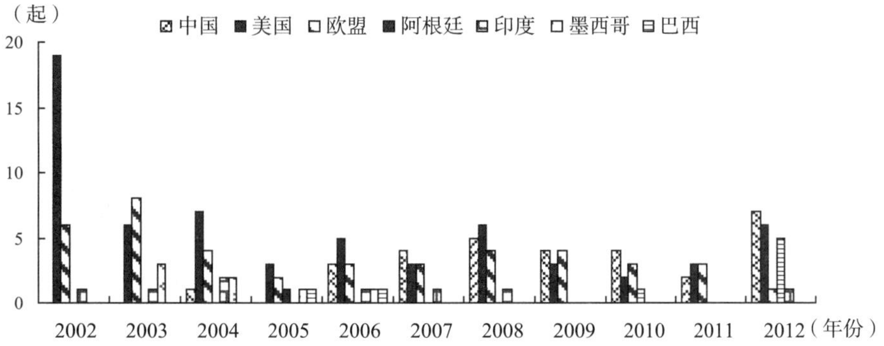

图 6－16　2002—2012 年主要 WTO 成员被诉争端案件年度情况对比

表 6－7　2006—2012 年主要成员提起和被诉争端案件情况

单位：起

成　员	2006 年		2007 年		2008 年		2009 年	
	起诉	被诉	起诉	被诉	起诉	被诉	起诉	被诉
美　国	3	5	4	3	3	6	2	3
欧　盟	5	3	0	3	3	4	2	4

续表

成　员	2006 年		2007 年		2008 年		2009 年	
	起诉	被诉	起诉	被诉	起诉	被诉	起诉	被诉
中　国	0	3	1	4	1	5	3	4
印　度	1	1	0	1	1	1	0	0
巴　西	0	1	1	0	1	0	0	0
阿根廷	5	0	0	0	0	0	1	0
墨西哥	1	1	1	0	1	0	1	0
合　计	15	14	7	11	10	16	9	11

成　员	2010 年		2011 年		2012 年		合　计	
	起诉	被诉	起诉	被诉	起诉	被诉	起诉	被诉
美　国	4	2	1	3	5	6	22	28
欧　盟	1	3	3	3	2	1	16	21
中　国	1	4	1	2	3	7	10	29
印　度	1	0	0	0	2	1	5	4
巴　西	1	0	0	0	1	0	4	1
阿根廷	0	1	0	0	3	5	9	6
墨西哥	0	0	0	0	2	0	6	1
合　计	8	10	5	8	18	20	72	90

数据来源：www. wto. org，中国贸易救济信息网

二、美欧出台及实施的相关措施仍是中国诉诸 WTO 争端解决机制的主要事由

（一）中国诉诸 WTO 争端解决机制案件的被诉方仍为美国和欧盟

2002—2012 年，在中国诉诸 WTO 争端解决机制的11 起争端中，被诉方均为美国和欧盟，其中针对美国提起 8 起，针对欧盟提起 3 起。与此同时，针对中国的 30 起争端案件主要由美国、欧盟、墨西哥、日本、加拿大和危地马拉提起，其中美国最多，共 15 起；其次是欧盟，6 起；墨西哥位居第三，4 起；日本和加拿大均为 2 起，危地马拉 1 起。截至目前，针对中国的争端案件中，除墨西哥和危地马拉外，其余均为发达成员，而发展中成员墨西哥和危地马拉也主要是跟随发达成员（尤其是美国和欧盟）发案（图 6 - 17）。

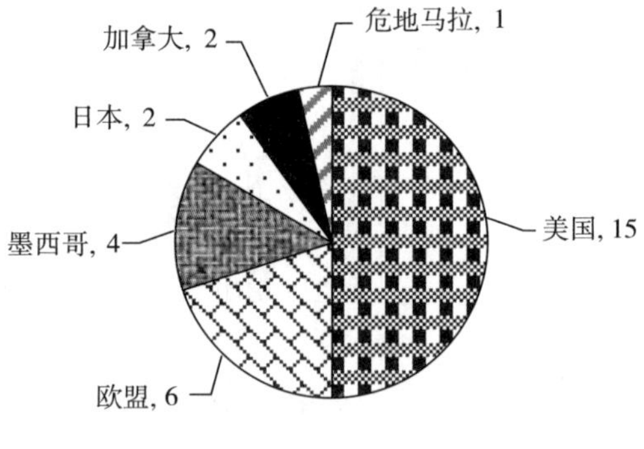

图 6 - 17　2002—2012 年中国被诉争端案件起诉方分布情况

2012 年，中国在 WTO 争端解决机制遭遇的 7 起争端主要是由美国、欧盟、日本和墨西哥发起，其中美国发起 3 起，分别为：中国关于稀土、钨和钼的出口限制措施案（DS431）、中国对自美国进口的汽车征收反倾销和反补贴税案（DS440）、中国影响汽车及汽车零部件产业的相关措施案（DS450）；欧盟提起 1 起，即中国关于稀土、钨和钼的出口限制措施案（DS432）；日本提起 2 起，分别为：中国关于稀土、钨和钼的出口限制措施案（DS433）和中国对自日本进口的高性能不锈钢无缝钢管（HP -

SSST）征收反倾销税的措施案（DS454）；墨西哥提起1起，即中国与生产和出口纺织品服装相关的措施案（DS451）。中国提起的3起争端分别为：美国对中国部分产品的反补贴措施案（DS437）、美国对自中国进口的部分产品的反补贴和反倾销措施案（DS449）、欧盟及其部分成员国影响可再生能源发电产业的相关措施案（DS452）。

（二）中国在 WTO 争端解决机制的诉讼活动主要体现为与美国和欧盟的博弈

入世后至2012年，中国在 WTO 争端解决机制的诉讼活动仍主要体现为与美国和欧盟的博弈。据中国贸易救济信息网统计，2002—2012 年，中国对美国和欧盟发起的争端案件以及美国和欧盟对中国发起的争端案件数之和为 30 起，占该时期 212 起争端案件总数的 14.2%，与 2011 年时的 25.3% 和 2010 年时的 24.1% 均有下降，降幅约 10 个百分点。从年度情况来看，2012 年，中美欧互涉的争端案件共 7 起，占 27 起争端案件总数的 25.9%；2006 年中国入世过渡期后至 2011 年，中美欧互涉的争端案件数分别为 2 起、4 起、4 起、5 起、5 起和 3 起，分别占当年争端案件总数的 10%、30.8%、21.1%、35.7%、29.4% 和 37.5%；年均占比 27.2%。也就是说，每年诉诸 WTO 争端解决机制的案件中，有近三成为中美欧互涉的情形（图 6－18）。

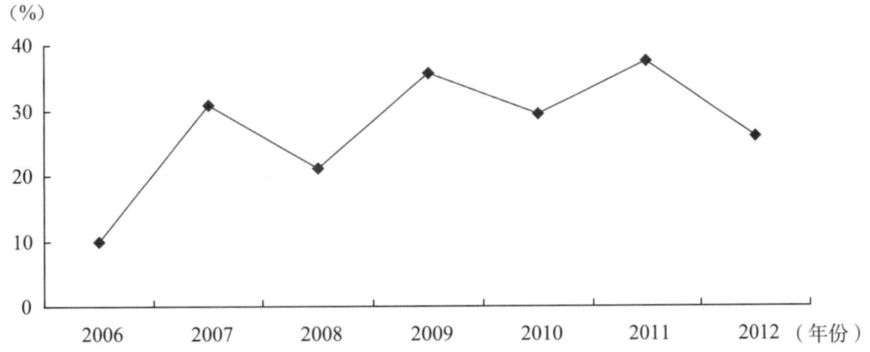

图 6－18 2006—2012 年中美欧互涉案件在当年争端案件中占比年度走势

而在其余的 88 起争端中，美国和欧盟与其他发展中成员互涉的有 36 起，涉及的发展中成员有 12 个，包括巴西、印度、印度尼西亚、越南、菲律宾、韩国、墨西哥、泰国、中国台湾、巴拿马、哥伦比亚和阿根廷。其中，印度、巴西和阿根廷与美国、欧盟互涉的争端案件有 15 起（2012 年新增 7 起），在这 15 起案件中，美国和欧盟分别被诉 6 起和 4 起，印度被诉 3 起，阿根廷被诉 2 起。美国和欧盟互涉的争端案件共 5 起；美国、欧盟与其他发达成员互涉的案件共 10 起；除中国以外的发展中成员之间互涉的案件，17 起；除美国和欧盟外的其他发达成员之间互涉的案件，2 起；其他发达成员与除中国以外的发展中成员互涉的案件，5 起；转型经济体之间互涉的案件，3 起；转型经济体与发达成员之间互涉 1 起；除美国和欧盟以外的其他发达成员与中国之间互涉 4 起；其他发展中成员与中国之间互涉 5 起（图 6－19）。其中，2012 年新增 9 起美国和欧盟与发展中成员互涉的案件，新增 4 起除中国外的发展中成员互涉的案件，新增 3 起其他发达成员与除中国外的发展中成员互涉的案件，新增 2 起除美国和欧盟外的发达成员与中国互涉的案件，新增 1 起其他发展中成员与中国互涉的案件，新增 1 起转型经济体与发达成员互涉的案件。

由上图可以看出，在 2006—2012 年诉诸 WTO 争端解决机制的 118 起争端案件中，超半数（55.9%）的案件为美国、欧盟与发展中成员之间互涉的，共 66 起；各类型成员与中国互涉的争端案件也为数不少，共 39 起，占比 33.1%；而涉及美国和欧盟的争端案件的占比更是达到了 68.6%，合计 81 起。

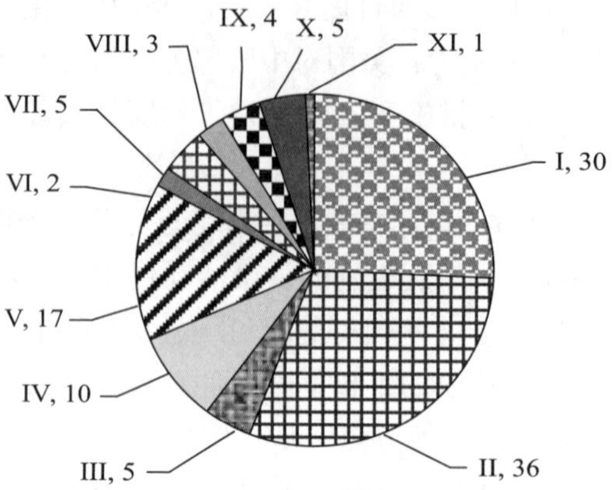

图 6－19 2006—2012 年 WTO 成员互涉争端案件的分布情况

I—中美欧互涉的；II—美欧与其他发展中成员互涉的；III—美欧互涉的；
IV—美欧与其他发达成员互涉的；V—除中国外的发展中成员之间互涉的；
VI—其他发达成员之间互涉的；VII—其他发达成员与其他发展中成员互涉的；
VIII—转型经济体之间互涉的；IX—其他发达成员与中国互涉的；
X—其他发展中成员与中国互涉的；XI—转型经济体与发达成员之间互涉的

表 6－8 2012 年中国提起的争端案件情况

DS 号	案件名称	被诉方	收到磋商请求的时间	涉案协定情况
DS437	美国对中国部分产品的反补贴措施	美国	2012－05－25	GATT、入世议定书、SCM 协定
DS449	美国对自中国进口的部分产品的反补贴和反倾销措施	美国	2012－09－17	ADA、GATT、SCM 协定
DS452	欧盟及其部分成员国影响可再生能源发电产业的相关措施	欧盟、意大利、希腊	2012－11－05	GATT、SCM 协定、TRIMS 协定

表 6－9 2012 年中国被诉的争端案件情况

DS 号	案件名称	起诉方	收到磋商申请的时间	涉案协定情况
DS431	中国关于稀土、钨和钼的出口限制措施	美国	2012－03－13	GATT、入世议定书
DS432	中国关于稀土、钨和钼的出口限制措施	欧盟	2012－03－13	GATT、入世议定书
DS433	中国关于稀土、钨和钼的出口限制措施	日本	2012－03－13	GATT、入世议定书
DS440	中国对自美国进口的汽车征收反倾销和反补贴税	美国	2012－07－05	ADA、GATT、SCM 协定
DS450	中国影响汽车及汽车零部件产业的相关措施	美国	2012－09－17	GATT、SCM 协定、入世议定书
DS451	中国与生产和出口纺织品服装相关的措施	墨西哥	2012－10－15	农业协定、GATT、SCM 协定、入世议定书
DS454	中国对自日本进口的高性能不锈钢无缝钢管（HP－SSST）征收反倾销税的措施	日本	2012－12－20	ADA、GATT

需要指出的是，2012年，中美欧之间的博弈具体体现在中国与美国、欧盟（以及日本）之间关于稀土出口限制措施问题，中欧之间关于可再生能源发电问题，中美之间关于反倾销与反补贴合并调查中的双重计算问题，中美之间关于汽车及汽车零部件问题这几大关键问题之上，涉及面广、涉案金额巨大，而且也是当年中美、中欧双边贸易摩擦的焦点。其中，稀土问题涉及多个产业领域的高新技术发展问题，反倾销反补贴合并调查中的双重计算涉及美国国会修改反补贴法（即对所谓“非市场经济国家”征收反补贴税）的争议等等，均是涉及中美、中欧双边贸易中关键性贸易议题的重大问题。目前，DS431、DS432、DS433、DS437、DS440、DS449和DS454案因磋商未果，已步入专家组程序阶段，且专家组成员已组成，DS450、DS451、DS452案尚处于磋商阶段。

（三）日本诉诸WTO争端解决机制的案件达到峰值，其中对华为首次发案

2012年，除美、欧、中、阿成为关注的焦点外，日本对争端解决机制的利用也引起了各方关注，主要源于其针对中国和阿根廷提起的3起争端投诉。2012年3月13日，日本跟随美国和欧盟就中国关于稀土、钨和钼的出口限制措施诉至WTO争端解决机构（DS433）；8月21日，日本再次跟随欧盟和美国就阿根廷影响货物进口的相关措施诉至争端解决机构（DS445）；12月20日，日本单独就中国对自日本进口的高性能不锈钢无缝钢管（HP－SSST）征收反倾销税的措施向争端解决机构提起诉讼（DS454）。从日本在WTO争端解决机构的发案历史来看，其并不是一个利用争端解决机制的活跃方。1995—2012年，日本共提起17起争端，年均0.94起，但在1996年和2012年，日本提起的争端投诉均达到3起，可以说是时隔16年后，日本诉诸WTO争端解决机制的案件再次达到峰值（图6－20）。

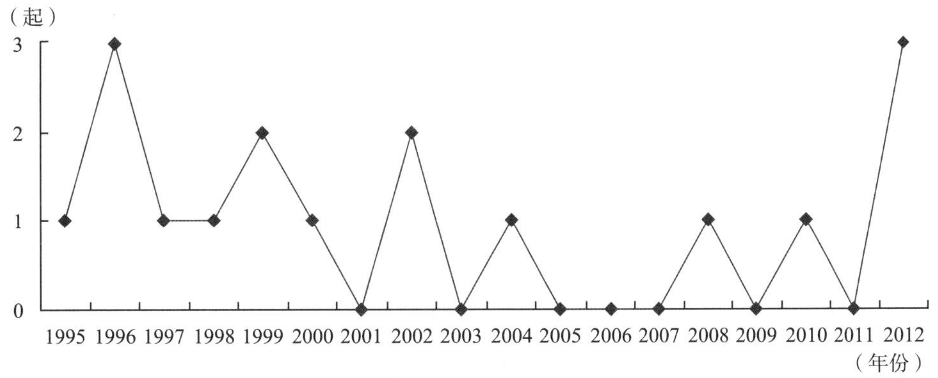

图6－20　1995—2012年日本诉诸WTO争端解决机制争端案件年度走势

从日本历年来的发案对象来看，其针对美国提起的争端案件最多，共计8起，占其发案总数（17起）的近一半，其余还包括加拿大和印度尼西亚（各2起），以及欧盟、阿根廷和巴西（各1起）。从日本对华提起的2起争端案件来看，均涉及其国内产业发展的关键领域。

三、中国起诉和被诉案件涉及的协定及法律点情况

（一）中国起诉和被诉案件的焦点领域是补贴与反补贴措施

据中国贸易救济信息网统计分析，入世以来至2012年，中国提起的争端案件集中在反倾销领域，补贴与反补贴措施领域并重；被诉则主要涉及补贴与反补贴措施领域、反倾销措施领域以及技术性贸易措施领域。具体而言：

在中国入世后至2012年底提起的11起争端案件中，主要涉及的争议协定有《反倾销措施协定》，共6起案件有所涉猎；其次为涉及《补贴与反补贴措施协定》的案件，5起；涉及入世承诺的《加入

议定书》的案件，4 起；其余还涉及《保障措施协定》、《卫生与植物卫生措施协定》以及《与贸易有关的投资措施协定》。

在中国被诉的 30 起争端案件中，主要涉及的是《补贴与反补贴措施协定》，14 起；其次是《反倾销措施协定》以及《服务贸易总协定》，均为 6 起；其余还涉及《与贸易有关的投资措施协定》（5 起）、《农业协定》（4 起）、《与贸易有关的知识产权协定》（2 起）以及《原产地规则协定》（1 起）。

基于以上分析可以发现，通过诉诸 WTO 争端解决机制的争端案件折射出我国出口产品在出口目的国市场上遭遇的贸易摩擦形式中，反补贴已越来越成为美国、欧盟等发达成员质疑中国相关政策、措施的工具。这一方面是由于 2016 年中国“非市场经济地位”自动失效期限的日益临近，发达成员等加大了运用这一手段的力度；另一方面也是由于金融危机后，各成员为重振国内经济、扶持新兴产业发展而运用的政策手段，以维护本国新兴产业发展的需要。一方面是各成员补贴措施的密集出台，另一方面这种密集出台的补贴措施必然会在多双边贸易过程中产生摩擦。这种摩擦首先是通过国内调查机关启动的贸易救济调查体现出来，存在争议的被进一步诉至 WTO 争端解决机构。截至 2012 年底，中国提起和被诉的涉及《补贴与反补贴措施协定》的争端案件共计 19 起（表 6－10）。

表 6－10　截至 2012 年底中国提起和被诉涉及补贴与反补贴措施的争端案件情况

DS 号	案件名称	起诉方	被诉方	立案时间	涉及 SCM 协定的争议条款	案件状态
DS339	中国影响汽车零部件进口的措施	欧盟	中国	2006－03－20	第 3 条	被诉方提交执行状态报告
DS340	中国影响汽车零部件进口的措施	美国	中国	2006－03－20	第 3 条、第 3.1（b）条、第 3.2 条	被诉方提交执行状态报告
DS342	中国影响汽车零部件进口的措施	加拿大	中国	2006－04－13	第 3 条、第 3.1（b）条、第 3.2 条	被诉方提交执行状态报告
DS358	中国对关税及其他支付款项的退款或减免措施	美国	中国	2007－02－02	第 3 条、第 3.1（b）条、第 3.2 条	其他方式解决，或已终止（撤销、双方协商一致解决）
DS359	中国对关税及其他支付款项的退款或减免措施	墨西哥	中国	2007－02－26	第 3 条、第 3.1（b）条、第 3.2 条	其他方式解决，或已终止（撤销、双方协商一致解决）
DS368	美国对中国铜版纸的反倾销和反补贴初步裁决	中国	美国	2007－09－14	第 1 条、第 2 条、第 10 条、第 14 条、第 17 条、第 30 条、第 32 条	处于磋商阶段
DS379	美国对中国部分产品的最终反倾销和反补贴措施	中国	美国	2008－09－19	第 1 条、第 2 条、第 10 条、第 12 条、第 13 条、第 14 条、第 19 条、第 30 条、第 32 条	被诉方提交执行状态报告

续表

DS 号	案件名称	起诉方	被诉方	立案时间	涉及 SCM 协定的争议条款	案件状态
DS387	中国的补贴、贷款及其他鼓励措施	美 国	中 国	2008 - 12 - 19	第 3 条、第 4 条、第 30 条	处于磋商阶段
DS388	中国的补贴、贷款及其他鼓励措施	墨西哥	中 国	2008 - 12 - 19	第 3 条、第 4 条、第 30 条	处于磋商阶段
DS390	中国的补贴、贷款及其他鼓励措施	危地马拉	中 国	2009 - 01 - 19	第 3 条	处于磋商阶段
DS414	中国对美国取向电工钢征收反倾销税和反补贴税	美 国	中 国	2010 - 09 - 15	第 10 条、第 11.2 条、第 11.3 条、第 12.3 条、第 12.4.1 条、第 12.7 条、第 12.8 条、第 15.1 条、第 15.2 条、第 15.5 条、第 19 条、第 22.2（iii）条、第 22.3 条、第 22.5 条	已通过上诉机构和/或专家组报告，并建议修改相关措施使其与 WTO 规则相符
DS419	中国关于风力发电设备的相关措施	美 国	中 国	2010 - 12 - 22	第 3 条、第 25.1 条、第 25.2 条、第 25.3 条、第 25.4 条	处于磋商阶段
DS427	中国对美国白羽肉鸡产品的反倾销和反补贴措施	美 国	中 国	2011 - 09 - 20	第 10 条、第 11.1 条、第 12.3 条、第 12.4 条、第 12.7 条、第 12.8 条、第 15.1 条、第 15.2 条、第 15.4 条、第 15.5 条、第 16.1 条、第 19.4 条、第 22.3 条、第 22.4 条和第 22.5 条	已发布专家组报告
DS437	美国对中国部分产品的反补贴措施	中 国	美 国	2012 - 05 - 25	第 1 条、第 2 条、第 10 条、第 11 条、第 12 条、第 14 条、第 32 条	专家组已组成
DS440	中国对自美国进口的汽车征收反倾销和反补贴税	美 国	中 国	2012 - 07 - 05	第 10 条、第 11.3 条、第 11.4 条、第 12.4.1 条、第 12.7 条、第 12.8 条、第 15.1 条、第 15.2 条、第 15.4 条、第 15.5 条、第 16.1 条、第 22.3 条、第 22.5 条	专家组已组成

续表

DS 号	案件名称	起诉方	被诉方	立案时间	涉及 SCM 协定的争议条款	案件状态
DS449	美国对自中国进口的部分产品的反补贴和反倾销措施	中　国	美　国	2012－09－17	第 10 条、第 15 条、第 19 条、第 21 条、第 32 条	专家组已组成
DS450	中国影响汽车及汽车零部件产业的相关措施	美　国	中　国	2012－09－17	第 25.1 条、第 25.2 条、第 25.3 条、第 25.4 条	处于磋商阶段
DS451	中国与生产和出口纺织品服装相关的措施	墨西哥	中　国	2012－10－15	第1条、第1.1(a)条、第1.1(b)条、第2条、第2.1条、第2.2条、第2.3条、第3.1(a)条、第3.1(b)条、第4.2条、第5(c)条、第6.3(b)条、第6.3(c)条、第6.4条、第6.5条、第7.2条	处于磋商阶段
DS452	欧盟及其部分成员国影响可再生能源发电产业的相关措施	中　国	欧盟及其成员国意大利、希腊	2012－11－05	第 3.1（b）条、第 3.2 条	处于磋商阶段

（二）中国提起和被诉争端案件涉及争议协定条款的法律点较为集中

从中国提起和被诉的 41 起争端案件来看，除《加入议定书》承诺外，涉及《补贴与反补贴措施协定》的案件最多，共计 19 起；其次为涉及《反倾销措施协定》，共 12 起；其余还包括涉及《服务贸易总协定》的案件 6 起以及涉及《与贸易有关的投资措施协定》的案件 6 起。从争端涉及的相关协定的法律点来看，均较为集中。

在涉及《补贴与反补贴措施协定》的 19 起争端案件中，援引频率较高的条款包括：关于禁止性补贴相关规定的第 3 条，包括第 3.1（b）条和第 3.2 条；关于补贴定义的第 1 条；关于专向性补贴的第 2 条；关于证据的相关规定的第 12 条，包括第 12.3 条、第 12.4 条、第 12.7 条和第 12.8 条；关于以接受者所获利益计算补贴金额问题的第 14 条；关于损害的确定的第 15 条，包括第 15.1、15.2、15.4、15.5 条；关于公告和裁定的说明，第 22 条，尤其是第 22.2、22.3、22.4、22.5 条，等等。

在涉及《反倾销措施协定》的 12 起争端案件中，援引频率较高的条款包括：关于损害确定相关规定的第 3 条，尤其是第 3.1、3.2、3.4 和 3.5 条；关于证据相关规定的第 6 条，尤其是第 6.2、6.4、6.5、6.9 和 6.10 条；关于倾销确定相关规定的第 2 条，尤其是第 2.1、2.2、2.4 和 2.6 条；关于征收反倾销税相关规定的第 9 条，尤其是第 9.2、9.3、9.4 条；第 12 条，关于公告和裁定的说明，尤其是第 12.2 条，等等。

在涉及《服务贸易总协定》的 6 起争端案件中，援引频率较高的条款包括：关于市场准入具体承诺的第 16 条，尤其是第 16.1、16.2（a）和 16.2（e）条；关于国民待遇具体承诺的第 17 条；以及关于附加承诺的第18条。

在涉及《与贸易有关的投资措施协定》的6起争端案件中，援引频率较高的条款包括：关于国民待遇和数量限制相关规定的第2条，包括第2.1和2.2条；以及附件1关于例示清单的相关内容。

以中国被诉涉及最多的《补贴与反补贴措施协定》为例，从目前诉诸WTO争端解决机制的所有案件对该协定的援引情况来看，涉及的条款包括第1－7条、第9－22条、第25条、第27－28条、第30条、第32条等，几乎涉及了《补贴与反补贴措施协定》的所有条款。也就是说，目前诉诸WTO争端解决机制的涉及补贴与反补贴措施的争端案件的争议范围很广，且已有先例可循，中国在应诉过程中可以获得一定的借鉴。

第七章　我国重点行业面临的贸易摩擦形势分析

2012 年，受欧债危机等负面因素冲击，全球贸易额仅增长 3.7%，大大低于近年全球贸易额的平均增幅；我国货物贸易进出口增长 6.2%，增幅出现回落，但增速仍优于其他经济体。在全球贸易增速普遍放缓的情况下，全球范围内的贸易保护主义继续升温，我国重点行业出口遭遇的贸易摩擦有增无减。

随着我国各行业产业和出口结构的调整，我国产品出口面临的贸易摩擦环境也发生了变化，对行业的影响呈现出新的特点。例如，我国出口的传统优势产业纺织、轻工、金属制品等行业受到外部需求减弱、产业转移的双重影响，尽管遭遇的贸易摩擦措施有所减少，但对行业发展的影响更为广泛和深刻；我国重点出口产业如机电、冶金、化工、汽车等领域的贸易摩擦涉案产品已经向高附加值产品蔓延，遭遇的贸易摩擦形式也呈多元化发展，行业出口要应对各种贸易摩擦应诉、技术壁垒限制、知识产权纠纷等问题，对行业出口的考验是全方位的。

本章选取了入世以来我国出口遭遇贸易摩擦较为严重的十大行业，包括机电、汽车、化工、医药、冶金、金属制品、纺织、轻工、造纸、食品，着重分析了行业当前面临的贸易摩擦形势及对行业发展的影响。在行业范围的界定上，本章参照了国民经济行业分类的标准，结合涉案产品的特征和用途对行业进行划分，涉案产品的行业属性唯一。

机　电

本节的机电产品包括机械类和电子类产品，涉及国民经济行业分类黑色金属冶炼和压延加工业、金属制品业、通用设备制造业、专用设备制造业、电气机械和器材制造业、计算机、通信和其他电子设备制造业、仪器仪表制造业下的金属制品、机械设备、电器及电子产品、运输工具①、仪器仪表等。

一、我国机电产品竞争力提高，贸易摩擦猛增

入世以来，在国家政策引导和国际产业转移等因素共同作用下，我国机电产品出口实现跨越式增长。机电产品出口额从 2001 年的 1187.9 亿美元增至 2012 年的 11794.2 亿美元，增长了近 10 倍。2012 年，我国机电产品出口升至外贸出口总值的 57.6%，连续 18 年保持第一大类出口商品地位，占全球份额稳步升至 16% 以上，已跃升为世界第二大机电贸易国、第一大出口国。

同时，出口商品结构不断优化，高新技术产品出口占外贸比重由 2001 年的 21.7% 升至 2012 年的 29.3%；出口市场逐步多元化，在巩固欧美等传统市场外，新兴市场份额升至 29.1%。

金融危机后，由于主要出口市场经济增长乏力，导致贸易保护主义抬头。除与发达国家的贸易摩擦增多外，新兴市场对机电产品的贸易保护也不断增加，这对我国机电产品出口以及产业竞争力产生了较大的负面影响，尤其是机械类产品。2008 年，国外对华机械产品发起的贸易救济调查达到 20 起

① 不含汽车

的年度峰值，2009 年略有减少，但反倾销案件数量仍与 2008 年持平。

此外，全球产业竞争更趋激烈，发达经济体与新兴经济体纷纷出台并实施重振实体经济的相关政策，推进再工业化战略，对我国机电产业形成了前阻后追的双重夹击。

二、我国机电产品出口遭遇传统贸易救济措施情况

受欧债危机、美国财政悬崖、日本主权债务危机等外部市场需求紧缩的影响，全球经济增长动力不足。2012 年，机电产品虽继续保持我国第一大类出口商品地位、出口规模实现正增长，但与此前双位数的高增速相比，出口增速放缓至 8.7%，而国外对华机电产品的贸易救济案件却在增加。

2012 年，国外对华机电产品的贸易救济调查案件比 2011 年增加 1 起至 13 起，且贸易救济调查的形式增多，反倾销、反补贴、保障措施和特别保障措施案件均有出现。针对同一产品的贸易救济调查相继发生，且多次立案，如印度在对我国电绝缘体发起反倾销调查后 1 个月再次启动特别保障措施调查；同一产品遭受多国调查，如在俄罗斯对收割机终止保障措施后，欧亚经济委员会（即俄白哈关税同盟）再次就该产品发起保障措施调查；各国综合运用贸易救济手段维护本国产业利益的目标明确。

（一）机械产品遭遇的贸易救济调查较多

2002—2012 年，在国外对华发起的 1005 起贸易救济调查中，涉及机电产品的共 146 起，占比 14.5%，位列第三，仅次于化工和冶金。其中，涉及机械产品的案件 121 起，涉及电子产品的案件 25 起。

从年度立案数来看，2002—2007 年，我国机电产品遭遇的贸易救济调查在年均 15 起以下，2008 年猛增至 21 起，2010 年恢复至 2002—2007 年的水平（图 7－1）。其中，机械产品的贸易救济案件数量年度波动较大；电子产品年均立案 2 起，且变动不大。

在国外对华机电产品发起的 146 起贸易救济调查中，反倾销 114 起，占国外对华反倾销调查总数的 17.5%，仅次于化工行业。其中，涉及机械产品的反倾销 98 起，涉及电子产品的 16 起。国外对华机电产品发起的反补贴调查共计 10 起，占反补贴立案总数的 16.1%，位列第二，仅次于冶金行业。其中，涉及机械产品的 7 起，电子产品 3 起。在国外对机电产品启动的 18 起保障措施调查中，涉及机械产品的共 12 起。此外，国外对华机电产品启动的 4 起特别保障措施调查均涉及机械产品。

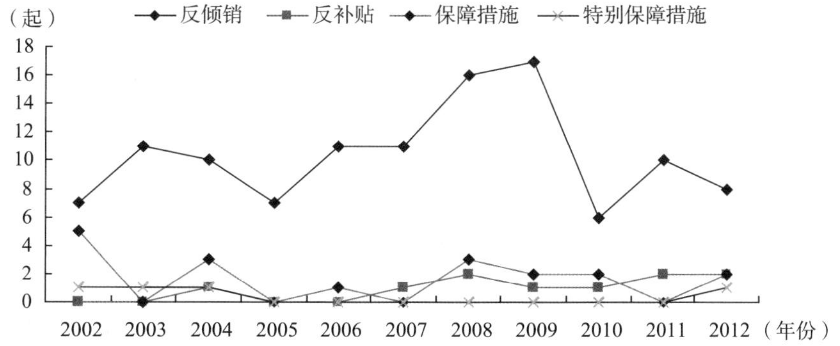

图 7－1　2002—2012 年国外对华机电产品贸易救济调查年度走势

（二）反倾销为主要贸易救济调查形式

2002—2012 年，反倾销为我国机电出口产品遭受的主要贸易救济调查形式，反补贴案件始于 2004 年，2007 年后增多；保障措施基本在每年 1～2 起之间徘徊；特别保障措施 2002—2004 年连续出现，2012 年再现。

1. 国外对华机械产品2008年、2009年的反倾销立案最多，电子产品2006年、2007年最多

在国外对华机械产品发起的98起反倾销调查中，2002—2007年立案46起，年均7.7起；2008—2012年立案52起，年均10.4起。其中，2008年受金融危机影响，针对我机械产品的反倾销立案数同比增长一倍，达16起，创历史新高，2009年继续保持这一水平，2010年降至5起，2011年9起，2012年降至6起。

在国外针对我国电子出口产品发起的16起反倾销调查中，2006和2007年的案件最多，均为3起，2005和2012年各2起；在2002—2004年和2009—2011年这两个时间段里，年均发案1起。

2. 阿根廷、墨西哥主要针对机械产品发案，印度和欧盟针对电子产品发起的案件较多

在金融危机导致的全球增长乏力大背景下，各国限制进口力度加大，开始频繁运用贸易救济措施保护本国产业发展，尤其是一些惯用贸易救济措施的国家（地区）不断对我国机电产品（尤其是机械产品）发起反倾销调查。

在国外对华机电产品发起的114起反倾销调查中，阿根廷发起的调查多达18起；美国和印度均为16起；欧盟14起，土耳其9起，墨西哥6起，巴西5起，埃及、加拿大、南非、以色列和俄罗斯各4起，哥伦比亚和乌克兰各3起，新西兰2起，澳大利亚、秘鲁各1起（图7－2）。其中，阿根廷、墨西哥、埃及、加拿大、南非、以色列、哥伦比亚、乌克兰、新西兰、澳大利亚、秘鲁发起的案件均针对机械产品；印度、欧盟、美国、土耳其、巴西和俄罗斯还对华电子产品启动了反倾销调查。

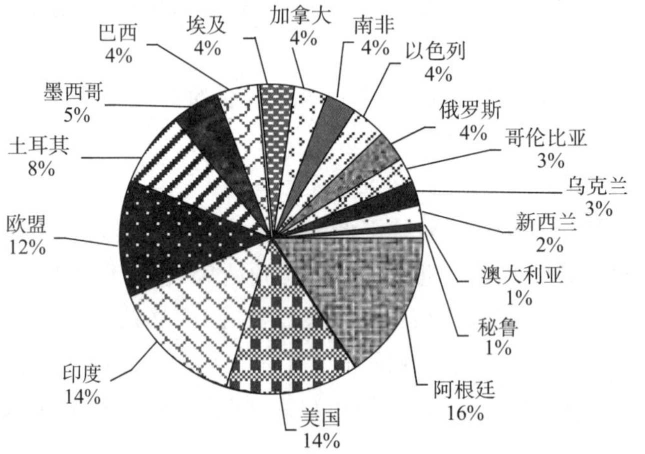

图7－2　2002—2012年国外对华机电产品反倾销立案国别（地区）分布情况

阿根廷、美国和印度是对华机械产品反倾销案件的高发国。在国外对华机械产品的98起反倾销案件中，阿根廷发起的反倾销调查18起，列各国（地区）之首，占国外对华机械产品反倾销案件总数的18.4%；其次是美国，14起；印度第三，10起。在2008年的16起案件中，阿根廷和美国各发起4起，印度2起，加拿大、土耳其、以色列各1起；而哥伦比亚对华机械产品发起的反倾销调查为3起，均发生在2008年，且其中2种紧固件为同日立案，表明哥伦比亚开始加大对国内通用零部件产业的保护。2009年16起案件中，阿根廷发起6起，土耳其2起；埃及、巴西、俄罗斯、加拿大、美国、墨西哥、欧盟、印度各1起；反映出金融危机后各国均加大了对机械产品国内市场的保护力度。2010年，阿根廷、土耳其、乌克兰、新西兰和以色列对华机械产品各发起1起反倾销调查。2011年，澳大利亚加入立案行列，电缆案也是其在2002—2012年间对华机电产品发起的唯一一起反倾销案件；阿根廷、美国、墨西哥、欧盟各1起；印度最多，为2起。2012年的立案国比较集中，欧盟和土耳其各2起，美国和印度均为1起。

近年来，印度电子产品需求快速增长，由于供不应求，进口大幅增加；为保护国内产业，印度加

大对电子产品的贸易救济力度并于 2012 年 10 月底出台了国家电子产业振兴政策。在我国电子产品遭受的 16 起反倾销调查中，印度发起的案件多达 6 起，其中 2007 年 3 起，2 起涉及彩色显像管。此外，欧盟发起的案件有 5 起，其中 2005 年对可刻录光盘发起 2 起调查；美国于 2003 年和 2011 年分别发起 1 起调查；俄罗斯、土耳其和巴西各 1 起。

3. 2012 年涉案产品开始向高附加值、新兴产业转移

在国外对华机械产品的 98 起反倾销调查中，涉及通用设备的案件最多，达到 43 起，其中以紧固件和轴承为主；涉及电气机械和器材制造的案件 14 起，其中电线电缆 4 起，电机和家用电器各 3 起；涉及金属制品的案件 13 起，其中金属工具 6 起；涉及以管配件为主的黑色金属的案件 12 起；涉及专用化学产品制造的案件 5 起，其中以 PS 版为主的信息化学品制造有 4 起；涉及专用设备的案件 4 起；涉及非金属矿产品和仪器仪表的案件均为 3 起；涉及计算机制造行业的案件 1 起，涉案产品为货物扫描系统。

随着我国产业结构及出口产品附加值的提升，国外对华机械产品发起的反倾销调查也开始向高端产品转移。在 2008 年之前发起的反倾销调查中，涉案产品集中在轴承、紧固件、手推车、叉车、千斤顶等低端、劳动密集型产业。2008 年以后，在全球经济增长放缓、美欧金融危机爆发的大背景下，全球范围的产业结构调整及各国产业结构的升级与转型同时发生，2008 年后各国对华反倾销案件涉案产品中技术含量高的通用机械、专用设备开始增加，如内燃机、发动机和发电机等；特别是 2009 年以来，我国新兴产业部分产品开始遭受国外反倾销、反补贴调查，如欧盟对华货物扫描仪征收 34% 的反倾销税，这是欧盟首次对进口高科技产品实施贸易救济措施；2012 年，美国将调查目标转向新能源领域，对我国出口的应用级风电塔展开反倾销和反补贴调查。

在国外对华电子产品发起的 16 起反倾销调查中，涉及可刻录光盘的案件有 4 起；涉及彩色电视的有 5 起，其中 3 起涉及彩色显像管，2 起涉及彩色电视接收器；涉及光伏电池的有 3 起；其余 4 起分别涉及扬声器、SDH 光传输设备、数据卡和单晶硅。从 2009 年开始，对华电子产品的反倾销调查从传统的显像管、节能灯等转向高科技数字产品和新能源光伏发电的上下游产品。2009 年，印度对华 SDH 光传输设备发起反倾销调查；2010 年，欧盟对华数据卡发起反倾销和反补贴调查；2011 年美国、2012 年欧盟先后对华光伏电池发起反倾销和反补贴调查，印度也于 2012 年对华此类产品发起反倾销调查，目标同样瞄准新兴产业。

（三）反补贴调查主要由美国发起，高附加值电子产品涉案多

2012 年，国外对华机械产品和电子产品各启动 1 起反补贴调查，且均为反倾销和反补贴合并调查，分别为美国对应用级风电塔、欧盟对光伏电池的调查，表明发达国家（地区）正加大对新能源的保护力度。

2002—2012 年，国外对华机电行业的 10 起反补贴案件均为反倾销和反补贴合并调查。其中，对华机械产品的反补贴调查有 7 起，占国外对华反补贴案件总数的 11.2%，仅次于冶金和金属制品行业，成为国外对华反补贴调查的第三大领域。这 7 起反补贴调查分别由美国（5 起）和加拿大（2 起）发起。其中，2004 年，加拿大对自中国进口的碳钢和不锈钢紧固件发起的反补贴调查为国外对华机械产品的首起反补贴调查，另一起是 2008 年的对华半导体冷热箱反补贴案；美国自 2007 年对华未加工橡胶磁发起反补贴调查后，除 2010 年外几乎每年 1 起，涉案产品有后拖式草地维护设备及相关零部件、标准钢紧固件、高压钢瓶和应用级风电塔。2002—2012 年，国外对华电子产品的反补贴案件有 3 起，其中欧盟 2 起，美国 1 起。

金融危机后，国外对华反补贴调查的涉案产品开始从此前的机械产品扩大到电子产品，2010 年以来每年都有 1 起涉及电子产品的反补贴案件，且产品均为高科技产品，分别为 2010 年欧盟对华数据

卡，2011、2012 年美国和欧盟对华光伏电池的反补贴调查。

国外对华机电产品反补贴案件增加，且均与反倾销合并调查，涉案产品也多集中在高附加值和新兴产业领域，表明发达国家（地区）运用贸易救济措施保护其国内新兴产业的力度在加大。

在这 10 起国外对华反补贴调查中，除数据卡案申诉方撤诉、标准钢紧固件案终裁无损害以及欧盟光伏电池案尚在调查外，在已实施措施的 7 起反补贴调查中，大部分案件的可诉补贴涉及企业尤其是外资企业的税收优惠、贷款优惠、所得税优惠、投入品以及用地用电优惠。美国的可诉补贴项目关注面更广，如进口设备关税和增值税豁免、国产设备采购增值税返还、专利补贴、国有企业贷款等；光伏电池反补贴案的可诉补贴还涉及金太阳计划、高科技企业优惠税收政策，而应用级风电塔案可诉补贴开始涉及科研特殊津贴。

（四）机械产品保障措施多由发展中国家启动，少数电子产品被一国以多种贸易救济方式频繁发起调查

2002—2012 年，涉及机械产品的保障措施案件共 12 起。其中，约旦于 2002 年 5 月 29 日对 3 种产品同时发起保障措施调查，土耳其、俄罗斯和印度尼西亚发起的保障措施调查各 2 起，波兰、乌克兰和欧亚经济委员会各 1 起。

这 12 起保障措施案件的涉案产品基本为低技术含量产品，涉及热水器、电冰箱、炉灶、紧固件及简单的通用仪器仪表，但 2008 年俄罗斯对收割机发起保障措施调查后，2012 年欧亚经济委员会再次对收割机发起保障措施调查并征收 27.5% 的临时税。

涉及电子产品的 6 起保障措施以磁盘和光盘及彩色电视接收器为主，但 2010 年欧盟对华数据卡发起反倾销调查的同日启动保障措施调查，随后又启动反补贴调查，对我国数据卡行业的影响很大，半年后由于申诉方撤诉终止了保障措施调查，随后取消反倾销和反补贴调查。

2012 年保障措施主要涉及机械产品，除收割机外，印度尼西亚对电度表及其零部件实施保障措施调查；电子产品未涉案。

（五）针对中国机电产品的特别保障措施调查发起国相对集中

在对华机械产品的 4 起特别保障措施中，3 起由美国发起，1 起由印度发起。2002—2004 年，美国先后对华轴承制动器、球墨铸铁供水配件和弹簧组件发起特别保障措施调查，但均以总统拒绝调查或无损害结案。

2012 年，印度对电绝缘体发起特别保障措施调查并作出终裁：第一年加征 35% 的特别保障措施关税，第二年加征 25% 的特别保障措施关税。

三、消费电子为美国 337 调查主要领域

2012 年，美国和韩国典型企业间的知识产权纠纷引发了公众对消费电子产品知识产权的关注。由于产品更新快、交叉授权方式多，电子行业的知识产权申请和授权行为异常活跃，而美国在高新技术领域具有知识产权优势，为其在高附加值电子领域赢得了市场，而利用 337 调查的知识产权保护也成为一种竞争手段被优势企业广泛应用。在 2002—2012 年美国发起的 337 调查中，涉及电子产品的有 243 起，占案件总数的 61.5%。

据中国贸易救济信息网统计，2002—2012 年，在美国 163 起涉华 337 调查中，与机电产品有关的案件达 116 起，占案件总数的 71%，在全部涉案行业中位列第一。其中，涉及机械产品的 337 调查有 29 起，其余的 87 起均涉及电子产品。

在这 116 起涉华机电产品的 337 调查中，2002—2005 年年均立案 5 起，2006 年增至 10 起，2007 年增至 13 起，2008 年降至 8 起，2009 年反弹至 11 起，2010 年达到最高值 23 起，2011 年微降至 19

起，2012 年继续降至 12 起（图 7－3）。

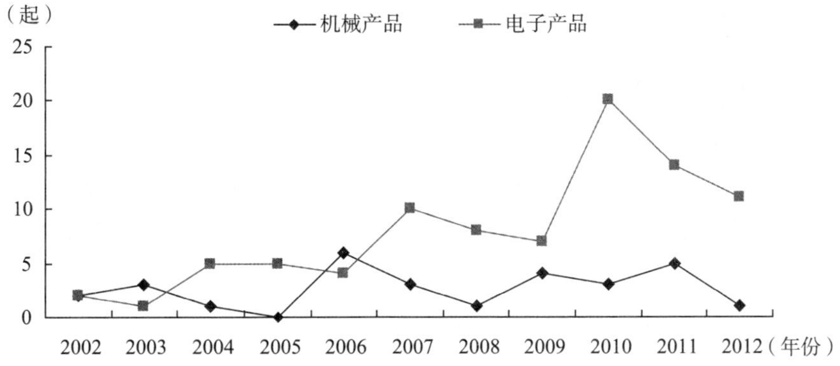

图 7－3　2002—2012 年美国涉华机械和电子产品 337 调查年度走势

从年度立案来看，自 2007 年以来，涉及电子产品的 337 案件增幅较大，机械产品案件变动不大，电子产品成为美国 337 调查的重点。

从涉案产品来看，在机械产品的 29 起 337 调查中，涉案产品主要为农业机械、断路器及照明遥控设备；在 87 起电子产品的 337 调查中，基本以消费电子产品为主，包括手机、电脑、便携式播放器、导航仪、平板电脑、数字处理器等，此外还涉及集成电路、传感器、存储器等产品。

2012 年，涉案的电子产品开始转向高附加值产品，如运动疗法设备、电子成像设备、视频分析软件、图像捕捉和传送电子设备、无线消费电子和具有安全通讯功能的设备。在 12 起案件中，华为作为强制应诉企业的就有 3 起，涉案产品为伸缩式 USB 接口电子设备、电子成像设备和无线消费性电子设备及其组件。

从诉由看，大部分为专利侵权；2 起农业机械的涉华 337 调查分别涉及商业外观侵权和商标侵权及商标淡化，收音机、半导体集成电路和同轴电缆接头涉及商标侵权，铸钢列车车轮 337 调查则涉及商业机密侵权；便携式车用启动电源和玩具无线电遥控发射器和接收器涉及专利侵权、商标侵权和著作权侵权，装有调光器的照明遥控装置为专利侵权、商标侵权，集装箱货保系统为专利侵权和著作权侵权。

从案件结果来看，截至 2013 年 5 月 31 日，除正在调查的案件外，已作出裁决的 106 起机电产品涉华 337 案件中，17 起案件侵权不成立，和解的有 41 起，撤诉 17 起，认定侵权 15 起，发布同意令 16 起，停止令 16 起，有限排除令 22 起，普遍排除令 10 起。在进入司法审查程序的案件中，无汞碱性电池案经过美国联邦巡回上诉法院和联邦最高法院的裁决后终裁为原告专利无效。

四、机电行业技术性贸易措施情况

机电产品一直为各国 TBT 通报的重点产品之一。2002—2012 年，WTO 成员 TBT 通告中涉及机电产品①的有 64 项。中国履行的通报义务最多，有 43 项；其次是以色列，19 项；摩尔多瓦和中国台湾均为 1 项。从通报时间看，中国 44% 的通报来自 2012 年，其余年份很少；而以色列通报最多的年份为 2009 年，占通报总数的 78.9%。从通报产品看，84 章下的产品有 40 项，85 章下的有 6 项，90 章下的产品有 18 项。其中，中国 41.9% 的通报涉及检测仪器，除汽油焊接机的通报原因为环保外其余均为安全问题；而以色列 78.9% 的通报涉及手动工具，通报原因均为安全问题；摩尔多瓦的磨床通报原因为电磁兼容。

① 此处指海关编码包括 16 类第 84、85 章，17 类第 86－89 章，18 类第 90－92 章，19 类第 93 章。

（一）技术法规和标准

欧盟及其成员国对机械产品制定了各种具有针对性的法律法规及严格的技术标准，进入欧洲市场的产品必须达到欧盟 EN 标准、欧洲标准化委员会 CEN 或欧洲电工标准化委员会 CENELEC 的协调标准，人身安全相关产品要取得欧盟安全认证标志 CE，厂商应取得 ISO9000 合格证书。

美国在标准方面高度分散，联邦、地区、各州对机电产品往往采用不同的技术法规和标准，这些标准在测试方法等众多方面与 IEC 国际标准具有重大差异。2012 年 1 月，美国能源部共发布 7 项节能法规，涉及 10 种机电产品，对我国机电产品出口美国影响很大，许多产品需要达到法规要求的节能标准。

（二）合格评定程序

1. 欧盟

欧盟对机械产品实行 CE 强制性认证，对产品的技术细节、安全性、卫生和环保等方面作出要求。最新机械指导法令（2006/42/EC）要求所有机械和安全部件必须进行适当的符合性审核程序评定才能合法地投放于欧盟市场，该法令已于 2009 年 12 月 29 日起执行，2013 年 4 月欧盟出台实施新机械指令的框架要求。

对于欧盟各成员国市场上流通的大多数机械产品，还必须符合欧盟法规规定的低电压指令（LVD）和电磁兼容指令（EMC）、欧盟《能源相关产品生态设计框架性指令》（ERP 指令）、《报废电子电气设备指令》（WEEE）和《在电子电气设备中禁止使用某些有害物质指令》（RoHS）的要求。另外，欧盟内部许多国家对某些产品还要求单独认证，如在德国，机电类产品的认证还有 TüV 认证、GS 认证、VDE 认证等。

2. 美国

美国合格评定程序采用第三方认定，由独立实验室和评测机构测试后提供有关产品是否符合标准的正式评定结果，如产品安全认证体系 UL、军用 LVIIL、电池兼容性 FCC 等具有较大影响的认证体系。针对机电产品的认证主要以 UL 认证、电工产品检验所（ETL）认证以及 FCC 认证为主，此外 ISO9000 系列标准在美国等效采纳。

3. 日本

日本对机械产品的技术性贸易措施主要采用认证的方式有：日本标准化组织（JIS）对电器产品的 JIS 认证标志；强制性安全认证 PSE 证明电气电子产品已通过日本电气和原料安全法或国际 IEC 标准的安全标准测试；日本电信设备强制认证 JATE；电磁兼容认证 VCCI 要求制造商首先申请成为 VCCI 的会员后才可以适用 VCCI 认证。

（三）绿色技术壁垒

发达国家对机电产品设置了各种绿色贸易壁垒限制市场准入。进入发达国家市场的机电产品必须满足污染、噪声污染、节能、排污量限制、可回收率、节能性等多方面的环境要求。绿色壁垒已经贯穿产品的研发、生产、加工、包装、运输、销售和消费全过程，成为机电产品出口的一大障碍。

美国、欧盟、加拿大、澳大利亚、新西兰等国家（地区）以保护消费者安全和权益为由对电器和照明装置等机电产品定期发布召回信息，对我国出口企业造成不利影响。

品案件分析

市场拉动和国内政策支持的双重作用下，中国光伏产业迅速发展，进出口规模不断太阳能光伏产品出口额 233.0 亿美元，连续 6 年成为全球第一大太阳能电池生产和场份额为 48.0%，北美洲为 17.4%，欧美市场合计占比 6 成以上。在欧债危机、光伏补贴下调等不利因素影响下，欧洲光伏市场需求萎缩、竞争加剧，贸易保护主义抬头[①]。2012 年，在遭受美国反倾销和反补贴调查后，光伏电池再次遭到欧盟的反倾销和反补贴调查，而印度也通过反倾销措施保护国内市场，这对我国快速发展的光伏企业造成很大影响，导致许多企业面临破产威胁。

我国出口的光伏电池先后遭受美国、欧盟和印度的 3 次反倾销调查以及美国和欧盟的 2 次反补贴调查。目前，美国已对原产于中国的进口晶体硅光伏电池作出双反终裁，对中国涉案企业征收 18.32% ~249.96% 的反倾销税，14.78% ~15.97% 的反补贴税。2013 年 6 月，欧盟已对华晶体硅光伏组件及关键零部件作出反倾销初裁，目前对欧出口实行配额管理；印度对华光伏电池反倾销案尚在调查中。

与美国对华光伏电池反倾销和反补贴调查在同日立案和同日裁决的做法不同，欧盟对华光伏电池是先后启动反倾销和反补贴调查，并先后作出裁决。其反倾销初裁确定的征税期分为两个阶段：2013 年 8 月 6 日前，征收为期 2 个月 11.8% 的临时反倾销税；自 2013 年 8 月 6 日起，征收为期 4 个月 37.3% ~67.9% 的临时反倾销税。鉴于中方与欧方在 8 月 6 日前达成解决方案，高税率终止，中国输欧光伏电池实施配额管理。

从涉案产品来看，美国针对的是晶体硅光伏电池（无论是否组装入模块），欧盟则扩大到晶体硅光伏组件及关键零部件，印度是太阳能电池（无论是否部分或全部组装，无论是模块、板，无论是在玻璃或其他物质的基片上）。上述产品大部分涉及晶硅电池。

目前，全球太阳能光伏技术主要以晶硅太阳能电池和薄膜太阳能电池为两条主线。我国绝大多数光伏企业都集中在晶硅领域，而在欧盟光伏领域最具话语权的德国，过去 5 年，政府 60% 以上的财政资助是针对薄膜电池的。随着薄膜电池组件效率的快速提升，欧盟薄膜电池产业吸引了大量投资。对晶硅电池的限制将促进和确保新兴的薄膜太阳能电池技术的成长，确保在新一代薄膜光伏及新能源领域的领导地位，这也是欧盟及美国发案的深层原因。

我国已连续 3 年成为全球太阳能电池的第一大生产国。但欧美发起贸易救济调查后，光伏组件价格暴跌超过 50%，整个产业迅速进入“寒冬”，多家光伏企业濒临“破产”。在此背景下，企业的出路只能是稳住国际市场的同时启动国内市场，消化产能，淘汰落后生产能力，保留先进生产能力；提高技术和装备水平，掌握核心技术，才能在新能源竞争中赢得新优势。

汽　车

汽车工业是生产各种汽车主机及部分零配件或进行装配的工业部门，主要包括生产发动机、底盘和车体等主要部件，并组装成车的主机厂和专门从事各种零、部件的配件厂。本文所涵盖的汽车类涉案产品包括汽车整车制造、汽车零部件及配件制造、车用照明灯具制造和摩托车整车制造。

一、汽车行业贸易现状及贸易摩擦形势概况

2012 年，我国汽车整车及零部件进出口总额累计 1523 亿美元，同比增长 9%。其中，汽车整车及零部件进口 799 亿美元，出口 724 亿美元，贸易逆差 75 亿美元。我国汽车行业进、出口历经了几个阶段：2002—2007 年，我国汽车行业出口额高于进口额，但随着 2008 年全球金融危机的爆发，2009 年进出口基本持平，此后出口额连续 3 年低于进口额（图 7 -4）。汽车行业的贸易走势与总体的外向型经济走势特征基本一致，2008 年以前出口高速增长，金融危机以后，我国汽车及零部件的出口增速远低于进口增速，2010 年的汽车及零部件出口占进出口总量的比例仅为 45%，3 年累计下降 14 个百分点。

① 《中国经贸导刊》：我国光伏产品进出口现状、制约因素及对策建议，作者张丹

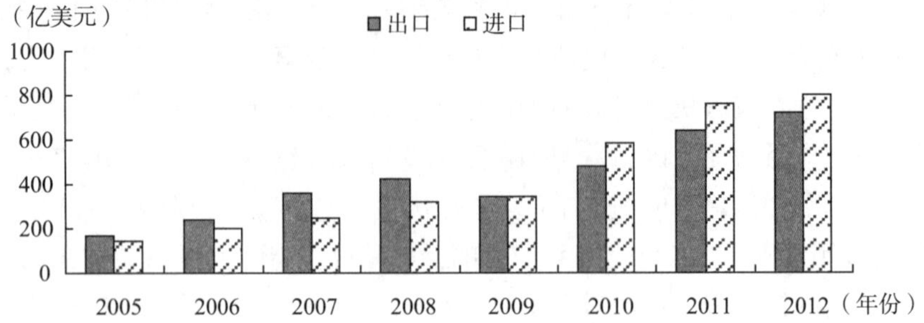

图 7－4　2005—2012 年我国汽车整车及零部件进出口情况

数据来源：海关总署

受全球金融危机影响最大的是我国汽车整车出口。2005—2008 年，我国汽车整车出口量高速增长，但 2009 年跌至谷底，此后出口量稳步回升。汽车零部件出口始终占据我国汽车产品出口的较大比重，而且该比例有逐年提高的趋势。2012 年，我国汽车零部件进口 322 亿美元，同比下降 1%；出口 587 亿美元，同比增长 10%，顺差 265 亿美元（图 7－5）。2012 年，我国汽车零部件出口前三大目的地分别是美国、日本和韩国，上述三国所占份额达 41%。其中，美国与我国在汽车零部件贸易中存在较大的逆差（2012 年为 133.8 亿美元）。贸易逆差是引发摩擦的原因之一。

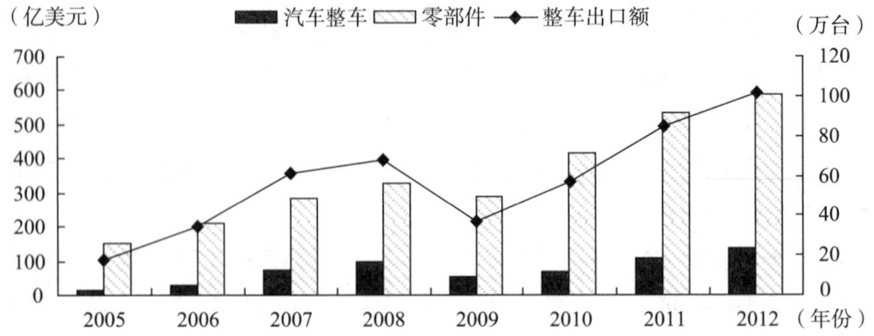

图 7－5　2005—2012 年我国汽车整车及零部件出口年度走势

数据来源：海关总署

2012 年，我国摩托车累计出口金额 57.51 亿美元，同比下降 2.35%。其中，摩托车整车出口 3.59 万辆，同比下降 16.83%；出口金额 48.68 亿美元，同比下降 4.65%。2005—2008 年，我国摩车出口一直呈直线增长态势，但在 2009 年经历了一个较大跌幅，随后出口情况逐年好转，目前正处于高位（图 7－6）。

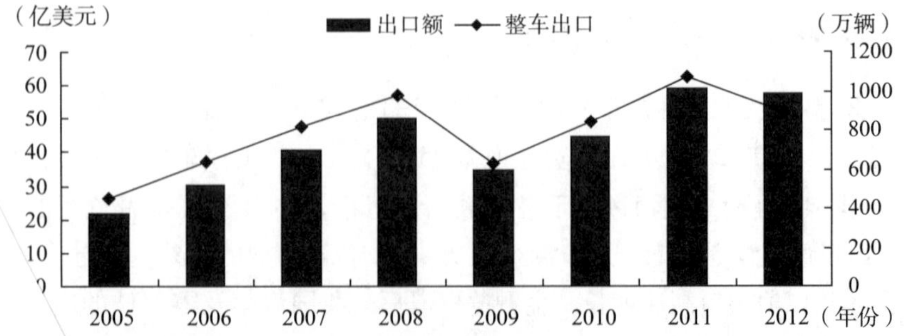

图 7－6　2005—2012 年我国摩托车生产企业产品出口情况

二、我国汽车行业产品出口遭遇传统贸易救济措施情况

汽车产品不是国外对华采取贸易救济措施的主要目标，与其他行业产品遭到大量调查相比，汽车产品遭受国外贸易救济调查较少。据中国贸易救济信息网统计，2002—2012 年，涉华汽车产品的贸易救济案件共计 19 起，年均不足 1 起，其中 2012 年仅有 1 起案件，为印度对华车轮反倾销调查。值得注意的是，自 2008 年开始，国外对华汽车产品的贸易救济调查有增加之势，并在 2011 年创下历年最高，达到 5 起（图 7－7）。

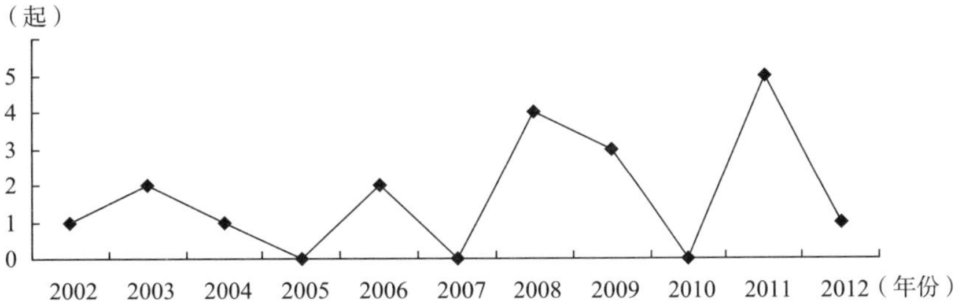

图 7－7 2002—2012 年国外对华汽车产品启动贸易救济调查情况

1. 金融危机后国外对华汽车产品启动的反倾销调查明显增多

2002—2012 年，国外对华汽车产品共启动 13 起反倾销调查，占国外对华汽车产品贸易救济调查总数的 68.4%。其中，2008 年是一个分界点，此前 6 年的案件数年均不足 1 起，即使有案件的年份也仅 1 起；2008 年的案件数突增至 4 起，虽然此后案件数逐年减少，但 5 年的年均案件数已达到 2 起，高于上一时间段（图 7－8），说明金融危机以后，我国汽车产品面临的国外形势比较严峻。

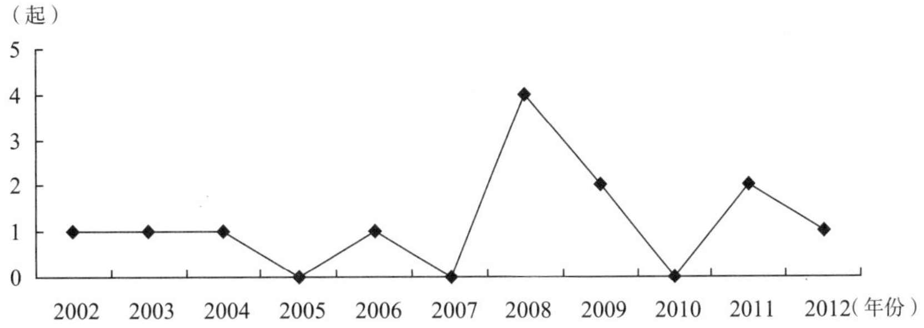

图 7－8 2002—2012 年国外对华汽车产品反倾销情况

从涉案产品来看，汽车零部件是国外对华汽车产品反倾销调查的主要目标，而涉及汽车整车的案件仅 1 起（图 7－9）。这与我国汽车产品出口结构是一致的，汽车零部件始终是我国汽车行业最大宗的出口产品。2005 年，汽车零部件占我国汽车产品出口总额的比重为 90.5%，是汽车整车出口额的 9.5 倍，此后连续 3 年下滑，2008 年降至 77.3%，2009 年回升至 84.8%，此后占比始终保持在 80% 以上。

汽车车轮及轮毂是我国传统出口产品，国外共有 8 起立案针对这一产品。2012 年，我国铝制车轮出口额为 3.77 亿美元，仅占当年我国汽车零部件出口总额的 0.6%，但出口目的地有 175 个国家（地区），参与出口的企业 3426 家；这 8 起调查集中由欧盟、美国、印度等 7 个国家（地区）发起，上

市场竞争异常激烈。

从国外对华汽车产品启动反倾销调查的国家（地区）来看，13 起案件由 9 个国家（地区）发起，其中，印度为对华汽车产品启动调查最多的国家，共 4 起；其次是澳大利亚 2 起；欧盟、美国、

其等7个国家（地区）均为1起（图7－10）。由此看来，尽管案件总数少，但涉案国（地区）相对集中在美国、欧盟和澳大利亚等大国。

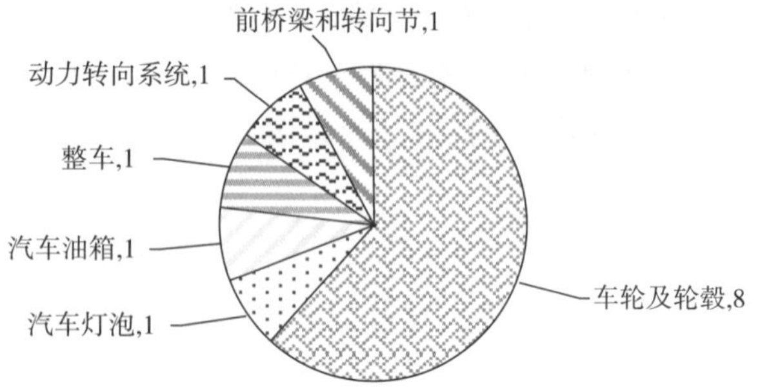

图7－9　2002—2012 年国外对华汽车产品反倾销分产品类型情况

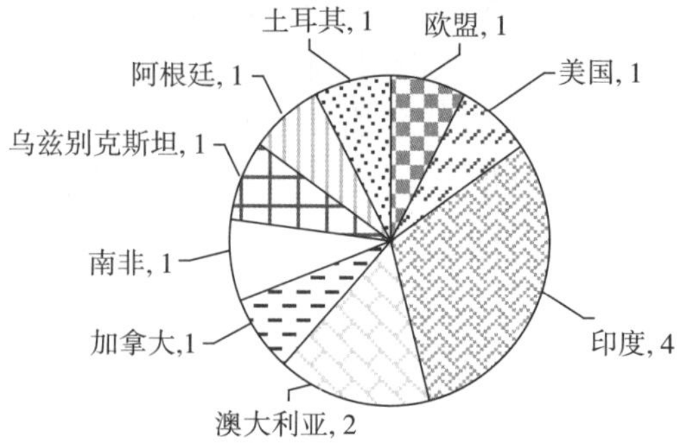

图7－10　2002—2012 年国外对华汽车产品反倾销分国别（地区）情况

2. 国外对华汽车产品自 2011 年开始反补贴调查

除 13 起反倾销调查外，国外对华汽车产品还启动了 2 起反补贴调查，均在 2011 年发起，分别是美国对华钢制轮毂和澳大利亚对华铝制车轮反补贴案，且这 2 起反补贴调查均是与反倾销调查同时发起的。

2011 年 4 月 20 日，美国商务部宣布，自 4 月 19 日起，对华钢制轮毂发起反倾销和反补贴调查。虽然该案终裁时美国商务部作出了肯定性裁决，但因为美国国际贸易委员会作出无损害裁决而无税结案。

2011 年 11 月 7 日，澳大利亚海关和边境保护署发布公告，对中国输澳的 13～22 英寸铝制车轮发起反倾销和反补贴调查。该案终裁税率范围为 0～58.8%。

整体来看，反补贴尚不是国外对华汽车产品启动贸易救济调查的主要手段，但反补贴伴随反倾销调查共同发起的特点无疑增加了涉案企业的应诉成本和应诉难度。

3. 保障措施影响较大

2002 年以来，国外实施的保障措施对我国汽车产品出口造成了一定的影响。截至 2012 年底，国外发起的保障措施调查中涉及汽车产品的 2 起，分别为 2006 年土耳其对摩托车的保障措施调查和 2011 乌克兰对客车的保障措施调查，目前这两起案件仍在实施措施。此外，还有 2 起汽车产品的特别保施调查，分别是 2003 年美国对华汽车制动鼓和制动盘案以及 2009 年印度对华汽车前桥梁、转向轴案，上述 2 起案件均为无税结案。

前看来，虽然仅有 2 起汽车保障措施案件，但仍产生了一定影响。例如，土耳其对摩托车实施施直接且严重影响了我国摩托车对其出口。

其实施保障措施后，我国很多摩托车企业不得不撤出当地市场。以浙江台州为例，2007 年仅对土耳其出口 78 辆摩托车，出口额 3.2 万美元；而上年同期出口达到 16.6 万辆，货元。

实施的客车保障措施，日本、俄罗斯、欧盟和土耳其均寻求与乌克兰就汽车关税问题于我国而言，2008 年，我国共对乌克兰出口汽车 6 万辆，乌克兰成为仅次于俄罗出口市场，此后连续两年出口下滑，2010 年降至 4877 辆，但 2011 年又回升至 0.3%，乌克兰重新进入我国汽车整车出口的前十大市场之列，2012 年出口达到 乌克兰保障措施的实施也对我国汽车出口造成了影响。

三、汽车行业知识产权保护情况

2002年以来，我国输美汽车产品共遭遇2起337调查，分别为2010年的汽车产品及其设计案和2011年的雨刷器案。尽管近年来涉及中国产品的337调查不断增多，但目前来看对我国汽车产品的发案频率不高，影响也较小。

在汽车产品及其设计案中，涉案产品为四轮驱动汽车。美国国际贸易委员会（ITC）确定的我国强制应诉方为星月集团有限公司、上海星月动力机械有限公司、上海天顿实业有限公司、浙江星月车业有限公司。2010年11月15日，ITC同意申请人与应诉的被申请人提交的以同意令的方式终止调查的联合动议。2011年3月10日，ITC作出终裁，对上海天顿实业有限公司发布有限排除令和禁止令。

雨刷器案目前仍处于调查阶段，全球共有13家企业涉案，我国江苏省丹阳镇威汽配有限公司牵涉其中。申诉方美国博世公司请求美国国际贸易委员会发布普遍排除令或有限排除令，以及禁止令。

四、汽车行业技术性贸易措施及各国壁垒情况

在全球金融危机的大背景下，各国政府在加大力度对本国汽车业扶持的同时，以技术性贸易措施、关税及非关税壁垒为手段的保护性措施开始增多。尤其在认证准入和技术要求上，各国准入制度和标准法规要求各异，且越来越多的发展中国家开始实行产品准入批准制度、要求越来越严。

例如，日本的汽车贸易壁垒措施中有的是较为显性的如传统的关税措施，有的是较为隐性的如特殊且严格的产品认证标准、差别性的税费等非关税措施，其成熟的汽车行业保护措施严重阻碍了中国汽车的进入①；中国汽车出口欧洲，必须要通过EuroNCAP碰撞测试，从2010年开始，该测试增加了对主动安全装置包括电子稳定控制系统、安全带提醒装置及车速限制装置的评估，进一步加大了中国汽车出口欧洲的难度。而美国机动车安全和环保法规是世界上最完善的法规体系之一，美国还利用推行国内生产加工方法及其他标准设置技术壁垒，制定了十分苛刻的技术标准。由于我国汽车业在核心技术上仍与世界汽车工业强国存在差距，往往很难达到欧美国家所制定的严苛的技术标准，而中东和南美国家又大多采用欧美所制定的标准，所以对我国汽车产品出口影响很大②。

此外，阿根廷政府从2011年开始不断加强对进口汽车和配件的限制；2012年开始，巴西政府要求进口汽车企业实现65%的本土化率，并在巴西完成6项主要车辆制造工艺，否则将在原有进口汽车的产品工业税的基础上加征30%的关税，严重制约了中国汽车对巴西的出口；2009年，俄罗斯政府调高汽车整车和旧车进口关税，之后又在进口汽车标准方面提高准入门槛，频繁的政策调整让中国车企无所适从，遭遇了市场大滑坡。

五、汽车行业的WTO争端

2012年7月5日，美国就中国对美国某些进口汽车征收反倾销和反补贴税的措施在WTO争端解决机制下提起磋商。美国指责中国对美国汽车开展的“双反”调查在“程序上和实体问题上存在缺陷”，违反了WTO规则。

2012年9月17日，美国将中国给予汽车及汽车零部件产品的优惠政策正式诉至WTO。美方称，中国政府鼓励各省份为零部件制造商设立出口加工区，中国国内至少有12个“出口基地”为零部件制造商提供减税和其他补贴。专家指出，美国已经开始用“双轨制反补贴”的战略向中国施压，即一方

---

① 王红娟，霍潞露，《日本汽车贸易壁垒概况》

② 中国产业报告网，《我国汽车出口市场发展形势分析》

面美国政府利用 WTO 争端解决机制指控中国的禁止性补贴，而另一方面美国产业界利用其反补贴税法指控中国的可诉性补贴。目前，该案处于磋商阶段。

六、典型产品案件分析

欧盟对华铝合金轮毂反倾销案

汽车铝合金轮毂是中国汽车零部件出口量最大的产品。本案涉及中国出口欧盟的全部 46 家汽车铝合金轮毂制造企业，涉案金额高达 3.9 亿美元。

2009 年 8 月 13 日，欧盟对中国铝合金轮毂发起反倾销调查。对此，我国商务部官员表示，欧洲轮毂制造商协会递交的申诉书没有公布申请人名单，不利于中国企业的抗辩，也不符合 WTO 的透明度原则；在替代国选择上随意性大，完全背离了中国经济、行业发展、市场竞争的实际情况，对中国企业造成了歧视。

立案后，中国共有 36 家企业提交了抽样问卷成为应诉企业，出口量占中国铝合金轮毂出口欧盟 90% 以上。欧盟从中选取了 4 家对欧盟出口铝合金轮毂数量最大的企业（戴卡、万丰、立中和友发）作为抽样企业，进行了实地核查，并于 2010 年 1 月 28 日宣布，4 家抽样企业不符合市场经济地位。2010 年 10 月 28 日，欧盟对原产于中国的铝合金轮毂作出反倾销终裁：对涉案产品征收 22.3% 的反倾销税。

尽管欧洲市场在我国铝合金轮毂出口所占比重仅约 10%，但由于欧洲车企在质量和技术上对产品的要求非常高，能带动企业整体研发水平的提高，如果失去这一市场，也就失去了对汽车技术的跟踪。而且，本案也会对上游的我国电解铝、油漆、机床、包装、运输等关联企业产生影响。

中信戴卡是我国铝合金轮毂企业向欧盟出口规模最大的企业，在遭受欧盟反倾销后，其新闻发言人耿小军表示，公司会遭受巨大损失，包括前期开发欧洲市场巨额投入，为满足欧盟汽车厂要求而采购的设备及原材料、在途货物、部分产品停产损失等。万丰奥威是我国铝合金轮毂出口欧洲市场的主要企业。2009 年，万丰奥威销售收入近 14 亿元，欧洲几乎占据其海外市场份额的 1/3。面对欧盟反倾销，该公司只能“增加国内市场的供应以及日本、美国等欧盟之外其他国际市场的拓展以弥补欧洲市场的下滑”。除行业巨头外，一些中小企业也受到了较大影响，例如浙江步阳汽轮股份有限公司自欧盟启动调查后就开始降低对欧盟出口的份额，从以前的十几个国家逐步减少到 4 个国家，同时开辟新市场，把市场扩展到中东、秘鲁、智利、巴拉圭等国家。

化　工

本节的化工行业是指以煤炭、石油、天然气等为主要原料，经过多次化学加工、生产各种化学品及合成材料的工业，包括化学原料和化学制品制造业、橡胶和塑料制品业等，涉及国民经济行业分类的 25、26、29 等 2 位码下的部分产品。

近年来，我国化工行业产值快速增长，进出口贸易活跃，与此同时，我国化工企业面临的贸易摩擦有增无减，国际和国内竞争形势较为严峻。特别是当前欧美金融危机余波尚未平息，全球经济复苏仍存诸多不确定因素，以及作为化工产业上游的全球能源格局正在发生重大变化等大背景下，我国化工产业面临的产业发展环境、贸易及竞争环境都不容乐观。

一、我国化工行业贸易现状及贸易摩擦形势概况

1. 后金融危机时代，我国化工行业进出口贸易增长迅速放缓，进口恢复略好于出口

2008 年爆发的全球金融危机对我国化工行业的对外贸易造成了一定程度的冲击。据中国海关统

计，加入WTO以后，我国化工行业进出口贸易快速增长，2002—2007年年均增幅超过25%；但是，金融危机爆发后，我国化工行业进出口贸易增幅大幅回落，2008—2012年年均增幅仅为10%。外需不景气对国内化工产品的出口造成了较大影响，其中，2009年，化工行业的出口额同比大幅下跌20.3%，2012年同比下跌1%。相比较而言，后金融危机时代，化工行业进口形势略好于出口，进口年均增长10.9%。

2. 化工产品出口结构不断优化，贸易结构并未发生根本改变

经过多年的发展，我国的化工产品贸易以资源密集型为主的结构得到改善，技术密集型产品开始有所突破，但化工行业传统的贸易格局尚未发生根本改变，出口低附加值产品仍占主导，进口集中在技术含量较高的产品，因此我国化工行业长期处于贸易逆差状况。

我国合成树脂、合成纤维单体、有机化工原料等市场缺口较大，每年需要大量进口，有机化学品也是我国化工行业贸易逆差的主要产品类别，2012年逆差额达到267亿美元。金融危机以后，发达国家国际市场需求不振，中东、日本、韩国等主要的石化产品扩大对我国的出口。特别是近年来，中东地区的甲醇、聚乙烯、聚丙烯等产能增长较快，且具有成本低廉的优势，对我国的出口量呈逐年增长态势。

我国的传统出口优势产品有无机盐、化肥、农药、烧碱、纯碱、橡胶制品等，无机化学品、化学肥料、轮胎制造等是我国化学工业顺差的主要产品类别。近年来，这些传统出口产品占比有所下降，而有机化学品、合成材料中技术含量较高的产品出口稳步提高。2012年，无机化学品出口额在行业出口总额中占比10.6%，比上年下降2.6个百分点；而有机化学品出口额占比26.5%，较上年上升1.3个百分点。

3. 新兴经济体与我国化工产品贸易往来频繁

根据联合国商品贸易数据库的数据统计显示，美国、日本、韩国、德国是我国化工行业最主要的贸易伙伴，多年来，上述四国与我国化工进出口贸易一直保持稳步增长。但是金融危机以后，上述四国在我国化工进出贸易中的占比有所收缩，2012年合计占比38.8%，与2009年相比下降3.7个百分点。新兴市场经济体迅速崛起，与我国化工行业的进出口贸易往来明显加快。2009—2012年，我国对巴西化工产品出口年均增长31.2%，对印度尼西亚出口增长31.0%，对印度出口增长28.5%，均高于同期我国化工产品整体出口增速；同期，我国自泰国进口化工产品年均增长24.8%，自印度进口增长16.6%，均高于同期我国化工产品整体进口增速。

4. 贸易摩擦形势仍然严峻

金融危机以来，我国化工行业遭遇的贸易摩擦形势呈现出贸易摩擦手段多样化、涉案国家（地区）增多、涉案产品和领域扩大等特点。当前，全球经济复苏艰难乏力，各国的贸易保护措施有增无减，除了传统的贸易救济措施，发达国家还冀图通过技术性贸易措施、知识产权保护、碳排放、企业社会责任等更加隐蔽的手段，达到贸易保护、刺激本国经济的目的，新兴经济体也纷纷效仿。我国化工行业的进出口贸易结构和贸易伙伴分布极易招致国外贸易保护措施的打击。例如，我国出口的化工产品主要是资源、能耗、劳动密集型产品，而进口则是高端化学品，这样的贸易结构很容易受到国际上如碳税等政策的约束和限制。

二、我国化工产品出口遭遇传统贸易救济措施情况

（一）当前化工产品贸易救济调查处于入世以来的低位，但2012年案件有回升趋势

据中国贸易救济信息网统计，2002—2012年，在国外对华发起的1005起贸易救济调查中，涉及化工产品的案件最多，共194起，占国外对华贸易救济案件总数的19.3%。其中，反倾销148起，反补

贴 5 起，保障措施 35 起，特别保障措施 6 起。同期，国外对华化工产品发起的反倾销调查也居各行业之首，占比 22.7%。2012 年，国外对华发起 94 起贸易救济调查，涉及化工产品的案件 20 起，占比 21.3%。其中，反倾销 17 起，保障措施 3 起。

从国外对华化工产品贸易救济调查的年度立案情况看，一直以来，化工行业都是国外贸易救济调查的“重灾区”。2009 年在全球金融危机的背景下，我国化工产品遭遇的贸易救济调查达到历史峰值 24 起；2010 年、2011 年回落至 12 起，为历史低位；2012 年，案件又增至 20 起（图 7－11）。

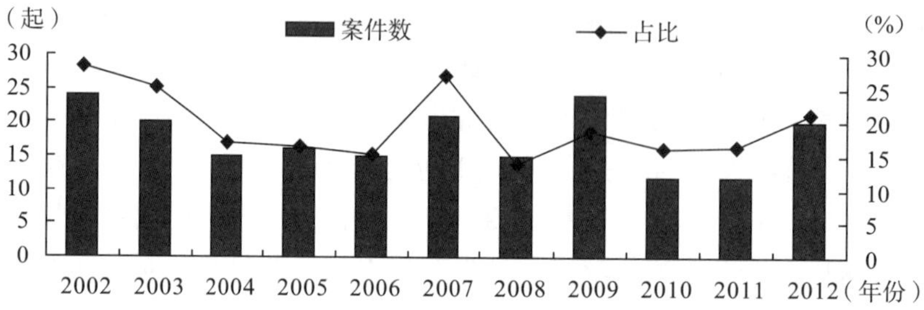

图 7－11　2002—2012 年国外对华化工产品贸易救济调查年度走势及占比情况

化工行业上下游关联广泛的产业特征以及化工产品出口以低附加值为主的贸易结构决定了化工产业链具有连锁立案、易招致贸易摩擦的发案特点。随着我国化工行业贸易规模的扩大，贸易摩擦案件增多也具有一定的必然性。特别是在 2012 年，我国化工产业面临全球经济复苏尚存诸多不确定性、全球范围内的贸易保护主义盛行、国内产业结构调整，以及国内宏观政策调控对化工产品需求下降等诸多因素，使得化工行业结构性过剩问题突显，部分企业为了应对过剩问题扩大了产品的出口，因此在国外市场引发的贸易摩擦也随之增多。

（二）反倾销是国外对华化工产品实施贸易救济调查的最主要形式

2002—2012 年，国外对华化工产品共启动 194 起贸易救济调查，其中，反倾销 148 起，占比 76.3%。

1. 2012 年国外对华化工产品反倾销处于金融危机以来的高位

入世以来，国外对华化工产品反倾销年均立案 13 起，整体呈减少的趋势，特别是金融危机以后，新立案明显减少，2010 年 9 起，2011 年仅 7 起，但是 2012 年大幅增至 17 起（图 7－12）。

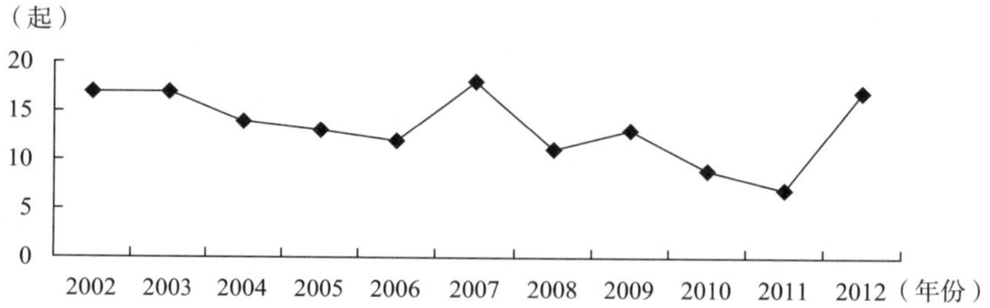

图 7－12　2002—2012 年国外对华化工产品反倾销立案年度走势

2. 印度是对华化工产品反倾销立案最多的国家

截至 2012 年底，共有 20 个国家（地区）对华化工产品发起 148 起反倾销调查，其中，印度居首位，共 46 起，占国外对华化工产品反倾销案件总数的 31.1%；其次是美国，18 起，占比 12.2%；居第三位的是欧盟，16 起，占比 10.8%。上述 3 个国家（地区）占国外对华化工产品反倾销调查总数的 54.1%（图 7－13）。

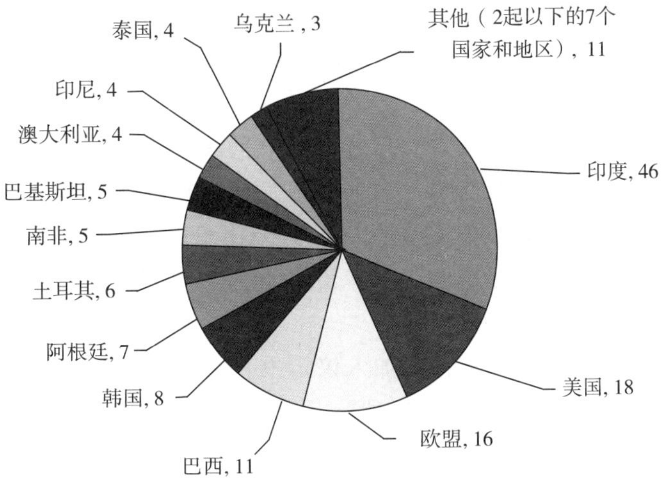

图 7－13　2002—2012 年国外对华化工产品反倾销立案国别（地区）分布情况

2002—2012 年，印度是对华化工产品反倾销立案最多的国家，与此同时，化工产品也是印度对华反倾销的主要涉案产品，在同期印度对华发起的 105 起反倾销调查中，涉及化工产品的共 45 起，占比 42.9%。我国与印度的化工产品贸易往来频繁，据商务部统计，2012 年，化工产品是印度自中国进口的第三大类产品，是印度对中国出口的第四大类产品，但印度对中国化工产品贸易一直处于逆差。我国输印化工产品与印度的本土产业具有极大的同质性和竞争性，印度出于对本国产业的保护，加大了对进口化工产品的关注和打击力度。

3. 发展中经济体是对华化工产品反倾销的主要发起者

2002—2012 年，在对华化工产品发起反倾销调查的 20 个国家（地区）中，发达经济体 4 个，合计对华化工产品发起反倾销调查 39 起；发展中经济体 15 个，合计对华化工产品发起反倾销调查 106 起；转型经济体 1 个，发起反倾销调查 3 起。可见，发展中经济体已经成为对华化工产品反倾销的主要发起者。在全球化工产业结构调整中，发展中经济体的化工产业发展路径及发展结构基本趋同，产品同质性强，在国际贸易中具有较强的竞争性。而中国作为国际化工巨头产业转移的首选目的地，在劳动力、政策上都较其他发展中经济体具有明显的优势。随着中国化工产品海外市场的开拓，发展中经济体也随之成为对华化工产品反倾销的主力。

4. 涉案化工产品多为附加值较低的产品

2002—2012 年，在国外对华化工产品启动的 148 起反倾销调查中，涉及有机化学原料的案件 52 起，占同期国外对华化工产品反倾销案件总数的 35.1%；涉及无机盐的案件 25 起，占比 16.9%；涉及轮胎产品的案件 17 起，占比 11.5%。从当前我国化工产品的出口结构来看，仍以低附加值产品居多，其中，无机化学品和轮胎制造是我国化工行业贸易顺差的主要来源；有机化学原料虽然一直处于贸易逆差，但是有机化学原料在我国属于大进大出的产品，其出口规模很大，约占我国化工行业出口总额的 20% 以上，因此，这些产品都是贸易摩擦多发的产品。特别值得注意的是，这些出口产品多为我国的资源密集型产品，产品附加值低，大量出口必将导致国内资源外流，同时也不利于我国产业结构升级和资源保护。

5. 反倾销调查中涉案的同类产品常在多国连续发案

2002—2012 年，在国外对华化工产品发起的反倾销调查中，多个产品被多个国家（地区）或一个国家（地区）连续调查。例如，共有 10 个国家（地区）对我国轮胎产品发起 17 起反倾销调查；共有 8 个国家（地区）对我国柠檬酸及柠檬酸盐启动 9 起反倾销调查；有 4 个国家（地区）对我国聚对苯二甲酸酯启动 4 起反倾销调查。此外，像碳酸钡、三聚磷酸钠、聚乙烯醇、草甘膦等产品也多次涉案，而且这种局面仍在延续。2012 年，国外对华化工产品发起的反倾销案件中，有 4 个产品为多次涉案，分别是轮胎产品、柠檬酸、聚对苯二甲酸酯、草甘膦制剂。

（三）印度是对华化工产品保障措施和特别保障措施的主要发起国

2002—2012 年，我国化工产品共遭遇 35 起保障措施调查，发起国（地区）共有 10 个，多为发展中经济体，印度是主要发起国，共发起 10 起，占国外对华化工产品保障措施调查总数的 28.6%；同期，印度对进口产品共发起 18 起保障措施调查，涉及化工产品的案件占比高达 55.6%，化工产品已成为印度发起保障措施调查的主要涉案产品。

自我国在入世法律文件《中华人民共和国加入议定书》中引入特别保障措施条款后，2002 年以来，特保措施成为国外对华实施贸易救济的新手段。截至 2012 年底，国外对华化工产品共启动 6 起特保措施调查，占同期国外对华特保措施调查总数的 6.9%，发起国分别为印度（3 起）、美国（1 起）、俄罗斯（1 起）和土耳其（1 起）。

（四）我国化工行业遭遇的反补贴调查并不多，但美国发案的示范效应不容忽视

2007 年，国外开始对华化工产品启动反补贴调查。截至 2012 年底，国外对华化工产品共启动 5 起反补贴调查，占对华反补贴调查总数的 8.1%；2012 年，国外未对华化工产品启动反补贴调查。在化工产品遭遇的 5 起反补贴调查中，美国发起 4 起，印度于 2009 年立案 1 起。

总体来看，我国化工产品遭遇的反补贴调查并不多，但是，从国外对华反补贴案件的发案趋势看，美国对华实施的反补贴措施对其他国家对华发起反补贴调查起到了示范效应。2007 年，美国对华亚硝酸钠进行反补贴调查，并于 2008 年 8 月起对涉案产品征收反补贴税；美国发布征税令后，印度业界于 2008 年 10 月对进口自中国的亚硝酸钠提出反补贴调查申请，2009 年印度对华亚硝酸钠正式启动反补贴调查程序，2010 年 1 月，该案的印度申诉企业撤诉。尽管最终印度对华亚硝酸钠反补贴案以停止调查结案，但美国反补贴调查的示范效应已经显现。

三、我国化工行业出口遭遇的知识产权保护情况

1. 全球化工行业专利申请增加，跨国化工企业工艺技术授权活动活跃

近年来，各国对专利技术、产品等的知识产权保护意识越来越强，在化工领域，全球呈现出产业技术研发快速发展的新趋势，与此同时专利申请增加。据世界知识产权组织统计，2008 年，化工行业各技术领域的专利合作条约（PCT）登记的国际专利申请达到历年最高，随后有所减少；2012 年，化工行业各技术领域的 PCT 申请再次全面提高，其中，微结构和纳米技术、化学工程以及食品化学 PCT 申请比上年分别增长 21.2%、9.2% 和 9.2%。

当前，全球技术领先的化工企业越来越多地考虑通过工艺技术授权和从其他公司获得技术授权提高自身创新能力，有些公司则开始重新调整研发项目，通过授权来加强知识产权保护。最近，荷兰 DSM 公司对其工艺授权业务进行重新调整，目的是加强知识产权管理，增加销售收入。拥有双酚 A、精对苯二甲酸和 Unipol 聚丙烯等工艺技术的陶氏化学在知识产权管理方面收益增长很快，公司已经计划将技术授权作为公司盈利的新战略点。

2. 我国化工行业专利发布数量已跃居世界首位

美国化学文摘社的统计显示，十多年来，中国紧随日本专利局、世界知识产权组织和美国专利商标局的发展步伐，2009 年，中国跃居全球化学专利发布数量的首位①。从专利申请的技术类别看，目

① 《中国跃居全球化学专利数量发布第一》，人民网

前，我国化工行业的专利申请主要集中在有机化学、有机高分子化合物及其组合物、分离与混合等一般方法或装置、染料涂料和黏合剂 4 个技术大类。这 4 个技术大类的专利申请量占整个化工行业专利申请量的 65%。近年来，分离与混合等一般方法或装置技术领域的专利申请所占比例不断缩小，而有机化学技术领域的专利申请占比则有所扩大。

3. 我国化工行业遭遇的国外知识产权保护案例增多

随着我国出口化工产品技术含量和附加值的逐渐提高，我国化工行业在出口贸易中由于侵权而遭受国外企业打击的案例越来越多。

我国化工行业遭遇的来自国外的知识产权诉讼案件主要是美国的 337 调查。据中国贸易救济信息网统计，2002—2012 年，美国共发起涉华 337 调查 162 起。其中，涉及化工产品的案件 7 起。在这 7 起案件中，有 6 起案件是由于专利侵权被诉，1 起案件申请人认为中国产品侵犯其商业秘密。截至目前，除 1 起案件仍在调查外，其他 6 起案件均已经终止调查。

四、我国化工行业出口遭遇的技术性贸易措施情况

1. 全球化工产品技术性贸易措施规模庞大、系统性强、扩散效应显著，安全环保和节能降耗成为关注点

金融危机以后，全球针对化学品的技术性贸易措施规模庞大，跨界性较强[①]，如欧盟 REACH 法规，取代了以往 40 余部与化学品安全管理有关的指令，长达 1000 余页，50 余万字，不仅涉及化工行业，而且涉及到所有与化学品生产、使用、处置有关的上下游行业。而且，化工行业技术性贸易措施的系统性越来越强，扩散效应显著。目前，多国都在陆续出台涉及具体产品的实施措施。安全环保、节能减排降耗已成为 WTO 各成员制定技术性贸易措施的着力点，并越来越成为影响国际贸易发展的重要因素。

2. 在国外产品召回中，涉及中国化工产品的通报相对较少

中国产品受到技术性贸易措施的影响较大，特别是在美国消费品安全委员会（CPSC）产品召回、美国食品和药品监督管理局（FDA）产品召回、日本肯定性列表的食品扣留及欧盟食品和饲料类快速预警系统（RASFF）、欧盟非食品类快速预警系统（RAPEX）通报中，中国产品已经成为了被通报的主要对象。据中国贸易救济信息网统计，目前，仅有欧盟 RAPEX 对华通报中涉及了化工产品。2009—2012 年，欧盟 RAPEX 对华通报累计达到 4059 项，其中，针对化学品的通报相对较少，为 49 项，但产品类别比较集中，大多为胶水产品。

3. 各种技术标准、认证要求，以及有毒有害物质最低限量要求是我国化工产品最常遭遇的技术性贸易措施

据国家质量监督检验检疫总局统计，在国外对华化工产品实施的技术性贸易措施中，包装及材料要求、各种技术标准要求、认证要求、有毒有害物质最低限量要求和环保要求是企业最常遭遇的限制措施。从欧盟 RAPEX 对华通报的原因分析可以看出，多数产品的召回原因主要涉及存在化学危险，即所含的化学品物质不符合要求或化学物质超标等。

① 王力舟，《国外技术性贸易措施呈现五大特点》，人民网

五、典型产品案件分析

轮胎特保案结束后，我国轮胎出口形势并不乐观

2012 年 9 月 26 日，困扰我国轮胎 3 年的美国对华轮胎特保案如期终止，我国轮胎出口企业欲备战特保后的出口市场，但当前全球经济震荡下滑，贸易保护主义再次升温，我国轮胎出口面临的外部压力并未减轻。

1. 轮胎贸易摩擦频发加大轮胎产品出口难度

2002—2012 年，我国轮胎产品先后遭遇 19 起贸易救济调查。其中，2012 年，国外对华轮胎产品启动 4 起反倾销调查。截至目前，美国、巴西、土耳其、阿根廷等 7 个国家仍在对我国轮胎产品实施贸易救济措施。就在美国对华轮胎特保案如期终止后，美国又再次提出对我国汽车零部件出口基地进行反补贴诉讼。此外，我国轮胎产品还涉及 1 起 WTO 争端案件。在技术性贸易措施方面，近年来先后有 20 多个国家（地区）发布 50 多个轮胎技术标准和法规，阻碍了我国轮胎出口市场份额的扩大。特别是，2012 年 11 月 1 日，欧盟一般机动车辆安全法规和轮胎标签指令正式生效，该法规和标签的实施对轮胎的生产技术、检验标准、检测手段等提出更高的要求。对于我国轮胎企业来说，这项标准进一步提高了我国轮胎出口欧洲的门槛。有关研究机构抽样调查发现，目前，我国生产的轮胎 36% 达不到欧盟轮胎标签法第一阶段标准，50% 达不到欧盟轮胎标签法第二阶段标准。

在一系列贸易保护措施的打压下，我国轮胎企业及时进行了出口多元化调整，轮胎整体出口仍保持增长趋势，2009—2012 年出口量年均增幅约 14%，但是出口率（出口量/产量）下降较大。金融危机以前，我国轮胎出口率长期保持在 50% 以上，2009 年受到美国轮胎特保案的不利影响，我国轮胎出口率降至 50% 以下，较金融危机以前下降了约 11 个百分点，与此同时，我国对美国出口轮胎在出口总额中的占比有所减少，从 2006 年的 37% 降至 2012 年的 21%。

2. 全球经济仍然低迷将持续减少对轮胎的需求

我国轮胎主要出口到美国、欧盟、澳大利亚等发达经济体，对占我国轮胎出口量四成之多的小客车用新的充气橡胶轮胎的统计数据显示，2006—2012 年，其出口金额排名前 8 位的国家分别是美国、英国、澳大利亚、德国、荷兰、比利时、阿联酋和加拿大，合计占该类轮胎出口额的 60%。但是 2012 年发达经济体经济持续低迷，复苏乏力，其对轮胎前景需求也不乐观，根据美国 RMA（橡胶制造商协会）数据，2012 年，美国轮胎需求量为 2.84 亿条，同比基本持平，其中原配胎需求有所上升，替换胎需求下降。受此影响，我国对发达经济体出口轮胎占我国轮胎出口的比重显著下滑。以轿车轮胎为例，美国是我国轿车轮胎第一出口大国，其次为欧盟 7 国（英国、德国、荷兰、比利时、意大利、西班牙和法国）。近几年，我国轿车轮胎向美国和欧盟 7 国的出口比例从 2009 年的 61% 降至 2012 年的 47%，美国和欧盟市场的总需求基本稳定在 69 万吨，未出现增长态势。目前，我国轮胎出口目的地向新兴市场转移步伐加快，2010 年，我国轮胎对巴西和墨西哥出口分别增长 221% 和 128.7%；2011 年增幅分别为 114% 和 48.2%；2012 年对巴西出口略有减少，对墨西哥出口增长 18.4%。

医　药

本节的医药行业包括化学药品制造业、中成药制造业、生物生化药品制造业以及医疗器械及设备制造业，涉及国民经济行业分类的 27、35、29 等 2 位编码下的部分产品。

近年来，我国医药行业发展良好，即使在金融危机的影响下，我国医药行业仍呈现健康发展的态势，特别是医药进出口贸易活跃，成为带动医药产业发展的强大动力。但是，当前全球经济复苏趋缓，下行风险加大，我国医药产品出口的传统优势面临新的挑战，出口发展方式面临改变。

一、我国医药行业贸易现状及贸易摩擦形势概况

随着金融危机影响的逐步减退，全球医药市场需求回暖，我国医药对外贸易呈现恢复性较快增长态势，新兴医药市场开拓成效明显。

1. 我国医药进出口快速恢复，进口增速快于出口

2012 年，我国医药行业进出口贸易加速增长。据中国医药保健品进出口商会统计，2011 年，我国医药进出口额达 732.8 亿美元，比上年增长 39.1%，增幅较 2009 年和 2010 年分别提高 29.3 和 14.5 个百分点；2012 年，全球经济复苏曲折，我国外贸下行压力明显增大，医药行业进出口增速仍高于全国外贸整体水平，但是增幅明显缩小，仅为 10.5%（图 7－14）；2013 年一季度增幅进一步缩至 6.8%。2009 年以来，国家稳出口、扩进口政策效应显现，我国医药行业年均进口增速为 18.1%，比出口增速高 5 个百分点。此外，我国医药行业进口的快速增长一方面与美元汇率下跌导致产品进口成本降低有关；另一方面受国内新医改政策的施行和《基本药物目录》、《医保目录》的颁布等利好政策影响，国内需求快速提升。

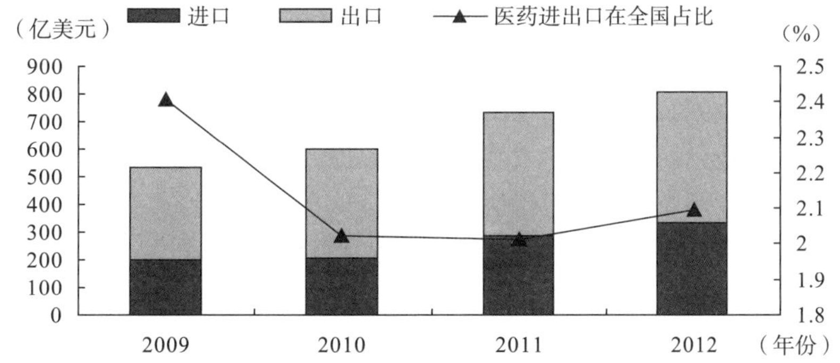

图 7－14 2009—2012 年我国医药行业进出口贸易额及在全国进出口贸易总额中占比情况

数据来源：中国医药保健品进出口商会，中国海关

2. 对欧美市场出口增速放缓，对部分新兴市场出口增长迅速

欧盟、美国、日韩一直是我国医药产品进出口的主要市场，其三足鼎立的局面继续保持。2012 年，上述市场在我国医药产品进、出口额所占比重分别高达 78.2% 和 53.1%，但进出口产品结构发生了变化，性价比高的仿制药等中低端产品占比提高，而价格昂贵的原研药等高端产品占比有所下降，整体医药贸易额呈下降趋势。造成这一现象的主要原因是美、欧国家受整体经济不景气和财政紧缩政策影响，削减了医疗支出。美、欧市场需求减弱，我国部分医药出口企业纷纷加大对新兴市场的开拓力度，2012 年，我国医药产品对非洲、俄罗斯、大洋洲等新兴市场的出口增幅高达 20% 左右。

3. 产品出口结构不断优化，医药制剂出口步入高增长轨道

受国际医药产业向亚洲转移的影响，国际制药跨国集团加大在华投资力度，直接带动了中国特色原料药和医药制剂出口的大幅增长。据不完全统计，2011 年，因制药布局转移因素带来的出口增量约 30 亿美元，约占总增量的 26%。特别是，部分原料药出口企业向制剂转型速度加快，制剂出口占比提高，医药制剂出口已步入高增长轨道。根据联合国商品贸易数据库的数据统计，金融危机以来，我国医药制剂出口年均增长 25.7%，而原料药出口年均仅增长 6.9%；2008 年，我国原料药出口额约为制剂出口额的 6.2 倍，2012 年二者的比例已降至 3.2 倍。2012 年，我国医药制剂出口高速增长，增幅达 17.9%，发展势头强劲。其中，对发达国家的医药制剂出口额已突破 13 亿美元，是对发展中国家医药

制剂出口额的 4 倍（图 7 - 15）。长期以来，医药制剂一直不是主力出口产品。但目前，欧、美、日等已逐渐成为我国医药制剂出口的主要目的地，特别是内资企业的制剂出口额正在增加，并在 2012 年首次超过三资企业。另外，我国的诊疗设备出口升级换代已得到充分体现，国产核磁共振、X 光成像装置等高端医疗设备开拓了新的海外市场。

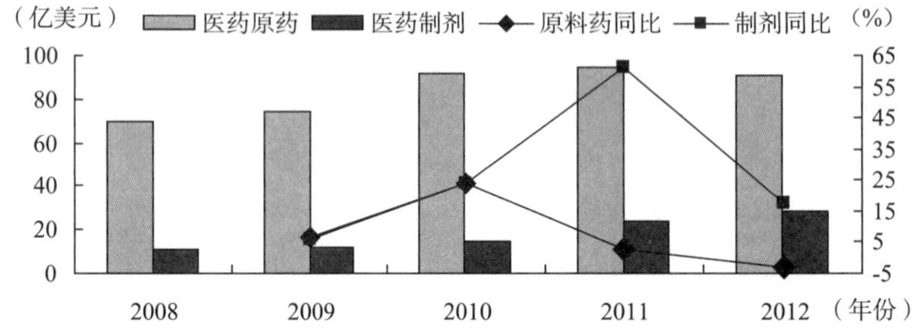

图 7 - 15　2008—2012 年我国医药原药和制剂出口额及同比年度走势

数据来源：联合国商品贸易数据库

4. 我国医药企业与全球医药业的融合度越来越高

金融危机以后，欧美等发达国家医药市场增长较为缓慢。在全球新一轮医药产业转移的推动下，跨国药企在新兴市场的投资行动愈加频繁，我国有着巨大的市场、丰富而廉价的劳动力以及低成本的临床试验资源，再加上新医改方案的实施，使跨国医药企业明显加快了对华扩张的步伐。

与此同时，随着国内企业创新能力、研发实力的日益提升，国内药企在全球化布局的战略思维也在悄然发生变化。近年来，我国企业在通过国际高端质量认证、开发到期专利药物、承接国际研发生产外包方面成果显著。2012 年，我国医药企业共向美国食品和药品管理局（FDA）提交 DMF（药物主文件，即 Drug Master File，DMF）申请 201 份，比上年增长 33.1%，申请总数达 1259 份；向欧洲药品质量管理局（EDQM）提交 CEP（欧洲药典适应性证书，即 certificate of suitability to monograph of European Pharmacopoeia，CEP）申请 173 份，比上年增长 34.1%，有效证书总数达到 393 份。企业走出去的模式也在逐渐转变。国内成熟医药企业开始并购国外公司、设立海外工厂、进行绿地投资，以全新的姿态参与国际竞争，争夺全球医药市场份额。

5. 贸易摩擦形势严峻

自金融危机以来，不少国家出于维护本国企业利益的考虑，对中国制造产品，特别是低端医药产品加以限制，对华采取贸易救济措施明显增多，涉案产品范围由原料药扩展到医疗器械类产品，涉案国家从传统市场向新兴市场扩展，涉案金额逐年增加。在欧美经济复苏不确定性犹存、国际监管环境趋严、人民币升值压力持续等因素影响下，我国医药行业贸易摩擦形势依然严峻。

二、医药产品出口遭遇传统贸易救济措施情况

1. 贸易救济调查案件相对较少，近期贸易救济调查形式多样化，反倾销仍为主要形式

据中国贸易救济信息网统计，2002—2012 年，国外对华医药产品发起贸易救济调查案件 16 起，占同期国外对华贸易救济案件总数的 1.6%，在我国所有涉案行业中居第十二位。其中，反倾销调查 13 起，占国外对华医药产品贸易救济案件总数的 81.25%，反补贴、保障措施和特别保障措施各 1 起，分别占比 6.26%（图 7 - 16）。

从立案时间来看，2007 年和 2008 年，国外对华医药产品发起的贸易救济调查相对较多，均为 3 起；2009 年以后案件有减少的趋势，2009 年和 2011 年均 2 起，2012 年 1 起，2010 年无新立案件。

2002—2010 年，我国医药产品遭遇的国外贸易救济调查形式仅限于反倾销和特别保障措施；2011

年之后，我国医药产品相继遭遇了国外的反补贴和保障措施调查。2011 年，墨西哥对华三水阿莫西林发起反倾销和反补贴合并调查，这是我国医药产品遭遇的首起反补贴调查案件。墨西哥是继加拿大、美国、欧盟、印度、澳大利亚、南非之后第 7 个针对中国产品启动双反调查的国家，也是首个对华医药产品发起双反调查的国家。2011 年 10 月，墨西哥已经终止对华三水阿莫西林的双反调查。2012 年，印度尼西亚对进口避孕套实施保障措施调查。

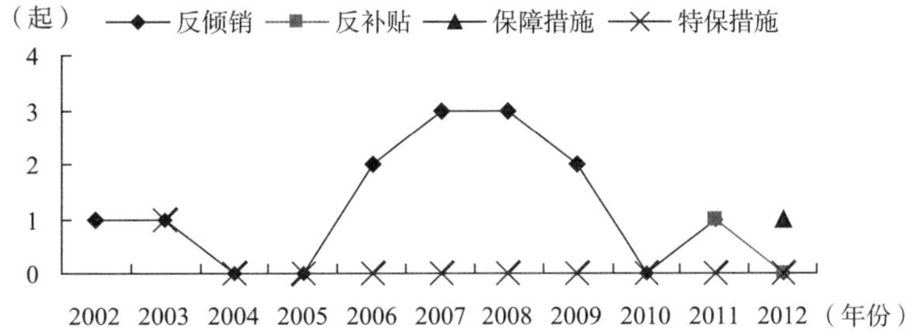

图 7－16　2002—2012 年国外对华医药产品发起各类贸易救济调查案件类型年度走势

2. 涉案产品以化学原料药居多，近期有向医用器械扩展的趋势

在国外对华医药产品发起的 16 起贸易救济调查中，涉及的产品包括化学原料药、医用器械以及医用橡胶制品 3 类，其中，化学原料药最多，共 12 起，占比 75%。在涉案的化学原料药中，以青霉素类产品居多，涉案 7 起，占化学原料药贸易救济案件的 58.3%（图 7－17）。

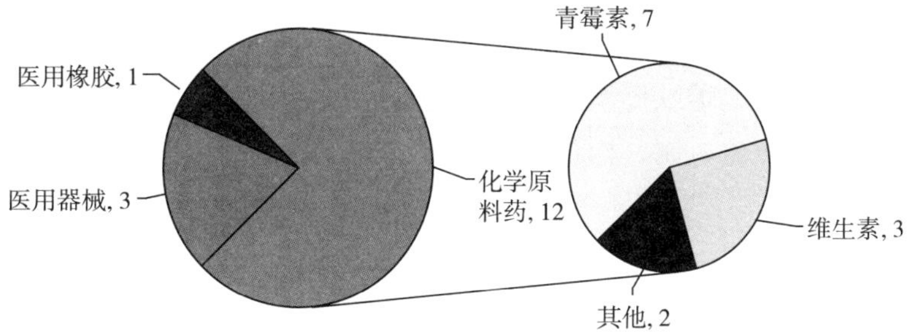

图 7－17　2002—2012 年国外对华医药产品贸易救济产品分布情况

我国化学原料药遭遇的贸易救济调查案件居多，与我国医药产品的出口结构直接相关。尽管当前我国医药产品的出口结构不断优化，但是处于中低端的化学原料药仍然占据我国医药产品出口的半壁江山。我国每年可生产 1500 多种化学原料药，产能达 200 多万吨，约占全球产量的 20% 以上，是我国医药工业的支柱。目前，我国是全球最大的原料药和医药中间供应商，化学原料药出口额占我国医药产品出口总额的 50% 以上。从国内的市场竞争来看，部分大宗原料药产能扩大，打破原有产业格局的平衡，引发激烈的市场竞争，如青霉素类、头孢类和部分维生素类产品均存在较为严重的产能扩张情况，国际市场供求关系进一步恶化，价格竞争激烈，也成为制约我国原料药出口价格上涨的主要因素。巨大的出口量以及较低的出口价格，使我国化学原料药在国际市场极易招致贸易摩擦。

近期，国外对华医药产品贸易救济调查的涉案产品范围有从原料药向医用器械扩展的趋势。以往我国医药类产品遭遇国外反倾销调查的产品 90% 以上是原料药，自 2008 年下半年，我国一次性注射器分别被巴西、乌克兰提起反倾销调查以来，2009 年 9 月阿根廷又对同一产品发起反倾销调查。

3. 印度对华医药产品贸易救济调查立案最多，近期美洲等新兴市场频繁立案

2002—2012 年，对我国医药产品发起贸易救济调查的国家均为发展中国家，其中，印度发起的贸易救济调查案件最多，共 9 起，占比 56.25%，其次是印度尼西亚和墨西哥，均为 2 起，阿根廷、巴西

和乌克兰各 1 起。

印度对华医药产品贸易救济调查所涉及的产品均为化学原料药。在化学原料药领域，印度与我国的竞争性很强。印度制药产业的总体规模和进出口规模约是我国的 1/4 ~ 1/3，印度制药企业众多，集中度比我国更低。相对于印度来说，我国医药产业最大的优势就是，人工成本低和化学原料资源丰富，这在一定程度上对印度本土的医药企业构成了威胁。最近几年，在全球制药产业格局的变动下，印度正在从原料药向制剂加快转型，更加大了对我国原料药的依赖程度，我国对印度原料药出口大幅增长，2011 年的增幅达到 28.2%，与此同时，也加剧了我国化学原料药与印度本土产品的竞争。

2002—2007 年，对华医药产品发起贸易救济调查的国家仅有印度和印度尼西亚，合计立案 8 起；2008 年以后，巴西、乌克兰、墨西哥、阿根廷相继加入对华医药产品贸易救济调查的行列。近年来，我国医药产品出口加大了对新兴市场的开拓力度，尽管这些新兴市场对我国医药出口的贡献还不大，但是增幅较大，2012 年，我国医药产品对新兴市场的出口增幅达到 15% 以上。

4. 医药产品的涉案金额逐年增加

2006 年以前，国外对华医药产品发起的贸易救济调查个案的涉案金额均不足 1000 万美元，2006 年以后涉案金额逐年增加。2006 年，印度对华青霉素工业盐发起反倾销调查，涉案金额为 9950 万美元；2007 年，印度对华头孢曲松提起反倾销调查，涉案金额为 1560 万美元；2009 年，印度对华青霉素工业盐提起反倾销调查，涉案金额达 1.3 亿美元，成为当时国外对华医药产品反倾销涉案金额最大的案件[①]。

三、我国医药行业出口遭遇的其他贸易保护措施情况

除了传统的贸易救济措施外，美欧等发达国家（地区）通过其完善的知识产权保护措施，充分严格的准入条件以及激烈的市场竞争机制，构筑了较高的市场壁垒，对我国医药产品出口构成了一定的阻碍。

（一）知识产权保护措施

近年来，我国医药产品出口快速增长，特别是医药制剂出口进入高速增长阶段，与此同时，出口市场关于医药产品的知识产权保护措施对我国医药产品出口形成了一定的障碍。

1. 欧美市场知识产权保护充分，美国 337 调查涉及我国医药产品

在医药领域，知识产权保护的首选方式就是专利申请，国外特别是发达国家的医药产品申请了大量专利，主要包含 3 个部分：原料药生产工艺的专利保护、制剂生产的专利保护和临床应用的专利保护。对于医药制剂来说，其生产工艺的专利期通常长于临床应用保护专利，原研药与仿制药是医药专利领域的主要矛盾，世界仿制药大户也是专利诉讼中的被告大户[②]。我国作为世界上主要的仿制药生产国，医药制剂产品出口需要避免侵犯原料药和制剂的生产专利，这对我国制药企业的研发和技术实力有较高的要求，稍有疏忽，就将面对原研药厂的侵权诉讼，法律风险很大。

在美国市场，我国医药产品已遭遇多起 337 调查。据中国贸易救济信息网统计，2002—2012 年，美国涉华 337 调查共 162 起，涉及医药产品的调查 5 起，其中，4 起案件的诉讼理由是专利侵权，1 起案件涉及使用虚假广告。目前，这 5 起案件均已终止调查。

2. 我国医药产品遭遇知识产权侵犯，影响我国产品开拓海外市场

我国医药产品知识产权在印度尼西亚受损问题较为突出，一些中国知名产品商标在印度尼西亚屡

---

① 数据来源于中国医药保健品进出口商会。

② 周和平，中国药科大学，《美欧医药化工专利诉讼案例研究》，国家知识产权局软科学研究项目

被恶意抢注，如“云南白药”等。仅被印度尼西亚华人 Dhalim Seokodanu 抢注的医药中成药商标就多达50多个，其中有“同仁堂”、“漳州片仔癀”等著名商标，严重影响了我国医药产品在海外的市场开拓和产品形象。这些印度尼西亚商标抢注人原先对中国产品有所了解或曾经是中国有关商品的代理商，曾因各种原因被终止代理业务。

（二）反垄断调查

目前，世界很多国家都颁布了反垄断法，旨在调整限制竞争的行为，实行保护竞争和反对垄断的经济政策。反垄断法的基本特点是，适用于所有的对国内市场起着限制竞争效果的行为，而不管这种行为发生在国内还是国外。这说明，反垄断法不仅是各国保护竞争、维护竞争性市场结构的有力武器，而且还与国际贸易有着密切的联系。

美国对华维生素 C（VC）反垄断是我国医药产品在海外遭遇的第一起反垄断调查案件。2013 年 3 月 14 日，美国纽约东区联邦地区法院经陪审团一审裁决认定，2002 年至 2006 年 3 月，华北制药集团有限公司及其下属河北维尔康制药有限公司等 VC 生产企业联合抬升价格，垄断操控美国 VC 市场，触犯了美国《反托拉斯法》，以“3 倍损害金额”的原则被处以 1.623 亿美元巨额赔偿。这是中国企业第一次在美国市场遭遇反垄断起诉并作出初裁，罚款数额在该领域属于“天价”①。

VC 产品在我国医药出口中的地位非常重要，历年来都是我国在医药出口额最高、创汇贡献最大的产品，也是目前我国在世界范围内具有重要影响力的医药产品。在美国提起对华维生素反垄断调查后，欧盟委员会又对中国相同企业提起了反垄断诉讼。美欧先后对国内 VC 生产企业展开诉讼，不仅对我国 VC 产业造成打击，而且也会改变世界维生素行业的生产格局。

（三）技术性贸易措施

我国医药出口面临的技术性贸易措施有技术法规和标准、合格评定程序、包装和标签规定等。一方面，出口市场的技术标准客观上会增加我国医药产品的出口成本，但同时，海外市场巨大的需求潜力又是我国医药企业争取获得国际认证、满足出口市场技术标准的动力。

1. 国外医药技术标准客观上增加了我国医药产品的成本

发达国家经常对药品的技术法规和标准进行修订和补充，我国医药企业在信息不对称的情况下，出口就会受阻。有些技术标准虽然不对医药产品的市场准入直接设限，但由于国外制定的技术标准相对较高，我国的医药企业为达到其标准就必须进行较大的设备和人力投入，并支付昂贵的认证、注册、评审等费用，在客观上增加了医药产品的成本。另外，为了跟踪最新的技术标准，部分医药企业还需要不断追加投入，这些都使得医药产品的成本大幅度上升，医药企业在降低市场竞争力的同时也削减了其所获得的经济效益。

2. 国内部分药企获得发达国家市场认证，国产制剂赢得巨大销售市场

我国生产的制剂要想进入欧美市场，首先要面对的是 cGMP 标准（动态药品生产质量管理规范）。2011 年，我国进行了 GMP 改造，我国医药企业与欧美制药企业在许多方面的差距有所缩小②。目前，浙江华海药业是我国第一家制剂通过美国 FDA 认证的企业；深圳立健是第一家将头孢菌素制剂大批量

---

① 美国对华反垄断第一案可能引发连锁反应，《中国青年报》

② GMP（Good Manufacture Practice），即《药品生产质量管理规范》，是对企业生产过程的合理性、生产设备的适用性和生产操作的精确性、规范性提出的强制性要求。1969 年，世界卫生组织向世界各国推荐使用 GMP。GMP 是药品生产和质量管理的基本准则。cGMP（Current Good Manufacture Practices），即动态药品生产管理规范，要求在产品生产和物流的全过程都必须验证，为国际领先的药品生产管理标准。cGMP 是目前美欧日等国家（地区）执行的 GMP 规范，也被称作“国际 GMP 规范”，cGMP 规范并不等同于我国目前正在实行的 GMP 规范。目前我国正在实行的 GMP 更注重的是硬件设施的改造，而 cGMP 认证更注重的是软件建设，对软件和人员的要求多。

销往欧洲的企业；海南普利则第一个将注射剂销往美国市场①。事实上，欧美市场对中国仿制药制剂有很大的需求，我国几家率先通过认证的药企首批订单均超过了其全部产能，这也是我国医药企业争取获得国际认证、满足出口市场技术标准的动力。

四、典型产品案件分析

辅酶 Q10 产品被诉知识产权侵权②

1. 2012 年我国企业在美国涉华辅酶 Q10 的 337 调查中取得胜利

自 2010 年以来，我国辅酶 Q10 产品先后遭遇欧洲和美国的知识产权侵权调查。2010 年 11 月，日本 Kaneka 公司在德国杜塞尔多夫法庭起诉浙江医药侵犯了其欧洲相关专利；浙江医药于 2011 年 2 月 18 日收到诉讼文书后，立即启动预警机制，积极应对。2011 年 6 月 17 日，日本 Kaneka 公司向美国国际贸易委员会提出申请，指控浙江医药等 7 家公司在美国国内市场销售及出口到美国的辅酶 Q10 产品及其制作方法侵犯了其专利权，要求启动“337 调查”，并发布排除令和禁止令；2011 年 7 月 14 日，美国国际贸易委员会发起 337 调查；2012 年 9 月 27 日，该案的行政法官发布初步裁决令，裁定浙江医药初胜；2012 年末，美国国际贸易委员会最终裁定浙江医药获胜，即“未侵犯日本 Kaneka 公司在美国注册的 340 号专利所声称的权利要求，没有违反第 337 条款”。

2. 拥有完整的自主知识产权是企业获胜的重要保证

浙江医药历来重视知识产权保护，在新产品、新工艺开发之前会全面检索相关知识产权状况，进行专利分析，并且在产品生产过程中也会对竞争对手的专利情况进行监控，尽量避免专利纠纷。

在辅酶 Q10 的研发和生产过程中，浙江医药在辅酶 Q10 生产前的研发阶段就详细研究了 Kaneka 公司的所有专利，包括此次诉讼中涉及的专利申请，并与企业的生产工艺进行比对分析，认为其生产工艺不会构成侵权。同时，企业也将该生产工艺申请了发明专利并被授权。由于在正式工业化生产前，浙江医药对日本 Kaneka 公司的专利进行了深入透彻的研究，不仅在诉讼取证过程中使 Kaneka 公司及其律师没有找到侵权的地方，而且指出了专利申请人在专利申请过程中存在不正确的地方，从而赢得了该案的全面胜利。

冶　金

冶金工业是对金属矿物的勘探、开采、精炼、冶炼及轧制成材的工业部门。本文的冶金行业为广义范畴，所提的冶金产品包括黑色金属冶炼和压延、有色金属冶炼压延等子行业下的产品，涉及国民经济行业分类 30、31、32、33 等 2 位编码下的部分产品。

一、金融危机以来我国钢铁③出口逐步恢复，贸易救济案件开始增多

金融危机给全球钢铁行业造成很大不利影响，2009 年全球粗钢产量、贸易量大幅下降。但与全球主要产钢国不同，金融危机对中国钢铁行业影响并不大。据国际钢铁协会统计，中国粗钢产量从危机前的 5.1 亿吨增至 2012 年的 7.2 亿吨；在全球粗钢总产量中的占比从 2008 年的 37.7% 增至 2009 年的 46.7%，随后保持在 45%，2012 年占比再次升至 46.3%。除 2010 年外，2011、2012 年，中国粗钢产量增幅一直高于全球水平。

据中国海关统计，受金融危机导致市场低迷的影响，我国钢材出口均价从 2008 年 1071.1 美元/吨

---

① 中国将拨款数十亿扶持药品出口 制剂业迎来契机，《上海证券报》

② 《新昌制药辅酶 Q10 应对美国 337 调查终裁获胜始末》，浙江在线

③ 此处出口分析仅限钢铁业。

的历史最高点跌至2009年的905.4美元/吨，出口量减半。随着2010年全球经济逐步回暖，钢材出口均价和出口量开始回升：2011年，钢材出口均价升至1048.9美元/吨，出口量增至4888.1万吨；2012年出口量增至5573万吨，而出口均价降至923.7美元/吨。

随着全球经济复苏，全球粗钢产量开始恢复，但由于经济增速放缓，全球钢铁需求难以恢复，产能过剩日益凸显。2012年，世界各地钢厂总产能为18亿吨，而需求仅为15亿吨。国际贸易不景气和产能过剩导致各国对出口市场的争夺日益激烈，主要国家（尤其是新兴经济体）开始通过各种贸易保护措施确保国内市场不被进口产品占据，尤其是针对钢铁大国中国的贸易救济案件增加。

2008年下半年，各国均加大了对本国产业的保护，贸易救济调查成为首选工具。同年，我国钢材所遭受的贸易救济调查升至历史最高；2009年我国钢材出口大幅下降，案件数也随之减少。自2010年起，随着钢材出口量逐步增加，尽管出口单价提高，但贸易救济案件开始增多；2012年受到国际市场钢材价格下调的影响以及产能严重过剩，出口量增价跌，贸易救济案件数大幅攀升，再创历史新高（图7－18）。

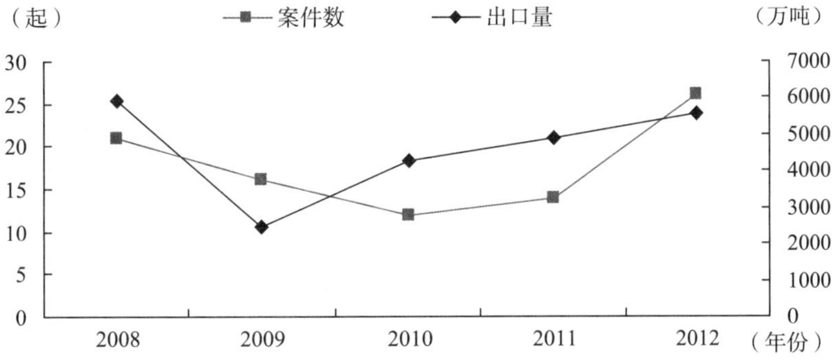

图7－18　2008—2012年钢铁产品出口量与贸易救济案件年度走势对比

数据来源：中国海关，中国贸易救济信息网

二、2010年以来冶金行业成为第一大涉案产业

据中国贸易救济信息网统计，2002—2012年，在国外对华发起的1005起贸易救济调查中，涉及冶金行业的案件有149起，占案件总数的14.8%，仅次于化工行业，成为贸易救济调查第二大涉案产业。

2002年，涉及冶金行业的贸易救济案件占案件总数的比例为12.9%；2003—2006年占比一直在10%以下；2007年国外对华立案有所减少，但冶金行业涉案占比猛增至15.4%；2008年达到22.2%，首次超过化工行业，成为第一大涉案产业。2009年占比回落至17.1%，随后逐年提高，2010年增至18.9%，2011年在年度立案总数减少情况下占比增至24.7%，2012年达到27.7%。从2010年开始，涉及冶金行业的案件居各行业之首，冶金行业成为国外对华贸易救济调查的重灾区。

2012年，国外对我冶金行业的贸易救济调查立案26起，为历史最高值，比上年增加12起，增幅较大。案件急剧增加，说明全球钢铁市场竞争激烈、贸易保护形势严峻，中国产品出口受阻严重。

（一）国外对华反倾销调查以黑色冶炼产品为主

1．2012年黑色冶炼产品反倾销调查高达16起

2002—2012年，国外对华冶金行业共发起99起反倾销调查，其中，涉及黑色冶炼产品的案件最多，共80起，涉及有色冶炼产品的19起。2002—2007年，涉及冶金行业的反倾销案件有30起，占2002年以来案件总数的30.3%；年均5起。其中，黑色冶炼产品年均3.5起；有色冶炼产品年均1.5起。

由于金融危机后贸易保护主义加剧，2008年以后的5年，涉华冶金行业的反倾销案件大幅增加，达到69起，占2002年以来案件总数的69.7%，除2010年最少（10起）外，其余年份均在15起以

上。其中，针对黑色冶炼产品的反倾销立案年均近 12 起，有色冶炼产品变化不大，年均微增至 2 起（图 7－19）。

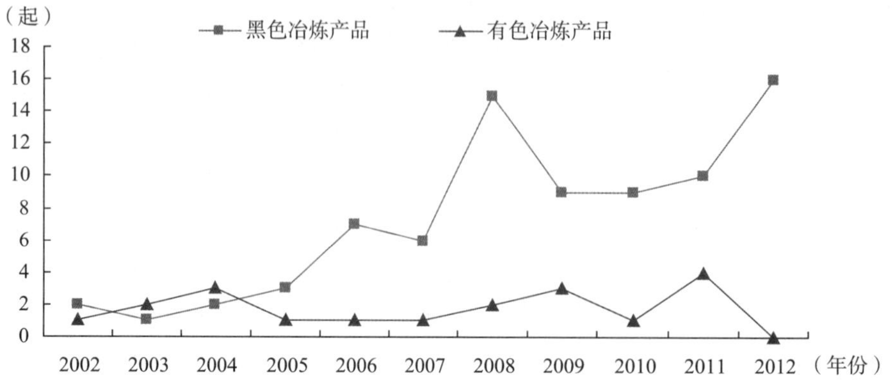

图 7－19　2002—2012 年国外对华冶金行业反倾销立案年度走势

2002 年以来，国外对华黑色冶炼产品的反倾销案件逐步增多，在 2008 年达到 15 起，2009 年大幅下降，2010 年后再度增多，2012 年达到 16 起的历史新高。

而对华有色冶炼产品的反倾销立案走势在经历 3 年增长后，2005 年开始经历了 3 年的稳定期，年均立案 1 起；2008 年以后开始增加，2010 年回落至年均 1 起的水平；2011 年猛增至 4 起，创历年最高，2012 年案件数骤降至零。

2．东盟成员国对华黑色冶炼产品发起的反倾销调查增多

在国外对华冶金行业发起的 99 起反倾销调查中，欧盟发起的案件最多，共 16 起，占案件总数的 16.2%；美国发起 15 起，位居第二，占比 15.2%；巴西，11 起，位居第三，占比 11.1%（图 7－20）。

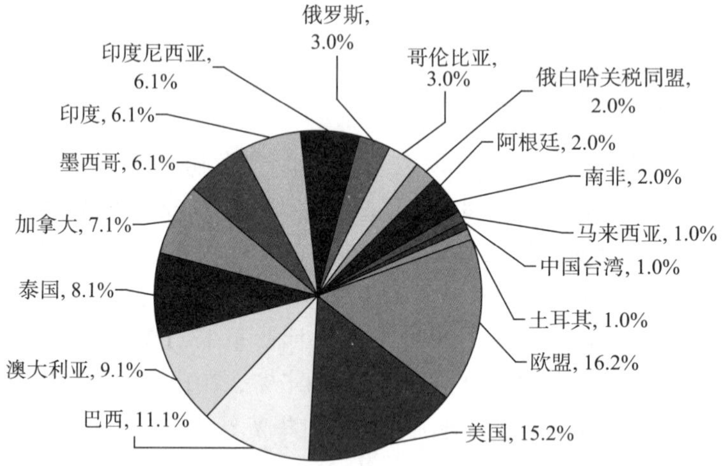

图 7－20　2002—2012 年国外对华冶金行业反倾销立案国别（地区）分布情况

2008 年以前，对华冶金行业反倾销立案的国家（地区）有 12 个，2008 年后增至 18 个：哥伦比亚、俄罗斯、俄白哈关税同盟、土耳其、马来西亚、中国台湾为新增国家（地区）。在美国、欧盟等对华冶金产品反倾销调查的主要发起国（地区）中，2008 年以后发起的案件较多：泰国 8 起案件中的 7 起为 2008 年以后发起的，占比 87.5%；印度尼西亚 2008 年以后发起的案件占比达到 83.3%，印度占比 80.0%，巴西 81.8%；加拿大 71.4%，欧盟占比 62.5%，美国占比为 60.0%，澳大利亚 55.6%，墨西哥 50%。以上数据说明，2008 年以后，我国冶金行业与以泰国、印度尼西亚、马来西亚为主的东盟国家和印度、巴西等新兴国家的贸易摩擦开始增多。在 2012 年的 16 起对华黑色冶炼产品反倾销调

查中，巴西发起5起，墨西哥1起；泰国3起，印度尼西亚和马来西亚各1起。

近年来，东盟钢材需求保持较快增长，成为各钢铁大国竞相出口的市场。2012年，东盟钢材表观消费量同比增长7.5%。其中，泰国增速高达13.9%，印度尼西亚增速为8.8%。由于欧美等传统市场的限制措施较多，金融危机后，东南亚地区逐步成为我国钢铁产品的主要出口目的地。根据联合国商品贸易数据库的统计数据，中国对泰国、印度尼西亚、马来西亚三国的钢铁产品出口总额从2009年的24.3亿美元猛增至2010年的40.5亿美元，2011年再次实现46.3%的增幅，2012年在对其他市场出口放缓的情况下继续对其实现了29.0%的较高出口增速，4年间翻了3倍；同年，东盟超越韩国成为中国第一大钢材出口市场。

2002—2012年，在涉及对华黑色冶炼产品的反倾销调查中，美国为主要发起方，共启动12起；其次为欧盟，11起；巴西和泰国均为8起；澳大利亚7起；墨西哥和印度尼西亚均为6起；加拿大和印度均为5起；俄罗斯3起；阿根廷和俄白哈关税同盟均为2起；哥伦比亚、马来西亚、南非、土耳其和中国台湾各1起。从经济体看，东盟成员国对华黑色冶炼产品发起的反倾销调查最多，共计15起；俄白哈关税同盟和俄罗斯一国单独对华黑色冶炼产品发起的案件共计5起，均为金融危机后发起。

在2002—2012年涉及对华有色冶炼产品的反倾销调查中，欧盟为主要发起方，案件数为5起；巴西和美国均为3起；澳大利亚、哥伦比亚和加拿大均为2起；南非和印度各1起。

3. 涉华高附加值板材和无缝钢管的案件增多

近年来，随着我国钢铁高附加值产品产量和出口量的增加，出现了对冷轧板材、镀锌板材及无缝钢管等高附加值产品的反倾销调查。2006年以前，对华冶金产品反倾销调查涉案的基本是焊缝管和铁合金，在2002—2006年的15起对华黑色冶炼产品反倾销案件中，涉及焊缝管的5起，占案件总数的1/3；其次是铁合金，3起，占比20%；热轧钢板（无镀层）、盘条和无缝钢管均为2起；铸铁管1起。

进入2007年，国外对华黑色冶炼产品反倾销调查开始涉及热浸镀锌板等高附加值产品，在2007—2012年的65起对华黑色冶炼产品反倾销案中，涉及无缝钢管的有17起，焊缝管11起，以镀锌板为主的镀层或涂层钢板10起，不锈钢平轧和热轧钢板（无镀层）均为6起，涉及冷轧钢板（无涂层）、热轧盘条和合金平轧等其他产品的案件均在4起以下。在2012年的国外对华黑色冶炼产品反倾销调查中，涉及板材的有8起，占案件总数的一半，超过管材的5起。

2002—2012年，在国外对华有色冶炼产品的反倾销调查中，涉及镁及其制品的有4起，占案件总数的21.1%，产品具体涉及镁粉、镁锭、金属镁和镁砖。我国是全球主要的原镁供应国，也是金属镁消耗大国，更是镁产品最大的出口国；2004年以来，随着我国镁工业的不断发展，用于国内消费的镁锭逐年增长，从2004年的45%增至2010年的70%以上；因而自2005年以后国外对华冶金产品的反倾销调查再未涉及镁及镁制品。但在有色冶炼产品中，涉及型材的反倾销案件较多，共计15起。其中，涉及铝及铝制品的案件共8起，包括涉及铝型材的案件5起；涉及铜管和铜材的案件2起。铝型材是我国重点出口产品之一，但全球金融危机并未对我国铝型材出口带来任何不利影响，2009年出口额竟猛增258%；随之而来的则是对华贸易救济调查尤其是反倾销调查的增多。

（二）黑色冶炼产品为国外对华反补贴调查第一大涉案产品

2002—2012年，在国外对华发起的62起反补贴调查中，涉及冶金行业的案件有22起，占比35.5%，为对华反补贴调查第一大涉案产业。

1. 2012年我国黑色冶炼产品遭遇的反补贴调查翻倍

我国冶金行业遭遇的第一起反补贴调查为2006年加拿大对有色冶炼产品——铜管件的反倾销和反补贴调查。2007年以后，我国冶金行业遭遇的反补贴调查开始从有色冶炼产品扩大至黑色冶炼产品。截至目前，国外对华冶金行业的反补贴案件基本以黑色冶炼产品为主，共计18起，占国外对华冶金行业反补贴案件总数的81.8%，占国外对华反补贴案件总数的29.0%，为国外对华反补贴调查第一大涉案产品（图7－21）。

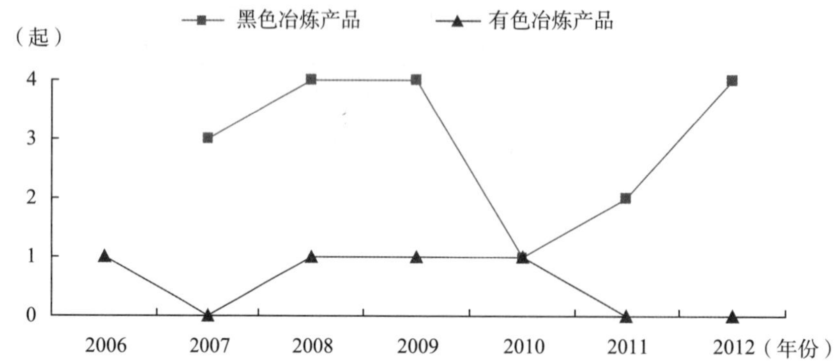

图7－21　2002—2012年国外对华冶金行业反补贴立案年度走势

2007年，我国环状焊接碳素钢管首次遭美国反补贴调查。当年，国外对华黑色冶炼产品启动的反补贴调查就达3起，2008年和2009年连续保持4起，2010年降至1起，2011年后增至2起，2012年翻倍至4起。

而有色冶炼产品自2006年遭遇首起反补贴调查后，2008、2009、2010年连续三年各遭受1起反补贴调查，涉案产品均为铝型材，此后再无案件。

2. 美国为对华黑色冶炼产品反补贴调查的主要发起国，加拿大为对华有色冶炼产品反补贴调查的主要发起国

在国外对华冶金行业的22起反补贴案件中，美国发起的最多，共9起；其次是加拿大7起；澳大利亚5起；欧盟1起。其中，在涉及黑色冶炼产品的18起对华反补贴案件中，美国发起8起，加拿大5起，澳大利亚4起，欧盟1起；而涉及对华有色冶炼产品4起反补贴案件的发起国主要来自加拿大、美国和澳大利亚，除加拿大2起外，美国和澳大利亚均为1起。值得注意的是，国外对华冶金行业的这22起反补贴案件均涉及与反倾销的合并调查。

3. 涉案产品以管材和铝型材为主，2012年以板材为主

2002—2012年，在国外对华黑色冶炼产品的18起反补贴调查中，涉及管材的有14起，其中，无缝钢管6起（美国和加拿大各3起），焊缝管8起（美国4起，加拿大和澳大利亚各2起）；涉及板材的有3起，其中，2起为镀锌和镀铝锌钢板，均由澳大利亚发起，1起为欧盟对华有机涂层板反补贴案。此外，美国还对华预应力钢绞丝发起1起反补贴调查。但在2012年国外对华黑色冶炼产品的4起反补贴调查中，涉及板材的有3起，其余1起涉及管材。

在国外对华有色冶炼产品的4起反补贴调查中，除1起涉及铜管件外，其余3起均涉及铝型材，发起国分别是加拿大、澳大利亚和美国。而2001年以来，我国一直为铝型材净出口国，铝型材成为重点出口产品之一，出口逐年增多。2007年，我国共出口铝型材2.4亿美元，2008年增至2.9亿美元，2009年出口额猛增至10.4亿美元，2010年略有下降，此后两年逐年增加，2012年增至14.7亿美元。自2007年南非对华铝型材发起反倾销调查以来，涉及铝型材的对华贸易救济调查频频出现，加拿大、澳大利亚、美国和哥伦比亚先后发案，其中，加拿大、澳大利亚和美国启动的贸易救济调查均为双反调查。

（三）2012年国外对黑色冶炼产品启动的保障措施调查达最高值，印度对华发起的特别保障调查多

2002—2012年，国外启动的保障措施调查中，涉及冶金行业的共24起，其中，涉及黑色冶炼产品的23起，有色冶炼产品1起（即2009年印度对进口未锻轧铝发起的保障措施调查）（图7－22）。

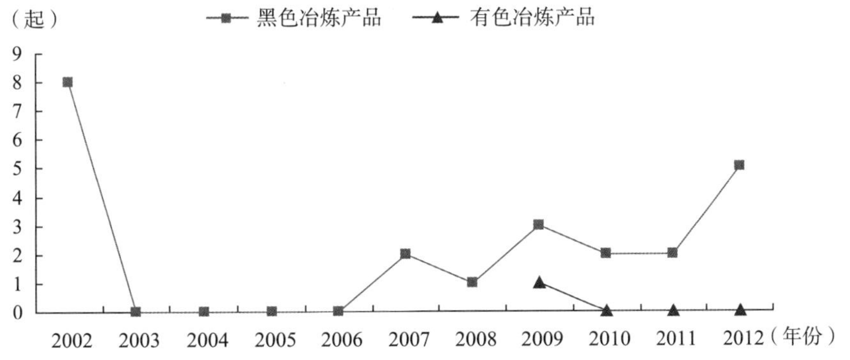

图 7－22　2002—2012 年我国冶金行业保障措施立案年度走势

在针对黑色冶炼产品的 23 起保障措施调查中，2002 年发起 8 起，起因是 2001 年 7 月美国启动钢铁保障措施调查后，加拿大、欧盟和部分东欧国家采取相应报复措施引发全球范围内的钢铁保障措施调查。2007 年以后保障措施案件再次增多，但基本在维持在 3 起以下，2012 年猛增至 5 起，达历史最高值，说明在全球钢铁产能过剩情况下各国均加大了对国内市场的保护力度。

在 2007—2012 年的 15 起针对黑色冶炼产品的保障措施调查中，乌克兰、印度尼西亚各发起 2 起，埃及、俄罗斯、菲律宾、海湾合作委员会、马来西亚、墨西哥、俄白哈关税同盟、泰国、以色列、印度、约旦各 1 起。

此外，2005 年还出现了首起涉及冶金行业的对华特别保障措施调查。在截至 2012 年底的 4 起对华冶金产品特别保障措施调查中，涉及黑色冶炼产品的有 3 起，分别于 2005、2008 和 2012 年立案；涉及有色冶炼产品的 1 起，于 2009 年立案。

具体而言，涉及黑色冶炼产品的 3 起对华特别保障措施调查分别由美国、俄罗斯和印度发起，涉案产品分别为焊缝钢管、大口径钢管和不锈钢热轧板材；涉及有色冶炼产品的 1 起对华特别保障措施调查由印度发起，涉案产品为铝板及铝箔。

三、冶金行业技术性贸易措施实施情况

2002—2012 年，WTO 成员通报的有关冶金产品的技术性贸易措施共 255 项，其中涉及黑色冶炼产品的有 221 项。从通报的 WTO 成员来看，以色列提交的通报最多，共 45 项，其次为中国、泰国、巴西、印度尼西亚。通报原因中，174 项涉及安全原因，31 项是出于对环境保护的考虑，仅 2 项涉及合格评定程序。

基于发达经济体在冶金行业技术领域所处的领先地位，其对冶金行业的技术法规和标准以及合格评定程序基本成为世界范围内的标准和要求，并通过法律、法令、条例、规定等形式逐渐固定下来。但近年来，发展中经济体出台的技术法规和标准也在不断增多。

1. 技术法规和标准

2007 年 2 月 5 日，印度标准局（BIS）发布《钢及钢制品（质量控制）法令（2006）》，旨在确保钢及钢制品符合指定的印度标准，该标准被提议归入强制性认证；2011 年 6 月 24 日，印度钢铁部发布《钢及钢制品（质量控制）法令》第 2 版，规定所列钢及钢制品必须在通过 BIS 强制性认证、加贴标准标志并获得许可证后才可制造、存储、销售和分配；2012 年 3 月，印度政府发布《钢及钢制品（质量控制）法令》第 2 版（2012），宣布进口商、海外贸易商以及钢厂必须按照质量控制法规定，要取得 BIS 许可证，法令从 2012 年 9 月 12 日开始执行。

2. 合格评定程序

根据欧盟委员会的规定，从 2006 年 9 月 1 日起，凡是进入欧洲市场的产品都必须加贴“CE”标志。加贴“CE”标志的商品表示其符合安全、卫生、环保和消费者保护等一系列欧洲指令的要求，并用以证实该产品已通过了相应的合格评定程序和/或制造商的合格声明，成为产品被允许进入欧盟市场销售的通行证。

为了更加严格地执行建筑产品 CE 认证，2011 年 3 月，欧盟委员会颁布了新的建筑产品法规（CPR）以替代旧的建筑产品指令（CPD），并于 2013 年 7 月进入强制执行阶段。根据该法规，所有涉及健康、安全、环保的建筑产品必须加贴 CE 标志，否则不准进入欧盟市场流通。CPR 法规适用于欧洲市场销售、流通的所有建筑产品，包括建筑用钢铁产品。

四、其他限制产品进出口的措施

1. 关税管理制度

近年来，各国针对铁矿石的关税管理措施不断增多。2011 年 3 月，印度果阿邦政府宣布将铁矿石年出口量限制在4000 万 ~4200 万吨；2011 年 12 月底，印度将铁矿石出口关税由 20% 提高至 30% 。南非政府自 2011 年 3 月 11 日起，恢复征收铝制品，包括铝条、杆，铝型材及异型材，铝合金空心异型材，铝合金条、杆及铝合金型材及异型材等产品 5% 的进口关税，2008 年，南非政府曾决定将当时实行的 5% 的进口关税全部取消。越南自 2011 年 8 月 25 日起，将含硼合金钢进口税由 0% 上调至 10% ；2012 年 2 月上旬，越南将铁矿石和精铁矿出口、黄铁矿的出口关税从 30% 提高至 40% 。印度尼西亚从 2012 年 5 月 6 日起，对包括铁矿石在内的 14 种原矿征收 20% 的出口关税，并将于 2014 年起禁止所有原矿出口。

2. 进口管理措施

欧盟自 2002 年建立并开始实施对来自第三国某些钢铁产品的进口监控机制，之后，欧盟又连续以中国钢铁进口持续减少、出口持续增加并对欧盟钢铁市场造成冲击为由，将监控期分两次连续延长至 2012 年 12 月 31 日，而且还扩大了受控产品的范围，将平板不锈钢和大型焊接管材纳入监控名单。

美国的钢铁进口监控和分析体系源于 2002 年对钢铁产品进口实施保障措施的总统声明中所提出的钢材监控和分析系统，2005 年 3 月 9 日，美国商务部将其作为最终法规的实施期限延长 4 年，同时将其适用范围从 13 种拓宽至 48 种基本钢铁产品，也就是将所有基础钢厂的产品均列入了监控名单。2013 年 3 月，美国商务部再次将其延期至 2017 年 3 月 21 日。在钢铁进口监控和分析体系下，钢铁进口许可发放需要通过美国海关及边境保护局的网上系统填写特定钢铁产品对美国进口的进入文书。

3. 资源开采限制和税收措施

2012 年 1 月，越南政府加强了对矿产资源的勘探、开采、加工、利用和出口管理，停止开采和出口一系列矿产品，包括完全停止铁矿石出口。

根据澳大利亚《矿产资源租赁税法》，自 2012 年 7 月 1 日起，澳大利亚政府将对年利润超过 7500 万澳元的铁矿和煤矿企业征收矿产资源租赁税，税率为利润的 30% ，澳全国有 320 家矿产企业进入征税范围。澳大利亚《碳税法》规定，自 2012 年 7 月 1 日起，对全国 500 家碳排量最大的企业征收碳排放税。

4. 购买国货条款

2009 年 2 月，美国通过了 7890 亿美元的经济刺激方案，其中的“购买美国货”条款规定，在不违反国际贸易条约所规定的义务的前提下，所有使用经济刺激计划资金的公共工程项目所用钢铁和其他产品必须为“美国制造”，而不能使用进口的便宜货。加拿大、欧盟、日本和其他一些与美国签署了《政府采购协定》的成员依然能从该项庞大的经济刺激计划中分得一杯羹，而俄罗斯、印度、巴西和中国由于尚未签署该协定而无法获得这样的机会。

五、典型产品案件分析

入世后，我国焊缝管行业迅速发展，遭受的贸易救济调查开始增多。在国外对华冶金行业的贸易救济案件中，焊缝管遭受的反倾销调查最多，共计 16 起；反补贴 8 起，也高于其他冶金产品。而受到这些贸易救济措施的影响，我国焊缝管出口受到的影响也很大。

1. 国外对华焊缝管的反倾销和反补贴调查最多

据中国贸易救济信息网统计，我国焊缝管是遭遇国外贸易救济调查最多的冶金产品。其中，反倾销 16 起，反补贴 8 起，保障措施和特保措施各 1 起。从 2004 年美国对华焊缝管发起反倾销调查后，澳大利亚、南非、阿根廷、加拿大、巴西和土耳其相继发案。其中，美国启动的反倾销调查最多，共 5 起，澳大利亚 4 起，加拿大 2 起，南非、阿根廷、欧盟、巴西、土耳其各 1 起。

2004 年国外对华焊缝管启动的反倾销调查有 2 起，2005 年 2 起，2006 年 1 起，2007 年 3 起，2008 年多达 4 起，2011 年降至 1 起，2012 年又增至 3 起。而我国焊缝管遭遇的反补贴调查也是 2008 年最多，从 2007 年的 2 起翻倍达到 4 起，随后 2 年没有立案，2011 年和 2012 年各 1 起（图 7－23）。

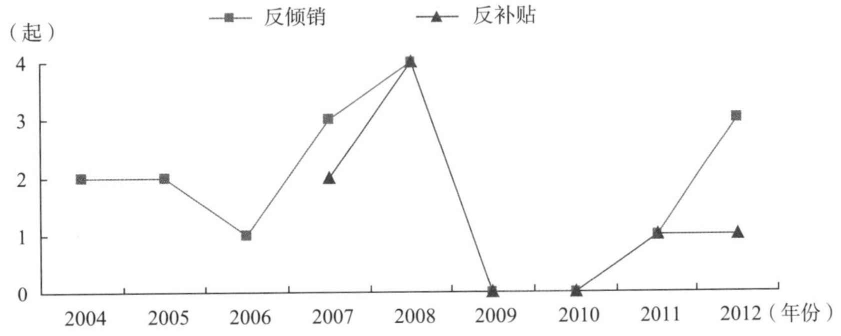

图 7－23 2002—2012 年国外对华焊缝管反倾销和反补贴立案年度走势

国外对华焊缝管的 8 起反补贴调查均涉及反倾销调查，共涉及十类焊缝管下的六大产品。美国和澳大利亚均对圆形、异形截面焊缝管发起反倾销和反补贴调查，而加拿大的双反调查仅限于圆形焊缝管。此外，欧盟也于 2007 年对华圆形焊缝管发起反倾销调查。我国各类焊缝管对美国、澳大利亚、加拿大和欧盟的出口均受到限制。2012 年，巴西和土耳其也开始对中国焊缝管发起反倾销调查，对华焊缝管反倾销调查的申诉方从发达国家（地区）开始向发展中国家扩散。此外，在 2002 年的钢铁保障措施浪潮中，捷克曾对焊缝管发起保障措施调查，但半年后终止保障措施；2005 年，美国针对中国焊缝管发起特别保障措施调查，2 个月后终止调查。

2. 焊缝管产量持续高增，出口受贸易救济措施影响较大

2010 年，我国焊管产量占全球焊管总产量的 45% 以上①；焊接钢管产能在 4000 万吨以上。2012 年，我国焊接钢管的产量同比增长 12.6%，达 4775.38 万吨②。自 2001 年起，我国就成为焊缝管出口大国，入世后出口大幅增长，2005 年之前出口年均增幅超过 100%，2006 年和 2007 年的出口增幅均在 50% 以上。

① 湖南省商务厅产业损害调查处，http://cyc.hunancom.gov.cn/swdy/256465.htm

② 中商情报网，http://www.askci.com/news/201303/19/1916112181548.shtml

2008 年，受 2007 年美国发起 2 起反倾销和反补贴合并调查的影响，我国焊缝管对美出口下降 17.1%，对全球出口下降 12.4%，但对加拿大和澳大利亚焊缝管的出口分别实现 50.7% 和 78.0% 的较高增幅；随后，加拿大和澳大利亚也加入对焊缝管的贸易保护行列。2009 年，我国对美国、加拿大和澳大利亚出口焊缝管大幅下降，降幅超过对全球出口降幅的平均水平；2010 年对全球出口复苏的同时对美国、加拿大焊缝管出口继续减少，而对澳大利亚的焊缝管出口则由于澳方的无损害裁决继续增多。2011 年和 2012 年，我国对加拿大和澳大利亚焊缝管出口增速较快，导致 2011 年澳大利亚、2012 年加拿大再次对我国焊缝管发起贸易救济调查。

金属制品

金属制品行业包括结构性金属制品制造、金属工具制造、集装箱及金属包装容器制造、不锈钢及类似日用金属制品制造等。随着社会的进步和科技的发展，金属制品在工业、农业以及人们生活各个领域的运用越来越广泛，也给社会创造了越来越大的价值。本文所涵盖的金属制品类涉案产品包括国民经济行业分类下 31、33、34 等 2 位编码下的部分产品。

一、我国金属制品行业贸易状况及贸易摩擦形势概况

2008 年，受全球金融危机影响，我国金属制品行业经历了“冰火两重天”的市场环境。上半年，由于国内外金属制品市场需求旺盛，许多企业取得了骄人成绩；下半年，由于世界经济形势大逆转，在高成本原材料、高库存产品、市场需求下降、出口订单减少等重重压力下，部分金属制品生产企业陷入经营困难乃至停产的困境。

据中国轻工业联合会统计，2009—2012 年，我国合计出口金属制轻工业品 1201 亿美元，进口 86 亿美元。其中，2012 年，我国金属制轻工业品外贸总额 379.12 亿美元，同比下降 3.3%；出口额 355.06 亿美元，同比下降 3.3%；进口额 24.06 亿美元，同比下降 2.3%（图 7－24）。总体来看，在经历了 2009 年的整体下降后，我国金属制轻工业品对外贸易连续两年实现高速增长，但 2012 年出现回落。此外，我国金属制轻工业品的出口额远超过进口额，2012 年的出口额是进口额的 14.8 倍，即使在总量较少的 2009 年也达到了 12.1 倍。

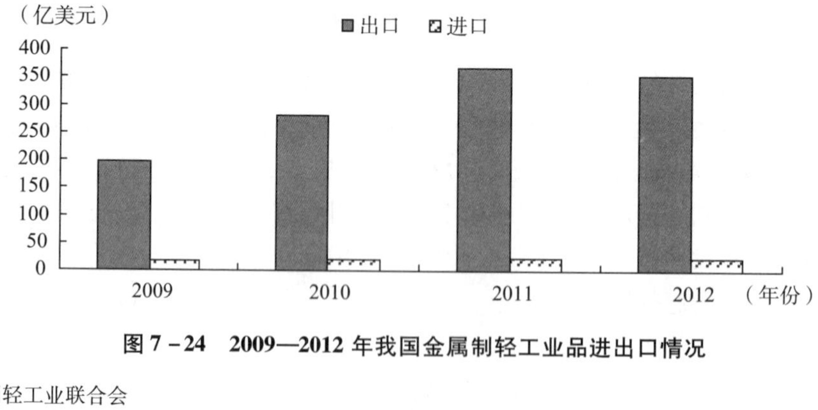

图 7－24 2009—2012 年我国金属制轻工业品进出口情况

数据来源：中国轻工业联合会

金属制餐厨用具是我国金属制品出口的第一大类产品，2012 年出口额 67.76 亿美元，同比下降 11.3%；金属制手工工具位居第二，出口额 50.07 亿美元，同比增长 6.5%；位居第三的是锁具，出口额 32.42 亿美元，同比增长 9.7%；家用炉灶类器具位居第四，出口额 29.19 亿美元，同比增长 3.2%。而在 2009 年上述产品的出口额是均为同比下降的。除金属制餐厨用具外，2009 年以来，我国主要金属制品出口均呈不断上升态势（图 7－25）。

2012 年，我国金属制品进口最多的产品是锁具，进口额 5. 19 亿美元，同比增长 1. 6%；位居第二的是金属制手工工具，进口额 4. 85 亿美元；位居第三的是刀剪及类似工具，进口额 1. 93 亿美元，同比增长 1. 1%。

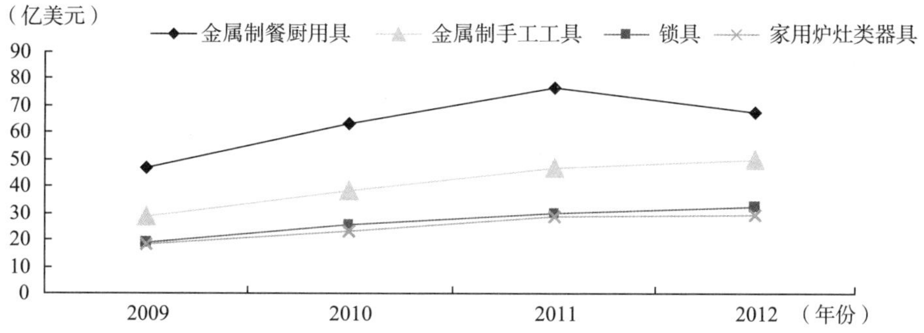

图 7－25　2009—2012 年我国主要金属制品出口情况

数据来源：中国轻工业联合会

金融危机爆发的 2008 年，国外对华金属制品启动的贸易救济调查达到历史峰值，但同期，我国金属制品进出口出现下滑，说明金融危机对全球产业界均造成了冲击，我国金属制品出口市场也出现了萎缩，而且国外开始更多地借助贸易救济手段来保护本国产业，导致涉华案件逐年增多。

二、金属制品行业产品出口遭遇传统贸易救济调查情况

据中国贸易救济信息网统计，2002—2012 年，国外对华金属制品的贸易救济案件共计 60 起。其中，2003 年为第一个立案高峰，7 起，随后案件数连续 2 年减少，至 2005 年跌入谷底，此后又连续 3 年增长，2008 年达到了 9 起的历年最高峰，在经历了 2009 年和 2010 年的起伏后，2011 年和 2012 年立案数迅速减少，且 2012 年的案件降至 1 起的历史新低（图 7－26）。

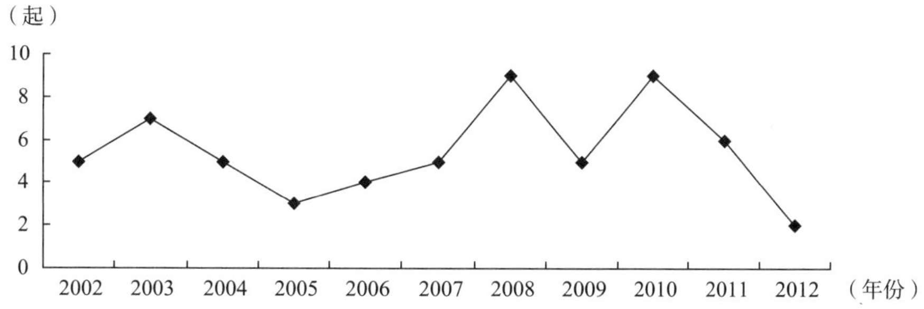

图 7－26　2002—2012 年国外对华金属制品启动贸易救济调查情况

1. 国外对华金属制品反倾销趋向高端产品

2002—2012 年，国外对华金属制品共启动了 35 起反倾销调查，占国外对华金属制品贸易救济调查总数的 58. 3%；启动反补贴调查 9 起，占比为 15%；保障措施调查 11 起，占比 18. 3%；特别保障措施调查 5 起，占比 8. 3%。反倾销是对我国金属制品出口影响最大的贸易救济措施（图 7－27）。

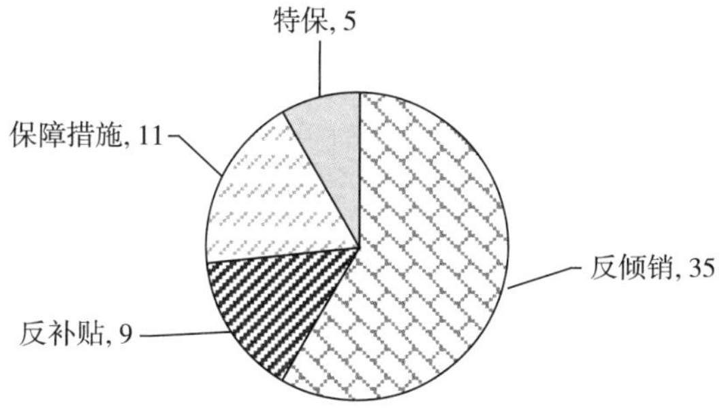

图 7－27　2002—2012 年国外对华金属制品启动贸易救济调查类型情况

在经历了 2004—2005 年连续两年的下降后，国外对华金属制品反倾销调查立案数持续增加，到 2008 年已达

到历史最高峰6起，此后案件数逐年减少，至2012年降至1起（图7－28）。整体来看，发案数最多的2008年正值全球金融危机时期，贸易保护主义抬头，对我国金属制品企业出口影响较大。

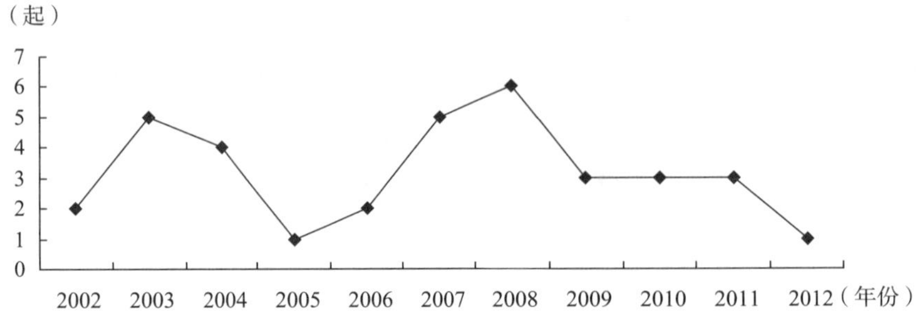

图7－28 2002—2012年国外对华金属制品反倾销立案年度走势

从涉案产品来看，金属制厨卫用具是国外对华金属制品反倾销调查的主要目标，这与我国金属制品出口结构是一致的，金属制厨卫用具始终是我国最大宗的出口金属制品。2002—2012年，国外对华金属制厨卫用具共启动了10起反倾销调查，占同期国外对华金属制品反倾销调查总数的28.6%，鉴于金属制品行业涉及的产品类别非常多，因此这一占比已经是相当大了。

从具体涉案产品来看，金属制餐具涉案最多，共6起，占国外对华金属制厨卫用具反倾销调查总数的60%；其次是金属制卫生器具，共3起，占比30%；位居第三的是金属制厨房器具1起，占比10%（图7－29）。值得注意的是，2008年以前，国外对华金属制品反倾销更多涉及焊接链条、防滑链、螺丝刀等简单产品，但自2008年俄罗斯对华不锈钢餐具启动反倾销调查后，国外对华金属制厨卫用具的反倾销调查开始增多，2011年6月—2012年底的3起国外对华金属制品反倾销调查均涉及金属制厨卫用具，说明国外对华金属制品反倾销调查也开始趋向高端产品。

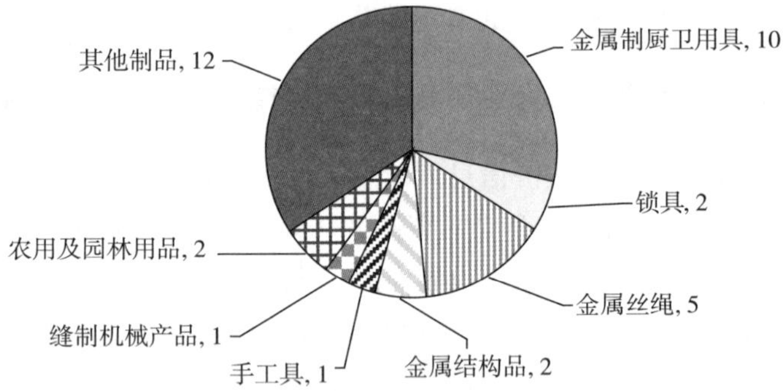

图7－29 2002—2012年国外对华金属制品反倾销产品类别分布情况

从对华金属制品启动反倾销调查的国家（地区）来看，35起案件由14个国家（地区）发起，其中美国为发起调查最多的国家，共7起，占比20%；其次是土耳其6起，占比17.1%；位居第三的是阿根廷4起，占比11.4%；巴西、哥伦比亚和加拿大并列第四，均为3起，分别占比8.6%；墨西哥，2起；乌克兰、新西兰、印度、埃及、俄罗斯、秘鲁和南非各1起（图7－30）。

从立案时间来看，除美国对华铸铁栅栏杆反倾销立案是在2002年，其余6起均是在2007年及以后发起的，说明当前美国对进口自中国的金属制品非常关注；相反，尽管土耳其发起的案件高居第二，但其启动调查的时间集中在2003—2004年，其后再无立案，鉴于其6起案件的措施均仍在实施中，说明对我国相关产品出口造成了持续性的影响。实际上，多数国家在2008年之后就未再对华金属制品启动过反倾销调查，2009年以来启动调查的国家仅有美国（4起）、加拿大（2起）、巴西（2起）、阿根廷（1起）和印度（1起）。美洲成为2009年以后中国金属制品出口遭遇反倾销调查的高发区。

2. 反补贴调查逐渐增多

2004年以前，我国金属制品出口从未遭到过进口国的反补贴调查，而2004年加拿大对华户外烧烤

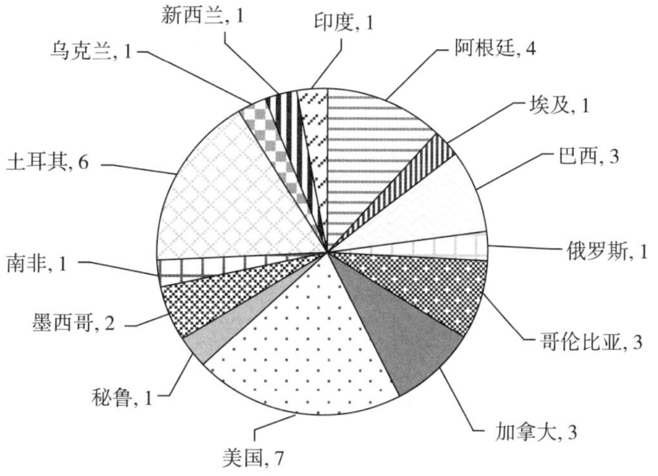

图 7－30　2002—2012 年国外对华金属制品反倾销分国别（地区）分布情况

架案为首起国外对华金属制品反补贴案件，也是国外对华产品反补贴调查的第一案，引起了各方的广泛关注，最终加拿大边境服务署裁定补贴可忽略不计而终止调查。此后 2005—2007 年连续 3 年我国金属制品出口未遭到国外反补贴调查，但从 2008 年南非对华不锈钢水槽启动反补贴调查开始，国外对华金属制品反补贴调查以年均近 2 起的频率提起，说明全球金融危机后，反补贴也开始成为国外对华金属制品进行贸易救济调查的常规手段（图 7－31）。

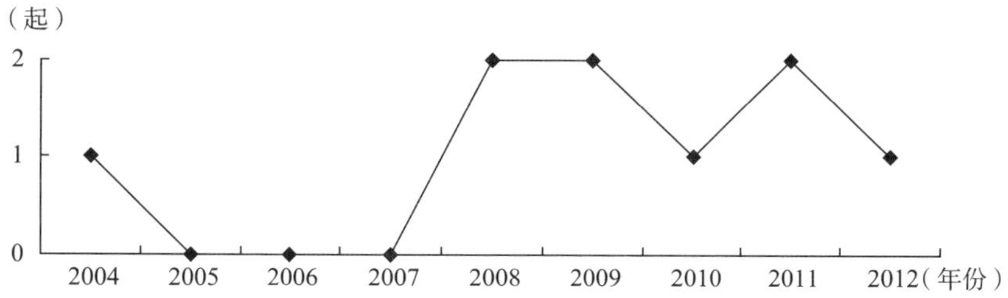

图 7－31　2004—2012 年国外对华金属制品反补贴立案年度走势

从涉案产品来看，金属制厨卫用具涉案最多，共 4 起，占国外对华金属制品反补贴调查总数的 44.4%；其次是金属丝绳制造和金属结构件，各 2 起，分别占比 22.2%；剩余 1 个产品为户外烧烤架。总体来看，反补贴的涉案产品属于金属制品中的中高端产品，涉案后对出口企业的利润将有较大影响。

从发起国来看，美国共对华金属制品启动了 5 起反补贴调查，位居第一；其次是加拿大，3 起；南非 1 起，位居第三。与 14 个对华金属制品反倾销调查的发起国相比，上述 3 个反补贴调查发起国数量相对较少，可见目前对华金属制品反补贴调查的发起国集中于美国和加拿大等发达国家，而更多的发展中国家更倾向于使用反倾销手段达到保护本国金属制品行业的目的。

值得一提的是，无论是 2004 年的对华第一起反补贴调查，还是时隔 3 年后针对新的涉案产品再次立案调查，当前国外对华金属制品的所有反补贴调查均是伴随相应的反倾销调查共同发起的。“双反”调查无疑增加了企业的应诉成本和应诉难度。截至 2012 年，国外对华金属制品反补贴调查有 5 起仍在实施反补贴措施，2 起被裁定无损害，1 起终止调查，1 起申诉方撤诉，实施措施的比例高达 55.6%。

3. 保障措施调查相对较多

2002—2012 年，平均每年都有 1 起保障措施调查涉及金属制品，与其他行业的涉案情况相比，这一比例较高（图 7－32）。保障措施始终不是国外对华启动贸易救济调查的主要手段，总体案件数偏小，但保障措施的影响同样不容忽视。

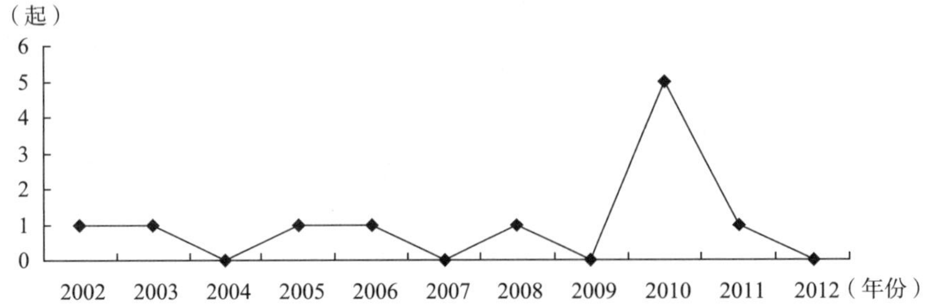

图 7－32　2002—2012 年国外金属制品保障措施调查立案年度走势

从发起国来看，2002—2012 年，共有 6 个国家针对进口金属制品启动过保障措施调查，其中，印度尼西亚启动 6 起，位居第一，占比 54.5%，其余捷克、保加利亚、哥伦比亚、突尼斯和俄罗斯均为 1 起，且 2008 年以后除印度尼西亚外，再无其他国家启动过相关调查，而且发起调查的均为发展中国家。此外，从涉案产品来看，主要是金属丝、线缆、锁具、图钉等附加值较低的产品。

在 11 起保障措施调查中，1 起正在调查，1 起被裁定无损害，2 起终止调查，2 起终止措施，5 起仍在实施措施。

2002—2012 年，国外对华金属制品共启动 5 起特别保障措施调查，发案时间集中在 2002—2006 年，此后再无任何对华金属制品的特保调查。这 5 起案件分别是印度对华工业缝纫机针特保案、美国对华钢丝衣架案、土耳其对华水龙头案、加拿大对华户外烧烤架案、厄瓜多尔对华水龙头案。截至目前，5 起案件中有 1 起终止调查，其余 4 起均已终止措施，不再对我国相关产品出口构成影响。

整体来看，全球金融危机以来，发展中国家对华金属制品启动的贸易救济调查明显增多，主要是因为欧美市场需求不振且短期复苏不太可能，中国很多产品转而出口新兴经济体，使其国内产业感到了竞争压力。商务部研究院研究员白明指出，中国和发达国家间的贸易更多的是互补，与发展中国家则呈现出更多竞争的因素，因此，随着出口量的增加，中国与发展中国家进口国之间的贸易摩擦也会有所增加。

4. 不锈钢制品涉案较多

在国外对华金属制品发起的 60 起贸易救济调查中，不锈钢制品是遭遇调查较多的一类产品，共涉案 13 起，其中反倾销调查 9 起，反补贴调查 3 起，保障措施调查 1 起。涉及产品均为金属制厨卫用品，包括刀片和刀，锅、茶壶、煎锅和带把浅口锅，烹饪器皿，水槽，餐刀及餐勺等。发起调查的国家分别为秘鲁、俄罗斯、阿根廷、南非、巴西、加拿大和美国。

我国不锈钢餐厨用具出口目的地主要有欧洲、北美和亚洲地区，其中，出口欧洲占比 35.9%，出口北美占比 31.6%，出口亚洲占比 26.6%，对上述 3 个地区的出口额占我国不锈钢餐厨用具出口总额的近 95%。从出口规模和市场规模的占比来看，2006 年出口是国内消费的 5 倍，2007—2009 年受金融危机的临近及国内需求的增长，到 2009 年降至最低为 2.33 倍，随后几年出口一般是国内消费的 2.5 倍，基本达到国内外需求的平衡点①。

① 《初晓：不锈钢厨具行业的市场运行和出口情况》，www.sci99.com/n－43917.html

三、金属制品行业出口遭遇的其他贸易保护措施

1. 技术性贸易措施

很多国家对不锈钢餐厨用具中重金属的迁移量作出了严格的规定，安全卫生要求已成为国外技术性贸易措施的手段之一。不锈钢餐厨用具进军国际市场，需获得进口国安全、卫生、环境保护等方面的认证。如欧盟的 GS 及 CE 认证、美国的 UL 认证、日本的 SG 认证以及“BSCI”、“SA8000”等社会责任标准认证等。对于难以保持产品质量稳定的企业，一般很难在短期内获得相关国家的质量认证。近年来，我国出口的部分不锈钢餐厨用具就曾多次被欧盟国家通报。因此，加强对产品安全卫生指标的控制，是出口生产企业面临的最紧迫任务。

此外，《欧洲玩具指令》要求产品中的零部件也要进行 SGS 认证，如玩具中的弹簧等金属零部件，因此引发了国内玩具企业要求供货的金属制品企业提供 SGS 认证的证明，特别是不锈钢钢丝生产企业遇到了很多类似的问题。

2. 关税限制措施

部分进口国利用提高进口关税的手段来限制我国金属制品的进口。例如，2011 年 3 月南非政府宣布，提高用于架设电信线路或电力线路的塔架及格构杆的进口关税，而此类产品从中国进口的数量占有较大比重。2007 年，厄瓜多尔宣布提高 97 种金属制品关税，增幅在 20% ~25% 之间。

3. 美国 337 调查

2009 年 10 月，应美国 SAFE SKIES 和 DAVID TROPP 公司申请，美国国际贸易委员会对全球 20 家双通道锁生产和出口企业启动 337 调查。我国广东、浙江等地共 7 家企业涉案。但该案在 2010 年 5 月因被裁定侵权不成立而终止调查。

四、典型产品案件分析

美国对华钢丝层板反倾销和反补贴案

该案是近年来中国金属制品行业应诉美国对华双反案无损害抗辩首次胜诉，非常具有示范意义，能够鼓舞更多遭国外贸易救济调查的国内企业积极应诉，维护自身权益。

1. 案件情况

2009 年 6 月 26 日，美国商务部对华钢丝层板启动反倾销和反补贴调查。涉案金额最大的大连益丰金属制品有限公司，2008 年涉案金额达 8000 多万元人民币。在本案中，美国商务部初裁的倾销和补贴幅度最高分别达 289% 和 437.73%；终裁的倾销幅度为 14.24% ~143%，补贴率为 1.52% ~437.11%。美国商务部终裁后，应诉企业又在美国聘请律师积极进行无损害抗辩。2010 年 7 月 1 日，美国国际贸易委员会终裁认定，涉案产品的倾销和补贴行为未对美国国内产业造成实质性损害或实质性损害威胁。根据该否定性裁决，美国商务部将不对涉案产品发布反倾销税令和反补贴税令。

2. 案件启示

以本案应诉企业大连华美龙金属制品有限公司为例，之所以能够取得胜诉是企业自身与行业协会、律师共同努力的结果，且抓住了美国方面的 3 个漏洞：一是中方律师用详尽的数据和事实举证，中国钢丝层板对美出口金额并不算很大，没有冲击美国市场；二是华美龙公司针对倾销和补贴幅度的成功应诉获得了很低的税率，且均通过了核查，这构成了美国国际贸易委员会的无损害认定的基础；三是中方律师通过对国内相关企业产能、产量数据的统计，证明我国钢丝层板出口并不会对美国相关企业

造成损害①。

轻　工

轻工行业主要指提供生活消费品的行业，是国民经济中最具活力和竞争力的产业之一。本文所涵盖的轻工行业涉案产品包括皮革、毛皮、羽毛及其制品和制鞋；家具制造；文教、工美、体育和娱乐用品制造；化妆品；日化用品；日用陶瓷制品；玻璃制品；日用金属制品；家用电器（白电）；灯具制造；日用杂品等。食品制造业和造纸业在行业划分上也属轻工业，鉴于这两个子行业所遭遇的贸易摩擦较多，故单独进行分析，不包含在本部分内。

一、金融危机以来，轻工行业贸易现状及贸易摩擦形势概况

轻工行业是我国工业出口大户，也是我国出口创汇和实现顺差的主要行业之一。其中，鞋类、家具、箱包、玩具、玻璃制品、日用陶瓷制品等多种轻工产品出口额居全球首位。2001—2008 年，我国轻工行业进出口年均增长率达 20.0%。受金融危机影响，2009 年，我国轻工行业出口同比首次下滑 10.2%，达 2778.4 亿美元；2010—2012 年，我国轻工行业出口虽然再次出现增长，但增速呈年度递减，2012 年仅为 14.5%，同比下降 10.1 个百分点。

虽然轻工行业出口逐步放缓，但其在我国出口总额中所占比重依旧稳定。2001—2005 年，我国轻工行业出口额在全国出口总额中的占比约 26.8%；自 2006 年开始该比例有所下降，但依然维持在 23.0% 左右，2012 年占比 24.8%，同比上升 1.5 个百分点（图 7 - 33）。

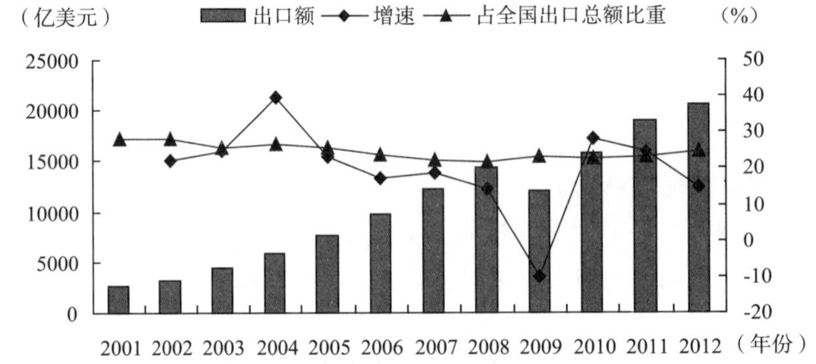

图 7 - 33　2001—2012 年我国轻工行业出口额及占比年度走势

数据来源：2001—2009 年轻工行业出口数据来自 2001—2010 年《中国轻工行业年鉴》，2010—2012 年数据来自海关；2001—2012 年全国出口总额数据来自国家统计局。

我国轻工产品出口的主要市场是美国和欧盟，对这两大市场出口合计占我国轻工产品出口总额的 40% ~50%。虽然近年来欧美市场由于经济危机的影响不断萎缩，但其在我国轻工产品出口中依然占据主导地位。同时，我国对东盟、俄罗斯、南非等新兴市场的出口增速加快。

金融危机后，我国轻工行业所面临的国际贸易环境十分复杂。全球贸易摩擦处于高发期，主要体现在发生贸易摩擦的国别增加、贸易保护手段多样化、涉及国家产业政策层面问题的反补贴案件增多，以及全球技术性贸易措施层出不穷。2012 年，我国轻工产品在国际市场上受到发达国家和发展中国家两方面的挑战，一方面，发达国家贸易保护政治化倾向严重，手段翻新；另一方面，发展中国家和新兴经济体崛起，与我国在轻工产品的竞争优势方面出现了明显的变化，在国际贸易中增强了对抗性。

① 北京广盛律师事务所，《有勇有谋应诉反倾销》

照此趋势，今后一段时期贸易摩擦将会成为轻工产品出口竞争的常态。我国轻工行业频繁遭遇国外贸易救济措施的打击，一方面是因为轻工产品是我国工业产品的出口大户，是我国创汇和实现顺差的主要行业之一；另一方面，我国轻工行业产品附加值低，自主创新能力不足，核心技术缺失；第三，出口市场过度集中于美、欧、日等技术性贸易措施较为完善的市场，出口风险大增。

二、轻工行业出口遭遇传统贸易救济调查情况

据中国贸易救济信息网统计，2002—2012 年，国外对华共发起贸易救济调查 1005 起。其中，涉及轻工行业的案件 113 起，占国外对华贸易救济案件总数的 11.2%。其中，反倾销 79 起，占国外对华反倾销案件总数的 12.1%；保障措施 28 起，占国外保障措施调查总数的 13.7%；反补贴和特别保障措施分别为 2 起和 4 起，分别占国外对华反补贴和特别保障措施案件总数的 3.2% 和 4.6%。

2002—2012 年，我国轻工产品贸易救济年度新立案起伏较大。其中，2002—2006 年，国外对华轻工产品贸易救济新立案数量呈上升趋势，2006 年达到峰值的 19 起。2007 年，国外对华轻工产品新立案数量大幅下降 52.6%，至 9 起，2008 年仍为 9 起。2009 年，国外对华轻工产品新立案数量再创高峰，大幅上升 55.6%，达到 14 起。但 2010 年和 2011 年新立案数再次大幅下降，均为 2 起；2012 年，国外对华轻工产品贸易救济调查增长 4.5 倍，达 9 起。我国轻工产品案件在全部案件中的占比走势基本与新立案数量走势一致，从 2006 年峰值的 19.2% 降至 2010 年的 2.7%，并于 2012 年再次升至 9.6%（图 7 - 34）。

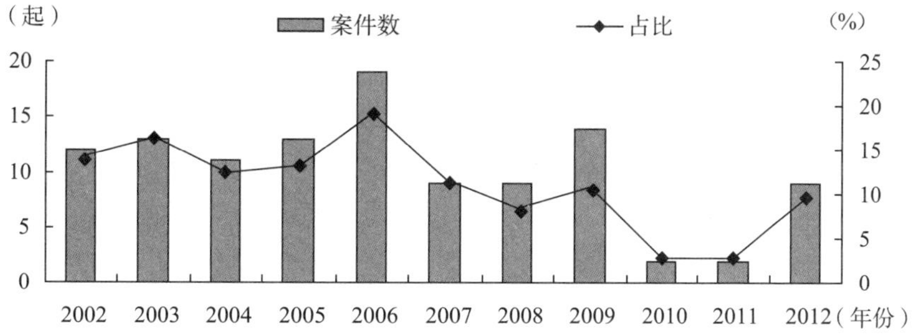

图 7 - 34 2002—2012 年国外对华轻工产品贸易救济调查占比及年度走势

（一）反倾销位居国外对华轻工产品贸易救济措施首位

2002—2012 年，国外对华轻工产品共启动了 113 起贸易救济调查，其中反倾销 79 起，占比 69.9%，是国外对华轻工产品实施贸易救济的主要手段，但近年来使用频率有所下降。

1. 2012 年国外对华轻工产品反倾销立案数再度攀升

2002—2012 年，国外对华轻工产品反倾销案件的数量在波动中逐步下滑。其中，2006 和 2009 年为 2 个顶峰，分别达到 14 起和 11 起。2002—2009 年，案件数量虽有起伏，但幅度相对较小，年均新立案 8 起；2010 年，案件数量急剧下降，降幅高达 90.9%；2012 年，案件数量再次攀升至 7 起，同比增长 3.5 倍，与 2008 年持平（图 7 - 35）。

2. 2012 年发展中国家占当年国外对华轻工产品反倾销调查数量的 71.4%

2002—2012 年，共有 19 个国家（地区）对华轻工产品发起反倾销调查。其中，发达国家（地区）4 个，分别是美国、欧盟、加拿大和新西兰，共发起反倾销调查 16 起，占国外对华轻工产品反倾销调查总数的 20.3%；发展中国家 13 个，包括阿根廷、巴西、墨西哥、埃及、土耳其等国，共发起反倾销调查 61 起，占比 77.2%。2002—2012 年，发达国家（地区）对华轻工产品的反倾销力度逐渐减弱，2004 年、2010 年和 2011 年均未对华轻工产品启动反倾销调查；而发展中国家自 1997 年以后对华轻工

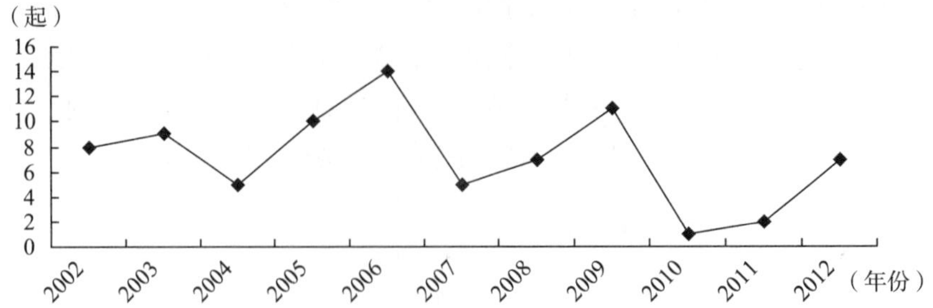

图 7－35　2002—2012 年国外对华轻工产品反倾销立案年度走势

产品反倾销调查显著增长，年度立案数明显超过发达国家，2002、2006、2008 和 2012 年的立案数量是发达国家（地区）的 5～7 倍（图 7－36）。

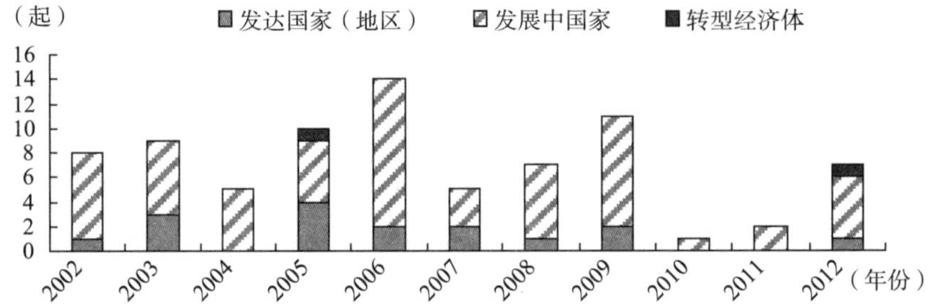

图 7－36　2002—2012 年发达国家（地区）、发展中国家和转型经济体对华轻工产品反倾销年度立案对比

我国轻工产品出口的主要市场是美国和欧盟，对这两大市场出口合计占我国轻工产品出口总额的 40%～50%。但随着全球贸易的发展与金融危机对欧美市场的冲击，我国轻工产品开始开拓对新兴市场的出口。近年来，我国轻工行业对东盟、印度、巴西、俄罗斯和南非等新兴市场出口额同比增速达 39%～85%，对欧、美、日等传统市场的依赖性降低。这也导致上述新兴市场对我国轻工产品的贸易摩擦增多。

3. 巴西是对华轻工产品反倾销立案最多的国家

2002—2012 年，巴西对华轻工产品发起的反倾销调查最多，共 12 起，占国外对华轻工产品反倾销调查总数的 15.2%；阿根廷位居第二，11 起，占比 13.9%；土耳其居第三位，10 起，占比 12.7%，均为发展中国家。除此之外，对我国轻工产品发起反倾销调查较多的国家（地区）还包括：欧盟（9 起）、哥伦比亚（6 起）、墨西哥（6 起）、美国（5 起）和印度（5 起）（图 7－37）。

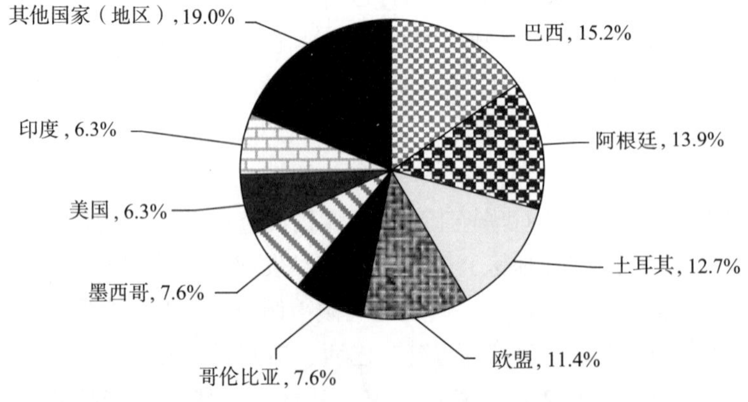

图 7－37　2002—2012 年国外对华轻工产品反倾销立案国别（地区）分布情况

巴西对华轻工产品发起的反倾销调查主要集中在2006年爆发，共6起。2004、2008、2009和2012年的年度立案数为1~2起，其他年份均未发起过调查。涉案的轻工产品较为广泛，包括笔制品、眼镜制品、工艺美术品、日用玻璃和陶瓷制品等。2010—2012年，仅巴西、阿根廷和欧盟对华轻工产品发起过反倾销调查，美国和土耳其已连续3年没有对华轻工产品发起反倾销调查。

4. 日用杂品及日用陶瓷制品为主要涉案产品

2002—2012年，国外对华轻工产品反倾销调查共涉及31类产品。其中，日用杂品及日用陶瓷制品涉案最多，均为9起，分别占国外对华轻工产品反倾销案件总数的11.4%；其次是笔制品，6起，占比7.6%；眼镜制品位居第三，5起，占比6.3%（图7-38）。2012年，国外对华轻工产品反倾销涉案产品包括日用陶瓷制品、玩具、金属卫生器具、眼镜制品和家用厨房电器。

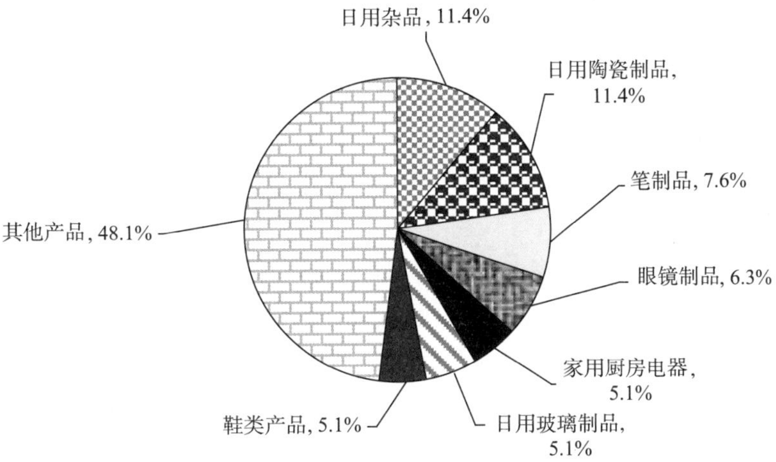

图7-38 2002—2012年国外对华轻工产品反倾销立案子行业分布情况

从具体产品看，陶瓷餐具、圆珠笔和鞋类产品被多个国家（地区）或一个国家（地区）进行过多次调查：共有8个国家（地区）对我国陶瓷餐具启动9起反倾销调查，除欧盟外，其他均为发展中国家；有3个国家（地区）对我国圆珠笔启动4起反倾销调查，均为发展中国家，仅巴西就曾在2004和2008年2次对我国圆珠笔进行反倾销立案调查；有4个国家（地区）对我国鞋类产品启动4起反倾销调查，均为发展中国家。

5. 仍在实施措施的案件居多

2002—2012年，在国外对华轻工产品发起的79起反倾销调查中，目前仍在实施措施的案件多达45起，占国外对华轻工产品反倾销案件总数的57.0%；其次为已经终止措施，12起，占比15.2%；终止调查位居第三，10起，占比12.7%；正在调查6起；无损害裁决3起；申诉方撤诉2起；无倾销1起。

（二）轻工产品保障措施案件居各行业第二位

2002—2012年，涉及轻工产品的保障措施调查共28起，占同期国外启动的保障措施调查总数的13.7%，仅次于化工行业（35起）。

1. 近3年针对轻工产品的保障措施调查仅1起

从年度立案情况看，国外对轻工产品的保障措施调查总体呈下降趋势。其中，2002—2007年，案件数较为平稳，年均立案4起。2008—2012年，年度立案持续走低，尤其是2010年和2011年均未立案，2012年仅1起。2002—2007年，涉及轻工产品的保障措施调查占保障措施案件总数的比例较高，平均为26.3%；2008—2012年，占比大幅下降，平均为4.2%，相差近6倍。这说明近年来国外保障措施调查开始关注轻工以外的其他行业，尤其是 2010 和 2011 年的保障措施调查分别为 23 起和 14 起，但并无轻工产品涉案（表 7－1）。

表 7－1 2002—2012 年针对轻工产品的保障措施调查占比及年度走势

年　份	2002	2003	2004	2005	2006	2007	2008	2009	2010	2011	2012
案件数	4	2	6	3	5	3	1	3	0	0	1
占比（%）	11.8	12.5	37.5	33.3	29.4	33.3	6.7	10.0	0	0	4.5

2．发展中国家占国外保障措施调查总数的 89.3%

2002—2012 年，共有 16 个国家（地区）发起的保障措施调查涉及轻工产品。其中，土耳其发起的调查最多，共 9 起，占轻工产品保障措施案件总数的 32.1%；多米尼加、哥伦比亚、印度尼西亚和约旦均为 2 起，各占比 7.1%。在涉及轻工产品的 28 起保障措施案中，发达国家启动 1 起，即 2005 年加拿大对进口自行车及车架发起的保障措施调查；发展中国家 25 起，占比 89.3%；转型经济体 2 起，分别为乌克兰和欧亚经济委员会。

3．鞋类制品为主要涉案产品

轻工行业保障措施调查共涉及化妆品、家用厨房电器具、日用玻璃制品、日用陶瓷制品、鞋类制品等 16 类产品。其中，涉及鞋类制品的案件数居首位，共 4 起，占轻工产品保障措施案件总数的 14.3%；其次为日用陶瓷制品、日用玻璃制品和其他日用化学品，各为 3 起，分别占比 10.7%；居第三位的是家用厨房电器、家用清洁卫生电器、其他家用电器和制镜产品，各为 2 起，分别占比 7.1%。

4．针对轻工产品的保障措施调查一半已终止措施

2002—2012 年，针对轻工产品的保障措施调查中，14 起已终止措施，占轻工产品保障措施案件总数的 50.0%；其次为仍在实施措施的案件，7 起，占比 25.0%；终止调查 4 起，无损害 2 起，正在调查的案件 1 起。

5．特别保障措施调查 4 起，且发起方均为发展中国家

2002—2012 年，国外仅在 2003、2008 和 2010 年对华轻工产品启动了特别保障措施调查，共 4 起。其中，2003 年有 2 起调查，发起国均为土耳其；另外 2 起案件的发起国分别为厄瓜多尔和多米尼加。由此可见，对华轻工产品的特别保障措施调查主要集中由发展中国家发起，产品涉及眼镜制造、自行车制造和日用陶瓷制品。

（三）反补贴案件为 2 起

2002—2012 年，国外对华轻工产品共发起反补贴调查 2 起，分别为 2007 年美国对华复合编织袋反补贴案和 2012 年欧盟对华自行车反补贴案。其中，欧盟对华自行车反补贴案仍处于调查状态。

三、轻工行业知识产权保护情况

据中国贸易救济信息网统计，2002—2012 年，美国 337 调查涉华案件共 162 起，占美国 337 调查案件总数的 41.0%。其中，涉及轻工产品的案件 28 起，占比 17.3%，仅次于机电（115 起），位居第二。

1．2012 年美国涉华轻工产品 337 调查同比下降 20.0%

美国 337 调查除 2002 和 2005 年未涉及中国轻工产品外，2002—2012 年，美国涉华轻工产品 337 调查案件总体呈曲线上升趋势，年均立案 2.5 起。2011 年，美国有 5 起 337 调查涉华轻工产品，达到 11 年间峰值；2012 年，美国涉华轻工产品 337 调查 4 起，同比下降 20.0%（图 7－39）。1998 年以前，

美国337调查涉及的中国产品主要是轻工产品；1998年之后，美国337调查开始涉及机电、化工、汽车、冶金、建材、医药等多个领域。因此，我国轻工产品在美国337调查中所占的比重也在逐步缩小。

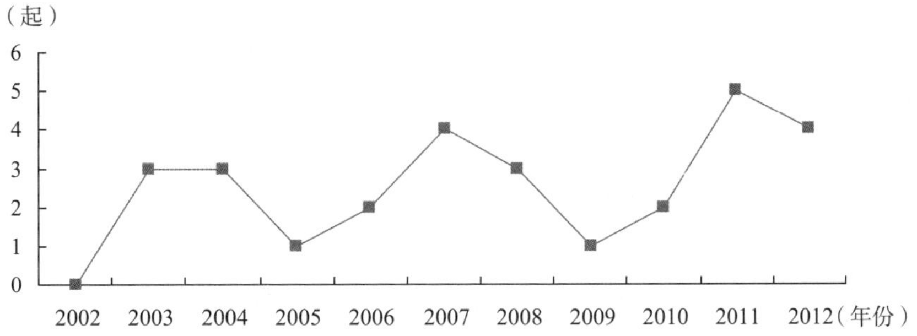

图7－39　2002—2012年美国对华轻工产品337调查年度走势

2. 涉案产品分布广泛，塑料制品较多

2002—2012年，在涉华轻工产品的28起337调查中，涉及的产品范围较为广泛，包括玻璃器具、打火机、放大镜、鞋袜、箱包等日常生活用品，也包括电吹风、电子壁炉等家电类产品。其中，塑料制品是涉案最多的轻工产品，共4起，占涉华轻工产品337调查的14.3%，分别为塑料袋、塑料食品盒、塑料集装桶和塑料折叠凳。

3. 广东、浙江是美国涉华轻工产品337调查涉及的主要省份

2002—2012年，在美国涉华轻工产品发起的28起337调查中，19起案件将中国企业列为被告，涉及来自中国7个省份的多家出口企业（1起案件的涉案企业可能来自多个不同的省份）。其中，广东和浙江成为美国涉华轻工产品337调查的主要目标，均涉案9起。此外，涉及的其他省份还包括：上海（3起）、江苏（2起）、福建（2起）、北京和天津（各1起）。

4. 因专利侵权被诉的337调查占比71.4%

2002—2012年，美国涉华轻工产品的28起337调查中，单独以专利侵权为由启动的337调查共20起，占比71.4%；单独以商标侵权为由启动的有5起，占比17.9%。另外，以共同侵犯商标权、商业外观权为由启动的337调查1起；以共同侵犯著作权、商业秘密权和不公平竞争为由的调查1起；以共同侵犯著作权、商业秘密权和合同欺诈的调查1起。

四、轻工行业技术性贸易措施情况

随着世界范围内关税水平的不断下调，贸易竞争不断加剧，各国保护国内市场免受冲击的措施也在不断变化。技术性贸易措施为各国所青睐，成为保护各自国内市场的有效手段。2012年，我国轻工产品受国外技术性贸易措施影响较大的是玩具、家具和纺织鞋帽，分别占直接损失总额的13.8%和8.9%。

1. 名目日趋繁多、标准日益苛刻

目前，技术性贸易措施有扩大化的趋势，既涉及国际或区域性协议、国家法律、法令、规定、要求、指南、准则、程序等强制性措施，也包括非政府组织等制定的自愿性规则。一方面，一些技术先进的发达国家（地区）不断提高产品的技术标准，以保护消费者的身心健康为由，具有一定的合理性；另一方面，欧美等发达国家（地区）所运用的一些技术安全标准和繁杂的检测程序已经达到了“过度谨慎”的地步，甚至已经超过了达到公共目标所必需的程度。

2. 节能和环保是大势所趋

随着全球能源消耗问题日益突出，以及各国绿色消费和环保意识不断增强，许多国家相继出台有

关能源的法规和标准，通过实施能效标签制度限制高能耗产品的使用。

3. 产品包装及标签成为新的关注点

近年来，美国、欧盟和日本等发达国家（地区）对产品包装和标识的管理十分苛刻，不仅要求包装材料环保，而且对产品中的标签要求详细标明产品的特性、适用人群、易产生的危险等。发达国家（地区）在国际贸易中将能效标签作为一种新型的贸易壁垒来使用，进一步抬高了我国轻工产品出口的门槛。

4. 从针对具体产品向生产经营全过程延伸

从产品形态看，目前各国出台的技术性贸易措施不仅涉及初级产品，而且牵涉到所有的中间产品和制成品；从产品生命周期看，涵盖了研究、生产、加工、包装、运输、销售和消费以及处置等各个环节。

5. 扩散效应日益明显

当前，技术性贸易措施往往会产生连锁反应，呈现出从一国向多国扩散的趋势，具有明显的“多米诺骨牌”效应。在欧盟、美国和日本等发达国家（地区）相继出台更为严格的玩具新安全法规之后，一些新兴市场国家也纷纷效仿，颁布了新的玩具安全法规。

6. 自愿性措施呈现向强制性法规转化的趋势

近年来，各国的技术壁垒呈现出由技术标准向国内相关法规发展、由自愿性措施向强制性法规转化的趋势。以美国的节能标准为例，不同于欧盟先制订节能法律框架再制订实施措施与标准的节能战略，美国更多的是推动自愿性的能效性能与测试方法标准的制订工作，这些标准或者被法律引用，成为强制性标准；或者为业界广泛接受，市场认可度高，成为事实上的“强制性”标准。

五、典型产品案件分析

1. 欧盟对华陶瓷餐具反倾销案

陶瓷餐具是我国轻工行业遭遇反倾销调查最多的产品。2002—2012 年，国外对华陶瓷餐具共启动了 9 起反倾销调查，其中的 8 起均由埃及、哥伦比亚、墨西哥等发展中国家发起。2012 年，对华陶瓷餐具的立案最多，达 3 起，欧盟是对我国陶瓷餐具发起反倾销调查的唯一的发达国家（地区）。2012 年 2 月 16 日，欧盟委员会对原产于中国的陶瓷餐具正式发起反倾销调查，涉案产品海关编码为 69111000、ex69120010、ex69120030、ex 69120050、ex 69120090。这是自 2011 年欧盟对我国建筑陶瓷征收高额反倾销税后，再次针对我国陶瓷产品的反倾销调查。2013 年 5 月 15 日，欧盟对原产于中国的陶瓷餐具和厨房用具作出反倾销终裁，税率为 13.1% ~36.1%。

我国是世界陶瓷生产大国，日用陶瓷产量约占全世界的 70%，且对海外市场的依赖度较大，年出口量约占我国陶瓷产品出口总量的 11%。由于陶瓷产业属于劳动密集型产业，欧盟企业缺乏劳动力成本优势，且其陶瓷产业主要集中在南欧的葡萄牙、西班牙、意大利和希腊等国，随着欧债危机的深入，上述国家经济环境不断恶化。目前，欧盟陶瓷产业失业率高达 30%，约有 40% 的生产线停产。而我国日用陶瓷在欧盟的市场占有率目前已接近 50%，是欧盟陶瓷餐具的第一大进口来源国。据中国陶瓷工业协会统计，2011 年，我国出口欧盟的陶瓷餐具超过 7 亿美元。因此，此次欧盟的反倾销措施或将波及我国 2000 多家陶瓷企业，涉及金额高达 7 亿美元。

2. 欧盟对华自行车反补贴案

2012 年 4 月 27 日，应欧盟自行车制造商协会（EBMA）及部分自行车生产企业的申请，欧盟委员会对原产于中国的进口自行车启动反补贴调查，涉案产品海关编码为 87120030、ex87120070。此前，欧盟委员会已经对原产于中国的自行车实施了反倾销措施。2012 年 3 月 9 日，欧盟委员会发布公告决定对原产于中国的自行车再次发起期中复审调查。当时，中国业界认为欧盟可能取消对中国输欧自行车的反倾销措施。然而，随之而来的却是4月27日对华自行车发起反补贴调查的一纸公告。而这也是欧盟2012年以来对我国发起的第二起反补贴调查（2012年2月，欧盟对华有机涂层钢板启动反补贴调查）。

我国是全球最大的自行车生产国和出口国，产量约占全球总产量的60%，贸易量约占全球的70%。2008—2010年，我国对亚洲的自行车出口约占42%；对北美地区的自行车出口约占35%。虽然欧盟也是全球重要的自行车生产地和消费市场，但近20年的反倾销措施，已让中国出口欧盟的自行车在数量和市场份额上一路萎缩。1992年反倾销前，我国出口到欧盟的自行车整车约为200万~300万辆/年；2009年降至72万辆，仅占欧盟市场的2.4%；2010年为87.2万辆，占欧盟市场的3%。我国自行车出口因此遭受的损失为2亿~3亿美元/年，在欧盟实施反倾销措施期间至少损失40亿美元。

食　品

食品工业是指主要以农业、渔业、畜牧业、林业或化学工业的产品为原料，制造、提取、加工成食品或半成品，具有连续而有组织的经济活动的工业体系。

入世后，面对全球市场环境和新的贸易规则，我国食品工业现有的体制、机制及营销体系受到冲击。国外企业及产品大量进入中国市场，使国内企业受到冲击，尤其是国际跨国企业具有先进的生产技术和检测手段，高产量、高标准、低成本的产品对我国的食品工业、食品市场形成了严峻挑战。2012年，我国食品工业出口交货值占销售产值的4.62%，比上年回落0.5个百分点。目前，行业运行面临食品工业利润和食品进出口额增幅收窄、食品价格波动较大、食品安全有待加强等问题。

一、我国食品工业出口遭遇传统贸易救济措施情况

（一）2012年，保障措施是我国食品工业遭遇贸易救济调查的唯一形式

据中国贸易救济信息网统计，2002—2012年，全球对华食品工业共发起贸易救济调查36起，占全球对华贸易救济案件总数的3.58%，其中，反倾销13起，占全球对华食品工业贸易救济调查总数的36.1%；保障措施22起，占比61.1%；特别保障措施1起；无反补贴案件。

保障措施调查是我国食品工业遭遇的最主要的贸易救济手段，并且新立案呈上升之势。从2002年开始，针对食品工业的保障措施调查基本是在年均2起左右，2009年立案4起，2012年5起（图7-40）。

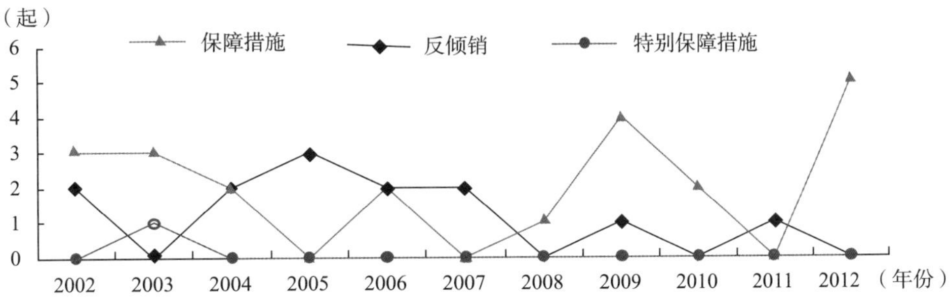

图7-40　2002—2012年国外对华食品工业贸易救济调查新立案年度走势

（二）发展中国家是保障措施的主要发起者

在国外对华食品工业发起的36起贸易救济调查中，发达国家（地区）共发起10起，占案件总数的27.8%；发展中国家发起20起，占案件总数的55.6%；转型经济体发起6起，占比16.7%；其中，

欧盟发起的案件最多，共6起，占比16.7%；智利4起，占比11.1%；印度尼西亚3起，占比8.3%。发展中国家是对华食品工业贸易救济调查的主要发起者（图7－41）。

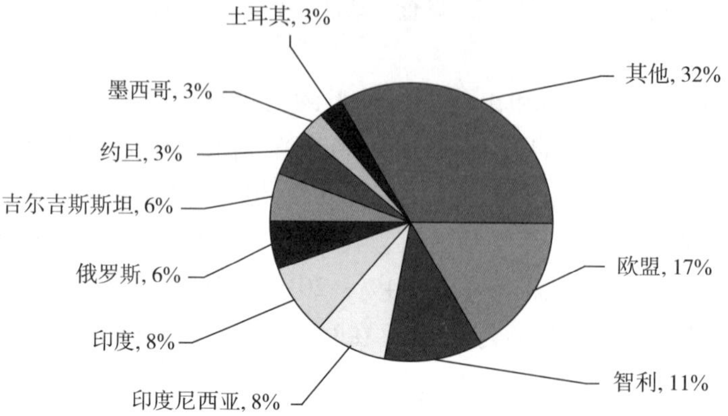

图7－41　2002—2012年国外对华食品工业贸易救济调查发起国（地区）分布情况

从反倾销案件来看，发达国家（地区）是主要发起者。在全球对华食品工业的13起反倾销调查中，发达国家（地区）发起8起，占对华食品工业反倾销案件总数的61.5%；其余5起案件均由发展中国家（地区）发起，占比38.5%。其中，欧盟发起的调查最多，共4起；其次为澳大利亚，2起。

从保障措施来看，发展中成员是主要发起者。在针对食品工业发起的22起保障措施调查中，智利4起，约旦2起，印度尼西亚2起，吉尔吉斯斯坦2起，俄罗斯2起，摩尔多瓦、匈牙利、欧盟、印度、土耳其、克罗地亚、巴西、南非、埃及、越南各1起。2012年，共有5个国家对华食品工业发起5起贸易救济调查，同比增加4起，这5起案件均为保障措施调查，发起国分别为巴西、印度尼西亚、南非、埃及和越南。保障措施逐渐成为国外对我国食品工业实施贸易救济措施的主要手段。

欧盟是对华食品工业特别保障措施调查的唯一发起者，即2003年欧盟对自中国进口的柑橘罐头特别保障措施调查案。

（三）涉案产品以蔬菜、水果罐头为主

在国外对华食品工业发起的36起贸易救济调查中，涉及蔬菜、水果罐头的案件最多，共7起，占案件总数的19.5%；4起案件涉及食品及饲料添加剂，占案件总数的11.1%。

二、我国食品工业出口遭遇的其他贸易保护措施情况

（一）知识产权

据中国贸易救济信息网统计，2004年，美国对我国输美宠物食品发起337调查；2007年，美国对我国输美三氯蔗糖及含有三氯蔗糖的甜味剂发起337调查，2起案件均涉及专利侵权问题。

（二）技术性贸易措施

1．我国输日食品频遭日本扣留

据中国贸易救济信息网统计，2006—2012年，日本检验检疫机构共发布食品扣留通报8740批次，其中，除中国台湾、中国香港、中国澳门外，日方扣留的中国输日食品共计2410批次。2012年，在日本扣留中国输日的233批次食品中，农产加工食品共计74批次，其次为水产加工食品，共61批次。日本扣留中国输日食品的主要原因是成分规格不合格。

2．涉及食品工业的技术性贸易措施及其对我国的影响

近年来，国外的技术性贸易措施已成为制约我国食品出口的最大障碍。美国、日本、欧盟等发达国家（地区）在食品质量、卫生检验检疫、标签和包装、环境保护以及出口企业认证等方面都有严格

的规定。

（1）美国

美国的农产品及食品质量安全管理机构有农业部、食品和药品管理局、国家环境保护局，通过制定完整的保障农产品及食品安全的法律法规和标准体系，规范国内农产品及食品的生产加工，同时将不符合标准的国外产品拒之门外。例如，美国规范食品安全的法律法规有《食品、药品和化妆品法》、《公平包装和标签法》、《公共卫生服务法》、《联邦肉类检验法》、《蛋类产品检验法》、《家禽产品检验法》、《食品质量保护法》、《茶叶进口法》、《婴儿食品法》等，对进口食品的包装、认证及检验检疫方法均作了详细的规定。

美国是世界上对农产品及食品标签要求最严格的国家之一，食品标签多达22种，而且逐年修订补充。美国要求所有包装食品应有食品标签，强化食品还要有营养标签，而且必须标明至少14种营养成分的含量。继欧洲爆发疯牛病和口蹄疫后，美国农业部发布了强制性原产地标签项目的规则，即牛肉、羊肉、猪肉的切块肉、碎牛肉、碎羊羔肉、碎猪肉、饲养鱼和甲壳类动物、易腐烂的农产品及花生必须在零售时标明原产地，鱼和甲壳类动物还须标明是家养还是野生。

同时，美国制定了一系列环境保护法规，对进口产品形成绿色壁垒。例如，美国食品和药品管理局规定，自1995年6月1日起，凡是出口到美国的鱼类及其制品必须加贴美方证明的来自未污染水域的标签。

（2）日本

日本是我国农产品及食品出口的主要目标市场，也是实施技术性贸易措施最多的国家之一。其实施的主要措施包括：食品质量安全与卫生要求、药物残留的最高限量标准、严格的动植物卫生检验检疫制度、复杂的合格评定程序和质量认证制度。

日本的食品安全管理机构主要是农林水产省和厚生劳动省。日本规范食品安全的法律法规有《食品卫生法》、《食品与日用消费品管理法》、《蔬菜水果进口检验法》、《肉类制品进口检验法》、《包装与标签法》、《家畜传染病预防法》、《动植物防疫法》等。

2006年5月29日，日本正式对进口农产品实施技术标准十分苛刻的《食品中残留农业化学品肯定列表制度》（简称肯定列表制度）。日本通过该制度对所有化学品残留均规定了限量标准，新增51392个限量，涉及302种食品、799种农业化学品、54782个限量标准。同时，禁止使用15种农药、兽药，全面提高了进口农产品的技术门槛和市场准入标准。肯定列表制度堪称目前世界上最为严苛的一套残留限量标准体系，规定只有符合这套标准要求的食品才能进入日本市场。

对于植物检疫，凡属日本国内没有的病虫害，来自或经过发生该病虫害国家的寄生植物和土壤均严禁进口；作为食品或食品原料的动植物、农产品还需接受卫生防疫部门的食品卫生检查；对强制性检查食品，要逐批进行百分之百的检验，对不同时间进口的相同商品，则规定每次必须检验。而对日本国内的同类产品则只需一次性检验即可。

农产品身份证是日本实施的一项特殊的质量认证制度。除此之外，日本还建立了优良农产品认证制度，对在生产和销售过程中能正确进行身份管理的优良农副产品给予认证，授予认证标志，申请身份认证的农副产品，必须标明该产品的生产者、产地、收获和上市日期及使用化肥和农药的名称、数量和日期等，拥有认证标志的农副产品方可进入日本市场。

（3）欧盟

目前，欧盟针对农产品及食品进口设置的技术性贸易措施主要有：食品安全、动植物检验检疫法规、农药残留标准要求、动物福利要求等。

针对20世纪90年代中期频发的食品安全危机，欧盟于2000年1月发表了《食品安全白皮书》，提出 80 多项保证食品安全的计划，要求食品卫生责任首先由生产方承担，食品从饲料开始，经过农田到餐桌的整个链条都要保证安全。自 2006 年 1 月 1 日起，欧盟国家开始实施新的《欧盟食品及饲料安全管理法规》，对欧盟各成员国生产的及从第三国进口到欧盟的水产品、肉类食品、肠衣、奶制品及部分植物源性食品的官方管理与加工企业的基本卫生等都提出了新的规定，否则将被禁止进入欧盟市场。

欧盟共制订农药残留限量标准 17000 多项，对无标准可参照的农药推行“一律标准”。2002 年 2 月，欧盟对我国茶叶中农药残留的检验种类从 20 世纪 80 年代的 6 种扩大到 62 种，农药最大残留量的标准提高 10～100 倍，致使当年我国出口到欧盟的茶叶数量大幅减少。

此外，欧盟还提出动物福利要求。以欧盟对动物福利的新规定为例，向欧盟出口的生猪出生后要吃 13 天母乳，不可用水泥修建猪栏以满足猪拱食泥土的天性，还要在猪栏里铺上稻草，运输生猪的过程中要每隔 8 小时让猪休息 24 小时，宰杀前要先将猪电晕才能进行宰杀，以减少宰杀产生的痛苦。对比这些标准，我国养殖企业还有较大差距。

三、越南对精制豆油和精制棕榈油发起保障措施调查

2012 年 11 月，越南植物油工业总公司 Vocarimex 展开了一项关于限制植物油进口的调查，并发起提案限制植物油进口。在调查开始后一个月，2012 年 12 月 26 日，越南对精制豆油和精制棕榈油发起保障措施调查。

越南工商部下设的竞争管理部门（CAD）调查发现，2009—2010 年，越南国产植物油占全国 52% 的市场份额，其余 48% 由进口植物油占据。但是到 2011 年，这种平衡的格局被打破，进口植物油销售快速增长。2012 年，越南国产植物油的市场占有率降至 27%，而进口植物油则占据了 73% 的市场份额。东盟签署的自由贸易协定迫使越南放开国内植物油市场，将植物油进口关税由 5% 降至零关税。这一优惠措施的出台导致越南植物油进口大幅攀升。而植物油正是我国与东盟执行自由贸易协定后的主要贸易产品之一。

造　纸

造纸行业是制造各种类别纸制品的行业，是一个与国民经济发展息息相关的重要产业，涉及林业、农业、机械制造、化工、电气自动化、交通运输、环保等多个行业；同时又是一个技术密集、工艺复杂、资源消耗量大、产生污染物多的行业。本文所涵盖的造纸行业涉案产品主要为国民经济行业分类 2 位码 22（造纸和纸制品业）项下的部分产品。

一、我国造纸行业贸易现状及贸易摩擦形势概况

我国各类纸及纸板进口量自 2005 年开始连续 5 年下降，2005—2009 年的降幅分别为 14.58%、15.84%、9.07%、10.72% 和 6.7%；2010 年与 2009 年基本持平；2012 年，我国共进口纸及纸板 311 万吨，同比下降 6.04%。进口量较大的品种有箱纸板、白纸板、涂布印刷纸和未涂布印刷书写纸，合计 226 万吨，约占纸及纸板总进口量的 72.7%。

2005—2012 年，我国纸及纸板出口缓慢增长，平均增幅为 17.7%。2012 年，我国共出口纸及纸板 513 万吨，同比增长 0.79%。出口量较大的品种有涂布印刷纸、未涂布印刷书写纸、生活用纸、白纸板和特种纸及纸板，合计 479 万吨，约占纸及纸板总出口量的 93.4%（图 7－42）。

2009 年，我国超越美国成为全球最大的纸与纸板生产国，2010 年国内纸及纸板生产企业达 3700 多家，产量为 9270 万吨，2000—2010 年的年均增速达到 11.8%，占世界总产量的比例也由 1995 年的 8.6% 提升至 2010 年的 23.5%。2012 年，我国机制纸及纸板产量为 11375 万吨，产量再创新高，继续

保持全球第一。

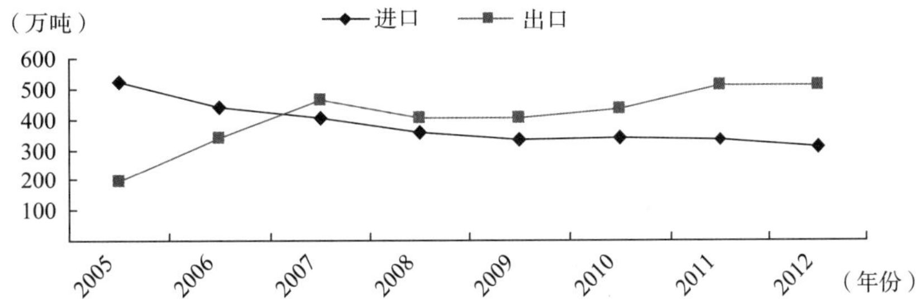

图7－42　2005—2012年我国纸及纸板进出口贸易年度走势

数据来源：中国造纸协会

随着金融危机的爆发，全球经济低迷，发达国家（地区）纸张生产和需求均有不同程度的下降，一些国家对我国纸张出口量增长十分关注，再加上全球范围内的贸易保护抬头，近年来我国纸制品随着品质提高、市场竞争加剧，以及出口量不断增加，世界各国制约我国纸制品出口的贸易保护措施有增长的趋势。目前，我国造纸行业遭遇的贸易摩擦主要是反倾销、反补贴等传统的贸易救济措施。

二、我国造纸行业出口遭遇传统贸易救济措施情况

据中国贸易救济信息网统计，2002—2012年，国外对华发起的贸易救济调查中涉及造纸行业①的案件32起，占国外对华贸易救济案件总数的3.2%。其中，反倾销19起，占国外对华反倾销案件总数的2.9%；保障措施8起，占保障措施案件总数的3.9%；反补贴5起，占国外对华反补贴案件总数的8.1%。

2002—2012年，我国造纸行业遭国外贸易救济调查新立案数起伏较大。其中，2002—2009年，国外对华造纸行业贸易救济调查新立案数呈曲折上升趋势，并在2009年达到8起的峰值；2010—2012年，国外对华造纸行业新立案数直线下降，尤其是2012年，全年新立案仅1起，为近7年来最低（图7－43）。

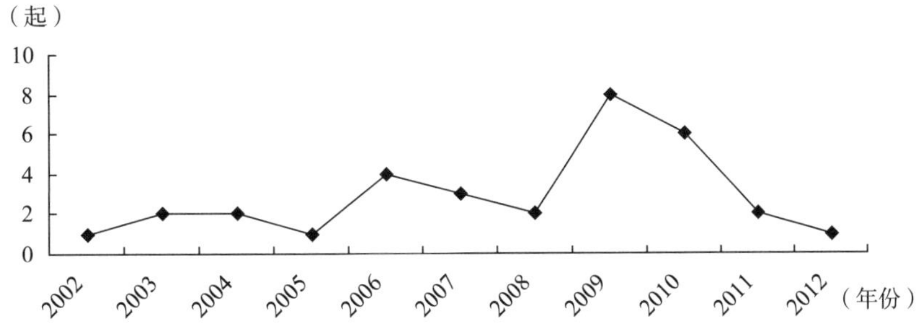

图7－43　2002—2012年国外对华纸制品贸易救济调查立案年度走势

（一）反倾销是国外对华造纸行业实施贸易救济调查的主要手段

2002—2012年，国外对华纸制品共启动32起贸易救济调查。其中，反倾销19起，占比59.4%。反倾销是国外对华纸制品实施贸易救济调查的主要手段。

1. 国外对华纸制品反倾销年均立案1.7起

2002—2012年，国外对华纸制品反倾销案件除2010年达到峰值的4起外，其余每年均为1～2起。

① 本文中的造纸行业主是指造纸及纸制品制造，不包括纸浆制造。

2012 年，国外对华纸制品反倾销新立案再次降至 1 起（图 7－44）。

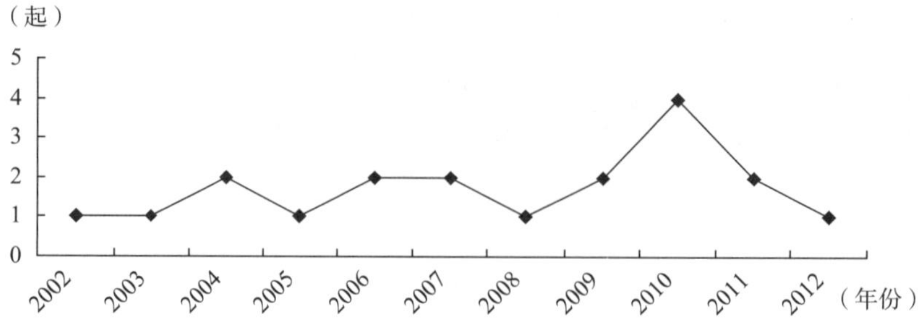

图 7－44 2002—2012 年国外对华纸制品反倾销立案年度走势

2．近年来发展中国家（地区）加大对华纸制品反倾销的力度

2002—2012 年，共有 9 个国家（地区）对华纸制品发起反倾销调查。其中，发达国家（地区）4 个，分别是美国、欧盟、澳大利亚和以色列，共发起反倾销调查 10 起，占国外对华纸制品反倾销调查总数的 52.6%；发展中国家（地区）5 个，分别为阿根廷、巴基斯坦、韩国、泰国和中国台湾，共发起反倾销调查 9 起，占比 47.4%。

虽然在案件数量上，发达国家（地区）总数多于发展中国家（地区），但自 2006 年起（2008 年除外），发展中国家（地区）对华纸制品反倾销力度开始加大。2011 年和 2012 年的对华纸制品反倾销调查均由发展中国家（地区）发起（图 7－45）。

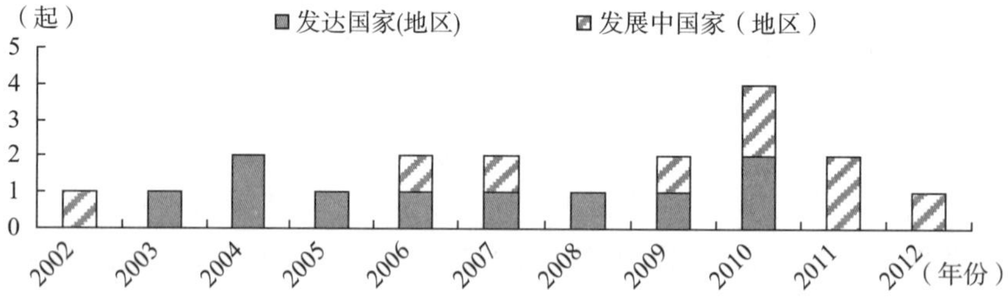

图 7－45 2002—2012 年发达国家（地区）和发展中国家（地区）对华纸制品反倾销年度立案对比

近年来，部分新兴经济体纸制品消费量开始增加，但由于其国内缺乏生产能力，对进口纸制品的需求大幅增加。我国纸制品生产企业在对欧美等成熟市场出口受阻后，将目光逐步转向新兴市场。虽然目前我国造纸业出口量仅占生产总量的 3.3%，但在全球贸易摩擦加剧的大背景之下，对新兴市场出口增长过快同样面临贸易摩擦风险。

3．美国是对华纸制品反倾销立案最多的国家

2002—2012 年，美国对华纸制品发起的反倾销调查多达 6 起，占国外对华纸制品反倾销案件总数的 31.6%；巴基斯坦位居第二，3 起，占比 15.8%；澳大利亚、韩国和中国台湾分列第三，均为 2 起，分别占比 10.5%（图 7－46）。

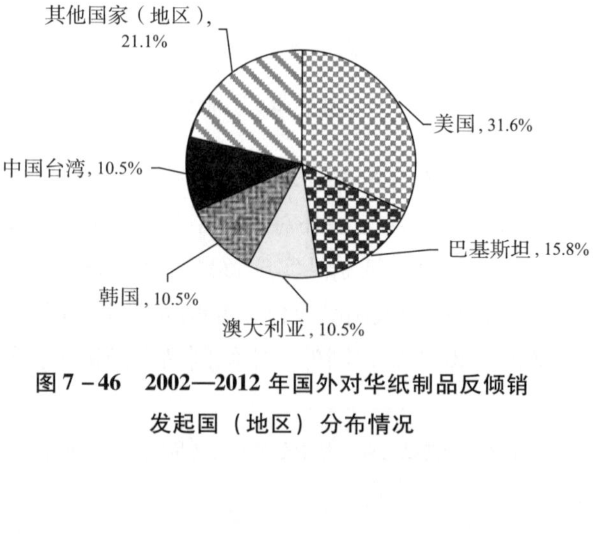

图 7－46 2002—2012 年国外对华纸制品反倾销发起国（地区）分布情况

美国对华纸制品的反倾销调查集中在 2004—2009 年（2008 年未对我国纸制品发起反倾销调查）。其中，2004 年为 2 起，其余年份均为 1 起。涉案的纸制品主要为铜版纸（2 起）、薄绵纸、皱

纹纸、格记录纸和低克重热敏纸。

4. 铜版纸是主要涉案产品

2002—2012 年，国外对华纸制品反倾销调查的产品类别共涉及机制纸及纸板、加工纸、纸和纸板容器以及其他制品四类。其中，涉及机制纸及纸板的案件最多，共 15 起，占国外对华纸制品反倾销案件总数的 78.9%；其他纸制品 2 起；加工纸以及纸和纸板容器各 1 起。单个纸品中，铜版纸涉案最多，共 6 起，占国外对华纸制品反倾销案件总数的 31.6%。

5. 正在实施措施的案件居多

2002—2012 年，在国外对华纸制品发起的 19 起反倾销调查中，仍在实施措施的案件 10 起，占国外对华纸制品反倾销案件总数的 52.6%；因申诉方撤诉终止调查或措施以及调查后认定无倾销而未实施措施的案件共 5 起，占比 26.3%；正在调查的案件 2 起；无损害案件 2 起。

（二）保障措施案件由发展中国家（地区）和转型经济体发起

2002—2012 年，涉及纸制品的保障措施案件有 8 起。其中，2009 年最多，共 5 起，占纸制品保障措施案件总数的 62.5%。此外，2003、2006 和 2010 年各 1 起。2011 和 2012 年均无纸制品涉案。

共有 6 个国家（地区）针对纸制品启动了保障措施调查，没有发达国家（地区）。其中，除多米尼加和印度分别发起 2 起调查外，厄瓜多尔、哈萨克斯坦、菲律宾和海湾合作委员会各发起 1 起。

纸制品保障措施案件涉及的产品较为分散，除多米尼加针对卫生纸启动了 2 次调查外（分别为 2009 和 2010 年），其他产品均涉案 1 起。

目前，在纸制品保障措施案件中，终止调查及终止措施的案件共 5 起，占比 62.5%；无损害的案件 2 起；仍在实施措施的案件 1 起。

截至 2012 年底，国外尚未对我国纸制品发起过特别保障措施调查。

（三）反补贴案件集中于铜版纸

自 2006 年美国对华铜版纸启动反补贴调查以来，我国纸制品共遭遇 5 起国外反补贴调查，2006—2010 年每年各发生 1 起，且均由发达国家（地区）发起。其中，美国对华纸制品发起的反补贴调查最多，共 3 起，占比 60.0%；欧盟和澳大利亚各 1 起。

铜版纸是我国遭受国外反补贴调查的主要纸品，共 3 起案件，分别为 2006 和 2009 年美国发起的对华铜版纸反补贴调查以及 2010 年欧盟发起的对华铜版纸反补贴调查。

中国造纸行业近年来的快速发展与全球造纸产业的相对平稳形成鲜明对比，我国部分纸制品的出口对国际上老牌造纸强国的固有利益有所影响，这也是我国造纸行业近期遭遇欧美国家反倾销和反补贴调查的深层次原因所在。

三、典型产品案件分析

欧盟对华铜版纸反倾销和反补贴案

近年来，随着国内铜版纸行业的高速发展，生产规模不断扩大导致整个行业产能压力激增，提升海外市场销售比例成为消化新增产能的重要手段，但随之而来的贸易摩擦不断增加。

2010 年 2 月，欧盟委员会对华铜版纸发起反倾销调查，当年 4 月又发起了反补贴调查。这是欧盟首次对中国产品动用反补贴措施，开创了欧盟针对中国产品“双反”的先例。在此之前，美国已对从中国进口的铜版纸征收“双反”税。2011 年 5 月 14 日，欧盟对原产于中国的铜版纸作出反倾销和反补贴终裁。涉案产品在欧盟合并关税编码 ex48101320、ex48101380、ex48101420、ex48101480、ex48101910、ex48101990、ex48102210、ex48102290、ex48102930、ex48102980、ex48109210、ex48109230、ex48109290、ex48109910、ex48109930、ex48109990 下。其中，反倾销税率为 8%～35.1%；反补贴税率为 4% ~12%。

此次欧盟对华铜版纸反倾销和反补贴调查为紧随美国的步伐发案。欧盟在 2010 年 2 月中旬提起的对华铜版纸的反倾销调查是在 2009 年 11 月 6 日美国对原产于中国和印度尼西亚的铜版纸作出反倾销和反补贴产业损害初裁后不久。而 4 月的反补贴调查，则是在 2010 年 3 月 2 日美国商务部对华铜版纸双反案作出反补贴初裁裁决之后发起的。

我国铜版纸对欧盟的出口量较小。2009 年，我国对欧盟出口铜版纸 20.2 万吨，同期欧盟的市场需求为 630.7 万吨，我国出口铜版纸仅约占欧盟铜版纸需求总量的 3%。如此小的市场份额不可能对欧盟产业造成损害。连续的“双反”调查，使我国铜版纸出口雪上加霜，而出口产品回流国内，铜版纸供给过剩的程度也将进一步挤压国内市场。

纺　织

纺织业包括化纤产品、棉纺织品、毛纺织品、丝绸制品、麻纺织制品、印染制品、色织产品、针织产品、服装、家用纺织品、产业用纺织品等。

一、后金融危机时期我国纺织品服装外需市场仍处低迷状态

入世为我国纺织业带来了发展契机，自 2005 年开始突破千亿美元出口大关，直至金融危机爆发后，出口增速开始放缓。2009 年，我国纺织品服装出口出现负增长，2010 年起扭转跌势，之后保持增长态势。2012 年，金融危机后的全球经济复苏路径并不平坦，世界经济整体下滑趋势并未改变，外需难于提振。美国自全球进口纺织品服装总额同比下降 0.9%，欧盟进口下降 5.0%，日本进口仅增长 1.7%。受此影响，2012 年，我国纺织品服装出口 2549.2 亿美元，在全年中有半数的月份出口减少，出口增幅为近 10 年最低，仅增长 2.8%。其中，服装出口增幅超过纺织品。服装出口 1591.4 亿美元，增长 3.9%，纺织品出口 957.8 亿美元，增长 1.2%（图 7 -47）。

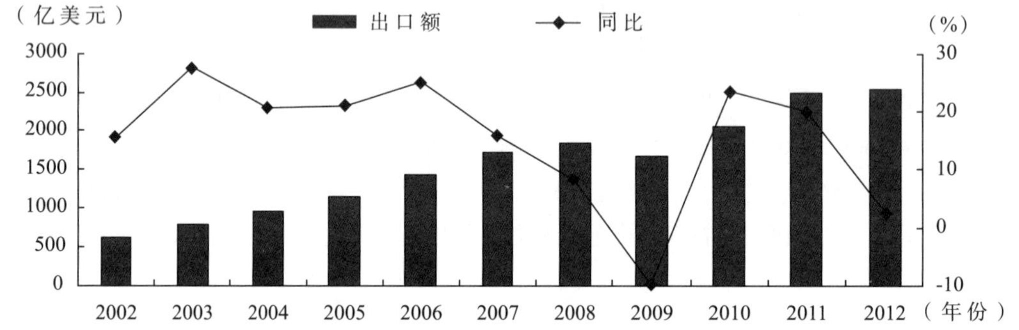

图 7 -47　2002—2012 我国纺织品服装出口额及同比增幅年度走势

数据来源：中国纺织品进出口商会

随着东南亚国家加工能力的提升和我国人口红利的逐渐消失，2011 年，我国纺织品服装在主要市场中所占份额开始出现下降，这一趋势在 2012 年继续扩大。据欧盟海关统计，2012 年，在欧盟市场上，自中国进口的纺织品服装占比 40.1%，比 2011 年缩小 1 个百分点，其中，服装占比降至 42.2%，缩小 2 个百分点；2012 年，自东盟进口纺织品服装占比升至 8.2%，比上年扩大 0.6 个百分点，其中，服装占比 10%。订单转移现象在日本市场表现得最为突出。2012 年，日本自中国进口纺织品服装占比 73.2%，比 2011 年缩小 1.7 个百分点，其中，服装占比 77.2%，缩小 2.7 个百分点；日本自东盟进口纺织品服装占比则升至 13.7%，其中，服装占比升至 13.1%，分别比 2011 年扩大 1.6 个百分点和 2.1 个百分点。中国产品在美国市场的份额相对稳定。据美国海关统计，2012 年，美国自中国进口纺织品

服装在美国市场占比 39.2%，比上年扩大 0.2 个百分点；美国自东盟进口占比 18.6%，与上年基本持平①。订单转移已经成为我国纺织服装业面临的主要困境之一。

在全球经济缓慢复苏的大背景下，东盟等新兴市场国家通胀压力也普遍加大，经济增长放缓，国内政策调整空间减小，贸易保护措施则相应增多。同时，由于多数新兴市场国家的经济结构与我国类似，以生产劳动密集型纺织品服装为主，也希望通过对外贸易实现纺织工业化，因此对本国纺织品服装出口的贸易保护相应增多。近年来，我国纺织业面临的贸易摩擦形势更加严峻，种类也更趋多样化。目前，纺织业的贸易摩擦趋势已经转变为美国、欧洲、日本三大出口目的地市场发起的贸易摩擦案件逐渐减少，发展中国家发起的贸易摩擦案件逐渐增加。

二、我国纺织品服装出口遭遇贸易救济措施情况

由于我国纺织品服装在成本、规模和质量等方面在国际市场上具有强大的优势。为了遏制我国纺织品服装及相关产业的发展，特别是纺织产业在其国民经济中占有重要地位的发展中国家，从维护自身经济利益角度出发，竞相对我国出口产品实施贸易救济措施。

（一）保障措施将成为全球针对纺织品服装贸易救济调查的重要手段

据中国贸易救济信息网统计，2002—2012 年，我国纺织品服装共遭遇国外发起的贸易救济调查 140 起，占全球对华贸易救济案件总数的 13.9%。其中，反倾销 61 起，占全球对华纺织品服装贸易救济调查总数的 43.6%；特别保障措施 56 起，占比 40.0%；保障措施 22 起，占比 15.7%；反补贴 1 起。2012 年，国外对华纺织品服装发起贸易救济调查 6 起。其中，反倾销 3 起，保障措施 3 起（图 7－48）。

从近年的案件走势来看，保障措施案件呈上升之势。从 2002 年开始，保障措施案件年均立案 2 起左右，2009 年立案 2 起，2011 年为 4 起。2010—2012 年，保障措施立案超过（2012 年持平）反倾销案件，呈增长之势。

纺织业曾是对华特别保障措施调查第一大涉案产业。为避免 2005 年 1 月 1 日全球纺织品服装配额取消后中国纺织品服装出口大幅增长以及在美国市场占据份额的突增，2004 年和 2005 年全球集中对华纺织业发起特保调查，2005 年多达 34 起，随后大幅减少；2010 年之后没有针对中国纺织品服装的特保调查。

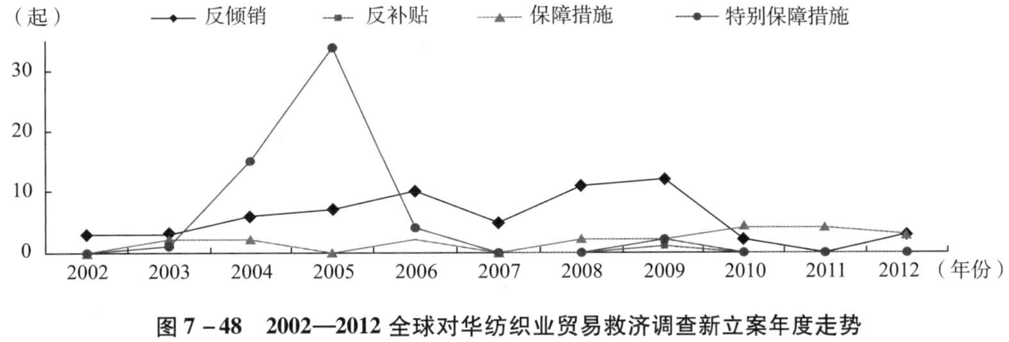

图 7－48 2002—2012 全球对华纺织业贸易救济调查新立案年度走势

（二）新兴经济体逐渐成为对华纺织品服装贸易救济调查的主要发起国

在国外对华纺织业发起的 140 起贸易救济调查中，发达国家（地区）发起 52 起，占案件总数的 37.1%；发展中国家（地区）发起 82 起，占比 58.6%；转型经济体发起 6 起，占比 4.29%。其中，

① 2012 年全国纺织品服装出口概况，《中国纺织报》

美国发起的案件最多，共 41 起，占比 29.3%；土耳其 16 起，位居第二，占比 11.4%；哥伦比亚 13 起，位居第三，占比 9.3%；欧盟 12 起，位居第四，占比 8.6%。美国和欧盟是中国纺织品服装的主要出口市场，约占中国纺织品服装出口总额的 25%，而由美国和欧盟对华纺织业发起的贸易救济调查合计占国外对华纺织业贸易救济案件总数的 37.9%。2012 年，发展中国家（地区）与转型经济体对华纺织业发起的贸易救济案件已超过发达国家（地区）（图 7－49），新兴经济体逐渐成为对我国纺织品服装采取贸易救济措施的主要国家。

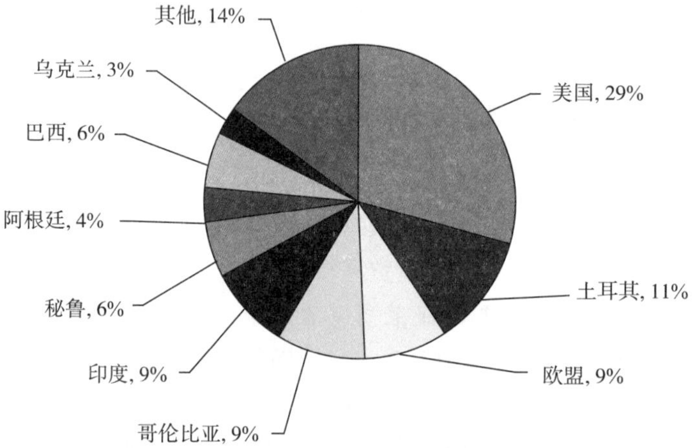

图 7－49　2002—2012 年国外对华纺织业贸易救济案件发起国（地区）分布情况

1. 拉美国家逐渐成为对华纺织品服装反倾销调查的主要发起者

在国外对华纺织业发起的 61 起反倾销调查中，发达国家（地区）发起 6 起，占比 9.8%；其余 55 起反倾销调查均由发展中国家（地区）发起，占比 90.2%。其中，土耳其共启动 16 起反倾销调查，居首位；其次为哥伦比亚，13 起；印度，12 起；秘鲁，8 起。2012 年，国外对华纺织业发起的反倾销调查中，发起国分别为秘鲁、巴基斯坦和巴西。

2. 土耳其和乌克兰是针对纺织品服装的保障措施调查的主要发起者

2002—2012 年，在针对纺织品服装发起的 22 起保障措施调查中，土耳其发起 4 起，乌克兰 3 起，印度尼西亚 3 起，埃及 3 起，秘鲁 2 起，印度、哥伦比亚、白俄罗斯、泰国、多米尼加、摩洛哥和欧亚经济委员会各 1 起。2012 年，针对纺织品服装的保障措施调查的发起国为泰国、欧亚经济委员会和埃及。

2012 年，欧亚经济委员会对华发起的反倾销和保障措施调查逐渐增多，包括纺织业在内共发起 1 起反倾销调查、3 起保障措施调查。随着 2012 年俄罗斯正式加入 WTO，其使用世贸规则特别是贸易救济措施保护自身利益的意识有所增强。

2010 年中国—东盟自由贸易区正式启动，许多东盟国家将其与中国贸易的商品关税降至零，市场的开放导致进口产品的增长。根据东盟自由贸易区协定的有关条款，东盟中的马来西亚、泰国、印度尼西亚、新加坡、菲律宾及文莱等 6 个成员国，一旦发现该国的产品在自由贸易区市场中受到影响，进而导致相关领域及行业受损，该成员国可以采取紧急措施（即保障措施）予以保护。2012 年 12 月，泰国对机织物发起保障措施调查，我国纺织品服装出口泰国首当其冲受到影响，目前此案仍在调查中。

（三）涉案产品以纺织品为主

在全球对华纺织业发起的 140 起贸易救济调查中，89 起涉及纺织品，占比 63.6%；51 起涉及服装，占比 36.4%。2012 年，在国外对华纺织业贸易救济调查中有 5 起涉及纺织品。

反倾销和保障措施主要针对纺织品。在全球对华纺织业启动的 61 起反倾销调查中，56 起案件涉及纺织品，占比91.8%；在全球针对纺织品服装启动的22起保障措施调查中，有17起涉及纺织品，占比77.3%。

三、技术性贸易措施

（一）我国纺织品服装出口频遭国外产品安全召回

近年来，针对纺织品服装的贸易保护主义形式从贸易救济逐渐转变为技术性贸易壁垒，同时，我国出口产品执行标准与国际标准对产品质量界定存在差异及信息沟通不畅等问题。

据中国贸易救济信息网统计，近年来，欧盟非食品类快速预警系统（RAPEX）对华服装、面料及时尚用品的通报数量呈迅速增长态势。2006年仅16项；2007年同比增长43.8%，共23项；2008年继续增至52项；2009年大幅增长3倍以上，共222项；2010年同比增长47.3%，共327项；2011年同比下降38.5%，共201项。2012年，从欧盟非食品类快速预警系统对华产品通报的类别来看，服装、面料及时尚用品类产品占第二位，共308项，占比27.5%。此外，2012年，在加拿大卫生部针对中国产品的146项召回通报中，涉及服装产品的召回通报共15项，占比10.3%，同比增长15.4%。

从召回中国纺织品服装的原因看，主要是人身伤害危险。

（二）涉及纺织业的技术性贸易措施及对我国的影响

1. 生态纺织品技术标准

目前，我国纺织品服装出口面临的技术性贸易措施主要有：生态纺织品标准（包括国际生态纺织品标准——Oeko－TexStandard100）、绿色标志以及绿色技术法规等。

由于生态纺织品代表了全球消费和生产的新潮流，Oeko－TexStandardl00已成为全世界生态纺织品生产和流通的绿色通行证。Oeko－TexStandardl00由国际纺织生态学研究测试协会负责制定和修订。该标准自1992年问世以来每年都会作出修订，已成为全球影响最大和最具权威的生态纺织品技术标准。

Oeko－TexStandardl00以限制纺织品最终产品的有害化学物质为目的，强调产品本身的生态安全性。标准涉及的有害物质限量或项目考核主要包括：pH值、甲醛、致敏染料、致癌染料、重金属、杀虫剂、邻苯二甲酸酯、色牢度、挥发性、气味测试等。纺织品如经测试，符合标准中所规定的条件，厂家可获得授权在产品上悬挂Oeko－TexStandard100标签。该标签的有效期为1年，期满后可以申请续期。Oeko－TexStandardl00的优点主要体现在其实行公开自愿的申请原则，这符合WTO的非歧视性、透明性、公开性贸易原则。

Oeko－TexStandardl00的实施有利于促进各国提高技术水平和产品质量，促进国际贸易的有序和可持续发展，有益于人类的健康和环境的安全；但也极易成为发展中国家的贸易障碍，导致其纺织品成本提高，市场竞争力下降。

2. 美国纺织品易燃标准

美国消费品安全委员会（CPSC）修订了纺织品易燃标准，该法规从2009年9月22日起生效。受该项标准规管的产品是服装以及用于制衣的面料。该标准适用于所有服装及其面料，无论是成人服装还是童装，无论是日常服装或是睡衣。CPSC还有其他有关儿童睡衣易燃性的规定，这类规定比一般服装适用的纺织品易燃标准更为严格。

包括美国在内的许多发达国家（地区）都对部分纺织品服装的阻燃性能提出了强制性的要求。我国在这方面与发达国家（地区）相比还比较落后，需进一步健全和完善纺织品服装的阻燃性能技术法规和标准。

2012年，美国消费品安全委员会修订了纺织品易燃标准，该法规从2012年9月22日起生效。该项最终法规包括以下修订：增加并修改了某些定义以消除概念混淆的情况；（采用）更为先进的易燃性测试仪；改变了干洗步骤；修改了服装翻新整修方法以更好地反映现代洗衣及干洗技术；澄清了有关被测面料的面和织物方向的选择；澄清了何时检测 5 个额外样本；澄清了如何实施可燃性测试；澄清何时发生面料基布被燃；澄清计算布料被点燃次数和确定基布燃烧这种情况的方法；澄清起绒表面织物测试结果的报告方式；具体说明了 CPSC 实验室测试手册上的测试结果代码。

3. 欧盟 REACH 法规

欧盟 REACH 法规（全称为《化学品注册、评估、许可和限制法规》）。该法规于 2007 年 6 月 1 日正式生效，其主要内容是通过建立一个全面的化学品生产、进口监管系统，对欧盟境内生产、使用和在市场上销售的化学品进行监控管理，目的在于保护人类健康和自然环境不受到化学品的负面影响。

纺织业属于化工行业的下游产业。纺织纱线、面料的染整过程中会使用到各种含有化学成分的染料、助剂、整理剂等。这些纱线、面料和由其制成的纺织品服装不可避免地含有一些化学物质。这些化学物质就是 REACH 法规所监管“物品中的化学物质”。REACH 法规的实施进一步加大了纺织品服装出口企业的生产成本，降低了我国出口纺织业下游产品在欧盟市场的竞争力。完成注册、许可程序需要提供大量的材料，其中包括一些必须通过复杂的技术检测和评估才能取得的报告，企业需要为此支付高额费用（包括检测、评估、注册、许可费用等）。

2012 年 6 月 18 日，欧盟化学品管理署正式发布了第七批 13 种 SVHC 物质，候选清单达到 86 种物质。这些物质重点涉及纺织等行业。为此，我国纺织行业应积极采取有效应对举措，调查所使用的物料成分清单，积极开展替代物质研究，改进生产工艺，确保出口产品符合欧盟最新法规要求。

四、典型产品案件分析

美国对华窄幅织带反倾销和反补贴案

2009 年 7 月 23 日，美国商务部对原产于中国的进口窄幅织带发起反倾销和反补贴调查。这是美国对中国纺织品发起的首起“双反调查”，也是后配额时代美国对中国纺织品启动的第一起贸易救济调查。我国有 100 多家内地企业涉案，据中国海关统计，2009 年，我国该类涉案产品出口额达 1300 万美元。2010 年 7 月 19 日，美国商务部对该案作出反倾销和反补贴终裁，裁定中国涉案企业的倾销幅度为 0～247.65%，补贴率为 1.56%～117.95%。中国内地企业除姚明织带公司获零关税外，其他出口企业均需缴纳 123.83%～247.65% 的反倾销税；姚明织带公司获得了国内最低的反补贴税率 1.56%。

目前，国外对华纺织品发起的贸易救济调查中，涉及原材料（各种纱、纤维）、布类以及织物的占比很大，随着我国纺织业的发展，企业既需要开拓新的海外市场，又需要不断向上游和高端完善产业链条，在此过程中积极应对贸易摩擦，已经成为企业国际战略的重要组成部分。

第八章　我国高新技术产品贸易壁垒分析

随着我国高新技术产品贸易规模不断扩大，我国高新技术产品出口遭遇的贸易保护措施越来越频繁，与此同时，各国对高新技术产品的出口限制规定日趋完善，对我国高新技术产业的发展也造成了一定的影响，应引起企业的重视。

第一节　我国高新技术产品贸易情况

2012 年，我国高新技术产品①贸易规模继续保持扩大之势，但增长速度呈放缓趋势；我国高新技术产品进出口整体处于贸易顺差，顺差主要来自出口最大的计算机与通信技术产品。

一、我国高新技术产品进出口虽增速放缓，但 2012 年仍呈扩大之势

据我国海关统计，2012 年，我国高新技术产品贸易规模达 11080.4 亿美元，继续保持扩大之势，与 2001 年 992.4 亿美元的贸易规模相比增长近 10 倍。但其增长速度却在波动中呈放缓趋势，2012 年，我国高新技术产品进出口增速为 9.9%，虽高于全国进出口贸易总体增速 3.3 个百分点，但与 2011 年相比放缓 1.8 个百分点，与其历史最高 63.5% 的增速相比，降幅明显。

2012 年，我国高新技术产品进口 5067.5 亿美元，同比增长 9.5%，进口增速比上年放缓 2.7 个百分点，在我国总进口中占比 27.9%；出口 6012.0 亿美元，同比增长 9.6%，出口增速比上年放缓 1.9 个百分点，在我国总出口中占比 29.3%（图 8－1）。

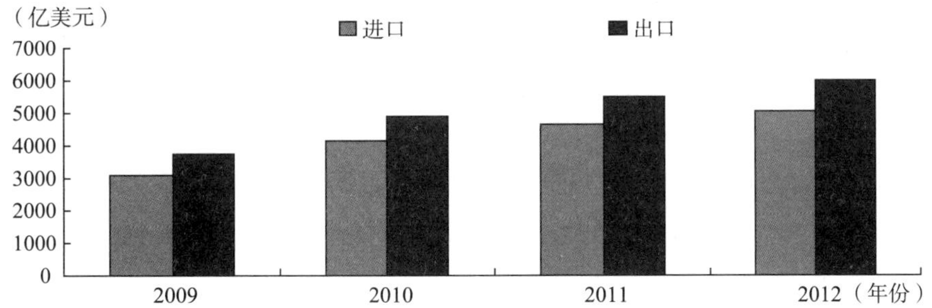

图 8－1　2009—2012 年我国高新技术产品进出口年度对比

数据来源：中国海关

① 高新技术产品是指以新原理、新技术、新工艺、新材料生产出来的，具有较高科技含量和较高附加价值的产品。可分为计算机与通信技术、生命科学技术、电子技术、计算机集成制造技术、航空航天技术、光电技术、生物技术、材料技术和其他技术九大领域。

二、我国高新技术产品进口以电子技术产品为主，出口额最大的是计算机与通信技术产品

在2012年高新技术产品进口中，进口最多的是电子技术产品，在高新技术产品进口中占比高达47.0%，进口额为2383.7亿美元，同比增长11.4%；位居第二的是计算机与通信技术产品，占比24.2%，进口额为1224.5亿美元，同比增长15.9%；居第三位的是光电技术产品，占比11.5%，进口额为585.2亿美元，同比增长3.77.9%；计算机集成制造技术产品列第四位，占比7.2%，进口额为363.0亿美元，同比下降22.6%。此外，航空航天技术、生命科学技术、材料技术、生物技术和其他技术进口额占比均低于5%（图8-2）。

在2012年高新技术产品出口中，出口最多的是计算机与通信技术产品，占比高达69.7%，出口额为4192.7亿美元，同比增长6.7%；位居第二的是电子技术产品，占比16.9%，出口额为1015.3亿美元，同比增长17.3%；居第三位的是光电技术产品，占比6.6%，出口额为395.0亿美元，同比增长23.0%。此外，生命科学技术、计算机集成制造技术、航空航天技术、生物技术和其他技术出口占比均不高于4%（图8-3）。

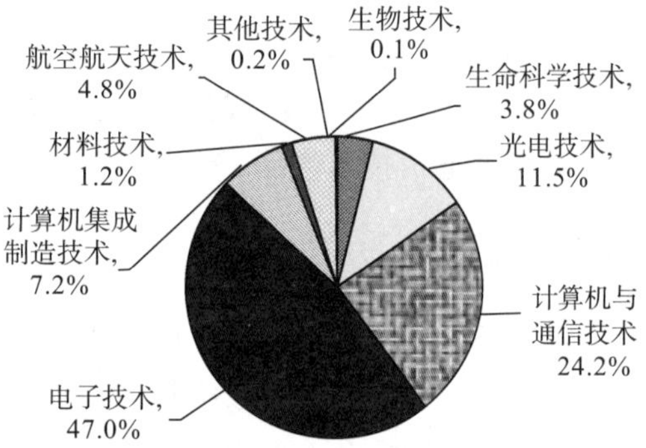

图8-2 2012年我国高新技术产品进口结构分布情况

数据来源：根据中国海关数据整理

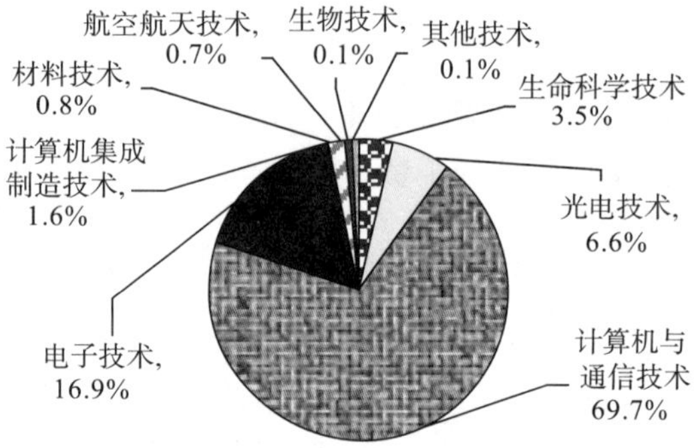

图8-3 2012年我国高新技术产品出口结构分布情况

数据来源：同图8-2

三、我国高新技术产品贸易顺差来自计算机与通信技术和生命科学技术产品

2012年，我国高新技术产品进出口贸易顺差为944.5亿美元，顺差额比上年扩大86.5亿美元。在9类高新技术产品中，仅计算机与通信技术产品和生命科学技术产品的进出口为贸易顺差，其余7类产品均为贸易逆差。其中，计算机与通信技术产品贸易顺差2968.2亿美元，顺差额比上年扩大95.3亿美元；生命科学技术产品贸易顺差15.7亿美元，顺差额比上年缩小4.7亿美元（图8-4）。

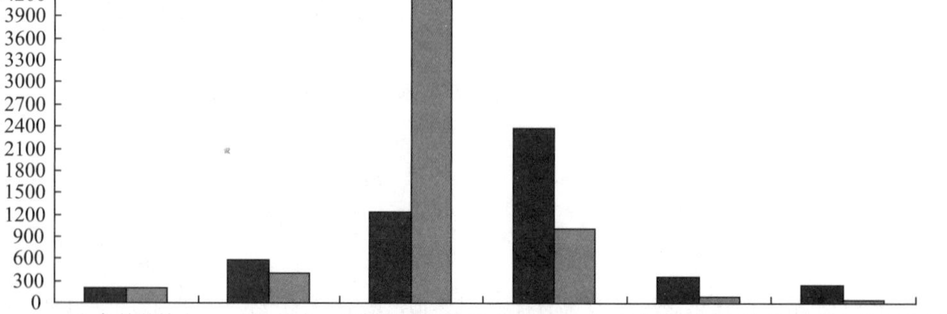

图8-4 2012年我国高新技术产品贸易前六位进出口额对比

数据来源：中国海关

2012 年，我国高新技术产品进出口贸易逆差的 7 类产品分别为：电子技术产品（贸易逆差 1368.5 亿美元）、计算机集成制造技术产品（逆差 264.4 亿美元）、航空航天技术产品（逆差 197.7 亿美元）、光电技术产品（逆差 190.2 亿美元）、材料技术产品（逆差 14.6 亿美元）、其他技术产品（逆差 4.0 亿美元）以及生物技术产品（逆差 0.09 亿美元）。

四、高新技术产品进出口仍以传统贸易伙伴为主

2012 年，我国高新技术产品进口的主要贸易伙伴为韩国、中国台湾、东盟、日本、欧盟和美国，自上述 6 个国家（地区）进口合计占高新技术产品进口总额的 76.7%。其中，韩国首次超越东盟，成为我国高新技术产品第一进口国，而日本是我国前六位贸易伙伴中唯一进口额出现下滑的国家。

2012 年，我国高新技术产品出口的主要贸易伙伴为中国香港、美国、欧盟、东盟、日本和韩国，对上述 6 个国家（地区）出口合计占高新技术产品出口总额的 82.6%。其中，欧盟是我国前六位贸易伙伴中唯一出口额出现下滑的国家①。

第二节　我国高新技术产品出口面临的贸易壁垒

随着我国高新技术产品出口规模的扩大，以及高新技术企业实力的增强，我国高新技术产品出口遭遇的贸易壁垒逐渐增多。而事实上，我国高新技术产品出口遭遇的传统贸易救济调查并不多，但知识产权侵权诉讼却很频繁，此外，发达国家（地区）以“国家安全”为由阻碍我国高新技术企业在海外拓展的案例增多。

一、高新技术产品贸易救济调查数量不多，涉案产品集中在光伏产业

1. 针对中国高新技术产品的贸易救济调查呈增多之势

据中国贸易救济信息网统计，2009 年以前，我国高新技术产品出口并未遭遇国外贸易救济调查。2009 年以后，国外开始对华出口的高新技术产品启动贸易救济调查。2009 年—2013 年 9 月，国外对华高新技术产品启动贸易救济调查 11 起，其中，反倾销调查 7 起，反补贴调查 3 起，保障措施调查 1 起。截至目前，有 3 起案件由于申诉方撤诉已终止调查，其他 8 起案件正在调查或仍在实施贸易救济措施。

2. 欧盟、美国、印度是主要发起国，高新技术产品的贸易摩擦向新兴市场蔓延的风险正逐渐增大

国外对华高新技术产品的 11 起贸易救济调查由 3 个国家（地区）发起，分别是欧盟（6 起）、印度（3 起）、美国（2 起）（表 8－1）。

其中，欧盟对华高新技术产品启动的贸易救济调查涉及反倾销、反补贴、保障措施 3 个形式。2010 年 6 月 30 日，欧盟委员会对进口自中国的无线数据卡（又称无线宽域网络调制解调器）发起反倾销和保障措施调查；同年 9 月 16 日，欧盟委员会又对进口自中国的同一产品发起反补贴调查。该案是欧盟首次对中国输欧的同一产品同时进行反倾销、反补贴和保障措施 3 种调查，涉及中国企业的出口额约 41 亿美元。这是迄今我国遭遇的涉案金额最大的贸易救济调查。2010 年 10 月底，该案申诉方与中国企业达成合作和解协议后提出撤诉。

---

① 《2012 年我国高新技术产品进出口贸易的“变”与“不变”》，海关信息网

表 8－1　2009 年至 2013 年 9 月国外对华高新技术产品贸易救济调查情况

立案时间	案件类型	涉案产品	发起国	案件状态
2009－03－18	反倾销	货物扫描系统	欧　盟	仍在实施措施
2009－04－21	反倾销	SDH 光传输设备	印　度	仍在实施措施
2010－06－30	反倾销	数据卡	欧　盟	申诉方撤诉
2010－06－30	保障措施	数据卡	欧　盟	申诉方撤诉
2010－09－16	反补贴	数据卡	欧　盟	申诉方撤诉
2011－11－16	反倾销	晶体硅光伏电池	美　国	仍在实施措施
2011－11－16	反补贴	晶体硅光伏电池	美　国	仍在实施措施
2012－09－06	反倾销	晶体硅光伏组件及关键零部件	欧　盟	正在调查
2012－11－08	反补贴	晶体硅光伏组件及关键零部件	欧　盟	正在调查
2012－11－23	反倾销	太阳能电池	印　度	正在调查
2013－06－21	反倾销	USB 闪存驱动器	印　度	正在调查

截至 2012 年底，印度商工部针对中国高新技术产品已发起 3 起贸易救济调查。从印度发案的规律看，其对欧美对华高新技术产品启动贸易救济调查的跟风现象明显。2011 和 2012 年，在欧美相继对华光伏设备及元器件产品启动贸易救济调查后，印度正式对华太阳能电池发起反倾销调查。2010 年，欧盟对华数据卡启动贸易救济调查后，印度业界密切关注，并多次传出发起调查的信息。从涉案区域看，目前，我国高新技术产品遭遇贸易摩擦的主要区域集中于欧美地区，但通过印度的发案可以看出，高新技术产业的贸易摩擦向新兴市场蔓延的风险在增大。

3. 针对高新技术产品的贸易救济调查主要集中在光伏领域

从遭遇国外贸易救济调查的高新技术产品所属的技术领域看，涉及计算机与通信技术（5 起）、电子技术（5 起）和生命科学技术（1 起）3 类。从涉案高新技术产品所属的国民经济行业分类看，主要涉及光伏设备及元器件制造（5 起）和通信系统设备制造（4 起），以及计算机外围设备制造和其他计算机制造（均为 1 起）。

尤其是我国光伏产业近期遭遇的一系列贸易救济调查对产业影响很大。近 10 年来，我国光伏产业发展迅速，在发达国家（地区）市场具有一定的竞争优势，但是，随着发达国家（地区）的内部政策调整，我国光伏产品在这些出口市场的竞争加剧。金融危机以后，发展清洁能源成为美国的一项重要政策，尤其是美国政府给予发展太阳能产业特别的推动措施，在税收、贷款担保和财政投入方面都提供了各种优惠，在多种优惠政策的鼓励下，美国国内的光伏产业逐渐壮大并挤占了中国产品在美国的市场份额；而在欧洲市场，随着经济危机的爆发，各国开始减少对新能源，特别是太阳能光伏发电的补贴，目前欧洲光伏行业面临巨大的挑战，甚至有破产的风险，因此，欧洲本土企业对于中国产品在欧洲市场的竞争特别敏感。2011 年 11 月 8 日，应美国太阳能工业公司的申请，美国商务部对原产于中国的进口晶体硅光伏电池（无论是否组装入模块）进行反倾销和反补贴立案调查。据美方统计，2011 年，中国涉案产品对美出口金额约 31 亿美元，此次案件裁决将影响到 59 家中国太阳能产品生产企业。2012 年 9 月和 11 月，欧盟委员会分别对原产于中国的进口晶体硅光伏组件及关键零部件进行反倾销和反补贴立案调查。2012 年 11 月，印度商工部对原产于中国的太阳能电池发起反倾销调查。截至目前，印度对华太阳能电池反倾销尚在调查中；美国对华晶体硅光伏电池双反案已作出最终裁决，但是美国业界近期针对该争端又提出了新的解决方案，对中国企业明显不利；欧盟虽然与中国就晶体硅光伏组件双反案达成价格承诺，却削弱了中国光伏产品在欧盟市场的竞争力。我国光伏产业“两头在外”，高纯度多晶硅需要从国外进口，光伏组件和电池则90%以上出口海外市场，其中欧洲市场占据了出口量的70%，对美国出口约占总出口额的10%。欧盟、美国以及印度相继对我国光伏产品的贸易救济调查对产业的影响较大。

二、我国高新技术产品在海外的知识产权诉讼频繁

近年来，国内高新技术企业知识产权意识正在增强，逐渐通过增加专利申请，加大技术保护力度，以知识产权作为市场竞争的利器，并不断扩大海外市场。作为率先“走出去”的两家中国企业，华为公司和中兴通讯不仅已经进入全球业界前五名之列，而且在提交专利申请方面都是当之无愧的“大户”。欧洲专利局提供的最新数据显示，2012 年，中兴通讯以 1184 件在欧洲的专利申请数量排在第十位；华为公司则以 840 件在欧洲的专利申请数量名列第十七位。与此同时，我国企业在“走出去”的过程中也遭遇到越来越多的知识产权纠纷。这些纠纷中，有美国的“337 调查”，也有涉及专利、商标、著作权的法律诉讼。

1. 美国 337 调查涉华高新技术产品案件呈上升趋势

2006 年以来，我国高新技术产品遭遇美国 337 调查数量较多，且呈上升趋势。以电子产品为例，2008—2011 年，电子产品在各年的涉华 337 调查中占比均在 50% 以上。2006 年，涉华 337 调查中电子产品案件数为 3 起，在 337 调查涉华案件中占比 23.1%；2007 年增至 9 起，占比 47.4%；2008 年为 7 起，占比 53.9%；2009 年 10 起，占比 66.7%；2010 年达 23 起，占比 88.5%；2011 年 16 起，占比 59.3%；2012 年为 11 起，占比 61.1%；2013 年上半年为 6 起，占比 60%（图 8－5）。

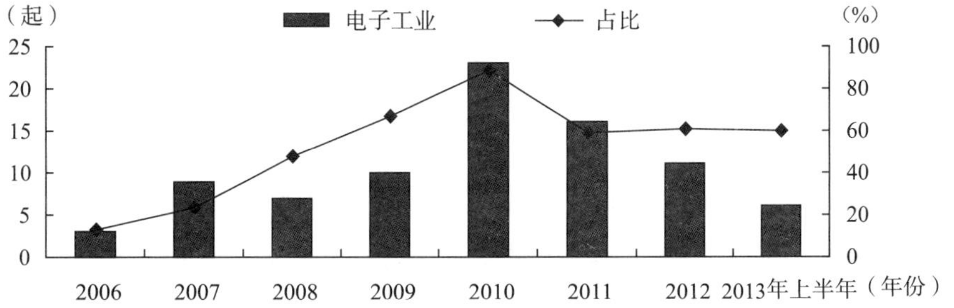

图 8－5　2007—2013 年上半年美国 337 调查涉华电子产品年度立案及占比情况

数据来源：中国贸易救济信息网整理

2. 中兴通讯与爱立信纠纷和平收场

2011 年 4 月 7 日，中兴通讯发布《诉讼公告》，公告了爱立信起诉中兴通讯全资子公司 ZTE（UK）LIMITED（以下简称“英国中兴”）数款手机产品侵犯其技术专利，要求英国中兴停止侵权并赔偿损失；2011 年 4 月 14 日及 2011 年 5 月 23 日，爱立信分别在德国杜塞尔多夫地区法院和曼海姆地区法院提起对中兴通讯全资子公司 ZTE Deutshland GmbH（以下简称“德国中兴”）侵犯其技术专利的起诉，要求德国中兴停止侵权并赔偿损失，当地法院预估本案的争议标的额分别为 1080 万欧元和 227.5 万欧元；2011 年 6 月 20 日，英国中兴提交了答辩状；2011 年 7 月 27 日，英国当地法院下发了诉讼程序时间表，确定本案最早于 2012 年 6 月开庭审理。

2012 年 2 月 15 日，中兴通讯与爱立信签署《和解协议》，双方同意撤销相互之间所有专利侵权诉讼，包括德国、英国以及中国所有尚未了结的专利纠纷。

3. 美国超导分别在中国、美国起诉华锐风电侵权

2011 年 9 月，美国超导对华锐风电发起知识产权诉讼，指控其在未获授权的情况下使用其专有的风力发电机软件代码，并违反供应合同等。美国超导分别在北京市高级人民法院、北京市第一中级人民法院和海南省第一中级人民法院对华锐风电提起了 3 项有关知识产权的诉讼。经过近两年的审理，该案目前已上诉至最高人民法院。

2013 年 6 月，美国司法部公告，因涉嫌侵犯知识产权，华锐风电及其 2 名雇员，以及 1 名美国前超导公司员工被起诉。美国 FBI 介入调查。公告称，华锐风电窃取美国超导公司知识产权，导致后者经济损失超过 8 亿美元。华锐风电在美国被起诉，将严重影响其在美国及海外风电市场的拓展。

4. 华为公司、中兴通讯在欧洲市场进行专利诉讼

2011 年 4 月，华为公司先后在法国、德国对中兴通讯提起法律诉讼，指控其侵犯了华为公司的有关数据卡等技术的专利权。由此，两家企业的纠纷进入法律程序。在华为公司近年的发展计划中，将欧洲市场列为技术研发和专利布局的重点，计划在未来 3 ~5 年时间内使其在欧洲地区的员工数量由目前的约 7000 人增至 1.4 万人左右。中兴通讯也作出了类似规划，从市场竞争出发，加快在欧洲的专利布局，凸显了对于欧洲市场的关注。2013 年 3 月 28 日，就华为公司诉中兴通讯 EP724 旋转头数据卡专利侵权案，法国巴黎法院驳回了华为公司的所有诉讼请求，并判令原告华为公司向被告中兴通讯及其法国子公司赔偿 10 万欧元。

三、“国家安全”或成为高新技术产品贸易保护的新趋势

近年来，以“国家安全”的名义设限阻碍中国信息技术产品出口和投资的行为屡次发生，“国家安全”成为我国高新技术企业走出去的新的贸易壁垒。金融危机以来，我国企业因“国家安全”限制，多次在海外市场出口和投资受阻。

1. 多个国家频繁对我国高新技术产品出口和投资实施“国家安全”限制

在美国市场，2008 年，美国外国投资委员会以“国家安全”为名，阻挠华为和贝恩资本对电子器件生产商 3Com 的联合收购；2010 年 7 月，华为高价竞购美国私有宽带互联网软件提供商 2Wire 失败，被拒绝的理由是安全问题；2010 年 8 月，华为向美国电信运营商斯普林特公司（Sprint）供应设备的项目，招致 8 名共和党参议员致信总统奥巴马及财长盖特纳，要求评估其可能存在的“国家安全”威胁；同年，华为收购两个美国公司的计划也受阻于“国家安全”问题；2011 年，美国第四大电信运营商斯普林特拒绝了中兴帮助建设新的 4G 电信网络的投标。从 2011 年 2 月开始，美国国会就针对华为和中兴的产品和服务是否威胁美国的国家通信安全展开调查；2012 年 9 月 13 日，美国众议院举行听证会，就所谓的“威胁美国国家安全”接受质询。

除此之外，加拿大、澳大利亚、英国、印度等国家对我国的高新技术企业也采取过类似行动。2009 年，澳大利亚以损害国家安全为理由，阻止中国收购澳一家矿业公司；2012 年初，澳大利亚国家宽带竞标项目将中国华为拒之门外；印度政府以国家安全为由，阻碍华为在印度建厂的扩张计划，2012 年 1 月，印度政府举行高层会议，以决定是否对华为和中兴通讯在印度的业务展开调查；2011 年，华为准备在伦敦奥运会免费安装总值 8 千万美元的地铁移动通讯项目，被英国政府以国家安全为由拒绝，后来英国政府在批准与华为的合同之后采取特别措施，以保护英国本土的通讯基础设施；2013 年 5 月，英国情报安全委员会发布报告称，该委员会担心华为进入重要国家基础设施存在安全隐患，并建议对华为设备进行检查。

2. “国家安全”凸显新技术领域贸易保护的新趋势

从当前各国频繁借用“国家安全”为由限制高新技术进入本土市场的行为看，“国家安全”已经

成为高科技领域贸易保护的新趋势。美国甚至将对华高新技术的审查明确写进了法案中。2013 年 3 月，美国国会通过并由奥巴马签署的《2013 年综合继续拨款法案》第 516 条要求美国各政府机构考虑购买信息技术系统时，必须咨询执法部门，并就“网络间谍活动或破坏”的风险进行正式评估。评估必须包括“与由中国拥有、管理或资助的一个或多个机构生产、制造或组装的信息技术系统相关的任何风险”。该法案还规定，美国商务部、司法部、国家航空航天局和国家科学基金会不得利用任何拨款采购由中国政府拥有、管理或资助的一个或多个机构生产或组装的信息技术系统。

第九章　国外对华贸易救济典型案例分析

案例1　美国对华钢格板反补贴案分析

近年来，美国对中国钢材产品的反倾销反补贴调查比较密集，本文选取美国对华钢格板（steel grating）反补贴案中涉及美国商务部关于补贴项目的分析和认定部分的内容，就美国商务部关于补贴项目的分析过程进行汇总整理，旨在详细呈现美国商务部在补贴项目分析中的逻辑推理过程，以及事实采纳情况，为今后的有效应对提供基础支撑。

一、案件基本情况

2009 年 6 月 19 日，美国商务部发布立案公告，根据 Alabama Metal Industries 公司和 Fisher & Ludlow 公司的申请，决定对原产于中国的进口钢格板（steel grating）进行反倾销和反补贴立案调查，涉案产品海关编码为 73089070.00。2009 年 7 月 13 日，美国国际贸易委员会对涉案产品是否对美国国内产业造成实质性损害或实质性损害威胁作出初裁。美国商务部于 2009 年 8 月 24 日和 2009 年 11 月 5 日就此案分别作出反补贴初裁和反倾销初裁。2009 年 10 月 27 日，美国商务部发布公告，对原产于中国的进口钢格板作出反补贴初裁：宁波九龙机械制造有限公司（以下简称“宁波九龙”）的补贴率为 7.44%；中国普遍补贴率为 7.44%。

2010 年 6 月 1 日，美国商务部发布公告，对原产于中国的进口钢格板作出反补贴终裁：宁波九龙的补贴率为 62.46%；中国普遍补贴率为 62.46%。

二、关于补贴项目的分析与认定

1. 政府提供低于成本的钢格板

由于中国政府未能提供宁波九龙在调查期所购钢格板企业的相关信息，美国商务部在初裁中采用了可获得不利事实，将该公司认定为符合美国《1930 年关税法》第 771（5）（B）节意义上的政府机构。因此，初裁宁波九龙获得了美国《1930 年关税法》第 771（5）（D）（iii）节项下的提供货物形式的财政资助。

2009 年 12 月 23 日，申请人要求美国商务部敦促宁波九龙提供其钢格板生产商的出厂合格证。申请人指出，美国商务部可以根据最初生产商的出厂合格证查询宁波九龙购买的钢格板的来源和类型。此外，申请人表示，宁波九龙通过了 ISO 质量标准要求，其产品中所用钢铁应可以追溯至最初的生产商。因此，宁波九龙应保留其从钢铁生产商处获得的出厂合格证，并按照要求向美国商务部提供所有合格证。

由于投入品生产商的确定对美国商务部分析“提供低于成本的钢格板”这一补贴项目至关重要，且所有与生产商所有制形式相关的信息并未提供给美国商务部，因而商务部向宁波九龙发放了一份补充调查问卷，要求其提供并说明调查期内每次购入钢格板的生产商和钢材类型的出厂合格证。2010 年

1 月 26 日，宁波九龙提供了部分其在调查期所购钢格板生产商的出厂合格证。但宁波九龙表示，鉴于每个月只能收到两到三次的质量合格证，无法提供其从最大钢格板供货商直接采购产品的所有相关出厂合格证。

2010 年 2 月 5 日，商务部再次要求宁波九龙提供调查期采购的每笔钢格板的出厂合格证。2010 年 2 月 23 日，宁波九龙回应表示由于采购行为非常久远，无法提供其在调查期采购热轧钢材的所有出厂合格证。

在 2010 年 3 月 2 日的补充调查问卷中，商务部要求宁波九龙证明其提供在反补贴调查问卷中提交的调查期每笔钢格板采购的出厂合格证与其在反倾销调查问卷中提交的与反补贴调查期重合的调查期内每笔钢格板采购的出厂合格证是一致的，并确定每个出厂合格证均已提交给反补贴调查机关。在回复中，宁波九龙承认一个出厂合格证未提交给反补贴调查机关，但提交用于反倾销和反补贴调查的钢格板出厂合格证是一致的。

商务部对 3 月 10 ~ 13 日宁波九龙回复的调查问卷进行审核后发现，宁波九龙提供的出厂合格证中相互矛盾的情况非常严重。我们挑出了钢格板生产商出具的出厂合格证内容中存在的一些不可思议的相似之处，要求宁波九龙作出解释。宁波九龙解释称，直接向宁波九龙销售钢格板的生产商在检测机出故障时编造了出厂合格证，而出厂合格证中出现的重复性内容则是由于钢格板生产商在更新此前出厂合格证模板时出现的排版和数据输入错误所致。

宁波九龙的相关人员提供了一封核实信，信中包含宁波九龙调查期每笔钢格板采购的每一份出厂合格证。宁波九龙解释称，并未收到每一批到货钢格板的出厂合格证。

在核实中发现，宁波九龙的最大美国消费者的一笔采购订单包含出厂合格证可根据发货情况索要的措辞。商务部询问调查期每个收到钢格板的宁波九龙的美国消费者是否收到出厂合格证的情况，得到的答复是有时候能收到。当要求公司人员解释如何确定哪一个出厂合格证发给消费者时，得到的解释是被发送的出厂合格证的选择取决于是否临近钢格板的生产日期。而在确定每一个生产程序的临近日期时，宁波九龙通常选取的是钢格板订单日期前一个月的出厂合格证。美国商务部指出，要求看到宁波九龙发给消费者的出厂合格证的复印件，但宁波九龙给予的答复是其发给消费者的出厂合格证没有备份。

在对华钢格板反倾销调查中，商务部从美国海关获得了部分进口信息。在获得美国海关许可后，2010 年 4 月 7 日，美国商务部在反补贴调查中采纳了这些信息，并要求利害关系方对这些新的事实信息进行评议。美国海关提供的进口信息包括宁波九龙发布并随后提供给其美国消费者的钢格板生产的出厂合格证。

在评议期间，申请人指出，美国商务部已核实，这些出厂合格证记录的钢铁化学成分并不符合钢铁投入品合格证上的成分说明，且不可能用投入品生产商合格证上的化学成分生产符合宁波九龙合格证上化学成分的钢格板。

根据以上“适用可获得事实，包括可获得不利事实”部分的讨论，美国海关提供的出厂合格证是宁波九龙从未披露的，而提供出厂合格证的明确要求引发了对宁波九龙提供的钢格板信息进行核实的重大问题。美国商务部在证实说明出厂合格证在宁波九龙的交易过程中发挥的作用以及这些文件如何从供货商处获得并提供给消费者方面花费了大量时间。此外，美国商务部提出，宁波九龙确实向其美国消费者提供了出厂合格证，没有证据证明宁波九龙提交美国商务部的文件是其准备用以说明钢格板生产的出厂合格证。此外，商务部了解到许多记录上的出厂合格证是编造的。

根据美国《1930 年关税法》第 776（a）（2）节，商务部必须在应诉方出现以下情形时适用可获得事实：① 拒绝提供商务部所需信息；② 没有在规定时间内提供必需信息，或者提供的形式不符；

③ 对诉讼造成明显妨碍；④ 提供无法被证实的信息。宁波九龙拒绝提供商务部所需信息，也未令美国商务部注意到其向消费者提供了宁波九龙自己的出厂合格证。这些文件中涵盖的基本信息与已经向美国商务部提供的生产商的出厂合格证中的内容相互矛盾。两套出厂合格证之间的矛盾以及在核实中承认直接向宁波九龙销售热轧钢的生产商编造了热轧钢的出厂合格证，致使这两套数据不具有可信度。此外，与出厂合格证相关的问题也使得这些信息无法得到证实。最后，美国商务部裁定，根据美国《1930 年关税法》第 776（a）（2）（A）、（C）和（D）节适用可获得事实。

此外，根据美国《1930 年关税法》第 776（b）节的规定，在应诉方未能配合尽力提供所需信息时，商务部可以在选择可获得事实时采用不利推论。"尽力"配合的标准取决于衡量利害关系方是否尽最大努力向商务部提供所有调查问卷的全部和完整答复。也就是说，为确定一方未能努力配合而适用美国《1930 年关税法》第 776（b）节规定的不利推论，商务部需要审查两个因素：（1）一个理智、负责的应诉方已经知道应对所需信息进行保存，并在可适用的法律、法规和条例项下对其进行维系；以及（2）被调查的应诉方不仅未能适时提供必需信息，也由于应诉方缺乏以下合作而未能充分作出答复：① 未能保留和维系所需文件，或② 未能尽其最大努力调查并从其记录中获得必要信息。而诸如故意隐瞒或提交不准确文件等有意行为也表明其未能提供合作，但法律规定中并未对一个故意的要素作出规定。

美国商务部指出，由于宁波九龙并未向美国商务部提供证实记录信息所需的必要信息，由此认定宁波九龙并未尽力合作。宁波九龙未能尽力提供关于出厂合格证的相关信息，因而裁定宁波九龙未能在要求提供全部出厂合格证时披露相关出厂合格证及其存在的问题，而实际情况却是向其消费者提供自己的出厂合格证。因此，在这种情况下运用不利推论可以确保宁波九龙在未提供合作时不会获得比全力配合调查时更有利的结果。

根据其他可获得事实和不利推论的运用，美国商务部裁定宁波九龙在从国有企业采购钢格板时获得了财政资助。根据初裁的认定结果，美国商务部指出，中国政府确定的钢格板应用行业非常有限，符合美国《1930 年关税法》第 771（5A）（D）（iii）节规定的专向性含义。

基于美国《1930 年关税法》第 776（b）节的规定，美国商务部根据可获得不利事实裁定宁波九龙获得补贴。对于一个合作的应诉方，将计算的专向性净补贴率作为全部可获得事实补贴率的做法符合商务部的惯例。在此基础上，按照在对华环状焊接碳素钢管反补贴案中反补贴征税令的计算方法，"低成本提供钢格板"补贴项目的从价补贴率为 44.91%。

2. 政府提供低成本盘条

美国商务部对中国政府是否通过提供低成本盘条给予了可诉补贴的问题作出了调查。在其最初的调查问卷答复中，宁波九龙的答复表明，其在调查期内采购过盘条，且大部分是从一家公司直接采购的。

在其最初的调查问卷答复中，宁波九龙反映从其附属供应商 JEE 处采购钢绞丝，JEE 采购盘条加工成钢绞丝以备宁波九龙生产目标商品所需。在初裁中，美国商务部裁定 JEE 为集体所有制企业，并认定宁波九龙所采购的盘条构成了政府提供货物形式的财政资助，宁波九龙在以低于成本的价格支付盘条方面存在可诉补贴。由于中国政府指出使用盘条的行业非常有限，商务部裁定，低成本提供盘条存在专向性。

美国商务部指出，与钢格板的采购一样，其多次要求审查宁波九龙全部相关出厂合格证，也包括了盘条采购的出厂合格证。同样，美国商务部在获得宁波九龙盘条采购出厂合格证方面面临各种障碍。美国商务部在裁决中采纳了美国海关提供的信息，美国海关提供的关于盘条的文件也引起了与钢格板一样的关注。最终，美国商务部对低成本提供盘条方面的结论也与低成本提供钢格板方面的结论一致。

美国商务部指出，由于宁波九龙提供的信息无法核实，因而运用可获得事实并采用不利推论是合理的。

宁波九龙拒绝提供商务部所需信息，也未令美国商务部注意到其向消费者提供了宁波九龙自己的出厂合格证。这些文件中涵盖的基本信息与已经向美国商务部提供的生产商的出厂合格证中的内容相互矛盾。两套出厂合格证之间的矛盾以及在核实中承认直接向宁波九龙销售盘条的生产商编造了盘条的出厂合格证，致使这两套数据不具有可信度。此外，与出厂合格证相关的问题也使这些信息无法证实。最后，商务部裁定根据美国《1930 年关税法》第 776（a）（2）（A）、（C）和（D）节适用可获得事实。

此外，根据美国《1930 年关税法》第 776（b）节的规定，在应诉方未能配合尽力提供所需信息时，商务部可以在选择可获得事实时采用不利推论。根据其他情况可获得事实和不利推论的运用，美国商务部裁定宁波九龙在从国有企业采购盘条时获得了财政资助。美国商务部调查发现，中国政府确定的盘条应用行业非常有限，因而裁定热轧钢铁的提供符合美国《1930 年关税法》第 771（5A）（D）（iii）（I）节规定的专向性含义。

根据美国《1930 年关税法》第 776（b）节，美国商务部裁定，宁波九龙获得了补贴。在此基础上，按照在对华环状焊接碳素钢管反补贴案反补贴征税令中的计算方法，“低成本提供盘条”补贴项目的从价补贴率为 44.91%。

3. 国内企业采购国产设备时的所得税抵免

在其调查问卷的答复中，宁波九龙的答复表明，在此项目下获得了所得税抵免。根据中国政府的调查问卷答复，在项目符合中国产业政策的前提下，国内企业在采购国产设备时可以申请税款抵免。在初裁中，美国商务部裁定该项目提供的所得税抵免构成了财政资助。美国商务部裁定，由于存在税收优惠，企业更倾向采用国产设备，而非进口设备，因此该项目构成了进口替代补贴，并符合美国《1930 年关税法》第 771（5A）（C）节规定的专向性。

由于初裁后没有获得其他信息，商务部未对此裁定进行重新审查，在终裁中继续认定该项目为可诉补贴。为计算净补贴率，将该项目下的税收优惠，也就是宁波九龙在调查期获得的税款返还额除以调查期的总销售额，在此基础上计算出宁波九龙的从价净补贴率为 1.68%。

4. 政府提供低于成本的电力

2009 年 6 月 13 日，申请人提起新的补贴申诉，认为中国政府通过国家和省级层面项目人为降低电价为钢格板生产商供电。尽管美国商务部就此立案，但在初裁中，美国商务部并未就低成本供电作出裁决，并作出如下声明：

美国商务部没有足够的时间就供电问题向中国政府发放补充调查问卷。此外，中国政府反映仍在搜集有关浙江省政府成本因素核算方面的关键信息；成本增加如何成为电力零销售价格因素；以及这些最终的价格增长如何通过省份和跨省最终用户范畴内分配。没有这些信息，美国商务部无法裁定宁波九龙是否在供电方面存在利益。因此，美国商务部要求中国政府提供完成此项分析所需的附加信息，以确定该项目是否构成对宁波九龙的可诉补贴。

2009 年 11 月 12 日，美国商务部向中国政府发放了补充调查问卷，中国政府在 2009 年 12 月 7 日和 2010 年 1 月 19 日提交了调查问卷答卷。

2010 年 4 月 15 日，美国商务部就低成本供电发布了裁决结果。美国商务部适用其他可获得事实，发现可以运用不利推论就中国政府向钢格板生产商提供低价电作出裁决。基于后初裁中所述原因，美国商务部裁定在此项目中可以运用可获得不利事实。运用美国《1930 年关税法》第 776（b）节规定下的不利推论，并根据美国《1930 年关税法》第 771（5）（D）和 771（5A）节，美国商务部裁定低成本供电是一种财政资助，存在专向性。

为确定宁波九龙在此项目下获得的利益，美国商务部首先将每一价格范畴内的相应电价乘以每个价格范畴内的月度耗电量总额计算所支付的电力成本，然后通过宁波九龙在每个价格范畴内电价乘以宁波九龙每个价格范畴内的月耗电量计算出基本电力成本。

为作出最终裁决，美国商务部在选择基本电价时采用不利推论，即对调查期宁波九龙支付的电费和最高电费进行了详细对比，选取了大工业用户支付的最高电费。鉴于中国政府未能尽力提供供电所需信息，在采用标准的时候适用了不利推论。

为计算每个月获得的利益，商务部将调查期宁波九龙支付的电价减去每月基本电费。结论表明，在调查期宁波九龙每个月电费存在得益。将此数值除以宁波九龙调查期的销售总额，并在此基础上计算出从价净补贴率为 0.06%。

5. 其他资助项目

在最初的调查问卷中，美国商务部要求宁波九龙详细说明从中国政府获得的其他形式的资助。宁波九龙反馈从 15 个小型资助项目中获得利益。中国政府并未对这些项目的可诉性提起诉讼。

（1）2006、2007 和 2008 年的出口资助

宁波九龙在其调查问卷中反映在“2008 出口资助”项目下获得利益。在初裁中，商务部裁定该资助构成美国《1930 年关税法》第 771（5）（D）（i）节规定下的财政资助和利益（符合 19CFR351.504（a）），并裁定资助存在专向性（符合第 771（5A）（B）节意义上的以出口实绩为条件）。

在终裁中，商务部裁定“2008 出口资助”为可诉补贴。由于资助额以出口每美元的比例而定，裁定这些出口资助不是例外的，公司可以根据出口实绩获得资助。因此，根据 19CFR351.524（c）（2）的规定，认定这些项目是持续存在的，并将调查期在该项目下的收益分配到每一年。宁波九龙反映在之前几年获得这些出口资助，但由于裁定该项目为持续存在的，此前几年获得的任何收益都可以累计到接受利益的当年。

为计算净补贴率，首先累计宁波九龙调查期在此项目下获得的所有利益，然后将此金额除以调查期的出口总额，在此基础上，裁定宁波九龙的净补贴率为 0.09%。

（2）2008 年九龙湖镇资助

在调查问卷答复中，宁波九龙反映在调查期获得九龙湖镇资助。根据宁波九龙提供的信息，该资助包括 4 项宁波镇海区九龙湖镇政府提供的奖金：

① 技术改革投入奖金，只针对 1 家公司；

② 销售进步奖金，针对 3 家公司；

③ 地区企业环保模范奖金，只针对 1 家公司；

④ 先进企业节能奖金，针对 3 家公司。

在初裁中，美国商务部裁定这些奖金构成美国《1930 年关税法》第 771（5）（D）（i）节规定下的财政资助和 19CFR351.504（a）下的利益。美国商务部还裁定，由于接受每一资助的公司很少，该项目符合美国《1930 年关税法》第 771（5A）（D）（iii）（I）节规定的专向性含义。此外，根据 19CFR351.504（c）和 19CFR351.524（b）（2）进行了“0.5% 审查”。由于利益低于销售额的 0.5%，将该项目下获得的利益累计到接受利益的年份。

由于初裁后没有获得其他信息，美国商务部未对此裁定进行重新审查，在终裁中，继续裁定“2008 九龙湖镇资助”项目为可诉补贴。为计算净补贴率，将调查期宁波九龙在该项目下获得的奖金总额除以调查期的总销售额，在此基础上，计算出宁波九龙的从价净补贴率为 0.04%。

（3）2008 节能奖励

宁波九龙答卷表明，在调查期接受宁波镇海区发展和改革局为奖励节能项目投资设立“2008 节能

奖励”下的利益。在初裁中，商务部裁定该项目构成第771（5）(D)(i）节规定下的财政资助以及19CFR351.504（a）下的利益。美国商务部还裁定，由于该项目受益方有限，只有19家公司在调查期获得节能项目投资方面的奖励，因此，美国商务部裁定该项目符合美国《1930年关税法》第771（5A）（D）（iii）（I）节规定的专向性含义。

由于初裁后没有获得其他信息，美国商务部未对此裁定进行重新审查。因而，美国商务部裁定该项目为可诉补贴。为计算净补贴率，美国商务部将调查期宁波九龙在该项目下获得的奖金总额除以调查期的总销售额，在此基础上，计算出宁波九龙的从价净补贴率为0.14％。

（4）2008外贸奖励

宁波九龙答卷表明，在调查期接受了“2008外贸奖励”项目下的奖金。在初裁中，商务部裁定该项目符合美国《1930年关税法》第771（5）（D）（i）节规定下的财政资助和19CFR351.504（a）下的利益。由于奖金取决于出口销售的最低水平，裁定该奖金为出口补贴，因而符合美国《1930年关税法》第771（5A）（B）节项下的专向性含义。根据19CFR351.504（c）和19CFR351.524（a）和（c)，以及对宁波九龙出口总额进行的“0.5%审查”，美国商务部将该项目下获得的利益额分配到接受利益的每一年份。

由于初裁后没有获得其他信息，美国商务部未对此裁定进行重新审查，在终裁中继续认定该项目为可诉补贴。为计算净补贴率，将调查期宁波九龙获得的奖金总额除以总销售额，在此基础上，计算出宁波九龙的从价净补贴率为0.01％。

（5）2008名牌奖励

宁波九龙答卷表明，在调查期接受“2008名牌奖励”项目下的奖金。在初裁中，裁定该项目符合美国《1930年关税法》第771（5）（D）（i）节规定下的财政资助和19CFR351.504（a）下的利益。由于该项目只针对宁波市镇海区的企业，裁定该项目符合美国《1930年关税法》第771（5A）（D）（iv）节项下专向性含义。

由于初裁后没有获得其他信息，美国商务部未对此裁定进行重新审查，在终裁中继续裁定该项目为可诉补贴。为计算净补贴率，将调查期宁波九龙获得的奖金总额除以总销售额，在此基础上，计算出宁波九龙的从价净补贴率为0.02%。

（6）2008创新中小企业奖励

宁波九龙答卷表明，在调查期接受宁波镇海区发展和改革局提供的“2008创新中小企业奖励”。在初裁中，裁定该项目符合第771（5）（D）（i）节规定下的财政资助和19CFR351.504（a）项下的利益。由于受益企业有限，还裁定该项目符合第771（5A）（D）（iii）（I）节规定的专向性含义。因此，根据19CFR351.504（c）和19CFR351.524（b）（2)，对宁波九龙出口总额进行的“0.5%审查”，并将该项目下获得的利益额分配到接受利益的每一年份。

由于初裁后没有获得其他信息，美国商务部未对此裁定进行重新审查，在终裁继续裁定该项目为可诉补贴。为计算净补贴率，美国商务部将调查期宁波九龙获得的奖金总额除以总销售额，在此基础上，计算出宁波九龙的从价净补贴率为0.04%。

（7）2008水资源基金退还/豁免

宁波九龙答卷表明，在调查期接受“2008水资源基金退还/豁免”项目下的利益，接受这些利益的条件是其为出口型企业。在初裁中，美国商务部裁定该项目符合美国《1930年关税法》第771（5）（D）（i）节规定下的财政资助和19CFR351.504（a）项下的利益。由于在该项目下获得利益的条件为出口型企业，因而符合第771（5A）（B）节项下专向性的含义。

由于初裁后没有获得其他信息，美国商务部未对此裁定进行重新审查，在终裁继续裁定该项目为可诉补贴。根据初裁内容，该项目下获得的奖金以月份为基础，认定该项目为反复存在的，此前几年获得的任何收益都可以累计到接受利益的那年。美国商务部计算净补贴率为：（1）2008 年 1－7 月收到的水资源基金退还金额，以及（2）2008 年 8－12 月豁免的水资源基金支付款进行了累计，将宁波九龙获得的利益总额除以调查期的总销售额，在此基础上，计算出宁波九龙的从价净补贴率为 0.14%。

（8）产品质量奖励

在调查问卷答复中，宁波九龙提供名为“产品质量奖励”项目的证明，反映调查期在该项目下获得利益。在初裁中，美国商务部裁定该项目符合第 771（5）（D）（i）节规定下的财政资助和 19CFR351.504（a）项下的利益。在初裁以前，中国政府和宁波九龙都没有提供信息说明在该项目下获得奖金的数额。因此，美国商务部根据第776（a）（1）和（a）（2）（B）节适用可获得事实，裁定该项目存在专向性。

由于初裁后没有获得其他信息，美国商务部未对此裁定进行重新审查，在终裁继续裁定该项目为可诉补贴。为计算净补贴率，美国商务部将奖金总额除以总销售额，在此基础上，计算出宁波九龙的从价净补贴率为 0.02%。

案例 2　加拿大对华无缝钢制油气套管反补贴案分析

本文选取加拿大对华无缝钢制油气套管反补贴案分析加拿大主要的申诉项目，对专向性补贴、禁止性补贴、不可诉补贴项目的认定进行总结，对反思我国无缝钢管制油气套管的补贴现状、权衡补贴政策的有效性等问题提供参考。

一、案件基本情况

2007 年 8 月 13 日，加拿大边境服务署对原产于中国的进口无缝钢制油气套管进行反倾销和反补贴立案调查，涉案产品海关编码为 73042900.11、73042900.19、73042900.21 和 73042900.29。2008 年 2 月 7 日，加拿大边境服务署对该案作出反补贴终裁，裁定中国涉案企业的补贴率为 2%～38%，补贴额为 160～3381 元/吨。2008 年 3 月 10 日，加拿大国际贸易法庭发布通知，对该案作出产业损害终裁，裁定涉案产品的倾销和补贴行为对加拿大国内产业构成了实质损害威胁。2011 年 6 月 9 日，加拿大边境服务署发布公告，对该案进行反补贴期中复审，此次复审的主要内容为重新确定涉案产品的补贴额。2011 年 11 月 7 日，加拿大对该案作出反补贴期中复审终裁：合作企业无缝钢制油气套管和石油管材产品的补贴率为 53.97～223.41 元/吨；不合作企业无缝钢制油气套管的补贴率为 3381 元/吨，不合作企业石油管材产品的补贴率为 4070 元/吨。2012 年 6 月 27 日，加拿大国际贸易法庭发布公告，对原产于中国的进口无缝钢制油气套管进行反倾销和反补贴日落复审。2012 年 10 月 25 日，加拿大边境服务署发布公告，对原产于中国的进口无缝钢制油气套管进行反倾销和反补贴日落复审终裁，裁定若终止反倾销和反补贴措施，涉案产品的倾销和补贴行为将继续或再度发生。2013 年 3 月 11 日，加拿大国际贸易法庭发布公告，对该案作出反倾销和反补贴产业损害终裁，裁定若终止反倾销和反补贴措施，涉案产品将对加拿大国内产业造成实质损害或实质性阻碍。根据该肯定性裁决结果，加拿大边境服务署继续对涉案产品征收反倾销和反补贴税。

二、补贴项目分析

1. 在经济特区（SEZs）和其他指定区域内的企业所得税减免

（1）一般说明

该项目是在1991年6月30日颁布，并且在1991年7月1日生效的《中华人民共和国外商投资企业和外国企业所得税法》的规定下建立的。该项目的建立旨在吸引在经济特区（SEZs）和其他指定区域的投资，以外商推动其经济的发展。该项目由国家税务局和地方税务机关进行管理。

在该项目中，所有有资格的企业能够获得15%的企业所得税减征。该项目在调查期内有效。

（2）法律基础

在该项目中，对外商投资企业（FIEs）的所得税减征在《中华人民共和国外商投资企业和外国企业所得税法实施细则》第73条中予以规定。

（3）资格标准

该项目的资格标准在《中华人民共和国外商投资企业和外国企业所得税法实施细则》第73条中予以规定。该项目适用于被认为是新技术和高科技企业以及在国务院指定的国家高新技术产业开发区内设立的外商投资企业。

（4）补贴认定

基于在调查过程中获得的信息，根据加拿大《特别进口措施法》第2（1.6）（b）段的规定，该项目构成了财政资助的认定条件。

（5）特定性决议

根据《特别进口措施法》第2（7.2）（a）段的规定，向位于经济特区和指定区域的外商投资企业提供优惠税率符合法律上“限制在某些特殊企业上”这一条件的规定，正如在本案中根据《中华人民共和国外商投资企业和外国企业所得税法实施细则》中的规定进行了限制一样。

（6）补贴额的计算

由于中国政府未能提供有关非合作企业使用该项目的信息，加拿大边境服务署无法确定非合作企业所获得的专向性补贴的数额。因此，对于非合作企业，加拿大边境服务署根据相关法律规定确定该项目下的补贴数额。

2. 在经济特区和其他指定区域内的本地所得税减免

（1）一般说明

该项目是在1992年6月17日颁布并在同日生效的《江苏省外商投资企业免征、减征地方所得税规定》（［1992］49号）的规定下建立的。向外商投资企业提供优惠待遇旨在为加速本地经济的发展。该项目由江苏省地方税务局管理。

在该项目中，有资格获得15%企业所得税减征的外商投资企业能够获得地方所得税免征。

（2）法律基础

该项所得税减征由《江苏省外商投资企业免征、减征地方所得税规定》（［1992］49号）予以规定。

（3）资格标准

资格标准在《江苏省外商投资企业免征、减征地方所得税规定》（［1992］49号）第6条中予以规定。

该项目适用于位于江苏省的经济技术开发区、沿海经济开发区、国家级高新技术产业开发区中的外商投资企业以及由国家鼓励的外国投资项目。

（4）补贴认定

基于在调查过程中获得的信息，加拿大边境服务署认定，该项目根据《特别进口措施法》第 2（1.6）（b）段的规定构成了财政资助。

（5）专向性认定

根据《特别进口措施法》第 2（7.2）（a）段的规定，向位于经济特区和指定区域的外商投资企业提供优惠税率符合在法律上“限制在某些特殊企业上”这一条件的规定，正如在本案中根据《江苏省外商投资企业免征、减征地方所得税规定》（［1992］49 号）的规定进行的限制。

（6）补贴额的计算

根据《特别进口措施法》第 27（a）段的规定，由于中国政府未能提供有关非合作企业使用该项目的信息，加拿大边境服务署无法确定非合作企业所获得的专向性补贴的数额。因此，对于非合作企业，加拿大边境服务署根据相关法律确定该项目下的补贴数额。

3. 国家重点技术创新项目

（1）一般说明

该项目是在 1999 年 9 月 10 日生效的《国家重点技术改造项目管理办法》、《国家重点技术改造项目国债专项资金管理办法》（国经贸投资［1999］第 886 号）的规定下建立的。1999 年国经贸投资［2000］第 822 号通知进一步修正并公布了第 886 号通知的相关条款。该项目主要包括重点行业、重点企业和重点产品的技术升级、促进技术升级、改善产品结构、提高质量、促进国内生产、增加供给、扩大内需以及促进国有经济的持续、健康发展。

负责管理该项目的机构是国家经济贸易委员会（SETC），该项目在 2003 年停止。

（2）法律基础

在国家重点技术创新项目下提供的基金（资助）是由《国家重点技术改造项目管理办法》第 4 条规定的。

（3）资格标准

该项目下的资格标准在《国家重点技术改造项目管理办法》第 4 条予以规定，其规定根据企业的表现进行选择。从 512 户重点企业、120 户试点企业集团和各子行业中的行业骨干企业中重点选择，选择标准主要包括领导班子强、管理好、银行信用等级高的大型国有企业和大型国有控股企业。

（4）补贴认定

根据在调查过程中获得的信息，加拿大边境服务署认为该项目根据《特别进口措施法》第 2（1.6）（b）段的规定构成了财政资助。

（5）专向性认定

根据《特别进口措施法》第 2（7.2）（a）段的规定，向 512 户重点企业、120 户试点企业集团和各自行业中的行业骨干企业提供的资助符合法律上“限制在某些特殊企业”这一条件的规定。

（6）补贴额的计算

中国政府没有提供有关非合作企业使用该项目的信息。因此，加拿大边境服务署无法确定非合作企业所获得的专向性补贴的数额。因此，对于非合作企业而言，加拿大边境服务署根据相关法律确定该项目下的补贴数额。

4. 对研发活动的优惠政策

（1）一般说明

该项目是在 1999 年 9 月 17 日颁布，并于 2000 年 1 月 1 日生效的《国家税务总局关于外商投资企业技术开发费抵扣应纳税所得额有关问题的通知》（［1999］第 173 号）的规定下建立的。该项目的目的是为了鼓励企业的研发活动。负责管理这一项目的机构是国家税务局及其地方税务机关。

在该项目下，某些外商投资企业能够在同一年不超过该年应纳税所得额范围内，以 150% 的研发经费来抵消其应纳税所得。该项目在调查期内有效。

（2）法律基础

对某些外商投资企业的应纳税所得减征在《国家税务总局关于外商投资企业技术开发费抵扣应纳税所得额有关问题的通知》（［1999］第 173 号）第 1 条予以规定。

（3）资格标准

该项目限制在比其上一年在研发支出上有 10% 增长的外商投资企业。可适用的研发经费支出包括：

为研发新产品、新工艺和新技术的新产品设计费；

- 技术规程制定费；
- 设备调试费；
- 对原材料和半成品的试制费；
- 技术图书资料费；
- 对未列入国家计划的中间试验费；
- 研发机构员工工资；
- 研究设备折旧费；
- 与新产品的试验、技术研究有关的其他经费。

排除包括：

- 购置费或者企业从其他单位购买技术或者转移给该企业的技术使用权的使用费；
- 企业从事经营活动中支付的成本和花费的费用。

（4）补贴认定

根据在调查过程中获得的信息，加拿大边境服务署认为该项目根据《特别进口措施法》第 2（1.6）（b）段的规定构成了财政资助。

（5）专向性认定

根据《特别进口措施法》第 2（7.2）（a）段的规定，向外商投资企业提供的应纳税所得减征构成对某些特殊企业在法律上的限制。

（6）补贴额的计算

因为中国政府未能提供有关非合作企业使用该项目的信息，加拿大边境服务署无法确定非合作企业所获得的专向性补贴的数额。由此，对于非合作企业，加拿大边境服务署根据相关法律规定确定该项目下的补贴数额。

5. 对出于技术升级的目的从本国购买生产设备的国内企业的税收优惠政策

（1）一般说明

该项目是在 1999 年 6 月 1 日生效的《关于印发技术改造国产设备投资抵免企业所得税暂行办法》（财税字［1999］第 290 号）的规定下建立的。本项是为了鼓励国内投资以及支持企业的技术升级。负责管理这一项目的机构是国家税务局及其所属地方税务机关。

在该项目中，对于全国所有根据国家产业政策在技术改造项目中进行投资的企业而，对该投资项目中必需的 40% 的本国设备，与前一年相比，能够从该企业购买技术改造项目设备的当年新增加的工商所得税中扣除。

该项目在补贴投资期间持续营运。在中国政府的回复中提到了《中华人民共和国所得税法》在

2007 年第十届全国人民代表大会第 5 次会议上获得通过，并在 2008 年 1 月 1 日生效。该项目并未包含在该新所得税法中。新所得税法的条款在其生效后将获得优先适用。

（2）法律基础

对出于技术升级的目的从本国购买生产设备的国内企业的税收优惠政策在《关于印发技术改造国产设备投资抵免企业所得税暂行办法》（财税字［1999］第 290 号）第 2 条予以规定。

（3）资格标准

《关于印发技术改造国产设备投资抵免企业所得税暂行办法》（财税字［1999］第 290 号）第 2 条和第 11 条对资格标准进行了规定。

该项目适用于国内所有根据国家产业政策在技术改造项目中进行投资的企业。外商投资企业与外国企业在该项目下没有资格。

（4）补贴认定

根据在调查过程中获得的信息，加拿大边境服务署认为该项目根据《特别进口措施法》第 2（1.6）（b）段的规定构成了财政资助。

（5）专向性认定

根据《特别进口措施法》第 2（1）部分的规定，对购买国产设备提供所得税退还被认为是一种被禁止的补贴。

（6）补贴额的计算

由于中国政府未能提供有关非合作企业使用该项目的信息，加拿大边境服务署无法决定由非合作企业获得的专向性补贴的数额。由此，对于非合作企业而言，加拿大边境服务署根据相关法律的规定确定该项目下的补贴数额。

6. 对引进技术和进口设备免征关税和进口增值税

（1）一般说明

根据在调查期提交的信息，对关税和与进口相关增值税的免征在 1997 年 12 月 29 日设立，并在 1998 年 1 月 1 日生效的《国务院关于调整进口设备税收政策的通知》中进行了规定。启动该项目的目的是为了进一步扩大外国资本利用，吸引来自国外的技术和设备，促进产业和技术进步的结构调整以及保持国民经济快速健康的发展。负责管理该项目的机构是财政部和海关总署以及其地方省级和市级税务分支机构。

（2）法律基础

《国务院关于调整进口设备税收政策的通知》。

（3）资格标准

该项目相关的资格标准也应将下列文件纳入考虑范围内：

- 《当前国家重点鼓励发展的产业、产品和技术目录（2000 年）》；
- 《外商投资产业指导目录》；
- 《产业结构调整指导目录（2005 年）》；
- 《国内投资项目不予免税的进口商品目录（2000 年）》；
- 《外商投资项目不予免税的进口商品目录》。

就某一本国投资企业（DIE）而言，为了有资格获得对其进口设备的关税和增值税免征，与该设备相关的本国投资项目必须属于《当前国家重点鼓励发展的产业、产品和技术目录（2000 年）》的目录之内。此外，该设备必须是申请者自己使用，同时该设备的价值必须在国内投资项目总额之内。最后，进口的任何类型的设备以及在《国内投资项目不予免税的进口商品目录》列举的设备在这一项目下没有资格申请免征。

对某一外商投资企业而言，为了有资格获得对进口设备的关税和增值税免征，涉及该设备的外国投资项目必须与在《外商投资产业指导目录》下的鼓励类或者限制乙类中列举的设备相关联。此外，该设备必须是申请者自己使用，同时该设备的价值必须在外国投资项目总额之内。最后，进口的任何类型的设备以及在《外商投资项目不予免税的进口商品目录》列举的设备在这一项目下没有资格申请免征。

（4）补贴认定

根据在调查过程中获得的信息，加拿大边境服务署认为该项目根据《特别进口措施法》第2（1.6）（b）段的规定构成了财政资助。

（5）专向性认定

对所提交信息的分析显示，在补贴投资期间根据该项目国有企业获得向合作企业提供了89%的利益。

加拿大边境服务署指出，对引进技术和进口设备的关税予以减免导致比例不当的较大数额的利益被授予了限制数量的企业，根据《特别进口措施法》第2（7.3）（c）段的规定构成了专向性补贴。

（6）补贴额的计算

加拿大边境服务署认为，在调查期，根据该项目其中的3个合作企业获得了优惠待遇。根据《特别进口措施法》第27（c）段的规定，通过超过受补贴商品数量的免征税额分配到由出口商就其用来预计固定资产使用年限的固定资产的生产、采购、分销、销售、出口或者进口中来计算补贴的数额。

由于中国政府未能提供有关非合作企业使用该项目的信息，加拿大边境服务署无法确定非合作企业所获得有关对进口技术的设备任何可能的减免征进口关税和增值税的专向补贴的数额。因此，对于非合作企业，加拿大边境服务署根据相关法律的规定确定该项目下的补贴数额。

案例3　欧盟对华铜版纸反倾销案分析

近年来，中国铜版纸接连遭遇反倾销调查，主要原因是出口量较大。另外，铜版纸作为中国造纸行业的一个优势品种，由于部分原材料价格相对低廉加之生产规模较大，在国际市场上具备一定成本优势。2010年2月18日，欧盟委员会对原产于中国的进口铜版纸进行反倾销立案调查。本文针对产业损害裁定部分的分析进行了整理，旨在深入了解欧盟委员会关于产业损害的认定过程。

一、案件基本情况

2010年2月18日，应欧洲高级纸工业联合会的申请，欧盟委员会对原产于中国的进口铜版纸进行反倾销立案调查。本案的倾销调查期为2009年1月1日－12月31日。欧盟委员会初步选定美国作为计算中国涉案产品正常价值的替代国。2010年4月17日，应欧盟纸张生产商协会的申请，欧盟委员会对原产于中国的铜版纸进行反补贴立案调查。这是欧盟对华首例反补贴调查，也是欧盟2010年对全球发起的第二起反补贴调查。本案的补贴调查期为2009年1月1日－12月31日。

2010年11月17日，欧盟对原产于中国的进口铜版纸作出反倾销初裁，裁定对涉案的中国产品征收19.7%～39.1%的临时反倾销税。

2011年5月14日，欧盟对原产于中国的进口铜版纸作出反倾销和反补贴终裁，裁定对涉案的中国产品征收8%～35.1%的反倾销税；对涉案的中国产品征收4%～12%的反补贴税。

二、本案的裁决要点

（一）对于损害的认定

为确保在倾销、价格削减和低于成本价销售过程中采取协调一致的计算方法，欧盟委员会对价格削减的计算作出了修正，以排除那些属于合作企业的出口销售额，最终得出的削价率出现小的变动。在本案调查期，倾销进口产品以平均低于欧盟生产商销售价格 7.6% 的价格进行销售。

1. 欧盟国内产业和有代表性的欧盟生产商的经济状况

（1）初步评论意见

一家合作的中国企业（APP）声称，损害的分析应建立在正确定义欧盟国内产业的标准之上，欧盟国内产业的范围应仅限于支持申诉并配合该案调查的欧盟生产商。该中国出口/生产商认为，诸如市场份额这样的指标如果是建立在恰当定义欧盟国内产业标准的基础之上，那么关于实质性损害的结论就会有所不同。中国政府认为，欧盟的损害分析未能以前后一致的方式将欧盟国内产业作为一个整体的所有损害指标全面地分析。对此，欧盟委员会的分析如下：

首先，应该指出的是，中国企业（APP）的主张似乎是依据其他数据和信息推算得出，而非依据案件调查过程中所提供的以及在初裁中确定的指标得出，因此，这些结论与事实不符，予以驳回。其次，评估作为一个整体的欧盟国内产业所遭受损害指标的宏观因素是委员会调查的惯例。在终裁调查中，欧盟国内产业被定义为可以代表欧盟绝大部分产量的欧盟生产商，而与是否支持申诉或在调查中是否给予配合的生产商无关。因此，欧盟委员会驳回中国企业（APP）所谓欧盟国内产业并没有被“正确”界定的主张。

微观经济因素的分析建立在具有代表性的欧盟生产商的层面上，不管这些生产商是否支持申诉。有代表性的生产商涵盖了欧盟总产量的58%。其他欧盟生产商中无任何一家表明，欧盟委员会关于微观经济因素的结论是不可靠的或无法证实的。

此外，欧盟委员会还收到一家有代表性的欧盟生产商对合作水平的评论意见。该生产商表示，具有代表性的欧盟生产商中的一家生产商与调查机关仅是部分合作，因为该生产商与在案件调查中不予配合的另一生产商联系紧密。这两家企业均与合作生产商在收购另一家生产商的铜版纸业务部门时达成的一系列过渡性协议存在关联。据称，通过这些过渡性协议，合作的欧盟生产商控制了部分工厂，而这些工厂的所有权仍属于那家部分业务被收购的生产商。欧盟委员会认为，上述过渡性协议所显示的两家企业之间的关系并没有超越买方和卖方之间的正常业务关系，特别是过渡性协议条款的目标在于在过渡期销售铜版纸，而且在过渡期，该欧盟生产商所起到的仅仅相当于一个销售代理的作用。此外，该公司所提交的经审计的财务报表以及在对调查机关问卷的答复中，均显示其对所涉工厂的事务仅作为代理并收取佣金。因此，欧盟委员会认定该欧盟生产商对上述工厂没有所有权。此外，这两家企业之间的交易被视为欧盟生产商对另一公司部分业务的一项并购行为，并非对企业本身的接管。这两家企业在并购后不应被视为一个实体；尤其是两家企业之间并不存在联合投资的情形。因此，这两家企业没有关联关系，所涉欧盟生产商也全力配合了调查。

中国企业（APP）还声称，因为欧盟生产商的每一个附属公司均为独立的法人实体，他们本应分别填写调查问卷。同时指出，欧盟委员会对中国企业存在歧视，因为欧盟委员会要求应诉的中国企业分别提交市场经济待遇请求。需要注意的是，就市场经济地位待遇的主张而言，这些中国企业具有举证的责任，以表明这些企业满足了能够给予其市场经济地位待遇的标准。关于欧盟生产商的调查问卷，要求他们填写问卷的目的是确定在案件调查期是否存在对欧盟国内产业（作为一个整体来看）造成实质性损害。

就本案的欧盟生产商来说，一份有意义的答卷和对损害方面分析的答卷就足够了。需要指出的是，欧盟生产商的答复提供了详细的有关私营造纸厂的信息统计分析数据，涉及相似产品的所有生产商/销售商的必要数据会在核查阶段予以核实。

中国企业（APP）在随后提交的文件中还提出，上述欧盟企业未能与调查机关全面合作，理由是该欧盟企业代表一个不存在的实体提交答卷，以及该欧盟企业经审计的财务报表并没有反映其答卷中的数据。欧盟委员会认为，上述结论也已涉及这一点。因此，初裁中的相关结论已经确认。

（2）关于欧盟国内产业的数据（宏观经济指标）

中国政府认为，用于分析的宏观经济数据不但不完整而且不准确，因此，不能成为造成实质性损害的肯定性证据。对申请人的实地核查证实，用于证实宏观经济指标的数据直接采集于覆盖全部欧盟产量约98%的欧盟生产商，这些数据已经足够详细，足以支持涉案产品的相关信息。欧盟委员会使用的假设和/或估计是在合理且合法的基础上作出的。例如，机制切割纸卷未被纳入到数据中，理由是这类纸张在有代表性的欧盟生产商的总销售额中的占比是微不足道的。基于上述分析，驳回中国政府的主张。

某出口/生产商声称，欧盟生产商的市场份额也应包括从瑞士的纸张进口量，因为从瑞士进口的纸张是由一家有代表性的欧盟生产商所属企业生产的。由于反倾销调查的地域范围是欧盟境内，因此欧盟委员会驳回了上述主张。

也有利害关系方声称，在案件调查期，申诉人的市场份额有显著增加。首先，市场份额是在欧盟整体产业层面上进行分析的一个宏观指标，而非申诉人层面上的分析；其次，关于申请人市场份额的主张事实上是错误的。

除上述主张外，委员会没有收到其他的评论意见，因此初裁中的相关结论已经确认。

（3）关于有代表性的欧盟生产商的数据（微观经济指标）

某出口生产商提出的评论意见是：损害分析有缺陷。其依据是欧盟生产商所收购的造纸厂的信息未纳入到2006—2008年的微观经济指标分析中。在该利害关系方提交其主张后，委员会也对微观经济指标作出了相应的修正，以通过排除被收购工厂在调查期内所有的相关信息来体现整个调查期内可进行季度性比较的趋势。在进行修正后，欧盟委员会对微观经济指标的分析如下：

A. 有代表性的欧盟生产商产品的平均单价

虽然欧盟生产商的价格略作修改，但欧盟委员会还是确认了铜版纸价格的基本走势以及初裁中有关“过去多年铜版纸的价格保持稳定”的认定（表9－1）。

表9－1　欧盟国内产业的价格及平均价格

	2006年	2007年	2008年	2009年/调查期
平均价格（欧元/吨）	692	717	691	699
指　数	100	104	100	101

B. 库存

在调查期，欧盟国内产业的库存量约相当于其产量的10%。在此期间，有代表性的欧盟生产商的库存增长了10%，特别是2006—2007年及2008年至案件调查期，库存比例更高。值得注意的是，高库存正好与中国低价进口激增的时间一致（表9－2）。

表9－2　欧盟国内产业的库存情况

	2006年	2007年	2008年	2009年/调查期
库存（吨）	278265	298547	296387	306588
指　数	100	107	107	110

C. 就业、工资和利润率

表9－3 欧盟国内产业的就业、工资和利润率情况

	2006年	2007年	2008年	2009年/案件调查期
就业——全职（FTE）	7756	7487	7207	6197
指 数	100	97	93	80
劳动力成本（欧元/全职）	54053	54948	57026	58485
指 数	100	102	105	108
利润率（单位/全职）	453	478	486	484
指 数	100	106	107	107

在调查期，由于部分造纸厂停产以及有代表性的欧盟生产商的并购活动，欧盟国内产业的员工人数大幅削减20%（近1600个岗位）。即使在临时大量裁员期，欧盟生产商仍然通过提高每名雇员的产出来达到提高利润率的目的。在调查期，劳动力成本也在稳步上升，增幅达8%（表9－3）。

D. 利润率、现金流、投资和投资回报率

表9－4 欧盟国内产业的利润率、现金流、投资以及投资回报率情况

	2006年	2007年	2008年	2009年/调查期
利润率（%）	-1.08	-0.20	-2.49	2.88
变化（100=2006年）		+0.88%	-1.41%	+3.95%
现金流（千欧元）	260047	211036	172570	336753
指 数	100	81	66	129
投资（千欧元）	151900	151027	127845	87875
指 数	100	99	84	58
投资回报率（%）	-0.73	-0.54	-2.73	0.39
变化（100=2006年）		+0.19%	-2.00%	+1.12%

欧盟委员会对调查期的利润率作了调整以更准确地反映盈利水平，但有关盈利的基本趋势并未因调整而发生变化。有代表性的欧盟生产商在2006—2008年的经营业绩遭受损失，只是在2009年财务状况才转好，在这一年里，由于经济衰退，作为造纸业主要原材料的纸浆价格出现大幅下跌，降幅高达19%。主要原材料价格的下调直接促成了案件调查期欧盟生产商的财务状况的改善。必须指出，从调查期开始，纸浆价格已恢复到调查期前的水平。除数字略有修正外，初裁中有关现金流、投资和投资回报率的裁决已经确认。

某企业声称，欧盟生产商盈利能力的改善不应被视为个例，不应看作是由于原材料成本大幅下降的结果。双方均从成本下降中受益：不仅仅申请人受益，所有欧盟生产商受益，中国生产商也受益。因此，在盈利能力上的提高不仅仅是由于成本下降，而是申请人改变了定价行为的结果。该企业还指出，欧盟国内产业盈利能力的改善主要是由于铜版纸的价格而非纸浆的价格。然而，委员会认为，当纸浆价格在2009年出现大幅下跌时，铜版纸的价格仍然保持稳定，其结果是欧盟国内产业利润率的上

升。因此，考虑到在这一特定时期铜版纸价格保持稳定，铜版纸价格和欧盟国内产业盈利能力之间没有相关性。

按照上述利害关系方的提示，利润率是一个在有代表性欧盟生产商层面上进行分析的指标，而非申请人层面上分析的指标。委员会收集的信息表明，在作为纸张主要原料的纸浆价格大幅下跌和不断提升的盈利水平之间确实有直接的联系，当然，成品纸张稳定的价格在欧盟国内产业盈利能力改善方面也确实起到了作用。虽然对于市场上的其他生产商可能也从纸浆价格下跌中获得利益，但这并不影响欧盟委员会作出的“欧盟国内产业暂时性盈利改善主要是得益于案件调查期原材料价格的大幅下降”这一认定。

（4）关于损害的结论

某出口/生产商和中国政府声称，没有肯定性的证据表明提出申诉的欧盟生产商遭受了实质性损害，申请人提交的证据表明，在案件调查期，欧盟生产商整体经营状况稳定、利润增加。

委员会认为，首先，欧盟国内产业的状况是在有代表性的欧盟生产商的层面上进行分析的，而非申请人层面上进行分析的。第二，如上文所述，这些利害关系方的结论是依据其他数据和信息得出的，而非案件调查过程中由具代表性的生产商所提交的信息得出的。因此，这些结论从根本上就是错误的。此外，上述企业和中国政府的分析是使用两个不同的数据源来计算宏观和微观指标的。此外，盈利能力的提高也应被视为欧盟努力调整产业结构的结果，这其中包括降低产量、减少就业和提高生产力。在这种情况下，后者不能被视为损害的唯一指标，而是应该将所有的损害指标放在一起进行审查。

欧盟《反倾销基本条例》第3（5）条将经济因素和指数编列成表，这些经济因素和指数要在审查倾销进口产品对欧盟国内产业造成影响的过程中逐一进行评估。《反倾销基本条例》第3（5）条明确指出，要素清单并非详尽无遗，其中任何一个因素或多个因素也未必能够给予决定性的指导。因此，一方面，指标要逐一地进行评估；另一方面，结论应该在分析所有因素后才能得出。

因此，上述出口/生产商和中国政府所提出的主张不影响初裁中的相关认定，按照《反倾销基本条例》第3（5）条的法律定义，欧盟国内产业确实遭受了实质性损害。

一些利害关系方反复评论说，由于中国政府在政策上的补贴支持，中国生产商积聚了巨大的生产能力，这对欧盟国内产业有可能造成更大的实质性损害威胁。由于反倾销调查的是产业是否存在实质性损害，而非实质性损害威胁。因此，这些评论意见不会影响裁决。

（二）倾销进口和产业损害之间的因果关系

欧盟委员会收到了关于初裁中进口倾销产品和损害之间因果关系的若干评论意见。

1. 倾销进口造成的影响

一些利害关系方对初裁中关于倾销进口产品对欧盟国内产业的影响提出了异议，其主要观点是，从中国进口的产品数量和价格对欧盟国内产业没有产生重大影响，进口量没有出现激增，而是渐进式增长，因此，其对欧盟国内产业的影响是相当有限的。上述利害关系方还认为，即使来自中国的进口产品价格均低于欧盟国内产业的价格，也不会对相对稳定的欧盟国内产业价格有任何的负面影响。一家予以合作的中国企业质疑委员会的下列结论，即由于中国的低价进口会对欧盟产品形成价格抑制。该中国企业指出，在2009年，来自中国的进口产品的价格进一步下跌，而欧盟国内产业的产品价格不仅上升了，而且还让欧盟国内产业获得了更多盈利。

欧盟委员会的初裁认定，在整个调查期来自中国的进口产品几乎增长了2倍，特别是2006—2007年增长了118%，从2008年到调查期末增长了81%。

就价格而言，来自中国的进口产品以低于欧盟生产商7.6%的价格销售，在价格透明度很高的欧盟市场上，这种幅度的削价被认为是重大削价。在案件调查期，有代表性的欧盟生产商的价格确实较为稳定，只是在 2007 年价格有所上升，而在这一年，来自中国的进口产品数量并没有增长。2009 年，欧盟生产商能够保持其价格稳定是以付出巨大代价为前提的，当年，欧盟生产商失去了更多的市场份额，盈利水平也有所下降，而盈利主要来自于欧盟市场稳定的价格和原材料成本的下降。

该中国企业指出，欧盟从中国进口的铜版纸没有对欧盟国内产业的价格产生影响，理由是从中国进口的铜版纸与欧盟生产商生产和销售的铜版纸之间没有可比性，因为在计算削价和非损害价格水平时，只对有代表性的欧盟生产商销售的产品中的 10% 作了比较。欧盟委员会认为，上述计算是在完全可比较的产品的基础上得出的，即来自中国的进口产品与欧盟生产商生产的产品在所有特征上相匹配，以确保公平地比较两种产品。总的来说，中国生产的铜版纸与欧盟生产商生产的铜版纸是同类产品，因此，这两种产品在欧盟市场上存在直接竞争。

此外，还有一种主张认为，由于欧盟生产商将其产品的一半左右向最终用户直接销售，因此裁决“铜版纸市场是一个具有高透明度特征的商品市场”是不正确的。委员会认为，与该主张相反，有代表性的欧盟生产商通过中间商直接或间接地销售其多数产品（所谓的“订单销售”就是生产商的产品直接发给客户，而下订单及开发票环节通过中间商完成）。事实上，在提供产品和市场价格透明度方面，中间商发挥了至关重要的作用。基于上述论述，欧盟委员会确定在初裁中认定的相关结论。

2. 其他因素造成的影响

（1）欧盟市场的消费状况和经济危机

一家合作的中国企业以及中国政府指出，欧盟产量的下降是全球金融危机和欧盟市场消费急剧下降的结果，这可以从欧盟生产商国内销售、产能利用率、就业和库存水平所显示的下降趋势得以证明，而不应归咎于来自中国的进口产品。为支持上述主张，中国政府引述了纸张和纸浆产业于 2009 年 6 月推出的《竞争力和就业》宣言（以下简称《宣言》）。这份文件涵盖了全部造纸和纸浆产业部门，目的是为了整个行业决策服务。根据该文件所包含的信息，并没有单独对涉案产品的生产和销售作出结论，因此，人们无法断定《宣言》的陈述和研究结果是否能够一对一地适用到涉案产品。此外，由于调查并没有发现金融危机和欧盟国内产业遭受实质性损害之间的密切联系，因此，欧盟委员会驳回了上述主张。

（2）原材料价格

由于没有收到新的评论意见，欧盟委员会对初裁中认定的关于原材料价格的相关结论予以确认。

（3）有代表性的欧盟生产商的出口实绩

某企业提出，微观经济指标的修正影响了对欧盟有代表性生产商出口实绩的分析。在调查期，该影响程度为出口销售额下降 16%，上述企业销售给非关联交易方的销售额占其总销售额的 26%。欧盟委员会认为，与上述企业的主张相反，初裁已经对有代表性的欧盟生产商涉案产品出口的变化情况作了论述，对指标的修正并不影响初裁所得出的结论。

（4）从其他第三国的进口

有利害关系方提出，从其他第三国的进口对欧盟国内产业产生影响，对此初裁已经有所论述。

（5）结构性产能过剩

还有一种主张认为，欧盟生产商遭受的损害是由结构性产能过剩造成的，对此初裁已有所论述。

在倾销进口和产业损害的因果关系问题上所提出的主要主张是，欧盟两大生产商在 2009 年合并，从而对欧盟的产业结构进行了调整。该调整始于 2000 年，一直延续到案件调查期。两大生产商合并的积极成果本应反映在产能利用率的提高以及稳定的销售量的增长，然而，在调查期，这两项指标均出现恶化。另一方面，欧盟国内产业在调查期盈利能力的提高主要和直接得益于纸浆价格意外地大幅下降。因此，初裁所作出的“欧盟国内产业结构调整的成果被倾销进口所削弱”的结论依然成立。

3. 因果关系的结论

依据上述分析，初裁阐述了来自中国的倾销进口产品对欧盟国内产业造成了《基本条例》第3（6）条含义上的实质性损害，欧盟委员会维持初裁裁定。同时，也确认初裁中关于其他已知因素的作用有可能对欧盟国内产业造成损害的裁定：这些因素并没有大到足以改变来自中国的倾销进口产品和欧盟国内产业遭受损害之间因果关系的联系。

案例4 欧盟对华铝合金轮毂反倾销案分析

2009年8月13日，欧盟委员会对原产于中国的铝合金轮毂进行反倾销立案调查。欧盟对华铝合金轮毂反倾销调查涉及中国60余家主要企业，直接影响出口3.9亿美元。本文对欧盟关于产业损害的裁决要点进行了整理，供读者参考。

一、案件基本情况

2009年8月13日，应欧洲轮毂制造商协会的申请，欧盟委员会对原产于中国的铝合金轮毂进行反倾销立案调查，涉案产品在欧盟合并关税编码87087010和87087050下。本案的倾销调查期为2008年7月1日—2009年6月30日。欧盟委员会初步选定土耳其作为计算中国涉案产品正常价值的替代国。这是欧盟2009年针对中国输欧产品的第4起反倾销调查。2010年5月11日，欧盟委员会对原产于中国的铝合金轮毂作出反倾销初裁：对涉案产品征收20.6%的临时反倾销税，为期6个月。2010年10月28日，欧盟委员会对原产于中国的铝合金轮毂作出反倾销终裁：对涉案产品征收22.3%的反倾销税。

二、本案关于产业损害认定的裁决要点

（一）对于损害的认定

1. 来自中国的进口产品

一些利害关系方声称，裁决没有充分地解释中国进口产品的计算方法，但这些意见没有足够的事实依据。值得注意的是，初裁阶段的计算方法是依据申诉书初步作出的，再利用其他渠道的数据（由合作的生产商、进口商和出口商提供的数据）对其进行核实。考虑到相关利害关系方的评论意见，欧盟委员会对上述数据再次进行分析，最终确认了初裁中的相关结论。

在公布初裁结果的当天，欧盟委员会同时公布关于产量、进口量和销售量计算方法的详细信息，供各利害关系方参考。

由于本案覆盖的CN代码也包括本调查所涉产品之外的产品，因此多数评论意见关注的是委员会是使用何种方法将非涉案产品的数量从报告的总数量中排除出去。其中，CN代码87087050包括铝制轮毂车轮及其铝制零部件，欧盟委员会以吨为单位从欧盟统计数据库提取了相关数据，未作任何调整，按照申诉书的意见，假设铝制轮毂车轮的零部件不太重要。CN代码87087010中也包括铝制轮毂车轮及其铝制零部件，欧盟委员会以吨为单位从欧盟统计数据库摘录了相应的数据，并按照申诉书所描述的方法作了适当调整。

有关利害关系方所提交的评论意见在很大程度上对上述方法持批评态度，但又没有提出更适当的或更可靠的替代方法。批评意见主要涉及的问题是，由于各利害关系方不知道欧盟委员会将使用哪一

种方法，因此，无法发表评论。欧盟委员会认为，从本案启动开始，非机密版本的申诉书作为非机密文件可以随时申请获得，该申诉书详细地陈述了有关产品数据的排除方法。委员会交叉核实了申诉书中提供的数据，没有其他因素否认申诉书所选方法的合理性。此外，鉴于各利害关系方并没有提出可替代的排除方法，因此上述评论意见被视为没有事实依据。

第二组评论意见是关于将两个 CN 代码产品从最初以吨为单位的量转换为以每件产品重量为单位的方法。欧盟委员会再次沿用申诉书中提议的方法，随后由中国出口商提供的答卷予以证实。这种方法表明，从中国进口的每个铝制轮毂车轮均重约 9 千克，而从其他第三国进口的每个铝制轮毂车轮约重 10 千克，上述结果是欧盟委员会依据申诉书提供的信息，再经本案中不同利害关系方提供的可获得的信息予以交叉核实后得出。

一些利害关系方在初裁后提交的意见书中声称，应该使用平均每个铝制轮毂车轮 10 千克而非 9 千克来计算进口量，因为这个单位重量正是进口原设备生产商生产的铝制轮毂车轮的平均重量。正如初裁中所述，平均每个铝制轮毂车轮重 9 千克是依据抽样出口商提供的数据而得出的。因此，这是反映来自中国进口车轮平均重量最合理的转换方法。无论如何，即使按照原设备生产商生产铝制轮毂车轮平均每件重 10 千克来转换进口量，对于最终的裁决结论也无影响。

初裁中公布的依据欧盟统计局的数据所作出的结论已经由出口/生产商提交的对调查问卷的答复予以证实。有鉴于数据出自不同的渠道，或是出自细分市场，或是出自企业，趋向自然会略有不同。但无论如何，这些数据均证实了来自中国的进口产品处于低价位。低价格再加上大幅削价，以及进口量的急剧增加，这些因素叠加在一起进一步证实了本案整体结论的准确性。

经过对原设备生产商和次级市场（AM）部分的数据和趋势分别进行审核后发现，初裁的下列说明是错误的：由于出口商答卷中没有提供相关数据，2006—2008 年的价格要基于欧盟统计局的数据得出。初裁本来应该确定的是原设备生产商市场和次级市场交易之间的份额，而份额数据只能依据出口商提供的交易清单得出，交易清单列明了每笔交易的具体信息。

铝制轮毂车轮次级市场的单价数据显示价格有小幅波动，调查末期单价略有上涨。价格波动范围从 2006 年的 25 ~ 34 欧元，到 2007 年的 24 ~ 32 欧元，2008 年则是 25 ~ 29 欧元，整个调查期的波动范围是 26 ~ 36 欧元。由于保密的原因，这些波动范围已经向上或向下调整，调整的最大幅度为 15%。事实上，来自中国的进口产品价格只是象征性地向上作了调整，仅调整了 1.6%。应该强调的是，在上述整个阶段，中国进口产品的价格下降了 8%。在调查期，原设备生产商从中国进口的产品单价降幅超过 15%。由于保密的要求，欧盟委员会无法透露进一步的细节。

某利害关系方声称，在 2008 年和调查期，来自中国的涉案产品价格有所上调，而主要的损害指标却是下降的。欧盟委员会认为，自中国进口的涉案产品的价格只是象征性地向上作了调整，仅调整了 1.6%，而在整个调查期，自中国进口的涉案产品的价格下降了 8%。

总之，可以确认的是，无论是原设备生产商的价格还是次级市场的价格均为低价水平，低价格加上削价幅度以及从中国进口量的急剧增加，3 个因素叠加确认了初裁对损害所作出结论的正确性。

2. 对原设备生产商市场（新车市场）和次级市场（维修市场）损害的分析

在征收临时反倾销税后，欧盟委员会收到的主要评论意见之一是应该对原设备生产商市场和次级市场的所有损害指标分别作出分析。

对此，一个利害关系方提及欧盟委员会关于进口原产自泰国的甜玉米的裁决（EC）1888/2006 以及（EC）682/2007，并声称，欧盟委员会对该案件的调查实施了针对细分市场的分析。该利害关系方还声称，欧盟委员会如果不依照甜玉米案的调查程序，就是违反了 WTO 的相关规定。

表 9－5　从中国进口次级市场价格情况

从中国进口次级市场价格范围（依据抽样出口商提供的数据）	（±15 %）	（±15 %）
2006 年	25	34
2007 年	24	32
2008 年	25	29
案件调查期	26	36

在甜玉米案中，提及 WTO 上诉机构所作出的下列规定，即如果调查机关审查了国内产业的某一部分，那么原则上，调查机关就应以同样的方式审查组成该行业的其他各个部分，而且还要将该行业作为一个整体进行审查。这个案例清楚地表明，截至目前，铝制轮毂车轮案件的审理所采取的做法是符合惯例的，也是符合 WTO 相关规定的。局部分析是可行的，但同时必须对整个行业进行分析。

在初裁中，虽然欧盟委员会将原设备生产商市场和次级市场铝制轮毂车轮放在一起作为一个整体进行分析，但也对其中的一些指标分别作了分析（例如：削价、消费、市场份额）。由于一些利害关系方提交了评论意见，欧盟委员会进行了核查，并在市场细分层面分析了一些附加指标。进一步的分析证实，将国内产业作为一个整体来看，其运行趋势与分别分析的原设备生产商市场和次级市场的运行趋势是一致的。

（1）消费

欧盟委员会已经提供了更详细的有关原设备生产商市场和次级市场之间份额的信息。有关份额的数据是基于合作的欧盟生产商、消费者和涉案国出口/生产商提供的来自不同渠道的信息而得出。

表 9－6　欧盟市场的消费量

单位（1000）	2006 年	2007 年	2008 年	案件调查期
欧盟总消费量	58607	62442	58313	49508
指数（2006 = 100）	100	107	99	84
原设备生产商试产消费	43573	44009	42076	34915
指数（2006 = 100）	100	101	97	80
次级市场消费量	15033	18432	16237	14592
指数（2006 = 100）	100	123	108	97

在整个调查期，欧盟的铝制轮毂车轮的消费总量从 5860 万个减至 4950 万个，下降了 16%。从欧盟委员会分别分析的两个消费市场可以看到同样的消费趋势：原设备生产商市场对铝制轮毂车轮的消费量从 4350 万个减至 3490 万个，下降了 20%，与此同时，次级市场对铝制轮毂车轮的消费量则从 1500 万个减至 1450 万个，下降了 3%。

（2）从中国进口的铝制轮毂车轮以及原设备生产商市场和次级市场的份额

许多评论意见质疑欧盟委员会对于欧盟原设备生产商市场和次级市场铝制轮毂车轮的市场规模，特别是进口铝制轮毂车轮的市场份额的结论。值得一提的是，一些利害关系方认为欧盟委员会对原设备生产商市场进口的铝制轮毂车轮的市场份额计算错误。委员会接受了上述意见并对原设备生产商市场和次级市场进口的车轮的市场份额进行了再次调查。回顾初裁中详列的原设备生产商市场和次级市场从中国进口的铝制轮毂车轮的市场份额，这些数据是依据初裁有档可查的信息得出的，而这些信息由欧盟生产商、出口商以及汽车制造商提供的数据编辑而成。依据上述信息，现证实，原设备生产商市场进口的铝制轮毂车轮的市场份额保守计算约为3%，最高可达6%。

考虑到各利害关系方提出的批评意见，欧盟委员会对所有数据进行了核实，核实得出的结果确认了初裁的正确性。在委员会提供的供各利害关系方参考的文件说明中详细地解释了所有调查的步骤以及用于确定欧盟两个细分市场进口铝制轮毂车轮份额的所有信息来源，这些信息来源不仅来自涉案国，而且还来自其他第三国。以上证明欧盟委员会已使用了各种信息来源以获取相关信息。

此外，就一些利害关系方认为3%的市场份额是“微小份额”的评论意见，欧盟委员会认为，对于本案中这种价格如此敏感的市场，尤其是考虑到价格削减情况，3%的市场份额均不能被视为“微小份额”。此外，来自中国铝制轮毂车轮的进口量和市场份额也有显著增加。

表 9-7 涉案产品的进口量及所占市场份额

进口量（千个） 原设备生产商市场	2006 年	2007 年	2008 年	案件调查期
中　国	455	476	508	1183
指数（2006 = 100）	100	105	112	260
市场份额（%）	1	1	1	3
进口量（千个） 次级市场	2006 年	2007 年	2008 年	案件调查期
中　国	3247	4667	5301	4954
指数（2006 = 100）	100	144	163	153
市场份额（%）	22	25	33	34

（3）价格削减

在初裁中，欧盟委员会分别从欧盟国内产业作为一个整体、原设备生产商市场和次级市场3个维度计算了涉案产品的削价情况，其各自的份额是依据抽样欧盟生产商和出口商提供的已认定销售给汽车制造商的逐笔交易清单计算出来的。

由于倾销计算有所改变，委员会对初裁中披露的削价幅度进行了重新计算，并按照适用关税进行了调整，也就是说，采用统一的4.5%的关税税率。在终裁阶段计算欧盟作为一个整体的削价幅度（原设备生产商市场和次级市场两个部分合在一起）沿用这个方法，这是因为，并非所有的原设备生产商市场进口铝制轮毂车轮均是按照与较低的3%的税率挂钩的CN代码清关的。

一些利害关系方重申他们的评论意见，即计算削价幅度应当只按照价格增值的部分（排除铝材料成本）。正如初裁中所指出的，使用这种方法确实会增加削价幅度，但由于按照全价（百分比）确定的削价幅度已经很可观，因此不用再探讨按照价格增值的部分计算削价的方法。

将涉案产品作为一个整体，欧盟委员会计算的削价幅度为20%～38%，而原设备生产商市场和次级市场的削价幅度也相当可观，前者的削价幅度为15%～29%，后者为49%～63%。

（二）欧盟的产业状况

1. 欧盟国内产业的定义以及宏观和微观产业损害指标

一利害关系方声称，委员会使用的欧盟国内产业的定义和欧盟产量是不正确的，还声称，损害评估应当只依据与申诉书和申请人有关的信息，而不应依据整体的欧盟产量。

欧盟《反倾销基本条例》第4（1）条对欧盟国内产业的定义作出了规定，欧盟委员会对整个欧盟生产形势进行评估符合《反倾销基本条例》的相关规定。因此，认为欧盟委员会对损害评估没有按照正确理解欧盟国内产业定义的主张必须驳回。由此，欧盟委员会驳回所有关于以抽样企业和合作生产商提供的数据作为分析依据，从而分析欧盟国内产业损害指标趋势的发展状况（曲线图）的主张。

还有评论意见认为，生产商调查问卷和微型版问卷的非机密版本存在缺陷。委员会仔细地研究了这些意见并要求对非机密版本有缺陷的部分作出改进。上述内容均包括在公开信息披露文件中，供各利害关系方参考，从而充分体现合理的辩护权利。

一些利害关系方声称，由于一些欧盟生产商没有提供其经营活动的完整信息，因此他们应被排除在外。上述利害关系方进一步声称，排除这些生产商会对调查结论产生影响。事实是，被指责的这些欧盟生产商确实提供了所有的相关信息，上述主张没有事实依据，因此予以驳回。

某进口商声称，自己应被划为欧盟生产商，理由是该进口商将制造工序外包给了涉案国，而许多其他工序（如设计）仍在欧盟境内完成。欧盟委员会认为，由于其制造工序是在涉案国完成的，因此在反倾销调查中，该进口商不能被视为欧盟生产商，上述主张被驳回。

一些利害关系方依据某一公司的数据进行损害指标分析。这种做法必须予以驳回，理由是损害分析必须是将欧盟国内产业作为一个整体进行分析。

2. 宏观经济指标

（1）销售量和市场份额

在初裁结果公布后，一些利害关系方要求委员会提供原设备生产商市场和次级市场之间份额分配的数据（如表 9－8 所示）。

表 9－8　欧盟原设备生产商市场和次级市场的销售量及所占市场份额

	2006 年	2007 年	2008 年	案件调查期
欧盟原设备生产商市场全产业销售量（千个）	36820	36240	34932	28719
指数（2006 ＝ 100）	100	98	95	78
欧盟次级市场全产业销售量（千个）	8626	10443	7962	7075
指数（2006 ＝ 100）	100	121	92	82
原设备生产商市场份额（%） （欧盟生产商占整个原设备生产商市场消费的份额）	84. 5	82. 3	83	82. 3
指数（2006 ＝ 100）	100	97	98	97
次级市场的市场份额（%） （欧盟生产商占整个次级市场消费的份额）	57. 4	56. 7	49	48. 5
指数（2006 ＝ 100）	100	99	85	84

无论是在原设备生产商市场还是次级市场，欧盟生产商的销售量和市场份额均呈下降趋势。

（2）合同概要

如初裁结果所述，欧盟委员会继续深入调查案件调查期中相关标书的情况。从欧盟车轮制造商和汽车制造商方面收到的新信息补充了存档文件中已有的数据。数据证实了采购订单量以及关于欧盟车轮供应商和中国车轮供应商的市场份额。汽车制造商提出的"由于中国提高了竞争力，改进了产品质量，提高了生产工艺的能力，因此中国出口到欧盟的铝制轮毂车轮的市场份额有所增加"的观点进一步支持了欧盟委员会的上述结论。

3. 微观经济指标

一个利害关系方声称，初裁报告披露的盈利数据与销售额和生产成本的数据不匹配。委员会认为，这是由于在计算生产成本中出现了文书错误，导致使用了错误的数据。该错误已得到纠正，生产成本的数据如表 9－9 所示。

表 9－9　欧盟国内产业的生产成本

欧盟国内产业	2006 年	2007 年	2008 年	案件调查期
平均单位生产成本	48.1	49.4	48.7	49.1

对上述错误数据的更正并不影响初裁中确定的关于市场份额的变化趋势。在整个调查期，欧盟国内产业平均单位生产成本保持稳定。

（1）利润率

在回答一些利害关系方提出的提供原设备生产商市场和次级市场份额的要求时，欧盟委员会也分别计算出原设备生产商市场和次级市场的利润率。

表 9－10　欧盟国内产业的利润率情况

	2006 年	2007 年	2008 年	案件调查期
整个产业利润率（%）	3.2	0.7	－1.5	－5.4
原设备生产商市场利润率（%）	3.1	0.4	－1.4	－5.7
次级市场利润率（%）	5.2	5.7	－3.3	－2.4

原设备生产商市场和次级市场的利润率均受到影响。在调查期，原设备生产商的市场利润率下降 8.8%，次级市场的利润率下降了 7.6%。因此，原设备生产商市场和次级市场的铝制轮毂车轮的订单量和趋势分别与该产品整体订单量和趋势一致（整体下降 8.7%）（表 9－10）。

（2）投资回报率

有利害关系方指出，初裁中有关投资回报率的计算可能不够准确。初裁中公布的数据包括了所有构成投资回报的因素，因此，欧盟委员会驳回了上述主张。

4. 关于损害的结论

根据分析，欧盟委员会裁定确认初裁中有关损害的结论，欧盟国内产业遭受了实质性损害，这主要体现在盈利水平的下降。对原设备生产商市场和次级市场这两个细分市场来说，尽管一些损害指标的分析是分开进行的，但依据这些指标作出的曲线图所显示的市场份额趋势和订单量与将铝制轮毂车轮作为一个整体行业进行分析得出的结论是一致的。

（三）倾销进口与损害之间的因果关系

1. 自中国进口的涉案产品给欧盟国内产业造成的影响

一些利害关系方认为，欧盟国内产业产量和销售量的下降是由于消费减少造成的（据称这也引发了生产能力的下降）。初裁确实没有对欧盟市场消费量持续萎缩的主张提出异议。虽然来自中国倾销进口产品以外的因素（如经济危机和从土耳其进口）有可能导致欧盟国内产业遭受损害，但这些其他因素的影响并未影响初裁已阐明的中国倾销进口产品造成欧盟国内产业损害的因果关系的认定。如初裁所述，中国产品的低价以及进口量的显著增加与欧盟国内产业遭受的损害之间有显而易见的联系。此外，欧盟委员会认为，事实与上述利害关系方所称的“案件调查期欧盟产能稳定”的主张相反（最明显的是在 2006—2008 年之间以及 2008 年至案件调查期，欧盟产量下降了 4%）。

一些利害关系方提到欧盟生产商在其网站上发表的声明，在谈到产业损害的原因时，自中国进口的涉案产品并不在其中。欧盟委员会认为，不论欧盟生产商在公开声明中说了什么，存档文件中的数据已清楚地表明自中国进口的倾销产品与欧盟国内产业遭受损害之间存在因果关系。

一些利害关系方辩称，欧盟国内产业盈利的下降是由于产量下降造成的。由于产量下降，欧盟生产商无法摊销其所生产数量不多的车轮的固定成本。然而，事实是，产量下降是由于欧盟生产商减少了市场份额，而减少市场份额又是由于中国车轮的大量进口造成的。

一些利害关系方辩称，产自中国的进口车轮产品并非欧盟国内产业遭受损害的原因，因为在2007年，尽管价格和销售量都很稳定，欧盟生产商的利润仍在下降。对此，欧盟委员会认为，2006—2007年，自中国进口的涉案产品在欧盟的市场份额不断扩大，就其数量而言，市场份额扩大了40%。因此，欧盟委员会驳回了上述主张。

2. 其他因素的影响

（1）细分市场的份额

一些利害关系方重申了他们的主张，欧盟国内产业遭受的损害不可能由来自中国的进口产品造成，因为欧盟生产商主要向原设备生产商销售产品，而来自中国的进口产品主要集中在次级市场上，向原设备生产商细分市场销售的数量十分有限。欧盟委员会认为，这些已在初裁中有所论述。

在实施临时性征税措施后，一些利害关系方提及初裁中阐述的内容："有迹象表明，汽车制造商购买中国产品的价格使欧盟铝制轮毂车轮产业不得不降低其销售价格"。对此，利害关系方辩称，欧盟委员会不能将调查结果建立在意向基础上，而必须建立在确凿证据的基础上。这些利害关系方进一步指出，委员会并没有向各利害关系方公开相关的信息。

从调查开始，欧盟委员会就已强调了该类信息的高度商业敏感性。欧盟委员会在初裁阶段公布的信息清楚地显示出中国进口产品价格对于欧盟产品价格的下行压力，补充信息证实了上述结论。之后，欧盟委员会进一步完善了关于价格削减方面的信息。欧盟生产商提供了一份详细的意见书，该意见书为委员会提供了进一步了解投标步骤细节并确认价格削减的结论。事实上，由汽车制造商制定的目标价（该价格作为谈判的起点）已经低于欧盟车轮生产商的生产成本，因此，欧盟生产商从一开始就难以为继。

依据欧盟委员会获取的信息，一些汽车制造商仅仅示意其投标人降低出价，以便与中国提供的产品价格保持在同一水平上；有的投标人使用了未参与投标的企业的报价；有的甚至完全不限制投标，任何人（即使那些未满足竞标要求的人）均可竞标。

汽车制造商声称，在其采购决策中，价格并非唯一的决定性因素。事实上，委员会获取的信息表明，尽管价格是最主要的因素，但汽车制造商在采购决策中还要考虑其他因素。因此，初裁中的相关结论已经确认。

（2）从土耳其进口的影响

一些利害关系方辩称，欧盟委员会低估了原产于土耳其的进口产品对欧盟国内产业造成的损害影响。欧盟委员会表示，初裁已有所论述，自土耳其进口的涉案产品可能已经对欧盟国内产业造成了一定的负面影响，但就其本身而言，这种负面影响还没有严重到足以改变"由于自中国进口的涉案产品造成了欧盟国内产业损害这一因果关系"的程度。

针对原产于土耳其的进口产品对欧盟国内产业造成的影响，欧盟委员会也从不同的市场细分进行了评估，并确认，自土耳其进口的涉案产品中有3/4供给原设备生产商市场。原设备生产商市场和次级市场合在一起的指标趋势和订单量与对原设备生产商市场和次级市场分别作出的指标趋势和订单量是一致的。根据欧盟委员会获取的信息（这些信息由来自合作的利害关系方），在案件调查期，土耳其的进口产品销售给次级市场的产品价格出现下降，而销售给原设备生产商市场的产品价格保持相对稳定。

一些利害关系方指出，在2008年和案件调查期，自土耳其进口的涉案产品的价格显著下降。然而，正如初裁所述，其差价幅度远远小于中国进口产品价格和欧盟生产者价格之间的差价幅度。

关于一利害关系方提出的“土耳其本应被列入申诉书中”的意见，委员会认为，即使将土耳其列入申诉书中也不能改变“来自中国的进口倾销产品与欧盟国内产业损害之间存在因果关系”的结论。

基于上述理由，欧盟委员会驳回了上述利害关系方的主张。在没有任何其他评论意见的情况下，初裁中的相关结论已经确认。

（3）其他国家进口产品产生的影响

一些利害关系方声称，2006—2008 年，从中国以外的第三国进口产品所占欧盟市场份额有所增加。必须指出的是，尽管来自第三国的进口产品所占市场份额有所变化，但仍然维持在 1% 的范围内，因此，欧盟委员会驳回该主张。

一些国家指出，是由于从南非进口的产品数量和/或价格令欧盟国内产业遭受了损害。正如初裁结果所述，尽管从南非进口的产品数量有所增加，但其市场份额从 2007 年以来一直保持稳定，（2006—2007 年增长 0.6%，份额保持在 1.4% 的水平）。欧盟委员会获取的信息显示，从南非进口的涉案产品主要销售给原设备生产商市场。关于原产于南非的进口产品的价格问题，欧盟委员会获取的信息是自相矛盾的。依据欧盟统计局的数据，可以得出结论，原产于南非的进口产品价格从 43 欧元升至 51 欧元，这一数据与某欧盟生产商提供的信息相一致。因此，委员会驳回上述主张。

（4）经济危机的影响

一些利害关系方重申了有关经济危机的影响的主张。这些评论意见主要是关于欧盟汽车产量下降的问题，而这些问题初裁中已有所论述。正如初裁所述，欧盟汽车产量下降趋势早在经济危机之前就已显现，这与涉案的中国产品在欧盟市场份额的增加在时间上一致。

（5）欧盟生产商之间的竞争和欧盟市场的集中度

一些利害关系方认为，是欧盟国内产业的结构导致了欧盟国内产业遭受损害。然而，正如初裁结果所述，在案件调查过程中收集到的数据显示，欧盟规模较大的企业和规模较小的企业都受到了几乎相同的负面影响。

（6）欧盟生产商的管理决策

一些利害关系方辩称，欧盟国内产业受到损害是由于欧盟生产商错误的管理决策造成的，该评论提及初裁中的这一论述，即“这些企业按照破产程序或是临时关停或是彻底关停”。欧盟委员会认为，初裁中共提到 30 家企业，而上述利害关系方仅提及 4 家企业。总的来说，这些意见都没有得到证实。无论如何，欧盟委员会获取的数据清楚地表明来自中国的倾销进口产品与欧盟国内产业遭受损害之间的因果关系。尽管一些企业关停，但其余欧盟企业的市场份额并没有因此而增加。

（7）欧盟国内产业从第三国的进口

一些利害关系方辩称，欧盟生产者使用来自第三国的较便宜的车轮，由此促成了对欧盟国内产业的损害。然而，这些主张均没有证据予以证实。最重要的是，这些从第三国的进口是否在很大程度上影响了欧盟国内产业尚不清楚。因此，欧盟委员会驳回了上述主张。

（8）铝价和欧盟国内产业的供货合同

有利害关系方声称，尽管铝价在变动，但欧盟国内产业的平均生产成本保持稳定。这些利害关系方认为，欧盟生产商遭受的损失是由于下列事实造成的：他们为了获得稳定的原材料铝的供应，与供货商签订了长期供货合同，当伦敦金属交易所的铝价下跌时，欧盟国内产业的铝供货合同的价格却不能同步下调。欧盟委员会认为，由合作的欧盟生产商提交的信息否认了上述利害关系方的主张。因此，欧盟委员会驳回了上述主张。

（9）汇率浮动

有利害关系方认为，随着人民币对欧元汇率的升值，欧盟生产商受到的损害有可能减轻。该利害关系方认为，由于以欧元作为交易过程中的计价货币，因此汇率的波动会推高来自中国的进口产品的价格，从而使中国产品的进口价格与欧盟生产商所生产的产品价格非常接近。

对此，欧盟委员会认为，应该指出的是，调查的目的是确定中国倾销进口产品在价格和数量上是否对欧盟国内产业造成或可能造成实质性损害，或者这种实质性损害是否是由于其他因素造成的。对此，欧盟《反倾销基本条例》第3（6）条明确规定，表明倾销进口产品的价格水平造成欧盟国内产业损害是十分必要的。欧盟《反倾销基本条例》仅仅提到价格水平之间的差异，因此，没有必要分析这些价格水平的因素。

审查倾销进口是否对欧盟国内产业的价格造成影响主要通过确定价格削减、价格下降和价格抑制的方法。为此，要对倾销进口产品的价格和欧盟国内产业的销售价格作出比较，为了准确地计算损害的程度，出口价格有时可能需要转换成另一种货币，以便进行比较。因此，在这点上，汇率的变动仅仅是保证在可比基础上确定价格的差异。由此看来，原则上，汇率不能作为衡量欧盟国内产业是否遭受损害的重要因素。

上述结论也被《反倾销基本条例》第3（7）条的相关规定所证实，该条款中其他已知因素的列表中没有提到关于影响倾销进口产品价格水平的因素。

就算是要考虑汇率波动的因素，欧盟委员会认为，在市场低迷的背景下对消费物价有可能产生压力，进口商从中国购买产品，仅因人民币的升值而提高零售价格是不可能的；此外，汇率本身很难预测；最后，调查期后人民币对欧元有所升值。鉴于上述因素，欧盟委员会不能得出下列结论：汇率的波动可成为衡量欧盟国内产业是否遭受损害的另一重要因素。

（10）对钢制车轮需求的增加

一些利害关系方辩称，欧盟国内产业遭受损害是由于下列事实造成的：在经济危机时期，消费者倾向于使用较便宜的钢制轮毂车轮或是更多地配备钢制轮毂车轮的小型车，而不同欧洲国家提出的援助计划鼓励销售小型车的事实使这一主张更具说服力。与上述主张不同的是，另一些利害关系方则认为，虽然欧盟的援助计划确实有可能鼓励小型车的销售，但更重要的是这些小型车确实配置更好，且配备了铝制轮毂车轮。

由于对钢制轮毂车轮没有一个完整的统计数据，欧盟委员会只能依据可获得的数据进行额外的分析。钢制轮毂车轮的消费水平数据可以通过比较欧盟汽车产量以及原设备生产商市场铝制轮毂车轮的消费数据来获得。

表9－11 欧盟国内产业的产量、消费量及所占市场份额

	2006年	2007年	2008年	案件调查期
欧盟汽车产量（千台）	16198	17103	15947	13443
汽车生产中铝制轮毂车轮平均用量（4.5个/辆）	72891	76963	71761	60493
原设备生产商在欧盟铝制轮毂车轮消费量（千个）	43573	44009	42076	34915
欧盟消费的钢制车轮（千个）	29318	32954	29685	25578
原设备生产商铝制轮毂车轮份额（%）	59	57	58	57
原设备生产商钢制车轮份额（%）	40	42	41	42

在2008年和案件调查期，欧盟市场钢制轮毂车轮的消费量下降了12%，而同期生产新车使用的铝制轮毂车轮所占市场份额下降了1%（受经济危机影响），也是在同一时期，欧盟生产新车使用的钢制轮毂车轮的份额上升了1%。由此可以得出结论，欧盟制造新车使用的铝制轮毂车轮和钢制轮毂车轮的市场份额保持稳定。此外，铝制轮毂车轮的消费量和生产趋势也不支持上述论点。因此，欧盟委员会驳回了上述主张。

3. 倾销和损害之间因果关系的结论

由各利害关系方提交的所有证据中没有一条能够证明除来自中国的倾销进口产品以外的任何因素改变初裁已作出的倾销进口产品和欧盟国内产业损害之间的因果关系的裁决结果。因此，本案初裁对二者之间因果关系所作出的肯定性结论已经确认。

案例5　澳大利亚对华焊缝管反倾销和反补贴案分析

澳大利亚对华焊缝管反倾销和反补贴调查涉及的程序复杂，案件经过原审、向澳大利亚贸易措施复审官提出上诉、澳大利亚海关和边境服务署进行重新审查等程序。本文就澳大利亚在贸易救济调查中关于产业损害的裁决分析要点进行了归纳和分析，为全面了解澳大利亚国内产业损害裁决分析的推理过程提供基础材料。

一、案件基本情况

2011年9月19日，应澳大利亚一钢钢管有限公司（OneSteel Australian Tube Mills Pty Ltd.）的申请，澳大利亚对原产于中国、韩国、马来西亚、中国台湾和泰国的焊缝管进行反倾销立案调查，并对原产于中国的进口焊缝管进行反补贴立案调查，涉案产品海关编码为73063000、73066100、73066900。本案的倾销和补贴调查期为2010年7月1日—2011年6月30日。2011年12月23日，澳大利亚对原产于中国、韩国、马来西亚、中国台湾和泰国的焊缝管作出反倾销初裁。2012年6月6日，澳大利亚海关对原产于中国的进口焊缝管作出反补贴初裁。其中，由于青岛祥兴钢管有限公司和葫芦岛市钢管工业有限公司对澳大利亚出口的涉案产品的补贴率小于2%，因此取消对上述两家企业的反补贴调查。2012年7月3日，澳大利亚海关对原产于中国的进口焊缝管作出反倾销和反补贴终裁，并对原产于韩国、马来西亚和中国台湾的焊缝管作出反倾销终裁。澳大利亚海关和边境服务署认定，在调查期，中国、韩国、马来西亚和中国台湾出口到澳大利亚的所有焊缝管均存在倾销，其倾销幅度为2.4%～46.2%；从中国出口（到澳大利亚）的焊缝管存在补贴，补贴率为微量～52.8%。

2012年6月12日，马来西亚Alpine Pipe Manufacturing SDN BHD、澳大利亚钢铁协会、大连斯特瑞高新技术有限公司、奥尔坎钢管有限公司、青岛祥兴钢管有限公司、帕默钢铁贸易（澳大利亚）有限公司、澳大利亚斯坦科有限公司申请就澳大利亚海关和边境服务署对原产于中国、韩国、马来西亚的进口焊缝管的反倾销和反补贴裁决进行审查；2012年9月12日，澳大利亚贸易措施复审官决定受理此案。2013年1月18日，澳大利亚贸易措施复审官就澳大利亚海关和边境服务署于2012年6月12日对原产于中国、韩国、马来西亚的进口焊缝管的反倾销和反补贴裁决作出判决。根据《澳大利亚海关关税法》第269ZZK（1）（b）条，澳大利亚贸易措施复审官建议首席执行官就以下内容重新调查：① 关于中国钢铁市场存在特殊情况，致使在根据《1901年海关法》第269TAC（1）条进行正常价值的计算中运用该市场销量的做法不合适的认定；② 关于根据《1901年海关法》第269TAC（2）（c）条推定中国焊缝管生产商正常价值的基准的计算；③ 关于马来西亚公司Alpine Pipe Manufacturing SDN BHD和其他相关出口商（诸如澳大利亚斯坦科有限公司从其进口焊缝管的公司）出口价格（如有必要，也包括上述公司的正常价值）的计算；④ 关于“被选定的不合作企业”的倾销幅度的计算。

2013 年 1 月 18 日，澳大利亚海关和边境服务署发布公告称，根据澳大利亚贸易措施复审官在 2013 年 1 月 18 日发布的审查建议，决定重新对原产于中国、韩国、马来西亚和中国台湾的焊缝管的上述 4 点内容进行反倾销调查。同时，决定对原产于中国的焊缝管重新进行反补贴调查。调查内容包括：① 裁决依据项目 20 给高速钢生产企业提供热轧钢卷的国有企业是“公共机构”；② 裁决依据项目 20 提供的热轧板卷未能提供充分补偿。

2013 年 5 月 13 日，澳大利亚对原产于中国的进口焊缝管作出反倾销和反补贴再调查终裁，并对原产于韩国、马来西亚、中国台湾的焊缝管作出反倾销再调查终裁。2013 年 5 月 13 日，澳大利亚海关和边境服务署发布公告称，由于济钢集团有限公司冷弯型钢公司未提交调查问卷，因此决定取消对华焊缝管的反倾销和反补贴快速复审调查。

二、关于产业损害的裁决要点

（一）倾销和补贴是否给国内产业造成了实质性损害

澳大利亚海关和边境服务署初裁认定，原产于中国、韩国、马来西亚和中国台湾的进口涉案产品已经通过倾销和补贴对澳大利亚焊缝管产业造成实质损害。

1. 损害的累积评估

在认定从涉案国家进口的涉案产品给澳大利亚国内产业造成的影响时，如果考虑到下列因素后认定累积评估这些涉案产品的影响是适当的，则可以调查这些涉案产品的累积影响：涉案产品之间的竞争条件；以及 涉案产品与国内生产的同类产品之间的竞争条件。

澳大利亚海关和边境服务署认为，进口焊缝管与国内所生产的焊缝管之间的竞争条件类似，因为国内生产的焊缝管可以被进口焊缝管直接替代。

提交给澳大利亚海关和边境服务署的资料表明，某些焊缝管进口商从至少两个涉案国家（地区）进口相同的焊缝管成品。这一事实表明使用该产品的用户相同或类似。

澳大利亚海关和边境服务署认为，国内生产的焊缝管与涉案产品类似（包括拥有类似的最终用户以及在相同的市场展开竞争）。竞争条件表明，考虑原产于中国、韩国、马来西亚和中国台湾的倾销进口产品的累积影响是适当的。

2. 价格影响

（1）价格削减

当进口产品的销售价格低于澳大利亚同类产品的价格，进口涉案产品对国内同类产品的价格削减的情况就发生了。

A. “宏观”分析

澳大利亚海关和边境服务署对比了澳大利亚国内产业、各进口商以及进口商整体的每月加权平均销售价格。该分析涵盖了整个调查期黑色、喷涂、预浸镀和热镀锌成品的销售。

价格削减分析还按国别进行，并且加总该国各种成品的焊缝管总销售额，然后将其每月加权平均价格与澳大利亚国内产业生产的焊缝管的加权平均销售价格进行比较。分析表明，无论是从单个进口商的数据层面考虑，还是从整个进口数据层面考虑，在整个调查期，澳大利亚国内产业各种成品的价格一直被进口焊缝管的价格削低。

表 9－12 澳大利亚国内产业价格的削减幅度（在整个进口商层面）

成品种类	削减幅度
黑　色	5%～25%
喷　涂	4%～18%
预浸镀	11%～21%
热镀锌	19%～46%

对各个国家而言，除某些情况下结合国家、成品和月份来看进口焊缝管的价格高于澳大利亚国内产业的价格等极少例外以外，进口焊缝管的价格一直低于澳大利亚国内产业的焊缝管价格。

B. “微观”分析

为了获得对价格削减水平更为准确（尽管涉及面会较窄）的认识，澳大利亚海关和边境服务署设法将来自不同供应商的价格与主要的双货源客户进行了对比。

澳大利亚海关和边境服务署采用由 ATM、奥尔坎钢管有限公司和进口商提供的、并且经过核实的调查期交易数据，从各不同成品的层面将焊缝管的月度销售价格与澳大利亚几家大型分销商进行了对比。

上述分析表明，在整个调查期，4 家被调查的主要客户一直以高于从进口渠道采购的加权平均月度价格从澳大利亚国内产业界采购焊缝管。

总之，在调查期，原产于中国、韩国、马来西亚、中国台湾和泰国的进口焊缝管的价格一直在削减澳大利亚国内产业的销售价格。

（2）价格压低和受抑

ATM 和奥尔坎钢管有限公司声称，由于来自中国、韩国、马来西亚、中国台湾和泰国进口产品的直接压力，它们不得不降低价格。

除上文所述的价格削减分析外，澳大利亚海关和边境服务署注意到，下列相关证据表明，在损害调查期，中国、韩国、马来西亚、中国台湾和泰国出口到澳大利亚的焊缝管似乎也对澳大利亚国内产业造成直接的价格压力。

奥尔坎钢管有限公司的月度进口平均价格（IPP）表复印件——某些产品的月度报价，其中考虑进口焊缝管的报价；ATM 基于进口平均价格的月度 Oztube 和 Ozrail 价目表复印件；以及来自 ATM 并且显示进口焊缝管市场报价的市场情报，其中载明焊缝管进口商通过电子邮件作出的正式报价以及内部电子邮件记录的口头报价。由此可以看出，在同一期间（并且事实上是在整个调查期）进口焊缝管的价格低于澳大利亚国内产业报出的价格。

澳大利亚海关和边境服务署认为，这表明澳大利亚焊缝管市场具有高度的价格透明度和敏感性。在这种背景下，可以合理预计澳大利亚国内产业在确定其在澳大利亚市场上可以实现的价格时，将获悉竞争者的价格并且受到竞争者价格的影响。通过使用 ATM 和奥尔坎钢管有限公司提供的信息以及经核实的进口商数据，澳大利亚海关和边境服务署将相似时间段澳大利亚国内产业的月度平均进口价格与进口焊缝管的销售价格进行了对比。数据表明，ATM 和奥尔坎钢管有限公司的加权平均月度进口价格密切跟踪来自涉案国家（地区）的进口焊缝管的月度价格。该证据支持澳大利亚国内产业提出的主张，即以进口价格为杠杆来确定澳大利亚生产商的平均定价。

考虑到上述证据，澳大利亚海关和边境服务署认为，在调查期，倾销和补贴使得进口商能够在澳大利亚以大幅低于不存在倾销和补贴情况下的价格供应焊缝管。这给澳大利亚的产业带来巨大的价格压力，导致 ATM 和奥尔坎钢管有限公司不得不降低价格以保持销量。来自存在倾销和补贴[①]焊缝管的价格压力也在很大程度上阻碍了澳大利亚国内产业根据不断上升的成本提高价格。

因此，澳大利亚海关和边境服务署裁定，在调查期，进口的倾销和补贴产品已经导致澳大利亚焊缝管产业压低价格和价格受抑。

3. 数量的影响

数量方面的影响主要体现在：销量方面的损失。

在整个调查期，尽管澳大利亚国内产业确实减少了销量，但这与整个市场减少销量的情况相符，并且事实上它还不如整个市场减少的销量显著。在调查期，来自本次调查涉案国家（地区）进口产品的销量缩减幅度大于整个市场的销量缩减幅度。

在澳大利亚海关和边境服务署的实地核查中，ATM 提交的间接证据表明，它们的部分销量被来自本次调查涉案国家/地区进口产品取代。

尽管存在 ATM 提交的上述证据，澳大利亚海关和边境服务署认为，2011 财年澳大利亚国内产业所减少的全部销量与澳大利亚焊缝管市场的整体低迷具有更大的关联。澳大利亚海关和边境服务署认定，前述证据不足以证明澳大利亚国内产业因倾销或获得补贴的焊缝管进口产品遭受销量方面的减少。

4. 利润的影响

利润方面的影响主要体现在：利润和利润率的降低。

分析表明，来自中国、韩国、马来西亚和中国台湾的、存在倾销和补贴的[②]焊缝管已经导致价格压低和价格受抑。考虑到澳大利亚国内产业的数量在调查期减少，倾销和补贴产品的价格影响已经导致利润和利润率的降低。

5. 其他可能导致损害发生的原因

澳大利亚海关和边境服务署也调查了产业损害是否由倾销进口产品以外的因素导致或者产业是否遭受倾销进口产品以外的因素威胁。[③]

（1）关于服务水平低下或非价格因素的主张

2012 年 2 月 24 日，南十字星钢铁有限公司（Southern Cross Steel Pty Ltd）在提交的意见中指出，除价格外，尚有其他非价格因素导致它们进口焊缝管，而不是从 ATM 购买焊缝管。该意见指出："过去，ATM 会按照我们的要求生产非标准长度（的焊缝管），储存并允许我们在给定期间提取存货。现在它们却拒绝这么做，并且要求最低的包装数……"。

澳大利亚海关和边境服务署认为，尽管购买方在决定购买进口焊缝管而不是当地生产的焊缝管时，非价格因素可能是一种考量，但很明显价格仍然是一个很重要的因素。

考虑到倾销和补贴的幅度和范围——这使得焊缝管进口商大幅度提升了价格竞争力，澳大利亚海关和边境服务署认为，非价格因素不会减损倾销和补贴已经导致实质损害的认定。

（2）非倾销进口产品以及来自非涉案国家的进口产品

澳大利亚海关和边境服务署收到利害关系方提交的、多份关于原产于中国、韩国、马来西亚、中国台湾和泰国的进口焊缝管产品的意见。

ASA 于 2012 年 3 月 30 日提交的意见辩称，在调查期，来自除中国、韩国、马来西亚、中国台湾和泰国以外的其他途径的进口产品数量增加。

澳大利亚海关和边境服务署已经利用其商业数据库中的数据对调查期来自除中国、韩国、马来西

---

① In the case of HSS exported to Australia from China.

② In the case of HSS exported to Australia from China.

③ S. 269TAE（2A）

亚、中国台湾和泰国以外其他途径的进口产品数量进行了调查。应当指出的是，在调查期其他供应来源还包括日本、南非和越南。尽管来自日本、南非和越南的进口产品数量并非无关紧要，但与来自中国、韩国、马来西亚和中国台湾的倾销和/或接受补贴的进口产品相比较，来自日本、南非和越南的进口产品数量很少。

考虑到上文所述的该市场的价格透明性以及倾销进口产品的数量，澳大利亚海关和边境服务署认为，倾销进口产品的价格很可能已经对澳大利亚焊缝管市场现行价格产生影响，其中包括对来自非涉案国家的进口产品价格产生影响。

由于已经认定从SAHA和太平洋公司进口到澳大利亚的焊缝管不存在倾销，澳大利亚海关和边境服务署还调查了这些产品是否构成导致澳大利亚国内产业遭受损害并且因此不得归因于倾销和补贴的原因。

尽管承认SAHA和太平洋公司从泰国出口到澳大利亚的焊缝管总量并非无关紧要，澳大利亚海关和边境服务署认为，在调查期，更高数量的倾销和补贴①焊缝管对澳大利亚焊缝管现行市场价格的影响更大。

同样，在调查期，如果从SAHA和太平洋公司出口的焊缝管数量与来自非涉案国家的出口相结合，其总量仍然大幅低于倾销和接受补贴②的焊缝管数量。

（3）新的澳大利亚国内产业进入者

利害关系方还提交意见辩称，由于调查期存在新的市场进入者ITM，澳大利亚的焊缝管市场在整个调查期一直表现强劲。该意见的保密版本还预测了ITM在调查期的销售规模，并且宣称其销量等于ATM在调查期减少的销量。

澳大利亚海关和边境服务署了解到ITM自2010年起在澳大利亚开始生产。很明显，如果ITM未从向澳大利亚市场供应相关产品中看到潜在盈利机会，它们不会进行设立焊缝管生产设施所需的大额投资。

考虑到ITM大约是在2010年8月进入澳大利亚市场，预计它们在启动后会有一个过渡期，并且它们最初的产量，特别是在第一年经营过程中的产量，只会占澳大利亚焊缝管总产量很小的百分比。ITM拒绝参与本次调查，并且澳大利亚海关和边境服务署并未收到与ITM在整个调查期销量有关的任何可靠信息。

考虑到澳大利亚焊缝管市场的价格敏感性，新市场进入者的销量可能相对较低。如果说ITM会对澳大利亚焊缝管的市场价格产生任何影响，该影响也是微乎其微的。

澳大利亚海关和边境服务署认为，ITM的竞争对ATM和奥尔坎钢管有限公司产生的影响微乎其微。

（4）澳元升值

霍华德咨询（Howard Consulting）代表多家澳大利亚进口商于2010年3月29日提交一份意见辩称，澳元大幅升值提高了进口产品的竞争力。

澳大利亚海关和边境服务署同意，澳元表现强劲使得进口焊缝管的价格更加实惠（假定其他所有因素不变）。但是，在中国、韩国、马来西亚和中国台湾是以倾销和补贴③价格将焊缝管出口到澳大利亚的背景下，澳元强劲只是放大了倾销和补贴④出口价格带来的实惠性。

---

① In the case of HSS exported to Australia from China.

② In the case of HSS exported to Australia from China.

③ In the case of HSS exported to Australia from China.

④ In the case of HSS exported to Australia from China.

（5）不能或不愿供应

Townsville Steel 和 Wire 于 2011 年 11 月 24 日提交的一份意见宣称，OneSteel ATM 曾经拒绝向它们供货，而奥尔坎钢管有限公司则告知它们，由于与奥尔坎钢管有限公司的分销业务构成竞争，它们无法获得一个竞争性费率。

从利害关系方处收到的其他几份意见辩称，它们寻求国内生产的焊缝管供应被拒，而不得不被迫购买进口来源的焊缝管。

澳大利亚海关和边境服务署了解到，ATM 主要向它们的关联经销商和其他选出的大型经销商销售产品，而奥尔坎钢管有限公司主要向它们自己的分销链以及提出申请的独立分销商销售产品。

当然，尽管某些焊缝管采购商可能在供应链的某个点上无法满意地购得澳大利亚生产的焊缝管（即直接从 ATM 或奥尔坎钢管有限公司购买，而不是通过它们的分销网络），很明显它们可以在供应链更远的节点上购买当地生产的焊缝管。

6. 因果关系

澳大利亚海关和边境服务署已经确立在整个调查期并就所有成品而言，以倾销和补贴①价格从中国、韩国、马来西亚和中国台湾进口的焊缝管与以倾销和补贴价格在澳大利亚销售的焊缝管价格削减澳大利亚国内产业价格这一事实之间的关系。

价格削减以及相关的价格压力促使澳大利亚国内产业遭受价格压低和受抑，并导致其利润率下降。

澳大利亚海关和边境服务署认为，其他可能存在的损害因素不会减损倾销和补贴已经导致澳大利亚国内产业遭受实质损害这一评估结果。

澳大利亚海关和边境服务署裁定，从中国、韩国、马来西亚和中国台湾进口到澳大利亚的倾销或补贴进口产品已经导致澳大利亚国内产业遭受实质损害。

（二）倾销和补贴以及实质损害是否会继续发生

澳大利亚海关和边境服务署初步认定，在未来，来自韩国、马来西亚和中国台湾的焊接管产品可能会以倾销价格进口，来自中国的焊接管产品会以倾销和补贴②价格进口，并且可能对澳大利亚国内产业造成进一步的实质损害。

1. 倾销是否会继续

澳大利亚海关和边境服务署的倾销分析表明，在调查期，中国、韩国、马来西亚和中国台湾以倾销价格将焊接管出口到澳大利亚，其倾销幅度分别为 2.4% ~46.2%。

很明显，很多进口商和分销商更愿意从多种供应商处采购焊接管，并且它们将继续寻求当地出产焊接管的替代产品。考虑到澳大利亚焊接管市场的透明性和价格敏感性，以及倾销和补贴进口产品的价格削减幅度，进口焊接管将继续成为具有吸引力的供货来源。

考虑到澳大利亚焊接管市场存在的上述因素以及既定的市场路径，澳大利亚海关和边境服务署认为，如果不采取反倾销措施，倾销将继续存在。

2. 补贴是否会继续存在

澳大利亚海关和边境服务署认定，中国在调查期出口到澳大利亚的焊接管存在补贴，其补贴幅度为 0 ~52.8%。

已经提交的信息表明，某些被认定存在可采取反补贴措施的补贴项目将在未来停止提供财政资助（特别是截至 2012 年底过渡性安排的税收项目）。③ 但是，并无信息表明其他被认定存在可采取反补贴

---

① In the case of HSS exported to Australia from China.

② In the case of HSS exported to Australia from China.

③ See Appendix C

措施的补贴项目将在未来停止向焊接管出口商提供财政资助，或者表明这些出口商不可能继续从这些项目中受益。

项目20就属于被视为在未来继续存在并且因此可能使焊接管出口商在未来受益。该项目属于已经认定在调查期使焊接管出口商主要受益的项目。

因此认定补贴在未来将继续存在。

3. 实质损害是否会继续存在

澳大利亚海关和边境服务署已经对澳大利亚国内产业在损害调查期的绩效进行了审查，并且初裁以倾销和补贴[①]价格出口的焊接管已经对澳大利亚国内产业造成了实质损害。

澳大利亚海关和边境服务署认为，如果来自韩国、马来西亚和中国台湾的倾销进口产品以及来自中国的倾销和补贴进口产品的价格竞争继续存在，则很可能对澳大利亚国内产业造成持续的不利影响。澳大利亚海关和边境服务署认为，这种影响在价格削减、价格压低、价格受抑以及利润和利润率降低方面可能特别明显。

基于可以利用的证据，澳大利亚海关和边境服务署初裁，未来来自中国、韩国、马来西亚和中国台湾的涉案产品可能对澳大利亚国内产业造成进一步的实质损害。

三、非损害性价格

1. 介绍

如果已经认定倾销或补贴进口产品已经导致澳大利亚生产同类产品的产业遭受实质损害或者给澳大利亚同国内产业带来实质损害威胁，则可以适用征税措施。

根据《1975年海关关税（反倾销）法》的规定，部长必须注意确保反倾销税和反补贴税的金额不高于防止损害或损害再度发生所需的限度。该法S. 269 TACA规定，出口至澳大利亚产品的非损害性价格是指能够消除倾销和/或补贴所致损害的最低必要价格。反倾销和反补贴税建立在出口国离岸价（FOB）的基础上。因此，非损害性价格应当按照出口国FOB术语计算。

澳大利亚海关和边境服务署在得出非损害性价格时，通常首先确定澳大利亚国内产业在不受倾销影响的市场上合理销售其产品的价格。该价格被称为不受抑制的销售价格（USP）。在计算出不受抑制的销售价格后，澳大利亚海关和边境服务署扣减货物从离岸价到在澳大利亚相关贸易层面发生的费用，计算非损害性价格。扣减项通常包括国外运费、保险、入库储存费用以及进口商费用和利润。

2. 对非损害性价格的初步评估

ATM提供了一份关于未受抑制的销售价格和非损害性价格的意见，并且宣称未受抑制的销售价格应当基于澳大利亚国内产业在调查期的制造和销售成本加上2008年1~9月的利润额。

ATM解释道，用于计算利润额的期间是澳大利亚海关和边境服务署在《贸易措施分部报告第144号》（REP144－关于第144号调查）中认定为不存在实质损害的期间。确实，在《贸易措施分部报告第144号》中，澳大利亚海关和边境服务署认定：……在全球金融危机开始前，从利润和利润率来看，澳大利亚的焊接管产业在2008年前三个季度业绩不错。

澳大利亚海关和边境服务署认为，就对非损害性价格的初步评估目的而言，采用ATM提交的方法计算未受抑制的销售价格是合理的。澳大利亚海关和边境服务署就每种不同的焊接管成品计算出不受抑制的销售价格。

---

① In the case of HSS exported to Australia from China.

为了计算非损害性价格，澳大利亚海关和边境服务署从未受抑制的销售价格中扣除海运费、保险、入库储存费用以及进口商费用和利润。此类扣除建立在与来自涉案国家（地区）4 家最大的进口商（按调查期数量计算）有关的、经核实的进口商数据基础上。

澳大利亚海关和边境服务署注意到，就从不同国家（地区）出口的焊接管而言，出口后的平均费用和利润大相径庭。因此，它按照成品类型而非国家分别计算出非损害性价格。

3. 非损害性价格与出口价格之比较

澳大利亚海关和边境服务署将非损害性价格与调查期中国、韩国、马来西亚和中国台湾出口的焊接管的加权平均出口价格进行了比较。在所有情况下，非损害性价格均高于加权平均出口价格。

该分析支持下列结论，即从中国、韩国、马来西亚和中国台湾进口的涉案产品导致澳大利亚国内产业遭受实质损害。

案例6　澳大利亚对华铝制车轮反倾销和反补贴案分析

澳大利亚对华铝制车轮反倾销和反补贴调查涉及的程序复杂，案件经过原审、向澳大利亚贸易措施复审官提出上诉、澳大利亚海关和边境服务署进行重新审查等程序。本文就澳大利亚在贸易救济调查案件中的产业损害裁决分析要点进行了归纳和分析，为全面了解澳大利亚国内产业损害裁决分析的推理过程提供支持。

一、案件基本情况

2011 年 11 月 7 日，应 Arrowcrest Group Pty Ltd. 的申请，澳大利亚对原产于中国的进口铝制车轮进行反倾销和反补贴立案调查，涉案产品海关编码为 8708. 70. 91。本案的倾销调查期为 2010 年 7 月 1 日—2011 年 6 月 30 日。2012 年 5 月 31 日，澳大利亚对原产于中国的进口铝制车轮作出反倾销和反补贴初裁。2012 年 6 月 8 日，澳大利亚海关和边境服务署发布公告称，由于自浙江曙光实业有限公司进口的涉案产品无倾销，因此终止对该企业的反倾销调查。2012 年 7 月 5 日，澳大利亚对原产于中国的进口铝制车轮作出反倾销和反补贴终裁。澳大利亚海关和边境服务署认定，在调查期，中国出口商以倾销价格将铝制车轮出口到澳大利亚，其倾销幅度为最低豁免 ~32. 9%；中国出口商以补贴价格将铝制车轮出口到澳大利亚，其补贴幅度为 1 ~58. 8%。

2012 年 7 月 5 日，申请人 Speedy Corporation Pty Limited、AM Taleb Holdings Pty Ltd t/as Taleb Tyres & Wheels、通用霍顿有限公司、Samad Tyres Pty Ltd t/as Motorsport Wheels & Tyres、澳大利亚福特摩托车有限公司、友发铝业（上海）有限公司；友发铝业（澳大利亚）有限公司（YHI（Australia）Pty Ltd）、StarCorp Holdings（NSW）Pty Ltd、中信戴卡轮毂制造股份有限公司、江苏神舟轮毂制造有限公司共 10 家企业就澳大利亚海关和边境服务署对华铝制车轮作出的反倾销和反补贴裁决向澳大利亚贸易措施复审官提起审查上诉。2012 年 9 月 12 日，澳大利亚贸易措施复审官受理此案。

2013 年 1 月 16 日，澳大利亚贸易措施复审官就对原产于中国的进口铝制车轮反倾销和反补贴案作出终裁。根据澳大利亚《1901 年海关法》第 269ZZL（2）条，澳大利亚贸易措施复审官指示澳大利亚海关和边境服务署署长重新调查以下内容：① 关于“被选定的不合作企业”的倾销幅度的计算；② 关于友发铝业从澳大利亚海关和边境服务署确定的所有可诉补贴中获得了一项利益的认定；③ 关于存在一项“项目 1”中所描述的可诉补贴的认定。2013 年 2 月 5 日，澳大利亚海关发布公告称，根据澳大利亚贸易措施复审官在 2013 年 1 月作出的相关判决，对上述内容进行重新调查。

2013 年 5 月 8 日，澳大利亚对原产于中国的进口铝制车轮作出反倾销和反补贴再调查终裁：① 澳大利亚海关和边境服务署将“被选定的不合作企业”归类为《1901 年海关法》第 269T 条下的“被选定出口商”进行调查；考虑到所有相关信息后，“被选定的不合作企业”的出口价格基于《1901 年海关法》第 s. 269TAB（3）条是正确的；“被选定的不合作企业”的正常价值基于《1901 年海关法》第 s. 269TAC（6）条是正确的；“被选定的不合作企业”的倾销幅度基于《1901 年海关法》第 269TACB（2）（a）条是正确的，即通过对比在整个调查期的加权平均出口价格与加权平均正常价值。② 友发铝业接受了 1、11、31、32、35、39、41、47 项中的补贴，其补贴率为 11.7%，倾销幅度为 25.5%。③ 依据《1901 年海关法》，中国政府所提供的原铝低于正常价值，认定为补贴项目；生产和供应铝和/或铝合金的国有企业认定为“公共机构”（public bodies）；评估中国国有企业提供铝和/或铝合金是否低于基于伦敦金属交易所价格的外部薪酬标准，应通过对比出口商从伦敦金属交易所购买的铝和铝合金价格。

二、本案关于产业损害认定的主要裁决要点

（一）倾销和补贴是否已经导致实质性损害

1. 价格影响

澳大利亚海关和边境服务署认定，在调查期，澳大利亚进口的涉案产品中，90% 以上存在倾销。来自抽样的非合作企业的涉案产品占澳大利亚进口涉案产品总量的 65% 左右。在调查期，自中国进口的涉案产品几乎占澳大利亚铝制车轮市场的 50%。

（1）价格削减

当进口涉案产品的销售价格低于澳大利亚国内同类产品的价格时，则发生进口涉案产品对国内产业同类产品的价格削减的情况。

Arrowcrest 集团辩称，由于受到来自中国的进口产品的价格压力，它不得不降低价格。为了支持前述主张，澳大利亚海关和边境服务署收到下列相关证据，以证明调查期中国出口到澳大利亚的某些铝制车轮似乎已经削减澳大利亚国内产业的现行价格。主要证据包括：Arrowcrest 集团与一家主要客户就中国出口商的拟议定价和要求 Arrowcrest 提供竞争性价格进行的函件往来。[①] Arrowcrest 集团与一家主要客户就中国出口商的拟议定价进行的函件往来。[②] Arrowcrest 集团与铃木公司就提供给铃木的报价进行的函件往来以及铃木公司后来决定以低于 Arrowcrest 集团报价 40 ~ 50 美元从 YHI 采购。[③]

A. “宏观”分析

为了在供应商之间进行价格比较，澳大利亚海关和边境服务署采用从进口商、出口商和 Arrowcrest 集团获得的销售数据，绘制了 14″ ~ 22″铝制车轮的加权平均价格图。在进行上述分析时，既有包含镀铬铝制车轮的分析，也有不含镀铬铝制车轮的分析[④]。同时考虑二者的原因在于镀铬铝制车轮的成本大幅高于其他成品，并且定价也是如此。因此，镀铬产品是不真实的。澳大利亚海关和边境服务署指出，进口商和产业声称镀铬产品市场比之前要小得多。由于现在出现新的表面材料成品，例如阴影喷漆等，它已不再受消费者的青睐。

澳大利亚海关和边境服务署指出，无论是在原始设备制造商市场还是零件市场，不论从何种规格

---

① Arrowcrest Visit Report November 2011-confidential attachment CAUSATION 10

② Arrowcrest Visit Report November 2011-confidential attachment CAUSATION 1

③ Arrowcrest Visit Report November 2011-confidential attachment CAUSATION 9

④ It is not possible to accurately quantify the proportion of the Australian market represented by chrome finish ARWs, however based on verified data obtained from selected cooperating exporters it is considered low.

的产品看，Arrowcrest集团的价格均遭到一家或多家进口商削减。在分析包括镀铬成品在内的产品时，各进口商的总体削减幅度为21% ~45%。如果将镀铬产品排除在分析之外，在整个调查期价格削减幅度高达28%。

澳大利亚海关和边境服务署进一步单独分析原始设备制造商市场。中信戴卡出口的车轮规格为16″~19″。上述每种规格的产品中均存在价格削减，规格较小的车轮价格削减幅度在20%左右，规格较大的车轮价格削减幅度高达65%。如果在分析中剔除镀铬产品，也不会影响到这些数据，因为并无镀铬产品在原始设备制造商市场上销售。

B. "微观"分析

澳大利亚海关和边境服务署将澳大利亚国内产业对主要双货源客户的铝制车轮销量与中国对主要双货源客户的铝制车轮销量进行对比，补充分析了不同供应商提供相同规格产品的价格。

通过采用澳大利亚国内产业和进口商提供的销售数据，澳大利亚海关和边境服务署对比了调查期最终用户从Arrowcrest集团采购铝制车轮的价格和采购从中国进口的铝制车轮的价格。

由于可能会披露保密信息，因此无法绘制各客户销售价格图。但是，实际降价分析表明，在调查期，中国铝制车轮与Arrowcrest集团的价格相比，平均价格削减幅度为2% ~37%（包括镀铬车轮成品在内）。如果剔除镀铬车轮成品，则平均价格削减幅度为2% ~24%。

澳大利亚海关和边境服务署认为，有充分理由可以认定，在调查期，中国出口的倾销或补贴产品对澳大利亚国内产业的价格造成了削减，并由此导致澳大利亚国内产业遭受损害。

（2）价格受抑

尽管从总体上而言，2006—2009年，Arrowcrest集团的价格与成本上升不相符。Arrowcrest集团指出，大约自2009年起，它引入成本节约措施并改进效率，旨在降低不断升高的原材料成本和不断下跌的价格带来的影响。这使得2010—2011年其单价略高于单位成本。澳大利亚国内产业一些主要的零件客户从中国和澳大利亚制造商等多个渠道采购铝制车轮。这种方法使供应商具有直接可比性，使得主要客户能够给澳大利亚国内产业施加重要影响力。Arrowcrest集团提供了它与一家客户的谈判证据，表明中国涉案产品的价格被用于降低Arrowcrest集团为了应付成本增加提出的价格上涨。

因此，澳大利亚海关和边境服务署认为，有充分证据表明，澳大利亚国内产业在损害调查期遭受的价格抑制是由来自中国进口的倾销和补贴产品所导致的。

2. 销量

澳大利亚海关和边境服务署的分析表明，Arrowcrest集团在调查期减少销量。尽管澳大利亚整个铝制车轮市场在调查期有所下降，Arrowcrest集团的数量下降幅度更大。

（1）零件市场

澳大利亚海关和边境服务署指出，在损害调查期，Arrowcrest集团的主要客户同时从澳大利亚国内产业和中国制造商处多渠道采购铝制车轮以满足其需求。

Arrowcrest集团辩称，多渠道采购安排以及由此导致销售减少的主要原因在于价格削减。考虑到价格削减的范围，可以合理认定，如果澳大利亚国内产业价格无法与来自中国的倾销和补贴进口产品的价格相当或接近，其将损失销量。

价格削减在零件市场更为普遍。零件市场部分占澳大利亚铝制车轮市场的73%。在整个损害调查期，Arrowcrest集团在零件细分市场所占的份额很低。澳大利亚海关和边境服务署认定，Arrowcrest在调查期并未减少市场份额，但是，澳大利亚海关和边境服务署认为，由于在调查期被认定的削减幅度，Arrowcrest集团不可能获得其潜在可用的市场份额。在损害调查期开始时，Arrowcrest集团所占零件市场的份额为 5%，而 Arrowcrest 集团已经提供的、未经核实的数据表明，其在该细分市场的销量远远高于 2003 年的销量。

Arrowcrest 集团提供了损害调查期零件细分市场 4 家重要客户的销售历史记录。该数据表明，在调查期，从单个客户来看，向这些客户的销量下降 8% ~36%，而从整体来看销量下降 16.5%。而另一方面，零件市场在调查期发生增长。

Arrowcrest 集团提供了其试图重新获取或增加向零件市场客户销量的证据。Arrowcrest 集团声称，要想获取销量，它需要提供大幅回扣，而这会严重稀释其利润率。因此，在这种条件下，它减少了某些销量。

澳大利亚海关和边境服务署认为，如果没有倾销和补贴进口产品的影响，Arrowcrest 给消费者的报价会更具竞争力，并且它不仅不会减少销量，有可能增加销量。

（2）原始设备制造商市场

澳大利亚海关和边境服务署承认，就原始设备制造商细分市场而言，福特公司多年来已不再是 Arrowcrest 集团的客户。它提供了为何不从澳大利亚国内产业采购铝制车轮的理由，这些理由均与价格无关。

Arrowcrest 集团提供了关于其最近向霍顿公司的销量证据，还提供了在调查期向霍顿公司供应特定类型的铝制车轮的报价。其报价并未取得成功，最后合同给予一家中国制造商。霍顿公司声称，Arrowcrest 集团最近的报价未能取得成功的原因并不仅仅在于定价。但是，澳大利亚海关和边境服务署认为，可以合理认定在任何报价程序中价格是一个重要因素。关于 Arrowcrest 集团向霍顿公司供应其他铝制车轮的证据支持下列观点，即至少霍顿公司认为 Arrowcrest 集团某些铝制车轮的质量足以符合其需求。

澳大利亚海关和边境服务署初裁，在调查期，Arrowcrest 集团在零件市场和原始设备制造商细分市场减少销量是由自中国进口的倾销和补贴产品所导致的。

3. 利润和利润率降低

澳大利亚国内产业的利润和利润率降低是其调查期数量损失和价格受抑带来的结果。如上所述，澳大利亚海关和边境服务署认为，在调查期减少的销量应归因于自中国进口的倾销或补贴产品。澳大利亚海关和边境服务署同时认定，由于来自中国的倾销或补贴产品的价格竞争，澳大利亚国内产业的价格受到抑制。在损害调查期，澳大利亚国内产业的销量的市场份额丢失及价格受抑给利润和利润率带来重大影响。由于产量下降，较高的固定单位成本也使利润和利润率降低。

因此，澳大利亚海关和边境服务署初裁，进口涉案产品的倾销和补贴已经导致澳大利亚国内产业在利润和利润率方面遭受损失。

在损害调查期，Arrowcrest 集团在产能利用率下降方面遭受损害。澳大利亚海关和边境服务署认为，来自中国的倾销和补贴产品致使澳大利亚国内产业减少销量，从而导致产能利用率下降和平均固定成本上升。

4. 其他可能的损害原因

澳大利亚海关和边境服务署也调查了产业损害是否由倾销进口产品以外的其他因素所致，或者倾销进口产品以外的因素给其国内产业带来损害威胁①。

---

① Subsection 269TAE（2A）

（1）澳大利亚乘用车辆市场的变化

在调查期，原始车辆制造商细分市场由3家澳大利亚乘用车辆制造商组成——丰田、霍顿和福特，其中高性能品牌为HSV和FPV。

原始设备制造商细分市场的销售流程由乘用车辆制造商推动。通常而言，在新型车辆进入生产阶段的前两年，便会达成车轮生产合同。一种车型通常的生命周期为2～5年。因此，原始车辆制造商细分市场的规模是由车辆制造驱动。

原始设备制造商细分市场还包括拖车、底盘和大篷车制造商。Arrowcrest集团（在较小程度上）和中国进口产品也供应拖车和大篷车原始设备制造商细分市场。澳大利亚海关和边境服务署无法获取专门针对拖车和大篷车产量的数据，但是，澳大利亚海关和边境服务署认为，它只会构成原始设备制造商市场中不重要的细分市场。澳大利亚国内产业铝制车轮销量特别是在2009年前6个月出现普遍下降。

铝制车轮市场在2010—2011年开始复苏，2011年，澳大利亚铝制车轮市场缩小的规模少于乘用车产量，这是由于铝制车轮零件所占的市场份额发生增长。

在调查期，Arrowcrest集团减少的销量大于整个市场规模的减小量。基于与减少销量有关的证据，乘用车产量的整体下降并不能取代下列裁定，即对澳大利亚国内产业的产量损失是由倾销和补贴所导致的。

（2）服务不佳或者非价格因素方面的主张

有些消费者主张，Arrowcrest集团之所以失去业务，是因为它是一家服务不佳的供应商。消费者声称，不选择Arrowcrest集团的原因包括但不限于其在下列方面的表现不佳

① 服务交付；

② 沟通；

③ 产品质量与可靠性以及供应的及时性；

④ ARW新车型上市；

⑤ 汽车制造商要求的标准。

Arrowcrest集团回复道，在调查期，其为1200多位消费者供应产品，而在此期间，并无消费者反馈说它们未能满足必要的标准。

Arrowcrest集团以前的重要客户告知澳大利亚海关和边境服务署，通常而言，价格并非它们采购决策时最重要的考虑因素。Arrowcrest集团一个重要客户HSV宣称①，它希望从中国采购，因为Arrowcrest集团并无相关的运营能力，可以满足其在未来铝制车轮需求中力图采用的新的制造方法，即采用旋压锻铸方法制造铝制车轮。

在调查期，进口商告知澳大利亚海关和边境服务署，他们此前从中国出口商处获得供应时在及时性方面遇到过难题，但是，这似乎并不会影响其向这些出口商采购商品的决定。零件市场的一些进口商声称，过去是由Arrowcrest集团确立产业其他参与者希望达到的标准，但是，近来它们未能赶上商业广告或新车型上市，从而未能保持其竞争力。关于这些主张，其并未提供充分证据加以支持，或表面它们如何直接影响Arrowcrest集团的销量。

因此，尽管澳大利亚海关和边境服务署承认，上文所述的某些因素可能对Arrowcrest集团的业绩产生影响，并无充分证据证明申请人所遭受的损害是由这些因素造成的。

（3）自其他国家的进口产品

从中国以外的国家进口到澳大利亚的铝制车轮。Arrowcrest集团在其申请中指出，在2003年以前，

---

① HSV visit report-March 2012

它与从中国以外的国家进口的产品进行竞争，但并未造成任何严重的经济后果。无论是从中国以外的国家进口铝制车轮的利害关系方，还是任何澳大利亚国内产业的成员，均没有表示从中国以外的国家进口的铝制车轮影响澳大利亚市场的价格。但是，有些进口商在实地核查期间提出，如果对来自中国的进口产品采取措施，它们将谋求从其他国家获取未来的进口供应。澳大利亚海关和边境服务署指出，至少有一家出口商在中国以外的国家拥有制造厂。

（4）从澳大利亚国内产业无法获得的某些产品类型

相关利害关系方指出，它们无法从澳大利亚国内产业采购到某些类型的铝制车轮。福特和霍顿公司特别宣称，它们的供货协议已经转向要求采用旋压或锻造方法制造铝制车轮。目前，Arrowcrest 集团只能采用低压模铸法制造车辆。福特和霍顿公司声称，上述其他方法制造出的车轮更加坚固和轻便。

Arrowcrest 集团回应称，旋压和锻造流程不像所说的那样，在款式方面无法带来更大的灵活性。在烧铸旋压中，坯料通过传统的低压模铸方法浇铸而成，只是简化了轮圈。然后，轮圈进行机械加工和旋压，产生车轮的后轮辋部分。由于最初的铸造过程相同，正面样式并不存在优势。

Arrowcrest 集团宣称，它们可以生产各种尺寸和配件的轻量铝制车轮，能够满足性能和强度方面的要求。在谈及款式设计时，Arrowcrest 集团过去曾质疑某些设计的重量，并且提出重新设计款式以减轻重量，但是，按照客户的指示，它们不得不继续进行它们认为包含不必要重量的设计。

5. 因果关系

上文讨论的其他可能的损害因素突出表明澳大利亚国内产业遭受的损害可能在某种程度上是由除自中国进口的涉案产品以外的因素所导致的。

但是，澳大利亚海关和边境服务署认为，除这些其他原因外，中国进口的涉案产品在数量和价格上，同样可以单独使澳大利亚国内产业遭受实质性损害。

澳大利亚海关和边境服务署认为，本部分所列证据已经充分证明，自中国进口的倾销和补贴产品对澳大利亚国内产业的价格造成大幅削减。此外，澳大利亚国内产业的客户利用来自中国的铝制车轮价格导致澳大利亚国内产业的价格受到抑制。这些因素已经导致数量减少、价格受抑，并且因此使其利润和利润率降低。

澳大利亚海关和边境服务署认为，其他可能的损害因素不会减损下列评估，即倾销和补贴本身已经导致澳大利亚国内产业遭受实质性损害。

（二）倾销和补贴以及实质性损害是否会继续存在

1. 倾销和补贴是否会继续存在

澳大利亚海关和边境服务署的倾销分析表明，在调查期，中国以倾销和补贴价格向澳大利亚出口铝制车轮，其幅度分别为最低豁免到 32.9% 以及从最低豁免到 58.8%。

在调查期，中国供应商削减了澳大利亚国内产业的价格，并且获取了澳大利亚国内产业损失的销售额。综合考虑铝制车轮市场的价格透明度、与中国国内市场有关的市场状况调查结果以及有关的补贴调查结果，澳大利亚海关和边境服务署认为，如果不采取措施，倾销和补贴将继续存在。

2. 实质性损害是否会持续存在

澳大利亚海关和边境服务署认为，来自中国的倾销和补贴进口产品的价格竞争持续存在，可能继续对澳大利亚国内产业造成不利影响。澳大利亚海关和边境服务署认为，这种影响在价格削减、价格受抑、销售数量减少以及利润和利润率降低方面可能特别明显。

基于可获得的信息，澳大利亚海关和边境服务署初步裁定，自中国进口的倾销和补贴产品给澳大利亚国内产业造成进一步的实质性损害。

（三）非损害性价格

1. 对非损害性价格的初步评估

Arrowcrest 集团提出，调查期的价格受到抑制，因此不适宜用作确立不受抑制销售价格的目的。澳大利亚海关和边境服务署还作出价格受抑的初裁。

Arrowcrest 集团宣称，不受抑制的销售价格应当建立在调查期 Arrowcrest 集团销售成本加上利润的基础上。Arrowcrest 集团指出，在调查期向某个特定客户的销售所实现的利润代表它在没有倾销和补贴的情况下能够实现的利润。Arrowcrest 集团还提出一个替代性的、更低的利润水平，即代表实现最低必要投资回报所需的利润水平。

澳大利亚海关和边境服务署用不受抑制的销售价格减去根据从进口商处收集的经核实信息获悉的平均出口后成本、销售管理费用和利润，计算出非损害性价格。

2. 非损害性价格和出口价格之比较

澳大利亚海关和边境服务署将非损害性价格与调查期中国出口的铝制车轮的加权平均出口价格进行了比较。在所有情况下，非损害性价格均高于加权平均出口价格。

由此可见，即从中国出口到澳大利亚的倾销和补贴铝制车轮已经导致澳大利亚国内产业遭受了实质损害。

案例 7　印度对华氯化胆碱反倾销案分析

长期以来，中国氯化胆碱产能过剩，中国氯化胆碱产量完全可以满足本地市场供应，并有大量出口。据不完全统计，中国具备氯化胆碱生产能力的厂家有 50 家，生产主要分布在山东、河北、江苏。氯化胆碱出口国家以亚洲国家、南美国家为主，另外出口格局分散，前 10 名国家出口份额约 55% 左右。2012 年出口至印度的氯化胆碱数量约 1000 吨，涉及金额 95 万美元，占中国氯化胆碱出口总量的 1.6% 。本文就印度对华氯化胆碱反倾销调查的损害评估和因果关系审查的法律分析进行了整理，为进一步研究和分析提供支撑。

一、案件基本情况

2011 年 10 月 25 日，应 Jubilant Life Sciences Ltd. 的申请，印度商工部对原产于中国的氯化胆碱进行反倾销立案调查，涉案产品海关编码为 2309. 9010、923. 1000。本案的倾销调查期为 2010 年 4 月 1 日—2011 年 3 月 31 日，损害调查期包括 2007 年 4 月—2008 年 3 月、2008 年 4 月—2009 年 3 月、2009 年 4 月—2010 年 3 月和倾销调查期（2010 年 4 月 1 日—2011 年 3 月 31 日）。2012 年 10 月 4 日，印度对原产于中国的氯化胆碱作出反倾销终裁：对原产于或自中国进口的涉案产品征收 60. 79%（到岸价）的反倾销税。

二、损害评估和因果关系审查

（一）关于进口数量和市场份额

印度《反倾销规则》附件 2 第（ii）条规定如下：“当审查倾销进口产品的数量时，相关调查机关应当考虑倾销进口产品在绝对数量或者相对于印度产品生产或消费的相对数量上是否存在明显增长”。申请人提出，从 DGCI&S 获得交易范围的进口产品信息，对其进行分析并且与 IBIS 进行比较显示，在调查期，倾销进口产品的数量在绝对数量和与生产或消费的相对数量上都出现大幅增长。

表 9－13 调查期进口数量等相关指标的变化情况

项　　目	单位	2007—2008 年	2008—2009 年	2009—2010 年	调查期
包括内部的国内产业的销售	公吨	4506	4962	7471	8094
其他印度生产商的销售	公吨	1582	2311	1733	2004
来自中国的进口	公吨	0	0	393	971
来自其他国家的进口	公吨	49	17	0	32
总需求或者消费	公吨	6137	7290	9597	11101
趋　势	指数	100	119	156	181
以百分比表示的相对进口					
总进口	百分比	—	—	100	97

（1）在 2007—2008 年和 2008—2009 年不存在进口产品。但根据报告显示，2009—2010 年，来自主要国家的进口产品数量增长明显，且在调查期内大幅增长。

（2）相对于总进口量的进口产品的相对数量增加明显，并且与印度产品生产和消费的相对数量大幅增长。

（3）国内产业的市场份额比起基准年在 2008—2009 年出现下滑，在 2009—2010 年上涨然后在调查期接着下滑。与此同时，在 2007—2008 年和 2008—2009 年美国从主要国家进口涉案产品，而来自这些国家的进口涉案产品却从 2009—2010 年的 4.09% 增至调查期的 8.74%。

（二）关于进口产品的价格影响

就倾销进口产品对价格的影响而言，调查机关考虑倾销进口产品与印度相似产品的价格相比是否存在明显的价格削减，或者该进口产品的影响是否在明显的程度上压低价格或者妨碍本来应当在明显程度上发生的价格增长。

1. 价格削减

为确定价格削减的程度，印度商工部将国内产业的净销售与进口产品的到岸价值进行了比较，净销售是在扣除所有的折扣和税收之后获得的。得出相关产品进口的到岸价格明显低于国内产业的销售价格，这导致了严重的价格削减。

表 9－14 2009—2010 年进口产品与价格削减情况表

项　　目	单　　位	2009—2010 年	调查期
进口数额—中国	公吨	393	971
进口价值—中国	10 万卢比	123.14	302.65
可评估的价值	卢比/千克	31.34	31.19
到岸价格 进口价格—中国	卢比/千克	31.03	30.87
进口产品的到岸价格	卢比/千克	33.76	33.59
净销售价格	卢比/千克	***	***
价格削减	卢比/千克	***	***
价格削减	%	***	***
价格削减	范围 %	30～40	30～40

2. 价格压制和抑制

（1）在损害调查期，通过对国内产业成本和价格的变动以及来自中国的进口产品的到岸价格的比较来审查倾销进口产品的影响是否在明显程度上压低价格或者抑制本来应当在明显程度上发生的价格上涨。

表 9-15　2007—2010 年国内产品与自中国进口产品的销售价格

项　目	单　位	2007—2008 年	2008—2009 年	2009—2010 年	调查期
销售成本	卢比/千克	***	***	***	***
趋势	指数	100	107	88	99
平均销售价格	卢比/千克	***	***	***	***
趋势	指数	100	110	106	105
来自中国的进口产品到岸价	卢比/千克	无进口	无进口	33.45	33.28

（2）值得注意的是，虽然调查期比上一年中以 *** 卢比/千克计算的销售成本有所增加，但是以 *** 卢比/千克计算的销售价格却下降。由此可见，虽然销售成本增长，销售价格却轻微下滑。值得注意的是，与利益关系方主张的国内产业频繁提价相反，国内产业事实上在调查期降低了价格。

3. 低价销售

印度商工部通过比较（调查期内）国内产业的非损害性价格与进口产品到岸价格来评估低价抛售的程度。

表 9-16　非损害性价格与进口产品到岸价格与低价销售情况列表

项　目	单　位	中国
非损害性价格	卢比/千克	***
进口产品的到岸价	卢比/千克	33.59
低价销售	卢比/千克	***
以百分比表示的到岸价格的低价销售	%	***
以百分比表示的到岸价的低价销售	范围	55~65

（三）国内产业的经济指标考量

印度《反倾销规则》附件 2 规定，损害的认定应当涉及就这些进口产品对该产品国内生产商的后果性影响进行客观审查。就这些进口产品对该产品国内生产商的后果性影响而言，该规则进一步规定了审查倾销进口产品对国内产业影响应当包括对影响国内产业状况的所有有关经济因素和指标的客观、公正的评估，包括销售、利润、产量、市场份额、生产率、投资收益状况或设备利用率存在的实际或潜在的下降；影响国内价格的因素；倾销幅度大小；现金流、库存、就业、工资、产业增长、筹资或投资能力受到的实际或潜在的负面影响。一项对国内产业表现的审查反映了国内产业遭受了实质损害。

与国内产业有关的不同经济指标包括以下几项：

1. 产能、产量、销售额和产能利用

有关国内产业的产能、产量、产能利用率和销售额的信息如表 9-17 所示。

表 9－17　国内产业的产能、产量、产能利用率和销售额

项目	单位	2007—2008 年	2008—2009 年	2009—2010 年	调查期
产能	公吨	9000	9000	9000	9000
产量	公吨	5052	4502	7576	8152
产能利用率	%	56	50	84	91
销售额					
本国	公吨	4446	4913	7409	8094
内部	公吨	60	49	61	—
出口	公吨	285	49	59	62
总销售额	公吨	4791	5011	7530	8156
需求	公吨	6137	7290	9597	11101

值得注意的是，2008—2009 年，印度国内产业产量下滑而后回升。国内产业认为，考虑到该国对该产品需求的缺乏，其无法根据其本来应有的程序来生产涉案产品。随着对涉案产品需求的上升，在损害调查期，涉案产品的生产和产能利用率也上升，随之国内产业的销量也上升。

2. 市场份额

国内产业的市场份额在 2008—2009 年下滑，并在 2009—2010 年回升，接着在调查期内再次下滑。与此同时，在 2007—2008 年和 2008—2009 年美国从主要国家进口涉案产品，而来自这些国家的进口涉案产品却从 2009—2010 年的 4.09% 增至调查期的 8.74%。可以看出，国内产业在 2008—2009 年市场份额的下滑是由于其他国内生产商获得了市场份额，而不是由于来自主要国家的进口产品。此外，国内产业在 2009—2010 年重新获得其损失的市场份额，并且其在 2009—2010 年内市场份额实际高于之前的年份。

表 9－18　与市场份额有关的信息情况表

需求中的市场份额	单位	2007—2008 年	2008—2009 年	2009—2010 年	调查期
国内产业的销售	%	73.43	68.07	77.85	72.92
其他印度生产商	%	25.77	31.69	18.06	18.05
主要国家	%	—	—	4.09	8.74
来自其他国家的进口产品	%	0.80	0.24	—	0.29

3. 利润或损失、投资回报、现金利润

与产品相关的国内经营利润有关的信息、投资回报和现金利润如表 9－19 所示。

表 9－19　投资回报和现金利润情况表

项　　目	单位	2007—2008 年	2008—2009 年	2009—2010 年	2010—2011 年
税前利润	十万卢比	***	***	***	***
趋势	指数	－100	615	6035	1988
现金利润	十万卢比	***	***	***	***
趋势	指数	100	166	613	281

续表

项　目	单位	2007—2008 年	2008—2009 年	2009—2010 年	2010—2011 年
利息前利润	十万卢比	***	***	***	***
趋势	指数	100	212	1102	527
利息及折旧前利润	十万卢比	***	***	***	***
趋势	指数	100	140	425	242
每单位的投资回报（美国全国期货协会）	%	***	***	***	***
趋势	指数	100	214	916	262

国内产业在基准年遭受财政损失。国内产业提出这是由于国内对涉案产品需求不足并由此导致涉案产品处于较低的价位。国内产业在需求不足的情况无法根据原计划进行生产，因此导致日常管理成本增加，并且国内产业表明只有在最大产能的情况下进行生产国内产业才能盈利。印度商工部调查发现，由于需求不足，导致国内产业在 2007—2008 年出现亏损。在 2008—2009 年和 2009—2010 年，对涉案产品的需求增加，国内产业获得盈利。但是，在调查期，由于来自中国倾销产品的大幅度增长，导致国内产业的利润明显下降。

表 9－20　国内产业利润情况表

项　目	单位	2007—2008 年	2008—2009 年	2009—2010 年	调查期
销售成本	卢比/千克	***	***	***	***
趋势	指数	100	107	88	99
销售价格	卢比/千克	***	***	***	***
趋势	指数	100	110	106	105
利润（或者损失）	卢比/千克	***	***	***	***
趋势	指数	（100）	556	3621	1092
现金利润	卢比/千克	***	***	***	***
趋势	指数	100	150	368	154
利息前利润	卢比/千克	***	***	***	***
趋势	指数	100	192	661	289
利息、折旧和税前利润	卢比/千克	***	***	***	***
趋势	指数	100	127	255	133
每一单位的投资回报（美国全国期货协会）	百分比	***	***	***	***
趋势	指数	100	214	916	262

从表 9－20 可以看出，在 2009—2010 年之前，由于更优的销售价格，资本利用回报和现金利润出现增长，但是，在调查期，由于来自中国倾销产品的大幅度增长，导致国内产业的资本利用回报和现金利润情况明显恶化。

相关进口商或消费者认为，当国内产业主张其利润出现恶化时，其他国内生产商却能够销售并且获得利益。尽管如此，相关利害关系方未能向印度商工部提交任何证据来证实其主张。印度商工部指出，甚至其他国内生产商 Balaji Amines 也支持征收反倾销税。

4. 库存

2009—2010 年之前，国内产业的库存减少，但是在调查期，尽管国内产业销售数量增加，同时库存也在增多。

表 9－21　与国内产业库存有关的信息情况表

库　　存	单位	2007—2008 年	2008—2009 年	2009—2010 年	调查期
初始库存	公吨	***	***	***	***
期末库存	公吨	***	***	***	***
平均库存	公吨	469	344	113	133

5. 就业和工资

在损害调查期，国内产业的就业出现增长。此外，随着相关企业不同产品的整体表现其支付的工资也出现增长。

表 9－22　与国内产业就业有关的信息情况表

项　目	单位	2007—2008 年	2008—2009 年	2009—2010 年	2010—2011 年
就业	数量	18	20	22	24
工资	十万卢比	***	***	***	***
趋势	指数	100	91	96	117

6. 生产率

表 9－23　关于劳动生产率的情况表

项　目	单位	2007—2008 年	2008—2009 年	2009—2010 年	2010—2011 年
每一劳动力的生产率	公吨	281	225	344	340
趋势	指数	100	80	123	121
每天的生产率	公吨	14	13	22	23
趋势	指数	100	89	150	161

除 2008—2009 年，国内产业每一劳动力的生产率和每天的生产率与基准年相比在调查期都出现增长。

7. 影响国内价格的因素

对来自主要国家和其他国家的进口产品价格、成本结果的变化、国内市场上的竞争、除了进口倾销产品之外的可能影响国内产业在国内市场上价格的因素的分析表明，来自主要国家进口材料的到岸价低于国内产业的销售价格，导致印度市场上的价格削减。来自其他国家的涉案产品的进口数量较少。不存在对该产品的可行的替代产品。对该产品的需求呈现了明显的跳跃，并且不可能只有一个因素导致国内产业价格被压制。涉及国内产业价格的其中一个主要因素是来自主要国家相关产品的进口价格和国内产业的生产成本。

8. 筹资能力

国内产业是一家拥有多种产品的企业。国内产业认为来自涉案国的倾销继续存在，国内产业的筹资能力也将遭受损害。

9. 增长

在调查期，国内产业的数量指标例如生产和销售的增长表现了积极的趋势。尽管国内产业有生产能力，市场份额仍呈消极增长。2009—2010 年，国内产业的价格指标，包括利润、现金利润和资本回报的增长都是积极的，但是因为受到涉案产品的影响，价格指标均出现下降，从而导致国内产业的总体增长下降。

10. 关于损害的结论

根据以上内容，印度商工部得出以下结论：

（1）在 2009—2010 年及调查期，来自主要国家的涉案产品的进口不仅在绝对数量上同时与印度生产和消费的相对数量上都出现明显增长。

（2）自主要国家进口的涉案产品对国内产业的价格造成了大幅削减。尽管价格原本低廉，但是国内产业仍然遭受了价格削减。

（3）虽然国内产业的生产成本在调查期内增长，但其销售价格却略微下滑。因此倾销的影响是为了压低国内产业的价格并且抑制了在不存在倾销时本应发生的价格上涨。

（4）即使国内产业的生产、销售和产能利用增加，国内产业的市场份额仍然减少。

（5）国内产业在利润、资本回报和现金利润上的表现表明 2009—2010 年持续增长，在调查期，其生产、产能利用率和国内销售本应出现增长而却明显下滑。

（6）国内产业的库存直到 2009—2010 年一直保持递减，而在调查期内却再次回升。

（7）倾销幅度是相当巨大的。

据此，印度商工部得出所有的指标包括整体的和累积的都证实了国内产业遭受了实质损害的结论。

案例 8 印度对华普通石膏板反倾销案分析

印度对华普通石膏板的反倾销调查涉及的程序比较复杂，包括案件原审、上诉审程序。本文就印度商工部对国内产业相关指标所受到损害情况进行分析，为进一步了解案情提供支持。

一、案件基本情况

2011 年 7 月 21 日，应 Saint - Gobain Gyproc India Ltd. 的申请，印度商工部对原产于中国、印度尼西亚、泰国和阿联酋的进口石膏板进行反倾销立案调查。本案的倾销调查期为 2010 年 1 月 1 日—12 月 31 日，损害调查期包括 2007 年 4 月—2008 年 3 月、2008 年 4 月—2009 年 3 月、2009 年 4 月—2010 年 3 月和倾销调查期。

2012 年 3 月 19 日，印度对该案作出反倾销初裁，中国涉案企业的反倾销税率为 32.85%。涉案产品海关编码为 68091100。2012 年 10 月 4 日，印度商工部发布公告，将对该案反倾销期中复审案的调查期限延至 2012 年 11 月 29 日。2013 年 1 月 4 日，印度商工部发布了该案反倾销调查的事实披露报告，认定中国产品对印国内产业造成损害，损害程度为 70% ~80%。2013 年 1 月 15 日，印度对该案作出反倾销终裁，中国涉案企业的反倾销税率为 32.85%。涉案产品海关编码为 68091100、68091900。

印度对中国、印度尼西亚、泰国及阿联酋普通石膏板反倾销案申请人 Saint-Gobain Gyproc India Ltd. 对印度商工部终裁及财政部据此发布的征税公告上诉至关税、货物税及服务税上诉法庭，要求修正终裁及征税公告。起诉书将财政部收入局、商工部反倾销局、反倾销调查中应诉的 3 家出口商（阿联酋 1 家、泰国 2 家）和 3 家进口商以及涉案国驻印度使馆列为被告。起诉书称反倾销局未充分考虑申请人提交的材料及评论意见，在正常价值确定、保密信息处理、应诉企业提交材料时限等方面有不当做法，要求修正。

二、产业损害认定的主要经济指标分析

印度《反倾销规则》附件 2 规定，损害的认定应当涉及就进口涉案产品对该产品国内生产商的后果性影响进行客观审查。就进口涉案产品对该产品国内生产商的后果性影响而言，规则进一步规定了审查倾销进口产品对国内产业影响应当包括对影响国内产业状况的所有有关经济因素和指标的客观、公正的评估，包括销售、利润、产量、市场份额、生产率、投资收益状况或设备利用率存在的实际或潜在的下降；影响国内价格的因素；倾销幅度大小；现金流、库存、就业、工资、产业增长、筹资或投资能力受到的实际或潜在的负面影响。一项对国内产业表现的审查反映国内产业遭受了实质损害。下面就主要的经济指标进行了分析。

1. 国内产业的生产、产能和产能利用

表 9－24　国内产能利用情况

单位：立方米

	2007 年 4 月—2008 年 3 月	2008 年 4 月—2009 年 3 月	2009 年 4 月—2010 年 3 月	调查期
产能	287500	350000	412500	412500
总产量	226987	210860	204675	219882
产能利用率（%）	79	60	50	53

从上表可以看出，在损害调查期，国内产业的产能利用率出现下滑。

2. 销售数量和价格

在损害调查期，尽管国内的需求增加，但国内产业的销售数量却下降了大约 5%。国内产业销售数量的下降主要是由于 M/s Lafarge Boral 印度私人有限公司开始国内生产，以及来自主要国家进口涉案产品的明显增长。

表 9－25　国内产业销售情况

单位：立方米

	2007 年 4 月—2008 年 3 月	2008 年 4 月—2009 年 3 月	2009 年 4 月—2010 年 3 月	调查期
国内总销量	226928	211235	198999	216092
指数	100	93	88	95

3. 利润率

调查发现：

（1）2008—2009 年，国内产业的利润变为亏损。此外，2009—2010 年，国内产业同类产品的销售商继续亏损，即使该损失的总额是边际递减的。尽管如此，在调查期国内产业的损失明显上升。

（2）对国内产业销售和生产成本的分析表明，在 2008—2009 年和 2009—2010 年，国内产业生产成本经历了明显的跳跃。另一方面，国内产业的销售业绩并未随着生产成本的变化而发生相应的增长。

与2009—2010年生产成本21%的增长相比，销售成本仅增长了9%。因此国内产业遭受了财政损失。

（3）国内产业成本结构的一项分析表明国内产业存在实质增长，特别是在成本和利息支出方面。

（4）在调查期内，当来自主要国家进口产品数量呈现实质增长时，国内产业的销售数量和产量均出现增长。

4. 就业

表9－26 国内产业的就业和工资趋势

	2007年4月—2008年3月	2008年4月—2009年3月	2009年4月—2010年3月	调查期
雇员数量	***	***	***	***
指数	100	99	94	95
工资总额（十万卢比）	***	***	***	***
指　　数	100	124	130	135

印度商工部指出，在损害调查期，国内产业的就业数量出现5%的下降。与此同时，工资总额却增长了约35%。

5. 库存

2008—2009年和2009—2010年，国内产业平均库存减少。但是，在调查期国内产业同类产品的库存却增加。

表9－27 与相关产品库存有关的情况表

单位：立方米

	2007年4月—2008年3月	2008年4月—2009年3月	2009年4月—2010年3月	调查期
初始库存	***	***	***	***
期末库存	***	***	***	***
平均库存	***	***	***	***
指　　数	100	81	77	98

6. 生产率

关于生产率，在基准年之上的调查期内每一雇员的生产率没有明显变化。

表9－28 与生产率有关的数据表

单位：立方米

	2007年4月—2008年3月	2008年4月—2009年3月	2009年4月—2010年3月	调查期
产　　量	226987	210860	204675	219882
雇员数量	***	***	***	***
生产率	***	***	***	***
指　　数	100	93	96	102

7. 倾销幅度

倾销幅度作为倾销进口产品能够对国内产业造成损害程度的一个指标，表明对主要国家确定的倾销幅度是高于最小值，并且是显著的。

8. 筹资能力

在调查期，国内产业从相关产品在本国销售获得的利润率下滑。但是国内产业从经营其他非涉案产品获得巨大的市场份额和利润。因此，国内产业的筹资能力似乎并未受到影响。

9. 实质损害和因果关系

在绝对数量上来自主要国家的倾销进口产品的数量存在明显的增长。倾销进口产品在相关产品总需求中所占市场份额同样明显增加。倾销进口产品正在削减国内产业的价格。同时，倾销进口产品在价格削减、价格抑制和低价抛售方面对国内产业的价格产生了不良影响。此外，来自主要国家的倾销幅度已经得到确定并被认为是显著的。

附　录

附表 1　WTO 产品分类标准表

类　别	产　品　描　述
第 1 类	活动物；动物产品
第 2 类	植物产品
第 3 类	动、植物油、脂及其分解产品；精制的食用油脂；动、植物蜡
第 4 类	食品；饮料、酒及醋；烟草、烟草及烟草代用品的制品
第 5 类	矿产品
第 6 类	化学工业及其相关工业的产品
第 7 类	塑料及其制品；橡胶及其制品
第 8 类	生皮、皮革、毛皮及其制品；鞍具及挽具；旅行用品、手提包及类似容器；动物肠线（蚕胶线除外）制品
第 9 类	木及木制品；木炭；软木及软木制品；稻草、秸秆、针茅或其他编结材料制品；篮筐及柳条编结品
第 10 类	木浆及其他纤维状纤维素浆；回收（废碎）纸或纸板；纸、纸板及其制品
第 11 类	纺织原料及纺织制品
第 12 类	鞋、帽、伞、杖、鞭及其零件；已加工的羽毛及其制品；人造花；人发制品
第 13 类	石料、石膏、水泥、石棉、云母及类似材料的制品；陶瓷产品；玻璃及其制品
第 14 类	天然或养殖珍珠、宝石或半宝石、贵金属、包贵金属及其制品；仿首饰；硬币
第 15 类	贱金属及其制品
第 16 类	机器、机械器具、电气设备及其零件；录音机及放声机、电视图像、声音的录制和重放设备及其零件、附件
第 17 类	车辆、航空器、船舶及有关运输设备
第 18 类	光学、照相、电影、计量、检验、医疗或外科用仪器及设备、精密仪器及设备；钟表；乐器；上述物品的零件、附件
第 19 类	武器、弹药及其零件、附件
第 20 类	杂项制品
第 21 类	艺术品、收藏品及古物
第 22 类	特殊交易品及未分类商品

资料来源：WTO，http：//www. wto. org

附表 2　发展中经济体（地区）、发达经济体（地区）和转型经济体的划分标准

1. 发展中经济体（地区）		
美　洲		
加勒比岛国		
大加勒比岛国	小加勒比岛国	
古巴	安圭拉岛	格林纳达
多米尼加	安提瓜和巴布达	蒙特塞拉特
海地	阿鲁巴岛	荷属安的列斯
牙买加	巴哈马群岛	圣基茨和尼维斯
	巴巴多斯岛	圣卢西亚
	英属维尔京群岛	圣文森特和格林纳丁斯
	开曼群岛	特立尼达和多巴哥
	多米尼亚	特克斯和凯科斯群岛
中美洲		
伯利兹	危地马拉	尼加拉瓜
哥斯达黎加	洪都拉斯	巴拿马
萨尔瓦多	墨西哥	
南美洲		
阿根廷	厄瓜多尔	苏里南
玻利维亚	福克兰群岛（马尔维纳斯群岛）	乌拉圭
巴西	圭亚那	委内瑞拉
智利	巴拉圭	秘鲁
哥伦比亚		
非　洲		
东非		
布隆迪	马拉维	乌干达
科摩罗	毛里求斯	坦桑尼亚
吉布提	马约特岛	赞比亚
厄立特里亚	莫桑比克	津巴布韦
埃塞俄比亚	卢旺达	肯尼亚
塞舌尔	马达加斯加	索马里
中非		
安哥拉	刚果	圣多美和普林西比
喀麦隆	刚果共和国	
中非共和国	赤道几内亚	
乍得	加蓬	
北非		
阿尔及利亚	摩洛哥	西撒哈拉
埃及	苏丹	

续表

利比亚	突尼斯	
南非		
博茨瓦纳	纳米比亚	斯威士兰
莱索托	南非	
西非		
贝宁	几内亚	尼日利亚
布基纳法索	几内亚比绍	圣赫勒拿
佛得角	利比里亚	塞内加尔
科特迪瓦	马里	塞拉利昂
冈比亚	毛里塔尼亚	多哥
加纳	尼日尔	
亚　洲		
东亚		
中国	中国澳门	朝鲜
蒙古	中国香港	韩国
中国台湾		
南亚		
阿富汗	印度	尼泊尔
孟加拉国	伊朗	巴基斯坦
不丹	马尔代夫	斯里兰卡
东南亚		
文莱	马来西亚	泰国
柬埔寨	缅甸	东帝汶
印度尼西亚	菲律宾	越南
老挝	新加坡	
西亚		
巴林	巴勒斯坦	土耳其
伊拉克	阿曼	阿拉伯联合酋长国
约旦	卡塔尔	也门
科威特	沙特阿拉伯	
黎巴嫩	叙利亚	
大洋洲		
萨摩亚	密克罗尼西亚	萨摩亚群岛
库克群岛	瑙鲁	所罗门群岛
斐济	新喀里多尼亚	托克劳

续表

法属波利尼西亚	纽埃岛	汤加
关岛	北马里亚纳群岛	图瓦卢
基里巴斯	帕劳	瓦努阿图
马绍尔群岛	巴布亚新几内亚	瓦利斯和富图纳群岛
2. 转型经济体		
阿尔巴尼亚	吉尔吉斯斯坦	土库曼斯坦
亚美尼亚	黑山共和国	乌克兰
阿塞拜疆	摩尔多瓦	乌兹别克斯坦
白俄罗斯	俄罗斯	波黑
塞尔维亚	克罗地亚	塔吉克斯坦
格鲁吉亚	前南斯拉夫马其顿共和国	哈萨克斯坦
3. 发达经济体（地区）		
	欧洲	
安道尔	直布罗陀	波兰
奥地利	希腊	葡萄牙
比利时	梵蒂冈	罗马尼亚
保加利亚	匈牙利	圣马力诺
塞浦路斯	冰岛	斯洛伐克
捷克共和国	爱尔兰	斯洛文尼亚
丹麦	意大利	西班牙
爱沙尼亚	拉脱维亚	瑞典
法罗群岛	立陶宛	瑞士包括列支敦士登
芬兰，包括奥兰群岛	卢森堡	大不列颠及北爱尔兰联合王国，包括英吉利海峡诸岛和曼恩岛
法国，包括法属圭那亚、瓜德罗普、马提尼克、摩纳哥和留尼汪	马耳他	荷兰
德国	挪威，包括斯瓦尔巴群岛和扬马延岛	
	美洲	
百慕大群岛	美国（包括波多黎各和维尔京群岛）	加拿大
格陵兰岛	圣皮埃尔和密克隆群岛	
	亚洲	
以色列	日本	
	大洋洲	
澳大利亚	新西兰	

资料来源：联合国贸易和发展组织，《UNCTAD handbook of statistics 2012》

附表3　中国在贸易救济、知识产权领域及WTO的“第一案”

<table>
<tr><th>序号</th><th>案情简介</th></tr>
<tr><td>1</td><td>国外对华反倾销第一案</td></tr>
<tr><td colspan="2">1979年1月，澳大利亚对华一水葡萄糖（dextrose monohydrate）启动反倾销调查。1979年9月24日，澳大利亚对此案作出裁决。</td></tr>
<tr><td>2</td><td>国外对华反补贴第一案</td></tr>
<tr><td colspan="2">2004年4月13日，加拿大对华烤肉架（Outdoor Barbeques）启动反补贴调查。2004年11月9日，加拿大终止对此案的调查。</td></tr>
<tr><td>3</td><td>国外涉华保障措施第一案</td></tr>
<tr><td colspan="2">1987年6月，欧盟对糖水梨（pears in syrup）启动保障措施调查。1987年11月26日，欧盟对此案作出裁决。</td></tr>
<tr><td>4</td><td>特别保障措施第一案</td></tr>
<tr><td colspan="2">2002年8月13日，印度对华缝纫机针（Industrial Sewing Machine Needles）启动特别保障措施调查。2003年8月13日，印度对此案作出裁决。</td></tr>
<tr><td>5</td><td>国外涉华贸易救济案中涉案金额最大的案件</td></tr>
<tr><td colspan="2">2010年6月30日，欧盟对华数据卡（wireless wide area networking（WWAN）modems）启动反倾销、反补贴和保障措施调查。2011年3月3日，因申诉方撤诉，欧盟终止上述调查。</td></tr>
<tr><td>6</td><td>美国涉华337调查第一案</td></tr>
<tr><td colspan="2">1986年12月29日，美国国际贸易委员会（ITC）对带羽毛的皮大衣及毛皮，及其加工方法启动337调查。美国国际贸易委员会确定的中国强制应诉企业为中国土产畜产进出口总公司。
1987年11月10日，美国国际贸易委员会发布终裁，不再复议初裁决定，以和解、认定侵权、普遍排除令的方式结案。</td></tr>
<tr><td>7</td><td>中国企业完胜美国涉华337调查第一案</td></tr>
<tr><td colspan="2">2003年5月28日，美国国际贸易委员会（ITC）对无汞碱电池启动337调查。2004年6月2日，美国国际贸易委员会主审法官作出初裁，认为原告专利有效，中方企业侵权成立。2004年10月2日，美国国际贸易委员会作出终裁，裁定原告专利因不具备确定性而无效。
此后五年，该案历经联邦巡回上诉法院和联邦最高法院，最终全面胜诉，成为我国企业第一起经历了从调查发起到司法程序用尽全过程、并以我国企业大获全胜而告终的案件。</td></tr>
<tr><td>8</td><td>中国作为起诉方提起的第一起WTO争端案件</td></tr>
<tr><td colspan="2">美国对钢铁产品的最终保障措施案（DS252）
2002年3月26日，中国就美国对钢铁产品的最终保障措施诉至WTO争端解决机构。2003年7月11日，发布专家组报告。2003年11月10日，发布上诉机构报告。该案为中国与其他成员联合起诉的案件，最后胜诉。</td></tr>
<tr><td>9</td><td>中国作为被诉方的第一起WTO争端案件</td></tr>
<tr><td colspan="2">中国集成电路的增值税（DS309）
2004年3月18日，美国就中国关于集成电路增值税的问题诉至WTO争端解决机构。2005年10月6日，双方通过磋商达成共识。</td></tr>
</table>

续表

<table>
<tr><th>序 号</th><th>案情简介</th></tr>
<tr><td>10</td><td>中国在专家组程序中以第三方身份参与的第一起案件</td></tr>
<tr><td colspan="2">美国给其海外销售公司的税收待遇（DS108）
1997 年 11 月 18 日，欧盟就美国对其海外销售公司的税收待遇问题诉至 WTO 争端解决机构。1999 年 10 月 8 日，发布专家组报告。2000 年 2 月 24 日，发布上诉机构报告。专家组认为，美国违反了其在《补贴与反补贴措施协定》第 3.1（a）条和《农业协定》第 3.3 条项下的义务。</td></tr>
<tr><td>11</td><td>中国在上诉程序中以第三方身份参与的第一起案件</td></tr>
<tr><td colspan="2">美国给其海外销售公司的税收待遇（DS108）
1997 年 11 月 18 日，欧盟就美国对其海外销售公司的税收待遇问题诉至 WTO 争端解决机构。1999 年 10 月 8 日，发布专家组报告。2000 年 2 月 24 日，发布上诉机构报告，认定美国违反了其在《农业协定》第 10.1 条和第 8 条项下的义务。美国败诉。</td></tr>
</table>

附表 4　缩略语

AD	反倾销措施	SCM	补贴与反补贴措施
DSB	争端解决机构	SPS	卫生与植物卫生措施
DSU	《关于争端解决规则与程序的谅解》	TBT	技术性贸易壁垒
GATS	《服务贸易总协定》	TRIPs	与贸易有关的知识产权
GATT	关税与贸易总协定	TRIMs	与贸易有关的投资措施

附表 5　1995—2012 年 WTO 成员启动的反倾销调查涉案产品分类列表

年 份	1995	1996	1997	1998	1999	2000	2001	2002	2003	2004	2005	2006	2007	2008	2009	2010	2011	2012	合计
第 1 类	1	2	2	6	8	3	2	11	2	10	0	0	1	1	3	0	2	0	54
第 2 类	0	5	2	4	1	7	9	3	1	6	4	4	1	5	1	1	1	1	56
第 3 类	0	0	0	0	0	0	4	2	2	1	2	3	0	0	0	0	0	0	14
第 4 类	13	6	4	8	2	3	1	3	0	1	1	6	0	0	2	1	5	0	56
第 5 类	1	4	3	4	9	9	16	8	5	1	0	2	2	2	1	4	2	2	75
第 6 类	31	42	21	24	74	63	67	96	73	49	37	37	56	34	47	44	29	34	858
第 7 类	20	26	36	33	40	24	56	42	24	44	37	27	16	21	31	23	13	40	553
第 8 类	0	3	0	0	0	0	0	0	0	0	2	0	0	0	0	0	0	0	5
第 9 类	1	4	11	3	0	5	4	1	11	11	3	2	1	9	7	5	13	1	92
第 10 类	3	14	36	7	18	5	7	7	20	8	6	17	19	2	8	20	11	6	214
第 11 类	1	23	8	28	36	17	27	7	14	21	27	17	11	39	20	7	2	12	317
第 12 类	6	1	0	4	2	3	2	3	0	0	4	3	0	1	3	0	0	0	32

续表

年 份	1995	1996	1997	1998	1999	2000	2001	2002	2003	2004	2005	2006	2007	2008	2009	2010	2011	2012	合计
第 13 类	3	11	11	12	8	6	6	11	11	8	10	12	3	4	11	12	14	13	166
第 14 类	0	0	0	0	0	0	1	0	0	0	0	0	0	0	0	0	0	0	1
第 15 类	43	39	64	111	111	109	137	96	53	38	37	32	24	65	45	43	58	76	1181
第 16 类	24	33	34	10	30	30	24	9	12	16	17	29	28	16	21	10	8	18	369
第 17 类	3	3	1	2	4	7		2	2	2	4	2	1	3	3	1	6	4	50
第 18 类	1	5	9	5	2		3	3	2	1	1	5		6	3	1	1	0	48
第 20 类	6	5	4	5	13	7	6	11	2	3	9	6	2	5	3	0	0	1	88
…	0	0	0	0	0	0	0	0	0	0	0	0	0	0	0	0	1	0	1
合计	157	226	246	266	358	298	372	315	234	220	201	204	165	213	209	172	166	208	4230

附表 6　1995—2012 年 WTO 成员启动的反补贴调查涉案产品分类列表

年 份	1995	1996	1997	1998	1999	2000	2001	2002	2003	2004	2005	2006	2007	2008	2009	2010	2011	2012	合计
第 1 类	1	1	1	1	4	1	0	0	1	1	0	0	1	0	1	0	0	0	13
第 2 类	0	1	0	0	0	2	1	2	0	0	1	1	0	0	0	1	0	0	9
第 3 类	0	0	1	0	0	0	0	1	5	0	0	0	0	0	1	0	0	0	8
第 4 类	8	4	2	5	2	0	0	1	1	0	0	1	0	0	0	0	0	0	24
第 5 类	0	0	0	0	0	0	4	0	0	0	0	0	0	1	0	1	1	2	9
第 6 类	1	0	2	0	1	0	2	0	4	0	0	1	1	3	4	0	3	3	25
第 7 类	0	0	0	4	7	2	2	0	0	2	2	0	2	1	4	0	2	0	28
第 9 类	0	1	0	0	0	0	1	0	0	1	0	0	0	0	0	1	0	1	5
第 10 类	0	0	0	0	0	0	0	0	0	0	2	3	1	1	2	1	2	0	12
第 11 类	0	0	0	2	5	1	2	1	0	0	0	0	2		1	0	3	2	19
第 12 类	0	0	0	0	0	1	0	0	0	0	0	0	0	0	0	0	0	0	1
第 13 类	0	0	1	0	1	0	0	0	0	0	0	0	0	0	1	0	0	0	3
第 15 类	0	0	7	12	20	11	14	1	3	3	0	2	3	7	11	4	10	11	119
第 16 类	0	0	1	1	1	0	1	3	1	1	1	0	1	3	2	1	2	3	22
第 17 类	0	0	1	0	0	0	0	0	0	0	0	0	0	0	1	0	2	1	5
合计	10	7	16	25	41	18	27	9	15	8	6	8	11	16	28	9	25	23	302

附表 7　1995—2012 年 WTO 成员启动的保障措施调查涉案产品分类列表

年 份	1995	1996	1997	1998	1999	2000	2001	2002	2003	2004	2005	2006	2007	2008	2009	2010	2011	2012	合计
第 1 类	0	1	0	3	2	3	0	1	1	1	0	1	1	0	2	1	0	1	18
第 2 类	1	1	1	0	2	3	2	1	0	2	1	0	0	0	1	0	0	3	18
第 3 类	1	0	0	0	0	1	0	1	0	0	0	0	0	0	0	0	0	1	4
第 4 类	0	0	0	0	1	4	3	3	3	0	1	0	0	1	1	0	0	3	20
第 5 类	0	0	0	0	0	0	1	0	1	0	0	1	0	1	0	1	1	0	6
第 6 类	0	0	1	3	4	5	0	8	2	2	1	1	1	2	6	2	1	4	43
第 7 类	0	0	0	2	1	3	0	0	1	0	0	1	1	0	1	0	3	1	14
第 8 类	0	0	0	0	0	0	0	0	0	0	0	0	1	0	0	0	0	0	1
第 9 类	0	0	0	1	0	0	0	2	0	0	0	0	0	0	1	0	0	0	4
第 10 类	0	0	0	0	0	1	0	0	1	0	0	0	0	0	4	1	0	0	7
第 11 类	0	0	0	0	0	1	0	0	0	1	0	0	0	2	3	4	2	3	16
第 12 类	0	0	1	0	1	1	0	1	0	0	1	2	0	0	0	0	0	0	7
第 13 类	0	0	0	0	0	0	1	2	5	3	1	2	1	1	3	2	1	1	23
第 15 类	0	0	0	0	2	2	4	12	1	0	0	0	1	2	3	7	2	6	42
第 16 类	0	0	0	0	1	0	0	3	0	3	0	4	1	1	0	1	0	1	15
第 17 类	0	1	0	0	1	1	0	0	0	0	1	1	0	0	0	1	1	0	7
第 18 类	0	0	0	0	0	0	0	0	0	2	0	0	1	0	0	0	0	1	4
第 20 类	0	2	0	1	0	0	1	0	0	0	1	0	0	0	0	0	0	0	5
合计	2	5	3	10	15	25	12	34	15	14	7	13	8	10	25	20	11	25	254